本书系四川大学研究生教材培育计划项目"中国刑法总论"研究成果,项目批准号:GSJCPY2021002

# 刑法教义学的中国自主知识体系

刑法基础论与犯罪论

魏 东◎著

中国社会科学出版社

## 图书在版编目（CIP）数据

刑法教义学的中国自主知识体系：刑法基础论与犯罪论 / 魏东著. -- 北京：中国社会科学出版社，2024.8. -- ISBN 978-7-5227-4093-5

Ⅰ. D924.04

中国国家版本馆 CIP 数据核字第 2024NP9852 号

| | | |
|---|---|---|
| 出 版 人 | 赵剑英 | |
| 责任编辑 | 孔继萍 | |
| 责任校对 | 闫　萃 | |
| 责任印制 | 郝美娜 | |

| | | |
|---|---|---|
| 出　　版 | 中国社会科学出版社 | |
| 社　　址 | 北京鼓楼西大街甲 158 号 | |
| 邮　　编 | 100720 | |
| 网　　址 | http://www.csspw.cn | |
| 发 行 部 | 010-84083685 | |
| 门 市 部 | 010-84029450 | |
| 经　　销 | 新华书店及其他书店 | |
| 印　　刷 | 北京君升印刷有限公司 | |
| 装　　订 | 廊坊市广阳区广增装订厂 | |
| 版　　次 | 2024 年 8 月第 1 版 | |
| 印　　次 | 2024 年 8 月第 1 次印刷 | |
| 开　　本 | 710×1000　1/16 | |
| 印　　张 | 30.75 | |
| 插　　页 | 2 | |
| 字　　数 | 489 千字 | |
| 定　　价 | 188.00 元 | |

凡购买中国社会科学出版社图书，如有质量问题请与本社营销中心联系调换
电话：010-84083683
**版权所有　侵权必究**

# 前　言

本书取名为《刑法教义学的中国自主知识体系：刑法基础论与犯罪论》，其姊妹篇取名为《刑法教义学的中国自主知识体系：犯罪制裁论》，系四川大学研究生教材培育计划项目"中国刑法总论"（项目编号：GSJCPY2021002）的最终研究成果。该项目于 2021 年 6 月获准立项，同 2020 年获准立项的四川大学研究生高水平国际化课程建设项目"中国刑法总论"（项目编号：GSGJHKC2020001）合并，于 2023 年 12 月正式结题。

按照项目任务书对标"双一流"学科建设中研究生高水平国际化课程建设质量的要求，本项目研究成果立足刑法教义学的中国自主知识体系构建研究，突出刑法总论知识论与方法论的融合，以及外国刑法理论知识和中国本土化刑法理论知识的融合，对刑法基础论、犯罪论和犯罪制裁论进行系统的专题研讨，引导研究生系统思考、深刻领会刑法学知识论与方法论问题，提升研究生学术研究和理论创新的能力。因此，本项目研究成果依次研讨了以下 15 章专题：（1）刑法学理论知识体系；（2）刑法观与方法论；（3）刑法基本原则；（4）犯罪论体系；（5）构成要件；（6）不法；（7）责任；（8）犯罪停止形态；（9）共犯；（10）罪数；（11）犯罪制裁；（12）刑罚体系与种类；（13）刑罚裁量；（14）刑罚执行；（15）刑罚消灭。

本书内容包括本项目研究成果中的前面 10 章专题，分为"刑法基础论"和"犯罪论"两编。本书的姊妹篇《刑法教义学的中国自主知识体系：犯罪制裁论》，内容包括本项目研究成果中的后面 5 章专题。

本书适合于刑法学专业博士/硕士研究生、刑法学理论研究者和实务工作者阅读、参考。

魏　东

2024 年 1 月

# 目 录

## 第一编 刑法基础论

**第一章 刑法学理论知识体系** (3)
 一 刑法学理论知识体系的基本含义 (4)
  （一）系统论：作为复杂巨系统的刑法学理论知识体系 (4)
  （二）知识形态论：兼容三种知识形态的刑法学理论知识体系 (7)
  （三）范畴体系论：包含完备范畴体系的刑法学理论知识体系 (8)
 二 刑法学理论知识体系的重要意义 (28)
  （一）方法论价值：学术对话与创新平台 (29)
  （二）实践价值：刑事法治与理论阐释力 (32)

**第二章 刑法观与方法论** (34)
 一 刑法观 (35)
  （一）民权刑法观与国权刑法观 (37)
  （二）行为刑法观、行为人刑法观、被害人刑法观与综合主义刑法观 (38)
  （三）行为功利主义刑法观与规则功利主义刑法观 (40)
  （四）宪治刑法观、契约刑法观、非宪治刑法观 (41)
  （五）主观主义刑法观与客观主义刑法观 (42)

（六）实质刑法观（保守主义的实质刑法观）与形式
　　　　刑法观 ………………………………………………（43）
　　（七）预防性刑法观、风险刑法观（安全刑法观）、敌人
　　　　刑法观 ………………………………………………（44）
　　（八）积极刑法观、功能主义刑法观 …………………（47）
　　（九）常识主义刑法观 …………………………………（49）
　　（十）其他刑法观 ………………………………………（51）
　二　刑法学方法论 ……………………………………………（55）
　　（一）科学主义方法与人文主义方法 …………………（58）
　　（二）经验主义方法与理性主义方法 …………………（59）
　　（三）教义学方法与社科法学方法 ……………………（66）
　　（四）解释学方法与立法学方法 ………………………（67）
　　（五）建构性方法与解构性方法 ………………………（68）
　　（六）综合的方法与折中的方法 ………………………（68）

**第三章　刑法基本原则** ………………………………………（73）
　一　罪刑法定原则 ……………………………………………（75）
　　（一）罪刑法定原则的起源与发展 ……………………（75）
　　（二）罪刑法定原则的理论基础 ………………………（79）
　　（三）罪刑法定原则的内容（派生原则）……………（82）
　二　罪责刑相适应原则 ………………………………………（89）
　　（一）罪责刑相适应原则的起源发展与理论依据 ……（89）
　　（二）罪责刑相适应原则的价值蕴含 …………………（93）
　　（三）罪责刑相适应原则的具体内容 …………………（97）
　三　适用刑法人人平等原则 …………………………………（97）
　四　法益保护原则 ……………………………………………（98）
　五　责任主义原则 ……………………………………………（100）
　　（一）责任主义原则的基本含义 ………………………（100）
　　（二）责任主义原则的贯彻适用 ………………………（101）
　六　谦抑主义原则 ……………………………………………（102）

# 第二编　犯罪论

## 第四章　犯罪论概述 (107)
### 一　犯罪的概念、特征与分类 (108)
（一）犯罪的概念 (108)
（二）犯罪的特征 (116)
（三）犯罪的分类 (120)
### 二　犯罪构成的概念、特征与功能 (130)
（一）犯罪构成的概念 (131)
（二）犯罪构成的特征 (136)
（三）犯罪构成的功能 (138)
### 三　犯罪构成的体系 (139)
（一）大陆法系的三阶层犯罪论体系和二阶层犯罪论体系 (139)
（二）英美法系的"双层次犯罪成立理论"体系 (143)
（三）俄罗斯的"耦合式犯罪构成理论"体系 (144)
（四）中国的犯罪构成理论体系 (145)
### 四　犯罪构成的类型 (155)
（一）基本的犯罪构成与修正的犯罪构成 (156)
（二）普通的犯罪构成与派生的犯罪构成 (156)
（三）简单的犯罪构成与复杂的犯罪构成 (157)
（四）封闭的犯罪构成与开放的犯罪构成 (159)

## 第五章　构成要件 (161)
### 一　构成要件概述 (162)
（一）构成要件要素的分类 (162)
（二）构成要件的机能 (166)
### 二　行为 (167)
（一）行为的概念与特征 (168)
（二）作为 (174)

（三）不作为 …………………………………………………（174）
　（四）持有 ……………………………………………………（180）
三　行为主体 ……………………………………………………（180）
　（一）自然人主体 ……………………………………………（180）
　（二）单位主体 ………………………………………………（181）
　（三）人工智能体不能成为犯罪论意义上的行为主体 ………（185）
四　行为对象 ……………………………………………………（187）
五　结果 …………………………………………………………（188）
　（一）结果的概念与特征 ……………………………………（188）
　（二）结果的分类 ……………………………………………（188）
　（三）结果的地位 ……………………………………………（188）
　（四）结果的功能（价值和意义）……………………………（189）
六　因果关系与结果归属 ………………………………………（190）
　（一）刑法上的因果关系的特点 ……………………………（191）
　（二）刑法上的因果关系的地位 ……………………………（193）
　（三）刑法上的因果关系的认定 ……………………………（194）
七　特别的行为关联要素 ………………………………………（201）
　（一）特别前置的行为关联要素：时间、地点、方法、
　　　　主观的构成要件要素 …………………………………（202）
　（二）整体评价性的行为关联要素：特别情节 ……………（202）

## 第六章　不法 ……………………………………………………（204）

一　不法概述 ……………………………………………………（205）
　（一）不法的实质 ……………………………………………（205）
　（二）保护法益 ………………………………………………（208）
二　违法阻却事由概述 …………………………………………（216）
三　正当防卫 ……………………………………………………（217）
　（一）正当防卫的正当化根据 ………………………………（218）
　（二）一般正当防卫 …………………………………………（219）
　（三）特殊正当防卫 …………………………………………（245）
四　紧急避险 ……………………………………………………（247）

（一）紧急避险的成立条件 …………………………………… (248)
　　（二）避险过当的刑事责任 …………………………………… (250)
　五　其他的实质的违法阻却事由 ………………………………… (251)
　　（一）法令行为 ………………………………………………… (251)
　　（二）正当业务行为 …………………………………………… (252)
　　（三）被害人的承诺（被害人同意） ………………………… (252)
　　（四）自损行为 ………………………………………………… (253)
　　（五）自救行为（自力救济） ………………………………… (253)
　　（六）义务冲突 ………………………………………………… (253)

**第七章　责任** ……………………………………………………… (254)
　一　责任概述 ……………………………………………………… (255)
　　（一）责任的内涵 ……………………………………………… (255)
　　（二）责任主义 ………………………………………………… (269)
　二　故意 …………………………………………………………… (270)
　　（一）故意的认识因素 ………………………………………… (270)
　　（二）故意的意志因素 ………………………………………… (274)
　　（三）故意的种类 ……………………………………………… (275)
　　（四）错误 ……………………………………………………… (277)
　三　过失 …………………………………………………………… (300)
　　（一）过失的概念与处罚原则 ………………………………… (301)
　　（二）过失的理论 ……………………………………………… (302)
　　（三）注意义务 ………………………………………………… (304)
　　（四）被允许的危险理论与信赖原则 ………………………… (306)
　　（五）过失犯的实行行为 ……………………………………… (309)
　　（六）过失的种类 ……………………………………………… (311)
　四　消极的责任要素与责任阻却事由 …………………………… (314)
　　（一）责任能力 ………………………………………………… (314)
　　（二）违法性认识可能性 ……………………………………… (318)
　　（三）期待可能性 ……………………………………………… (322)

## 第八章　故意犯罪的停止形态 (327)

  一　概说 (327)

  二　犯罪既遂 (330)

  三　犯罪预备 (332)

    （一）犯罪预备的基本特征 (333)

    （二）犯罪预备的处罚原则 (334)

  四　犯罪未遂 (334)

    （一）犯罪未遂的特征 (334)

    （二）犯罪未遂的类型 (337)

    （三）犯罪未遂的处罚原则 (339)

  五　犯罪中止 (339)

    （一）犯罪中止的特征 (339)

    （二）犯罪中止的类型 (341)

    （三）犯罪中止的处罚原则 (341)

## 第九章　共犯 (342)

  一　共犯的立法模式 (344)

    （一）区分制共犯体系与单一制正犯体系 (345)

    （二）我国的共犯立法模式问题 (349)

  二　共犯的概念界定 (354)

    （一）任意的共犯 (354)

    （二）必要的共犯 (355)

    （三）必要的共犯之特殊问题 (359)

  三　共犯的本质 (368)

    （一）德日刑法学中共犯的本质论：犯罪共同说、行为共同说和共同意思主体说 (368)

    （二）我国刑法学中共犯的本质论：肯定同一犯罪构成说和否定同一犯罪构成说 (370)

  四　共犯的处罚根据 (374)

    （一）德日刑法学中共犯的处罚根据论 (374)

    （二）我国刑法学中共犯的处罚根据论 (377)

五　共犯的成立条件与基本类型 (386)
　　（一）共犯的成立条件 (386)
　　（二）共犯的基本形式 (391)
六　共犯（人）的分类与处罚原则 (395)
　　（一）共同犯罪人的分类标准 (395)
　　（二）主犯及其处罚原则 (398)
　　（三）从犯及其处罚原则 (400)
　　（四）胁从犯及其处罚原则 (401)
　　（五）教唆犯及其处罚原则 (401)
七　间接正犯 (405)
　　（一）间接正犯的概念与理论方案 (406)
　　（二）间接正犯的成立范围 (410)
　　（三）与间接正犯相关联的其他正犯类型 (412)
八　片面共犯 (416)
　　（一）片面共犯的有限可罚性 (417)
　　（二）片面共犯的非共犯性 (419)
　　（三）中立帮助行为 (421)
九　共谋而未实行 (427)
　　（一）日本：共谋共同正犯论 (427)
　　（二）中国：共谋而未实行的理论研讨 (429)
十　承继共犯 (436)
　　（一）承继共犯的成立范围 (436)
　　（二）承继共犯的实行行为判断 (437)
　　（三）承继共犯的责任范围 (438)
十一　共犯的身份犯 (439)
　　（一）构成身份犯（真正身份犯）的共犯类型 (439)
　　（二）加减身份犯（非真正身份犯）的共犯类型 (443)

## 第十章　罪数 (445)
一　罪数概述 (446)
　　（一）罪数的区分标准 (447)

（二）罪数的类型划分 …………………………………（447）
　二　一罪的类型 ……………………………………………（448）
　　（一）实质的一罪 …………………………………………（448）
　　（二）法定的一罪 …………………………………………（458）
　　（三）处断的一罪 …………………………………………（461）
　三　数罪的类型 ……………………………………………（465）
　　（一）异种数罪与同种数罪 ………………………………（465）
　　（二）并罚数罪与非并罚数罪 ……………………………（465）
　　（三）判决宣告以前的数罪与刑罚执行期间的数罪 …………（466）

**主要参考文献** ………………………………………………（467）

# 第一编

# 刑法基础论

# 第 一 章

# 刑法学理论知识体系

## 目 次

一 刑法学理论知识体系的基本含义
　（一）系统论：作为复杂巨系统的刑法学理论知识体系
　（二）知识形态论：兼容三种知识形态的刑法学理论知识体系
　（三）范畴体系论：包含完备范畴体系的刑法学理论知识体系
　　1. 刑法哲学的范畴体系与知识体系
　　2. 刑法规范学的范畴体系与知识体系
　　3. 刑事政策学的范畴体系与知识体系
二 刑法学理论知识体系的重要意义
　（一）方法论价值：学术对话与创新平台
　（二）实践价值：刑事法治与理论阐释力

　　刑法学的学习和研究，必须掌握好刑法学理论知识体系、刑法观和方法论。刑法学理论知识体系，强调的是刑法学知识论及其系统化（体系化）。刑法观，强调的是人类对于刑法基本理性的根本观点。刑法学方法论，强调的是刑法学理论知识学习和研究的基本方法。这些内容可谓是刑法学首先必须明确的基础理论问题。

　　这里专题阐述刑法学理论知识体系，主要讨论两个问题：一是它的基本含义，二是它的重要意义。

# 一　刑法学理论知识体系的基本含义

刑法学理论知识体系，可以简称为刑法学知识体系、刑法理论知识体系，是指刑法学理论知识系统，主要内容有刑法哲学、刑事政策学（刑法政策学）、刑法规范学（刑法教义学与刑法解释学）三个部分及其理论知识的体系化。其中每个部分都包含作为本体论、认识论与方法论的刑法理论知识，其突出特点是强调中外刑法理论知识的全面性、整体性和系统化（体系化），因此我们在讨论"刑法学理论知识体系"时，也包含了"刑法学理论知识体系化"的含义。[①] 周光权说"刑法学上的知识，不能是素材的累积，而必须形成前后连贯的体系"[②]，其强调的正是刑法理论知识体系（化）。

因此，刑法学理论知识体系化，是反对刑法学理论知识的碎片化（虽有知识但是没有体系化），更反对刑法学理论知识的一知半解与漏洞百出。例如，有的学者只重视和掌握刑法规范学的理论知识，但是忽视刑法哲学和刑事政策学的理论知识；或者相反，只重视和掌握刑法哲学和刑事政策学的理论知识而忽视刑法规范学的理论知识，就难说真正掌握了刑法学理论知识体系。

总体上看，刑法学理论知识体系的含义可以从系统论、知识形态论和范畴体系论三个方面来认识。

## （一）系统论：作为复杂巨系统的刑法学理论知识体系

运用系统论的"系统认识论型的等级体系"理论和系统分类理论，可以较好地阐释刑法学理论知识体系（化）问题。系统论认为：系统首先可以分为简单系统与巨系统两大类，简单系统可细分为小系统与大系统，巨系统可细分为简单巨系统与复杂巨系统，复杂巨系统还可再细分为一般复杂巨系统与特殊复杂巨系统；"巨系统概念是一个新的认识工具，代表一种新的研究方法"，因为"小系统和大系统只有平凡行为，巨

---

[①] 魏东：《刑法知识体系刍论》，《法治研究》2017年第2期。
[②] 周光权：《刑法客观主义与方法论》，法律出版社2013年版，第13页。

系统可能表现出许多非平凡行为。描述这类系统需要新的概念框架，建立巨系统理论"，"描述大脑、人体、社会、地理环境以至整个宇宙，都需要用巨系统概念"，"一切巨系统都是自组织系统，其行为都是自组织运动"，而"实际复杂巨系统都是开放的，因而开放的复杂巨系统的存在相当普遍"，"这些系统都可以从不同角度划分子系统。原则上讲，与母系统同维的子系统也是开放的复杂巨系统。例如，在社会系统中，经济、政治、文化乃至军事对阵等子系统均为开放的复杂巨系统"。[①]

根据系统论"系统认识论型的等级体系"理论和系统分类理论，刑法学理论知识体系的实质内涵可以概括为"三学一化"，即刑法哲学、刑事政策学、刑法规范学及其理论知识体系的系统化（一体化），是由三个简单巨系统刑法学理论知识体系——即刑法哲学知识体系、刑事政策学知识体系、刑法规范学知识体系——所形成的复杂巨系统刑法学理论知识体系。

刑法学理论知识体系的具体内容包括以下四个方面。

*1. 作为简单巨系统的刑法哲学知识体系*

作为简单巨系统的刑法哲学知识体系，是指中国刑法哲学知识的体系化、外国刑法哲学知识的体系化以及二者整合后所形成的刑法哲学知识体系简单巨系统。

这里强调中外刑法哲学知识的整合，是表明一种立场：中国刑法哲学知识体系在一定历史时期有其"现状"，我们必须在学习掌握中国刑法哲学知识体系现状、借鉴吸纳外国刑法哲学知识体系的基础上，进一步"整合"发展中国刑法哲学知识体系，创新发展更加科学合理的、具有本土特色的中国刑法哲学知识体系简单巨系统。

*2. 作为简单巨系统的刑事政策学知识体系*

作为简单巨系统的刑事政策学知识体系，是指中国刑事政策学知识的体系化、外国刑事政策学知识的体系化以及二者整合后所形成的刑事政策学知识体系简单巨系统。

这里强调中外刑事政策学知识的整合，同样也是表明一种立场：中国刑事政策学知识体系在一定历史时期有其"现状"，我们必须在学习掌

---

[①] 苗东升：《系统科学精要》，中国人民大学出版社1998年版，第217—227页。

握中国刑事政策学知识体系现状、借鉴吸纳外国刑事政策学知识体系的基础上，进一步"整合"发展中国刑事政策学知识体系，创新发展更加科学合理的、具有本土特色的中国刑事政策学知识体系简单巨系统。例如，西方广义刑事政策观、现代刑事政策的价值理念以及基本范畴体系的引入和创新研究，极大地推动了当代中国刑事政策学理论研究及其现代化发展，有利于确保我们构建起具有现代科学特质和现代法治理念的中国刑事政策学知识体系简单巨系统。

3. 作为简单巨系统的刑法规范学知识体系

作为简单巨系统的刑法规范学知识体系，是指中国刑法规范学知识的体系化、外国刑法规范学知识的体系化以及二者整合后所形成的刑法规范学知识体系简单巨系统。

这里强调中外刑法规范学知识的整合，同样也是表明一种立场：中国刑法规范学知识体系在一定历史时期有其"现状"，我们必须在学习掌握中国刑法规范学知识体系现状、借鉴吸纳外国刑法规范学知识体系的基础上，进一步"整合"发展中国刑法规范学知识体系，创新发展更加科学合理的、具有本土特色的中国刑法规范学知识体系简单巨系统。例如，德日和英美的刑法规范学理论知识体系的引入和本土化研究，极大地推动了当代中国刑法规范学理论研究和创新发展，逐渐形成了更加具有理论丰富性、理论深刻性和理论阐释力的中国刑法规范学（刑法教义学和刑法解释学）。

4. 作为复杂巨系统的刑法学理论知识体系

作为复杂巨系统的刑法学理论知识体系，是指刑法哲学知识体系、刑事政策学知识体系和刑法规范学知识体系三者整合后所形成的刑法学理论知识体系复杂巨系统。中国刑法学理论知识体系复杂巨系统的形成和发展，是以刑法哲学知识体系、刑事政策学知识体系和刑法规范学知识体系三个简单巨系统的发展和整合为基础的，因此，我们必须深刻学习和掌握刑法哲学知识体系、刑事政策学知识体系和刑法规范学知识体系三个简单巨系统。

系统论的重要启示意义在于：刑法学理论知识体系的学习研究，要注意结合好在复杂巨系统内学习研究刑法学理论知识与在下一层级的子系统（简单巨系统）内学习研究刑法学理论知识之间的关系。刑法学理论知识体系作为一个复杂巨系统，其自组织系统和自组织运动特点就决定了刑法学研究活动可以在复杂巨系统内有效展开；而作为其下一层级的子系统（简单巨系统），例如刑法哲学知识体系（以及刑法政策学知识体系或者刑法规范学知识体系）之内，当然也可以在该子系统内有效展开刑法哲学研究活动（以及刑法政策学研究活动或者刑法规范学研究活动），关键是要处理好二者之间的关系，而不能顾此失彼。

**（二）知识形态论：兼容三种知识形态的刑法学理论知识体系**

运用知识形态论，可以较好地阐释刑法学理论知识体系（化）问题。亚里士多德将知识形态分为理论知识（即理论或思辨知识）、实践知识（即实践或行动知识）、制造知识（即制造制作或技艺知识）三类。那么，按照亚里士多德的知识形态三分法，刑法学理论知识体系所内含的刑法哲学、刑事政策学、刑法规范学（刑法教义学与刑法解释学）可以诠释为以下三种知识形态：刑法哲学属于理论思辨知识，刑事政策学的主要特点属于实践行动知识，刑法教义学（以及刑法解释学）的主要特点则属于制作技艺知识。

王人博将中国法学的研究现状划分为三个知识谱系，即作为技术的法学、作为价值体系的法学和作为知识体系的法学，[①] 应该说是借鉴了亚里士多德知识分类理论。那么，按照王人博的知识分类，刑法哲学的主要特点是作为价值体系的法学，刑事政策学的主要特点是作为价值体系的法学和作为知识体系的法学，刑法教义学（以及刑法解释学）的主要特点是作为技术的法学和作为（理论和实践）知识体系的法学。

知识形态论的重要启示意义在于：刑法学理论知识体系的学习研究，要注意结合好理论思辨知识（刑法哲学）、实践行动知识（刑事政策学）、制作技艺知识（刑法教义学与刑法解释学）的学习研究之间的关系，决不能顾此失彼。例如，刑法解释学（以及刑法教义学）被誉为一门"解释技艺"的学问，就像亚里士多德主张诗歌是一门"技艺"知识形态一样，强调技艺精湛、思维精细、形式美感、实质人文、人品格局和一定

---

[①] 王人博：《中国法学：技术、价值与知识——中国法学的三种基本态势》，《现代法学》2008年第1期。

天赋，非常富有启发意义。

**（三）范畴体系论：包含完备范畴体系的刑法学理论知识体系**

刑法学理论知识体系主要表现为由系列范畴组成的范畴体系以及由系列命题组成的命题体系，因此，刑法学范畴体系和命题体系都十分重要。其中，刑法学范畴体系对于建构刑法学理论知识体系具有奠基作用，将各种具体的刑法学理论知识归属于刑法学范畴体系中的具体范畴（概念），以刑法学范畴体系为纲，可以建构包含完备范畴体系的刑法学理论知识体系，所以这里进行专题讨论。

范畴体系论，实质上是指综合运用范畴论和系统论的方法论，对刑法学科的基本范畴进行体系化研究所形成的刑法学范畴体系（化）。将刑法学范畴体系比喻为知识网络体系，那么，范畴就可以比喻为知识网络体系中的"节点""知识点"，如果不熟悉某个刑法学范畴（概念），那么就等于缺少了某个"节点""知识点"，无法形成完备的刑法学范畴体系。所以，全面学习、掌握刑法学理论知识点（范畴）和范畴体系非常重要。

范畴体系的科学设立是学科体系研究的基本前提，而范畴遴选，尤其是基石范畴、基本范畴和具体范畴的遴选又是范畴体系建构的基础。就刑法理论知识体系中的范畴体系而言，可以遴选出刑法哲学、刑法政策学、刑法规范学、刑法理论知识体系化四个基石范畴（体系）。而就刑法哲学、刑法政策学、刑法规范学三个基石范畴而言，可以分别地、具体地遴选出其各自子系统中的基石范畴、基本范畴和具体范畴并形成范畴体系。

下面首先简要介绍刑法学科的范畴体系，然后阐述一些具体的理论知识（刑法学命题），供大家学习参考。

1. 刑法哲学的范畴体系与知识体系

刑法哲学的范畴体系非常重要，但是理论研究还很不够，这里仅对一些研究成果作简要介绍。陈兴良指出："刑法哲学作为一种理论，不像刑法教科书那样有一个权威的独一无二的体系，每一种刑法哲学都可以具有自己的体系，只有这样，才能推动与深化刑法哲学的发展。"陈兴良借鉴黑格尔的正题、反题、合题这样一种三段式的范式模型以及我国

《易经》八卦范式，提出了刑法哲学的 15 个基本范畴及其组成的范畴体系：刑法；犯罪，已然之罪、主观恶性、客观危害，未然之罪、再犯可能、初犯可能；刑罚，报应之刑、道义报应、法律报应，预防之刑，个别预防、一般预防。陈兴良将这些刑法哲学范畴分为犯罪本体论的范畴、刑罚本体论的范畴、罪刑关系论的范畴。① 曲新久提出了刑法哲学的 12 个基本范畴及其组成的三组范畴体系：自由、秩序、正义、功利是刑法价值范畴，犯罪、犯罪人、刑事责任、刑罚是刑法实体范畴，罪刑法定、罪刑相当、刑罚个别化、刑罚人道主义是刑罚关系范畴，认为"这些精神、范畴、原则又都可以统称为基本范畴"。② 此外，其他刑法学者也提出了刑法哲学的基本范畴等学术见解。

刑法哲学，包括作为本体论、认识论、方法论的刑法哲学。刑法哲学的主要知识内容有：一是刑法元问题的哲学思考，有的学者主张细分为刑法元问题的哲学思考与神学思考（哲学与神学视角）；二是刑法元问题关涉的关系论问题，例如刑法元问题与宗教哲学、科学哲学（社会科学哲学和自然科学哲学）、法律哲学、逻辑哲学、艺术哲学、历史哲学、语言哲学、数字哲学、惩罚哲学、教育哲学等之间的关系论问题；三是刑法元问题关涉的方法论问题。

学习、理解和掌握这些刑法哲学问题，应当重点以法理学意义上的法哲学作为知识基础，尤其是要较为全面地学习中国法哲学、西方法哲学的基础理论知识。

（1）中国刑法哲学的重要理论知识

中国刑法哲学的重要理论知识，需要深挖古代中国刑法哲学思想、近现代中国刑法哲学理论知识，借鉴吸纳西方刑法哲学理论知识，丰富和发展当代中国刑法哲学理论知识。

第一个问题，古代中国刑法哲学思想（历史文化）。

法史学界有学者指出，以"诸法合体、以刑为主"来概括中国古代法律体系的基本面貌并不准确，而应当认为，中国古代法律在基本意

---

① 参见陈兴良《刑法哲学（上）》，中国政法大学出版社 2009 年版，第 22—25 页。
② 参见曲新久《刑法的精神与范畴》，中国政法大学出版社 2000 年版，"前言"第 1—2 页。

上就是一部综合性刑法典,其中蕴含了古代中国刑法哲学思想。例如,中国古代律学,是以注疏法律典籍的规范含义和合理性为主要内容的学问,尽管其中是否存在刑法哲学乃至是否存在刑法学理论研究存有学术争议,但是,应当承认其中存在着关于刑法的本质、目的、品性等刑法哲学问题的思辨性论述;同时,中国古代刑法文化"一枝独秀"式的特殊法律文化景象,都使得我国刑法学理论研究较之其他部门法学理论研究具有更为深厚的文化基础。可以说,作为部门法哲学的刑法哲学,总体上具有优于其他部门法哲学更为深厚的传统文化基础。

第二个问题,近现代中国刑法哲学理论知识。[①]

按照法学界的观察总结,中国近代刑法哲学的开端始于民国时期,转型于新中国刑法学的创立和发展时期,繁荣于 20 世纪 90 年代。(1) 就中国近代刑法学而言,清末修律运动以及刑法学对律学的取代等,直接导致了中华法系的分崩离析和近代转型,以沈家本为代表的法律人开始从法学方法论和刑法哲学的立场来展开刑法学理论研究,其中较为明显地关注了刑法哲学问题;1911 年辛亥革命开始,中国刑法学逐渐开启了关注和深化刑法哲学的学术征途,民国时期有较多法学者出版了大量刑法学著作,如王宠惠、王觐、郭卫、赵琛、许鹏飞、陈文彬、蔡枢衡、孙雄等,在刑法学体例上基本形成了绪论、犯罪论、刑罚论的基本结构体系,在刑法学具体内容上系统设置和研讨了现代刑法学的基本范畴。蔡枢衡在《刑法学》专著中,不仅明确提出了刑法学的基本范畴,还明确论证了刑法哲学研究的必要性,并从刑法哲学的立场研讨了国家生活规范、犯罪和刑事处分三个基本范畴,提出了"刑法的属性有哲学性、事实性和规范性三种"的刑法的一体三面哲学思想,为近现代中国刑法哲学的兴起奠定了基础。(2) 1949 年中华人民共和国成立后直到 20 世纪 80 年代末,中国刑法学者在学习和借鉴苏联刑法学的基础上拉开了新中国刑法哲学研究的序幕,从刑法哲学的高度上展开了马克思主义刑法学理论研究。如:将马克思主义阶级斗争学说、主客观相统一原理、质量关系原理、因果关系原理等运用于犯罪现象、犯罪原因、刑法基本原则

---

[①] 参见赵秉志、魏昌东编著《刑法哲学专题整理》,中国人民公安大学出版社 2007 年版,第 6—26 页。

等方面的刑法哲学研究，为后来中国刑法哲学的反思检讨和深化研究奠定了深厚基础。

第三个问题，当代中国刑法哲学理论知识。

20世纪90年代以来，中国刑法哲学研究开始受到了众多刑法学者的特别关注，迅速获得了蓬勃发展，现在已经取得了较为丰硕的成果。中国刑法哲学的发展和成就，主要由陈兴良、陈忠林、赵秉志、张明楷等众多刑法学者引领，他们的刑法哲学研究成果非常丰富，值得认真学习领会。

陈兴良的刑法哲学研究成果，集中体现在刑法哲学原理的系统阐释方面。中国刑法哲学史上标志性的学术事件，是陈兴良在1992年出版其独著《刑法哲学》。在该书中，陈兴良指出：在我国刑法学领域，刑法哲学尚是一块有待开垦的处女地。[①] 陈兴良在本书中运用中国传统玄学中的太极八卦原理，注重刑法哲学思辨和语言形式考量，是一本十分富有哲学启发和形式美观的学术专著。陈兴良在对罪刑辩证关系进行哲理探索的基础上，构建了以犯罪本质二元论（犯罪的社会危害性与人身危险性之统一）、刑罚目的二元论（刑罚的报应与预防之统一）、罪刑关系二元论（罪刑之间的因果关系与功利关系之统一）为基本命题的刑法哲学体系，对刑法本体问题展开了哲学研讨，获得了广泛学术影响，奠定了陈兴良在刑法哲学领域的引领者地位。

在《刑法哲学》之后20余年的时间里，陈兴良始终关注和深化刑法哲学研究，不但出版了《刑法的人性基础》和《刑法的价值构造》，从而完成了其刑法哲学研究的三部曲，而且还在其他专著和论文中广泛深入地研究和拓展刑法哲学研究领域，从而进一步巩固了其在刑法学，尤其是刑法哲学领域的元勋引领者地位。

陈兴良对于作为部门法哲学的刑法哲学的长时间深度关注和研究开拓，以及取得的丰硕成果，是刑法学界乃至整个法学界的学术高峰。

陈忠林的刑法哲学研究成果，集中体现在"常识、常理、常情"刑法哲学理论的倡导和推动方面。陈忠林这方面的代表作有《刑法散得集》（法律出版社2003年版）、《刑法散得集（Ⅱ）》（重庆大学出版社2012

---

[①] 陈兴良：《刑法哲学》，中国政法大学出版社1992年版，"导论"第1页。

年版)、《刑法的界限——刑法第 1~12 条的理解、适用与立法完善》(法律出版社 2015 年版)、《如何让法学成为科学——走向科学的法学变革与理论重构》(载《学术论坛》2019 年第 5 期)。

周光权也极力主张常识主义刑法观。代表作有《法治视野中的刑法客观主义》(法律出版社 2013 年版)、《刑法客观主义与方法论》(法律出版社 2013 年版)、《刑法学习定律》(北京大学出版社 2019 年版)。

赵秉志是中国刑法学界对刑法学理论研究视野最广泛特别强调理论联系实际的学者,他在刑法哲学、刑法解释学、国际刑法、区际刑法、刑事政策等领域的研究成果最为丰硕。特别值得提及的是,赵秉志撰写的"中国刑法哲学研究述评",是目前对中国刑法哲学研究沿革和研究现状分析最全面、最深刻的学者。赵秉志对当代中国刑法哲学研究综述提出了以下四个方面的意见:[1] (1) 刑法哲学本体研究。包括:关于刑法哲学的内涵,有方法说、法理说(刑法法理学)、本原说、综合说;还包括刑法哲学基本范畴体系研究,形成了"双层范畴体系说"(刑事责任是最上位概念,下位范畴包括犯罪、犯罪人、刑罚、量刑、行刑等)、"三范畴体系说"(再细分为"价值—实体—关系范畴体系"与"犯罪—刑罚—罪刑关系范畴体系")。(2) 以刑法为整体的刑法哲学研究。包括刑法价值研究,形成了"三价值说"(公正、谦抑、人道)、"二价值说"(公正和功利)、"双层价值说"(国家是功利的,社会是公正的);还包括刑法机能研究(功能研究),提出了刑法机能观(刑法观)和刑法的正功能、负功能、零功能等概念,并提出了"二机能说"(人权保障和社会保护)、"三机能说"(规律机能、保障机能和保护机能)。(3) 犯罪论和刑事责任论基本问题的刑法哲学研究。包括:犯罪概念、犯罪观、犯罪本质、犯罪功能、主客观相统一原则、刑法因果关系、刑事责任功能和根据(一根据说与多重根据说)、人身危险性等问题的哲学研究。(4) 刑罚论基本问题的刑法哲学研究。包括:刑罚权(刑罚权本质以及制刑权、求刑权、量刑权与行刑权等)、刑罚价值(形成有自由、秩序和正义的"三价值说"与秩序和正义的"二价值说"之争)、刑罚目的(形成有一

---

[1] 参见赵秉志、魏昌东编著《刑法哲学专题整理》,中国人民公安大学出版社 2007 年版,第 38—84 页。

元目的论与二元目的论之争），刑法正当性根据（形成有报应刑论、目的刑论与并合主义），刑罚功能与效益（形成有报应的功能、公平与正义的社会功能，威慑、剥夺和矫正的功能等），罪刑均衡、刑罚现代化等刑法哲学问题的研究。

张明楷旗帜鲜明地主张刑法实质解释。其对刑法哲学和刑法解释学的完美结合和深刻阐释，主要体现在代表作《刑法学（第五版）》（法律出版社 2016 年版）、《刑法分则的解释原理（第 2 版）》（中国人民大学出版社 2011 年版）和《刑法的基本立场（修订版）》（商务印书馆 2019 年版）。

此外，刘艳红主张包容的法治国理论和实质刑法观，王政勋主张语言哲学转向和语用学文义解释论，劳东燕主张功能主义刑法观和解释论，刘远提出了刑法学司法逻辑化的方法论。

上述列举并不全面，还有其他许多刑法学者的刑法哲学研究成果各具特色，需要我们去学习和总结。

第四个问题，中国刑法哲学的未来发展方向。

我国著名刑法学者赵秉志和陈兴良对中国刑法哲学的未来发展方向有所描述。

赵秉志认为，21 世纪我国刑法哲学应着重解决四个方面的问题：一是促进刑法哲学与注释刑法学的融合；二是促进刑法哲学研究进一步繁荣；三是促进刑法哲学教育的发展；四是正确处理刑法哲学的国际化和本土化之间的关系，发展中国的刑法哲学。[①]

陈兴良则认为，在实定法意义上的刑法哲学研究的基础上，自然法意义上的刑法哲学是将来需要深入研究的一个重大课题。[②]

那么，应该如何认识和判断我国刑法哲学的未来发展方向呢？笔者认为，我国刑法哲学应借鉴吸纳西方刑法哲学理论知识，由传统刑法哲学转向兼容本体论、认识论的刑法语言学转向的方向发展。理由是：西方哲学的发展经历的三部曲，即从古代的本体论（研究什么东西是存在

---

① 参见赵秉志、魏昌东编著《刑法哲学专题整理》，中国人民公安大学出版社 2007 年版，第 82—84 页。

② 参见陈兴良《刑法哲学》，中国政法大学出版社 1992 年版，第 682 页。

的），发展到近代的认识论（研究怎么认识存在的东西），再到现代语言论（研究在某种语言意义上认识存在）。这个三部曲是人类认识理性的一种真实写照，反映了人类认识理性发展的内在规律，这就是最终应当从本体论走向认识论再走向语言论。现在我国有不少刑法学者深入关注语言学。

（2）中国刑法哲学的学术贡献与实践价值

自陈兴良出版《刑法哲学》之后，经过20年的发展，当今中国刑法哲学应当说取得了较为丰硕的研究成果，产生了巨大的学术影响。刑法哲学对刑法学科的学术贡献是十分巨大的，其不但为刑法学赢得了知识增量，而且有助于中国刑法学界全面审视和批判吸纳德日刑法和英美刑法的科学合理成分，建设有中国特色社会主义刑法学理论，促进中国刑法学的迅速崛起和高速发展，在国际上达到和保持了先进水准。比如：刑法观与解释论、刑法基本原则、犯罪论体系、刑罚论原理等，中国刑法学界都是同时兼容了中国元素和西方元素的"双轨—双语体系"，这是一个好现象。

第一个问题，刑法面相的思考。

"刑法"作为一种"法"，是一种什么面相？刑法学应当是以"刑法"现象为研究对象，但是人类理性并不能真正清晰地认识"刑法"这个研究对象。因为，刑法是一种十分古老的社会现象，应当说它诞生于何时何地、消失于何时何地，我们已经无法进行真正科学的、实证的考察，我们所能做的工作只能是做一些说不清有多大把握的推测。刑法千差万别，那么它的应然状态是什么？为什么同样的行为同样的现象，不同的人类群体却有不同的认识和不同的态度，犯罪的规定不一样，刑罚措施和制度规定也不一样（如赌博、吸毒、成年人自愿性行为、重婚等）？这些问题，在相当的程度上其实是无法证实的东西，但是我们却必须面对和回答。

对此，有的主张用"常识、常理、常情"来解决，有的主张用刑法神学观来解决，有的主张用刑法政治观来解决，形成了非常丰富的刑法哲学思想。

关于刑法面相的哲学思考，有利于刑法学者和刑法实践者更加理性：

一是对全人类刑法知识和现行刑法规定的理性评价。刑法不可能是一个纯粹科学的问题,而是一个带有浓厚人文气息的问题。许多无被害人犯罪、经济犯罪是否应当规定为犯罪,并非纯粹的科学问题,而是人文问题;法定刑的设置,尤其是是否规定死刑、无期徒刑,不完全是科学问题,而是人文问题。同理,任何一部刑法都只具有相对合理性,并不具有绝对合理性。是否定罪、如何定罪,是否处罚、如何处罚,这些问题都没有绝对确定的答案,更不存在唯一的答案。

二是对自我刑法知识与刑法理性的谨慎评价。我们每个人所拥有的刑法知识和刑法理性并不全面、并不值得简单自信,应该多听取和多反思相反意见,很多时候,我们可能只考虑了一个方面,但是却忽略了另外一个更为重要的方面,因此我们司法人员应当特别审慎;同时,我们对刑法的理解不能过于呆滞死板,那种认为刑法的所有规定就是铁板一块,丝毫不能变动、不能变通,本质上是十分危险的立场。但是,刑法的变动与变通应当偏向于哪个方向?这是一个十分重大的问题。按照现代刑事法治人权保障的核心理念,应当说只能偏向于无罪与罪轻的方向(前提是存有疑问),而不是相反方向。

三是刑法司法既要防右,更要防"左"且重点需要防"左"。这里借用了政治学术语,意思是:刑法司法始终应该是、每时每刻都应该是表现出一种庄严肃穆、令人恐惧的面孔,应时刻提防刑法成为泄愤报复或者政治斗争的工具,应坚持"刑法不得已性原则""刑法最后手段性原则""刑法谦抑原则"!尽管我们在刑事司法中要防止违背刑法和刑事政策而非法放纵犯罪行为,但是我们应当允许依法"放纵"犯罪的行为(实质上是对轻微犯罪作出"非犯罪化"处理如刑事和解制度、酌定不诉制度、罪疑不诉制度等),因而我们需要重点防范的问题仍然是滥施刑罚、法外用刑;尽管犯罪中有泄愤报复的情况,但是我们官方、我们检察官和法官不能泄愤报复。所以,这里所说的"更要防'左'",就是指:要特别防止滥施刑罚、法外用刑,要特别防止报复性刑事司法!

第二个问题,刑法学面相的思考。

"刑法学"作为一种"学问",是一种什么面相?刑法学作为一种"学问",到底应当是一种什么样的学问,人类理性也无法准确地予以厘清。刑法学是一门"科学",还是一门"哲学"?有人说刑法学是一门科学,但是我们生活中却有许多刑法现象是无法用科学或者科学规律来解释的：科学总是可以进行实证的现象（证成与证伪），而刑法学却无法进行实证。虽然近代史上有实证学派以"实证"为特征，但其实他们仍然无法进行真正的实证研究。哲学家说刑法学是一门哲学，神学家认为刑法应当是一门神学，很有点莫衷一是的味道。以致西方有学者断言："在法律知识并不算是一种科学的地方的民族是幸福的。"[①] 可见，在刑法学是一门什么性质的"学问"的问题上，总的来说仍然是一个疑问。

更进一步的思考是，刑法学理论体系作为一种理论系统，是一种什么面相？刑法学的理论体系如何建立，理论界也是各有各的看法。有的学者主张将刑法学划分为刑法哲学与刑法科学两类，或者主张将刑法学划分为理论刑法学、解释刑法学（或注释刑法学）两类；有的学者主张将刑法学划分为刑法哲学、规范刑法学和刑法社会学三类，[②] 或者将刑法学划分为刑法哲学、刑法科学与刑法神学三种，[③] 或者将刑法学划分为刑法哲学、刑法政策学和刑法规范学三类。此外，刑法学知识论体系还有其他很多种分类见解。那么到底应该怎样认识刑法学理论体系？对于这个问题，理论界应当说也是莫衷一是，远没有达成共识。因此，刑法学研究必须广泛运用科学、哲学、神学、语言学、政治学、社会学、经济学、民族学、人类文化学等多种学科知识，进行综合性的全方位的理论研究，才可能比较合理地解决刑法学理论和实践问题。当然，由于人类理性的极其有限性，我们不能企图圆满解决刑法学中的所有问题，而只能现实地对一些刑法学问题作出相对合理的研究和回答。基于这样一种认识，我倾向于认为，刑法学理论体系在整体上划分为以下三类：一是刑法哲学，以研究人类对于刑法本体问题的"智慧"和"精神安慰"为中心（即在一定意义上包含了有的学者所称的刑法神学的内容），以哲学思辨和概念法学研究为重点；二是刑法政治学（刑法政策学与刑法社会学），以研究人类对于刑法本体问题的"善治"为中心（政治在本原意义

---

① 转引自陈忠林《刑法散得集》，法律出版社2003年版，第162页。
② 陈兴良：《当代中国刑法新境域》，中国政法大学出版社2002年版，第175—198页。
③ 刘远教授认为："对刑事法这样一个世间现象或者实践活动，人类也可以而且必然会分别以哲学的、科学的与神学的方法加以研究，从而分别形成关于刑事法的哲学理论、科学理论与神学理论，我们分别称之为刑事法哲学（哲学刑事法理论）、刑事法科学（刑事法学）与刑事法神学（神学刑事法理论）。"刘远：《刑事法哲学初论》，中国检察出版社2004年版，第18页。

上就是善治），以刑事政策学研究为重点；三是刑法规范学，以研究人类对于刑法本体问题的"规范"为中心，以刑法规范解释研究为重点。

关于刑法规范学中犯罪论体系的面相，我国有的学者坚持四要件理论体系，有的学者坚持三阶层理论体系（或者二阶层理论体系），有的学者还提出了其他不同的理论体系。

第三个问题，对法学乃至整个人文社会科学的学术贡献。

刑法哲学不但为刑法学赢得了知识增量，而且促使刑法学者乃至整体法学者和整个人文社会科学界都去反思"刑""法""生命""自由""财产"等精深问题，有助于推动整体刑法学、法学乃至人文社会科学的精深发展。

其中重大影响之一，就是由刑法哲学引发了较多的法理学批判反思和较为丰富的其他部门法哲学研究，目前有刑事程序法哲学、刑事诉讼法哲学、民法哲学等。

再有一个重大影响就是：促进死刑政策等国家刑事政策乃至公共政策的改进、国家司法体制乃至政治体制的改革、刑法学者乃至全体国民的人文精神与科学精神的养成。

2. 刑法规范学的范畴体系与知识体系

可能是由于我国学者都有一种有机融合刑法哲学与刑法规范学研究的思维定式，似乎没有特别区分二者的不同并提出其独具特色的基本范畴，因此，前述所列刑法哲学的基本范畴基本上都可以成为刑法规范学的基本范畴。

但是，刑法规范学应该还有一些区别于刑法哲学的独特的基本范畴，如，规范文本、刑法立法、刑法解释、犯罪构成论（狭义的犯罪论）、共犯论、罪数论、竞合论等，可能就应该成为刑法规范学的基本范畴。同时，在刑法规范学基本范畴之下，还应具体构建具体范畴及其体系化，例如，犯罪论（基本范畴）之下，还有行为定型论、违法论、责任论等具体范畴及其体系化；违法论（具体范畴）之下，还有形式违法性、实质违法性、违法阻却事由（正当防卫与紧急避险）等子范畴。再如，刑法解释（基本范畴）之下，还有刑法解释价值（原则）、刑法解释功能（任务）、刑法解释类型、刑法解释立场、刑法解释限度、刑法解释主体、刑法解释权、刑法解释对象、刑法解释方法、刑法解释结论等具体范畴；

刑法解释价值（具体范畴）之下，还有合法性、合理性、合目的性等子范畴。这些基本范畴、具体范畴、子范畴组成了庞大的范畴体系（简单巨系统与复杂巨系统）。可见，刑法规范学范畴的体系化方法成为刑法学理论知识论的重要方法论，这个问题有待进一步思考和研究。

刑法规范学，又称为规范刑法学，其具体内容包括刑法教义学、刑法解释学两个大的方面。从知识论立场看，国内外刑法规范学知识（含中国与外国及比较）与国际刑法规范学知识、刑法规范的立法学知识与解释学知识（刑法解释学和刑法教义学）等，都可以纳入刑法规范学的范畴。但是应当明确，从理论研究策略和实践重要性看，国内刑法规范学理论知识是重中之重。

为什么要重视刑法规范学、刑法学"规范判断问题"？规范刑法学是最核心、最能综合体现刑法哲学和刑事政策学全方位理论知识精髓的、最直接用于刑法实践的刑法学理论知识，是最能在刑事指控、刑事辩护和刑事审判中显性发挥论证说理作用的理论知识武器和"制作技艺知识"（知识形态论），因而它特别重要。相对来说，我国传统刑法规范学的理论知识整体上较为单薄、浅显，欠缺精细化和体系化，甚至残存较多漏洞，应当尽量借鉴吸纳德日刑法规范学和英美刑法规范学的理论知识进行理论增量和理论深化，建设有中国特色的、适应现代复杂刑法实践需要的刑法规范学，因此，必须高度重视刑法规范学的理论知识体系，尤其是要特别重视学习和借鉴吸纳德日刑法规范学、刑法教义学的理论知识。可以毫不客气地说，德日刑法教义学理论知识的掌握程度，在相当意义上决定了刑法规范学的理论高度，不熟悉德日刑法教义学理论知识的细节和整体，就不可能是合格的刑法学者。

刑法规范学理论知识的学习和研究，需要特别强调以下几点内容：

（1）刑法规范学要以掌握和创新发展刑法教义学、刑法解释学为核心

强调刑法规范学要以掌握和创新发展刑法教义学、刑法解释学为核心，是指要把刑法规范学同刑事政策学（以及犯罪学）、刑法立法学等学问适当区分开来，在此基础上把学习和掌握作为刑法规范学重要组成部分的刑法教义学、刑法解释学作为核心和重点。可以说，没有全面掌握好刑法教义学、刑法解释学的理论知识体系，就根本谈不上真正的刑法

学（刑法规范学）。

这里讨论三个问题：

第一个问题，刑法教义学。

刑法教义学，是指以刑法立法规范为根据，遵循特定时代的刑法理念和规范逻辑，创设、确立刑法学理论界和司法实践部门多数人所认同的基本概念与命题体系、基本原则与规则体系等刑法理论知识体系的一门学问。

需要说明的是，理论界较普遍地认为刑法教义学难以精准界定，只能描述其基本特征。例如，王世洲以刑法信条学概念代替刑法教义学概念，认为："刑法信条学是关于刑法基础理论的学问。刑法信条学中的基本概念是各种刑法理论都必须讨论的内容，构成了现代刑法学的基本支柱。""通过分析和总结来认识刑法信条学中的基本概念，不仅有利于降低法治建设的成本，而且有利于加快法治发展的速度。"[1] 此外，还有其他许多学者对刑法教义学的概念进行了界定和描述。

总体上看，德日刑法教义学所创设、确立的刑法学基本概念与命题体系、基本原则与规则体系比较成熟，博大精深，许多内容是我国传统刑法学所缺乏的，因此，当下我国刑法学应当重点学习、借鉴、吸纳德日刑法教义学，尽快创设、确立具有中国本土化特色的中国刑法教义学。可以说，如果不熟悉、不借鉴吸纳，甚至拒绝德日刑法教义学，就不可能有真正高品质的中国刑法学（中国刑法教义学）。

例如，犯罪构成论，德日刑法教义学所创设、确立的犯罪论体系，包括三阶层犯罪论体系和二阶层犯罪论体系，都突出强调"违法、有责"的规范判断体系，对于我国犯罪构成四要件体系所强调的"主观、客观"的规范判断体系具有非常大的启发性和可借鉴性；至于德日刑法教义学中犯罪论体系内部的行为定型论、因果关系论、违法性与违法阻却事由论、责任性与责任阻却事由论、错误论、正当防卫论等内容，更是特别精细化的理论知识体系，尤其值得中国刑法学借鉴吸纳。

再如，共犯论，德日刑法教义学所创设、确立的共犯立法规范模式论、共犯处罚根据论、多众犯论与对合犯论、间接正犯论与片面共犯论、

---

[1] 王世洲：《刑法信条学中的若干基本概念及其理论位置》，《政法论坛》2011年第1期。

承继的共犯论与共犯关系的脱离论等，无不值得中国刑法学借鉴吸纳。

此外，罪数论和竞合论、刑罚论和保安处分论等，德日刑法教义学所内含的丰富理论知识，多值得中国刑法学借鉴吸纳。

当然，中国刑法学除了要借鉴吸纳德日刑法教义学，还应当以开放和发展的态度借鉴吸纳英美刑法学理论知识，兼收并蓄，包容发展，才能更好地发展创新；但是仍然必须强调的是，必须以借鉴吸纳德日刑法教义学为重点、为主体，把学习、研究、借鉴、吸纳德日刑法教义学作为重中之重，中国刑法教义学才能更好地发展创新。否则，如果不充分熟悉和借鉴吸纳德日刑法教义学，许多刑法学概念、原理都不知道为何物，就谈不上掌握了应有的、最基本的刑法学理论武器，就无法进行应有的、最基本的刑法规范学思考，就缺乏进行刑法学理论研究的理论基础和基本能力，更谈不上刑法学理论创新以及科学合理地认识和解决纷繁复杂的刑法问题。

第二个问题，刑法解释学。

刑法解释学，是指在刑法原理和刑事政策的指导下，运用诠释学方法，创设、确立对刑法规范进行解释适用所应当遵循的原理、原则、规则和方法等刑法理论知识体系的一门学问。

刑法解释学的极端重要性源于刑法解释本身的重要性，现在越来越多地获得了中国学界的共识，越来越多的刑法学者都重视刑法解释学的理论研究，越来越多的法律人都重视运用刑法解释学解决刑法理论问题和实践疑难问题，这是需要我们每一位法律人都要清醒认识和认真对待的。可以说，我们每时每刻的刑法理论研究、刑法实践问题研究，都是刑法解释，都涉及刑法解释学，由此可见刑法解释学的极端重要性。但是，如果我们刑法学理论研究人员、刑法实务人员对于刑法解释学的基本原理、解释原则与规则、解释方法甚至基本概念都不熟悉，我们是不可能解释好、处理好刑法问题的。

例如，刑法解释的融贯性与整全解释、回溯性与循环解释、主客观性与主体间性、主观解释与客观解释、形式解释与实质解释、刑法漏洞与解释性填补、解释目标与解释限度等都不知道是什么，对于文义解释、体系解释、历史解释、目的解释、当然解释与反对解释、扩张解释与限缩解释、同类解释与同质解释、合宪性解释与法社会学解释、解释对象与解释结论有效性等基本理论知识都不熟悉，我们就无法有效运用刑法解释学原理和方法来解决好刑法适用问题。因此，只有熟悉、掌握刑法解释学基本原理，我们才能够更好地解决刑法适用问题。

具体讲，刑法解释学的重要性可以归纳出以下四点：

一是刑法规范文本的语义模糊或者不明确，案情事实认定与刑法规范文本对应性之间存在较大争议，必须通过刑法解释才能正确适用并获得公众认同。例如，现在许多具有重要影响力的案件的司法审判（如快播案、于欢案、昆山龙哥砍杀案、福建强奸双性人案、许霆案等），归根结底就是刑法解释问题。

二是刑法规范文本的稳定性与适应性之间存在紧张关系，必须通过刑法解释才能有效权衡适用。例如，2020年初发生的新冠病毒疫情期间，以危险方法危害公共安全罪（第114条和第115条）、妨害传染病防治罪（第330条）的解释适用出现了较大理论争议。

三是几乎所有的刑法理论和实践问题都可以归结为刑法解释，由此决定了刑法解释学的极端重要性。有一种比较通行的观点认为，"一部西方法学史，就是一部法律解释史"[1]，依此论断也可以说人类刑法学史就是一部刑法解释史。这种观点格外强调刑法解释的重要性，在已经生成刑法规范文本或者刑法习惯法的大前提下是能够成立的，因为人类刑法实践的终端就是对刑法的解释适用。

四是现代刑法学特别重视"方法论觉醒"，刑法解释学（刑法教义学）已经成为中西方法学的显学之一。首先看中国，刑法解释学已经逐渐成为刑法学主导，如法理学界谢晖和陈金钊"方法论觉醒时代"，刑法学界陈兴良主张的刑法教义学和刑法形式解释论、张明楷主张的刑法实质解释论、劳东燕主张的功能主义刑法解释论、陈忠林主张的"三常"刑法观（即常识、常理、常情刑法观）和周光权主张的常识解释论等，都在法学理论界和司法实务界产生了深刻影响。其次看西方，出现了一大批法律解释学大家，其中有论著引入中国的西方法律解释学著名学者有：德国学者如考夫曼、拉伦茨、茨威格特、哈贝马斯、伽达默尔、魏德士、阿列克西、耶赛克，英国学者如梅因、霍布斯、哈耶克、哈特，

---

[1] 陈金钊、焦宝乾等：《法律解释学》，中国政法大学出版社2006年版，第54页。

美国学者如梅利曼、伯尔曼、卡多佐、庞德、博登海默、波斯纳、德沃金,其他国家和地区的学者如福柯(法国)、达维德(法国)、凯尔森(奥地利)等。"方法论觉醒""解释论觉醒"需要引起我们高度重视!

第三个问题,刑法教义学与刑法解释学的关系。

刑法教义学与刑法解释学之间的关系是什么?对此,有学者认为,二者关系论应当坚持同质论,即二者均对应于刑法学社科法学方法而言。

在同质论内部,有的学者主张刑法教义学,另有的学者主张刑法解释学。陈兴良主张刑法教义学,认为"刑法教义学与刑法解释学具有性质上的相同性。刑法教义学只是与刑事政策学、犯罪学、刑罚学以及刑法沿革学之间具有区隔性,但与刑法解释学则是一词二义而已。因此,并不存在一种刑法解释学之外的刑法教义学"。"不要试图在刑法教义学之外再建立一门刑法解释学"[1],刑法教义学的核心是刑法解释,刑法教义学属于司法论的范畴而不是立法论的范畴。[2] 张明楷主张刑法解释学,认为刑法教义学就是刑法解释学,不要试图在刑法解释学之外再建立一门刑法教义学。[3] 冯军也持有同质论观点,他认为:"在我国刑事法律体系已经基本建成之后,我国不少刑法学者都把主要精力转向理解刑法、解释刑法,也就是说,从刑事立法学转向了刑法教义学。""一种规范论的刑法教义学,要重视解释者个人的先见,更要重视解释者群体的经验,要让解释结论符合实践理性的要求,使解释结论建立在不可辩驳的法律基础之上。"[4] 可以说,这些论述均坚持了同质论的基本立场。

除同质论外,也有学者主张刑法教义学与刑法解释学之间的关系不能简单地以同质论来概括,而认为二者之间具有一定差异。如车浩认为,刑法教义学是当代中国刑法理论发展的方向,"刑法教义学与刑法注释学的区分,关乎学术方向,绝非无足轻重的概念游戏。注释研究的前提,是存在作为注释对象的法条文本。以往的刑法注释学,与狭义上的刑法解释学的意义接近,即以特定的文字作为解释对象,进而完成妥当解释

---

[1] 陈兴良:《教义刑法学》(第二版),中国人民大学出版社2014年版,第2—3页。
[2] 陈兴良:《刑法教义学的逻辑方法:形式逻辑与实体逻辑》,《政法论坛》2017年第5期。
[3] 张明楷:《也论刑法教义学的立场——与冯军教授商榷》,《中外法学》2014年第2期。
[4] 冯军:《刑法教义学的立场和方法》,《中外法学》2014年第1期。

的任务。这种研究的理想状态，主要是文义解释、历史解释、体系解释和目的解释等几种解释方法的娴熟且适当的运用。但是，刑法解释方法，只是法学方法论中的一部分；通过具体解释来寻求刑法条文本意，这也只是法教义学工作的一部分"[①]。因此"综上可知，从刑法注释学（或狭义上的刑法解释学）向刑法教义学的转变，在方法论层面上，意味着超越法条注释，创造法理概念，从而丰富法之形态，拓展法之范围。在研究方法上，法教义学以法律文本为出发点，它包括狭义上的解释，但是不止于解释"[②]。李凯博士认为，"刑法教义学在刑法学之下更多地做着刑法知识的概念化、理论化、体系化工作，这其中包含着对刑法概念的创建、阐释，对刑法原理的推进，以及对刑法知识体系的调整、填充等工作，以上工作对于形成刑法的职业共同体举足轻重；而刑法解释学在刑法学之下则更多关注对刑法文本的解释工作，这其中包含着对刑法解释的对象、目的、原则、立场和方法等内容的研究，并将研究成果运用到文本解释和司法适用之中的工作，这对于刑法职业共同体实现刑法的安全和公正至关重要。简言之，前者具有更多的'理论意义'，侧重于解决'为什么'的问题，后者则更具'实践意义'，侧重于解决'是什么'的问题"。虽然"要严格区分刑法教义学与刑法解释学，在很多情况下并不容易做到，二者在很多时候呈现出'你中有我、我中有你'之情况，但将二者等同、混淆，却与它们的各自内涵确有不符，也会误导刑法学研究的基本方向。是故，刑法学之下应有刑法解释学和刑法教义学之界分，二者不可相互替代，而是一种互动、互补且相对独立之系，刑法学研究应当走向刑法解释学与刑法教义学并重的格局"[③]。

笔者认为，作为刑法学方法论的刑法教义学和刑法解释学二者之间具有同质性，应当坚持宏观同质论、微观差别论。在此前提下，一方面可以将刑法解释学作为刑法教义学的重要组成部分，亦即刑法解释学本身也应当追求刑法解释学教义化，刑法解释学教义化是刑法学教义化的

---

[①] 车浩：《刑法理论的教义学转向》，《检察日报》2018年6月7日第3版。
[②] 车浩：《理解当代中国刑法教义学》，《中外法学》2017年第6期。
[③] 李凯：《刑法解释学与刑法教义学的关系》，《中国社会科学报》2018年2月7日法学版。

应然内容之一,在此意义上,狭义的刑法解释学是刑法教义学的分支学科(因为刑法解释学本身也需要教义学化),广义的刑法解释学实质上就是刑法教义学。陈兴良针对凯尔森所论的纯粹法理论"本理论乃是法律科学而非法律政策"[①]发表评论时指出,"凯尔森之所谓法律科学与法律政策学的区分,就相当于在刑法学中刑法解释学与其他刑法学的区别"[②],这种见解是有道理的。另一方面,也可以将刑法教义学作为刑法解释学的重要组成部分,亦即,刑法解释学本身可以将刑法教义学原理作为法规范内的伦理解释方法,以此获得刑法解释结论合理性(不违背刑法教义学原理),与此相对应,刑法解释学还将文义解释方法和刑事政策解释方法作为与刑法伦理解释方法相并列的刑法解释方法。在此意义上,张明楷主张"刑法教义学就是刑法解释学"的观点也是有理有据的。应当说,(狭义的)刑法教义学和(狭义的)刑法解释学的共同内核是确定刑法规范原理和诠释规则及其教义化,为特定时代的刑事法治理性划定共同信仰、基本原理和诠释规则。

(2)刑法规范学要以精准熟悉刑法规范条文为己任

要将全体"刑法规范"纳入研究视野,建立和培育"整体刑法学"或者"刑事一体化"的知识体系。刑法规范学的主要知识内容有:国内外刑法规范学知识(含中国与外国及比较)、国际刑法规范学知识、程序刑法规范学知识(广义的刑法规范,包括刑事诉讼法规范)。

第一,要精准熟悉本国刑法规范条文。

要经常阅读、审查本国刑法规范条文,切实做到精准熟悉本国刑法规范条文,不能模糊不清、似是而非。相反,如果不熟悉本国刑法规范条文,难以匹配刑法学专家、刑法学博士、刑法学等称谓和荣誉。这方面,可能我们现在许多博士生、教师都应当引起高度重视。

第二,要精准熟悉外国刑法规范条文。

不但要尽力全面了解和熟悉国外刑法规范条文,而且在可能的情况下,还应该尽力熟悉国际刑法规范条文。通过这种了解和熟悉,我们往往会发现许多意想不到的收获和启示,十分有利于融会贯通地研究刑法

---

① [奥]凯尔森:《纯粹法理论》,张书友译,中国法制出版社2008年版,第37页。
② 陈兴良:《教义刑法学》(第二版),中国人民大学出版社2014年版,第8页。

原理。至少，我们不至于成为刑法界的外行与门外汉，不至于闹笑话。以国际刑法规范条文为例，我们许多同学和老师可能根本就没有想到去了解和熟悉，结果知之甚少，甚至闹笑话，比如：当下国际刑法原则（上级命令不免责原则等）、国际刑事法院（运行规则）、国际犯罪、国际刑罚制度等，十分重要。记得我们有一位硕士研究生写了一篇硕士学位论文《反酷刑问题研究》，其中运用国际刑法原理提出了对酷刑进行界定和规制的一些学术见解，应当说还是一些比较基础的国际刑法理论问题，但是被个别老师无端指责和批评，其实恰恰是我们个别老师自己因为不懂国际刑法理论而闹了笑话。

第三，要精准熟悉德日英美和中国的经典案例（判例）。

典型案例非常重要，要有意识地精准熟悉，典型案例用起来要如数家珍，通过精准熟悉典型案例可以更加精准地阐释相关的刑法法理，那才叫"腹有诗书气自华"。例如：（德国）癖马案（期待可能性），柏林墙射杀案（执行命令不免责—职务行为—正当化事由—比例原则—单发射击与连发射击），上衣口袋案（正当防卫）；（中国）克拉玛依大火案（管理过失）；广州许霆案（盗窃）；快播案（中立帮助行为）；山东于欢案、昆山反杀案（正当防卫）等。

（3）刑法规范学要融合好刑法立法论与刑法解释论两个面向

要处理好面向立法完善的刑法学研究（刑法立法原理）与面向司法公正的刑法学研究（刑法解释原理）之间的关系，不得顾此失彼，而要兼顾好立法正义与司法正义两个侧面。

当然，在司法实践中，刑法规范学的主体内容应当限定为面向司法公正的刑法教义学与刑法解释学，强化其为司法实践服务的实践品性。相应地，在刑法学理论研究中，应当适当注意突出刑法解释论和刑法教义学的特点，以增强刑法学理论研究的实践品格。

同时也应注意，在当下时代激荡前进的特殊历史时期，刑法立法的修改完善也成为重要任务，因此，刑法立法完善论（即面向立法完善的刑法学）也可能成为重要研究内容，其中需要有意识地调整研究重心和研究方法。

3. 刑事政策学的范畴体系与知识体系

关于刑事政策学的范畴体系，笔者提出了刑事政策学的10个基本范畴：刑事政策、犯罪防控（秩序）、人权保障（自由）、社会发展（效率）、相对公正（公正）、刑事政策客体、刑事政策主体、刑事政策行为、刑事政策环境和刑事政策现代化。

笔者认为，"刑事政策学的范畴体系，除了必然包括作为其基本研究对象的'刑事政策'范畴与作为其学科建设历史使命的'刑事政策现代化'两项范畴之外，主要包括刑事政策学的价值范畴系统与刑事政策学的实体范畴系统两个范畴系统，其中，刑事政策学的价值范畴系统具体包括犯罪防控、人权保障、社会发展、相对公正四项范畴，并且这四项价值范畴可以等值对应于法哲学原理中的秩序、自由、效率、公正（突出强调相对性）等语词表达的四项价值范畴；刑事政策学的实体范畴系统具体包括刑事政策客体、刑事政策主体、刑事政策行为、刑事政策环境四项范畴"[1]。当然，其他学者还提出了刑事政策学的基本范畴及其范畴体系的学术见解，值得关注。

刑法政策学（刑事政策学），包括作为本体论、认识论、方法论的刑法政策学。主要内容有：刑法的政治学研究（含国际政治）、刑法的社会学研究、刑法的经济学研究、刑法的文化历史学研究。

为什么要重视刑事政策学、刑法学"价值判断问题"？这是因为，刑事政策学具有十分重要的研究价值，刑事政策问题已经引起当今世界各国的广泛关注。刑事政策学研究在西方国家开展得如火如荼之后，自21世纪初以来逐步成为中国刑事法学领域的一门显学，众多中国学者不约而同地关注或者投身于刑事政策学研究。但是笔者注意到：我国学术界针对刑事政策学的研究价值、研究对象与学科体系建构等重大基础性理论问题，尚缺乏深入研究，更没有取得一致见解。这种理论研究现状严重地制约了刑事政策学的体系性发展，也妨害了刑事政策理论和实践的科学现代化，从而凸显出展开刑事政策学基础理论问题研究的重要性和紧迫性，也极大地影响了我国刑法学研究。例如，当前我国学术界普遍认为，刑法和刑事诉讼法的目的任务"首先是惩罚犯罪、打击犯罪，其次才是保护人民"，其实这种理解可能并不恰当：因为惩罚犯罪打击犯罪本身可能并不需要刑法和刑事诉讼法，限定打击犯罪的具体范围和程序、

---

[1] 参见魏东《刑事政策原理》，中国社会科学出版社2015年版，第11页。

保障人权才需要刑法和刑事诉讼法。这些见解应当说，都与刑事政策原理及其当代发展趋势的认识理解有关。所以，刑事政策学对于刑法研究十分重要！

刑事政策学研究所具有的重大理论价值和实践意义在于：从学科体系层面上看，刑事政策学研究具有重要的指导地位（灵魂论与精髓论）；从我国犯罪防控实践层面上看，刑事政策在我国一直占据着核心的、统帅的地位（核心论与统帅论）。总体上，我国长期以来在犯罪防控问题上超乎寻常地重视刑事政策的应用，尤其是在刑事立法和刑事司法活动中刑事政策都起着十分重要的作用，占据着十分重要的地位，如严打政策、宽严相济刑事政策等。这种实然状况，与我国理论上对刑事政策研究十分薄弱的理论现状很不协调，形成了巨大的反差，导致了现实生活实践中大量破坏法治、侵犯人权事件的发生，严重破坏了基本的社会公正，从而在根本意义上不利于我国整个法治、社会和国家的进步发展。

因此，为了更加理性且有效地实践犯罪防控和刑事法治，我国必须顺应世界潮流，加强刑事政策理论研究。我们刑事审判法官应当关心国家刑事政策的发展变化，主动运用刑事政策学原理研究刑法问题。

刑事政策学的研究对象可以在基本层面上明确限定为同犯罪防控相关的所有社会公共政策，既包括刑法手段，也包括非刑法手段。可见，防控犯罪是刑事政策最明显的个性价值追求。但是，刑事政策的防控犯罪价值追求必须限定在谋求"公正合理的人类福祉"的界限范围内，因为，刑事政策是社会公共政策的有机组成部分。作为整体的社会公共政策，其共性目标价值可以定位于相对公正的人类福祉，即相对公正理性、人权保障和社会有序发展。从正当性、合理性和合法性根据而言，刑事政策的个性价值必须完全切合社会公共政策的共性价值，即刑事政策的个性价值必须受到社会公共政策的共性价值的限制和约束，在根本上不能突破社会公共政策的共性价值界限。直白地讲就是：犯罪防控价值不能侵犯人权保障、不能妨害社会有序发展、不能破坏社会公正！从而犯罪防控不能无所顾忌，而应有所顾忌！

因为，我们大家都知道，犯罪防控与人权保障、社会发展、社会公正这样四个价值目标之间经常性地存在冲突。其中最突出、最典型的冲突表现在犯罪防控与人权保障两个价值目标之间：过分偏重犯罪防控价值，就可能严重侵犯人权保障价值；反之，过分偏重人权保障价值，必然会严重妨害犯罪防控价值！这样，就涉及一个十分重大的价值权衡问题、价值取向问题，即刑事政策的价值理念。

价值理念与价值取向问题，在根本上就是指针对具有矛盾和冲突的多种价值目标，如何处理它们之间的关系和如何实现它们之间的整合与有机统一问题。我认为，随着人类社会的进步和政治文明的发展，可以将现代刑事政策的基本价值取向（即价值理念）总体上简要地概括为现代刑事政策的谦抑宽容价值理念，其具体内容为"三大一小"理念：最大限度地保障人权、最大限度地促进社会发展、最大限度地体现相对公正、最小限度地维持秩序（必要秩序）应当成为现代刑事政策的基本品格和基本理念。

即这种现代刑事政策理念应当强调"人权保障至上"，反对"犯罪防控至上"；强调"公正至上"，反对"效率至上"。

这种现代刑事政策理念对于刑法研究具有重大影响。从刑事政策原理来看，刑事政策与刑事法律的关系可以从三个层面上进行概括：一是在价值取向上，刑事政策与刑事法律是指导与被指导的关系；二是在对策系统上，刑事政策与刑事法律是整合与被整合的关系；三是在具体措施上，刑事政策与刑事法律是校正与被校正的关系。例如：在现行罪刑法定原则所确认的刑事政策精神下，刑事政策与刑事法律二者之间在犯罪防控的具体措施上所具有的这种校正与被校正的关系具有相当的特殊性，这种特殊性可能表现为一种"单向校正"，即只能表现为一种情形：当现行刑事法律规定为犯罪的行为在实质上不符合特定刑事政策精神时（如不具有社会危害性或者不利于保障人权），就可以根据刑事政策精神对该行为不作犯罪追究；而不能相反。如果现行刑事法律没有规定为犯罪的行为但是在实质上具有社会危害性，则对该行为不应当追究刑事责任，这既是罪刑法定原则所确认的特定刑事政策精神的基本要求，也是刑法安定性的基本要求。

## 二 刑法学理论知识体系的重要意义

必须明确，学习和掌握刑法学理论知识体系具有非常重要的意义。

只有掌握了刑法学理论知识体系，才能实现刑法学理论知识论体系化，才能为刑法理论研究奠定基础，才能体系化地运用刑法学理论知识解决好刑法问题。申言之，学习和掌握刑法学理论知识体系的重要意义主要是其方法论价值和实践价值两个方面。

**（一）方法论价值：学术对话与创新平台**

知识论、系统论、范畴论，本身就是方法论，当然具有方法论价值。例如，范畴体系化方法，就是一种非常重要的学术研究方法。刑法学科的范畴体系化方法，以及刑法学科内部的分支学科（如刑法哲学、刑事政策学、刑法教义学和刑法解释学等）的范畴体系化方法，是刑法学术研究的基础研究方法，具有方法论价值。

刑法学理论知识体系化的方法论价值，还进一步表现在有利于建设完整的刑法理论知识对话平台和沟通渠道。刑法学理论知识论体系化，即刑法哲学、刑法政策学、刑法规范学等诸方面理论知识体系化，是刑法学科成为一门较为成熟的部门法学的显著标志，是刑法学科内部进行学术对话和学术创新的重要平台，也是刑法学科与外部其他学科进行学术对话并创新发展刑法学科的重要基础，因此，刑法学理论知识体系化应当成为刑法学科建设的理论自觉。

陈兴良在刑法学研究中较早关注刑法学理论知识论体系问题，对于刑法学科建设作出了突出的卓越贡献。陈兴良指出：刑法学必须进行形而上的哲学之思，建立起独具特色的学科专业槽；认为"法学不仅要分享哲学、经济学、社会学、伦理学等其他人文社会科学的研究成果，而且也应当让这些人文社会科学分享法学研究成果，使之从法学知识中获得某种思想上的灵感与方法上的启迪。只有这样，法学才能说对人文社会科学作出了某种贡献，法学知识才能真正融入人文社会科学的知识体系"[①]。陈兴良还强调指出："法学作为一种知识形态，首先应当明确其自身的层次，这就是法哲学、法理学与法社会学。各个部门法学，例如刑法学，又可以分为刑法哲学、规范刑法学和刑法社会学。因此，在一般意义上确立法哲学、法理学和法社会学，对于所谓部门法学的理论层次

---

[①] 陈兴良主编：《刑法知识论研究》，清华大学出版社2009年版，第28页。

划分具有指导意义。"① 并且"它的解决能够在一定程度上指明法学研究的进路"②。

陈兴良赞同区分法学方法与法律方法的学术立场,并宣扬刑法教义学方法论。③ 所谓法学方法,是指法学研究方法,其关注的核心是何谓正确之法这一法哲学的第一个基本命题,有关法学方法的学说即是法学方法论;而法律方法,是指应用法律的方法,其中狭义的法律方法即为法律解释,广义的法律方法的内容则包括法律推理方法等内容。④ 针对陈金钊归纳的法律方法包括法律发现、法律推理、法律解释、漏洞补充、法律论证、价值衡量等各种方法,⑤ 陈兴良则敏感地意识到刑法方法的特殊性,他指出:"由于各个部门法的性质有所不同,在通行的法律方法的采用上也会有所不同。例如,在罪刑法定原则制约下的刑法,像法律漏洞补充这样的法律方法一般是不能采用的。即使是广泛适用的法律解释方法,也要求严格解释,禁止类推解释等,对此必须予以充分关注。"⑥ 这是一种真知灼见,其得益于刑法知识论体系性观察和思考,笔者对此十分赞同。

可见,陈兴良实际上就是强调了我们法律学者必须建设完整的法学知识体系对话平台和沟通渠道。陈兴良指出:"梁治平提出了一个如何打破法学家与其他人文社会科学家之间的隔膜,实际上也就是法学知识与其他人文社会科学知识相融合的问题。我想,首先需要打破的是法学知识形态内部的隔膜。例如,法哲学、法理学与以规范研究为主的部分法学之间的隔膜,加强从事各层次的法学研究的学者之间的思想沟通,加深他们之间的相互理解。对于从事法哲学、法理学研究的学者,应当看到规范法学对于法治建设的直接作用。可以说,从事司法实务的法官、检察官、律师基于其业务需要,主要接受的是规范法学的研究成果,鲜

---

① 陈兴良主编:《刑法知识论研究》,清华大学出版社2009年版,第11页。
② 陈兴良主编:《刑法知识论研究》,清华大学出版社2009年版,第1页。
③ 陈兴良主编:《刑法方法论研究》,清华大学出版社2006年版,第1—42页。
④ 郑永流:《法学方法抑或法律方法?》,郑永流主编:《法哲学与法社会学论丛(六)》,中国政法大学出版社2003年版,第24页。
⑤ 陈金钊:《法律方法引论》,谢晖主编:《法律方法(第2卷)》,山东人民出版社2003年版,第152页。
⑥ 陈兴良主编:《刑法方法论研究》,清华大学出版社2006年版,第3页。

有直接阅读法哲学、法理学著作的,因此,法哲学、法理学思想只有通过规范法学间接地影响司法实践。而从事规范法学研究的学者应当知道,规范法学由于其专业性,实际上难以为其他人文社会科学家所接受,他们主要是通过法哲学、法理学的研究成果而了解法学研究的现状。因此,法哲学、法理学研究乃是法学知识的前沿与门面,它对于提升法学在人文社会科学中的地位具有重要意义。当然,法学知识虽然分为各种形态与各个层次,但仍然是一个整体。"①

笔者认为,从建设完整的法学知识体系对话平台和沟通渠道这一立场出发,刑法学理论知识体系(整体)应当包括刑法哲学、刑法政策学(刑法社会学)、刑法规范学三部分,其有利于彰显刑法学科的知识论意义,构建学术对话平台,有助于我们了解、掌握该学科研究的基本状况和知识体系。在此基础上,我们才可能进行真正意义上的刑法学术研究,否则,刑法知识不全或者漏洞太多,刑法知识运用条件不达标或者刑法方法论(刑法知识体系中的方法论知识内容)运用能力不足,就根本无法进行刑法学术研究。

例如,刑法二元化立法模式(指我国现行刑法规定的犯罪行为与其他一般违法行为的违法性二元化规范判断模式)与刑法一元化立法模式(指德日刑法立法的违法性一元化规范判断模式),就是"刑法立法"这一基本范畴应当关注的刑法知识,这个知识(基本范畴)如果研究者不了解、不掌握,就可能成为一个刑法知识漏洞,研究者就无法展开刑法规范学的创新研究。

再如,与"刑法立法"相关,刑法观和刑事政策也是刑法知识体系中的重要内容,那么,如果不了解"民权主义刑法观"与"国权主义刑法观""大刑法观"与"小刑法观""刑事政策价值范畴体系"与"刑法立法原则"等重要范畴,以及更加具体的子范畴如"预备行为与帮助行为实行行为化""可罚性理论""短缩的二行为犯""刑罚根据"与"并

---

① 陈兴良主编:《刑法知识论研究》,清华大学出版社2009年版,第27页。陈兴良在此处引用了梁治平先生如下一段话:我们所处的是这样一个时代,它一方面要求哲学家、政治学家、社会学家、经济学家、心理学家和其他学科的学者把法律问题纳入他们的思想范围,另一方面又要求法律学家能像知识分子那样思考问题,要求他们破除彼此之间的隔膜,共同完成法治进程中的知识转变。该引文参见梁治平《法治进程中的知识转变》,《读书》1998年第1期。

合论"等刑法知识,就根本无法科学合理地阐释某个具体罪名设置与具体刑罚措施的争议问题,也无法科学合理地阐释具体刑法规范的刑法解释争议问题,提出的论证理由就可能给人感觉没有法理、没有逻辑、没有说服力,就更谈不上学术创新。一句话,没有形成刑法知识体系(而存在太多刑法知识漏洞),就不可能真正准确理解刑法规定、阐释刑法理性,更不可能有能力进行刑法研究和学术创新。

刑法理论知识体系化有利于实现刑法学科的方法论价值及其对于他学科的借鉴启发意义。广义的刑法知识体系包括了作为本体论和认识论的刑法学科知识体系、作为方法论的刑法学科知识体系,但是在强调方法论知识觉醒的时代,有必要特别突出刑法知识体系的方法论价值。刑法学科的理论研究,必须切实掌握体系化的刑法知识基础与方法论基础,方有条件进行真正的刑法学术研究,这可能是被许多刑法学者,尤其是初学者(如硕士生和博士生)在较长时间所忽视了的问题。但是这个问题十分重要,搞不好就无法在刑法学术研究中获得成功。因此,刑法学知识体系问题的考察有助于刑法学科自身的方法论完善。同时,刑法学科方法论完善,本身有助于刑法知识体系的完善,尤其是刑法创新品格的提升,又有助于启发其他学科反思、完善其方法论,这就是刑法知识体系的方法论价值及其对于其他学科的借鉴启发意义。当然,反过来也一样,其他部门法知识体系的完善也具有对于刑法学科的知识论价值和方法论价值,刑法知识体系的方法论价值与其他部门法知识体系的方法论价值是相互借鉴启发的关系。

### (二) 实践价值:刑事法治与理论阐释力

刑法实践中的许多问题,尤其是刑法疑难问题的公正、合理、有效解决,在确保刑事法治的基础上实现法律效果、社会效果和政治效果的和谐统一,均需要充分运用刑法理论知识进行体系化的阐释说理。反之,如果没有掌握好刑法学理论知识体系,就缺乏理论阐释能力,就无法实现刑事法治和良好社会效果。这方面的例证很多,例如:

其一,约定贿赂与犯罪停止形态理论问题,行贿人同受贿人进行约定贿赂,行贿人与受贿人是犯意流露、犯罪既遂、犯罪未遂(或者犯罪中止)与犯罪预备?

其二，违规贷款与共犯论问题，贷款人在银行工作人员的违规帮助下成功获得贷款，银行工作人员涉嫌违法发放贷款罪，问题是：贷款人是否构成违法发放贷款罪？

其三，非法传销与封闭条款理论问题，组织、领导传销活动的人员，安排财务人员实施财务注账、开发票等活动，财务人员是否构成组织、领导传销活动罪？

其四，伪造金融票证与短缩的二行为犯理论问题，上市公司通过伪造金融票证作为财务凭证欺骗证监会，是否构成伪造金融票证罪？

上列这些"真问题"应当说是刑法实践所面临的、所必须回答的，均有赖于刑法学理论知识体系化运用，只有充分掌握了刑法学理论知识才能进行精准的理论阐释。

# 第二章

# 刑法观与方法论

## 目 次

一 刑法观
（一）民权刑法观与国权刑法观
（二）行为刑法观、行为人刑法观、被害人刑法观与综合主义刑法观
（三）行为功利主义刑法观与规则功利主义刑法观
（四）宪治刑法观、契约刑法观、非宪治刑法观
（五）主观主义刑法观与客观主义刑法观
（六）实质刑法观（保守主义的实质刑法观）与形式刑法观
（七）预防性刑法观、风险刑法观（安全刑法观）、敌人刑法观
（八）积极刑法观、功能主义刑法观
（九）常识主义刑法观
（十）其他刑法观

二 刑法学方法论
（一）科学主义方法与人文主义方法
（二）经验主义方法与理性主义方法
（三）教义学方法与社科法学方法
（四）解释学方法与立法学方法
（五）建构性方法与解构性方法
（六）综合的方法与折中的方法

刑法观与方法论，在相当意义上也属于刑法学理论知识论体系的范

畴，是刑法学基础理论中更具有全面指导意义和方法论价值的重要内容，因此有必要进行专门阐释。

# 一　刑法观

刑法观，是指人们对刑法的性质、价值、机能、目的、任务、基本原则以及对犯罪与刑罚等基本问题的根本看法，是世界观、价值观和人生观在刑法领域的根本体现。

刑法观研究中，至少应当具备三个问题意识：

问题意识一：知识论与价值论应当如何阐释？

刑法观既是刑法知识论、哲学论问题，又是刑法方法论问题，对于刑法学者深化和创新研究刑法问题具有十分重大的价值；同时，刑法观还是一个刑法政治与实践问题，是刑法立法与刑事司法的一个根本问题，是刑法学者、实践工作者必须首先在思想观念上解决的一个根本问题。可以说，在根本意义上，我们的刑法理论研究活动、刑事司法活动都是在一定的刑法观指导下进行的，它决定了我们的刑法理论研究、刑事立法与司法活动的基本面貌。

例如，"刑法的性质"。是以"刑"（刑罚）为标准来确定"刑法"的性质，还是以"罪"为标准来确定"刑法"的性质？如果以后者为标准，则刑法应称为"犯罪法"（犯罪治理法、犯罪防控法），似乎应该隐去"刑（罚）"的性质，因为"非刑罚"的措施也是治理犯罪的应有内容。可见，刑法的性质决定了刑法的概念界定，即决定了"刑法是什么"的问题。

"刑法的价值"。刑法的价值是自由，还是秩序？是公正，还是效率？是自由、秩序、公正、效率都要，还是只要其中一部分？如果四项价值都要，是自由优先，还是秩序优先，或是公正优先，抑或是效率优先？

"刑法的机能"。机能是与价值相关联的，到底是惩罚犯罪以维护秩序（秩序维护机能），还是保障人权（人权保障机能）？到底是惩罚犯罪优先，还是保障人权优先，抑或是惩罚犯罪与保障人权并重？

"刑法的目的"。是保护人民利益，还是彰显国家权威？是保护法益，还是维护规范有效性？是规制公民行为，还是规范裁判行为？

此外，还有"刑法的任务""刑法的基本原则""犯罪""刑罚"，对这些问题的根本看法（根本观点）均构成刑法观的内容。

问题意识二：类型论应当如何阐释？

类型论，是指对刑法观的类型化认知，依据一定标准对刑法观进行的逻辑分类。一般而言，刑法观类型论包括刑法观的范畴类型与具体类型两个方面的理论研讨。

其一，刑法观的范畴类型，是指根据刑法观所属范畴的归类情况所划分出的刑法观类型。刑法观的范畴类型，主要包括刑法本体观（刑法整体观）、刑法立法观、刑法司法观、犯罪观、刑罚观、罪刑观（罪刑关系论）六种。

其二，刑法观的具体类型，是指根据刑法观的具体内容所划分出的刑法观类型。刑法观的具体类型，有民权刑法观与国权刑法观、主观主义刑法观与客观主义刑法观、行为刑法观与行为人刑法观、实质刑法观与形式刑法观、宪治刑法观与非宪治刑法观、风险刑法观、安全刑法观、秩序刑法观、敌人刑法观、常识主义刑法观等数十种。

此外，当下时代中国政府高度重视总体国家安全观、生物安全观、网络安全观、算法安全观等，由此引出的总体国家安全刑法观、生物安全刑法观、网络安全刑法观、算法安全刑法观等，均值得刑法学理论研究充分关注和深入研究。

问题意识三：多重面孔应当如何评判？

刑法观多重面孔，主要是指刑法观的具体类型具有多重面孔，一方面基于不同的历史条件、世界观、价值观和人生观，历史上出现了众多不同的刑法观，另一方面基于不同的知识背景和理论见解，理论界对刑法观存在不同的划分。

正是由于不同学者对刑法观本身的不同理解，关于刑法观的归纳种类繁多可能是一种正常现象，但是，有的学者所归纳的刑法观可能并不具有"刑法观"的特质或者说并不准确，这个问题有待学界进一步研究和斟酌。正因为如此，如前所述，文献检索发现中外刑法学者提出的刑法观多达数十种。

基于上列问题意识，下面主要针对刑法观多重面孔，尤其是其中有一定学术影响的刑法观进行简介与评判。

## （一）民权刑法观与国权刑法观

在刑法史上，刑法观大致有国权主义刑法观与民权主义刑法观、权力本位刑法观与权利本位刑法观的区分。[①]

国权主义刑法观，又叫权威主义刑法观、权力本位刑法观，主张：刑法是体现国家权力并且以实现国家刑罚权为核心的法律，其目的任务就是保护国家整体利益，其显著特点是以国家利益为出发点而极端限制公民自由、刑罚严酷，尤其强调死刑适用。

民权主义刑法观，又叫自由主义刑法观、权利本位刑法观，主张：刑法是以保护国民的权利和自由为核心的法律，因而应当严格限制国家刑罚权并使之成为个人自由的有力保障，其目的一是最大限度地保障公民自由，二是严格限制国家行为。

可见，前者（国权主义刑法观）立足于刑法的社会保护机能，因而极端强调国家利益，它所针对的对象就是公民个人，它所限制的就是公民的自由，公民只是刑法的客体与对象；而后者（民权主义刑法观），则立足于刑法的人权保障机能，因而极端强调公民自由价值，它所针对的对象是国家，它所限制的主要对象是国家及其刑罚权。

一般而言，现代刑法在基本立场上都是坚持权利本位刑法观。这种刑法观对于我们认识刑法、研究刑法、实践刑法尤其是刑法司法具有重大指导意义。我们现代社会为什么需要制定刑法，为什么需要适用刑法？对于这个问题的回答，正确答案应当仅仅限定为"民权保障"或者"权利保障"，而不能扩张到其他方面。例如，不应当主张刑法需要满足"报复""报应"观念，也不应当主张刑法需要偏重维护"大多数人利益""维护国家整体利益"（即在根本上忽视少数人利益和个人利益）；在刑法适用中，不能主张过度的扩张解释、类推解释，想方设法地超越刑法规定以便对被告人定罪和处以刑罚（当然，这种扩张解释在有利于被告人

---

[①] 陈兴良：《刑法学者的使命——许道敏〈民权刑法论〉序》，许道敏：《民权刑法论》，中国法制出版社2003年版，第1页。陈兴良认为："民权刑法这个概念，是李海东先生首先在我国提出的。李海东根据国家与公民在刑法中的地位把历史上的刑法划分为两种类型：国权主义刑法与民权主义刑法。"

的场合则可以例外）；在刑事审判活动中，不能片面主张一律适用重刑、死刑，可从重可不从重的从重、可判死刑可不判死刑的适用死刑，而可适用缓刑可不适用缓刑的不适用缓刑，等等。这是一个观念性的问题，也是一个关涉刑法适用的根本立场问题。

总体上应强化被告权利保障的民权主义刑法观。其中在探索罪刑法定原则的理论创新时，理应关注形式主义立场与实质主义立场传统对立与理性整合，坚持以形式主义为基础、适当吸收实质主义合理成分的整合理论（保守的实质刑法观）。形式主义立场的合理性更多还是实质主义立场的合理性更多？答案可能面临不同宗旨和立场的拷问：从制衡国家公权力并有利于保障公民权利的宗旨看，形式主义立场的合理性更多；但从有效维护国家和社会有序发展的宗旨看，实质主义的合理性更多。但是，法治社会比较普遍的理性见解认为：对于法律规定为犯罪而实质上无罪的行为，实质主义理性可以认同无罪之实质判断（单面的、保守的实质主义刑法观），司法上不应定罪（片面责任主义），这一点应当吸收实质主义立场的合理成分。中国的法官更像大陆法系国家的法官还是更像英美法系国家的法官？理论上可以说中国的法官更加类似于大陆法系国家的法官（生成机理与政治社会地位等）。这是中国应当坚持以形式主义为基础、适当吸收实质主义合理成分的整合理论的根本原因之一。

### （二）行为刑法观、行为人刑法观、被害人刑法观与综合主义刑法观

行为刑法观、行为人刑法观（被害人刑法观）与综合主义刑法观（以行为主义刑法观为基础并观照行为人主义刑法观的综合刑法观）。

行为刑法观。行为刑法观，又称为行为主义刑法观或者客观主义刑法观，强调刑法应当以"行为"为中心，主张应当处罚的是各个犯罪行为（行为主义），重视行为外部的侧面与行为的结果（客观主义犯罪论），认为犯罪是自由意思的外部的实现（犯罪实现说），将责任的基础求之于犯罪行为中恶的意思（道义责任论与意思自由论），强调道义的报应论、一般预防论和法秩序维持论。[1] 启蒙时代的古典学派、后期古典学派，基

---

[1] 陈家林：《外国刑法理论的思潮与流变》，中国人民公安大学出版社、群众出版社2017年版，第35—36页。

本立场是行为刑法观。

行为人刑法观。行为人刑法观，又称为行为人主义刑法观或者主观主义刑法观，强调刑法应当以"行为人"为中心，主张应当受处罚的不是行为而是行为人（的危险性格），刑罚的主要目的是矫正犯人的危险性格，应当以特别预防论为基础、从防卫社会的立场出发建立刑法学的体系。近代学派（刑事人类学派与刑事社会学派），基本立场是行为人主义刑法观。[1] 北京大学法学院张文主张行为人刑法观、人格刑法学，值得关注。

理论界认为，近代学派行为人刑法观与古典学派行为刑法观存在以下四方面的对立：一是近代学派的意思决定论与古典学派的意思自由论；二是近代学派的社会责任论与古典学派的道义责任论；三是近代学派的主观主义（行为人的社会危险性和犯罪征表说）与古典学派的客观主义（客观的事实）；四是近代学派的目的刑论（刑罚的目的在于教化犯罪人）与古典的报应刑论（刑罚的本质在于报应）。

被害人刑法观。被害人刑法观，是指将被害人纳入刑法视野，承认被害人行为影响行为人定罪量刑，关注被害人利益保护等因素的刑法观念。例如，交通肇事罪、破坏环境资源犯罪、侵犯公民个人法益犯罪等，应当关注被害人的利益保护，适当运用刑事和解、赔礼道歉和赔偿损失等措施保护被害人利益，而不是只单纯考虑行为与行为人、法秩序维护等因素。被害人刑法观越来越受到重视，是刑法学理论研究的一个重要发展方向。

综合主义刑法观。综合主义刑法观，是指综合考量行为刑法、行为人刑法、被害人刑法等多方面因素的刑法观念。例如，我国有学者指出：

第二次世界大战以后，综合主义的刑法思想渐占优势，该思想主张以道义责任的观点说明刑罚的本质，同时兼顾社会防卫的需要，主张充分发挥刑法预防犯罪的积极功能。

各国的刑法典及其草案，也都体现了刑法综合主义的精神。在该观念的影响下，各国的刑事立法都体现出了犯罪扩大化以及刑罚社会化的

---

[1] 陈家林：《外国刑法理论的思潮与流变》，中国人民公安大学出版社、群众出版社2017年版，第35页。

倾向，具体表现为两个方面：一是刑事法网空前严密，立法从"结果本位"转变为"行为本位"，大量设置行政刑法；二是刑罚轻缓化、人道化成为大趋势，"犯罪人"开始走进理论家的视野，矫正理论风靡一时，保安处分作为与刑罚并重的犯罪处遇措施受到越来越多国家的青睐。

对于我国而言，无疑才刚刚上路，主要表现在以下两个方面：一是刑法谦抑主义适当消减，刑法谦抑主义的消减是针对刑事立法活动而言，因此必须对立法上的谦抑主义和司法上的谦抑主义做出区分；二是刑法的矫正教育功能逐渐凸显，矫正理论在西方之所以被贴上失败的标签，根本原因不是矫正制度的失败，而是理论家太过理想化，企图用矫正来消除犯罪，而实际上矫正制度对于西方社会人权理论的进步、犯罪人的处遇、司法制度的进步还是作出了巨大的贡献，因此强调刑法的矫正教育功能并不意味着对刑罚的摒弃或抑制，刑罚与矫正的双轨制才是我国未来刑罚制度的理想模式。[①]

需要注意的是，综合主义刑法观深刻影响刑事制裁体系，近代学派曾经主张一元主义刑事制裁体系（认为刑罚和保安处分之间没有本质区别），刑罚目的是矫正犯人的危险性格；古典学派刑罚只能是针对"责任"的刑罚（无责任即无刑罚），后来的刑法发展是主张刑法立法同时规定"刑罚"与"保安处分"的二元主义立场（立法的二元化倾向），再后来是探索实践刑事制裁体系的三轨化，由"刑罚、保安处分、赔偿"的三轨化探索转向"刑罚、保安处分、特别没收"的三轨化探索实践，例如"德国刑法将没收规定为犯罪的法律效果，与刑罚、保安处分并列"[②]。

### （三）行为功利主义刑法观与规则功利主义刑法观

行为功利主义刑法观和规则功利主义刑法观，二者均属于违法性评价层面的功利主义刑法观，前者强调行为自身所产生效果的客观性来评价违法性，后者强调行为符合规则时所产生效果的客观性来评价违法性。

---

① 陈璐：《综合主义刑法观念的提倡》，《法制日报》2014年4月30日第12版。
② 参见陈家林《外国刑法理论的思潮与流变》，中国人民公安大学出版社、群众出版社2017年版，第40、12—25页。

张明楷主张行为功利主义刑法观，指出：行为功利主义依据行为自身所产生效果的好坏，判断行为的正当与否；规则功利主义则根据在相同的具体境遇里，每个人的行为所应遵守准则的好或坏的效果，判定行为的正当与否。结果无价值论的基本立场是，违法性的实质是法益侵害及其危险，这可谓行为功利主义的反映。①

刑法上的正当行为绝对不应当受到刑罚处罚；评价行为正当与否应当采取行为功利主义，因而应当采取结果无价值论；在两种法益存在冲突的情况下，应当通过法益的衡量来判断行为正当与否；符合构成要件的行为，即使违反了某种规则，但只要保护了更为优越或者同等的法益，就成为正当化事由；行为正当与否与行为人应否受谴责不是同一问题，因此，刑法理论必须严格区分违法与有责；行为人对结果的故意与过失不影响行为本身的正当与否，因而只是责任要素，不是违法要素。②

陈兴良主张规则功利主义刑法观。陈兴良宣称："相对于实质刑法观，我毋宁主张形式刑法观；相对于行为功利主义，我毋宁主张规则功利主义。"③

### （四）宪治刑法观、契约刑法观、非宪治刑法观

我国有学者认为，早期国权主义刑法观实质上是非宪治刑法观，强调权力、专制、惩罚、秩序，现代社会主张宪治刑法观，中间状态是契约刑法观。

三种刑法观的主要观点是：（1）宪治刑法观，指称宪法视野下的刑法应具有的基本观念，也是刑权力对待犯罪和犯罪人的应有立场和基本态度，因宪法是民权的记述，又是限制刑权力的技术，因此宪治刑法观是一种有别于刑法契约观的"最安全的刑法"观念。宪治刑法观的最安全形象实质是在国家刑权力和国民权利之间选择后者，并且国家刑权力放下身段去真正地倾听国民的要求，感受他们的恐惧，"权为民所想，利

---

① 张明楷：《行为功利主义刑法观》，《法制日报》（学术版）2010年3月24日。
② 张明楷：《行为功利主义违法观》，《中国法学》2011年第5期。
③ 参见陈兴良《形式解释论与实质解释论：事实与理念之展开》，《法制与社会发展》2011年第2期。

为民所谋"。这种刑法观的刑权力运行模式是安全模式，应当提倡宪治刑法观。（2）与宪治刑法观对应的是非宪治刑法观，这种刑法观的刑权力运行模式是犯罪控制模式，也是最不安全的刑法观。（3）早期宪治刑法观的"契约"形象，可谓刑法契约观，宪法被视为最高契约，这种刑法观的运行模式是正当模式，因此刑法契约观是相对较为安全的刑法观。①

### （五）主观主义刑法观与客观主义刑法观

主观主义刑法观与客观主义刑法观，通常以刑法主观主义与刑法客观主义的表达形式出现。②

我国有学者主张正确认识并坚持刑法主观主义，认为：刑法主观主义与客观主义的争点在于对结果要素之于刑事责任的意义的不同理解。刑法主观主义反对将结果视作刑事责任的基础，主张刑罚针对的是行为人对法益的敌视或轻视态度以及在此态度下实施的行为本身。刑法的主观主义化是现代刑法的发展趋势。我国多数学者对刑法主观主义的批判是出于对主观主义理论内涵和理论基础的误解。从被客观主义者奉为思想渊源的刑事古典学派的思想中完全可以演绎出刑法主观主义的命题，刑法主观主义并不与古典自由主义的危害性原则相冲突，关于主观主义不利于自由保障的批评缺乏合理性。刑法客观主义提出的"危险结果"概念蕴含着悖论，难以自圆其说。在犯罪最低限度的要求上持主观主义立场不但符合公众的正义直觉，而且有利于法益保护目的的实现。③

但是，也有学者明确指出主观主义刑法观的法治风险，倡导客观主义刑法观。例如，冀洋指出：刑法主客观主义的标签对立意义仅限于犯罪论中的行为违法性（不正当）本质的对立，二者的争点在于"行为"对于不法判断的意义，表现为主观不法论与客观不法论。刑法主观主义始终将行为视为与结果分离的"犯意支配下的身体举动"，行为只有征表危险性格的证据意义，不法的决定因素是"法益敌视态度"，这种在定罪中坚持从主观到客观的"行为人中心主义"成为主观归罪的方法论根源；

---

① 王太宁：《宪政刑法观》，《刑事法评论》总第 25 卷，第 345—375 页。
② 参见马乐《为刑法主观主义辩》，《环球法律评论》2014 年第 2 期。
③ 马乐：《为刑法主观主义辩》，《环球法律评论》2014 年第 2 期。

刑法主观主义者错用了康德、李斯特之行为正当性的评价方法，其对主观主义方法论的辩护不成立。刑法主观主义将社会防卫作为刑法的最高价值，无视社会防卫与个人自由之间的价值冲突，滥用了边沁功利主义中的"最大幸福"等原则与信念，误读了密尔危害原则的自由主义内涵，导致定罪论完全成为刑罚目的之附庸，沦为极端的社会防卫论，秉持这样的价值观，主观归罪命运自然在劫难逃。因此，应当彻底驱逐以"目的证明手段合理"为信条的刑法主观主义。①

### （六）实质刑法观（保守主义的实质刑法观）与形式刑法观

张明楷和陈兴良针对这个问题展开了论辩，但是两位大家所论辩的问题主要是刑法解释论上的实质刑法观与形式刑法观，或者说是刑法的实质解释观与形式解释观。

刘艳红对实质刑法观（理性主义法律观）有较为独到的见解，她认为：实质刑法观解决的基本问题是刑法的思维模式问题，即是以形式思维还是实质思维解决刑法中的根本问题，以此为出发点解决了刑法中的犯罪论体系与刑法解释理论与方法的构建问题，在前者，是主张实质的犯罪论，在后者，则力主实质的刑法解释论；实质刑法观的核心命题是实质的犯罪论与实质的刑法解释论；实质刑法观的基本方法是理性方法与实质方法，实质刑法观崇尚理性的方法，即以形式理性为前提，以实质理性为基点，提倡实质主义的思考模式；同时，实质刑法观重视实质的考察方法，通过对刑法中的构成要件（形式理性/形式的罪刑法定）的解释从实质可罚性角度进行，以使之合乎刑罚法规妥当性（实质理性/实质的罪刑法定），使刑法适用仅限于处罚值得处罚的行为，以此限定刑法的处罚范围。总之，"实质的考察方法还使得根据作为构成要件基础的目的和价值观"②，来对构成要件作出实质的解释成为可能。实质刑法观的基本目的是，避免仅仅根据法条文字规定对构成要件作形式的理解，通

---

① 冀洋：《刑法主观主义：方法论与价值观的双重清理》，《法制与社会发展》2016年第3期。

② ［德］耶赛克、魏根特：《德国刑法教科书》（总论），徐久生译，中国法制出版社2001年版，第289页。

过实质的解释阐述法条背后蕴含的正义理念，通过实质正义以矫正形式正义存在的不当出入人罪，实现刑法人权保障之机能与法益保护之目的；实现这一基本目的，也就是实质刑法观的基本价值。①

实质刑法观正是从古典自然法学派的理性主义法律观出发的。理性主义法律观的基本观点是，法律是人类理性的体系；世界上存在着符合人类共同理性的永恒不变的自然规律即自然法，自然法是合乎正义的、是实在法制定的基础，理想的法律就是符合某种"自然"即理性的法律。实质刑法观以此为出发点，认为在实然的刑法规范背后，存在着应然的法的公平正义之价值理念。实质刑法观崇尚理性的方法，认为刑法的解释，是在刑法规范的意义框架之内，致力于寻找立法原意，解释出实然的法背后应然的正义之法的理念，这正是理性主义法律观的体系。实质刑法观重视理性方法，但是却不忽视经验方法的实际运用，因此实质刑法观还具有实践理性的特征。刑法研究的目的在于，以刑法规范（实然）为依据，对行为的合法性（应然）进行探讨，并形成具有指导性的理论体系。

可见，刘艳红对实质刑法观的哲学基础、罪刑法定观、构成要件论、违法论、有责论、共犯论及至刑法解释论等内容进行体系化展开与解读，也对实质刑法观的批判与质疑进行回应，从而较为全面地阐明了实质刑法观的基本立场和主要内容。

### （七）预防性刑法观、风险刑法观（安全刑法观）、敌人刑法观

作为一种刑法思潮、刑法观念、刑法立场、刑法方法，这几个刑法观均值得关注和了解。

预防性刑法观。高铭暄指出，社会历史形态的变迁决定刑法制度的进化命运，全球风险社会与网络社会的交替交织孕育了当代刑法积极预防风险的时代任务。因应当代社会风险的预防性刑法理念呼之欲出，以犯罪化、危险犯配置、安全价值优位、刑罚积极预防等为特征的预防性立法是集中具象。预防性立法在犯罪与刑罚范畴均有体现，并酝酿系统

---

① 刘艳红：《实质刑法观的体系化思考》，魏东主编：《刑法解释论丛（第1卷）》，法律出版社2015年版，第1—26页。

性的刑法知识体系裂变，也倒逼刑法教义思考的深入。应正视刑法工具属性的客观性与刑法功能主义的发展性，以比例原则控制极端工具化的异变。应体认社会变迁引发犯罪形态结构变化的基本规律，联动犯罪学与规范刑法学，以刑事政策的理性化推动刑法参与社会治理的科学性。应重新认识刑法谦抑精神，倡导刑罚有效的必要制裁功能观，松绑刑法保障法和释放刑罚有效性的预防潜质。①

风险刑法观。风险刑法观（风险刑法理论）最早见于德国刑法学家普里特威茨的《刑法与风险》一书中，其认为：风险刑法表现为一种目的性刑法，处罚对象由传统刑法的"结果恶"演变成了"危险行为恶"。② 人们对于风险的不安全感比以往任何时候都要强烈，为了应对风险，保障社会的秩序与安全，刑法应从传统的后卫地带走向前沿地带，从报应型论转向预防型论，以处罚抽象危险犯等方式提前实现对法益更为周密的保护。③

"风险刑法"是在体认"风险社会"的风险，反思传统刑法及其理论不足的前提下，按照风险社会的预防风险需要而构建起来的，与传统刑法有所不同地具有新类型、新特质的刑法及其理论学说。而所谓的"风险社会"，最初是由德国学者乌尔里希·贝克提出的，他指出：20世纪中后期以后，随着人类经济高速发展，科学技术高度进步，在以高度工业化为基础的变迁与发展过程之中，社会逐渐呈现一种系统失序的社会形态。在风险社会中，高科技一方面给人们生活创造了便利，另一方面也制造了大量的危险，悄悄地威胁着人们的生存环境。从切尔诺贝利核事件、日本福岛第一核电站核泄漏、美国"9·11"事件、厄尔尼诺现象、印度博帕尔毒气泄漏以及其他众多的环境灾难和人类基因灾难等事实中，我们可以感知到这种全球性风险的存在。这些风险具有现实性、延续性、严重性等特点。风险社会并不是只存在于某一特定国家，而是当代人类所共同面临的。

---

① 高铭暄、孙道萃：《预防性刑法观及其教义学思考》，《中国法学》2018年第1期。
② 林宗翰：《风险与功能——论风险刑法的理论基础》，硕士学位论文，台湾大学法律系研究所，2006年，第53页。
③ 参见魏东、何为《风险刑法理论检讨》，赵秉志主编：《刑法论丛（第35卷）》，法律出版社2013年版，第1—52页。

风险刑法观（风险刑法理论）可谓褒贬不一，有支持也有反对。学界关于风险刑法与传统刑法的争议要点大致可以归纳为刑法论、犯罪论与刑罚论三个方面。中国必须关注并反思风险刑法理论，理性地审查我国刑法实践中存在的问题和漏洞，坚持适度吸纳风险刑法理论的立场，协调好防范社会风险和保障人权的关系，改进和完善我国的刑法与刑法理论。

安全刑法观。是指以安全保护为核心的刑法观。安全刑法观强调安全价值（安全法益）的极端重要性，没有安全就没有一切，也谈不上人权、自由、公正，所以强调安全为核心；同时，安全刑法观主张防范风险，为了有效防范风险，当然赞同刑法防控措施的强化、早期化，制裁危险犯、预备犯等，所以安全刑法观实质上就是风险刑法观，安全刑法观同风险刑法观和预防性刑法观之间具有亲缘性和一致性。

敌人刑法观。雅科布斯提出了"敌人刑法观"的概念，认为这是一个与市民刑法观相对的刑法观，是针对"根本性的偏离者，对于具有人格之人所应为之行为不给予保证，因此，他不能被当作一个市民予以对待，他是必须被征讨的敌人。这场战争乃是为了市民的正当权利，即对于安全的权利而战，与刑罚有所不同，遭到制裁之人并无权利，而是作为一个敌人被排除"。[①] 雅科布斯进一步指出："无法让人可信地保持法忠诚者，就会渐渐偏离到陌生领域去，同时权利被克减，但其义务仍存（即便他无法完成其义务了），否则他就因为不尽义务而成不了犯罪人，直到他不再享有权利，那也就是不作为人格体来处理了。这是我的论述的核心观点，如果去除这个观点，就肢解了我的文章，纠缠于细枝末节的东西，而未抓住基本意思。"[②]

有学者认为，敌人刑法观主要是针对国际恐怖主义犯罪之类的过激犯罪而言的，雅科布斯的"敌人刑法"理念通过扩张构成要件、限缩司法程序、严苛刑罚处置等议程，在司法论的维度上为现有国际刑法规范提供了新的诠释可能；从技术上看，这种诠释主要借由立场转变、体系

---

① 参见［德］雅科布斯《市民刑法与敌人刑法》，徐育安译，许玉秀主编：《刑事法之基础与界限——洪福增教授纪念专辑》，台湾学林文化事业公司2003年版，第39页。

② 参见 Gunther Jakobs, Feindstrafrecht? —Eine Untersuchung zu den Bedingungen von Rechtlichkeit, HRRS 8-9/2006, S. 293. 转引自蔡桂生《敌人刑法的思与辨》，《中外法学》2010年第4期。

重建、方法论价值奠基得以实现；从效果上看，这种诠释可能引发国际刑法预防机能的扩张、敌人理念体系构造的重组；从价值上看，这种诠释成为完善我国反恐法体系的一个"镜鉴"。①

**（八）积极刑法观、功能主义刑法观**

在当下中国社会转型发展期，我国许多学者积极倡导积极刑法观（积极刑法立法观和积极刑法司法观）、功能主义刑法观。例如，付立庆等都明确主张积极刑法观；周光权等学者主张积极刑法立法观，劳东燕等学者积极引进和倡导功能主义刑法观。

付立庆主张积极刑法观，指出：中国当下刑事法网划定的总体趋势仍是适度犯罪化，与此相适应，刑法介入社会生活也应该更加积极一些，采纳积极主义刑法观。积极主义刑法观既与现代社会发展的情势变化相关联，也部分地得到了立法实践的印证，还和刑法谦抑原则不冲突。与功利主义刑法观、常识主义刑法观、民生刑法观、实质刑法观以及刑法家长主义等各有不同，在罪刑法定主义的总体框架下，积极主义刑法观强调尽可能实现刑法在个案处理中的妥当性、合理性，逐渐培植刑法的权威。需要承认刑法和其他部门法之间的平等关系和刑法独立性思想。判断立法上的犯罪化是否"适度"需要从刑事政策上宏观把握，而判断司法上的犯罪化"适度"与否，则需要落实到阶层式犯罪成立体系各个阶层的具体解释中。②

周光权明确提出了积极刑法立法观，指出：在刑法观念逐步转向功能主义、刑法与政策考虑紧密关联的今天，刑法的谦抑性并不反对及时增设一定数量的新罪；刑罚早期化与转型中国社会的发展存在内在联系；意欲建设法治国家，就必须将限制、剥夺公民人身权利的处罚事项纳入刑事司法的审查范围。积极刑法立法观的确立有其社会基础，也更符合时代精神。与之相匹配，未来中国的刑法立法从技术层面需要考虑进行相当规模的犯罪化，但处罚不能轻易由轻改重；增强立法的问

---

① 参见韩晋、刘继烨《"敌人刑法"的国际刑法法规范诠释——基于防御国际恐怖主义犯罪的思考》，《武大国际法评论》2018年第5期。

② 付立庆：《论积极主义刑法观》，《政法论坛》2019年第1期。

题意识、难题意识和实证支撑,提升不法的直观性、可感性;对公众的情绪化呼吁保持足够的理性与警惕;建立与新设大量轻罪相契合的刑事程序;尽可能降低犯罪的附随负面效应,使罪犯能够顺利回归社会。①

功能主义刑法观。功能主义刑法观(学)目前已成为一种具有全球性重大影响力的崭新理论。德日机能主义刑法学(功能主义刑法学)"在世界范围内影响甚巨,但并未形成统一的体系。罗克辛教授主张的刑事政策的机能主义刑法学、雅科布斯教授构建的以规范论为基础的机能主义刑法学以及平野龙一教授提出的可视性的机能主义刑法学,在建构路径、刑法目的、犯罪本质、构成要件、责任本质、刑罚目的等方面都存在差异",并且"应当看到即使在德日国内也不乏对机能主义刑法学的质疑,那种认为其可能存在强化社会控制和弱化人权保障风险的观点也日益变得有力"。② 尽管存有一些理论质疑和争议,但是功能主义刑法学充分借鉴吸纳了功能主义法学观的重要理论,尤其是其中关于功能主义的思考是比较成熟的。功能主义法学观强调法律规范内外的功能性思考,是一种"外部"的视角,将法学研究重心聚焦于法律与外部世界的关系、法律在社会中所发挥的功能等问题。③ 功能主义刑法学强调不能只关注形式主义与概念法学论的"规范"本身,还必须关注和关照刑法"规范"内外的"功能",确保规范效果和社会效果保持一致性。其中最为突出的亮点在于,针对李斯特把刑法教义学与刑事政策加以分立与疏离的思想所形成的"李斯特鸿沟",罗克辛所主张的目的理性刑法学理论体系与功能主义刑法学特别强调必须在刑法学教义学之内进行刑事政策贯通的思考,提出了"罗克辛贯通"命题,即"罗克辛对李斯特鸿沟予以贯通,将刑事政策引入犯罪论体系,使构成要件实质化、违法性价值化、罪责目的化"。④

---

① 周光权:《积极刑法立法观在中国的确立》,《法学研究》2016年第4期。
② 张庆立:《德日机能主义刑法学之体系争议与本土思考》,《华东政法大学学报》2018年第3期。
③ 马姝:《论功能主义思想之于西方法社会学发展的影响》,《北方法学》2008年第2期。
④ 陈兴良:《刑法教义学与刑事政策的关系:从李斯特鸿沟到罗克辛贯通——中国语境下的展开》,《中外法学》2013年第5期。

我国学者劳东燕在功能主义刑法观的基础上提出了功能主义刑法解释论，实质上是对功能主义刑法观司法适用的具体展开。劳东燕指出：目的理性的刑法体系思想在合目的性的意义上界定与运用刑事政策，它的兴起为刑事政策与刑法体系的关系研究提供了全新的思考进路。目的理性的刑法体系要求发展一种受刑事政策目标指引的功能化的刑法解释论。刑事政策要对刑法解释产生影响，必须以方法论上实现从概念法学到利益法学及评价法学的转变为前提。它借助目的的管道进入刑法体系，通过作用于作为规范保护目的的法益的范畴，来影响与形塑刑法条文的解释。功能主义的刑法解释论认为，刑事政策的目的性思考代表的价值判断与传统教义学规则代表的形式逻辑之间，是一种相互补充、相互牵制的关系。基于此，有必要警惕两种极端的立场：一是主张纯粹实用主义导向的刑事政策的论证，二是认为刑事政策对刑法体系的任何干涉都应被禁止。功能主义的刑法解释突破传统解释论的认知局限，认为解释者与法律文本之间不是主体—客体的认识论关系，解释者也参与对刑法文本的意义的创造，刑法解释因而并非单纯的方法论，而是构成刑法的实体。①

**（九）常识主义刑法观**

陈忠林、周光权等旗帜鲜明地主张常识主义刑法观。常识主义刑法观在中国刑法学界乃至整个法学界引起了广泛而深刻的关注，获得了理论界和实务部门的广泛认同，现在越来越多的理论工作者以常识主义刑法观来研究和解决刑法理论问题，越来越多的实务工作者以常识主义刑法观来认识和判断具体案件尤其是系列重大影响力案件的最终解决方案，值得充分重视。

陈忠林在"知天命"之年即正式提出和论证了"常识、常理、常情"刑法观（即"三常"刑法观或者常识主义刑法观）、法治观、法治教育观，②较为深刻地阐释了常识主义刑法观的实质内涵及系列命题。基于自

---

① 劳东燕：《功能主义刑法解释论的方法与立场》，《政法论坛》2018年第2期。
② 陈忠林：《刑法散得集》，法律出版社2003年版，"序"第9页。

由、人权、法治的关系论①思考提出常识主义刑法观命题，试图寻找到刑事法治的良心与灵魂，大声疾呼"现代法治归根结底应该是人性之治、良心之治"（良心论）以及良法之治（良法论），指出"常识、常理、常情"是现代法治的灵魂（灵魂论），核心内容"是人民群众关于社会最基本价值的基本认识，是一个社会最基本的伦理要求的基本形式，因而也是建立现代法治最基本的价值基础和社会伦理基础"，是"从根本上保证"国家"制定、适用法律的过程真正是一个体察民情、顺应民意、反映人民需要的过程"，强调"法律工作者的任务，是把已变成人民共识的先进思想、价值观念变为法律，并用这些人民的共识来解释、适用法律；把先进的思想、观念、价值变为人民所接受的常识、常理、常情，则是思想家、教育家的工作"，必须"防止他们出现脱离群众、脱离社会实际、纯粹按照抽象法理来制定、适用法律的情况"。② 十年后，陈忠林再次重申"现代法治只能是常识、常理、常情之治"，"常识、常理、常情都是得到普通民众最广泛认同的是非观、价值观，是人民群众在日常生活中自然形成并用以指导自己行为的基本准则，它自然是人民意志最基本的体现、人民利益最起码的要求"，③"常识、常理、常情是一个社会最基本的是非观、善恶观、价值观，是指导我们制定、适用、执行法律的指南"，但是，常识、常理、常情"不是具体的法律规范本身。我们的司法者、执法者在处理具体案件时，当然只能以相关法律的具体规定为依据"。④

周光权也极力主张常识主义刑法观，指出：

刑法学发展至今貌似精巧，但理论构造似乎离生活常识越来越远，使得理论与公众的规范感觉与认同感觉之间的分歧很大。刑法研究无论走何种道路，可能都面临需要重新思考的问题：在我们的生活当中，哪

---

① 陈忠林教授指出："在我看来，自由、人权、法治三者之间的关系应该是：自由是基于人类本性的一种需要；当人们向社会要求满足这种需要的条件时，这种要求的内容就是人权；而法治则是社会保障人们实现这种要求的具体措施。"陈忠林：《刑法散得集》，法律出版社2003年版，第61页。
② 陈忠林：《刑法散得集》，法律出版社2003年版，第37—41页。
③ 陈忠林：《刑法散得集（Ⅱ）》，重庆大学出版社2012年版，第17—18页。
④ 陈忠林：《刑法散得集（Ⅱ）》，重庆大学出版社2012年版，第23页。

些是常识性的东西,抑或哪些是生活经验上特别值得重视的东西。刑法学回归常识主义,要重视两个问题:一方面,刑法本身对社会有什么益处?或者刑法的社会功能究竟是什么?另一方面,刑法学回归常识主义,是否有可能性?亦即使刑法学和生活常识接近,或者尽量回归生活常识、尽量让公众能够去认同是否有可能?如果有可能,则其出发点或者基点是什么?常识主义刑法观对于欧陆刑法学会给予特别关注,强调跨文化的刑法趋同性,肯定了通过刑法保护社会中通行的规范关系的重要性。[1]

**(十) 其他刑法观**

除前面具体列举的刑法观外,学界还出现了以下一些刑法观:(1)实践刑法观与文本刑法观、经验刑法观与理性刑法观;(2)科学主义刑法观与人文主义刑法观;(3)刑法文化观、刑法历史观、刑法进化观;(4)"和"的刑法观;(5)理性交往刑法观、恢复刑法观;(6)"决断论"的刑法观、"规则论"的刑法观、"秩序论"的刑法观、"三位一体"的刑法观;(7)市场经济条件下"十大刑法观";(8)中国传统慎刑观。

这些刑法观,有的是一般意义上的法律观在刑法观上的运用,比较好理解;有的则是比较特殊的刑法观见解,不太好理解。这里选择几种很有意思的刑法观简介如下:

1. "和"的刑法观

我国有论者提出了"和"的刑法观,认为在建设社会主义和谐社会的当下,主张"和"的刑法观有充分理由:第一,树立"和"的刑法观,有利于人们对犯罪现象有更理性的认识和注重从根本上削弱产生犯罪的原因;第二,树立"和"的刑法观,有利于司法人员更加注重程序公正和证据规则;第三,树立"和"的刑法观,有利于贯彻刑诉法关于"疑罪从无"的规定;第四,树立"和"的刑法观,有利于正确量刑;第五,树立"和"的刑法观,有利于加强从根本上改造罪犯的理念;第六,"和"的刑法观应当包括废除死刑;第七,"和"的刑法观应当在"严打"期间有所体现,做到严之有利、严之有据,严之适度。在此基础上,

---

[1] 周光权:《论常识主义刑法观》,《法制与社会发展》2011年第1期。

论者指出：

"和"的刑法观是构建社会主义和谐社会中最基本的刑法观。适合于当前社会的刑法观是多种多样的，比如，效益化的刑法观，即在刑法运行过程中以最小的成本换取最大的利益。开放化的刑法观，即在刑事立法和司法活动中注意经济全球化趋势和注意借鉴国外与犯罪作斗争的成功经验等。但是，树立与构建社会主义和谐社会相适应的刑法观，应当以"和"的刑法观为基本点，其他的刑法观，应当服从于"和"的刑法观，这样才能符合构建社会主义和谐社会的总体要求。

总之，"和"的刑法观并不是对犯罪分子放松打击，而是注重在心理上瓦解犯罪分子，对可能犯罪的人来讲，使其受社会的祥和谦让气氛感染而放弃犯罪；对正在犯罪的人来讲，不会因为轻罪重罚而把不严重的暴力犯罪上升为严重暴力犯罪；对于进入刑事诉讼程序的犯罪嫌疑人或者被告人来讲，通过严格依法、文明、公正的侦查、起诉、审判，使其对自己所受到的处罚心服口服，在服刑中接受改造，早日回归社会。所以，我们说"和"的刑法观是构建社会主义和谐社会最基本的刑法观。[①]

2. 理性交往刑法观、恢复刑法观

我国有学者提出理性交往刑法观，指出：

在社会转型纵深发展时期，理性交往刑法观是对先前刑法观的"扬弃"。理性交往刑法观以"关系理性"和"交往理性"为哲学依据，以"大数法则"为社会学依据；理性交往刑法观将"正直的权威性""公信的厚实性"与"法治的民本性"作为自己的目标特质；理性交往刑法观分别将"生活理性"和"融合范式"作为自己的实践特性和学术特性，其所生成的"融合范式"将促成保障权利和保护社会的刑法应然价值的融合。在社会转型纵深发展时期，理性交往刑法观及其融合范式更加具有助益社会和谐稳定与可持续发展的应时意义。[②]

恢复刑法观论者指出：

社会管理创新的概念创新和刑法应当主动回应社会的回应性品性，

---

[①] 张明：《"和"的刑法观与和谐社会》，中国法院网，https：//www.chinacourt.org/article/detail/2006/01/id/194555.shtml，2020年9月1日访问。

[②] 马荣春：《理性交往刑法观："融合范式"的生成》，《法学家》2018年第2期。

说明在社会管理创新之下，刑法观也应随之而突破，进而形成新刑法观。而相应的新刑法观则包括恢复刑法观、温和刑法观与共识刑法观。

恢复刑法观不仅意味着在犯罪事件发生后即在定罪量刑阶段，及时而尽可能充分地实现对被罪犯损害的物质与精神恢复；还意味着在刑法实践过程中，对于那些能够征表犯罪人的人身危险性有所减弱的主客观因素，刑法立法和刑法司法包括刑罚执行应给予不同于以往的应有对待。

恢复刑法观的"恢复"不仅包含着对被害者的恢复，而且包含着对加害者的恢复，其所欲达致的是一种胸襟更为宽广的刑法的社会保护功能与人权保障功能，特别是刑法的人权保障功能，通过对加害者的恢复即对犯罪人的恢复而实现着比矫治、改造更加彻底的"人本关照"。

恢复刑法观所包含的对加害者即犯罪人的恢复不像以往那样仅被局限在刑罚阶段，而是被提前到定罪量刑阶段。恢复刑法观与报复刑法观或报应刑法观直接相对立，体现着和谐发展与可持续发展的时代要求。

温和刑法观"是法治温和主义的一种具化"，是与刑法的"社会回应性"相对应的一种刑法观，其容易在"以柔克刚"之中实现刑法功能的"双赢"。共识刑法观强调刑法立法、刑法司法乃至刑罚执行都要尊重和体现社会共识，即达至刑法的公众认同，从而收获刑法的社会效果。[①]

3. "决断论"的刑法观、"规则论"的刑法观、"秩序论"的刑法观、"三位一体"的刑法观

齐文远研究并论证了规则、决断、秩序"三位一体"的刑法观，主张：在我国刑事立法领域应当坚持"'秩序论'优先，'决断论'和'规则论'补充"的刑法观；至于在刑事司法领域，则应当坚持"'规则论'优先，'决断论'和'秩序论'补充"的刑法观。根据齐文远的介绍，从刑法的发展史看，先后出现了"决断论""规则论"和"秩序论"三种刑法观。从刑法的发展史看，首先映入我们眼帘的是"决断论"的刑法观。（1）"决断论"的刑法观认为，刑法来自主权者的命令，刑法的运行也必须遵循主权者的命令。"决断论"的刑法观具有三个特点：一是以惩罚犯罪为向度；二是以刑罚权国家专有原则为支撑；三是以政治学为学科基础，对刑法作政治学的诠释实质上就是为扩张刑罚权寻求政治上

---

[①] 马荣春：《社会管理创新下的新刑法观》，《福建法学》2016年第4期。

的根据。由于"决断论"的刑法观本身蕴含着滥用刑罚权的危险,并且在前近代社会的实践中也得到了证实,因此自近代以来,为了克服其弊端,"规则论"的刑法观逐渐产生。(2)"规则论"的刑法观也有三个特点:一是以限制刑罚权为向度;二是以罪刑法定和有罪必罚原则为支撑,由于"规则论"的刑法观强调规则至上,因此定罪判刑必须以刑法的规定为依据;三是以法学为学科基础。规范分析被认为是法学特有的研究方法,就刑法学而言亦不例外。然而,不可否认的是,"规则论"的刑法观缺乏以社会事实为参照来检视规则本身的视角与方法,以致出现了刑法学理论异常发达而犯罪率居高不下的尴尬局面。为了弥补"规则论"刑法观的缺陷,"秩序论"的刑法观又应运而生。(3)"秩序论"的刑法观强调刑法应当以社会共同体秩序为核心而展开。其有三个突出特点:一是以解决问题为向度;二是以法益保护原则为支撑;三是以文化与社会人类学为学科基础,即特别重视非正式制度的社会意义及其与刑法之间的互动关系。①

4. 市场经济条件下"十大刑法观"

高铭暄提出了现代十大刑法观:经济刑法观、法制刑法观、民主刑法观、平等刑法观、人权刑法观、适度刑法观、轻缓刑法观、效益刑法观、开放刑法观和超前刑法观。

我国有学者指出,民主刑法观,要求在刑法的立法过程、内容、执法过程各方面按照民主原则办事,体现民主精神;效益刑法观,要求在市场经济条件下,刑法理应关注成本与收益的对比关系,追求效益最大化。②

5. 中国传统慎刑观

我国传统慎刑观近年来也受到学界关注。有学者指出:

慎刑观是中国古代主流的刑法观,是传统刑法文化中最具特色的内容之一。古人所谓"制刑之义",即指刑事立法的宗旨,属于刑法观的基

---

① 详见齐文远《社会治理现代化与刑法观的调整——兼评苏永生教授新著〈区域刑事法治的经验与逻辑〉》,《法商研究》2014 年第 3 期。

② 张开乐:《市场经济的呼唤:民主刑法观和效益刑法观》,《信阳师范学院学报》(哲学社会科学版) 1994 年第 4 期。

本范畴，也是慎刑观与重刑观两种对立的刑法观分歧的焦点之一，对该问题的解读是全面认识和深入理解慎刑观的前提和基础。按照慎刑观的理解，刑乃"不得已而用之"的"治恶之具"，刑法的直接作用是"禁暴厘乱"；刑法的主要目的在于"辅政助化"，"明刑弼教"；而终极追求则是"以德去刑"，"刑期于无刑"，以达到"刑措不用"的"大治"境界。儒家的"民本"思想、"仁政说"以及人性论是慎刑观的理论基础。①

## 二 刑法学方法论

关于刑法学研究方法，有必要先谈一下刑法学者的方法论觉醒，法理学关于法学方法论的反思检讨，然后再谈刑法学方法论以及刑法学术研究和写作问题，这样做有利于扩大刑法学方法论视野，提升刑法学方法论理论品格。

关于刑法的研究方法问题，理论界已经有一些比较成熟的看法，比如理论联系实际、对照总论各论原理、解释刑法总则分则条文、比较研究、实证分析等方法，应当说都是十分重要的研究方法。近年来，刑法研究方法的极端重要性越来越受到学界关注和推崇，所以刑法理论界对此进行了持续不断的深入研讨，有关的专题研讨会以不同规模不同层次在各地举行，有关的专题论著大量公开发表，其中有的研究成果比较具有系统性、基础性，形成了较大的学术影响。②

中国刑法学者的"方法论觉醒"，近年来收获了巨大成就。如：（1）赵秉志的刑法学研究方法与学术成就。注重刑法基本原理、刑法立法完善与刑法解释相结合、定性与定量研究相结合、思辨研究与实证研究相

---

① 吕丽：《中国传统慎刑观对"制刑之义"的阐释》，《法制与社会发展》2012年第6期。
② 撇开法理学界对法学方法论之研讨，仅就"刑法方法论"专题的研讨就产生了较丰富的研究成果，参见曾粤兴《刑法学方法论的一般理论》，人民出版社2005年版；陈兴良主编《刑法方法论研究》，清华大学出版社2006年版；梁根林主编《刑法方法论》，北京大学出版社2006年版；赵秉志主编《刑法解释研究》，北京大学出版社2007年版；杨艳霞《刑法解释的理论与方法：以哈贝马斯的沟通行动理论为视角》，法律出版社2007年版；白建军《法律实证研究方法》，北京大学出版社2008年版；陈航《刑法论证方法研究》，中国人民公安大学出版社2008年版；周光权《刑法客观主义与方法论》，法律出版社2013年版。

结合、刑法规范学与刑事政策学和国际刑法学的综合研究等方法,同时强调刑法学研究不能照搬一般法学研究方法,[①] 在刑法整体论、刑法总论与刑法各论取得全方位的巨大成就。(2)张明楷的刑法学研究方法与学术成就。主张研究刑法学应以辩证唯物主义与历史唯物主义为根本法,要运用历史的、发展的观点和理论联系实际的方法研究刑法,要综合运用注释研究法、哲学研究法、历史研究法、比较研究法、社会学研究法、案例研究法等具体方法研究刑法;特别强调刑法基本原理与刑法解释学的研究方法,反对动辄指责刑法立法漏洞的研究立场,[②] 在刑法基础理论尤其是在刑法解释论方面取得重大成就。(3)陈兴良的刑法学研究方法论与学术成就。陈兴良出版了较多有关法学方法论专著,如独著《刑法的知识转型(方法论)》、独著《刑法教义学》、主编《刑法方法论研究》等。陈兴良现在较多地强调了刑法教义学研究方法,指出:法学知识是鱼,法学方法是渔,授人以鱼不如授人以渔,认为"在某种意义上可以说,刑法总论,尤其是犯罪论,实质上就是刑法方法的载体;刑法各论则是将刑法方法运用于各罪的一种应用型训练";具体分析研讨了刑法学研究方法论中三组关系:立法论的思考与司法论的思考、体系性的思考与问题性的思考、类型性的思考与个别性的思考。[③] 陈兴良在刑法知识论、刑法哲学、刑法原理、刑法解释论等诸多方面取得巨大成就。(4)周光权的刑法学研究方法论与学术成就。周光权主张刑法客观主义方法论,"刑法客观主义是基本立场,也是方法论","必须先客观后主观","尽可能将传统上对主观要素的判断还原为对客观要素的判断";重视刑法解释和"刑法解释方法的多元化",认为"刑法解释是方法论中的重要内容";重视体系性思考、类型性方法、价值判断(实质主义刑法观);强调中国刑法研究如欲达到相当的高度,就必须借鉴而非拒斥欧陆刑法理论,不能人为区分何种理论是"中国刑法学"、何种理论是"外国刑法学""比较刑法学",其实所有的理论,只要能够说得通,都是"中

---

[①] 参见赵秉志《刑法基本问题》,北京大学出版社2010年版,第405—441页。
[②] 张明楷:《刑法学》(第四版),法律出版社2011年版,"绪论"第13—15页。
[③] 陈兴良:《教义刑法学》(第二版),中国人民大学出版社2014年版,第1—28页。

国刑法学"。① （5）曾粤兴专题研究了"刑法学研究方法的一般理论"，将刑法学方法的选用区分为四种语境并予以具体研讨：一是法律文本注释的研究方法，包括传统的刑法注释方法与当代的刑法注释方法；二是立法建议的研究方法，包括实证分析、经济分析、比较分析、系统分析等方法；三是刑法案例的研究方法，包括语境解释、法意解释、目的解释、补正解释（黄金规则）、当然解释等诸种方法；四是基础理论的研究方法，包括历史分析、实证分析、当然解释和体系解释（语境解释）、综述方法等。②

我国还有许多刑法学者亲躬引领刑法学方法论这一专题研究，如储槐植、王世洲、梁根林（主编有《刑法方法论》）、冯亚东、刘艳红、刘远、白建军、陈忠林等，有的学者提出的刑法学研究方法十分具有启发性，如提出综合的方法（王世洲）与折中的方法（储槐植）等，极大地推动了刑法研究方法之研究。笔者曾经撰文讨论过刑法学研究方法问题，主张当下刑法学研究需要借助一些新的思维方式和新的研究方法，进行理论创新、方法论创新。其中提出了在研究刑法时除了运用传统教科书中介绍的基本方法，还应当重视运用以下五种重要的立场方法：一是坚持民权主义刑法观；二是采取适当保守的刑法解释论立场；三是系统运用刑事政策学原理的研究方法；四是综合运用非刑事法学原理的研究方法；五是系统化论证与精细化推敲相结合的研究方法。③ 陈瑞华是一位诉讼法学者，但是其关于法学研究方法的思考很有启发，尤其是其专著《论法学研究方法》，其中强调了"从经验到理论""先归纳后演绎"的研究思路和研究技术的极端重要性，十分值得刑法学者重视。

我国台湾和港澳学者的刑法学研究方法，在分别吸纳大陆法系国家和英美法系国家刑法学研究方法的基础上，各有特色。林东茂的刑法学研究方法论与学术成就值得特别关注，他在评价经验主义/实证主义研究方法与理性主义/人文主义研究方法的基础上，似乎更主张倾向于理性

---

① 周光权：《刑法客观主义与方法论》，法律出版社2013年版，第8—21页。
② 曾粤兴：《刑法学方法的一般理论》，人民出版社2005年版，第226—275页。
③ 参见魏东《保守的实质刑法观与现代刑事政策立场》，中国民主法制出版社2011年版，第11—36页。

主义。

关于刑法哲学研究方法（以及坚持民权主义刑法观）、刑事政策学研究方法（系统运用刑事政策学原理的研究方法）、刑法解释学方法（规范刑法学研究方法），其基本内容已在"刑法学理论知识体系"之中做了论述，这里不再赘述。下面重点讨论一些较为具体的刑法学研究方法问题。

### （一）科学主义方法与人文主义方法

在讨论刑法学方法论具体问题时，必须首先强调并借鉴吸纳法理学方法论指引。主要内容可以概括为以下三点：

1. 兼顾好哲学方法和一般科学方法论的指导与法学专门技术方法的具体运用

法学方法论是由各种法学方法组成的一个整体的法学方法体系以及对这一法学方法体系的理论阐释。法理学认为，"法学方法论作为法哲学、社会实证法学和实体法有机结合理论体系的方法论，不限于法学中专有的技术性方法，还必须接受哲学方法的指导和一般科学方法论的指导"；因此，"在具体运用过程中，必须反对两种倾向：一是用哲学方法论取代法学中专门技术方法论；二是否认哲学方法论对法学的指导作用，片面强调专门技术方法，割裂两者之间的内在联系"。[①]

2. 特别强调法学方法论体系中科学主义与人文主义的综合立场

法理学上还提出了法学方法论体系的科学主义（经验主义或者实证主义）与人文主义（理性主义）的二元论命题，法学方法论中存在科学主义与人文主义二元论之争。方法论中的科学主义，倾向认为法学要想成为一门科学就必须使法学理论揭示的内容具有客观性；方法论中的人文主义，主张应以人文研究为标准来规范社会科学研究。

正是科学主义与人文主义的对立构成了法学方法论中的二元论。这种二元论是以一系列悖论的形式表现出来的：（1）从本体论角度上看，有两个相反的命题：一是法律发展过程是客观的；二是法律发展过程是主观的（是人们有意识活动的过程）。（2）从认识论意义上看，也存在着两个相反的命题：以法律事实为对象的法学研究信奉"价值中立"观；

---

[①] 吕世伦、文正邦主编：《法哲学论》，中国人民大学出版社1999年版，第615页。

法学是反映不同社会群体的价值的科学，不存在"价值中立性"判断。（3）从法学研究目标来看，也存在相反的命题：法学应追求精确性；法学不必精确化。① 因此，法理学上主导观点是主张法学方法论体系中科学主义与人文主义的综合立场。

3. 整合运用现代法学方法论和传统法学方法论

现代社会主要的法学方法论，有马克思主义法哲学方法论、价值判断的法学方法论、分析实证主义法学方法论、社会实证法学方法论、历史法学方法论、经济分析法学方法论、比较的法学方法论、现代自然科学的法学方法论等多种。其中，现代自然科学的方法论大致有控制论、系统论、信息论的法学方法论，博弈论的法学方法论，模糊论的法学方法论，耗散结构论、协同论、突变论的法学方法论，生物科学的法学方法论（如各种社会达尔文主义与有关"组织移植"理论的运用）等。此外，中国古代历史上的法学方法论出现过"法天"的法学方法论（如"法天"和"法自然"等）、"气"的法学方法论（如"气数""元气""民气"等）、"中庸"的法学方法论（如"中庸""中和""执中"等）、"注释"的法学方法论、权力分析的法学方法论（如"内法外儒""术治论""势论"等）。②

### （二）经验主义方法与理性主义方法

刑法经验主义研究方法强调经验归纳、实证素材、科学分析，而刑法理性主义研究方法强调理性判断、人文追求（态度）、逻辑演绎。应当说，刑法经验主义与理性主义相结合的研究方法，就是法学方法论体系中科学主义与人文主义的综合立场的具体展开和刑法学运用，与我们通常所说的法理论证与实证分析相结合的研究方法是完全一致的。

因此，应当强调法理论证与实证分析相结合的研究方法。如果仅有法理论证，则可能仅仅流于概念逻辑的演算分析，往往缺乏实践厚重感和可信度，这是实证主义学者所反复批评的现象；如果仅有实证分析，

---

① 吕世伦、文正邦主编：《法哲学论》，中国人民大学出版社1999年版，第616—621页。
② 参见吕世伦、文正邦主编《法哲学论》，中国人民大学出版社1999年版，第622—832页。

则也可能仅仅流于一些数字游戏的演算分析，容易造成缺乏法理厚重感和品位，甚至还可能得出一些比较错误的或者不当的结论。只有将这两种研究方法有机结合起来，才可能生产出高质量的优秀论文产品。在此有必要特别强调：在刑法研究中，尤其不能忽视法理正当性与合理性的论证推敲，哪怕是在做实证分析研究也是如此。当我们收集到的实证案例和统计数据出现两种相互矛盾的解释结论或者其中明显存在错误的解释结论时，应当注意展开有理有据的、建设性的批评甚至批判，然后再进行解释性建构（建构合乎法治理性的解释结论）。如果不注意批判性地展开实证研究，就可能有失实证分析理性，甚至会得出错误结论。因此，研究者需要时刻警惕并防范简单粗糙的实证分析可能存在的一些缺陷与弊端。

我国学者张卫平和美国学者弗兰克·费希尔都注意到实证分析方法可能出现的缺陷与弊端。例如，张卫平指出，实证分析方法由于涉及作为研究主体的"人"的价值立场问题，以及"实际上又必须承认，调查分析者的主观认识、价值都对调查结果有重大影响，不仅反映在诸如问卷调查的设计方面，而且也反映在调查对象的选择上，也包括人为地对调查数据的取舍、修饰等主观行为"，且"当前有不少文章只是把实证分析作为一种讨巧的方法，把实证调查的数据作为文章的装饰，许多数据的获得是相当随意的。在研究中，实证分析所存在的问题是，实证调查很难复查，由此很难确定调查的真实性，完全以调查者的诚信作保障。在当前浮躁的学术生态环境中，调查者的学术忠诚度是很难把握的。就如人们所言，数字不会说谎，但说谎者在使用数字"，"这是实证调查的局限性所致"。因此，我们必须认识到，"实证分析的消极方面主要在于，容易使人们消极、被动地承认现实的合理性，而不是以应然的、价值要求的，以法的基本原理为出发点，改革、修正现有制度，从而走向'现实就是合理的'保守主义的立场。从这种立场出发，则所有的法律构建、法治建设都可能是没有意义的，这对于法治建设和推动社会转型都会造成消极影响。因此，在这一点上我们必须加以注意。实证分析的结果虽然使人保持一种冷静、反省、反思的姿态，但同时也会使人形成缺乏激情、保守、消极、宿命的心理结构，这对于认可社会进步、持社会改造论的人而言是无法认同的"。①

再如,美国学者弗兰克·费希尔指出:"实证主义的政策评估受到广泛的批评,因为它既是'专家治国论者的世界观'的产物,又是其代理者。……实证主义者的研究用高度精确和数学抽象的符号来表示,目的在于回避党派政治利益。""实证主义的失败在于没能抓住这样的事实:社会行动'本身是有好坏标准的',包括好的生活标准或理想社会标准。"② 因此,实证主义方法论可能存在失败,甚至误导,需要实证科学之指导。因此,这些问题值得我们审查和防范,同时也应当保持适当的批判性反思立场。

刑法实证主义方法中,要特别重视案例刑法学方法。赵秉志指出,"案例分析方法,是理论联系实际的最好途径",并且"可以增强学习研究者运用刑法理论解决实务问题的能力"。③ 案例刑法学研究方法,有的学者进一步限定为判例刑法学研究方法,显然,案例刑法学研究方法与判例刑法学研究方法二者之间是有一定区别的:前者并不局限于既有判例的研究,还包括尚未进入法院审判或者尚未出现生效判决的案例研究,甚至可以由研究者直接"编撰"一个非真实的教学案例来展开刑法学理论研究;而后者强调只能是针对真实判例,尤其是生效判决的案例展开学术研究,反对研究者在真实判例之外"编撰"教学案例的做法。研究者可以根据自己研究问题的需要,灵活采用案例刑法学研究方法或者判例刑法学研究方法,只要有利于研究论述所涉刑法学论题的需要即可。案例刑法学研究方法在基本属性上是"刑法学"研究方法,必须以运用和研讨刑法学原理为己任,同时强调个案刑法解释与案例研究方法论特色,其尽管没有强调"整体刑法学"原理论述上的体系性和周全性,但是必须尽力突出"个案"和"类型性案件"法理阐释的理论深刻性、贯通性和语境性,尽力彰显相关法学领域理论研究的方法论意识及其创新发展的方向性指引,而且后者恰恰更能体现出"案例刑法学"研究方法

---

① 张卫平:《在"有"与"无"之间——法学方法论杂谈》,《法治研究》2010年第1期。
② [美]弗兰克·费希尔:《公共政策评估》,中国人民大学出版社2003年版,第11、14页。
③ 赵秉志主编:《刑法教学案例》,"编写说明",法律出版社2007年版,第1页。

的突出特点，有利于弥补其他研究方法之不足，有利于有效培育和提升法律学人的法律实践能力，可谓价值巨大。因此总体上看，案例刑法学研究方法（或者判例刑法学研究方法）具有总结刑法解释适用经验、催化刑法改革和刑法修订、验证与深化刑法理论的重要作用，运用案例刑法学研究方法研究案例，不能只局限于就事论事地解决"本案判决结果"，而应注意突出强调个案法理阐释的深刻性，这种深刻性主要体现为问题意识的深刻性、法理阐释的深刻性两个方面。

例如，山东于欢砍杀案、江苏常熟何强等人聚众斗殴案的判例刑法学研究。

**【案例1】山东于欢砍杀案**[①]

2014年7月，山东某工贸公司负责人苏某向赵某1借款100万元，双方口头约定月息10%。2016年4月14日16时许，赵某1以欠款未还清为由纠集郭某1、程某、严某等十余人先后到该工贸有限公司催要欠款。当日21时50分，杜某2等多人来到苏某及其子被告人于欢所在的办公楼一楼接待室内催要欠款，并对二人有侮辱言行。约22时10分，冠县公安局经济开发区派出所民警接警后到达接待室，询问情况后到院内进一步了解情况，于欢、苏某欲随民警离开接待室，杜某2等人阻拦，并强迫于欢坐下，于欢拒绝。杜某2等人卡于欢颈部，将于欢推拉至接待室东南角。于欢持刃长15.3厘米的单刃尖刀，警告杜某2等人不要靠近。杜某2出言挑衅并逼近于欢，于欢遂捅刺杜某2腹部一刀，又捅刺围逼在其身边的程某胸部、严某腹部、郭某1背部各一刀。杜某2因失血性休克于次日2时许死亡，严某、郭某1伤情构成重伤二级，程某伤情构成轻伤二级。

原审法院认为，被告人于欢面对众多讨债人的长时间纠缠，不能正确处理冲突，持尖刀捅刺多人，致一人死亡、二人重伤、一人轻伤，其行为构成故意伤害罪。于欢捅刺被害人不存在正当防卫意义上的不法侵害前提，其所犯故意伤害罪后果严重，应当承担与其犯罪危害后果相当的法律责任。鉴于本案系由被害人一方纠集多人，采取影响企业正常经营秩序、限制他人人身自由、侮辱谩骂他人的不当方式讨债引发，被害

---

① 来源：山东省高级人民法院《刑事附带民事判决书》（2017）鲁刑终151号。

人具有过错,且于欢归案后能如实供述自己的罪行,可从轻处罚。原审法院以故意伤害罪判处被告人于欢无期徒刑,剥夺政治权利终身。

二审法院认为,于欢持刀捅刺杜某2等四人,属于制止正在进行的不法侵害,其行为具有防卫性质;其防卫行为造成一人死亡、二人重伤、一人轻伤的严重后果,明显超过必要限度造成重大损害,构成故意伤害罪,依法应负刑事责任。鉴于于欢的行为属于防卫过当,于欢归案后能够如实供述主要罪行,且被害方有以恶劣手段侮辱于欢之母的严重过错等情节,对于欢依法应当减轻处罚。故二审法院改判于欢犯故意伤害罪,判处有期徒刑五年。

**【案例2】江苏常熟何某等人聚众斗殴案**[①]

2010年11—12月间,常熟市ZF投资咨询有限公司(以下简称ZF公司)法定代表人徐某某经他人介绍多次至澳门赌博,欠下曾某(另案处理)等人为其提供的巨额赌资。后曾某亲自或指使杨某、龚某、朱某(均另案处理)等人多次向徐某某讨要该笔赌债。2011年4月2日上午,何某与张某、陈某等人受徐某某指派与杨某等人就如何归还该笔赌债谈判未果。当日中午,何某在与杨某手机通话过程中发生言语冲突,后何某主动打电话给曾某时双方恶语相向、互有挑衅。何某随即三次打电话给张某并由张某纠集陈某、张某某、龙某某及李某某到ZF公司集中,准备了菜刀等工具。在这些准备工作完毕后,何某再次主动拨打曾某电话,通话中言语刺激、互相挑衅,再次导致矛盾升级激化。曾某便纠集杨某、龚某、胡某等人持刀赶至ZF公司办公室,何某、张某、陈某、张某某及李某某与曾某等人相互持械斗殴,造成何某及龚某、胡某受轻微伤,ZF公司部分物品毁损。

本案辩护人指出,在整个事件中,当事的6人是坐在自己单位的办公室里,不是在惹是生非,在对方非法讨债、拿着砍刀上门行凶时,不得已才反抗的,其行为特征是典型的正当防卫,而不应被定性为聚众斗殴。人民法院判决全部涉案人员构成聚众斗殴罪(互相斗殴),认定何某等人的行为不构成正当防卫。

针对于欢砍杀案和何某等人聚众斗殴案的刑法学研究,笔者认为在

---

[①] 案情摘自江苏常熟市人民法院〔2011〕熟刑初字第0785号刑事判决书。

研究方法上应当重视以下两个方面：

1. 问题意识的深刻性

问题意识是前提、基础，如果问题意识上不具有抽象化和深刻性，那么将使案例研究的学术"格局"不大、理论深度不够、创新贡献不足。可以说，适当地归纳提出问题是理论研究成功的一半。例如，山东于欢防卫案、江苏昆山于海明防卫案、江苏常熟何某等人聚众斗殴案的法理问题到底应该如何提炼（抽象化），是就事论事地阐释法条含义和给出案件定性处理意见，还是更加深入地检讨正当防卫的正当化根据、正当防卫和特别防卫的成立条件及法理、防卫挑拨的法理、相互挑衅与聚众斗殴的界限及法理、防卫过当的法理，就反映了论者问题意识的抽象化能力和深刻性品格。从目前国内刑法学界针对上述刑事案件展开的理论研讨看，针对正当防卫提出的理论问题十分丰富而深刻，如：正当防卫的正当化根据是什么？针对非法拘禁行为、家庭暴力与持续侵害行为可以进行正当防卫吗？针对防卫挑拨行为，尤其是相互的防卫挑拨行为（相互挑衅）可以正当防卫吗？以及正当防卫与（聚众）斗殴的界限是什么？防卫意思（或者防卫意识与防卫动机）的体系性地位是什么？以及偶然防卫应当如何定性处理？逆防卫、正当防卫的第三者效果的法理是什么？特别防卫权与正当防卫的关系论是什么？防卫过当的归责原理是什么？等等。应当说，上述理论问题的提出，远远超出了就案论案、就法条论案、就教材论案的广度和深度，许多理论问题是我国传统刑法学教科书里所没有涉及的，这些理论问题的进一步归纳抽象较充分地体现了问题意识的深刻性。

2. 法理阐释的深刻性

有针对性地提出解决问题的理论方案和法理论证是案例刑法学研究的关键。如果说问题意识的抽象化深刻性是前提、基础，那么体系化的深刻性法理论证就是关键、核心、重中之重。以山东于欢防卫案、江苏昆山于海明防卫案、江苏常熟何某等人聚众斗殴案的法理阐释为例，针对前述有关正当防卫理论及相关法理展开较为深入的学术研讨，在主要借鉴吸纳德日英美刑法学正当防卫理论、运用我国传统刑法学正当防卫理论既有知识的基础上，应当体系化地、深刻地研讨以下理论问题：

首先，力图深入研讨正当防卫的正当化根据问题。可提出正当防卫的正当化根据之优越的利益保护原理和法确证原理"新二元论"（以区别于德国刑法学正当防卫的正当化根据二元论），对"新二元论"进行较为适当的法理论证，并运用"新二元论"依次检讨针对非法拘禁行为、针对没有责任或者责任减轻的攻击行为、针对防卫挑拨行为、针对轻微不法侵害行为、针对亲子或者夫妻之间的攻击行为、针对通过胁迫的勒索性攻击行为、针对不作为形式的不法侵害行为等的正当防卫问题，还可运用"新二元论"检讨正当防卫与互殴的界限问题。例如，相互挑衅可以按照防卫挑拨原理进行定性处理，先动手一方没有防卫权，被动方（后动手一方）在实施了避让、警告、寻求帮助等适当的保护性防卫仍然无效的情况下，可以行使正当防卫权，尤其针对那些找上门来的肇事者具有正当防卫权，可以借鉴美国"城堡法"① 裁判规则而对恪守于"城堡法"（如住宅和公司驻地）之内的挑拨者赋予防卫权。何某案就是一个例子，对于对方主动找上门来闹事的行为，何某等人尽管事先也有防卫挑拨乃至互殴的意思，但是，何某等人仅仅在自己公司内部按兵不动，最终在自己公司场所被他人持刀闯入时才予以反击，不能简单地否认其具有"可包容的防卫意思"，从而不能简单地认定何强等人为聚众斗殴。

其次，力图深入研讨正当防卫的合法条件理论问题。在坚持我国传统刑法学正当防卫成立条件之"五条件说"的基础上，大量借鉴吸纳德日英美刑法学正当防卫理论知识进行法理论证，如不法侵害的"开始"理论之直接面临不法侵害的紧迫危险说，不法侵害的"结束"理论之"结果形成时间说"和"有效的侵害停止时间说"相结合的"综合说"，必要限度之"合理需要说"，还应在检讨防卫意识必要说与防卫意识不要说的理论争议的基础上提出自己的学术观点。

最后，力图深入研讨防卫过当的归责原理以及特别防卫的解释适用问题。其中均尽力反映出当前国内外相关理论研究的最新成果。这里反复强调"力图"深入研讨正当防卫的相关理论问题并借鉴吸纳德日英美刑法学相关理论知识，其深意是希望读者明白笔者所倡导和强调的一个重要态度，即案例刑法学研究中法理阐释必须确保体系化的深刻性。

---

① 姜敏：《正当防卫制度中的"城堡法"：渊源、发展与启示》，《法学评论》2018 年第 5 期。

必须严肃指出，要实现我国刑法法理阐释的体系化、深刻性，我国传统刑法理论还任重道远。我国刑法理论欲实现发展创新和体系性深刻化（或者体系化深刻性），必须加强主体意识、本土化意识、开放和包容意识，尽快、大量、体系化地借鉴吸纳德日刑法理论知识和英美刑法理论知识，尽快、合理、创新性地构建具有中国特色的本土化刑法教义学原理，可以说这一重大理论工程建设已成为我国刑法学理论研究的当务之急。例如，我国传统刑法学防卫挑拨理论相对来说显得太过于单薄，理论系统的质量和体量明显不够，在相当程度上无法为合理解决复杂多样的防卫挑拨司法实践提供必要的理论指导。而德国案例和德国理论对于我国是有启发性、借鉴性的，尽管德国正当防卫在全世界都是非常有名的"宽泛和凌厉"，但是其细密的理论构建和法理分析价值巨大。因此，当下中国刑法学借鉴吸纳德日刑法学防卫挑拨理论知识，可以逐步获得理论增量并走向成熟理性。管中窥豹，由此可见我国的整体刑法学理论知识，包括刑法论、犯罪论、刑罚论、罪刑关系论，均需要以更加开放包容的态度借鉴吸纳德日英美刑法学理论知识，切不可故步自封、停滞不前，否则难以胜任新时代的理论需要。毕竟"每个时代都必须重写它的法教义学"已然成为"法教义学共识"，[①] 我国刑法教义学正在蹒跚起步，兼收并蓄才能增强理论阐释力并凝聚足够的理论共识。

### （三）教义学方法与社科法学方法

刑法教义学，是指以刑法立法规范为根据，遵循特定时代的刑法理念和规范逻辑，创设、确立刑法学理论界和司法实践部门多数人所认同的基本概念与命题体系、基本原则与规则体系等刑法理论知识体系的一门学问。刑法教义学是规范法学意义上的刑法学，主要解决刑法规范的解释适用问题，它与刑法社科法学的关系是规范法学意义上的刑法学与非规范法学意义上的刑法学的关系。虽然可以说刑法教义学是刑法学的主体内容，但是不可忽视刑法社科法学的独特价值及其对于刑法教义学的价值。

刑法社科法学研究更强调社科知识与法学知识的综合运用，包括立

---

[①] 刘艳红：《中国刑法教义学化过程中的五大误区》，《环球法律评论》2018年第3期。

法学、犯罪学、政治学、经济学、社会学、统计学、教育学甚至心理学等理论知识的综合运用。

可见，刑法教义学研究方法，主要解决刑法规范的解释适用问题。而刑法社科法学研究方法，更强调社科知识与规范法学知识的综合运用，相对于刑法教义学研究方法而言并不仅局限于规范解释适用的问题。

因此，刑法学研究中，应注意将刑法教义学研究方法与刑法社科法学研究方法结合起来展开深刻研究。大体上可以说，在刑法的立法修订完善论研究中，需要更多地运用刑法社科法学研究方法（以及刑事政策学研究方法）；在刑法解释适用论研究中，需要更多地运用刑法教义学研究方法（以及刑法解释学研究方法）。

需要特别指出的是，在刑法解释适用论研究中，尽管我们强调需要更多地运用刑法教义学研究方法（以及刑法解释学研究方法），但是也应注意借鉴吸纳刑法社科法学研究方法。因为，刑法的法社会学解释方法本来就是刑法社科法学在刑法教义学（刑法解释学）的具体运用，刑法立法机理的科学阐释有助于刑法教义学（刑法解释学）对相关法条规范的正确理解和适用。

**（四）解释学方法与立法学方法**

刑法解释学研究方法与刑法立法学研究方法，在相当意义上就是对刑法教义学研究方法与刑法社科法学研究方法的进一步具体化展开。因为，刑法解释学研究方法的重要内容是刑法教义学研究方法（宏观同质论），刑法立法学研究方法的重要内容就是刑法社科法学研究方法（以及刑事政策学研究方法）。

刑法解释学研究方法，核心在于规范化运用刑法教义学和刑法解释学的原理、原则、规则、解释方法等具体内容，同时也要借鉴吸纳刑法社科法学研究方法和刑事政策学原理等内容，求证刑法解释适用的合法性、合理性、合目的性的有机统一，实现刑法解释结论的有效性。

刑法立法学研究方法，核心在于大量运用刑事政策原理、社科法学原理、刑事立法学原理、规范法学原理进行综合性学术研讨，论证刑法立法机理的科学合理性，其突出特点是侧重刑法立法规范完善的刑法社科法学研究方法。

应当注意，刑法解释学研究方法中通常需要借鉴吸纳刑法立法学研究方法，因为刑法立法学对刑法立法机理的科学阐释有助于刑法解释学对相关法条规范的正确理解和适用，从而刑法立法学研究方法对于刑法解释学研究具有特殊价值。

### （五）建构性方法与解构性方法

建构性研究方法（尤其是体系性建构方法）、正面立论证成方法（尤其是体系性证成方法）、建设性研究方法，通常表达的是相同或者相通的含义；相应地，解构性研究方法、批驳性研究方法、问题性研究方法，通常表达的也是相同或者相通的含义。由此可见，建构性研究方法与解构性研究方法、正面立论证成方法与反面批驳性研究方法、建设性研究方法与问题性研究方法，是三对较为常见的研究方法。

建构性、建设性和正面立论证成研究是最终目的，但是解构性、问题性和批驳性研究是基础，二者之间是相辅相成的关系，其最佳状态是解构性研究基础上的建构性研究、问题性研究基础上的建设性研究、批驳性研究基础上的正面立论证成研究，为刑法理论和实践完善提出了建设性的新创见。

问题性意识，这是刑法学术研究中的重要意识，它要求研究者首先必须明确"真问题"是什么，找出真问题（抽象出真问题）是刑法理论研究的前提和基础，找出真问题可以说就有了一半的成功把握，找不出真问题或者找出的问题不准确，就不可能有成功的理论研究。

### （六）综合的方法与折中的方法

综合与折中，核心在于承认各种研究方法本身的相对合理性的基础上，主张适当权衡各种研究方法的利弊得失并加以综合运用、折中分析，力求得出更为周全合理的结论；其显著特点在于反对"片面的深刻"。因此，综合和折中通常被批评为中庸之道、骑墙派甚至难有创新建树，这是综合和折中的方法必须共同防范的"中庸陷阱"。我主张在深入研究"片面的深刻"和警惕"中庸陷阱"的前提下，恰当采用谨慎综合和折中的研究方法。

这与我强调的综合运用非刑事法学原理的研究方法、系统化论证与精细化推敲相结合的研究方法是一致的。

一是强调综合运用非刑事法原理的研究方法，反对背离整体法理的研究方法。刑事审判中涉及最多的内容，是罪名问题、定罪量刑问题。在定罪量刑中，不但涉及刑法哲学原理、刑事政策学原理等宏观理论问题，而且是经常性地涉及民事法学原理、行政法学原理、宪法学原理等各个部门法原理问题。从理论上讲，这是由于刑法是其他各个部门法的保障法、补充法的地位所导致的；从实务角度讲，这是因为对任何一个罪名的定罪量刑都需要借助其他部门法知识和规范。尤其是经济犯罪问题，"两次违法理论"的解读，更是须臾离不开各部门法原理，从主体条件的认定开始，到客观行为的法律性质认定，都离不开其他部门法。例如非法经营罪，需要综合应用行政法、金融法、公司法等法理来认定；再如合同诈骗罪，需要综合应用物权法、合同法、担保法、侵权法、公司法等法理来判断；再如贪污罪，需要综合运用国家公务员法、国有资产管理法、物权法、侵权法、公司法、金融法等法理来定性处理。有些传统型犯罪也是如此，比如，盗窃罪和敲诈勒索罪，对这个罪名的研究，确实必须结合物权法原理和侵权法原理来研究才有说服力，也才公正合理。可以说，刑法学原理必须是全面协调和观照法理学、宪法学、民法学、经济法学、行政法学乃至诉讼法学等法理的统一法秩序原理。

二是系统化论证与精细化推敲相结合的研究方法。这种方法实际上涉及刑法学术研究的整体考虑，其中应特别注意以下几点：

第一点，在结论观点上必须做到理性创新，切实处理好刑事法治理性与理论创新之间的关系。这里的"理性创新"，强调了"创新"（理论创新）和"理性"（刑事法治理性）两个方面，不能顾此失彼。理论创新，就是要求结论观点应当是原创性的、有新意和启发性的，不能是对已有结论观点的简单重复。凡是结论上、论证方法上、归纳总结上等任一方面均无新意的，就不宜写作。刑事法治理性，就是强调在结论观点上必须做到契合刑事法治理性立场，注意刑法理性不同于民法原理与行政法原理的特殊性。这一点很重要，尤其是检察官、法官，在看待刑法问题、刑事公诉和审判问题的时候，每时每刻都要谨慎使用那些比较时髦的、口号式的术语与话语，如：能动司法、司法续造、法官造法、目的解释、实质解释与"透过现象看实质"等，这些术语使用和解读稍有不慎，就会陷入罪刑擅断、违反刑事法治理性、侵犯人权和破坏社会主义法治建设的重大错误，并最终导致论文质量大打折扣。

例如，司法续造与法官造法的问题。在相当意义上讲，司法续造与法官造法，甚至还包括能动司法，在刑事法治领域是难以成立的，除非这种做法并不直接侵犯被告人人权。为什么呢？因为刑法具有不同于民法与行政法的特殊性，刑法动辄剥夺被告人的自由、生命、财产，它的基本特性就是保守性，反对过度张扬、过度解释。司法续造与法官造法的前提，往往是法律漏洞，这时才可能提出司法续造与法官造法。但是，这种做法在法律体系上存在法律障碍以及刑事法治理性障碍。从法律障碍看，《立法法》第8条专门对此作出了规定："下列事项只能制定法律：……（四）犯罪和刑罚；（五）对公民政治权利的剥夺、限制人身自由的强制措施和处罚。"可见，该规定，使得"刑法漏洞由立法填补"成为一个基本的法治原则。当然，作为原则，肯定也允许有例外存在，但是这个例外只能是个别的、特殊的、有理有据的例外，不能成为常态。如果在刑法研究中，到处都强调或者实际上可以任意作出司法填补、司法续造、法官造法，那就不是个别与例外，必定有问题。相应地，立法法并没有对民法与行政法作出像刑法一样的特别规定。这就表明，民法与行政法在一定意义上是可以主张司法续造与法官造法的，但是刑法不能！这是我们在研究结论上必须谨慎思考的重要问题。

当下许多疑难案件在定性处理问题上的争议，部分情况就属于是否搞司法续造与法官造法的争议。比如：夫妻之间发生婚内强迫性行为案、夫妻之间见死不救案以及部分非法经营案和合同诈骗案等，都涉及一个重要的法律解释立场问题，涉及是否认同在刑事司法上允许司法续造与法官造法的问题，都值得在刑事法学研究中注意，当然也值得在司法审判实践中注意。

这说明，既要追求理论创新，又要特别注意审查刑事法治理性。有些新类型行为或者甚至是具有严重社会危害性的行为，如果按照现行刑法无法定罪如何处理？我的答案是：就只有考虑无罪处理（但同时可以作出行政处理），并应考虑制定刑法修正案或者修改刑法；但是，应当反对在现行刑法没有改动的情况下对这些缺乏明确规定的危害行为定罪。

第二点，在论证方法上必须做到精致丰满。这种精致丰满，有待于刑法教义学原理的丰富发展。应当承认，我国传统刑法学尽管也有刑法教义学的基本特点，但是总体上看其理论含量不高甚至在相当程度上还存在理论缺失现象，如有的刑法实践问题根本就没有相应的理论解决方案，这种现状应是理论知识体系化不够，理论阐释力不足所致。对此问题的解决办法，笔者认为应当大量学习、研究、引进德日刑法理论和英美法系国家刑法理论知识，继续借鉴吸纳俄罗斯刑法理论知识，使得我国刑法学理论知识体系呈现出兼收并蓄、开放包容的特色，强化刑法理论知识体系化建设和本土化铸造，尽力锻铸具有中国特色的、先进完备的刑法教义学原理，只有如此才可能真正实现在刑法学论证方法上的精致丰满。

第三点，具体罪名研究的体系化研究。针对刑法具体罪名的定罪量刑问题，一方面应对刑法条文所涉定罪量刑问题进行实然的精细化推敲，不能采取估堆、随意解释的方式；另一方面应对刑法条文的规定本身是否合理、是否需要改进（以及如何改进）等问题展开应然的系统化论证。综合起来，就是要确立系统化论证与精细化推敲相结合的研究方法，其具体内容大致包括以下五个方面：（1）具体罪名的概念界定，（2）具体罪名的犯罪构成，（3）具体罪名的司法认定中的疑难问题，（4）具体罪名的刑罚处罚适用，（5）相关的立法司法完善建议。

应注意，系统化研究本身也需要精细化展开，否则谈不上真正的系统化（漏洞百出或者粗线条论述即无从谈起系统化）。当然，反过来也一样，精细化研究实际上也是以系统化展开为前提的，否则也谈不上精细化。系统化和精细化，是需要认真处理好的两个方面，缺一不可。

第四点，需要指出：关于刑法学法方法论、刑法学术论著写作、刑法论文发表等方面，均有许多值得观察学习的知识和技术。

对于那些向往学术生活的人而言，明白学术生活的实质内容十分重要。笔者过去对此不太明白，尽管过去我也写作论文，但是基本上是漫无目的地瞎蒙乱撞。笔者的体会是：首先，学术的人生形态，是阅读、思考、创新、写作。其次，学术的生命特质，是知识体系化、批判性和重构性。学术生命特质的基础是知识体系化，依赖于阅读（以及思考）；学术生命特质的精髓（终极目标）是创新，依赖于批判、重构；学术生命特质的皮囊是成果与著书立说，均依赖于写作，即应通过写作来学习、思考、表达。综上所述，学术的人生形态和生命特质可以用以下七个关键词来概括：阅读、思考、创新、写作、知识体系化、批判、重构。这七个关键词依次、依关联性可以作出如下诠释：

第一组关键词：阅读、知识体系化。阅读的目标是奠定学术基础，基本要求是达到知识体系化，成为一个有知识、有文化的"读书人"。阅读包括两个阅读：阅读文献和阅读生活。也就是常说的要掌握书本知识，也要积累生活知识。阅读，除了读书之外，还要阅读生活。搞法学研究的人，不针对司法实践、政治实践、生活实践进行了解和调研，是不可能奠定学术基本功的。

第二组关键词：思考、创新、批判、重构。思考的目标是奠定学术气质，基本要求是达到不迷信、不盲从，成为一个有思想、有主见的"思想家"。读书要思考，论题要思考，案例要思考，选题、逻辑、写作也要思考。创新的目标是成就学术价值，基本要求是达致批判、重构，成为一个破旧立新、启人心智、经世济民的"学术真人"。我们常说，创新是学术的精髓。那么，什么是创新？创新既是批判，更是重构。创新尽管是一个能力问题，有的人由于缺乏创新能力，终生难以贡献较大的学术成就；但同时，创新更是一个意识问题，甚至主要是一个意识问题，因为常人都有一定的创新能力，但是不一定有创新意识。

第三组关键词：写作。写作的目标是表现学术成就，基本要求是著书立说、著文立说，成为一个有学术标签、有良好社会影响的"学术达人"。

# 第三章

# 刑法基本原则

## 目 录

一 罪刑法定原则
　（一）罪刑法定原则的起源与发展
　（二）罪刑法定原则的理论基础
　（三）罪刑法定原则的内容（派生原则）
二 罪责刑相适应原则
　（一）罪责刑相适应原则的起源发展与理论依据
　（二）罪责刑相适应原则的价值蕴含
　（三）罪责刑相适应原则的具体内容
三 适用刑法人人平等原则
四 法益保护原则
五 责任主义原则
　（一）责任主义原则的基本含义
　（二）责任主义原则的贯彻适用
六 谦抑主义原则

刑法的基本原则，是指贯穿全部刑法规范，指导、制约全部刑法立法和司法活动的根本准则。正确理解刑法基本原则，需要明确以下几方面问题：

首先，刑法基本原则必须是贯穿于全部刑法规范的根本准则。如果只是贯穿于部分刑法规范、部分刑法条款的根本准则，例如只针对犯罪形态的根本准则（如犯罪未完成形态与共同犯罪形态等的适用原则），或者只针对刑罚制度的根本准则（如自首与立功等的适用原则），或者只针对特别情形的罪刑规范准则（如未成年人与老年人的定罪量刑原则），均只能成为犯罪形态指导原则或者刑罚原则，但是不能成为刑法基本原则。只有那些贯穿于刑法总则、分则的全部刑法规范的，能够适用于全部刑法规范的根本准则，才能成为刑法基本原则。

其次，刑法基本原则必须是指导、制约全部刑法立法和司法活动的根本准则。申言之，刑法基本原则必须是对刑事立法和刑事司法（刑法解释适用）均具有全局性、根本性的指导与制约功能的根本准则，否则，不能成为刑法基本原则。例如管辖原则、追诉时效原则、惩办与教育改造相结合原则等，仅属于刑事司法与执行的原则，因而不能成为刑法基本原则。

再次，刑法基本原则必须是刑法独有的根本准则。例如，法治原则、保障人权原则等，是宪法以及其他基本法均应坚持的法律原则，均不属于刑法独有的根本准则，因此均不能作为刑法基本原则。罪刑法定原则是对法治原则和保障人权原则在刑法中的具体贯彻执行，仅适用于刑法并且贯彻于刑法始终，是刑法独有的根本准则，因此罪刑法定原则可以成为刑法基本原则。

最后，刑法基本原则到底有哪几项？对此问题，中外刑法学界存在不同认识。中国较多学者认为，罪刑法定原则、罪责刑相适应原则、适用刑法人人平等原则是我国刑法基本原则（即三项刑法基本原则）；在此基础上，有的中国学者还提出了其他见解，如法益保护原则[①]、责任主义原则（罪责自负不株连无辜原则或者主客观相统一原则)[②]、谦抑主义原则（刑法不得已原则或者刑法最后手段性原则)[③]、惩罚与教育相结合原

---

[①] 参见张明楷《刑法学（上）》（第五版），法律出版社2016年版，第44、62—66页。
[②] 参见张明楷《刑法学（上）》（第五版），法律出版社2016年版，第44、67—68页；《刑法学》编写组《刑法学》（上册·总论），高等教育出版社2019年版，第66—69页。
[③] 参见甘雨沛、何鹏《外国刑法学（上册）》，北京大学出版社1984年版，第175页；黎宏、王龙《论非犯罪化》，《中南政法学院学报》1991年第4期；陈兴良《刑法哲学》，中国政法大学出版社1992年版，第6—9页。

则（惩办与教育改造相结合原则或者惩办与宽大相结合原则）[1]，等等。国外刑法理论一般将罪刑法定原则作为刑法的基本原则，也有一些学者将罪刑法定、法益保护与责任主义概括为刑法的基本原则。[2]

笔者认为，按照刑法基本原则对当下我国刑事立法和刑事司法具有全局性、根本性的指导与制约功能这一标准，应当认为当下我国的刑法基本原则包括罪刑法定原则、罪责刑相适应原则、适用刑法人人平等原则、法益保护原则[3]、责任主义原则、谦抑主义原则六项。其中，当下中国《刑法》明确规定的三项刑法基本原则，是罪刑法定原则、罪责刑相适应原则、适用刑法人人平等原则；当下中国刑事法治理性所确认的刑法基本原则，还有法益保护原则、责任主义原则（罪责自负不株连无辜原则或者主客观相统一原则）、谦抑主义原则（刑法不得已原则或者刑法最后手段性原则）。

## 一　罪刑法定原则

我国《刑法》第 3 条规定："法律明文规定为犯罪行为的，依照法律定罪处刑；法律没有明文规定为犯罪行为的，不得定罪处刑。"这是我国刑法所明确规定的罪刑法定原则，是"刑法铁则"，我国所有的刑法活动都必须受到罪刑法定原则的指导和制约。

近代以来，罪刑法定原则保持了旺盛长久的生命力，"罪刑法定原则"（有的表述为"罪刑法定主义"）不再仅仅是一种理论术语或抽象观念，而是成为超越意识形态差异与国门界限的普适性价值，获得了人类社会的广泛认可和遵从。

### （一）罪刑法定原则的起源与发展

陈忠林指出，关于罪刑法定原则的起源，大陆法系国家和我国刑法

---

[1] 参见高铭暄主编《中国刑法学》，中国人民大学出版社 1989 年版，第 32 页；苏惠渔主编《刑法学》，中国政法大学出版社 1994 年版，第 31 页；何秉松主编《刑法教科书》，中国法制出版社 1995 年版，第 30 页。

[2] 张明楷：《刑法学（上）》（第五版），法律出版社 2016 年版，第 44 页。

[3] 参见张明楷《刑法学（上）》（第五版），法律出版社 2016 年版，第 44、62—66 页。

理论中大致有英国起源说、启蒙产物说、法国起源说、中国起源说[①]等四种不同看法，不同的起源说实际上是人们对罪刑法定原则实质内容有不同认识的反映，应当认为"中国的春秋战国时期的先秦法家是形式主义的罪刑法定原则最早的提倡者和实践者""西方启蒙运动中的形而上学思潮才是近代刑法中罪刑法定原则的起源""英美法系中的'正当程序'并不等于大陆法系的'罪刑法定原则'"。[②]

理论界一般认为，罪刑法定的思想在古代便已出现，古代的"罪刑法定"思想与近代的"罪刑法定原则"在含义和价值上存在着很大的不同。例如，我国古代也有"断罪引律令"的规定（《唐律》），但这只是一种司法技术上的规范，意义在于限制官员行政司法权力而强调君主权力的权威，并不是近代刑法意义上强调人权的罪刑法定，不能扭转我国古代以"比附援引"等规定为具体体现的类推传统。因此，我国刑法学界一般认为，近代意义的罪刑法定原则对我国来说完全是舶来品，是法律移植而非法律继承，由主持清末修律的沈家本规定于《大清新刑律》中"凡律例无正条，不论何种行为不得为罪"，这是近代罪刑法定思想第一次在我国的刑法中得到体现，民国时期的刑法继承了清末修律所引入的罪刑法定原则。由于历史条件的限制，新中国在1997年刑法典中才明确确立了罪刑法定原则，实现了我国法治进程的重大飞跃，对我国刑法实践和学术发展都具有重大意义。

1. 近代的罪刑法定思想源流

近代的罪刑法定原则起源于资产阶级启蒙思想家，产生之初是为了抵制封建专制统治下的罪刑擅断、专横司法与残酷刑罚。其中有以下两点内容需要强调：

其一，贝卡利亚与费尔巴哈的理论贡献。

意大利刑法学家贝卡利亚（贝卡里亚），在其伟大著作《论犯罪与刑

---

[①] 中国起源说还可以细分为以下两种观点：一种观点认为，罪刑法定原则起源于战国时期的法家；另一种观点认为，罪刑法定原则起源于中华民族的始祖黄帝时代。前者参见伍树臣、李力《法家思想与法家精神》，中国广播电视出版社1998年版，第210页；后者参见蔡枢衡《中国法制史》，广西人民出版社1983年版，第128页。

[②] 陈忠林：《刑法的界限——刑罚第1~12条的理解、适用与立法完善》，法律出版社2015年版，第82—84页。

罚》便体现了启蒙时代的罪刑法定思想，为当时的社会带来了极大的思想冲击。他认为，只有法律才能为犯罪规定刑罚，只有代表根据社会契约而联合起来的整个社会的立法者才拥有这一权威，超越法律限度的刑罚不再具有正义性，任何人都不得以热忱或公共福利为借口增加对犯罪公民的既定刑罚；一个社会如果没有成文的东西，就绝不会具有稳定的管理形式，在稳定的管理形式中，力量来自整体而不是局部的社会，法律只有依据普遍意志才能修改，也不会蜕变成私人利益的杂烩。[①]

在贝卡利亚提出罪刑法定思想之后，德国著名古典刑法学派代表人物、被称为现代刑法之父的费尔巴哈最早明确提出罪刑法定原则，他第一次对罪刑法定原则的内容做出了表述。

其二，经典表述的形成。

现在世界范围内的刑法学界较为一致地认为，罪刑法定原则的经典表述应该是："法无明文规定不为罪，法无明文规定不处罚。"

2. 近代罪刑法定原则的立法确认

近代罪刑法定原则的立法确认，主要有以下三国法律文件：

一是1215年的《英国大宪章》，被认为是近代罪刑法定原则的最早渊源，其第39条规定："对于任何自由人，不依同一身份的适当的裁判或国家的法律，不得逮捕、监禁、剥夺领地、剥夺法的保护或放逐出境，不得采取任何办法使之破产、不得施加暴力、不得使其入狱。"[②] 1215年英国大宪章的规定奠定了罪刑法定思想的基础，后来的权利法案等一系列规范文件的提出也都体现了罪刑法定的思想。

二是1774年的美国《权利宣言》，确认了罪刑法定的精神，并最终在美国宪法中得以确认。[③]

三是1789年法国《关于人与公民的权利宣言》和1810年法国《刑法典》，被认为是最早直接规定罪刑法定原则内容的刑法典。1789年法国

---

[①] 参见［意］切萨雷·贝卡里亚《论犯罪与刑罚》，黄风译，北京大学出版社2008年版，第10、15页。
[②] 张明楷：《刑法格言的展开》，法律出版社2003年版，第16页。
[③] 美国宪法所体现的罪刑法定原则与大陆法系国家不同，是在程序层面对罪刑法定进行规定，该法修正案第5条规定，任何人未经适当的法律程序，其生命、自由及财产不受剥夺；此外，在宪法第1条中也作出了不得制定事后法的明确规定。

《关于人与公民的权利宣言》第 5 条规定"凡未经法律禁止的行为即不得受到妨碍,而且任何人都不得受强制为法律并未命令的行为",第 8 条规定"除非依据在犯罪之前已经制定并予公布且系合法执行的法律之外,任何人均不得受到惩罚"。[①] 1810 年法国刑法典第 4 条规定:"不论违警罪、轻罪或重罪,均不得以实施犯罪前未规定之刑罚处罚之。"

3. 罪刑法定原则的理论发展

在学理上,罪刑法定原则的理论发展经历了绝对的罪刑法定主义、相对的罪刑法定主义、宪治的罪刑法定主义三个发展阶段。

一是绝对的罪刑法定主义。以贝卡里亚为先驱的刑事古典学派坚持绝对的罪刑法定主义,反对法官对刑法进行解释,贝卡里亚认为,刑事法官根本没有解释刑事法律的权力,因为他们不是立法者,法官唯一的使命是判定公民的行为是否符合成文法,对每一个刑事案件都应进行完整的三段论式逻辑推理,一旦对该推理形式作出改变则会使案件的审判捉摸不定;没有比"法律的精神需要探询"更为危险的公理,这种观点会产生歧见,并且产生更为深远和致命的影响,解释法律所造成的混乱远远大于严格遵守刑法文字所遇到的麻烦。[②]

二是相对的罪刑法定主义。随着资本主义经济和资产阶级社会的发展,刑事实证学派对古典学派绝对的罪刑法定原则作出了全面修正,提出了相对的罪刑法定主义,主要内容为:在定罪根据上,从绝对禁止类推和扩大解释演变为允许有利于被告人的类推和严格限制的扩大解释;在刑法渊源上,从绝对禁止适用习惯法演变为允许习惯法成为刑法的间接渊源,但必须以确有必要或不得已而用之为前提;在刑法的溯及力上,从绝对禁止刑法溯及既往演变为在有利于被告人、犯罪人时允许溯及既往;在刑罚的种类上,从绝对禁止不确定刑和不定期刑,演变为允许采用相对的不确定刑和不定期刑。

三是宪治的罪刑法定主义(综合的罪刑法定主义)。两次世界大战的

---

[①] 参见陈忠林《刑法的界限——刑罚第 1~12 条的理解、适用与立法完善》,法律出版社 2015 年版,第 83 页。

[②] [意] 切萨雷·贝卡里亚:《论犯罪与刑罚》,黄风译,北京大学出版社 2008 年版,第 12、13 页。

人类灾难和痛苦经历促使人们进一步反思罪刑法定原则,因为"在第二次世界大战时期前后,罪刑法定原则也曾成为意大利、西班牙法西斯政权推行政治专制的工具或为德国、日本法西斯辩护的理由"[1]。因此,第二次世界大战后,罪刑法定主义进一步派生出了刑罚法规明确性原则(刑罚法规不明确即无效)、内容实体正当性原则(内容实体适正原则)等新要求,进一步从形式理性向实质理性迈进,但是却从未放弃对最低限度形式理性的坚守,应当说,当代的罪刑法定主义是在坚守最低限度形式理性的基础上进一步实现形式理性与实质理性的统一,[2] 可谓是一种综合的罪刑法定主义。这种综合的罪刑法定主义是在反思两次世界大战的基础上逐步形成的,其突出特点是强调形式正义与实质正义的统一(形式理性与实质理性的统一),学理上可以将这种综合的罪刑法定主义称谓为宪治的罪刑法定主义、宪治刑法观。宪治刑法观,指称宪治视野下的刑法应具有的基本观念,也是刑权力对待犯罪和犯罪人的应有立场和基本态度,宪法是民权的记述,又是限制刑权力的技术,因此宪治刑法观是一种有别于刑法契约观的"最安全的刑法"观念,实质是在国家刑权力和国民权利之间选择后者,并且国家刑权力放下身段去真正地倾听国民的要求,"权为民所想,利为民所谋",确保刑权力运行模式是安全模式。[3] 可以说,宪治的罪刑法定主义,强调刑法的全部规定——包括是否定罪以及如何定罪、是否处罚以及如何处罚、罪刑关系的具体确立以及刑事立法和刑事司法——都必须符合宪法和宪法精神,并且都必须由刑法立法予以明确规定。

### (二) 罪刑法定原则的理论基础

一般认为,罪刑法定原则产生的早期理论基础主要包括自然法理论(自由、人权思想)、三权分立理论(洛克和孟德斯鸠)与心理强制说(费尔巴哈),后期理论发展是民主主义与尊重人权主义。[4] 罪刑法定原则

---

[1] 陈忠林:《刑法的界限——刑罚第1~12条的理解、适用与立法完善》,法律出版社2015年版,第80页。
[2] 参见梁根林《罪刑法定视域中的刑法适用解释》,《中国法学》2004年第3期。
[3] 王太宁:《宪政刑法观》,《刑事法评论》总第25卷,第345—375页。
[4] 张明楷:《刑法学(上)》,法律出版社1997年版,第39—41页。

是西方法治观念在刑法领域的最本源性的体现，是资产阶级近代法治发展的重要成果，在近代以来的社会实践与上层制度建设中都发挥了极为重要的作用。罪刑法定原则的逻辑前提与核心命题是以法律限制权力，防止权力对人权的侵害，这是自古希腊以来对"人性恶"反思的结果，以防止人性恶的本性在权力的驱使下得到最大的彰显。[①] 中世纪后期，西方君主专制和权力都达到了历史顶峰，作为统治者最强大也最常用的统治工具，刑罚受到了滥用，这既激化了社会矛盾也从侧面推动了历史的发展，使封建的君主专制走向灭亡，随着资本主义经济萌芽的产生、发展，资产阶级革命顺应历史的潮流而兴起，资产阶级启蒙思想家不断探索，产生了许多关于政治、经济、法律的新思想，这些思想便形成了罪刑法定原则的理论基础。

1. 自然法理论（自由、人权思想）

自然法理论的核心是自由、人权思想与社会契约论。资本主义启蒙思想中的自由、人权思想，既是罪刑法定原则产生的初衷和最高理想，也为罪刑法定原则提供了思想理论基础与价值目标。资本主义启蒙思想，是资本主义启蒙思想家对封建制度进行抨击的思想武器，由于自然科学和理性主义的巨大发展，启蒙思想家们摆脱了宗教和封建思想的束缚，将"人"作为价值主体，重新审视和发展人文传统，主张天赋人权、自由平等、社会契约等思想，弘扬作为个体的人的理性与自觉，反对中世纪封建专制对个人的否定与压制，这些思想在当时使民众受到了巨大的震撼和启发，加剧了封建专制思想的瓦解，并对社会的各个领域产生了巨大影响。古典自然法学派的思想就深受近代资本主义启蒙思想的影响，古典自然法学派的法学家们以"人"为出发点和落脚点，提倡人的理性，将人性提升到了前所未有的高度，将保护人的自由和权利视作法律的根本目的，形成了古典自然法学派。此外，启蒙思想家还将社会视作个人

---

[①] 柏拉图曾在《理想国》中设想了由哲学家作为统治者的完美统治形式，但这种模式后来遭遇了现实的驳斥，后柏拉图将"法治国"作为第二等好的国家形式，朴素地认为，国家统治当局应成为法律的仆人，有义务从指导公民行为的法规中寻找行动指南而不需要考察人（作为国家统治当局的人）的因素；其学生亚里士多德也认为，一旦离开了法律和正义，人类就由最优秀的动物转变为最恶劣的动物。参见［美］博登海默《法理学——法哲学及其方法》，邓正来译，中国政法大学出版社2004年版，第7—11页。

的集合,将"人格的完成"视为人类一切活动的根本目的,一切的社会和国家的形式只是实现这个目的的手段。个人让渡出自己的一部分必要的权利给国家权力,以使国家能够拥有适当的公权力,并通过行使权力来保证人们的更大的自由不受侵害。这种个人与国家的关系是一种社会契约关系,也是国家权力正当性的依据。刑罚权的正当性依据也是如此,国家行使刑罚权来保障个人权利不受犯罪行为的侵犯,但是国家行使刑事立法权、司法权和刑罚权的目的只能是维护个人权利、保障个人自由,社会秩序的安定是个人自由所必需的客观条件。只有明确的、事先制定的法律才能使人们正确预测自己的行为结果,知晓哪些行为可为、哪些行为不可为,从而正确安排自己的行为活动,获得个人应有的自由。

2. 三权分立理论

洛克和孟德斯鸠倡导的三权分立理论、权力制衡理论,是启蒙思想的重要成就,该理论主张为了防止权力过于集中而导致权力的滥用,必须形成权力之间的制衡,以公权力约束公权力,否则个人的自由就会有被侵害的危险。三权分立理论要求立法、司法和行政三种权力必须由不同的国家机关行使,司法机关只能适用立法机关事先已经制定并生效的法律作为处理案件的依据,在立法机关没有对某种行为作出成立犯罪的刑法规定时,司法机关无权擅自将该行为定性为犯罪,以防止司法权的专横和滥用,保障个人的自由。在司法机关进行刑事司法活动前,立法机关应当事先对犯罪和刑罚作出明确的规定。此外,由于近代民主国家的政治体制的限制,立法机关通常是由公民所依法选举的代表组成,因而所立之法便代表了公民的普遍意志,最终通过立法程序而上升为国家意志,近代以来刑法的创立即是如此。由于民主意志在国家运行中的最高地位,司法机关也不得任意违背立法机关意志将不是犯罪的行为定性为犯罪,也不能将构成此罪的行为定性为彼罪。三权分立理论也构成了罪刑法定原则的思想基础,并为罪刑法定的制度架构提供了技术性依据。①

---

① 三权分立理论由洛克提出,孟德斯鸠对其进行了进一步的发展,孟德斯鸠的三权分立理论为罪刑法定对立法和司法的限制机能提供了理论基础,其著作《论法的精神》对自由、法律和政体的关系作出了深刻的分析,发展了自然法理论,贝卡里亚等学者都深受其理论的影响和启发。

### 3. 心理强制说

心理强制说理论，即趋利避害原理，是费尔巴哈的著名学说，他认为个人都具有趋利避害的本能，犯罪行为也是在犯罪人趋利避害的心理支配下实施的。当实施犯罪行为所获得的快乐会大于可能受到的痛苦时，犯罪人才会铤而走险实施犯罪行为；当因刑罚可能受到的痛苦大于犯罪所带来的快乐时，犯罪人就会出现心理的障碍，从而抑制其犯罪的冲动。因此，在刑法中明确规定犯罪与刑罚，可以使人们预先知晓犯罪后会受到的痛苦大于犯罪所带来的快乐，从而在心理上强制个人不得不控制其行为，通过其趋利避害的本能而使人们自觉地不去实施刑法所明确规定为犯罪的行为，从而实现对犯罪的预防，并且能以此对国民表明国家对待某一类行为的态度，实现刑法的教育功能。[1]

### 4. 民主主义与尊重人权主义

我国有学者指出，三权分立的僵硬学说并不符合现代法治国家现状，不能说明罪刑法定原则的现实，心理强制说的内容并不完全符合客观事实，均没有为罪刑法定原则的基本内容提供依据，因此，现在一般认为罪刑法定原则的思想基础主要是民主主义与尊重人权主义，或者说是民主与自由。[2] 民主主义强调罪刑法定原则是人民的选择、民主的产物，尊重人权主义强调宪政和法治国家的根本宗旨，因此认为罪刑法定原则的理论基础是民主主义与尊重人权主义的观点是成立的。

笔者认为，民主主义和尊重人权主义是现代宪政的核心思想和根本立场，因此可以说，罪刑法定原则的理论基础是宪政主义，政治基础是宪政主义，罪刑法定原则的真正实现均有赖于宪政主义，在此意义上的罪刑法定原则可谓是宪政主义的罪刑法定原则。

## （三）罪刑法定原则的内容（派生原则）

罪刑法定原则的内容也被称为其派生原则，在具体的分类方式上目前仍存在一定的争议。例如，有的学者明确反对将罪刑法定原则划分为

---

[1] 费尔巴哈还明确提出将道德与法作出明确的区分，从实证主义的角度，丰富和发展了贝卡里亚的罪刑法定思想，使之从观念走向实证。

[2] 张明楷：《刑法学（上）》（第五版），法律出版社2016年版，第46—47页。

绝对与相对、形式与实质的分类方法，认为不应承认"相对的罪刑法定主义与绝对的罪刑法定主义、形式的罪刑法定主义与实质的罪刑法定主义之类的经不起推敲的表述"①；再如，有的学者认为根据对立法权和司法权的不同限制，可以将罪刑法定原则的内容分为形式侧面与实质侧面；又如，有的学者将罪刑法定的内容划分为传统的内容和现代的内容，或者划分为积极的内容和消极的内容。②但是可以肯定的是，发展中的罪刑法定原则需要从多个角度进行认识，不能机械地理解罪刑法定原则。

综合来看，罪刑法定原则的派生原则可以包括以下五项：成文法原则（法律主义原则、排斥习惯法原则），禁止事后法原则（禁止重法溯及既往原则），禁止类推解释原则，刑罚法规的明确性原则（禁止绝对不定期刑原则），刑罚法规内容适正性原则（刑罚法规内容正当性原则）。（1）成文法原则这一派生原则的基本含义，是要求作为处罚根据的刑法必须是成文法，从而当然排斥习惯法的适用。这里的成文法，应当是由立法机关制定的法律；而行政机关的政令或者其他命令都不能制定刑罚规范。当然也有个别例外，那就是有的国家宪法特别规定，当法律委任政令制定刑罚规范时，政令可以在委任的范围内制定罚则。（2）禁止事后法原则这一派生原则的含义是，刑法只能适用于其施行之后的犯罪，而不能追溯适用于其施行之前的犯罪，这样才能适应国民预测可能性的要求。一般认为，刑法的追溯及适用会破坏法的安定性，不当地侵害个人的自由，因为任何行为时合法的行为都有可能被将来的刑法规定为犯罪的危险。不过，出于有利于被告人的原则考虑，多数刑法在规定刑法溯及力问题时，都规定了"从旧兼从轻原则"。（3）禁止类推解释原则的基本含义是，根据严格罪刑法定主义要求，对犯罪规范尤其是总体上不利于罪犯的规范不允许类推适用，且无论是根据法律的一般原则进行的类推，还是根据最相类似条文进行的类推，都在禁止之列。这是因为，类推适用在本质上是为填补法律漏洞而形成的一种"补充性立法"，从而

---

① 张明楷：《实质解释论的再提倡》，《中国法学》2010年第4期。
② 马克昌、陈兴良教授曾对罪刑法定的内容作出过传统的与现代的划分，何秉松教授等学者则对罪刑法定原则作出了积极与消极的理解。参见杨艳霞《刑法解释的理论与方法——以哈贝马斯的沟通行动理论为视角》，法律出版社2007年版，第88页。

违背了只有立法机关才能制定刑法的要求。但是这一原则后来有所发展变化，就是允许进行有利于被告的类推即无罪或罪轻的类推，因为这种类推有利于被告，有利于保障个人自由，从而符合罪刑法定原则的精神实质。(4) 刑罚法规的明确性原则，又称为法定刑的明确性原则，是指刑法对具体犯罪所规定的刑罚种类和幅度必须明确。因此，对于只规定行为应受刑罚处罚，或者虽规定了刑种但没规定刑度，而将具体的刑度委任给法官进行自由裁量的刑罚法规，即规定"绝对不定期刑"的刑罚法规，是不允许存在的。与绝对不定期刑相对的是相对不定期刑。相对不定期刑规定了刑罚种类及其刑度，只要其刑度不被不适当地扩大，就被认为是合宪的。罪刑法定原则如果被机械地要求绝对确定的法定刑，可能存在与公法上所要求的"分配的正义"相矛盾，不当地忽视刑法适用对象上的个体差异，反而也显得不公平。可见，在法定刑问题上，确实需要兼顾好明确性原则与公平要求两者的需要。基于此，当今世界各国刑法、当然也包括我国刑法在内，原则上都采取"相对确定的法定刑"与"相对的不定期刑"的刑罚制度，同时又允许"绝对确定的法定刑"作为一种例外的存在。(5) 刑罚法规内容适正性原则，又称为刑罚法规内容正当原则，是指刑罚法规的规定形式与规定内容都必须正当，亦即所谓"实体的正当"。刑罚法规内容正当原则具体又分为两个方面：规范明确性原则和内容正当性原则。所谓规范明确性原则，是指规定犯罪的法律规范（条文）必须清楚明确，使人能够确切地判断违法行为的内容，准确地认定犯罪行为与非犯罪行为的范围，从而保障该规范没有明文规定的所有行为都不会成为该规范适用的对象。所谓内容正当性原则，是指在刑罚法规中所规定的犯罪与刑罚，必须存在将该行为规定为犯罪的合理根据，并且所规定的刑罚必须人道、合理，并与该犯罪相适应或者相均衡。可见，内容正当性原则的内在要求，首先是禁止处罚不当罚的行为；其次是禁止不人道的、残虐的、不均衡的刑罚。因此，即使做到了在刑罚法规中明确规定犯罪与刑罚，但是如果该规定的内容缺乏处罚的必要性及合理依据，也仍然是违反罪刑法定原则的。因此，也可以说，封建的、奴隶社会的刑法，肯定不能被尊奉为实行了罪刑法定原则。

五项派生原则中，前三项派生原则主要体现了形式法治理性，后两项派生原则主要体现了实质法治理性。从形式的侧面和实质的侧面来理解罪刑法定原则对刑法解释更加具有指导意义，这种划分方法与刑法解释理论在价值与逻辑上具有内在的契合性。罪刑法定原则在产生之初具有以下含义（形式侧面）：以制定法为依据，排斥习惯法；排斥类推解释；不得溯及既往；排斥绝对不定期刑（有的将其列入"刑罚法规的明确性原则"之中）。这四个方面被划分为罪刑法定原则的形式侧面，主要在于限制司法权的行使。后来，罪刑法定原则的实质侧面逐步获得认可，包括两个方面的内容：一是刑罚法规的明确性原则（有的将"排斥绝对不定期刑"列入"刑罚法规的明确性原则"之中）；二是刑罚法规内容实体的适正性原则（内容实体正当性原则，包含禁止处罚不当罚的行为和禁止残虐的、不均衡的刑罚两个内容）。① 这些内容主要是对立法权的限制，但是同时也具有限制司法权的价值。

罪刑法定原则的形式侧面体现了形式法治的价值蕴含，而实质侧面则体现了实质法治的价值蕴含。有学者对罪刑法定原则内容形式侧面和实质侧面的划分形式提出了修正的意见：明确性原则是从语言的表述形式而言的，实体的适当原则是就法规内容的实质而言的，二者不应当划分到同一部分；另外，刑罚法规内容的适正原则只是涉及刑罚的适正而未涉及犯罪，且只论述了何种行为需要类型化为犯罪规定，实际上是犯罪规定的适当，难以论述残酷刑罚的禁止，更改为"犯罪规定的适当和刑罚规定的适当"更为合理。② 笔者认为，作为罪刑法定原则实质侧面的"明确性"不仅意味着刑法法规语言语义的明确，也含有犯罪与刑罚之间关系的明确性，立法应当使罪名与可能适用的刑种、刑度具有相对的明确性，这样就在符合了罪刑法定原则形式理性的同时契合了其实质理性的价值蕴含。③ 在对犯罪构成要件和法律后果的规定上，刑法条文必须具有一个最起码的明确性（明确性原则）。虽然不是绝对地不允许在刑法规

---

① 张明楷：《实质解释论的再提倡》，《中国法学》2010年第4期。
② 参见马克昌《罪刑法定主义比较研究》，《中外法学》1997年第2期。
③ "明确性原则"作为罪刑法定原则的一项内容或派生原则，在各国的刑法学体系中被赋予了多种意义，德国刑法学者将其作为刑法负担的保障功能、法治原则的作用展开论述，而日本刑法学中，明确性原则则被作为对罪刑法定原则的实质性理解，参见［德］约翰内斯·韦塞尔斯《德国刑法总论》，李昌珂译，法律出版社2008年版，第20、21页；［德］克劳斯·罗克辛《德国刑法学 总论（第1卷）》，王世洲译，法律出版社2005年版，第80页；黎宏《日本刑法精义》，中国检察出版社2004年版，第49—51页。

定中使用范围宽泛的条款和需要填充价值的概念，但对刑法所规定的适用范围和效力范围必须达到相当程度的明确，刑法条文必须清楚地告诉人们，什么是禁止的，以便让大家能够以此规束自己的举止。

罪刑法定原则的内容是其所蕴含的价值的具体体现，其形式侧面的内容完全体现了形式理性的价值蕴含，在发展演进过程中，形式侧面的具体内容在人权价值的指引下由绝对的形式理性走向相对的形式理性。由于罪刑法定原则的实质侧面主要是对立法权的限制，其形式侧面主要是对司法权的限制，同时也是罪刑法定原则在刑法适用中的主要体现，因而形式侧面与刑法解释的关系更为直接，而刑法解释的保守性所蕴含的价值与罪刑法定原则形式侧面内容的发展理路完全契合，这更为直接地验证了坚持罪刑法定原则应当倡导保守的刑法解释。

罪刑法定原则对于刑法解释最直接的指导意义在于坚持按照已经制定的、明确的刑法规定进行解释，禁止类推解释。这种要求体现了一种严格解释的刑法精神，符合刑法的谦抑性和保守性，符合法理上法的明确性、安定性和可预测性，符合形式法治的要求，也与主观解释论、形式解释论的观点相契合。贝卡利亚在《论犯罪与刑罚》一书中主张坚持绝对形式上的罪刑法定原则，反对法官的能动解释，认为法官只可以像精密的机器一样按照固定的语言意义和逻辑推理方法对法律进行程式化的运用，因为"法律的精神需要探寻"意味着放弃了法的确定性、明确性和安定性，使人们丧失了对刑法的安全感。这种思想随着历史的演变已经被人们所摒弃，当今学者大多数认为应当将法的形式特征和实质特征相结合来进行法律解释，但是其蕴含的道理依然值得我们深思。

关于类推解释的争论是一个旷日持久的话题，对待类推解释的态度、类推解释与扩张解释的界限等问题一直存在着争议。目前，学界的通说是坚持罪刑法定原则，反对不利于被告人的类推解释，但可以适用扩张解释。但也有学者认为类推解释具有实质上的正义性与合理性，传统的罪刑法定主义及禁止类推是法治口号下的"一个美丽的乌托邦"，如今在刑法解释领域提出禁止类推主要是由于类推解释具有强大的修辞功能以及人们对国家权力的忌惮和防范。[1]

---

[1] 参见吴丙新《修正的刑法解释理论》，山东人民出版社2007年版，第275—276页。

拉伦茨对刑法中的"类推"做出了界定:"有两件生活事实被相互比较,其一是可以毫无疑义地归属于法定构成要件之下的事实,相反地,另一事实则(似乎)未被规范及之。假使两者间具有足够的类似性,则后者就法效果一点——并且仅就此点——应与前者作相同处理。刑法中类推适用的禁止,其所指的乃是此等意义的类推。"① 考夫曼对"类推"的界定引起了法学界,尤其是刑法学界的轩然大波,他在《类推与"事物本质"——兼论类型理论》一书中指出:"所有的类推都是在一个被证明为重要的观点之下,对不同事物相同处置,是一个以某种关系为标准的相同性。"他将司法中对规范和事实的对照和等质处理过程称为"类推",将其前提归纳为"事实与规范具有相似性,亦即必须存在意义关系中的同一性",并进而主张刑法不严格的禁止类推。② 考夫曼的这种类推观念实质上是对罪刑法定原则的质疑,其不禁止类推的观点要冒极大的学术风险,从本质上危及了法的明确性、安定性,使公民无法预测刑法对个人行为的评价,为可能侵害人权的刑法解释和刑罚适用创造理论温床,过于宽泛的类推理论在刑法中适用所造成的人权灾难在20世纪已经得到了历史的验证。"类型化"理论是法学方法论中的一个重要命题,我们应当区分作为正当刑法解释方法的类比解释与违反罪刑法定原则的类推解释,"在类比解释的情况下,这种类似性是一种强类似,即相同大于相异,因而可以根据事物之本质将其归入某一概念或者类型之中。而在类推推理的情况下,这种类似性是一种弱类似,即相异大于相同,因而不能按照一般的法律解释方法将其涵括在某一概念或者类型之中,也就是属于法无明文规定的情形。在这种情况下非要适用这一法律,就需要类推推理。……考夫曼提出一切类型,甚至一切概念都是类推的,其实是对类推的一种误用"。③ 现实中也存在"类推回归"的声音,有学者认为考夫曼的类推观点提出了"在关系中寻求实体"的研究思路,承认法

---

① [德]卡尔·拉伦茨:《法学方法论》,陈爱娥译,商务印书馆2003年版,第16页。
② 参见[德]阿图尔·考夫曼、温弗里德·哈斯默尔主编《当代法哲学和法律理论导论》,郑永流译,法律出版社2002年版,第184页。转引自姜福东《法律解释的范式批判》,山东人民出版社2010年版,第28页。
③ 陈兴良:《刑法教义学方法论》,梁根林主编:《刑法方法论》,北京大学出版社2006年版,第17—19页。

是不确定的，并且认为法原本就带有类推性质并且只能在"存在与当为的对应"中类似地把握，这对正统的刑法理论造成了很大的冲击。① 笔者认为，这种观点带有法学本体论的性质，偏离了在法学方法论中讨论类推解释的立场；另外，不禁止类推解释的观点是本体论解释学思想在法学领域的一种表现，在刑法解释学中，不禁止类推解释的观点忽视了法作为一种特殊的社会规范而不是一般文本的理论内核以及刑法作为社会保障法的特殊性，所得出的"相对合理"的解释结果会带来更不利的社会后果，甚至趋向于法律虚无主义。

类推解释的界限问题总是伴随着它与扩张解释的比较进行讨论的，在大多数情形下，刑法解释的主要争议就是发生在对类推解释与扩张解释的界限认定上。广义的类推解释包括两种情况，一种是类推适用，即我国旧《刑法》第79条所规定的类推：对于刑法分则没有明文规定的犯罪，比照刑法分则最相类似的规定定罪量刑。另一种是狭义的类推解释，即解释结论完全超出了刑法用语可能具有的含义（一般含义）。② 拉伦茨将"可能的含义"理解为依一般语言用法或立法者标准的语言用法（特殊情况下）所指称的意义。③ 大部分学者也支持在语义的涵摄范围之内进行解释，如果解释的结果超出了一般人所能接受的语义范围（国民预测可能性），那么该解释就不是扩张解释而应归为类推解释。有学者提出，对于类推解释和扩张解释的界限不必过分纠结于形而上的概念区分，以直接的价值取向作为标准更具有可操作性。目前，大多数学者均支持从保障人权出发，禁止不利于被告人的类推解释，但是也有部分较为激进的实质解释论学者认为不应当一概禁止不利于被告人的类推解释，而应从实质的理性价值出发加以判断，在法律确实无法明确解释的情况下，有利于被告人的类推解释可以适用。现代的罪刑法定原则禁止不利于被

---

① 参见吴丙新《修正的刑法解释理论》，山东人民出版社2007年版，第16—19页。
② 张明楷：《刑法分则的解释原理》，中国人民大学出版社2004年版，第15页。在本书中，张教授还引用了日本前田雅英教授的观点，将刑法用语"可能具有的含义"分为三种情形：（1）一般人都预想到的含义（核心部分）；（2）一般人都难以想到的边缘部分；（3）上述二者的中间部分。如果解释结果属于一般人都难以想到的边缘部分，则原则上应否定行为的构成要件符合性；如果解释结果属于核心含义和边缘含义的中间部分，则应当考察其处罚的必要性。参见张明楷《刑法分则的解释原理》，中国人民大学出版社2004年版，第18—19页。
③ 参见［德］卡尔·拉伦茨《法学方法论》，陈爱娥译，商务印书馆2003年版，第227页。

告人的类推解释，防止司法权的滥用，这是其本源的形式理性与人权保障价值所决定的。刑法解释的保守性以人权保障为价值倾向，以形式解释为基础、主观解释为原则，就是为了避免出现侵犯人权的类推解释，在对被告人出罪时充分吸收实质解释与客观解释理论的合理部分，也是为了实现罪刑法定原则的人权保障价值。因此，经过综合权衡，不利于被告人的类推解释应当被禁止，这既是罪刑法定原则的内容要求，也是刑法解释保守性的题中应有之义。

## 二 罪责刑相适应原则

罪责刑相适应原则，又称为罪刑均衡原则，是我国刑法的基本原则之一，是罪刑法定基础上的刑法原则，我国《刑法》第5条对该原则作出了规定："刑罚的轻重应当与犯罪分子所犯罪行和承担的刑事责任相适应。"我国刑法的罪责刑相适应原则以行为人的责任作为纽带，将罪与刑联系起来，体现了罪刑均衡主义的现代发展，虽然许多学者以西方的罪刑相适应原则为基础对罪责刑相适应原则进行了思辨与批判，但是综合罪刑均衡和刑罚个别化的罪责刑相适应原则还是得到了充分的肯定，并在我国的刑法实践中得到了进一步的确立和发展。鉴于其丰富的理论内涵和对刑法实践的巨大指导作用，也有学者将其称为刑法的"核心原则"。

罪责刑相适应原则贯穿于立法、司法、执法当中，其所蕴含的价值与理论内涵深深地影响了现代法治的发展与刑法的运行。刑法解释贯穿于刑法实践的始终，必然要受到本原则的指导与规制。在不同的刑法实践活动中，罪责刑相适应原则对刑法解释的具体要求有所不同，但不论这些具体要求有何不同，其所蕴含的本源性价值和理论依据是相对稳定的，而这些价值蕴含和理论依据在刑法解释中可以总结、深化为一点——刑法解释的保守性。

### （一）罪责刑相适应原则的起源发展与理论依据

罪责刑适应原则由罪刑相适应（罪刑均衡）原则发展而来，罪刑相适应原则作为近代刑法的基本原则，其思想渊源可以追溯到人类的原始社会。在原始社会中，基于朴素的正义、平等观念，强调"以眼还眼、以牙还牙"的复仇观念，从血族复仇到血亲复仇，再由血亲复仇到同态复仇，人们的思想观念反映出了对侵害所对应的惩罚的对等性追求，这体现了当时人类社会初级阶段最粗俗但又本质的公平正义观念。作为人类历史上最古老的法典之一，《汉谟拉比法典》就出现了相关的规定："倘自由民毁损任何自由民之子之眼，则应毁其眼，倘折断自由民（之子）之骨，则应折其骨。"随着人类社会的发展，人类的罪刑观念由关注犯罪与刑罚外在的形式对等性逐渐发展为重视其内在的价值相当性，不论是古希腊的"行为相应性惩罚"观念还是中国古代的"明德慎刑"思想均带有朴素的罪刑均衡思想的意味。

近代刑法中的罪刑相适应原则确立于资产阶级启蒙运动时期，是资产阶级启蒙思想的产物，其根源还是以人权为核心的自由、平等、民主、博爱等近代精神。许多启蒙思想家在其著作中都论及了犯罪与刑罚相适应的问题，霍布斯就从正义性和功利性的角度出发，提出惩罚的本质要求以使人服从法律为其目的，如果惩罚比犯法的利益还轻，则不能达到这一目的，反而会发生相反的效果；如果惩罚在法律本身中已有明确规定，而在犯罪之后又施加以更重的惩罚，那么逾量之罚便不是惩罚而是敌视行为。[①] 经过资产阶级启蒙思想家、法学家们的努力，罪刑相适应原则作为刑法的基本原则被确定下来，并且得到了进一步的发展。

刑事古典学派真正地确立了刑法中的罪刑相适应原则，将罪刑均衡的思想进行了系统的论述和进一步的发展。在刑事古典学派的理论中，罪刑相适应原则的理论学说主要有报应主义与功利主义之分。报应主义认为刑罚是犯罪的回报，犯罪与刑罚之间具有因果关系。日本学者木村龟二将"报应"归纳为三个要素：报应是对一定动的"反动"；报应是与动相当的"反动"；报应的内容是"害恶"或"痛苦"。在报应主义的具体标准上，又有事实说与价值说的不同标准。德国古典哲学家康德主张事实说（等量说），提倡追求犯罪与刑罚在外在形态上的一致性，犯罪人对其犯罪所应当承受的刑罚及其形式应由其所实施的犯罪的具体形式所决定，刑法的公正性在犯罪与刑罚外在形态的同一性中得到彰显。黑格

---

① 参见［英］托马斯·霍布斯《利维坦》，黎思复、黎廷弼译，商务印书馆1985年版，第241—247页。

尔主张价值说（等价说），认为犯罪与刑罚在外在形态上追求等同是不可能实现的，而且康德等量报应的观念容易推导出同态复仇的荒诞结论，是不科学、不开化的原始观点在刑法上的遗留。他认为犯罪与刑罚的等同性应在其内部寻求，追求犯罪与刑罚的内在联系并将其内在价值进行比较，刑罚应当与具体犯罪在特定环境和特定时间对社会所造成的具体危害相一致。[①] 报应主义所追求的犯罪与刑罚之间的等同性体现了公平正义价值，虽然理论途径不同，但其从人类传统观念所继承而来的公正性价值却始终贯穿其中，而这也正是罪（责）刑相适应原则的基本价值蕴含。

　　刑事古典学派中的功利主义从犯罪预防的目的出发而坚持罪刑相适应原则。刑法学先驱贝卡里亚吸收了孟德斯鸠等启蒙思想家出于防止犯罪的目的而协调刑罚的思想，明确提出刑罚的目的在于制止犯罪，只有罪刑均衡才能实现这一目的。公众所关心的不仅是不要发生犯罪，而且还关心犯罪造成的社会危害程度，应当使犯罪所造成的社会危害程度尽量降低。对公共利益的危害越大，促使人们犯罪的力量越强，制止人们犯罪的手段就应该越强有力，这就需要犯罪与刑罚相对称。如果对两种不同程度的侵犯社会的犯罪处以同等的刑罚，那么人们就找不到更有力的手段去制止实施能带来较大好处的较大犯罪了。[②] 边沁进一步将罪刑相适应具体化，在贝卡里亚所设计的罪刑阶梯基础之上提出了罪刑均衡更为详细的规则：刑罚之苦必须超过犯罪之利；刑罚的确定性越小，其严厉性就越大；当两个罪行相联系时，严重之罪应适用严厉之刑，从而使罪犯有可能在较轻阶段停止犯罪；罪行越重，适用严厉之刑以减少其发生的理由就越充足；不应该对所有罪犯的相同之罪适用相同之刑，必须对可能影响感情的某些情节予以考虑。[③]

---

[①] 参见陈兴良《刑法哲学》，中国政法大学出版社1992年版，第505、506页。
[②] 参见［意］贝卡里亚《论犯罪与刑罚》，黄风译，中国大百科全书出版社1993年版，第65页。
[③] 参见［英］吉米·边沁《立法理论——刑法典原理》，孙立等译，中国人民公安大学出版社1993年版，第68页。贝卡里亚提出了刑罚与犯罪在性质、程度上的相当性以及在执行上的相称性，边沁则从阻止和预防犯罪的角度出发，将贝卡里亚的观点进行了进一步的细化与发展，并提出了技术性的建议。也有学者将刑事古典学派中的功利主义理论称为规范功利主义，与刑事实证学派中的行为功利主义相对。

19世纪末，随着资本主义经济和社会的发展，社会的哲学理论与价值观念都发生了巨大的变化，按照刑事古典学派理论所建立起来的刑事制度并未有效地限制犯罪，反而在资本主义高速发展的新时期，犯罪量出现了剧增的趋势，特别是许多严重犯罪的累犯、再犯大量出现，以客观行为为核心的刑事古典学派理论受到了现实的驳斥。刑事实证学派（近代学派）在此时代背景之下产生，反对在对犯罪的客观分析基础之上来构建罪刑相适应原则，而是将关注的目光从犯罪行为转移到了犯罪人身上，重视犯罪人的人身危险性，并将其视为犯罪的本质属性。刑事实证学派的罪刑相适应原则要求重视犯罪人在特定环境下的人格，将犯罪作为具体的而非抽象的法律现象进行考察，意大利犯罪学家龙布罗梭首次提出刑罚要与犯罪人所承担的刑事责任相适应，认为刑罚的根据是犯罪人对社会防卫所应承担的责任，刑罚应当以犯罪人复归社会而不再犯罪所需的程度作为依据。[①] 意大利的著名刑法学家菲利则将犯罪人视为可以医治的病人，主张根据不同的犯罪人的个人特征适用刑罚，即要求实行刑罚个别化，[②] 强调犯罪与刑罚在特殊预防意义上的对称关系，认为刑罚应与犯罪人的人身危险性相适应，将刑罚与犯罪人的再犯可能性联系起来，刑罚的目的在于预防未然之罪。刑罚个别化的思想对传统的罪刑均衡理论产生了巨大的冲击，是社会发展到特定的历史阶段而产生的理论观点，其社会本位的价值观念在一定程度上修正了刑事古典学派以个人本位为根本价值的传统罪刑均衡理论，使大陆法系的罪刑相适应原则得到了新的发展。鉴于刑事古典学派和刑事实证学派的罪刑相适应理论本质价值的一致性——公平正义、自由人权，现代各国的刑法理论将两派的理论进行了整合，传统的罪刑均衡观念与刑罚个别化理论相互融合、逐渐渗透，克服了两种理论各自的缺陷和不足，现代意义的罪刑相适应

---

① 参见马克昌主编《近代西方刑法学说史》，中国人民公安大学出版社2016年版，第212—226页。
② 刑罚个别化思想来源于德国学者沃尔伯格（W. E. Wahlberg），德国著名的刑法学家、刑事实证学派的代表人物李斯特的刑事政策学说对刑罚个别化的原则进行了深入论述，他从社会防卫的角度出发，认为特殊预防是刑事政策的主要目的，犯罪人的矫治应当因人而异，从犯罪人的个性和教育的需要出发而使其刑罚处于个别化，刑事政策亦是针对个人的，而最好的社会政策就是最好的刑事政策。这些观点对当时的德国立法改革产生了巨大影响，至今仍然有学者将刑罚个别化当作一项独立的刑法原则。

原则不仅要求刑罚应当与犯罪行为及其造成的实际危害相适应,也必然要求其与犯罪人的人身危险性相适应,这是客观历史实践与学术理论发展的必然要求。

我国的罪责刑相适应原则以责任为纽带,将犯罪与刑罚联系起来,并且将传统的罪刑均衡原则与刑罚个别化原则有机结合起来,具有时代性和科学性,符合历史的发展潮流。

**(二)罪责刑相适应原则的价值蕴含**

相对于罪刑法定原则和刑法适用人人平等原则,罪责刑相适应原则与刑法具体适用的联系更为紧密,在实践中贯彻罪责刑相适应原则也更加要求技术性的规定和适用。罪责刑相适应原则与其他两个刑法的基本原则在本质上既有着共同的价值基础,也具有其自身独特的价值蕴含。鉴于罪刑法定原则的优先地位,罪责刑相适应必然是在罪刑法定的价值基础之上进行的,罪责刑相适应原则是罪刑法定基础上的刑法原则,"罪"是法定的犯罪,"刑"是法定的刑罚,"责"作为一条无形的纽带将法定的"罪"与"刑"连接在一起,罪责刑相适应原则当然地蕴含了形式理性与人权保障价值。作为重要的刑法原则,罪责刑相适应原则最核心的价值在于其所蕴含的正义价值,这在刑法适用中体现为对公正性的不懈追求,而在刑法解释中则具体表现为获得合法、合理的解释结果。从某种意义上来说,该原则对刑法解释的意义并不逊于罪刑法定的铁则,因为如果刑法解释没有得出公正、合理的结果,那么刑法社会防护与人权保障的功能就难以实现,刑法的适用也就失去了其应有的意义。因此,刑法解释必然要遵循罪责刑相适应原则所蕴含的正义价值,这是实质理性对刑法解释的必然要求。

千百年来,正义一直是人类所苦苦追寻的价值,从古希腊先哲到现代学者,关于正义的论断谱写了人类文明的华美篇章,正义不仅是一种人类为了获取利益而刻意追求的外在价值,更早已成为人类自身发展所必需的内在机制。然而,虽然正义价值对人类自身具有如此重大的意义,但是其定义目前仍存在着争议,人类文明在高速发展,对正义价值的认识也在不断地深化与完善,不同历史时期下,对正义的认识也存在着较大的差异。作为法律的核心价值,"正义"在法哲学与政治哲学中一直为学者所重视，许多著名学者都专门就此展开了深入的讨论，对正义价值的研究在进入 20 世纪之后又得到了进一步的升华。罗尔斯在其著作《正义论》中将正义理论提升到了前所未有的理论高度，他从社会契约论出发，对已有的西方伦理学和政治哲学做出了修正，构建了一种指导制度设计的正义原则。正义原则体现为两个原则：一是平等自由原则，即"每个人对其与他人所拥有的最广泛的平等基本自由体系相容的类似自由体系都应有一种平等的权利"，主要针对公民的政治权利；二是差别原则和机会平等原则，即在出现社会和经济的不平等时，对此种情形的处理应当"使它们：（1）被合理的期望适合于每一个人的利益；并且（2）依系于地位和职务向所有人开放"。罗尔斯认为，正义是社会制度和人类活动的首要价值，在社会的正义和个人的正义之间，社会的正义是应当被优先考虑的；个人与社会既统一又不可避免地会存在对立，在自由和平等出现矛盾时，要在实施自由原则的同时兼顾差别原则，由国家对矛盾加以调节，并且提出社会契约关系中的个人具有"服从一种不正义法律的义务"[①]。罗尔斯的正义理论对法哲学同样具有重要意义，其所表现出的强烈的实质正义观念突破了自由主义保守派形式正义的观点，不仅要求形式上法律面前人人平等，更要求实现法治下实质的权利平等，并以此进行制度的构建。新分析法学派的创始人哈特从分配正义的角度出发，认为对分配利益和义务的法律作出是否正义的评价，要基于其是否达到了"同等情况同等对待"的标准，强调以道德的平等平衡自然的不平等。[②] 凯尔森对柏拉图、亚里士多德等人的正义观念进行了批判，认为"正义之幸福"需要"从个人之幸福到对社会认可之需求之满足（此即正义之内涵）"，价值判断具有主观性，由人头脑中的情感因素所决定，人的理性无法得到绝对的价值而只能实现相对的价值，相对主义正义哲学独特的道德原则是宽容，这体现为"对他人宗教或政治信仰同情的理解"，并意味着自由，尤其是思想自由。最后，他将正义总结为一种相对

---

[①] 参见［美］罗尔斯《正义论》，何怀宏、何包钢、廖申白译，中国社会科学出版社 1988 年版。

[②] 在法哲学领域，许多学者在论述正义价值时，均将"公平""平等"作为正义价值的核心概念，如拉伦茨就在论述正义时提出了"同等标准的原则"。

正义，因自己以科学为业而将正义归为"能够保证对真理的探索繁荣昌盛之社会秩序"的正义，"即自由之正义、和平之正义、民主之正义——一言以蔽之，曰宽容之正义"。[①]

罪责刑相适应原则所蕴含的正义价值必然要求刑法解释必须坚持保守性的立场，这不仅体现在对刑法解释方法的适用和刑法解释结果的探寻要以相对的合理性为出发点和落脚点，更要求应当以正义价值为目标，坚守刑法的谦抑性和安定性，保障公民人权，在坚持普遍平等的前提下，以保障公民自由为优先性价值而实现现实中相对的正义。在法治的语境之下，正义最基本的标准就在于：基于社会福祉和集体利益，在适当限制公民个别行为自由且并不影响其基本生存与发展的前提下，平等、广泛地保障其基本的人权。人权保障不仅是当今世界最重要的普世价值，也是当今法治语境下"正义"最核心的价值蕴含，不保障人权的法必然是不正义的法，而丧失了人权保障蕴含的"正义"必然不可能成为现代法治社会中的正义。虽然公民基本人权的外延具有一定的相对性，但是其对于公民生存与发展的必要性却是绝对的。刑法是涉及公民基本人权的基本法，如果不坚持刑法解释的保守性，那么刑法的安定性与谦抑性将难以维持，更会对公民的基本人权造成挤压乃至危害，产生巨大的人权风险，这既是对正义价值实质的侵害，也是法治社会所绝不能容忍的。因此，刑法解释为了实现正义价值，必须以人权保障为出发点和落脚点，以形式解释、主观解释为基础，适当吸收实质解释客观解释的合理内容，在入罪时坚守形式、保守的底线，出罪时灵活运用解释方法和技巧，以正义价值为指导，在罪刑法定原则与人权保障价值的规制下，实现刑法解释中保守的、实质的正义，得出合法、合理的解释结果。

虽然罪责刑相适应原则所蕴含的正义价值要求刑法解释具有保守性，但是仅仅在实践中坚持刑法解释的保守性并不能保证得出的解释结论就一定是完全合理的。法律实践中的实质正义本就是相对的，刑法解释结果合理性本身也具有本质上的相对性，这就为刑法解释制造了实体上的难题。受现代哲学思潮的影响，尤其是在哈贝马斯的"交往行动理论"

---

① 参见［奥］凯尔森《纯粹法理论》，张书友译，中国法制出版社2008年版，第139—165页。

被引入法学之后，许多学者都倾向于借助程序上的构建来解决法哲学中的许多实体难题，这种观点在法律解释学中尤甚。比如，考夫曼就提出了以人为基础的正义程序理论，在吸收了哲学解释学观点的基础上，对真理与正义的纯粹程序理论进行了批判，认为规范领域中的真理与正义离不开程序，但是同时又认为不能只依赖程序而放弃内容和经验，交往理性中的合意必须通过内容实体的正当性进行考量而不能仅仅从形式上的程序加以确立，单纯坚持程序形式而达成的合意无法保证获得实质的正当性，"真理发现会导致这样一种结果，即成了一种强迫人们把合意的恶意也作为合法的东西予以承认的自我行为"[①]，必须将实体与程序相结合，从哲学解释学的"主体间性"理论出发，将"关系"作为核心概念，将构成关系的"人"作为结合点，"以人为本"地构建法哲学中的真理和正义理论，[②] 通过不同主体在交谈程序中主观因素的摩擦、碰撞、对立乃至消解以及客观因素的统一，达成不同认识的趋同和结合，最终得到内容和程序相结合、形式和实质相统一的真理结果，这便是"以人为本"的正义程序理论。在该理论中，"人"与"正义"密不可分，"正义"的解释循环存在于具体历史情境下的"人"之中，在理想的形式环境中，在历史经验的实质影响下，"人"对"正义"认识的趋同不仅是对"正义"认识的过程和手段，更成为"正义"的标准。"基本权利和人权归根到底即法权的内容，绝大多数完全是从历史的经验中获得的"，[③] 而"正义"也必须依赖于人的历史经验验证而获得实质的正当性，特定历史环境下的人权与正义必然存在本质上的契合性。考夫曼的正义程序理论展示了法中的"正义"必须以人为出发点、服务于人，"法的观念是个人类人性之观念，除此，它什么都不是"。[④] 同理，为了实现刑法中的正义价

---

[①] [德] 阿图尔·考夫曼：《后现代法哲学——告别演讲》，米健译，法律出版社2000年版，第40、41页。

[②] 考夫曼的正义理论依托于现代哲学的现象学、哲学解释学观点，体现了现代的哲学转向，对法哲学理论的发展产生了巨大的影响。需要说明的是，考夫曼以人为基础的正义程序理论还是立足于人作为实践主体的主体间性，并非社会主义法治理念中的"以人为本"。

[③] [德] 阿图尔·考夫曼：《后现代法哲学——告别演讲》，米健译，法律出版社2000年版，第58页。

[④] [德] 阿图尔·考夫曼：《法哲学的问题史》，阿图尔·考夫曼、[德] 温弗里德·哈斯默尔主编：《当代法哲学和法律理论导论》，郑永流译，法律出版社2002年版，第199页。

值，在刑法适用中也必须坚持刑法解释的保守性，以人权保障为最根本的价值，否则必将偏离正义价值，忽略了人权保障而得出的所谓的"合理"结果也必将是实质上的"不正义"。

### (三) 罪责刑相适应原则的具体内容

根据通说，我国的罪刑相适应原则包含了以下的具体内容：

其一，有罪当罚，无罪不罚。即刑罚只能施于实施了犯罪行为的人而不能对未进行犯罪之人施行刑罚，犯罪是刑罚的必要条件，无犯罪则无刑罚。

其二，轻罪轻罚，重罪重罚，刑罚的轻重程度应当与犯罪人的犯罪行为及其所应承担的刑事责任的轻重程度相一致。

其三，一罪一罚，数罪并罚，一罪与数罪所造成的社会危害程度与犯罪行为人所应承担的刑事责任的大小必然不同，在适用刑罚时应当按照不同的规则区别对待。

其四，同罪同罚，罪罚相当。即同一性质、情节相近的犯罪应当处以轻重相近的刑罚。

其五，刑罚的性质应当与犯罪的性质相适应，这不仅是原始社会传承下来的朴素正义观念的体现，也是现代科学的刑法观之要求。罪责刑相适应原则的具体内容不仅反映了该原则在历史进程中的发展和演化，也彰显了其所蕴含的价值和理论内涵，体现了形式理性与实质理性的辩证统一。

这些具体内容在坚持罪刑法定原则的基础之上对罪责刑相适应原则在刑法适用中的具体表现加以细化，在刑法解释中要充分遵循这些具体要求，坚持"无罪不罚""轻罪轻罚""一罪一罚""罪罚相当"。

## 三 适用刑法人人平等原则

我国《刑法》第 4 条规定："任何人犯罪，在适用法律上一律平等，不允许任何人有超越法律的特权。"适用刑法人人平等原则，是指对任何人犯罪，不论犯罪人的家庭出身、社会地位、职业性质、财产状况、政治面貌、才能业绩如何，都应追究刑事责任，一律平等地适用刑法，依法定罪、量刑和行刑，不允许任何人有超越法律的特权，[①] 其体现了宪法所规定的法律面前人人平等的原则，既蕴含了形式理性、人权保障等价值，也彰显了公平正义价值，保障了刑法的权威性。有学者对适用刑法人人平等原则作为刑法原则的独立性提出了怀疑，认为该原则是宪法原则在部门法中的具体规定，不具有作为刑法基本原则的独立性，没有必要将其作为一个专门的原则加以认定。笔者认为，鉴于刑法自身的特殊性以及本原则对于刑法适用与刑事政策的重要意义，有必要专门在刑法中规定刑法适用人人平等的原则。

平等价值既是正义的内涵，也是人权的内在价值，在法治社会中，如果不能首先保证独立个人在社会中的平等地位，那么所谓的人权只能成为一纸空谈。适用刑法人人平等原则中的"平等"，既包括定罪的平等，也包括量刑的平等；既要求保障形式的平等，又要求实质的平等。其中，形式的平等是前提，实质的平等是目的。在刑法解释中，适用刑法人人平等原则具体表现为对相同罪名、相同罪状的犯罪行为进行同样的解释。形式的平等要求在刑法解释中必须坚守形式底线，保障人权，从刑法条文的字面出发，以形式解释、主观解释为基础，维护刑法的安定性与权威性，这样才能实现对相同罪名、罪状的同等解释；同时，实质的平等又要求刑法解释在面对不同主体、不同客观情形的具体情况时要充分吸收实质解释、客观解释的合理部分，在罪刑法定的前提下，充分考量具体案件的特殊性，以及对不同主体进行的差别对待，得出合理的解释结果，最终实现形式平等与实质平等的有机结合。可见，适用刑法人人平等原则与刑法解释的保守性具有紧密的理论契合性，要贯彻适用刑法人人平等原则必然要求刑法解释具有保守性。

## 四　法益保护原则

法益保护原则，是指刑法以保护宪法和宪法精神所确认的、由刑法

---

[①] 高铭暄、马克昌主编：《刑法学》，北京大学出版社、高等教育出版社2011年版，第29页。

明确规定需要保护的法益（法律上的价值和利益）为根本任务和根本准则，有法益侵害才有犯罪和刑罚，无法益侵害即无犯罪和刑罚。

法益的概念界定，在理论上存在一定争议。通常认为，法益，是指由宪法和宪法精神所确认的、由法所保护的价值和利益。[1] 刑法上的法益，是指由宪法和宪法精神所确认的、由刑法明确规定需要保护的价值和利益，包括个人的生命、身体、自由、名誉、财产以及可以还原为个人利益的国家利益与社会利益。刑法上的法益，通常可以称为保护法益、保护客体、犯罪客体、被害法益。我国有学者指出："从受侵犯的角度而言，法益被称为被害法益，即犯罪所侵害或者威胁的利益。从受保护的角度而言，法益被称为保护法益（即法所保护的利益）。显然，将二者联系起来就会发现，法益实际上是我国传统刑法理论上所说的犯罪客体。"[2]

法益保护原则的理论根据有法益论、刑法的目的论、犯罪的本质论、刑罚的本质论与根据论等理论。刑法的目的是保护法益，犯罪的本质是侵害法益，刑罚的本质是剥夺法益，刑罚的根据是侵害法益的不法行为值得科处刑罚以预防行为人再次侵害法益（特殊预防）以及预防其他人侵害法益（一般预防）。其中，关于犯罪的本质论，理论上存在社会伦理主义与法益保护主义之争、法益保护主义与规范维持主义之争，由于社会伦理主义已经衰退、规范维持主义及其折中论在实质立场上不排斥法益保护主义（即认为规范维持与保护法益并非相互排斥的关系），应当认为法益保护主义获得了较多共识，由此可以确证法益保护原则的有效性。

法益保护原则对刑事立法和刑事司法均有直接指导作用，并且还应注意法益保护的限度，"严格地说，只能采取谦抑的法益保护原则"。[3]

法益保护原则的理论争议主要是：由于法益的抽象化、过度价值化、空心化，法益的批判机能（批判立法和司法的机能）、指导机能

---

[1] 我国有学者认为"价值观本身不是法益"，但是并没有否定"价值"本身可以成为法益。参见张明楷：《刑法学（上）》（第五版），法律出版社2016年版，第63页。
[2] 张明楷：《刑法学（上）》（第五版），法律出版社2016年版，第63页。
[3] 张明楷：《刑法学（上）》（第五版），法律出版社2016年版，第64—67页。

（指导司法和立法的机能）受到质疑，因此，法益保护原则必然受到质疑。

## 五　责任主义原则

### （一）责任主义原则的基本含义

责任主义原则，有的称为主客观相统一原则或者罪责自负、不株连无辜原则，是指"没有责任就没有刑罚"的消极的责任主义立场，即只有当行为人主观上对侵害法益的行为与结果具有非难可能性时，才能将行为认定为犯罪，并且量刑不得超出非难可能性的范围与程度。根据我国刑法规定，没有故意、过失的行为以及没有责任能力的人所实施的行为，均不能定罪处罚。

同消极的责任主义相对应，积极的责任主义主张"有责任就有刑罚"，但是现代刑法的基本立场并不主张积极的责任主义。

现代刑法原理毫无例外地坚持责任主义原则，毫无例外地反对"客观归罪""不教而诛""罪刑擅断主义"，这是罪刑法定原则和依法治国的底线，是一个常识性的、共识性的刑法教义学原理和基本立场。张明楷不但认为"没有责任就没有刑罚"（消极的责任主义）是现代刑法的一个基本原理，而且是宪法原则，刑事立法上不应存在违反责任主义的规定，刑法理论不得作出违反责任主义的解释；[1] 陈忠林指出，责任条件是"以对犯罪行为的故意和过失为内容"[2]，这些论述都是责任主义刑法观的基本表达。完全可以说，"责任主义"同"罪刑法定主义"一样，当然是我们讨论所有犯罪问题和刑罚问题时所必须坚持的基本原则，根本上不存在理论争议！

例如，我国《刑法》第 14 条规定："明知自己的行为会发生危害社会的结果，希望或者放任这种结果发生，因而构成犯罪的，是故意犯罪。故意犯罪，应当负刑事责任。"这是故意犯罪的责任主义刑法原理和法律依据。再如，我国《刑法》第 15 条规定："应当预见自己的行为可能发

---

[1]　张明楷：《责任论的基本问题》，《比较法研究》2018 年第 3 期。
[2]　陈忠林：《刑法散得集（Ⅱ）》，重庆大学出版社 2012 年版，第 133 页。

生危害社会的结果,因而疏忽大意而没有预见,或者已经预见而轻信能够避免,以致发生这种结果的,是过失犯罪。过失犯罪,法律有规定的才负责刑事责任。"这是过失犯罪的责任主义刑法原理和法律依据;并且,过失犯罪的责任主义还要求"法律有规定的才负刑事责任"。又如,我国《刑法》第16条规定:"行为在客观上虽然造成了损害结果,但是不是出于故意或者过失,而是由于不能抗拒或者不能预见的原因所引起的,不是犯罪。"这是责任主义原则的重申和强调,也是依法处理不可抗力和意外事件(认定为"不是犯罪")的法律依据。

此外,我国《刑法》第17条规定的刑事责任能力、第17条之一规定的老年人犯罪的刑事责任、第18条规定的精神障碍与刑事责任问题、第19条规定的又聋又哑的人或者盲人犯罪的刑事责任问题、第20条规定的正当防卫与防卫过当问题、第21条规定的紧急避险与避险过当问题,都是责任主义原则的明文规定和公开宣示,必须依法贯彻执行。

关于责任主义原则的其他具体内容,我们将在"责任论"(犯罪论中的责任论)中详细阐述,这里不再赘述。

**(二) 责任主义原则的贯彻适用**

责任主义原则必须得到毫无例外的贯彻适用,必须坚决反对任何形式的违背责任主义原则的观点和做法。

例如,我国2018—2020年开展的全国扫黑除恶专项斗争中,部分理论工作者和法律实务人员在认识上出现了一些违反责任主义原则的情况,值得反思检讨。

涉黑犯罪中行为人主观"明知"问题,理论界主要针对作为犯罪对象的"黑社会性质组织"是否需要行为人"明知"出现了一些学术争议:(1)明知不要说。认为涉黑犯罪不需要行为人明确认识知晓其犯罪对象是黑社会性质组织,只要参加者知道该组织从事违法犯罪活动,欺压残害群众,依然自愿加入即可。[1] (2)明知必要说。认为黑社会犯罪需要行为人明确认识知晓其犯罪对象是黑社会性质组织,行为人明确认识知晓

---

[1] 陈明华:《刑法学》,中国政法大学出版社1999年版,第648页。

属于黑社会性质组织依然予以加入的行为（才可以认定为涉黑犯罪）。①应当说，国内绝大多数学者是支持"明知必要说"的。根据责任主义刑法原理和我国《刑法》第 14 条规定，涉黑犯罪作为故意犯，其应当以"明知"故犯为前提，这是一个常识性的、共识性的刑法教义学原理，正是在此意义上笔者认为这里仅仅是涉黑犯罪中"明知"的刑法教义学重申，而并非"创新"论证某种非同凡响的刑法理论。

但是应当认识到，"重申"涉黑犯罪中行为人主观"明知"这一刑法教义学立场的必要性乃至紧迫性在于：在"扫黑除恶"这个问题上，我国极个别学者和部分实务人员可能在一定程度上忽略了"责任主义"和"罪刑法定原则"刑法原理的基本立场，其提出的"明知不要说"观点在基本立场上并不妥当，在"扫黑除恶"专项斗争中可能产生、从而需要警惕的灾难性的法治后果。因此，我们在"扫黑除恶"司法实践中应当坚持"明知必要说"，在此前提下，尚需要进一步正确认识"明知"的内容（对象）与程度问题。

应当认识到，这里表面上讨论明知问题，实质上是责任主义原则问题。

## 六　谦抑主义原则

谦抑主义原则，又称为刑法不得已原则、刑法最后手段性原则，还可以称为刑法的辅助性原则、补充性原则、经济性原则、节俭性原则，是指刑法的立法和司法应当坚持以最小的刑权力支出来有效地预防和控制犯罪，只能在用其他处罚措施或者教育措施无法替代刑法措施的情况下才能动用刑法，应尽力少用甚至不用刑罚，获得最大的社会效益。

陈兴良指出，所谓谦抑，是指压缩或者缩减。所谓刑法的谦抑性，就是指立法者和司法者应当尽量以最小的支出、少用甚至不用刑罚（而用其他处罚措施或者教育措施代替），来获得最大的社会效益、有效地预防和控制犯罪。因此，刑法的谦抑性，又叫刑法的辅助性、补充性、经

---

① 周振想：《刑法学教程》，中国人民公安大学出版社 1997 年版，第 590 页。

济性、节俭性。①

例如，蔡军指出：

刑法不得已原则，是指不到迫不得已的情况，不得运用刑罚作为调整社会关系的手段。在制定与适用刑法时，国家不得违背不得已原则的具体要求，即国家不得动用刑罚来规范那些其他法律能够有效制止，不对其他法律制度的正常运行构成根本威胁的行为，即使在必须运用刑法时，国家也只能选择损害公民个人基本人权最小的方式。②

再如，张建军认为：

所谓刑法的最后手段性，是指刑法作为遏制社会违法行为的最后一道防线，应根据一定的规则控制其处罚范围，在运用道德、习惯、风俗等非正式的社会控制手段和民事、行政等其他法律手段能够有效调整社会关系、规制违法行为时，就没有必要发动刑法。也就是说，刑法适用的广度应当收缩、抑制和内敛，刑事处罚手段要限定在其他手段不能有效发挥效果的范围内。刑法的最后手段性本质上体现了一种"慎刑"思想，即国家对刑法干预社会生活的广度要进行适度的控制，以免刑法的过度介入对公民造成不必要的损害。③

为什么要求实行刑法的谦抑性？因为：（1）犯罪基本上是人类社会必然伴随的现象，社会应当在一定程度上对犯罪予以宽容，并寻求综合的救治办法。意大利学者菲利说："犯罪是由人类学因素、自然因素和社会因素相互作用而成的一种社会现象。"菲利提出了著名的犯罪饱和论："犯罪饱和论，即每一个社会都有其应有的犯罪，这些犯罪的产生是由于自然及社会条件引起的，其质和量是与每一个社会集体的发展相应的。"④（2）刑罚本身兼具积极与消极的两重性。甚至有学者认为，刑罚本身也是一种恶害，是以暴制暴。德国学者耶林指出："刑罚如两刃之剑，用之不得其当，则国家与个人两受其害。"（3）刑罚不是万能的，人类已有历

---

① 陈兴良：《本体刑法学》，商务印书馆2001年版，第75—83页。
② 蔡军、刘夏：《不得已原则：刑法的边界及根据》，《检察日报》2019年6月22日第3版。
③ 张建军：《最后手段性：现代刑法的基本理念》，《光明日报》2014年9月17日第15版。
④ ［意］恩里科·菲利：《实证派犯罪学》，郭建安译，中国政法大学出版社1987年版，第43页。

史实践特别是酷刑实践已经证明：不可能通过刑罚来消灭犯罪。因此，"那种迷信刑罚的威慑力，尤其是迷信重刑对未然之犯罪的遏制效果以及对已然之犯罪人的矫正功能的观点，是不足取的"[1]。

刑法谦抑原则的基本要求是：对于某种危害社会的行为，国家只有在运用民事的、经济的、行政的法律手段和措施，仍然不足以控制时，才能在不得已的情况下运用刑法，即将其规定为犯罪，并处以刑罚。一般认为，在下列三种情况下，不应当动用刑法：一是无效果；二是可替代；三是太昂贵。因此，我们司法工作者，应当自觉地贯彻刑法谦抑原则；应当准确、全面地理解刑法的有关规定和立法精神，严格贯彻罪刑法定原则，谨慎进行刑法解释适用。

值得注意的问题是：在当下风险社会、数字时代，刑法谦抑主义原则仍然需要坚守。

---

[1] 陈兴良：《刑法哲学》，中国政法大学出版社1992年版，第6页。

第二编

# 犯 罪 论

# 第四章

# 犯罪论概述

## 目次

一 犯罪的概念、特征与分类
    （一）犯罪的概念
    （二）犯罪的特征
    （三）犯罪的分类
二 犯罪构成的概念、特征与功能
    （一）犯罪构成的概念
    （二）犯罪构成的特征
    （三）犯罪构成的功能
三 犯罪构成的体系
    （一）大陆法系的三阶层犯罪论体系、二阶层犯罪论体系
    （二）英美法系的双层次犯罪成立体系
    （三）俄罗斯的耦合式犯罪构成理论体系
    （四）中国的犯罪构成理论体系
四 犯罪构成的类型
    （一）基本的犯罪构成与修正的犯罪构成
    （二）普通的犯罪构成与派生的犯罪构成
    （三）简单的犯罪构成与复杂的犯罪构成
    （四）封闭的犯罪构成与开放的犯罪构成

规范刑法学中的犯罪论，是指从规范论的立场阐释犯罪的概念、特

征与类型，以及在此基础上阐释犯罪构成与犯罪特殊形态（故意犯罪停止形态、共同犯罪形态、罪数与犯罪竞合形态）的理论。这是规范刑法学中广义的犯罪论概念。中观的犯罪论，是指从规范论的立场阐释犯罪的概念、特征与类型、犯罪构成的理论。狭义的犯罪论，是指从规范论的立场阐释犯罪构成的理论，即犯罪构成论。

本章全面阐述中观的犯罪论的内容，在阐述犯罪的概念、特征与类型的基础上，重点阐述狭义的犯罪论（犯罪构成论）。

## 一　犯罪的概念、特征与分类

### （一）犯罪的概念

犯罪是一个历史概念，具有一个从无到有、从具体到抽象、直到最终科学界定的发展过程。历史上最早给犯罪确定"一般概念"的，应当说是近代启蒙思想家所进行的一种理论尝试，其直接动因是出于反对封建罪刑擅断、主张人权与自由、倡导罪刑法定主义的需要。自从启蒙思想家对犯罪概念进行一般界定以来，犯罪概念就逐渐成为世界各国刑事立法和刑法理论中的一个重要问题。

理论界对犯罪概念大约有三种界定方式：一是犯罪的形式概念；二是犯罪的实质概念；三是犯罪的混合概念。

1. 犯罪的形式概念

所谓犯罪的形式概念，是指仅从法律形式特征上对犯罪所规定的概念。例如，将犯罪定义为违反刑事法律并且应当受到刑罚处罚的行为，或者将犯罪定义为符合构成要件的、违法的、有责的行为。这类犯罪定义就属于犯罪的形式概念。

犯罪的形式概念，归纳起来有以下四种不同的具体表述方式：

一是从规范违反说的视角来界定犯罪概念。如：德国的贝林格主张，构成要件是犯罪类型的轮廓，是犯罪类型的观念上的指导形象，因此贝林格认为，犯罪就是用法律（即刑法）类型化的行为。[1] 德国的另一位学

---

[1] 高铭暄、马克昌主编：《刑法学》，北京大学出版社、高等教育出版社2000年版，第42页。

者宾丁也认为，犯罪是违反刑事制裁法律规范的行为。[1]

二是从法律后果特征来界定犯罪概念。即认为，犯罪是依法应受刑罚处罚的行为。立法上以此方式来界定犯罪概念，最典型的是1810年法国刑法典，该法典第一条规定："法律以违警罚所处罚之犯罪，称违警罪；法律以惩治刑所处罚之犯罪，称轻罪；法律以身体刑或名誉刑所处罚之犯罪，称重罪。"其对违警罪、轻罪、重罪的界定，完全是根据其刑罚处罚的不同。再如，1937年瑞士刑法典第一条规定："凡是用刑罚威胁所确实禁止的行为"，即为犯罪。

三是从形式上的犯罪成立条件的视角来界定犯罪概念。即认为，犯罪是符合构成要件的、违法的、有责的行为。这里所谓"符合构成要件的"，是指符合刑法分则所规定的具体行为类型或者犯罪类型，例如各种形式的"杀人""盗窃"等；这里所谓"违法的"，是指行为具有违反刑法的性质；这里所谓"有责的"，是指行为具有"有责性"或者"非难可能性"的性质，例如，行为人具有意志自由、具有罪过，并且具有期待可能性等。

四是从特别程序的视角来界定犯罪概念。英美法系国家的传统刑法理论一般认为：犯罪是一种可以提起刑事诉讼并导致刑罚的违法行为。[2]在具体表述上有时也简化为：犯罪是能够引起刑事诉讼程序的、违法的行为。

应当说，犯罪的形式概念是罪刑法定主义的重要体现，是反对封建刑法罪刑擅断主义的产物，在历史上曾起过进步作用。但是我们也应当认识到，仅仅从犯罪的法律形式特征上而没有从犯罪的社会政治本质上来给犯罪下定义，在一定程度上掩盖了犯罪本质。[3] 其实，犯罪的形式概念不但没有揭示出犯罪的实质内容，而且也没有说明为什么要将一定的违法行为规定为犯罪的理由（即犯罪化根据问题），这些问题本身表明，犯罪的形式概念具有相当的局限性。因此，为了说明犯罪的实质内容问题，德日刑法理论就首先提出了犯罪的实质概念，即试图从刑法所保护

---

[1] 徐久生编著：《德国犯罪学研究探要》，中国人民公安大学出版社1995年版，第1页。
[2] 欧阳涛等：《英美刑法刑事诉讼法概论》，中国社会科学出版社1984年版，第25页。
[3] 高铭暄、马克昌主编：《刑法学》，北京大学出版社、高等教育出版社2000年版，第43页。

的并且被犯罪所侵害的实质内容的视角来界定犯罪概念。

2. 犯罪的实质概念

所谓犯罪的实质概念，是指在对犯罪所规定的概念中并不强调犯罪的法律形式特征，而是试图揭示犯罪现象的本质或者犯罪化根据等实质内容。

关于犯罪的实质（或者本质）是什么的问题，以德日为代表的西方刑法理论主要有权力侵害说、法益侵害说、规范违反说和综合说等四种学说。一是权利侵害说。如德国的费尔巴哈认为，犯罪是对他人权利的侵害。这种观点应当说是具有很大进步意义的。但是，这种观点的缺陷也是显而易见的，即它难以说明以下疑问：实体法规定的许多犯罪并没有侵害他人的权利，例如有关宗教和伦理秩序的犯罪、无被害人犯罪、有关虐待动物的犯罪等，为什么仍然被规定为犯罪？二是法益侵害说。即认为，犯罪是侵害法益的行为。这种学说的影响最大，许多著名学者，如德国的毕恩鲍姆、宾丁、李斯特、耶赛克，意大利的贝卡利亚等学者，都坚持这种观点。例如贝卡利亚认为，犯罪是对社会的危害。三是规范违反说（义务违反说）。这是德国学者在第二次世界大战前后创立的重要学说。义务违反说是在德国纳粹时期，德国学者夏弗斯塔因在为希特勒法西斯刑法寻找理论根据时所创立的一种学说，其核心主张是，犯罪的实质不是法益的侵害，而是义务的违反。这种理论后来得到部分学者的支持，例如，德国的威尔哲尔就在吸收夏弗斯塔因学说的合理成分的基础上，提出了著名的"人格的不法概念"，主张在说明犯罪的时候，不能仅仅着眼于作为结果的法益侵害，还必须重视行为本身的无价值（行为无价值说），"由此，规范违反说登场。规范违反说由 Hans Welzel (1904—1977) 在第二次世界大战后创立"。[①] 四是综合说。即认为，犯罪的本质是两维的，它首先是对法益的侵害，其次就是对规范的违反（义务的违反）。因此，犯罪是法益侵害和规范违反（义务违反）的统一体。这种理论认为，刑法所关心的是，那些动摇人类共同生活中所必需的信赖基础的、人的意思的结果；而对于那些不可能避免的自然灾害，无论其引起的损害是多么的严重，刑法都将不予以关心，即不能作为犯罪论处。

我国刑法学界以下比较普遍的观点值得重视：西方刑法理论关于犯

---

[①] 周光权：《刑法总论》，中国人民大学出版社2007年版，第8页。

罪本质问题的上述四种学说，基本上仍然是立足于探讨犯罪的法律本质问题，而没有涉及犯罪的阶级本质；因此，我国学者认为，资产阶级刑法理论中所给出的犯罪的实质概念，表面上看似乎揭露了犯罪对社会的危害性，比起犯罪的形式概念来在认识上前进、深化了一步，但是，由于它们根本上是抹杀资本主义社会剥削阶级同被剥削阶级利益的对立，把资产阶级的利益说成是全社会的利益，把法律秩序说成是超阶级的普遍性权利，这样也就像形式主义的犯罪概念一样，仍然掩盖了犯罪的阶级实质；因此，真正科学地阐明犯罪的实质概念的只有马克思主义。

马克思和恩格斯针对犯罪的实质问题进行了经典论述。马克思、恩格斯在其《德意志意识形态》一书中指出："犯罪——孤立的个人反对统治关系的斗争，和法一样，也不是随心所欲地产生的。相反地，犯罪和现行的统治都产生于相同的条件。"① 恩格斯还在《英国工人阶级状况》一书中深刻指出："蔑视社会秩序的最明显、最极端的表现就是犯罪。"② 我国学者比较普遍地认为，马克思主义经典作家的上述论述深刻而简练地指出了犯罪的阶级实质及其产生的条件，阐明了犯罪与现行统治的关系，准确揭示了犯罪的本质属性。③ 大体上，马克思主义关于犯罪实质问题的精辟论述，主要阐明了以下几个基本观点：

（1）犯罪的本质（阶级实质）是"孤立的个人反对统治关系的斗争"，体现了犯罪本质综合说立场

马克思和恩格斯的经典论述，深刻地揭示了犯罪的本质是"孤立的个人反对统治关系的斗争"④，体现了犯罪本质综合说所主张的犯罪是法

---

① 《马克思恩格斯全集》（第3卷），人民出版社1956年版，第379页。
② 《马克思恩格斯全集》（第2卷），人民出版社1957年版，第515页。
③ 高铭暄、马克昌主编：《刑法学》，北京大学出版社、高等教育出版社2000年版，第43—44页。
④ 但是应当指出，我国刑法学界根据马克思和恩格斯的经典论述所构造的"犯罪本质理论"确有差异，大致以下五种见解：第一种见解认为，犯罪的本质是反对统治关系；第二种见解认为，犯罪本质的实质是其阶级性；第三种见解认为，犯罪的本质特征（或属性）是社会危害性；第四种见解认为，犯罪的本质属性包括犯罪的阶级性、犯罪的社会性以及二者之间对立统一关系；第五种见解认为，犯罪本质是犯罪行为人与国家之间不可调和的对抗性法律关系。参见李居全《犯罪概论论》，中国社会科学出版社2000年版，第94—100页；青锋《犯罪本质研究》，中国人民公安大学出版社1994年版，第23页。

益侵害和规范违反（义务违反）的统一体的立场。其具体含义包括以下三个方面：

其一，犯罪是"孤立的个人"所进行的一种反抗行为。所谓孤立的个人，是指相对于整个阶级、整个民族、整个国家而言的单个的社会成员。即使犯罪人以共同犯罪、单位犯罪等形式出现，仍然只是单个的社会成员犯罪的组合与放大而已。可见，犯罪只能是孤立的个人所进行的反抗行为，而不是一个阶级反抗另一个阶级、一个民族反抗另一个民族、一个国家反抗另一个国家的反抗行为；对于后者，理论上一般认为是属于阶级斗争、民族斗争、国家之间的斗争与战争问题，而不属于刑法上的犯罪问题。例如，在战争中战胜的一方对战败的一方以"战争罪""国事罪"等罪名进行刑事惩罚，也只能是对战败方的某些"个人"进行刑事惩罚，而不能对战败方所属的整个阶级、民族或者国家进行刑事惩罚。（但是，在现代国际刑事审判实践中，基本上是承认"国家犯罪"的。因此，这个问题还值得进一步研究。）

其二，犯罪是一种反抗"统治关系"的行为。所谓统治关系，是指掌握政权的统治阶级为了维护本阶级的利益而确认和维护的各种社会关系的有机整体，包括政治关系、经济关系、思想文化关系、伦理道德关系等（这些统治关系一旦为法律所确认和保护，就表现为法益）。因此，犯罪就是反对这种统治关系（法益）的斗争；同时，犯罪可以表现为政治性的犯罪与普通刑事犯罪。（当然，对于这种统治关系的反抗行为，只有达到极其严重的程度，才可能构成犯罪——正如恩格斯所说："蔑视社会秩序的最明显、最极端的表现就是犯罪。"[1]）

其三，犯罪是一种社会历史现象。"犯罪和现行统治都产生于相同的条件"，这说明，犯罪与现行统治都是社会发展到一定历史阶段才出现的社会历史现象，二者都产生于相同的物质经济基础。

（2）犯罪是"蔑视社会秩序最明显最极端的表现"，即犯罪是严重破坏社会秩序的行为

恩格斯的这一论述，言简意赅地揭示出了犯罪的阶级属性和社会属性。一定社会的阶级属性和社会属性是有机统一的一个整体：任何社会

---

[1] 《马克思恩格斯全集》（第2卷），人民出版社1957年版，第515页。

都必须有一定秩序,而这种秩序必定是统治阶级所确认和保护的社会秩序。因此,任何蔑视社会秩序的行为都是具有社会危害性的;但是,由于其社会危害性轻重程度不同而导致其违法性质各异,有的属于违反道德、一般违法,而有的则属于严重违法而构成犯罪。其中,蔑视社会秩序"最明显最极端"的行为,因为具有严重社会危害性,其量变就引起了质变,即由一般的违反道德行为或者一般的违法行为而演变为犯罪。

(3) 犯罪通常会招致刑罚的惩罚

马克思、恩格斯在《德意志意识形态》一书中指出:"犯罪……是圣物的否定";"这些罪行通常会招致刑罚……刑罚就是圣物的自卫和对它的亵渎者的反抗。"① 马克思和恩格斯的这些论述深刻揭示出了犯罪的法律性,即凡是侵犯了统治关系和统治秩序、触犯刑律的犯罪,通常就会受到刑罚的惩罚。所谓"圣物",就是"现存的东西",实际上就是指刑法所保护和调整的统治关系和统治秩序。② 所谓"刑罚就是圣物的自卫",引用马克思的另一句至理名言即是:"刑罚不外是社会对付违反它的生存条件(不管这是些什么样的条件)的行为的一种自卫手段。"③

(4) 犯罪只能是人的行为,而不能是人的思想

马克思指出:"凡是不以行为本身而以当事人的思想方式作为主要标准的法律,无非是对非法行为的公开认可。"④ 这表明,刑法所规定的犯罪所针对的对象只能是人的行为。因此,法律对犯罪的规定应当以人的行为、而不是以人的思想为标准。

马克思主义关于犯罪的实质概念的科学思想,在十月革命胜利后最初二十年的苏联刑事立法上得到了极端强调和突出表现,其中典型的刑事立法有1919年《苏俄刑法指导原则》、1922年《苏俄刑法典》和1926年《苏俄刑法典》。如1922年《苏俄刑法典》规定:"威胁苏维埃制度基础及工农政权在向共产主义过渡时期所建立的法律秩序的一切危害社会的作为或不作为,都被认为是犯罪。"1926年《苏俄刑法典》也规定:

---

① 《马克思恩格斯全集》(第3卷),人民出版社1956年版,第388—391页。
② 高铭暄主编:《刑法学原理》(第一卷),中国人民大学出版社1993年版,第381页。
③ 《马克思恩格斯全集》(第8卷),人民出版社1961年版,第579页。
④ 《马克思恩格斯全集》(第1卷),人民出版社1960年版,第16页。

"目的在于反对苏维埃制度或者破坏工农政权在向共产主义过渡时期所建立的法律秩序的一切作为或不作为，都认为是危害社会的行为。"与此相对应，当时苏联刑法理论界也存在极端重视犯罪的实质概念而忽视犯罪的形式概念的思想倾向，公开鼓吹"资产阶级刑法典是从形式上规定犯罪的定义，把犯罪看成是实施时即为法律禁止，并应受惩罚的行为。苏维埃立法则与此不同，它是从实质上，也就是从对法律秩序的损害上、危害上来规定犯罪的定义的"[①]。20世纪20年代苏联的主要刑法教科书都只对犯罪的实质概念加以详尽分析，而不涉及犯罪的形式概念。但是，这种片面强调犯罪的实质概念而轻视忽略犯罪的形式概念的做法，应当说并不符合马克思主义的基本立场。马克思认为，犯罪是对法的否定，是侵犯法的行为，而国家对犯罪适用刑罚是"法对侵犯法的胜利"，是"法的恢复"。[②] 这里，马克思明确强调了"法"的意义，体现了重视犯罪的法律表现形式，重视犯罪的形式概念的思想。事实上，片面强调犯罪的实质概念而忽视犯罪的形式概念，往往容易倒向法律虚无主义，最终危害国家法治建设。因此，后来苏联逐渐重视把犯罪的实质概念与形式概念统一起来，形成了所谓犯罪的混合概念。[③] 这种犯罪的混合概念主张，尤其在社会主义国家中产生了极其深远的影响。

3. 犯罪的混合概念

所谓犯罪的混合概念，是指将犯罪的实质概念和犯罪的形式概念合二为一，既指出犯罪的本质特征，又指出犯罪的形式特征（即法律特征）的概念。

一般认为，犯罪的混合概念首先出现于20世纪30年代末出版的苏联法律科学研究所集体编写的《刑法总则》教科书之中。此后，苏联学者基本上都主张犯罪的混合概念。如A. A. 皮昂特科夫斯基将犯罪的概念表述为："犯罪乃是对社会主义国家或社会主义法律秩序有危害的、违法的、有罪过的、应受惩罚的作为或不作为。"[④] 同时，苏联的刑事立法也

---

[①] 曹子丹等译：《苏联刑法科学史》，法律出版社1984年版，第19—20页。

[②] 《马克思恩格斯全集》（第1卷），人民出版社1960年版，第167页。

[③] 高铭暄、马克昌主编：《刑法学》，北京大学出版社、高等教育出版社2000年版，第45页。

[④] 曹子丹等译：《苏联刑法科学史》，法律出版社1984年版，第23—24页。

采取了犯罪的混合概念的立场，如1958年《苏联和各加盟共和国刑事立法纲要》第7条规定："凡是刑事法律规定的危害苏维埃社会制度或国家制度，破坏社会主义经济体系和侵犯社会主义所有制，侵犯公民的人身、政治权利、劳动权利、财产权利和其他权利的危害社会的行为（作为或不作为），以及刑事法律规定的违反社会主义法律秩序的其他危害社会的行为，都是犯罪。"

苏联刑法理论与刑事立法实践所采取的犯罪的混合概念之立场，后来逐渐被包括中国在内的大多数社会主义国家所普遍接受，成为社会主义国家的刑法理论与刑事立法研究犯罪概念问题的经典样板。[①] 同时，资本主义国家也存在犯罪混合概念的学术主张，如德国著名学者耶赛克就认为，犯罪是行为人实施的符合犯罪构成、危害社会因而应受刑罚处罚的不法行为。[②] 但我们应当注意，在犯罪的实质危害问题的解释论上，资产阶级学者与无产阶级学者的理解是有重大区别的：前者一般将社会危害性解释为对全社会法益的侵害，后者则将社会危害性的实质归结为对阶级统治的危害。

应当说，犯罪的形式概念与实质概念是从各自不同的角度提出的、具有不同功能的两种犯罪概念，[③] 因而犯罪的形式概念和实质概念都有各自的合理性，二者并不是完全对立的，而是一种互相补充、互相制约的对立统一的辩证关系。犯罪的形式概念具有规范性、可操作性的优点，而犯罪的实质概念，具有能够说明犯罪化的合理根据这一核心问题的优点，可见，两者缺一不可。一般认为，犯罪的实质概念作为"犯罪化根据和处罚根据"，对犯罪的形式概念作了内容上的补充；而犯罪的形式概念作为一种"思考形式"，又对犯罪的实质概念作了形式上的限定，[④] 两者相得益彰。因此，犯罪的形式概念和实质概念两者就在理论上具备了统一起来的充分条件和重大意义，我国刑法学者比较普遍地赞同犯罪的

---

① 高铭暄、马克昌主编：《刑法学》，北京大学出版社、高等教育出版社2000年版，第46页。
② 高铭暄主编：《刑法专论》（上编），高等教育出版社2002年版，第116—117页。
③ 陈兴良：《本体刑法学》，商务印书馆2001年版，第144页。
④ 关于犯罪的形式概念的意义，有学者指出：一旦某行为被刑法明确规定为犯罪之后，那么，就不能借口其无实质的危害性而对它不作为犯罪论处；反之，只要某行为没有被刑法规定为犯罪，即使它具有实质的危害性，那也不能将它作为犯罪论处。这是罪刑法定原则的基本要求。

混合概念,并且我国刑事立法实践也采纳了犯罪的混合概念。①

一般认为,我国《刑法》第 13 条所规定的犯罪概念就是犯罪的混合概念,该条规定:"一切危害国家主权、领土完整和安全,分裂国家、颠覆人民民主专政的政权和推翻社会主义制度,破坏社会秩序和经济秩序,侵犯国有财产或者劳动群众集体所有的财产,侵犯公民私人所有的财产,侵犯公民的人身权利、民主权利和其他权利,以及其他危害社会的行为,依照法律应当受刑罚处罚的,都是犯罪,但是情节显著轻微危害不大的,不认为是犯罪。"应当说,我国《刑法》第 13 条对犯罪所下的这个定义是对形形色色犯罪行为的实质特征和形式特征的科学概括,既是我们研究具有中国特色犯罪理论的立法依据,也是我们在司法实践中认定犯罪和区分罪与非罪界限的基本依据。

### (二) 犯罪的特征

犯罪到底有哪些基本特征?这个问题在理论上存在严重分歧,大致有三特征说、四特征说、二特征说、六特征说等几种观点。

三特征说是我国传统的通说观点,它认为:根据我国刑法第 13 条的规定来分析,犯罪都具有社会危害性、刑事违法性、应受刑罚处罚性三个基本特征。② 理论界针对通说观点提出的疑问是:其一,"社会危害性"

---

① 有两点值得学习者注意:(1) 有学者指出,在犯罪的形式概念与实质概念两者关系的处理上始终存在理论上的争论。例如,刑事实证学派的理论特征之一就是以犯罪的实质概念否定犯罪的形式概念;大陆法系刑法典中坚持的是犯罪的形式概念;而苏联的刑法典首次引入了犯罪的实质概念——实际上是犯罪的阶级概念。在犯罪的形式概念与实质概念相统一的辩证思维中,仍然是以实质概念决定形式概念作为终极原则的,犯罪的形式概念仍然处于消极的被决定的地位,并且犯罪的形式概念与实质概念的统一具有一定的虚幻性;就犯罪的立法概念与司法概念而言,作为本体刑法,更应强调的是犯罪的司法概念,也就是犯罪的形式概念。参见陈兴良《本体刑法学》,商务印书馆 2001 年版,第 144—149 页。(2) 还有学者认为,犯罪的实质概念和形式概念"应当分别在刑事立法和刑事司法领域中发挥指导性功能",但我国刑事立法和刑法理论的犯罪混合概念存在逻辑上的缺陷,主要是"它弄混了两个不同层次上的问题,使得本已清楚的实质概念和形式概念反而都模糊起来"。针对这种批评,理论界有学者进行了相应的反驳。参见赵秉志主编《刑法争议问题研究》(上卷),河南人民出版社 1996 年版,第 165—166 页;高铭暄主编《刑法专论》(上编),高等教育出版社 2002 年版,第 119—120 页。

② 需要说明的是,理论界还存在一种不同于通说观点的"三特征说",认为犯罪的三个基本特征是主客观统一性、相当严重的社会危害性和刑事违法性。见赵廷光主编《中国刑法原理》(总论卷),武汉大学出版社 1992 年版,第 107 页。

的程度如何限定。有的用"严重的""一定的""应当追究刑事责任程度的""应受刑罚惩罚程度的"等来限定,到底应当如何限定才合适?其二,在"社会危害性"与"刑事违法性"二者的关系问题上,站在立法与司法的不同角度来认识和处理,容易造成混淆和失衡。其三,"应受刑罚处罚性"是否应当作为犯罪的一个独立的,甚至是最本质的特征,值得思考。

四特征说主张,应在上述三特征说的基础上增加一个"罪过性",认为犯罪的基本特征包括以下四个:社会危害性;刑事违法性;应受刑罚处罚性;故意或过失的罪过性。① 关于四特征说的具体内容,理论界还有其他一些表述,如有的将四特征表述为:犯罪行为首先必须是对社会有危害性的行为,行为触犯刑事法律,犯罪是人的故意或者出于严重的过失行为,犯罪行为应当承担刑事责任;② 再有的将四特征表述为:犯罪必须是对于社会有危害性的行为,必须是危害刑法所保护的对象的行为,必须是依照法律应当受刑罚处罚的行为,必须是行为人的主客观的一致。③ 理论界认为此说存在的最大问题是:"罪过"仅仅是一个主观要件,将其提升为犯罪的基本特征之一,既无必要、也混淆了犯罪基本特征与构成要件的关系。

二特征说认为,犯罪的基本特征只有两个,但是,二特征说在具体内容上又有以下六种不同的观点:一是社会危害性与刑事违法性说,认为犯罪的基本特征是社会危害性与刑事违法性;④ 二是严重的社会危害性与刑事违法性说,认为犯罪的基本特征是严重的社会危害性与刑事违法性;⑤ 三是应受刑罚处罚的社会危害性与刑事违法性(刑法的禁止性)说,认为犯罪的本质属性是应受刑罚处罚程度的社会危害性,犯罪的法

---

① 马克昌等主编:《刑法学全书》,上海科学技术文献出版社1993年版,第33页。
② 李光灿主编:《中华人民共和国刑法论》(上),吉林人民出版社1984年版,第108—113页。
③ 高铭暄主编:《新中国刑法学研究综述》(1949—1985),河南人民出版社1986年版,第89页。
④ 何秉松主编:《刑法教科书》,中国法制出版社1995年版,第67页。
⑤ 马克昌:《刑法理论探索》,法律出版社1995年版,第33页;李居全:《犯罪概念论》,中国社会科学出版社2000年版,第131—133页。

律属性是刑法的禁止性;① 四是应受刑罚惩罚的社会危害性和依法应受刑罚惩罚性说，认为应受刑罚惩罚的社会危害性是对犯罪本质特征的科学概括，依法应受刑罚惩罚性则是犯罪的法律特征;② 五是危害社会与依法应受刑罚处罚说，认为我国1979年刑法第10条明确规定了犯罪概念的危害社会特征和依照法律应当受刑罚处罚的特征，前者是犯罪的实质特征，后者是犯罪的形式特征与法律特征;③ 六是本质特征与法律特征说，认为犯罪的基本特征包括犯罪的本质特征（即社会危害性）与犯罪的法律特征（即刑事违法性和应受刑罚处罚性）。上述列举就显而易见，二特征说内部分歧很大，在实质内容和具体表述等方面都没有获得一致认同。

六特征说认为，犯罪具有以下六个特征：一是行为的客观性；二是行为的及物性；三是行为的客观危害性；四是行为的主观意识性；五是行为的违法性；六是行为的应受惩罚性。④ 六特征说在理论上也存在类似上述三特征说和四特征说相关疑问的诸多疑难问题。

上述四种观点，应当说都有其一定的理由，但又都面临着一些理论上的质疑，因而总的来说这是一个需要继续研究的问题。相对而言，传统的通说观点（三特征说）所主张的社会危害性、刑事违法性和应受刑罚处罚性是中外刑法学者比较普遍认同的犯罪三特征。

本书坚持我国传统刑法理论的通说，认为犯罪的基本特征有三个，即认为犯罪具有社会危害性、刑事违法性、应受刑罚处罚性三个基本特征。

1. 犯罪是严重危害社会的行为，即犯罪具有严重的社会危害性

所谓社会危害性，是指行为对刑法所保护社会关系（法益）造成或可能造成损害的特性。我国《刑法》第13条所规定的犯罪概念、刑法分则所规定的十类犯罪，都揭示出了犯罪的社会危害性的各个方面的具体

---

① 张明楷：《犯罪论原理》，武汉大学出版社1991年版，第58—102页；张明楷：《刑法学》，法律出版社2003年版，第94页。

② 贾宇、林亚刚：《犯罪概念与特征新论》，《法商研究》1996年第4期；转引自李居全《犯罪概念论》，中国社会科学出版社2000年版，第136—137页。

③ 何秉松主编：《刑法教程》，法律出版社1987年版，第36—37页；刘焕文：《罪与非罪的界限——论犯罪概念和犯罪构成在定罪时的重要性》，《江西大学学报》1983年第1期。

④ 高铭暄主编：《新中国刑法学研究综述》（1949—1985），河南人民出版社1986年版，第95页。

内容，如国家安全、公共安全、社会主义经济基础、公民人身权利和民主权利、国防利益和军事利益、国家公务活动的廉洁性等。可见，犯罪具有严重的社会危害性，实质上是指犯罪具有侵害法益的性质（侵害法益性）。

如何判断行为的社会危害性程度呢？大体上可从以下三方面因素来综合分析判断：（1）行为所侵害的客体的性质。如：危害国家安全罪所侵害的客体是国家安全，危害公共安全罪所侵害的客体是公共安全，妨害社会管理秩序罪所侵害的客体是社会管理秩序，那么，这三类犯罪所侵害的同类客体分别是国家安全、公共安全与社会管理秩序，比较而言应当是前两者重于后者。再如，同样是侵害公民人身权利的故意杀人罪与故意伤害罪，前者所侵害的直接客体是生命，后者所侵害的直接客体是健康，那么，这两罪所分别侵害的生命与健康，比较而言应当是前者重于后者。（2）行为的客观方面情况。如：犯罪的手段、后果、时间、地点等。（3）行为人的情况及其主观因素。如：行为人是否是限制责任能力者、累犯或者偶犯，行为人主观上是故意还是过失以及具体动机和目的是什么等。

2. *犯罪是触犯刑法的行为，即犯罪具有刑事违法性*

犯罪肯定是违法行为，但是，犯罪不是一般的违法行为，而是违反刑法的行为，因此，也可以将犯罪称为"刑事违法性行为"。可见，违法并不一定都构成犯罪，只有违反刑法才能构成犯罪。例如盗窃行为，根据我国现行刑法的规定，如果偷了少量财物，就仅属于违反治安管理处罚法的行为，因此是一般违法行为；但是，盗窃财物达到了"数额较大的"标准以及"多次盗窃、入户盗窃、携带凶器盗窃、扒窃"时，就构成了犯罪即盗窃罪。这是一个从量变到质变的过程。再如故意伤害行为，如果仅仅是轻微伤，就属于一般违法行为；如果造成轻伤以上的伤害，则构成犯罪即故意伤害罪。

可见，刑事违法性是犯罪的一个重要特征。危害社会的行为很多，但是只有严重危害社会，并且进而违反了刑法的行为，才是犯罪。因此，只有当某种行为不仅具有社会危害性，而且具有刑事违法性，才能构成犯罪。

3. 犯罪是应受刑罚处罚的行为，即犯罪具有应受刑罚处罚性

这是犯罪的前两个特征，即社会危害性和刑事违法性的必然法律后果，也是犯罪区别于一般违法行为的重要特征。从逻辑上讲，任何违法行为都应当承担相应的法律后果，如：民事违法行为、行政违法行为，要承担相应的民事责任与行政责任；同理，刑事违法行为即犯罪，就要承担相应的刑事责任，也就是应受刑罚处罚。可以这样说，犯罪是应受刑罚处罚的前提，应受刑罚处罚则是犯罪的法律后果。因此，应受刑罚处罚性也是犯罪的一个基本特征。当然，应受刑罚处罚并不等于实际地给予刑罚处罚，例如：如果行为人的行为虽然构成犯罪，但是犯罪情节轻微或者有立功、自首等表现，从而可以决定免予刑罚处罚。免予刑罚处罚恰恰是以行为构成犯罪为前提的，只是因为特殊原因而不给予刑罚处罚而已，这与无罪不应当受刑罚处罚的情况在根本性质上是不同的。可见，应受刑罚处罚性与实际上是否给予刑罚处罚两者有不同含义，不得混淆。

传统刑法理论认为：犯罪所具有的严重社会危害性、刑事违法性和应受刑罚处罚性三个基本特征，是一个紧密结合、有机联系的整体，缺少其中任何一个都不能称其为犯罪。其中，"严重的社会危害性"是犯罪最本质的属性，是刑事违法性和应受刑罚处罚性的基础；而"刑事违法性"和"应受刑罚处罚性"则是严重的社会危害性的法律表现和法律后果。[①] 犯罪所具有的上述三个基本特征能够从总体上将犯罪与其他违法行为区别开来，因为就其他违法行为而言，社会危害性虽然也有一些，但没有达到像犯罪这样严重的程度，他们并不触犯刑法，也不应受刑罚处罚。

因此，犯罪概念可以简括地表述为：犯罪是严重危害社会的、触犯刑法的、应受刑罚处罚的行为。

### （三）犯罪的分类

关于犯罪的分类问题，大致可以从两个角度来看：一是犯罪的刑法

---

[①] 针对传统刑法理论的这种观点，我国有学者提出了商榷意见，认为社会危害性和刑事违法性都不是犯罪的本质特征，只有应受刑罚处罚性才是犯罪的本质特征。参见陈忠林《应受刑罚惩罚性是犯罪的本质特征》，《法学季刊》1986年第2期。

分类（犯罪的法定分类）；二是犯罪的理论分类。

1. 犯罪的刑法分类

犯罪的刑法分类（犯罪的法定分类），是指以刑法对犯罪的明确规定为依据而对犯罪基本类型所进行的规范性划分。根据现行刑法规定，犯罪的刑法分类主要有以下六种：

（1）故意犯罪与过失犯罪

我国刑法总则和分则均对故意犯罪和过失犯罪进行了明确界定，因而在刑法逻辑上，犯罪可以分为故意犯罪或者过失犯罪。[1] 根据《刑法》第14条规定，明知自己的行为会发生危害社会的结果，并且希望或者放任这种结果发生，因而构成犯罪的，是故意犯罪。根据《刑法》第15条规定，应当预见自己的行为可能发生危害社会的结果，因为疏忽大意而没有预见，或者已经预见而轻信能够避免，以致发生这种危害结果的，是过失犯罪。

（2）国事罪与普通罪

刑法规定了国事罪（危害国家安全罪），因而在刑法逻辑上，犯罪可以分为国事罪与普通罪。所谓国事罪，是指直接危害国家安全的犯罪；所谓普通罪，是指非直接危害国家安全的犯罪。

（3）身份犯与非身份犯

刑法规定了身份犯，因而在刑法逻辑上，犯罪可以分为身份犯与非身份犯。

身份犯，通常是指以特定身份作为犯罪主体要件要素的犯罪（真正身份犯或者构成的身份犯），如渎职罪、军人违反职责罪等。非身份犯，又叫常人犯，[2] 则是指非以特定身份作为犯罪主体要件要素的犯罪。

此外，刑法理论上还有"不真正身份犯"的概念。所谓不真正身份犯，又称为加减的身份犯，是指刑法将特定身份作为刑罚加重或者减轻

---

[1] 需要说明的是，我国有学者提出了复合罪过的概念，相应的即在理论逻辑上认为，我国刑法规定的犯罪可以根据其主观罪过的形式而分为故意犯罪、过失犯罪、复合罪过犯罪等。关于复合罪过的详细论述，参见储槐植、杨书文《复合罪过形式探析——刑法理论对现行刑法内含的新法律现象之解读》，《法学研究》1999年第1期；杨书文《复合罪过形式论纲》，中国法制出版社2004年版，第103—133页。

[2] 参见陈兴良主编《刑法各论的一般理论》，内蒙古大学出版社1992年版，第75页。

事由的犯罪。如：诬告陷害罪本身并不是身份犯（即非身份犯），但是，如果国家机关工作人员犯了该罪，则应依法从重处罚，这时的诬告陷害罪就属于不真正身份犯。

日本刑法学中还有违法身份犯、责任身份犯、"违法＋责任身份犯"等概念。山口厚指出："在身份犯中，身份属于构成要件要素，之所以要求这样的身份，则是考虑作为犯罪之实质要素的违法性或者责任的结果。在这个意义上，根据身份是违法评价所考虑的东西还是责任评价所考虑的东西，身份可以区分为违法身份犯和责任身份犯。""在身份属于违法要素的同时也属于责任要素的场合，则是违法责任身份犯。"[1]

（4）自然人犯罪与单位犯罪

我国刑法规定了自然人犯罪与单位犯罪，并且我国刑法规定的犯罪中多数是自然人犯罪，只要法律没有特别限定行为主体自然属性的犯罪都是自然人犯罪，只有少数犯罪经由刑法特别规定才成为单位犯罪，因此这种犯罪分类的标准是行为主体是否具有自然属性。

自然人犯罪，是指以自然人为行为主体的犯罪。如放火罪、故意杀人罪、强奸罪、盗窃罪、贪污罪等，都是自然人犯罪。自然人犯罪有很多分类，除了自然人犯罪与单位犯罪这种分类，其他的犯罪分类都适用于自然人犯罪，如身份犯与非身份犯、亲告罪与非亲告罪、自然犯与法定犯等分类。

单位犯罪，是指以单位为行为主体的犯罪。根据《刑法》第30条规定，只有在"法律规定为单位犯罪的"犯罪，才能成立单位犯罪。我国有学者认为，单位犯罪可以分为纯正的单位犯罪与不纯正的单位犯罪两种。[2] 纯正的单位犯罪，是指只能由单位实施的犯罪，如《刑法》第137条规定的工程重大安全事故罪、第387条规定的单位受贿罪、第396条规定的私分国有资产罪和私分罚没财物罪。不纯正的单位犯罪，是指既可以由自然人构成也可以由单位构成的犯罪，如《刑法》第177条规定的伪造、变造金融票证罪，第224条规定的合同诈骗罪等。

---

[1] ［日］山口厚：《刑法总论》（第3版），付立庆译，中国人民大学出版社2018年版，第37—38页。

[2] 付立庆：《刑法总论》，法律出版社2020年版，第94页。

（5）亲告罪与非亲告罪

刑法规定了亲告罪，因而在刑法逻辑上，犯罪可以分为亲告罪与非亲告罪。

亲告罪，是指告诉才处理的犯罪。这里的告诉，是指被害人及其近亲属告诉。① 例如：《刑法》第 246 条规定的侮辱罪、诽谤罪，第 257 条的暴力干涉婚姻自由罪，第 260 条的虐待罪等。在理论上，亲告罪还可以根据告诉权是否受到限制而进一步区分为自由亲告罪与限制亲告罪。②

非亲告罪，是指除亲告罪外的其他所有犯罪。

（6）基本犯、加重犯、减轻犯

根据刑法分则针对某一具体罪名的不同法定刑档次及其适用条件的规定，可以将具体犯罪区分为（具体犯罪的）基本犯、加重犯、减轻犯。基本犯，是指刑法分则条文规定的不具有加重或者减轻情节的犯罪。加重犯，是指刑法分则条文在基本犯规定的基础上规定了加重情节与较重法定刑的犯罪。加重犯还可以细分为结果加重犯与其他情节加重犯。结果加重犯，是指实施基本犯罪因发生严重结果刑法加重了法定刑的犯罪；其他情节加重犯，是指实施基本犯罪因具有其他严重情节刑法加重了法定刑的犯罪，如手段加重犯、数额加重犯、综合情节加重犯等。减轻犯，是指刑法分则条文在基本犯规定的基础上规定了减轻情节与较轻法定刑的犯罪。③

例如，《刑法》第 234 条规定的故意伤害罪，基本犯是"处三年以下有期徒刑、拘役或者管制"；那么，加重犯（结果加重犯）是"致人重伤的，处三年以上十年以下有期徒刑"，更重的加重犯是"致人死亡或者以特别残忍的手段致人重伤造成严重残疾的，处十年以上有期徒刑、无期徒刑或者死刑"。再如，《刑法》第 233 条规定的过失致人死亡罪，基本

---

① 理论上还存在告诉乃论之罪与请求乃论之罪的区别：前者即为亲告罪，其告诉主体一般为被害人及其近亲属；后者常称为国事罪，其告诉主体（请求主体）一般为外国政府外交代表。参见李立景《亲告罪要论》，中国人民公安大学出版社 2003 年版，第 28—30 页。

② 限制亲告罪之限制条件主要有以下几种：以行为人的手段方式作为限制、以公共利益限制、以身份限制、以情节限制、以结果限制等。参见李立景《亲告罪要论》，中国人民公安大学出版社 2003 年版，第 46—47 页。

③ 参见张明楷《刑法学（上）》（第五版），法律出版社 2016 年版，第 96 页。

犯是"处三年以上七年以下有期徒刑",那么,减轻犯(情节减轻犯)是"情节较轻的,处三年以下有期徒刑"。

但是,刑法分则只规定了一个法定刑档次的犯罪,就不成立基本犯、加重犯、减轻犯的区分,例如,《刑法》第235条规定的过失致人重伤罪;根据刑法总则所规定的犯罪停止形态、共犯形态、罪数形态与犯罪竞合形态等,也不宜区分为(具体犯罪的)基本犯、加重犯、减轻犯。

2. 犯罪的理论分类

犯罪的理论分类,是指根据一定的理论标准对犯罪所作的理论分类。在理论上,犯罪的观察角度越多,犯罪的理论分类就越多,犯罪的理论研究就越深刻。因此,犯罪的理论分类比犯罪的法定分类更深刻复杂,需要认真对待和深刻把握。犯罪的理论分类可以归纳为以下多种:

(1) 重罪与轻罪

理论上可以以法定刑的轻重为标准,将犯罪分为重罪、轻罪。一般认为,这种划分始于1791年法国刑法典,并且法国刑法典还在重罪与轻罪的划分之外,将"违警罪"进一步从"轻罪"中剥离出来。

现在许多国家仍然坚持这种分类方法。我国刑法没有明确采用这种分类方法;但是,我国学者一般认为,在理论上,我国刑法也暗含这种分类。一般的看法是:法定刑最低为3年或者3年以上有期徒刑的犯罪属于"重罪",其他为轻罪。

(2) 形式犯与实质犯

这种分类尽管由来已久,但是界定方法存在差异。刑法理论对形式犯与实质犯的概念,主要有两种界定方法:

一种认为:只要求实施构成要件行为,而不要求对合法权益造成侵害或威胁,就可以构成的犯罪,是形式犯;而构成要件以对合法权益造成侵害或威胁为内容的犯罪,是实质犯。在实质犯中,还可以进一步分为实害犯与危险犯;在危险犯中,又可以进一步分为抽象的危险犯与具体的危险犯。

另一种认为:形式犯对法益的侵害是不特定的,而实质犯对法益的侵害是比较特定的。笔者认为,这种分类对于犯罪问题的深化研究有一定意义。

需要说明的是,德国、日本等大陆法系国家刑法理论对形式犯与实质犯的概念，有时被我国学者转换等同于行为犯与实害结果犯的概念，即形式犯指称行为犯，实质犯指称实害结果犯。

(3) 自然犯与法定犯（刑事犯与行政犯）

一般认为，这种分类大体上同刑事犯与行政犯的分类相当，即自然犯与刑事犯同质，法定犯与行政犯同质。[①] 其具体界定是：自然犯（刑事犯），是明显违反伦理道德和人类理性的传统型犯罪；法定犯（行政犯），则是不明显违反伦理道德、但是违反行政法规的现代型犯罪。

需要特别予以说明的是，理论上对"自然犯与法定犯"的分类标准十分不统一，甚至十分混乱，大体上存在以下八种比较有代表性的看法：[②] 第一种看法认为，侵害合法权益的犯罪是自然犯；威胁合法权益的犯罪是法定犯。第二种看法认为，侵害或威胁合法权益的犯罪是自然犯；纯粹或单纯不服从法规的犯罪是法定犯。第三种看法认为，侵害或威胁合法权益的犯罪是自然犯；违反公共秩序的犯罪是法定犯。第四种看法认为，同时包含形式要素（违反规范）与实质要素（侵害合法权益）的犯罪是自然犯；只有形式要素的犯罪是法定犯。第五种看法认为，以侵害个人利益为前提而直接引起社会、国家损害的犯罪是自然犯；不以侵害个人利益为前提所引起的社会、国家损害的犯罪是法定犯。第六种看法认为，同时违反法规范及文化规范的犯罪是自然犯；只违反法规范的犯罪是法定犯。第七种看法认为，违反伦理道德、即使没有法律规定也属犯罪的行为，是自然犯；没有违反伦理道德、只是由于法律的硬性规定才成为犯罪的行为，是法定犯。第八种看法认为，违反基本生活秩序的犯罪是自然犯；违反派生生活秩序的犯罪是法定犯。

(4) 结果犯与行为犯

以犯罪的既遂形态是否需要发生特定的物质性危害结果为标准，可以将犯罪区分为结果犯与行为犯两大类。

结果犯，是指以发生刑法分则规定的物质性危害结果为犯罪既遂标准的犯罪类型。例如，故意杀人罪、诈骗罪等，是以发生致人死亡、财产损失等特定的物质性危害结果才成立犯罪既遂的犯罪类型，就属于结

---

① 参见陈兴良主编《刑法各论的一般理论》，内蒙古大学出版社1992年版，第74页。
② 张明楷：《刑法学（上）》，法律出版社1997年版，第89—90页。

果犯。

行为犯，是指只以实施刑法分则规定的危害行为而不要求发生物质性危害结果为犯罪既遂标准的犯罪类型。例如，强奸罪、危险驾驶罪等，就属于行为犯。行为犯包括预备行为犯、举动行为犯（举动犯）、过程行为犯、持有行为犯、危险状态犯（危险犯）共五种具体的犯罪类型。[1]（1）预备行为犯，即预备行为实行行为化、独立罪名化，是指行为人实施了法律规定的某种犯罪预备性质的行为即成立既遂的犯罪。例如，《刑法》第120条之二规定的准备实施恐怖活动罪，只要行为人实施完成了该法条规定的四种准备行为即构成本罪既遂，属于典型的预备行为犯。（2）举动行为犯（举动犯），是指行为人一经着手实施犯罪实行行为即成立既遂的犯罪。我国刑法规定的举动犯有两种：一是煽动型犯罪，如《刑法》第103条第2款规定的煽动分裂国家罪；二是有组织犯罪的组织形成型犯罪，如《刑法》第120条规定的组织、领导、参加恐怖组织罪，第294条规定的组织、领导、参加黑社会性质组织犯罪。举动犯因其构造的特殊性而没有犯罪未遂形态，但是可能存在犯罪预备形态和预备阶段的中止形态，[2] 至于其预备形态和预备阶段的中止形态有无处罚必要性的问题尚值得研究。（3）过程行为犯，是指以法定的犯罪实行行为的完整过程完成作为既遂标准的犯罪。例如，《刑法》第236条规定的强奸罪，作为一种过程行为犯，必须实施了"强奸妇女"完整过程行为（插入说）才能构成犯罪既遂形态；再如《刑法》第321条规定的运送他人偷越国（边）境罪，必须是实施了运送他人非法偷越国边境的完整过程行为才能构成犯罪既遂形态。（4）持有行为犯，是指以行为人实施了在一定时空范围内控制支配刑法分则规定的物品的行为为既遂标准的犯罪。理论上认为，持有行为是介于作为与不作为之间的第三种行为方式，是一种与作为、不作为相并列的行为状态，是一种对物品的控制状态、通常起始于作为之后以不作为维持其存在状态、具有作为与不作为交融的特点。[3]

---

[1] 魏东：《行为犯原理的新诠释》，《人民检察》2015年第5期。
[2] 《刑法学》编写组：《刑法学》（上册·总论），高等教育出版社2019年版，第213页。
[3] 参见《刑法学》编写组《刑法学》（上册·总论），高等教育出版社2019年版，第118—119页。

例如，《刑法》第 348 条规定的非法持有毒品罪。(5) 所谓危险状态犯（危险犯），是指以为人实施的行为造成法律规定的发生某种危害结果的危险状态为既遂标志的犯罪。① 如《刑法》第 114 条规定的放火罪、第 116 条规定的破坏交通工具罪等，都属于危险犯。

行为犯还有单一行为犯与复合行为犯、作为行为犯与不作为行为犯、普通行为犯与情节行为犯、故意行为犯与过失行为犯、自然人行为犯与单位行为犯等其他分类。② 应当注意，行为犯只能从形式概念、犯罪既遂标准说的界定方式来阐释，行为犯作为一种对全部犯罪的典型样态（即逻辑上仅限于犯罪完成形态）进行平行的、周全的类型划分意义上的犯罪类型，其属于横向的犯罪样态问题，其原则上不得混同于对某种犯罪的可能停止形态所进行的纵向的、个别的类型划分而形成的纵向的犯罪形态（如犯罪的预备形态、未遂形态、中止形态和既遂形态）。

行为犯理论值得深入研究。例如，理论界认为，行为犯可以区分为单纯的行为犯与短缩的行为犯（短缩的二行为犯）。短缩的二行为犯，是指由法定的构成要件行为和附带的目的行为所共同型构的复行为犯，虽然不要求以客观上实际实施了目的的行为（第二个行为）为必要，但是要求主观上具有实施目的行为的目的才能成立犯罪的情形。亦即，短缩的二行为犯中第二个附带的目的行为是"短缩的"，甚至是看不见的，但是必须是存在的（目的和动机）。例如，伪造货币罪、虚开增值税专用发票罪、受贿罪等，就属于短缩的二行为犯：伪造货币行为要求行为人主观上具有实施第二个附带的加以利用行骗的目的，才能成立伪造货币罪；虚开增值税专用发票行为要求行为人主观上具有实施第二个附带的骗取税款的目的，才能成立虚开增值税专用发票罪；受贿行为要求行为人主观上具有实施第二个附带的权钱交易的目的，才能成立受贿罪。这里又要注意，短缩的二行为犯实质上就是"目的犯的一种情形，目的犯的另一种情形是断绝的结果犯"，从而，短缩的二行为犯又在相当意义上"是

---

① 《刑法学》编写组：《刑法学》（上册·总论），高等教育出版社 2019 年版，第 213 页。
② 参见郑飞《行为犯论》，吉林人民出版社 2004 年版，第 105 页；刘树德《行为犯研究》，中国政法大学出版社 2000 年版，第 64—65 页。

一个目的犯的问题，而不是一个行为犯的问题"，① 原因就在于，短缩的二行为犯中第二个附带的目的行为是主观违法性要素（目的），并且这个目的要素是必须存在的（成立目的犯）；目的犯又有法定的目的犯（如诈骗罪等）与非法定的目的犯（如盗窃罪等）之分，短缩的二行为犯属于非法定的目的犯（同时也是行为犯）。

（5）实害犯与危险犯

所谓实害犯，是指以为人实施的行为造成法律规定的某种实害结果为既遂标志的犯罪。实害犯包括结果犯、预备行为犯、举动行为犯（举动犯）、过程行为犯、持有行为犯。例如，强奸罪，作为一种过程行为犯，必须是实施了"强奸妇女"完整过程行为、从而出现了"强奸妇女"实害结果（插入说）才能构成犯罪既遂形态，因此强奸罪是实害犯。

所谓危险犯，如前所述，是指以为人实施的行为造成法律规定的发生某种危害结果的危险状态为既遂标志的犯罪。

因此，实害犯与危险犯的划分，是同结果犯与行为犯的划分相关联、但是又有区别的犯罪分类，实质上是在将结果犯作为实害犯的基础上将行为犯进一步区分为实害犯与危险犯。如前所述，行为犯包括预备行为犯、举动行为犯（举动犯）、过程行为犯、持有行为犯、危险状态犯（危险犯）五种具体的犯罪类型，其中除危险犯（危险状态犯）之外的其他犯罪类型均属于实害犯。

（6）即成犯、状态犯、继续犯（持续犯）

从犯罪终了与法益侵害的关系出发，可以将犯罪分为即成犯、状态犯和继续犯。②

即成犯，是指在法益侵害结果完全出现时，犯罪行为终了的情形。例如，故意杀人罪就是即成犯，在故意杀人致人死亡结果出现时，故意杀人行为终了。

状态犯，是指在法益侵害结果完全出现时，犯罪行为终了，但是法益侵害结果的状态在犯罪行为终了后仍然继续的情形。例如，盗窃罪，在盗窃既遂后，被盗窃的他人财产法益侵害状态仍然继续，其间还可能

---

① 陈兴良：《判例刑法学》（教学版），中国人民大学出版社 2012 年版，第 76—77 页。
② 周光权：《刑法总论》，中国人民大学出版社 2007 年版，第 9—10 页。

发生后续行为如行为人占有、使用、收益、处分（如销赃或者毁坏）赃物的行为，但是对于这些发生在法益侵害结果继续状态下的后续行为不成立新的犯罪（不可罚的事后行为）。

继续犯，又称为持续犯，是指在法益侵害持续进行的同时，犯罪行为也持续进行的情形。例如，非法拘禁罪就是典型的继续犯（持续犯）。

（7）隔隙犯与非隔隙犯

所谓隔隙犯，是指在实行行为与犯罪结果之间存在时间的或者空间的间隔的犯罪。所谓非隔隙犯，是指在实行行为与犯罪结果之间没有时间与空间的间隔的犯罪。

对于隔隙犯，又有隔时犯与隔地犯之分。所谓隔时犯，是指在实行行为与犯罪结果之间存在时间上的间隔的犯罪；对于隔时犯，原则上以行为时作为犯罪时。所谓隔地犯，是指在实行行为与犯罪结果之间存在空间上的间隔的犯罪；对于隔地犯，原则上行为地与结果地均为犯罪地。

（8）可恢复性犯罪与不可恢复性犯罪

可恢复性犯罪与不可恢复性犯罪，有的学者又称为法益可恢复性犯罪与法益不可恢复性犯罪。在具体划分标准上，学者间存在略微差异。一般认为，以法益是否具有"一次用尽性"为标准进行区分，可以将犯罪分为可恢复性犯罪与不可恢复性犯罪。如果被侵害的法益弹性较差，一旦遭遇侵害就永远失去，那么就具有"一次用尽性"的特性，不可能再次恢复，侵犯此类法益的犯罪行为就是法益不可恢复性犯罪，如故意杀人罪、故意伤害罪、强奸罪等；如果被侵犯法益的弹性强，被犯罪行为侵害之后，经过某种补救，法益能够恢复如初，那么这种法益就不是"一次用尽"，侵犯此类法益的犯罪即为法益可恢复性犯罪，如信用卡诈骗罪、逃税罪、盗窃罪、诈骗罪、侵占罪等财经类犯罪即为此类。[①]

（9）犯罪的其他理论分类

犯罪的其他理论分类还有很多，这方面可以根据犯罪理论研究的需要进行理解运用。例如，以犯罪次数或者其他法定条件为标准，可以分

---

[①] 庄绪龙：《犯罪的重新分类与财经犯罪"条件性出罪机制"》，法律教育网，http://www.chinalawedu.com/new/16900a170a2011/20114l1lifei162653.shtml，访问时间：2011年4月26日。

为初犯、再犯、累犯；以犯罪人的犯罪特征为标准，可以分为常习犯、常业犯、普通犯。这两组犯罪分类均与行为人（犯罪人）的人身危险性、再犯可能性有关，会对量刑产生影响，[1]因而具有理论意义。

犯罪的分类理论中还有分层次性分类问题，如违法层次的犯罪（违法意义上的犯罪）与违法且有责层次的犯罪（可归责意义上的犯罪），对于相关刑法规定的理解和适用也具有重要意义。根据三阶层犯罪论的体系性特点，只要行为符合构成要件该当性并且违法，即属于违法意义上的犯罪、客观意义上的犯罪，对于共同犯罪的成立以及其他许多刑法规定的理解适用均具有意义，这在中国刑法理论界、刑事司法适用和生效判决中均获得了普遍认同。[2]例如，《刑法》第20条第3款规定的"以及其他严重危及人身安全的暴力犯罪"（特别防卫权规定），《刑法》第25条规定的"共同犯罪是指二人以上共同故意犯罪"，《刑法》第269条规定的"犯盗窃、诈骗、抢夺罪"（转化型抢劫罪规定），这些条款中规定的"犯罪"（以及"犯盗窃、诈骗、抢夺罪"）是否包括无责任能力人或者相对有刑事责任能力人（特指《刑法》第17条第2款规定已满14周岁不满16周岁的人）实施的相关行为，就涉及犯罪的分层次性分类问题。如果认为这些条款中规定的"犯罪"包括了违法意义上的犯罪、客观意义上的犯罪，那么，就在理论上承认了不法共犯论、特别防卫权前提条件"暴力犯罪"不法论、转化型抢劫罪前提条件"犯盗窃、诈骗、抢夺罪"不法论等命题，直接影响刑法相关规定的理解适用问题。

## 二 犯罪构成的概念、特征与功能

犯罪构成论（狭义的犯罪论）具有非常重要的理论价值和实践意义，在现代刑法理论中占有非常重要的地位，被视为"犯罪论的核心理论，是刑法理论的命脉"[3]，近代以来受到世界各国刑法学者的高度重视。近年来，我国刑法学界对于犯罪构成理论的研究和争鸣成为一个热点问题，

---

[1] 付立庆：《犯罪总论》，法律出版社2020年版，第98页。
[2] 参见付立庆《犯罪总论》，法律出版社2020年版，第98—99页。
[3] 肖中华：《犯罪构成及其关系论》，中国人民大学出版社2000年版，第10页。

甚至有学者断言，犯罪论体系将成为中国刑法理论的一个重要的知识增长点。[①] 可见，犯罪构成理论是一个重大理论课题，我们应当对此予以高度关注和认真学习。

**（一）犯罪构成的概念**

犯罪构成，是指根据刑法规定而抽象出来的、规范描述和评价作为犯罪成立条件所必须具备的系列要件和要素的有机整体。犯罪构成论，是指根据刑法规定而抽象出来的、规范描述和评价犯罪成立条件的理论体系（体系论）。笔者认为，犯罪构成通常是指犯罪构成论、犯罪构成理论体系，犯罪构成不可能不是犯罪构成论，因此在没有特别申明的场合通常没有必要进行犯罪构成与犯罪构成论的概念区分。

有学者认为，犯罪构成作为一种理论体系（体系论—传统教材），也是一种理论模式（模式论—付立庆）[②]、理论模型（模型论—冯亚东）[③]。一般认为，犯罪构成论最早产生于近现代大陆法系国家，后来逐步影响和发展到英美法系国家、苏联（主要是俄罗斯）、近现代中国乃至是世界各国，逐步形成了各具特色的犯罪构成理论体系。例如，根据德日刑法学犯罪论三阶层体系，犯罪构成是指根据刑法规定而抽象出来的、规范描述和评价作为犯罪成立条件所必须具备的构成要件该当性、违法性（要件）和有责性（要件）的有机整体。再如，根据我国传统的犯罪构成四要件体系，犯罪构成是指根据刑法规定而抽象出来的、规范描述和评价作为犯罪成立条件所必须具备的犯罪客体（要件）、犯罪客观方面（要件）、犯罪主体（要件）和犯罪主观方面（要件）的有机整体。

那么，犯罪构成理论能够产生和发展的根本原因是什么？对此，学术界的基本看法是：犯罪构成理论的产生和发展具有其深刻的法哲学思想渊源和社会适应性，同时也是法律科学体系自身发展完善的结果。从

---

① 陈兴良：《犯罪论体系：比较、阐述与讨论》，陈兴良主编：《刑事法评论》（第14卷），中国政法大学出版社2004年版，第16—66页。

② 参见《刑法学》编写组《刑法学》（上册·总论），高等教育出版社2019年版，第90—93页；付立庆《犯罪总论》，法律出版社2020年版，第108—109页。

③ 冯亚东教授认为"犯罪构成属于一种解说法定模型的理论模型"。参见冯亚东、胡东飞、邓君韬《中国犯罪构成体系完善研究》，法律出版社2010年版，第43—46页。

犯罪构成理论的法哲学思想渊源来分析，现代社会的犯罪构成理论本身是一种法律文化现象，它在根本上是西方近代启蒙思想的产物，同时也是基于社会政治、经济、文化尤其是法哲学文化的发展，为适应近现代社会刑法人道化、科学化、规范化的根本需要而产生和发展起来的。大体上，犯罪构成理论产生和发展的特定思想知识背景可以归结为以下五个方面的思潮、理念、思想与理论的"勃兴"：①

1. 人道主义思潮和人权保障理念的勃兴

人道主义就是人类主义、理性主义，实际上是指对人的态度上的一种伦理原则和道德规范。一般认为，在启蒙时代以前，人道主义起源于犹太教——基督教的一种宗教传统；人道主义的极大发展始于欧洲文艺复兴时期，人道主义是视人本身为最高价值从而主张把任何人都首先当作人来爱、来善待的思想体系，②"人道主义是一种以人为中心和目的，关于人性、人的价值和尊严、人的现实生活和幸福、人的解放的学说"③。由此可见，人道主义是一种针对整个人类的博爱主义，即使他是一个卑微的人、罪恶的人，也应当对之施以"博爱"。

人权保障思想应当说与人道主义是一脉相承的，犯罪人（包括犯罪嫌疑人、被告人）的人权保障是人权保障的一个重要组成部分。刑事法中犯罪人的人权保障可以分为两个层次。第一层次为属于人们固有的"自然权利"或者"元权利"，包括生命权、自由权、财产权和平等权。联合国《世界人权宣言》第一条宣布"人人生而自由，在尊严和权利上一律平等"，《公民权利和政治权利国际公约》第六条强调"人人有固有的生命权"。这就是说，生命权、自由权和平等权是与生俱来的，因此属于"元权利"的范畴。第二层次的权利是从这四种最基本的"元权利"中推导出的犯罪人的其他刑事诉讼权利，即所谓"衍生权利"，如从生命权和财产权推导出的犯罪人享有不被任意剥夺生命和财产的权利，在剥夺生命和财产时必须按照法律规定的程序审判、定罪和执行的权利；从

---

① 魏东：《当代刑法重要问题研究》，四川大学出版社 2008 年版，第 330—352 页。
② 王海明：《公平平等人道——社会治理的道德原则体系》，北京大学出版社 2000 年版，第 130 页。
③ 陈兴良：《刑法的价值构造》，中国人民大学出版社 1998 年版，第 431 页。

自由权推出的犯罪人享有不被任意剥夺个人自由的权利,以及由此进一步推导出的如果要剥夺犯罪人享有的人身自由,必须经过法律的正当程序的权利;而平等权则暗含着一个重要的推论,即人的本来状态是无罪的,人在未依法改变其本来状态前也应当是无罪的,[①] 因此,如果要确定一个人有罪,必须以法律的程序加以证明,否则,对涉案的犯罪嫌疑人都应该作无罪的推定。应该说,刑事法律在对犯罪人的人权保障上囊括了人所有的"元权利"和"衍生权利",它们共同组成犯罪人的基本权利,保障犯罪人人权成为现代世界各国刑事法律制度所普遍确认的基本准则。

可见,人道主义思潮和人权保障理念的勃兴成为现代刑事法律制度的基本理念,其最直接的、最基本的要求就是必须把包括犯罪人在内的所有人都当作"大写的人"看待,既不能在程序上冤枉一个善良人,更不能在实体上残酷对待一个"坏人",还要反对"不教而诛",这样,在刑事法律领域严格而谨慎地认定犯罪就成为一种基本要求,从而促进犯罪构成理论的产生和发展。

2. 罪刑法定主义法律思想的勃兴

总体上看,罪刑法定主义同样是近代资产阶级在反对封建社会的罪刑擅断的斗争中提出来的重要刑法思想,是17—18世纪资产阶级启蒙思想家的卓有成效的努力的结果,是资产阶级在法律领域所取得的重要成果,是刑事法治化进程的重大进步。罪刑法定原则的基本内容,是犯罪与刑罚必须预先由法律明确规定。由于罪刑法定原则的本质是限制司法权、行政权的,其中重点是对侦查权、起诉权、审判权的限制,防止司法权随意出入人罪,以有效保护(最大限度地保护)公民的人身自由权利。为有效贯彻罪刑法定主义思想的基本精神,犯罪构成理论应运而生,并且随着时代的发展而进一步发展完善。

3. 公正报应主义法律思想的勃兴

迄今为止的所有法律思想家无不坚决地主张刑法领域的报应主义,其差别只是对于报应主义的报应内容、具体标准的看法有所不同。历史上存在过以下几种报应主义思想:一是绝对报应主义(同态复仇主义、

---

① 杨宇冠:《论刑事诉讼人权保障》,《中国刑事法杂志》2002年第4期。

以牙还牙、以眼还眼）。康德就主张一种近乎同态复仇的绝对报应主义，不过康德是基于启蒙思想以反对封建罪刑擅断主义、主张罪刑法定主义所提出的哲学命题，主张国家必须将犯罪人作为一个有理性的人予以对待，从而康德赋予罪刑法定主义具体明确的内容，因此，康德当时提出绝对报应主义思想是具有其特有的重要的历史意义的，这种历史意义就在于，它吹响了向封建主义罪刑擅断的战斗号角。二是黑格尔的相对报应主义（等值报应主义）。黑格尔作为观念论大师，将否定之否定规律应用于刑事法律领域，提出犯罪是对法的否定，而刑罚则是否定之否定，因此，刑罚就是犯罪人自身的法则；同时，黑格尔强调刑罚与犯罪只能是"值"的相等性，而不是绝对的"量"的相等性。三是贝卡利亚绝对确定的均衡报应主义。即贝卡利亚的报应主义思想强调了刑罚质与量的绝对确定性，还强调了刑罚同犯罪的均衡性，不允许司法权具有丝毫的自由裁量权，法官只能成为比对犯罪与刑罚阶梯的中性机器。以上三种主张是刑事古典学派在报应主义问题上的基本立场。在刑事古典学派的基础上，报应主义思想后来又有所发展，出现了法律报应主义、规范报应主义、人道报应主义等。在刑法科学发展道路上，报应主义是人类必然所要经历的一个基本阶段，它对于罪刑法定主义和犯罪构成理论的形成和发展无疑都具有重大意义。因为，要讲公正报应，反对随意报应、罪刑擅断（如无罪但仍然定罪处罚就违反了报应主义），就必须严格界定犯罪的构成条件，从而有利于促进犯罪构成理论的诞生和发展。

4. 刑法规范理论的勃兴

刑法规范理论源于规范法学思想。规范法学（分析法学）由德国学者宾丁创立。宾丁强调分析法律的构造，将刑法法规与刑法规范区别开来。宾丁认为，刑法法规只是规定了哪些行为是犯罪，应判处什么刑罚，但是刑法法规本身并没有向人们宣示什么行为规范；而只有刑法规范才会向人们发出禁止或者命令，使人们了解什么是犯罪、什么不是犯罪。刑法规范不是直接由法规构成，而是人们根据刑法法规的规定来推导出的规范内容。刑事法规是对刑法规范的违反者规定的具体的法律效果，从而刑事法规就成为国家刑罚权的依据，刑罚权的发生是基于刑法法规所明示的对刑法规范的违反。犯罪人的行为属于刑法规范的世界，而犯罪人则属于刑罚权的世界。对犯罪人的刑事处罚并不仅仅是一种对危险人物的安全措施，而是公众对违反刑法法规者的反应，其作用又反过来维护刑法法规的威信。在此基础上，宾丁主张刑罚处罚的分量应与犯罪的轻重成正比例关系，法律秩序受犯罪的侵害越严重，对犯罪人科刑使其遭受的痛苦也应随之加重；反之亦然。可见，规范法学思想对于犯罪构成理论而言，它不但提供了指导思想和方法论基础，同时还直接奠定了犯罪构成的理论基础。事实上，规范法学思想对早期犯罪构成理论的倡导者贝林格、迈耶等都有直接的重大影响，如贝林格就主张违反规范的犯罪行为只有符合刑法法规关于犯罪构成的规定才能构成犯罪。[①]

5. 马克思主义法学思想的勃兴

理论界有学者指出，对于苏联和现代中国的犯罪构成理论来说，在思想渊源上除了受到前述资产阶级启蒙思想和刑法思想的影响，马克思主义，尤其是其中的法学思想还起到了巨大的指导和规范作用，具体表现为以下两个方面：[②]（1）马克思主义的哲学原理以及方法论指导，保证了犯罪构成理论的正确路线。如物质和意识的辩证关系原理、对立统一规律、质量互变规律、否定之否定规律以及唯物辩证法的诸范畴和认识论原理等，都对社会主义国家犯罪构成理论的具体建构和实际运用提供了方法论指导。（2）马克思主义的法学原理特别是早期的刑法思想，对于犯罪构成理论的建立起了指导作用。例如，马克思主义经典著作的以下论述："对于法律来说，除了我的行为之外，我是根本不存在的，我根本不是法律的对象。我的行为就是我同法律打交道的唯一领域，因为行为就是我为之要求生存的权利，要求现实权利的唯一的东西，而且因此我才受到现行法的支配。可是追究倾向的法律不仅要惩罚我所做的，而且要惩罚我所想的，不管我的行为如何。所以，这种法律是对公民名誉的一种侮辱，是威胁我的生存的一种危险的陷阱。""凡是不以行为本身而以当事人的思想方式作为主要标准的法律，无非是对非法行为的公开认可。"[③]"如果犯罪的概念要有惩罚，那么实际的罪行就要有一定的惩罚尺度。实际的罪行是有界限的，因此就是为了使惩罚成为实际的，惩罚

---

① 刘生荣：《犯罪构成原理》，法律出版社1997年版，第21—22页。
② 刘生荣：《犯罪构成原理》，法律出版社1997年版，第22—23页。
③ 《马克思恩格斯全集》（第1卷），人民出版社1960年版，第16页。

也应该有界限,——要使惩罚成为合法的惩罚,它就应该受到法的原则的限制。任务就是要使惩罚成为真正的犯罪后果。"[1] 显然,马克思主义法学思想对于我国犯罪构成理论的建构和发展完善,具有重要理论价值。

### (二) 犯罪构成的特征

犯罪构成理论体系的基本特征,主要有法律解释性(根据刑法规定而抽象出来的)、规范功能性(描述规范功能性和评价规范功能性)、理论体系性。

#### 1. 法律解释性

犯罪构成的根本特征是什么?理论界存在法定说、理论说、综合说(折中说)等不同见解。一方面,犯罪构成不是既有立法文本本身,因此犯罪构成不具有法定性。我国有学者认为,"犯罪构成的理论性是以刑法规定为前提的,这也是罪刑法定原则的必然要求。因此,法定性是犯罪构成的根本特征"[2]。这种理论概括在法定性与根据刑法规定的法律解释性判断上存在疑问,混淆了作为解释对象的"刑法"的法定性与作为解释方法的"根据刑法"的法律解释性的范畴关系。根据刑法规定而抽象出来的一种理论体系(犯罪构成理论体系)本身并非法律规定,我国刑法规范文本中也没有"犯罪构成"这一法定术语,将"犯罪构成"概括为法定性并不具有合法性。另一方面,犯罪构成不是新设立犯罪的条件预设、不是笼统的犯罪成立理论,而是既有立法文本的法律解释理论,笼统的理论说忽略了犯罪构成的特殊性,没有体现出犯罪构成是根据刑法规定而抽象出来的法律解释方法属性,因而也是欠缺精准性的。

因此,笔者认为,犯罪构成实质上是一种根据刑法规定而抽象出来的规范阐释犯罪成立条件的理论体系,因而综合说相对来说是基本正确的理论概括,但是更精准的理论判断是法律解释性,法律解释性充分体现了犯罪构成既是根据刑法规定的法律解释这一特点,又充分体现了其理论诠释性特质,从而法律解释性说更为精准地体现了犯罪构成(理论体系)的根本特征。

---

[1] 《马克思恩格斯全集》(第1卷),人民出版社1960年版,第140—141页。
[2] 陈兴良:《规范刑法学(上册)》(第2版),中国人民大学出版社2008年版,第91页。

2. 规范功能性

犯罪构成的规范功能性,是指"犯罪构成本身所具有的对于认定犯罪的准则功能"①,亦即犯罪构成对于犯罪成立条件所具有的法律规范功能性(描述规范功能性和评价规范功能性)。犯罪构成的法律规范功能性,具体包括规范描述性和规范评价性。规范描述性主要体现了对犯罪成立条件中主客观"事实"要素(尤其是客观要素)的规范描述功能,以有效防范过度的价值判断而忽略了"事实"认定。规范评价性主要体现了对犯罪成立条件中违法和责任"价值"要素的规范评价功能,以有利于防范只讲"事实"而忽略了"价值"判断。

值得注意的是,不同的犯罪构成理论体系在法律规范功能性内部的"规范描述性、规范评价性"关系论上具有各自不同的特点。例如,我国刑法学传统理论通说是"四要件犯罪构成理论模式"或者"耦合式犯罪构成理论",认为我国刑法中的犯罪构成,是指刑法规定的、决定某一具体行为的社会危害性及其程度、而为该行为构成犯罪所必须具备的一切客观要件和主观要件的有机统一的整体。其在"规范描述性、规范评价性"关系论上是重规范描述性而轻规范评价性,可谓是重规范描述性的主客观体系。再如,英美法系刑法学中通常是"双层次犯罪成立理论",第一层次是犯罪本体要件(包括犯罪行为和犯罪意图),第二层次是责任充足要件(包括合法抗辩事由)。其在"规范描述性、规范评价性"关系论上是并重描述性和评价性,但是对规范要素设置较为粗疏,可谓是粗疏规范的双层次并重体系。又如,以德日为代表的三阶层犯罪论体系,主张犯罪由构成要件该当性(符合性)、违法性和有责性构成,三要件之间具有递进的阶层逻辑结构。② 其在"规范描述性、规范评价性"关系论上是并重规范描述性和规范评价性,如果说构成要件该当性重在规范描述性,那么,违法性和有责性则重在规范评价性,因而相对来说,三阶层犯罪论体系是目前世界上最为完美的犯罪构成理论体系。二阶层犯罪论体系,由于其将作为规范描述性要素的构成要件该当性要件实质化地

---

① 付立庆:《犯罪总论》,法律出版社2020年版,第101页。
② 《刑法学》编写组:《刑法学》(上册·总论),高等教育出版社2019年版,第90—93页。

融入了作为规范评价性要素的违法性之中,实质上弱化了独立的构成要件该当性要件的规范描述性这一特别的限定功能,因而存在重规范评价性而轻规范描述性的不足,其科学合理性尚不如三阶层犯罪论体系。

3. 体系性

犯罪构成是一种理论体系,是将犯罪成立所必需的各种具体的构成要件要素进行体系性排列组合而成的犯罪构成理论体系。因此必须对犯罪构成进行体系性审查,这一点已如前所述,这里不再赘述。如我国传统犯罪构成理论的主客观体系("四要件犯罪构成理论模式"或者"耦合式犯罪构成理论"体系),德日刑法学犯罪论的违法、有责体系(二阶层犯罪论体系),以及构成要件该当性、违法性、有责性体系(三阶层犯罪论体系),英美刑法学犯罪构成的"双层次犯罪成立理论"体系,[1] 均体现了犯罪构成体系性特征。

### (三) 犯罪构成的功能

犯罪构成的功能,是指犯罪构成所具有的功用和效能。关于犯罪构成的功能,有的称为犯罪构成的机能[2]、价值和意义,表达的基本含义是大同小异的,主要有以下两点内容:一是限定司法上定罪的法律解释功能;二是犯罪原理乃至刑法学原理的理论创新功能。

限定司法上定罪的法律解释功能,是犯罪构成的根本功能。有学者指出,犯罪构成具有作为定罪的说明书和教科书的功能,[3] 犯罪构成对刑事司法实践具有特别重要的意义与指导作用,均可谓是对犯罪构成限定司法上定罪的法律解释功能的形象说明。犯罪构成限定司法上定罪的法律解释功能主要体现在:(1)为区分罪与非罪、此罪与彼罪提供了法律解释标准。某行为符合犯罪构成才构成犯罪,反之则为非罪(人权保障机能);某行为符合此种犯罪构成,就构成此罪,从而与他罪相区别(犯罪个别化机能)。(2)为区分一罪与数罪提供法律解释标准。在区分行为个数的基础上,以犯罪构成为标准,行为只符合一个罪的犯罪构成时只

---

[1] 《刑法学》编写组:《刑法学》(上册·总论),高等教育出版社2019年版,第90—93页。
[2] 张明楷:《刑法学(上)》(第五版),法律出版社2016年版,第100页。
[3] 曲新久:《刑法的逻辑与经验》,北京大学出版社2008年版,第122—123页。

能成立一个罪，数个行为只有在符合数个罪的犯罪构成时才可能成立数罪（罪数区分机能）。(3) 为区分重罪与轻罪提供法律解释标准。根据犯罪构成的该当性内容不同，违法性和有责性的程度不同，可以区分具体罪的罪行轻重（罪行评价机能）。[1]

犯罪原理乃至刑法学原理的理论创新功能，是犯罪构成的重要功能。如前所述，犯罪构成（理论）在现代刑法理论中占有非常重要的地位，被视为"犯罪论的核心理论，是刑法理论的命脉"[2]，犯罪论体系将成为中国刑法理论的一个重要的知识增长点，[3] 犯罪构成理论是一个重大理论课题，这些见解均说明犯罪构成（理论）具有对犯罪原理乃至刑法学原理的理论创新功能。

## 三 犯罪构成的体系

犯罪构成的体系，如前所述，目前世界上主要有：大陆法系的三阶层犯罪论体系和二阶层犯罪论体系、英美法系的"双层次犯罪成立理论"体系、俄罗斯和中国的犯罪构成理论体系（又称为"耦合式犯罪构成理论"体系）。

### （一）大陆法系的三阶层犯罪论体系和二阶层犯罪论体系

大陆法系国家的三阶层犯罪论体系及其整合后的二阶层犯罪论体系，是最值得我们关注的犯罪构成理论体系。因为一般都认为，犯罪构成概念与犯罪构成理论都产生和完善于欧洲大陆法系国家，尔后才逐渐影响世界上其他国家并发展起来。例如，高铭暄主编的《刑法学原理》认为，犯罪构成理论最早发端、发展和成熟于大陆法系国家，尤其是德国和日本的犯罪构成理论更加成熟而具有代表性。[4] 还有学者认为，以犯罪构成

---

[1] 参见张明楷《刑法学（上）》（第五版），法律出版社2016年版，第100页。
[2] 肖中华：《犯罪构成及其关系论》，中国人民大学出版社2000年版，第10页。
[3] 陈兴良：《犯罪论体系：比较、阐述与讨论》，陈兴良主编：《刑事法评论》（第14卷），中国政法大学出版社2004年版，第16—66页。
[4] 高铭暄主编：《刑法学原理》（第一卷），中国人民大学出版社1993年版，第437—440页；高铭暄、马克昌主编：《刑法学》，北京大学出版社、高等教育出版社2000年版，第49—52页。

理论为基石，是大陆法系国家刑法理论的特色。①

大陆法系国家的犯罪论发展轨迹，大致可以概括如下：（1）诉讼意义上的"构成要件"概念。犯罪构成概念，从语词的沿革上考察，最初来自中世纪意大利的纠问程序中所使用的"犯罪的确证"一词。尔后，1581年由意大利刑法学家法利那休斯又在犯罪的确证一词基础上引申出"犯罪事实"概念，1796年由德国学者克莱因译成德语"构成要件"一词，但是当时仍然是诉讼意义上的概念。（2）实体法（刑法）分则意义上的"构成要件"概念。19世纪初，德国学者费尔巴哈、斯鸠别尔等才开始在实体法（刑法）分则意义上使用"构成要件"概念。费尔巴哈提出了心理强制说，首倡罪刑法定主义立场，他明确把犯罪构成作为刑法学上的概念来使用，把刑法分则上犯罪成立的条件称为犯罪构成，提出"犯罪构成就是违法行为中所包含的各个行为或事实的总和"，强调"只有存在客观构成要件的场合，才可以被惩罚"。斯鸠别尔提出并论述了犯罪构成问题，指出"犯罪构成就是那些应当判处法律所规定的刑罚的一切情况的总和"。（3）刑法总论意义上的犯罪论体系。系统的犯罪论，是由德国刑法学家贝林格开创、由迈耶完成。当时贝林格和迈耶都是站在客观主义的立场上来研究犯罪构成理论问题的，经过他们的努力，构成要件才从刑法各论的概念中抽象出来并发展为刑法总论的理论体系的基干。后来还有法国和日本的刑法学界，也很快接受和研究犯罪构成理论。大陆法系国家的犯罪构成理论逐渐成熟，普遍认为犯罪成立必须具备三个条件，即构成要件该当性（或符合性）、违法性、有责性的犯罪论三阶层体系。

可见，大陆法系国家的犯罪论，以其发展脉络分析，大致经历了三个阶段：一是诉讼法意义上的"犯罪的确证""犯罪事实""构成要件"阶段；二是实体法（刑法）分则意义上的犯罪论阶段（费尔巴哈、斯鸠别尔）；三是实体法（刑法）总则意义上的犯罪论阶段（贝林格、麦兹格、迈耶）。

大陆法系国家成熟的犯罪论，学术界一般都将其概括为一种"递进式犯罪论阶层体系"。其特点是：

---

① 肖中华：《犯罪构成及其关系论》，中国人民大学出版社2000年版，第10页。

1. "犯罪构成"一词在大陆法系国家刑法理论中原本并不存在

我国台湾学者比较早地注意到了这种现象,① 后来更多的国内学者对此逐渐有了正确认识。大陆法系国家的犯罪构成要件,在理念上是与违法性、有责性判断相分离、相并列的要件,即在犯罪构成要件(该当性、符合性)的基础上,还要具备违法性和有责性的时候,才能说成立犯罪(才相当于具备了中国的犯罪构成要件)。换一种说法是:在大陆法系国家的刑法理论中,犯罪成立必须具备三个条件:一是犯罪构成要件;二是违法性;三是有责性。因此,在大陆法系国家刑法理论中,行为具备(符合、该当)构成要件,并不一定成立犯罪。显然,这与中国的犯罪构成要件含义不同,因为中国的犯罪构成要件包括犯罪成立的所有主客观要件。因此可以说,大陆法系国家的"犯罪构成要件理论",一般是指犯罪构成要件的该当性(符合性)理论;如果在犯罪构成要件的该当性(符合性)的基础上,还包含了违法性和有责性问题,则属于大陆法系国家的"犯罪论(狭义)"。由此推导,大陆法系国家的"犯罪论(狭义)"才能够与中国的"犯罪构成理论"相当。中国理论界此前在介绍、分析、批判大陆法系国家的犯罪构成理论时,很多时候都有意无意地错误理解了其所谓犯罪构成理论;其中典型的现象是,无端地批判大陆法系国家的犯罪构成理论没有坚持主客观相统一原则。

2. 大陆法系递进式犯罪论阶层体系的三个要件具有各自的功能

其中,构成要件该当性作为一种事实判断,为犯罪认定确定一个基本的事实范围;违法性作为一种法律判断,将违法阻却事由排除在犯罪之外;有责性作为一种责任判断,解决行为的可归责性问题。三个要件的功能各自独立,不能互相替代,而又缺一不可。② 不过,在理论上大陆法系国家的犯罪构成理论也逐渐发展,比如,现在通说的观点认为:构成要件以实行行为为中心,既包括记述的、客观的要素,也包括规范的、主观的要素;构成要件是抽象的、观念的概念,而不是具体的事实本身,只有当具体事实与构成要件相一致时,才具有构成要件符合性(该当

---

① 高仰止:《刑法总则之理论与实用》,(台北)五南图书出版公司1986年版,第154页。
② 陈兴良:《犯罪论体系:比较、阐述与讨论》,陈兴良主编:《刑事法评论》(第14卷),中国政法大学出版社2004年版,第16—66页。

性）；构成要件是违法类型，即符合构成要件的行为原则上就具有违法性（但是有"违法阻却事由"的可以除外）。① 现在较为普遍的看法是：构成要件具有推定功能，只要行为符合构成要件，原则上可推定构成犯罪；存在违法性，原则上可推定行为人有责；构成要件该当性、违法性考虑一般情况，其评价标准对所有人平等适用，违法阻却、责任等因素判断则是考虑特殊、例外情况，当存在例外情况时，递进式推理即中断（不成立犯罪）。②

3. 大陆法系递进式犯罪论体系具有动态性，能够科学地反映认定犯罪的司法过程

在递进关系中，犯罪构成要件的确立先于犯罪成立的判断，经过三个要件层层递进最终才能成立犯罪。其在构成要件该当性、违法性、有责性这三个要件之间的关系上，呈现出一种层层递进的逻辑关系进程：其中构成要件该当性是一种事实判断，它（基本上）不以法律判断与责任判断为前提，是先于后两种判断的独立判断（若事实判断不成立，自然也就无所谓法律判断与责任判断）；只有在事实判断成立的基础上，才能继续进行法律判断与责任判断；三个要件的递进判断过程，也就是犯罪的认定过程。可见，在这一个犯罪认定过程中，非罪行为不断被排除，因而给被告人留下了充分的辩护余地，不但具有符合犯罪认定规律的科学合理性，而且十分有利于保障人权。而中国的耦合式的犯罪构成体系具有静态性，它不能反映定罪过程，而只是定罪结果的一种理论图解。③

4. 大陆法系犯罪论的进一步实质化倾向：由三阶层功能结构体系走向二阶层功能评价体系

新近发展的大陆法系国家犯罪论认为，构成要件该当性通常能够证

---

① 张明楷：《刑法学》（第二版），法律出版社2003年版，第120页。
② 参见陈兴良《犯罪论体系：比较、阐述与讨论》，陈兴良主编：《刑事法评论》（第14卷），中国政法大学出版社2004年版，第16—66页。但是需要特别说明的是，新近的看法指出：德国犯罪论体系正在由三阶层体系（即构成要件的该当性、违法性、有责性体系）走向二阶层体系（即违法性、有责性体系），即将三阶层体系中的"构成要件的该当性"和"违法性"两个要件合并为"违法性"一个要件。参见刘艳红《我国犯罪论体系之变革及刑法学研究范式之转型》，《法商研究》2014年第5期。
③ 陈兴良：《犯罪论体系：比较、阐述与讨论》，陈兴良主编：《刑事法评论》（第14卷），中国政法大学出版社2004年版，第16—66页。

明违法性，仅在具有违法性阻却事由时才例外地排除违法性，因而，构成要件该当性与违法性应当融为一体并统一在该当性一个要件之下，主张犯罪论应为违法性、有责性组成的犯罪论二阶层体系。大陆法系递进式犯罪论体系由"该当性、违法性、有责性"的三阶层体系走向"违法性、有责性"的二阶层体系，否定该当性这一"裸的、与价值无涉的"要件的独立存在的体系性地位，充分表明大陆法系犯罪论的进一步实质化倾向。但是，犯罪论三阶层体系是否应当坚持——具体讲就是构成要件该当性是否具有独立存在（作为一个独立的阶层）——的问题还存在较大争议，不少学者认为构成要件该当性具有限定行为类型和处罚范围、有效避免过度实质化、更有利于实现罪刑法定原则人权保障的独特功能，因而仍然应坚持犯罪论三阶层体系。

### （二）英美法系的"双层次犯罪成立理论"体系

比较而言，英美法系国家法学以判例法为基本特征，从而未能形成以犯罪构成为中心的完整的犯罪理论体系，没有形成像大陆法系那样完整、科学、系统的犯罪构成理论；而且英美法系的犯罪构成要件提法各异，也没有形成统一的理论模式。但是，犯罪构成理论在英美法系的刑法理论中也有相当的重要地位，并具有实体上和诉讼上的双重意义。[①] 储槐植认为，美国刑法所体现的犯罪构成要件分两个层次：（1）第一层次是作为刑事责任基础条件的"犯罪本体要件"，包括犯罪行为和犯罪心态。犯罪行为的要素指行为（作为、不作为、持有）；犯罪心态指意识（蓄意、明知、轻率、疏忽）；同时还有"绝对责任"（无罪过责任）的情形，即法律许可对某些缺乏犯罪心态的行为追究刑事责任，这是英美法系国家所特有的现象，主要限定在和工商企业活动相关并关涉人民大众的健康和福利的领域（如交通、食品、酒类与药物等）。（2）第二层次是作为刑事责任充足条件的"合法辩护"，包括无责任能力、未成年、错误、精神病、醉态、被迫行为、警察圈套、安乐死、紧急避险、合法防卫、执行职务、体育竞技、其他可宽恕情形（如同性恋等无被害人）等。合法辩护是英美刑法上的一个重要概念，在英美

---

[①] 刘生荣：《犯罪构成原理》，法律出版社1997年版，第11—12页。

刑法理论中是受到特别重视的一部分内容，它同司法实践有着十分密切的联系。因此，储槐植将英美法系的犯罪构成特色归纳为"犯罪构成的双层模式"①。

可见，在本质上英美法系犯罪构成的双层模式与大陆法系的递进式犯罪构成体系具有相通之处，即都反映了刑事责任追究范围上逐步收缩的定罪过程，体现出犯罪构成的内在制约机制，从而有利于犯罪的司法认定和保障人权的双重功能。英美法系的双层模式与大陆法系递进式犯罪构成体系的区别，表现为：大陆法系递进式犯罪构成体系基本上是学者对刑事司法过程的理性总结，而不是刑法总则结构的反映（至少是没有充分反映）；而英美法系双层模式的犯罪构成理论不仅是刑事司法活动的总结，还是刑法总则结构的直接反映。②

**（三）俄罗斯的"耦合式犯罪构成理论"体系**

俄罗斯（以及苏联）的犯罪构成理论，是在直接借鉴大陆法系比较成熟的犯罪论的基础上构建起来的耦合式犯罪构成理论体系，认为犯罪构成是成立犯罪所必需的一系列客观要件和主观要件的总和。苏联的犯罪构成理论产生于 20 世纪 20 年代中期，其标志是苏联著名刑法学家特拉伊宁在 1925 年出版的《苏俄刑法教科书》中提出了犯罪构成问题，强调必须把刑事责任的根据问题与具体的犯罪构成紧密联系起来加以研究。后来，苏联的犯罪构成理论研究有过短暂几年的停顿，但很快于 1936 年（当时颁行了苏联宪法）就发生转机，犯罪构成理论研究逐渐步入正轨。1946 年特拉伊宁出版了苏联关于犯罪构成理论的第一部专著《苏维埃刑法上的犯罪构成》（该书于 1957 年修订时改名为《犯罪构成的一般学说》），系统全面地论述了犯罪构成的概念、意义、体系结构以及相关的各种问题，标志着苏联犯罪构成理论的成熟。特拉伊宁认为，犯罪构成乃是苏维埃法律认为决定具体的、危害社会主义国家的行为（或不作为）为犯罪的一切客观要件和主观要件（因素）的总和，并且认为犯罪构成是刑事责任的唯一根据。此后，虽然理论界对犯罪构成理论中的部分问

---

① 储槐植：《美国刑法》（第二版），北京大学出版社 1996 年版，第 50—88 页。
② 储槐植：《美国刑法》（第二版），北京大学出版社 1996 年版，第 50—88 页。

题有所争议和发展，但是大体内容变化不大。①

**（四）中国的犯罪构成理论体系**

现代中国的犯罪构成理论是在直接借鉴苏联犯罪构成理论的基础上、在大陆法系国家犯罪论的影响下逐渐发展起来的，它与大陆法系国家和苏联的犯罪构成理论有着明显的直接传承关系。新中国的犯罪构成理论研究最早始于20世纪50年代初期，经过半个多世纪的研讨、修正和发展，形成了当下中国并行的两种犯罪构成理论体系：一是中国传统的四要件犯罪构成理论体系，二是三阶层犯罪论体系与二阶层犯罪论体系。理论界通常认为，我国借鉴吸纳德日刑法学的三阶层犯罪论体系和二阶层犯罪论体系在实质上同属于阶层犯罪论体系，二者之间并不存在结构性矛盾。笔者认为，作为当下中国刑法学人，应当全面熟悉我国传统的四要件犯罪构成理论体系、新引入的德日三阶层犯罪论体系与二阶层犯罪论体系，在此基础上应考虑采纳三阶层犯罪论体系。

1. 中国传统的四要件犯罪构成理论体系的基本内容

一般认为，中国传统犯罪构成理论的基本内容大致包括以下三个方面：②

（1）中国传统的犯罪构成的概念

中国传统的犯罪构成，是指我国刑法所规定的，决定某一具体行为的社会危害性及其程度，而为该行为构成犯罪所必须具备的一切主观要件和客观要件的总和与有机统一体。③ 完整的犯罪构成包括四个方面的构成要件，即犯罪客体要件、犯罪的客观方面要件、犯罪主体要件和犯罪的主观方面要件。所谓犯罪客体，是指刑法所保护而为犯罪所侵犯的我国社会主义社会关系（法益）。所谓犯罪的客观方面，是指犯罪活动的客观外在表现，包括危害行为、危害结果以及危害行为与危害结果之间的因果关系等各种客观情况。所谓犯罪主体，是指具有刑事责任能力、实

---

① 高铭暄、马克昌主编：《刑法学》，北京大学出版社、高等教育出版社2000年版，第51—52页。

② 高铭暄主编：《刑法学原理》（第一卷），中国人民大学出版社1993年版，第442—453页。

③ 赵秉志主编：《刑法总论》（第二版），中国人民大学出版社2012年版，第108页。

施危害行为的自然人或者单位。所谓犯罪的主观方面,是指行为人有罪过(包括故意或过失),有的还要求具有特定目的。当某种行为同时具备上述四个方面的要件,我们就可以判定该行为构成犯罪。

(2)中国传统的犯罪构成的特点

从犯罪构成的概念可以看出,犯罪构成具有以下三个鲜明特点:第一,犯罪构成是一系列主客观要件的总和与有机统一。任何一个犯罪的犯罪构成都必须同时具备犯罪客体要件、犯罪的客观方面要件、犯罪主体要件、犯罪的主观方面要件,这四个要件的有机统一就形成一个完整的犯罪构成。第二,任何一种犯罪都可以有许多事实特征,但是并非所有事实特征都是犯罪构成的要件;只有那些对行为的性质及其社会危害性具有决定意义,而且是该行为成立犯罪所必需的那些事实特征,才能成为犯罪构成的要件。第三,犯罪构成的各个要件,是由我国刑法加以规定的,而不是由刑法学家或者审判人员随意确定的。

现代中国刑法的犯罪构成理论与大陆法系国家的犯罪论有何联系与区别?对此,有学者认为,二者的相同点是:都是用一系列要件来说明相同的对象即"犯罪"。二者的区别或者差异主要表现为以下几个方面:[①]第一,两者的概念构建逻辑不同。中国的犯罪构成论体系是以"客观、主观"两个概念构建起来的理论体系,即刑法理论将客体与客观方面进一步提升为"客观",将主体与主观方面进一步提升为"主观",并将主客观相统一视为我国犯罪构成理论的特色。而大陆法系国家三阶层体系与二阶层体系,实质上都是围绕着犯罪的"违法、责任"两大支柱构建起来的犯罪论体系。第二,关于犯罪构成的要件体系所包含的具体内容不同。中国的犯罪构成理论是"四要件体系",即犯罪客体要件、客观方面要件、犯罪主体要件、主观方面要件,有其具体特定的含义。而大陆法系国家的犯罪构成理论是"三要件体系",即构成要件的该当性(含主体、行为、客体、结果、因果关系、行为情况、主观构

---

① 参见张明楷《构建犯罪论体系的方法论》,魏东主编:《刑法观与解释论立场》,中国民主法制出版社2011年版,第187—207页;李永升《刑法学的基本范畴研究》,重庆大学出版社2000年版,第161—165页;陈兴良《犯罪论体系:比较、阐述与讨论》,陈兴良主编:《刑事法评论》(第14卷),中国政法大学出版社2004年版,第16—66页。

成要素等要素)、违法性(含违法的实质判断与违法阻却事由等要素)、有责性(含责任能力、责任形式与责任阻却事由等要素),也有其特定含义。第三,关于犯罪构成各要件的划分有所不同。中国的犯罪构成体系在构成要件的划分上,是将"犯罪行为"作为一个整体,依照犯罪行为的各个方面应具备什么条件时才构成犯罪的思路而将犯罪行为分解为不同的部分(四要件)来进行体系性设计的。而大陆法系国家的犯罪构成体系,是首先将"行为"作为一个整体,然后从对这个整体的不同意义的把握上来划分犯罪的成立条件,即首先框定某类行为的外部特征,接着进一步从行为的社会政治和法律意义上对行为进行限定,最后从刑事政策的角度考虑对行为人的责任提出要求,从而形成构成要件符合性、违法性、有责性等三个犯罪成立条件。第四,犯罪构成内部各要件的关联性有所不同。中国的犯罪构成体系,由于犯罪构成本身是将"犯罪构成整体"分解为各个部分的方法来建立的体系,因此它就必然导致犯罪构成的四要件之间具有密切的相互依存性。而大陆法系国家的犯罪构成体系是针对"行为整体"进行的分解,其三要件之间是相互独立并各自发挥独特评价功能的关系,三要件各自的意义有所不同,层层递进式地进行评价。第五,对犯罪成立进行评价的次数不同。中国的犯罪构成体系是以综合性的一次性评价为特征,集犯罪构成要件的符合性、违法性、有责性于一体;这种特点决定了,中国的犯罪构成体系没有单独地将违法性与有责性作为犯罪成立的独立条件。而大陆法系国家的犯罪构成体系,它对于某种行为是否构成犯罪的问题是采取三次评价的方式来完成的。

(3) 中国传统的犯罪构成的分类

可以采取不同标准对犯罪构成进行不同分类。如:以犯罪构成的形态为标准,可以将犯罪构成分为基本的犯罪构成与修正的犯罪构成;以犯罪构成中行为的社会危害程度(违法性程度)为标准,可以将犯罪构成分为普通的犯罪构成与派生的犯罪构成;以犯罪构成内部的结构为标准,可以将犯罪构成分为简单的犯罪构成(单纯的犯罪构成)与复杂的犯罪构成(混合的犯罪构成);以法律条文对犯罪构成要件表述的情况为标准,可以将犯罪构成分为封闭的犯罪构成与开放的犯罪构成,(有的学者认为）也可以将犯罪构成分为叙述的犯罪构成与空白的犯罪构成。①

2. 中国传统的犯罪构成理论所面临的学术争鸣

应当说，中国刑法学界目前针对犯罪构成理论问题的争议是非常激烈、十分尖锐的，以至于有学者断言：我国的犯罪构成理论发展到今天，正面临着严峻的挑战。② 并且，学者提出的新看法、新建议非常丰富，如果要考虑各种观点的细微差别，我们难以用简短文字来概括这方面的学术争鸣。因此，我们这里只是对中国刑法学界关于犯罪构成理论问题的争议进行一种粗略归纳。我们认为，中国刑法学术界关于犯罪构成理论的争鸣主要涉及以下两个大的方面：③

（1）中国传统犯罪构成理论应当坚持还是放弃的问题

对此，中国刑法学界有的主张坚持和保留（保留论），有的主张放弃（放弃论）。

保留论主张坚持中国传统犯罪构成理论的理由主要有以下几点：④ 第一，中国传统犯罪构成理论主张事实叙述（事实）和规范评价（价值）相结合、形式判断与实质判断相结合、主观认识与客观真实相结合，应当说具有其相对合理性。因为，就事实叙述与规范评价而言，所谓"事实叙述"与"规范评价"都只具有相对的界限，二者既不是绝对对立的，也不是绝对统一的，而应当是对立统一的辩证关系，即事实叙述中必然包含有规范评价的因素，同时，规范评价中也必然包含有事实叙述的因素。例如，故意杀人，"故意""人""杀人"的判断，既是事实叙述，也是规范判断；盗窃罪中，"秘密""窃取""他人""财物"等判断，既是事实叙述，同时也是规范判断；传播淫秽物品罪中，"传播"行为、"淫秽书刊、音像、图片或者其他淫秽物品""情节严重"等判断，既是事实叙述，也是规范判断。因此，以所谓大陆法系犯罪构成理论实行事实叙述与规范判断相分离、递进判断为由，来攻击中国的犯罪构成理论

---

① 参见高铭暄主编《刑法学原理》（第一卷），中国人民大学出版社1993年版，第442—453页。

② 高铭暄主编：《刑法学原理》（第一卷），中国人民大学出版社1993年版，第454页。

③ 本自然段所引内容，除特别说明的以外，都引自高铭暄主编《刑法学原理》（第一卷），中国人民大学出版社1993年版，第454—470页。

④ 魏东：《当代刑法重要问题研究》，四川大学出版社2008年版，第330—352页。

实行事实叙述和规范判断相混合（合二为一），进而否定中国传统的犯罪构成理论的合理性的观点，是缺乏说服力的。相反，中国传统犯罪构成理论坚持耦合式的犯罪构成体系，在一定程度上正确反映了客观事实和规范评价相统一的科学真理，其合理性是明显的。同理，形式判断与实质判断、主观认识与客观真实等，也只有相对的界限，客观上是难以准确无误地将二者区分开来。就中国传统犯罪构成四要件理论而言，其犯罪客体要件、犯罪客观方面要件、犯罪主体要件、犯罪主观方面要件相互之间存在一定的交叉融合，应当说是具有合理性的；即使其中存在一些不合理性，也可以通过理论改造加以完善，而没有全盘否定的理由。第二，中国传统犯罪构成理论没有正确处理好一些逻辑问题，如没有对正当防卫等排除社会危害性行为作出犯罪构成理论上的圆满回答，而是简单地将其归纳为"排除社会危害性行为"，缺乏理论说服力。但是，传统犯罪构成理论中所存在的这些问题，也只是理顺内部逻辑关系和理论内部的改造问题，还谈不上全盘否定、放弃中国传统犯罪构成理论问题。第三，中国传统犯罪构成理论中对于四要件的具体设置所存在的问题，如犯罪客体要件、犯罪主体要件的设置与排列顺序等，也只是理论逻辑关系上的问题，可以通过适当的理论改造来完善，这些问题同样不能成为全盘否定、放弃传统理论的充分根据。就犯罪主体要件而言，其存在的合理性表现在，刑事责任能力（有无及范围）因素的设置显然是必要的。就犯罪客体要件而言，其合理性表现在注重考察行为是否具有实质意义上的社会危害性，从而有助于限定犯罪圈而不至于形式主义地扩张犯罪事由，应当说在本质上有助于抑制刑法扩张和保障被告人人权，在这一点上它与罪刑法定主义精神实质相吻合，也与大陆法系犯罪论中的法益侵害说相切合。例如，合同诈骗罪由于其客体要件确定为"市场经济秩序和财产所有权"，因此，对于一些不属于侵害市场经济秩序的行为，即使其利用了合同形式进行诈骗，也不能认定为合同诈骗罪。这里，犯罪客体要件理论就起到了非常重要的作用。第四，中国传统犯罪构成理论没有有力（有效）的出罪机能，不利于被告人的人权保障的问题，其原因是复杂的。有的是因为刑事政策本身的问题，有的是因为刑法本身规定的问题，有的也可能是因为传统犯罪构成理论体系内部的理论建构问题所致，但是，这些问题都是可以通过改造刑事政策或者刑法规定，或者对传统犯罪构成理论进行合理改造来完善,从而这些问题的存在也不能成为全盘否定、放弃中国传统犯罪构成理论的充分根据。

放弃论主张放弃中国传统的犯罪构成理论的理由主要有两条:一是认为传统犯罪构成理论并不是中国"土生土长"的传统,而是从苏联移植过来的,而且现在形势发生变化了,这种理论并不能完全适合中国的国情,不能很好地说明中国犯罪的实际情况与特点,不完全符合中国加强社会主义法制和打击敌人、惩罚犯罪、保护人民的要求,所以应当加以改变。二是认为我国及苏联的耦合式的犯罪构成体系具有静态性,它不能反映定罪过程,而只是定罪结果的一种理论图解;耦合式的犯罪构成体系的四要件总体上存在功能不明的问题,尤其在处理事实判断与价值判断的关系问题上存在严重问题;而且,耦合式的犯罪构成体系中的犯罪客体要件和犯罪主体要件也备受争议,这些争议恰恰表明我国的犯罪构成体系存在着一种内在缺陷。[①]

(2) 中国应当全盘移植三阶层犯罪论体系还是改良犯罪构成论四要件体系的问题

中国刑法学界关于犯罪构成理论体系之保留论与放弃论的学术争议,进一步具体讨论的问题是:中国应当全盘移植三阶层犯罪论体系还是改良犯罪构成论四要件体系的问题?

对此问题,有的学者主张全盘移植三阶层犯罪论体系,认为在我国现行刑法不予修改的情况下,直接采用大陆法系递进式的犯罪构成体系并不存在法律上的障碍;[②] 有的学者反对完全移植大陆法系国家的犯罪论,认为不能完全否定我国传统理论,而主张对我国传统犯罪构成理论进行适当改造和完善,但在改造和完善的具体方案设计上又存在较大分歧,有的主张"动大手术",有的主张"动小手术",大致可以分为"三要件说"与"二要件说"两类主张。"三要件说"认为,犯罪构成要件不应是四个,而应是三个。三要件说具体又有许多不同看法,如认为三

---

① 陈兴良:《犯罪论体系:比较、阐述与讨论》,陈兴良主编:《刑事法评论》(第14卷),中国政法大学出版社2004年版,第16—66页。

② 陈兴良:《犯罪论体系:比较、阐述与讨论》,陈兴良主编:《刑事法评论》(第14卷),中国政法大学出版社2004年版,第16—66页。

要件应包括犯罪主体、危害社会的行为、犯罪客体;[①] 或者认为传统犯罪构成四要件中,犯罪客体不应当成为犯罪构成要件,即三要件包括犯罪客观方面要件、犯罪主体要件、犯罪主观方面要件;或者认为传统犯罪构成四要件中,犯罪主体不应当成为犯罪构成要件,即认为三要件包括犯罪客体、犯罪客观方面、犯罪主观方面。而"二要件说",有的主张犯罪构成的要件只有行为要件和行为主体要件两个,有的主张犯罪构成要件包括"犯罪客体与客观方面违法性要件"和"犯罪主体与主观方面责任性要件"两个。[②]

另外还有学者提出了包含罪体、罪责、罪量等犯罪构成三要件的观点:罪体,是指刑法规定的、犯罪成立所必须具备的客观外在特征,包括主体、行为、客体、结果、因果关系等要素;罪责,是指具有刑事责任能力的人在实施犯罪行为时的主观心理状态,包括责任能力、责任形式等要素;罪量,是指在具备犯罪构成的本体要件的前提下,表明行为对法益侵害程度的数量要求,包括数额、情节等要素。[③] 这种理论体系应当说较多地反映了德日刑法学三阶层犯罪论体系的实质内容,具有一定合理性和启发意义;但是,在罪体和罪责之外提出罪量概念,似乎超出了狭义犯罪论"犯罪成立条件"这一概念的范畴,因此还不是很有说服力。

3. 当下中国犯罪构成理论的最优选择方案:借鉴吸纳犯罪论三阶层体系

笔者曾经提出,中国刑法的犯罪构成理论应当以传统犯罪构成理论四要件体系为基础,同时吸收大陆法系国家犯罪论之违法性和有责性的

---

[①] 这种观点被称为"三位一体"的新犯罪构成理论。所谓"三位一体",是指犯罪构成是由"主体—危害社会的行为—客体"三部分组成的一个整体。其中,"危害社会的行为"包括行为的主观罪过、行为的客观形式(作为和不作为)、行为的危害后果、因果关系。因此,这个"三位一体"的新犯罪构成理论,只是在把传统犯罪构成理论中的"主观要件"和"客观要件"合并为"危害社会的行为"一个要件。参见高铭暄主编《刑法学原理》(第一卷),中国人民大学出版社1993年版,第458页。

[②] 参见魏东主编《刑法:原理·图解·案例·司考》,中国民主法制出版社2016年版,第61—63页。

[③] 陈兴良:《犯罪论体系:比较、阐述与讨论》,陈兴良主编:《刑事法评论》(第14卷),中国政法大学出版社2004年版,第16—66页。

阶层体系的合理成分，即应对我国传统犯罪构成论四要件进行阶层化整合、并在其中适当融入违法性和有责性判断来适当改良和完善中国的犯罪构成理论。犯罪构成论的这种改良方案可以简称为"四要件体系的两阶层化"或者"四要件—两阶层体系"：第一阶层体系为"犯罪客体与客观方面违法性要件"。包括犯罪客体（以罪状为载体的规范保护法益符合性要件）、犯罪客观方面要件（以罪状为载体的规范禁止行为符合性要件），具体包括犯罪客体法益化改造、犯罪客体通过法益化改造和违法性判断同客观方面发生勾连、犯罪客体同客观方面一体化协调进行违法性判断。第二阶层体系为"犯罪主体与主观方面责任性要件"。包括犯罪主体要件（责任主体资格符合性要件）、犯罪主观方面要件（责任内容的罪过符合性要件），具体包括犯罪主体二元化改造（即犯罪主体要件被赋予狭义犯罪主体与责任主体的双重含义）、犯罪主体通过二元化改造和责任性判断同主观方面发生勾连、犯罪主体同主观方面一体化协调进行责任性判断。这样，通过犯罪构成四要件体系的"主客观统一性"直接达致和对应犯罪构成的"违法性与有责性"的阶层体系性要求，并在相当程度上实现中国传统犯罪构成论体系与德日犯罪论体系的协调一致。应当说，本书将中国犯罪构成论体系改良为"犯罪客体与客观方面违法性要件""犯罪主体与主观方面责任性要件"两个阶层体系，实现了客观与主观、违法与责任的立体性复合判断，契合了现代法哲学转型和中国汉语元素的包容承续，有助于弥补"违法—有责"的德日犯罪论体系客观存在的过于抽象的违法性判断与责任性判断之不足而获得相对于德国犯罪论体系的比较优势。需要说明的是，本书后文在论述"犯罪客体与客观方面违法性要件""犯罪主体与主观方面责任性要件""四要件—两阶层体系"的具体内容时，仅依次分别阐释"犯罪客体""客观方面""犯罪主体""主观方面"的含义及其内含诸要素，而对其"四要件—两阶层体系"的评价判断体系性特点不再重复阐明。[①]

上述改良方案由于过度照顾了传统的犯罪构成四要件理论体系而在相当程度上破坏了犯罪评价功能结构性，存在较为突出的结构性矛盾，

---

[①] 参见魏东主编《刑法：原理·图解·案例·司考》，中国民主法制出版社2016年版，第61—63页。

因而并非理想的改良方案。例如，基于形式法治理性的要求，行为定型论应当将客观行为要素与主观心理要素融为一体而进行一体的规范审查，但是这种"一体的规范审查"却跨越了"四要件—两阶层体系"的多个要件（如客观方面要件的行为与结果、主体要件中的主体身份、主观方面要件的故意与过失等），从而无法在"四要件—两阶层体系"的评价判断体系中获得逻辑自洽；再如，基于形式法治和实质法治的适当融合，违法性评价功能需要针对客观违法与主观违法来展开，也跨越了客体要件（保护法益）、主观方面要件（故意与过失），有责性评价功能需要针对归责类型（故意与过失）、责任能力（犯罪主体要件中的责任能力要素）等，这些结构性矛盾是中国传统的犯罪构成四要件体系所固有的，只有打破四要件体系之后才能有效克服。那么，如何有效克服犯罪构成四要件体系的结构性矛盾？

笔者认为，当下中国应当考虑借鉴吸纳德日刑法学中经典的三阶层犯罪论体系——即犯罪论三阶层功能结构体系，强调描述功能和评价功能并重的功能结构体系——才是最佳方案。理由在于：

（1）作为犯罪论阶层体系"宗主国"的德国的最新理论动向值得反思，即"现在德国越来越多的学者主张坚持三阶层犯罪论体系"，而且现在在日本反对三阶层犯罪论体系的学者也属于少数派（如井田良、植田重正、中义胜等）。二阶层犯罪论体系将构成要件与违法性融合成一体化的"全不法构成要件"，是源于19世纪默克尔提出的消极的构成要件要素理论（认为正当防卫等正当化事由属于消极的构成要件要素），放弃了构成要件与违法性的区别而主张其一体性，使构成要件与违法性都丧失了独立的意义，消极的构成要件要素理论的提出，主要是为了解决刑法中的错误问题（以解决三阶层体系在错误论问题上产生的所谓"飞镖现象"），在20世纪60年代二阶层体系一度成为德国的多数说；但是随后二阶层体系的影响力开始衰退并很快回归三阶层体系，因为三阶层体系不但能够圆满地解决错误的问题，而且三阶层体系中构成要件符合性判断具有判断行为是否符合刑法所预定的行为类型的特别限定功能，注意到了违法性（阻却事由）的判断是在考虑全部个别事实的基础上以利益衡量为内容，从法秩序整体的角度进行的具体的、非类型化的判断，从而构成要件的判断与违法性的判断在性质上存在差异。① 总之，构成要件该当性（符合性）通过行为类型化内含的客观要素能够实现精准描述行为定型的功能性要求，有利于从源头上确保罪刑法定原则的价值实现，有利于避免违法性判断的非类型化和过度实质化的不足。

（2）作为规范描述功能和规范评价功能并重的功能结构体系的犯罪论三阶层体系更加优于作为纯粹的功能评价体系的犯罪论二阶层体系。三阶层犯罪论体系（犯罪论三阶层体系）中，构成要件该当性（符合性）可谓是规范描述性功能要件，强调了行为定型所必备的客观要素和特别的主观要素，通过行为类型化内含的客观要素能够实现精准描述行为定型的功能性要求，有利于从源头上确保罪刑法定原则的价值实现；违法性和有责性（要件）可谓是规范评价性功能要件，能够实现针对构成要件该当性进行实质的违法性评价和有责性评价。因此，犯罪论三阶层体系是一种更为科学合理的规范描述功能和规范评价功能并重的功能结构体系（即犯罪论三阶层功能结构体系），其相较于犯罪论二阶层体系（违法有责体系）——即纯粹的功能评价体系——而言更加突出地强调了构成要件该当性这一精准的规范描述性功能要件。

（3）犯罪论三阶层体系同犯罪构成四要件体系由于都内含了"构成要件"这种独立的规范描述性要件及其功能，非常有利于中国学者顺利进行犯罪论话语转换。中国传统的犯罪构成四要件体系突出强调了规范描述性功能（主要是客观方面要件和犯罪主体要件），而犯罪论三阶层体系所首先强调的构成要件该当性（第一阶层要件）正好有利于对接这种规范描述性功能。可以认为，构成要件该当性（第一阶层要件）在思维和判断逻辑上同中国传统的犯罪构成四要件体系具有天然的话语对接优势，为中国学者接受三阶层体系提供了有利条件，也为三阶层体系和四要件体系进行学术对话奠定了基础。

（4）构成要件该当性（第一阶层要件）能够有效容纳中国犯罪概念的定量因素，能够有效反映并对接违法性（第二阶层要件）的可罚程度。对此，我国有学者指出，基于中国刑法立法特点和中国传统犯罪构成四

---

① 陈家林：《外国刑法理论的思潮与流变》，中国人民公安大学出版社、群众出版社2017年版，第132—133页。

要件体系中客观方面要件包含有定量要素的特点,中国式的犯罪论三阶层体系中的构成要件该当性就涵括了犯罪概念定量因素的内容,虽然称谓上仍然是"构成要件该当性",但是其与德日犯罪论三阶层体系中构成要件该当性只定性不定量的内容特点已经有所区别,从而体现了中国借鉴吸纳犯罪论三阶层体系后的自我特色,"这归根结底不是对他国既有体系的简单照搬"。[①] 这是有道理的,我国借鉴吸纳德日刑法学犯罪论三阶层体系(而不是二阶层体系),保留构成要件该当性(构成要件符合性),就是保留了中国传统犯罪构成四要件理论体系中的客观方面要件这种"构成要件"独立的规范描述性特色,也有利于体现犯罪概念的定量因素这种中国刑法立法特色,因而是一种相对更优的理论选择。

综上,笔者认为,中国犯罪构成理论的最优选择方案应当是犯罪论三阶层体系(规范描述功能和规范评价功能并重的功能结构体系),即:构成要件、不法、责任。这里的"构成要件、不法、责任",实质上对应的内容就是"构成要件该当性、违法性、有责性",两者可以互通互用,后文对此用语上的互通互用现象不再专门说明。其中,构成要件该当性(构成要件符合性、构成要件)要件必须充分体现精准的规范描述性功能,主要包括行为定型、行为主体、行为对象(行为客体)、行为结果、因果关系、行为时间、行为地点以及行为定型所必要的行为主观要素(行为定型主要要素论)等;违法性(不法)和有责性(责任)必须进行实质的价值判断。

## 四 犯罪构成的类型

如前所述,可以采取不同标准对犯罪构成进行不同分类:以犯罪构成的形态为标准,可以将犯罪构成分为基本的犯罪构成与修正的犯罪构成;以犯罪构成中行为的社会危害程度(违法性程度)为标准,可以将犯罪构成分为普通的犯罪构成与派生的犯罪构成;以犯罪构成内部的结构为标准,可以将犯罪构成分为简单的犯罪构成(单纯的犯罪构成)与复杂的犯罪构成(混合的犯罪构成);以法律条文对犯罪构成要件表述的

---

① 付立庆:《犯罪总论》,法律出版社2020年版,第118页。

情况为标准，可以将犯罪构成分为封闭的犯罪构成与开放的犯罪构成，（有的学者认为）也可以将犯罪构成分为叙述的犯罪构成与空白的犯罪构成。

### （一）基本的犯罪构成与修正的犯罪构成

以犯罪构成的形态为标准，可以将犯罪构成分为基本的犯罪构成与修正的犯罪构成。德日刑法学和我国传统刑法学的犯罪构成理论均有这种分类，其重要意义在于可以合理解释同质的犯罪在不同形态下——包括犯罪的完成形态与未完成形态、单独正犯形态与共犯形态下——的犯罪构成原理，从而维持了犯罪构成的体系性和解释力，有利于准确定罪量刑。

基本的犯罪构成，又称为标准的犯罪构成，是指根据刑法分则对具体犯罪的基本形态（标准形态）的规定所确立的犯罪构成。刑法学理论通常认为，刑法分则条文是以单独正犯的既遂形态为基本形态（标准形态）来规定某一具体犯罪的犯罪构成，因而，除必要的共犯等特殊场合外，基本的犯罪构成实际上就是单独正犯的既遂形态的犯罪构成。

修正的犯罪构成，是指以基本的犯罪构成为基础，根据刑法总则对具体犯罪的特殊形态的规定所确立的对基本的犯罪构成加以修改或者变更而成的犯罪构成。刑法总则对具体犯罪的特殊形态的规定，主要有犯罪预备、未遂、中止等未完成形态以及共犯形态等的规定，因此，修正的犯罪构成主要是指犯罪预备、未遂、中止等未完成形态的犯罪构成以及共犯形态的犯罪构成，这些修正的犯罪构成通常也是刑法总则规定的量刑情节。

### （二）普通的犯罪构成与派生的犯罪构成

以犯罪构成中行为的社会危害程度（或者违法性程度）为标准，可以将犯罪构成分为普通的犯罪构成与派生的犯罪构成。

普通的犯罪构成，是指根据刑法分则对具有通常社会危害程度（或者法益侵害程度）的具体犯罪的基本形态的规定所确立的犯罪构成。

派生的犯罪构成，是指以普通的犯罪构成为基础，根据刑法分则对具有较轻或者较重社会危害程度（或者法益侵害程度）的具体犯罪的派生形态的规定，所确立的减轻的犯罪构成或者加重的犯罪构成。因此，派生的犯罪构成具体包括减轻的犯罪构成和加重的犯罪构成。减轻的犯罪构成，是指以普通的犯罪构成为基础，根据刑法分则对具体犯罪的减轻事由的规定所确立的犯罪构成。加重的犯罪构成，是指以普通的犯罪构成为基础，根据刑法分则对具体犯罪的加重事由的规定所确立的犯罪构成。可见，派生的犯罪构成是直接根据刑法分则对具体犯罪的减轻事由与加重事由的规定所确立的犯罪构成，而修正的犯罪构成是直接根据刑法总则对具体犯罪的特殊形态的规定所确立的犯罪构成，二者在确立根据上存在不同。

例如，《刑法》第234条规定的故意伤害罪，如果说该罪的基本犯"处三年以下有期徒刑、拘役或者管制"，是该罪普通的犯罪构成；那么，该罪的加重犯（结果加重犯）"致人重伤的，处三年以上十年以下有期徒刑"以及"致人死亡或者以特别残忍的手段致人重伤造成严重残疾的，处十年以上有期徒刑、无期徒刑或者死刑"，就属于该罪加重的犯罪构成。再如，《刑法》第233条规定的过失致人死亡罪，如果说该罪的基本犯"处三年以上七年以下有期徒刑"，是该罪普通的犯罪构成；那么，该罪的减轻犯（情节减轻犯）"情节较轻的，处三年以下有期徒刑"，就属于该罪减轻的犯罪构成。

### （三）简单的犯罪构成与复杂的犯罪构成

以犯罪构成内部的构成要件的繁简程度为标准，可以将犯罪构成分为简单的犯罪构成与复杂的犯罪构成。

简单的犯罪构成，又称为单一的犯罪构成、单纯的犯罪构成，是指根据刑法分则规定所确立的构成要件要素只包含单一的行为、单一的罪过、单一的主体、单一的对象、单一的结果的犯罪构成。例如，故意杀人罪，就属于简单的犯罪构成。

复杂的犯罪构成，又称为混合的犯罪构成，是指根据刑法分则规定所确立的构成要件要素存在复合相加或者择一而定等情形的犯罪构成。因此，复杂的犯罪构成还可以细分为复合的犯罪构成和择一的犯罪构成两种。

复合的犯罪构成，是指根据刑法分则规定所确立的构成要件要素存在复合相加情形的犯罪构成，具体包含有数个危害行为的犯罪构成、数种犯罪方法的犯罪构成、数个行为对象的犯罪构成、两种罪过形式的犯罪构成等情形。复合的犯罪构成，成立犯罪需要复合或者相加的要件要素齐备。例如，抢劫罪的犯罪构成，属于具体包含有数个危害行为的、数种犯罪方法的、数个行为对象的复合的犯罪构成；再如，强奸罪的犯罪构成，属于具体包含有数个危害行为的、数种犯罪方法的复合的犯罪构成；又如，故意伤害致人死亡的犯罪构成，属于具体包含有两种罪过形式（即其中行为人对于致人死亡的结果只能是出于过失）的复合的犯罪构成，此种情形又可以简称为罪过复合形式的复合的犯罪构成。

择一的犯罪构成，是指根据刑法分则规定所确立的构成要件要素存在数种选择情形的犯罪构成，具体包含有手段可供选择、行为对象可供选择、行为主体可供选择、行为时间可供选择、行为地点可供选择、行为目的可供选择等情形。择一的犯罪构成，只要行为具有可供选择的要素中的一种就可以成立犯罪，但是同时具备数个选择要素的也只成立一罪。例如，《刑法》第152条规定"以牟利或者传播为目的，走私淫秽的影片、录像带、录音带、图片、书刊或者其他淫秽物品的"行为，构成走私淫秽物品罪，该罪的犯罪构成属于择一的犯罪构成（目的择一、行为对象择一）。再如，《刑法》第340条规定"违反保护水产资源法规，在禁渔区、禁渔期或者使用禁用的工具、方法捕捞水产品，情节严重的"行为，构成非法捕捞水产品罪，该罪的犯罪构成就属于择一的犯罪构成（即行为地点、行为时间、行为方法择一）。

有的学者认为，择一的犯罪构成还可以细分为同质的择一犯罪构成和不同质的择一犯罪构成。[1] 例如，《刑法》第152条规定的走私淫秽物品罪的犯罪构成，因为犯罪目的择一具有同质性，行为对象的择一也具有同质性，所以，这种择一的犯罪构成属于同质的择一犯罪构成；《刑法》第340条规定的非法捕捞水产品罪的犯罪构成，因为特定犯罪地点、犯罪时间或者犯罪方法具有不同性质，所以该种择一的犯罪构成属于不

---

[1] 参见马克昌主编《犯罪通论》，武汉大学出版社1999年版，第96—97页。

同质的择一犯罪构成。①

### （四）封闭的犯罪构成与开放的犯罪构成

以刑法条文对犯罪构成要件要素规定的完整性程度为标准，可以将犯罪构成分为封闭的犯罪构成与开放的犯罪构成。

封闭的犯罪构成，又称为闭合的犯罪构成、关闭的犯罪构成、完结的犯罪构成、叙述的犯罪构成，是指刑法条文对犯罪构成要件要素的全部内容都作出了完整规定的情形。法官解释适用这种犯罪构成，无须在刑法条文规定之外再对构成要件要素进行补充。大多数犯罪的犯罪构成都属于封闭的犯罪构成，如故意杀人罪、故意伤害罪、盗窃罪、抢劫罪等的犯罪构成即是如此。

开放的犯罪构成，又称为敞开的犯罪构成、待填充的犯罪构成、待补充的犯罪构成、空白的犯罪构成，是指刑法条文仅对犯罪构成要件要素的部分内容作出具体规定，而对其他部分内容仅作出规范指引的开放性规定并需要在解释适用时加以补充的情形。只有少数犯罪——主要集中于过失犯、不真正不作为犯（不纯正不作为犯）、部分法定犯——的犯罪构成属于开放的犯罪构成。例如，过失犯中的注意义务内容、不真正不作为犯中的作为义务内容、刑法分则关于"情节严重"等抽象性规定以及关于"其他方法"等概括性规定，② 刑法分则关于法定犯中"违反……规定"等规定，③ 都属于需要法官填充的开放的构成要件要素，由此形成的犯罪构成都属于开放的犯罪构成。值得注意的是，开放的犯罪构成由于存在易于侵犯人权的风险，理论界对于"开放的构成要件要素与不成文的构成要件要素是何种关系、与罪刑法定原则的明确性要求之间是否契合"等问题存在争议，④ 有的学者主张"只存在开放的刑罚法规，不存在开放的构成要件"⑤，因此还需要对开放的犯罪构成展开深刻的理论研

---

① 参见赵秉志主编《刑法总论》（第二版），中国人民大学出版社2012年版，第111—112页。
② 付立庆：《犯罪总论》，法律出版社2020年版，第122—123页。
③ 赵秉志主编：《刑法总论》（第二版），中国人民大学出版社2012年版，第112页。
④ 付立庆：《犯罪总论》，法律出版社2020年版，第123页。
⑤ 张明楷：《刑法学》（第四版），法律出版社2011年版，第121页。

究。笔者认为，开放的犯罪构成（现象）有其存在合理性，应该在坚持罪刑法定原则的前提下合理权衡好刑法的安定性和适应性、保障人权和维护秩序等价值关系，同时应该在刑法立法规范设置和刑法解释适用上保持特别慎重态度，尤其是在刑法解释适用中应当充分重视刑法立法规范本身对于需要填充的构成要件要素的规范指引，切实避免随意填充的现象发生。

# 第五章

# 构成要件

## 目　次

一　构成要件概述
　　（一）构成要件要素
　　（二）构成要件要素的分类
　　（三）构成要件要素的机能
二　行为
　　（一）行为的概念与特征
　　（二）作为
　　（三）不作为
　　（四）持有
三　行为主体
　　（一）自然人主体
　　（二）单位主体
　　（三）人工智能体不能成为犯罪论意义上的行为主体
四　行为对象
五　结果
　　（一）结果的概念与特征
　　（二）结果的分类
　　（三）结果的地位
　　（四）结果的功能（价值和意义）
六　因果关系与结果归属

（一）刑法上的因果关系的特点

（二）刑法上的因果关系的地位

（三）刑法上的因果关系的认定

七　特别的行为关联要素

（一）特别前置的行为关联要素：时间、地点、方法、主观的构成要件要素

（二）整体评价性的行为关联要素：特别情节

# 一　构成要件概述

构成要件，又称为构成要件该当性、构成要件符合性，是指行为人所实施的行为整体，符合（该当）根据刑法分则规定所确定的具体犯罪的全部构成要件要素的性质。因此，构成要件该当性（符合性）的实质含义就是构成要件要素符合性。具体且完全地符合构成要件该当性的行为（类型），可谓具体的行为定型、完全的行为定型（狭义的行为定型论），亦可谓具体的违法类型、完全的违法类型。

构成要件要素，是指构成要件实体所内含的、以行为为核心的一系列具体要素，包括行为、主体、对象、结果、因果关系、时间、地点、方法、特别的主观要素（特别的主观的构成要件要素）、特别情节等。

## （一）构成要件要素的分类

构成要件要素根据不同标准，可以进行以下分类：一是行为要素与行为关联要素；二是记述的构成要件要素与规范的构成要件要素；三是成文的构成要件要素与不成文的构成要件要素；四是客观的构成要件要素与主观的构成要件要素；五是共同的构成要件要素与非共同的构成要件要素。

### 1. 行为要素与行为关联要素

构成要件要素限定行为类型、构成要件类型、犯罪类型，因此应当以行为定型为核心、为根本，有必要将行为要素作为构成要件要素的核心要素突出出来；与行为要素相关联的其他要素，如主体、对象、结果、

因果关系、特别时间、特别地点、特别方法、特别的主观要素（特别的主观的构成要件要素）、特别情节要素则可以作为行为关联要素。

行为关联要素，还可以进一步细分为两种，一是共同的行为关联要素，是所有行为所共同关联的犯罪构成要件要素，如主体、对象、结果、因果关系；二是特别的行为关联要素，是指部分行为所特别关联的犯罪构成要件要素，如特别前置的行为关联要素（即特别时间、特别地点、特别方法、特别的主观要素）与整体评价性的行为关联要素（即特别情节要素）。可见，特别的行为关联要素又可以细分为两种：一是特别前置的行为关联要素，是指前置性地限定行为定型的行为关联要素，如特别时间、特别地点、特别方法、特别的主观要素；二是整体评价性的行为关联要素，是指综合全部构成要件要素进行整体评价以限定行为定型的行为关联要素，如特别情节要素。

因此，构成要件要素，可以分为行为要素与行为关联要素。这样分类的意义在于，有利于确定行为要素在构成要件该当性层面的核心地位，强化构成要件该当性的类型化功能、限定处罚范围功能。例如，盗窃罪的构成要件要素，可以分为：一是行为要素，即"盗窃行为"；二是行为关联要素，即盗窃行为的主体、对象、结果、因果关系等要素。再如，伪造货币罪的构成要件要素，可以分为：一是行为要素，即"伪造行为"；二是行为关联要素，即伪造行为的主体（自然人）、对象（货币）、结果、因果关系、特别的主观要素（基于流通使用的动机和目的）等要素。

2. 记述的构成要件要素与规范的构成要件要素

记述的构成要件要素，是指构成要件要素中不需要进行规范与价值判断的、事实描述性的要素，如"人""杀人""财物""放火"等。规范的构成要件要素，是指构成要件要素中需要进行规范与价值判断的要素，如"毒品""管制刀具""强制猥亵""淫秽物品"等。

3. 成文的构成要件要素与不成文的构成要件要素

成文的构成要件要素，是指根据刑法明文规定而抽象出来的构成要件要素。不成文的构成要件要素，是指在没有刑法明文规定的情况下，根据刑事政策、刑法教义学和法秩序统一原理抽象出来的构成要件要素。不成文的构成要件要素主要集中于过失犯、不真正不作为犯（不纯正不作为犯)、部分法定犯等犯罪的开放的犯罪构成之中。例如，过失犯中的注意义务内容、不真正不作为犯中的作为义务内容、非法定的目的犯中的目的要素等，就属于不成文的构成要件要素。不过需要注意的是，空白要素（空白条款）尽管属于开放的构成要件要素，例如交通肇事罪中"违反交通运输管理法规"、妨害传染病防治罪中"违反传染病防治法的规定"等空白要素本身是由刑法明文规定的，就不能认为是不成文的构成要件要素。

4. 客观的构成要件要素与主观的构成要件要素

在承认构成要件故意、构成要件过失的理论体系中，构成要件就被一般地区分为客观的构成要件要素与主观的构成要件要素。客观的构成要件要素，是指构成要件要素中反映行为类型及其违法性等客观内容的要素，如行为、行为人、行为对象、结果等。主观的构成要件要素，是指构成要件要素中反映行为人主观心态内容的要素，如故意、过失、目的、动机等。

现在部分学者主张某种较为折中的观点，认为构成要件要素通常是指客观要素，但是在个别情形下需要通过某些特别的主观要素才能特别地限定行为类型和违法类型时，可以例外地承认主观的构成要件要素。例如短缩的二行为犯（有的学者称为间接目的犯[①]）中所隐藏的目的要素（伪造货币罪、绑架罪等）。此外，传统刑法理论中，倾向犯中的内心倾向（主观动机）、表现犯中的内心表现（经过）也可能成为主观的构成要件要素，如强制猥亵罪中的性刺激动机。但是，新近的刑法理论排斥倾向犯和表现犯概念及其内含的动机因素，主张"将故意、过失、目的、动机等主观要素归于表明非难可能性的责任要素"[②]，应当说这是一种较为彻底的客观违法论和结果无价值论的立场。

5. 共同的构成要件要素与非共同的构成要件要素

共同的构成要件要素，是指成立所有犯罪都需要的构成要件要素，如行为、主体、对象、结果、因果关系。非共同的构成要件要素，是指并非任何犯罪都需要的构成要件要素，而只是某些犯罪成立时所需要的

---

[①] 付立庆：《犯罪总论》，法律出版社2020年版，第124、149页。
[②] 张明楷：《刑法学（上）》（第五版），法律出版社2016年版，第130页。

构成要件要素，如特别的身份犯场合的特殊身份（要素），特别的时间犯罪、空间犯罪中的特定时间（要素）和特定空间（要素），特别的方法犯罪中的特定方法（要素），构成的情节犯中的特定情节（要素）。

值得注意的是，构成的情节犯（即以"情节严重""情节恶劣""数额较大"等情节作为犯罪构成要件要素的犯罪）中的特定情节（要素），如"情节严重""情节恶劣""数额较大"等，也属于非共同的构成要件要素。关于构成的情节犯中的构成情节（要素），有的学者又称其为整体的评价要素。张明楷指出，整体的评价要素是指那些作为成立犯罪条件的"情节严重""情节恶劣"等整体上达到可罚的违法性程度的要素，并且应当认为"作为构成要件要素的情节严重，是指表明法益侵害的客观情节严重"，而"不存在一种单纯的主观方面的情节严重的情形"；例如，在《刑法》第 246 条第 1 款规定"以暴力或者其他方法公然侮辱他人或者捏造事实诽谤他人，情节严重的，处三年以下有期徒刑、拘役、管制或者剥夺政治权利"中，既然肯定"情节严重"在侮辱罪、诽谤罪中是区别罪与非罪的标志，就应当承认它是构成要件要素。[①] 笔者认为，构成的情节犯是与作为量刑规则（量刑情节）的"量刑的情节犯"相区别的，后者（量刑的情节犯）是指将"情节严重""情节恶劣""数额较大"等作为犯罪的法定刑升格条件的情节犯，因此，量刑的情节犯中的"情节严重""情节恶劣""数额较大"等要素不是成立犯罪的基本条件意义上的构成要件要素，而只是量刑情节（以及加重的犯罪构成要件要素）。当然，构成的情节犯与量刑的情节犯中，作为构成情节要素和量刑情节要素的整体的评价要素（"情节严重""情节恶劣"）中是否同时包含客观要素和主观要素的问题还需要进一步研究。

上述分析还表明，非共同的构成要件要素还可以进一步细分为以下两种：一是特别前置的行为关联要素（即特别时间、特别地点、特别方法、特别的主观要素），二是整体评价性的行为关联要素（即特别情节要素）。

6. 构成要件要素的其他分类

构成要件要素的分类除上列情形外，还有学者提出了积极的构成要

---

[①] 张明楷：《刑法学（上）》（第五版），法律出版社 2016 年版，第 124—126 页。

件要素与消极的构成要件要素、真正的构成要件要素与虚假的构成要件要素等分类,还提出了中国犯罪构成中的整体的评价要素概念。积极的构成要件要素,是指那些积极地、正面地表明成立犯罪必须具备的要素。消极的构成要件要素,是指那些否定犯罪成立的构成要件要素。例如,《刑法》第389条第3款规定"因被勒索给与国家工作人员以财物,没有获得不正当利益的,不是行贿",即属于消极的构成要件要素。真正的构成要件要素,是指那些为违法性提供根据的要素。虚假的构成要件要素,又称为表面的构成要件要素、分界要素,是指那些并非为了给违法性提供根据,而只是为了区分相关犯罪界限所规定的要素。[①] 应当说,积极的构成要件要素与消极的构成要件要素、真正的构成要件要素与虚假的构成要件要素等分类可能并不具有实质意义,因为,如果"消极的构成要件要素""虚假的构成要件要素"本来就不是构成要件要素,在逻辑上将其纳入构成要件要素审查本来就不具备合理性;如果"消极的构成要件要素""虚假的构成要件要素"在实质上是作为违法阻却事由来对待的,则应该放置于违法性阶层进行判断,也不应作为构成要件要素范畴来研究。

### (二) 构成要件的机能

构成要件的机能,是指构成要件所具有的有助于实现犯罪个别化、违法性评价、故意规制、人权保障(罪刑法定)的机能。但是,严格意义上讲,构成要件无法独立地担当起犯罪个别化、违法性评价、故意规制、人权保障(罪刑法定)等四项机能的重任,它必须结合主观的责任要素一起才能完整地实现四项机能,只有将构成要件该当性、违法性和有责性有机结合起来才能全面完成违法责任类型化、犯罪个别化以及人权保障的犯罪论使命(机能)。

例如,犯罪个别化的机能,有赖于构成要件、违法性和有责性的有机整合才能实现。因为,构成要件仅具有初步的行为定型和犯罪个别化机能,如刀砍他人致人受伤的行为,只有结合行为人主观心态和责任要素时才能完全实现犯罪个别化机能,才能分别认定为故意伤害罪、故意

---

[①] 张明楷:《刑法学(上)》(第五版),法律出版社2016年版,第122—124页。

杀人罪、过失致人重伤罪，有的情况下还可能应认定为正当防卫、意外事件等。因此，构成要件具有"有助于实现犯罪个别化"的机能，通过构成要件的有机型构，不至于将那些仅符合甲罪构成要件该当性的行为评价为其他"不沾边"的犯罪，例如，刀砍他人致人受伤的行为肯定不会构成非法经营罪、合同诈骗罪等。反之，没有构成要件，就无法实现犯罪个别化的机能，因此，构成要件是犯罪个别化的必要条件。

违法性评价的机能，同样有赖于构成要件和有责性的有机整合才能实现。尽管在一般意义上，构成要件该当性就可以推定违法性（违法性推定机能），但是，不结合行为人的主观心态就无法准确推定（认定），刀砍他人致人受伤的行为可能存在的违法性类型就包括故意伤害的违法性、故意杀人的违法性、过失致人重伤的违法性等多种情形。

故意规制的机能，同样有赖于构成要件和违法性的有机整合才能实现。由于责任的不法关联性（即责任是对不法的责任，责任必须与不法相关联）、不法与责任是阶层关系或者限制关系，[1] 因此，构成要件通过违法性评价的机能实现之后才能顺利进入有责性评价，有责性评价机能只能针对构成要件该当性和违法性展开，申言之，是构成要件（及其要素）以及违法性限定了故意的认识范围、意志范围和责任范围，体现了构成要件的故意规制的机能。

人权保障的机能（罪刑法定的机能），仍然有赖于构成要件、违法性和有责性的有机整合才能实现。这一原理同犯罪个别化的机能一样，因为犯罪个别化的机能实现是人权保障的机能实现的具体体现。

## 二　行为

犯罪论视域下的"行为"范畴研究，不但需要确定"行为"概念，还需要根据刑法规定的行为要素来确定"行为"的规范类型（行为定型），即必须在界定行为概念的基础上，合理阐释根据刑法规定的行为要素所确定的行为类型（行为定型）。

行为定型有广义、狭义之分。广义的行为定型（较为抽象的行为定

---

[1]　张明楷：《刑法学（上）》（第五版），法律出版社2016年版，第125—126页。

型、初步的行为定型），是指在行为基本表现形式意义上的行为类型，即通过作为、不作为、持有等行为形式所确定的基本行为类型。因此，广义的行为定型是指能够较为抽象地限定作为行为基本表现形式的行为类型（即作为、不作为、持有）。狭义的行为定型（具体的行为定型、完全的行为定型、具体的违法类型、完全的违法类型），是指在广义的行为定型（即行为基本表现形式意义上的行为类型）基础上，由构成要件该当性的全部要素所具体确定的行为类型，是具体且完全地符合构成要件该当性的行为类型。因此，狭义的行为定型，不仅包括行为基本表现形式意义上的行为类型（作为、不作为、持有），还包括行为主体、行为对象、结果、因果关系等共同的行为关联要素，以及因刑法分则特别规定所要求的时间、地点、方法、主观的构成要件要素（特别的主观要素）、特别情节等特别的行为关联要素所确定的行为类型，它是具体且完全地符合构成要件当性的行为类型。申言之，这里讨论的"行为"，是在一般意义上确定行为的概念、特征、基本表现形式，属于广义的行为定型论（较为抽象的行为定型论、初步的行为定型论）意义上的行为定型论；相应地，构成要件该当性属于狭义的行为定型论（具体的行为定型、完全的行为定型、具体的违法类型、完全的违法类型）意义上的行为定型论，因此，针对作为构成要件要素的"行为"所展开的所有论述均以"具体的分则行为定型"为主旨。

### （一）行为的概念与特征

1. 行为的概念研究现状

行为理论，在德日刑法学中有自然行为论、因果行为论、社会行为论、目的行为论、人格行为论、消极的行为概念等，这些行为理论旨在说明犯罪"行为"的性质与特征。[①]（1）自然行为论。自然行为论认为，行为是人有意引起外界变更或者不妨碍外界变更的、自然意义上的举动。自然行为论被认为是刑事法理论上出现最早的行为理论，[②] 德国著名刑法

---

[①] 张明楷：《刑法学（上）》（第五版），法律出版社2016年版，第141—142页；赵秉志主编：《刑法总论》（第二版），中国人民大学出版社2012年版，第168页。

[②] 赵秉志主编：《刑法总论》（第二版），中国人民大学出版社2012年版，第168页。

学家李斯特、拉德布鲁赫均坚持该观点。① 但是，自然行为论认为不作为并非自然意义上的人的举动，因而其无法说明不作为的行为性，有所不足。(2) 因果行为论。因果行为论认为，行为是由于人的意思所引起的外界的自然因果过程，应当将人的有意性和因果过程的有形性（有形的因果过程）作为行为的构成标准。该观点是在自然行为论的基础上提出的，② 由于它不能说明不作为犯，尤其是疏忽大意过失的不作为犯的行为性，因而存在不足。不过需要注意的是，正因为因果行为论和自然行为论均主张从因果事实和因果发展过程来阐释行为、均存在不能说明不作为犯的行为性这一共同缺陷，并且因果行为论将结果包含于行为概念之中也有不合理之处，所以，我国有学者认为，（广义的）因果行为论包括自然行为论（身体动作说）与（狭义的）因果行为论（有意行为说）。③ (3) 目的行为论。目的行为论认为，行为是实现人的一定目的的一种活动，目的性是行为的本质和核心要素。根据目的行为论，无目的的行为（如过失行为）、难以判断目的的行为（如不作为的行为）就不能成为构成行为，显然是不合理的。(4) 社会行为论。社会行为论认为，具有社会意义的人的身体动静才是刑法上的行为，包括作为与不作为。社会行为论在理论上面临的批评是，它在考虑"具有社会意义"的时候，没有限定其"刑法意义"，例如意外事件和纯粹的条件反射等"具有社会意义"的行为本来不应作为刑法中的行为（即没有刑法意义），表明社会行为论的行为概念缺乏刑法的界限机能。尽管如此，现代西方刑法学者较多赞同社会行为论，认为它综合和修正了因果行为论和目的行为论的观点，立意较为全面，理论阐释力较强，是一种相对合理的行为理论。④ (5) 人格行为论。人格行为论认为，行为是行为者人格的表现、实现与发现，即行为者人格的主体性现实化的身体举动。理论界有学者认为，根据人格行为论，作为和不作为、故意行为和过失行为，由于都可以反

---

① ［日］大塚仁：《刑法概说（总论）》，冯军译，中国人民大学出版社2003年版，第96页。

② 熊选国：《刑法中行为论》，人民法院出版社1992年版，第10—24页；赵秉志主编：《刑法总论》（第二版），中国人民大学出版社2012年版，第168页。

③ 张明楷：《刑法学（上）》（第五版），法律出版社2016年版，第141页。

④ 赵秉志主编：《刑法总论》（第二版），中国人民大学出版社2012年版，第168页。

映主体的人格态度,因此都是行为,可见,人格行为论"能更好地概括刑法中的各种行为形态"①;但是,另有学者指出,人格的具体内涵是什么、刑法能否介入行为人的人格等问题均存在疑问,并且疏忽大意过失的不作为(忘却犯的不作为)难说是人格表现从而难以成立行为,因而也有不足。(6)消极的行为概念。消极的行为概念主张直接从结果归属的视角来界定行为,认为凡是能够避免结果而没有避免的情形,就存在行为,就必须将结果归责于该行为人。② 消极的行为概念虽然有利于周全地解释故意与过失的行为、作为与不作为的行为,但是过于宽泛,没有从正面说明什么是行为及其特定内涵,而是直接跳跃到结果归属(归责)问题,因而也存在不足。

因此,我国刑法学者结合德日刑法规范学理论和我国传统刑法学理论中的行为概念,提出了"刑法上的行为""危害行为""实行行为""构成行为"等概念,应当注意这些行为概念之间的关系。(1)刑法上的行为。张明楷认为,刑法上的行为,是指行为主体实施的客观上侵犯法益的身体活动。这一定义是自然行为论与社会行为论的结合,由此,行为具有两个基本特征:其一,行为是人的身体活动(行为的客观要素),包括消极活动与积极活动;其二,行为必须是客观上侵犯法益的行为(行为的实质要素)。张明楷从结果无价值论、客观违法论立场出发,反对将"有意性"作为刑法上的行为特征,指出:"倘若梦游举止侵害法益时,只有将其评价为违法行为,一般人才能予以阻止、制止。""因为有无符合构成要件的行为,不是由有没有责任决定的,我们不能以 X 有责任为由肯定 X 的举止是符合构成要件的行为,以 A 没有责任为由否定 A 的举止是符合构成要件的行为。所以,将有意性作为行为的特征并不具有现实意义。"③(2)危害行为。我国较多学者使用"危害行为"这一概念,认为它是指行为人在自我意识、意志支配下实施的危害社会、并为刑法所否定的身体动静。因此,危害行为的特征有人为性、有意性、有体性、有害性,从而人的反射动作、睡梦中动作、精神病的行为、由不

---

① 赵秉志主编:《刑法总论》(第二版),中国人民大学出版社2012年版,第168页。
② 张明楷:《刑法学(上)》(第五版),法律出版社2016年版,第142页。
③ 张明楷:《刑法学(上)》(第五版),法律出版社2016年版,第142—143页。

能抗拒的原因而引起的行为、身体受暴力强制的行为等情形都不属于危害行为。①（3）实行行为、构成行为。这两个概念均从犯罪构成要件要素的立场来限定刑法上的行为概念。所谓实行行为，是指刑法分则所规定的构成要件行为（构成行为）。但是应注意，刑法上的行为并非仅限于实行行为，还包括作为实行行为的修正形态的预备行为、帮助行为、教唆行为、组织行为（即修正的实行行为论与修正的构成行为论），因为刑法上的行为是广义的行为概念；当然，在预备行为、帮助行为、教唆行为、组织行为本身由刑法分则特别地规定为实行行为时（即预备行为实行行为化、共犯行为正犯化），则另当别论。因此，有的学者认为，实行行为即构成要件行为（构成行为），是指刑法分则具体罪名中定型化的行为，包括直接实行行为、间接实行行为、共同实行行为、同时实行行为等类型。②

可见，"刑法上的行为""危害行为""实行行为""构成行为"四个概念中，前两个行为概念即"刑法上的行为""危害行为"，更多地反映了较为广义的行为内容，包括了刑法分则所规定的、作为具体罪名的构成要件要素的行为（构成行为），还包括了刑法总则所规定的、作为"修正的"构成要件要素的行为（如预备行为与狭义的共犯行为）以及更为广泛意义上的"刑法上的"行为（如作为量刑情节要素的行为）；后两个行为概念即"实行行为""构成行为"，更多地反映了较为狭义的行为内容，主要是指刑法分则所规定的、作为具体罪名的构成要件要素的行为，同时，"构成行为"也可以在"修正的犯罪构成"这一特定语境下涵摄刑法总则所规定的、作为"修正的"构成要件要素的行为（如预备行为与狭义的共犯行为）。综上分析可以认为，"行为"的概念界定应当注意其可涵摄性、语境性、功能性，为了维持刑法上的行为概念的可涵摄性和统一性，我们可以在较多场合采用"危害行为"概念；为了限定构成要件该当性的刑法分则规定性和行为定型性，我们可以在犯罪构成论语境下特别地采用"实行行为""构成行为"概念。

---

① 赵秉志主编：《刑法总论》（第二版），中国人民大学出版社2012年版，第169—171页。
② 周光权：《刑法总论》（第三版），中国人民大学出版社2016年版，第105—106页。

2. 行为的概念与特征

在犯罪论语境下，作为构成要件要素的行为（构成行为、实行行为），是构成要件该当性中的核心概念，在我国传统刑法理论中又称为危害行为，并且我国传统刑法学理论认为，危害行为是任何一种具体犯罪客观上所必须具备的必要要件要素，在整个犯罪构成中居于核心的地位，因此，笔者在本书中较多地使用"危害行为"概念。但是需要说明的是，笔者在论述犯罪论意义上的危害行为概念时，在强调危害行为作为刑法分则规定的具体罪名的构成行为（实行行为）的场合也直接使用"构成行为""实行行为"概念，以此区别于作为刑法总则规定的修正的构成行为与实行行为（如预备行为与狭义的共犯行为）。

所谓危害行为，是指行为人在自我意识和意志支配下实施的、危害社会的、由刑法分则明确规定的身体动静。显然，这里所界定的危害行为（概念），是在"构成行为""实行行为"意义上进行的概念界定，因为"作为客观构成要件要素所讨论的行为必须具有实行行为的性质，实行行为是刑法分则具体罪名中定型化的行为"，[①] 因此，这一行为概念，全面反映了危害行为的有形性、有意识性、实质违法性、法定性等特征。

（1）行为的有形性

危害行为表现为一种客观可见的身体的举动或者静止，充分体现了行为的有形性。如果没有行为人身体的动静，就没有危害行为。

（2）行为的有意识性

危害行为必须是在行为人的某种心理支配下发生的，充分体现了行为的有意识性。行为虽然是客观存在的，但是，"推动人们去从事活动的一切，都要通过人的头脑"[②]，"做或者行动是主观见之于客观的东西"[③]。所以，人的某种心理态度是危害行为的主观特征，不受心理态度支配的行为，如不可抗力情况下发生的行为就因其不是人的有意识的行为而不可能成为危害行为。

---

[①] 周光权：《刑法总论》（第三版），中国人民大学出版社2016年版，第105页。
[②] 《马克思恩格斯选集》（第4卷），人民出版社1972年版，第228页。
[③] 《毛泽东选集》（合订本），人民出版社1966年版，第445页。

(3) 行为的实质违法性

危害行为必须是危害社会的行为,充分体现了行为的实质违法性。刑法上所研究的危害,是指对国家、社会或者个人的法益的侵害或者侵害危险,充分体现其实质危害性、实质违法性。如果某种行为没有危害性,就不是危害行为。

(4) 行为的法定性(法定的行为定型性和规范的违法性)

危害行为必须是刑法分则所规定的,充分体现了行为的法定性(法定的行为定型性和规范的违法性)。某种行为即使是有害行为,但若其不是刑法分则所规定的危害行为,仍然不得将其解释为(作为实行行为的)危害行为。通过刑法总则关于犯罪预备(以及预备阶段的犯罪中止)、共同犯罪的修正规范对刑法分则行为的修正,使得刑法分则行为的预备行为、(狭义的)共犯行为也成为(修正的)危害行为,同样具有法定性;但是应注意,修正的危害行为仅可以成为修正的犯罪构成中的危害行为,而不是刑法分则所规定的具体罪名的完备标准的危害行为(完备标准的实行行为与构成行为)。因此,在讨论完备标准的犯罪构成论语境下的行为概念,行为的法定性是指刑法分则所规定的危害行为(实行行为与构成行为)的法定性。

危害行为的表现形式尽管多种多样,(过去)一般认为其基本表现形式可以归纳为两种:一是作为(作为的实行行为),二是不作为(不作为的实行行为)。但在后来的刑法学行为理论中,逐渐地认为"持有"行为是独立于作为和不作为之外的"第三种"行为形式,是一种状态性行为,因而应当"构筑起一个由作为、不作为与持有行为共同支撑的崭新的犯罪行为体系"。[①] 因此,笔者认为,危害行为的表现形式可以分为以下三种:作为、不作为和持有。在我国刑法中,绝大多数犯罪都是由作为方式实施的犯罪(作为犯),而仅有少数犯罪是只能由不作为方式实施的犯罪(不作为犯),此外还有少量犯罪是只能由持有行为方式实施的犯罪(持有型犯罪、持有犯)。

---

[①] 杨书文、杨林:《论刑法上的持有行为》,《法制日报》1996年7月4日第七版。

## （二）作为

所谓作为，又称为作为的实行行为，是指实施法律（刑法）禁止实施的积极行为。如持刀杀人、抢夺钱财、编造谎言骗取他人钱财等，实践中绝大多数犯罪都以作为方式实施。从具体的表现形式看，作为包括自身身体的举动以及利用他者的身体举动，如利用物质工具、自然力、动物或者他人的举动等情形。从违反法律规范的性质上看，作为违反了禁止性的法律规范（禁止性的刑法规范）。以作为方式实施的犯罪，是作为犯。

## （三）不作为

所谓不作为，又称为不作为的实行行为，是指行为人负有实施某种积极行为的特定法律义务，能够履行义务而不履行，以致发生危害结果的消极行为。如，父母有抚养未成年的子女的特定义务，医生有救死扶伤的特定义务，消防队员有救火的特定义务，但是，行为人能够履行该特定义务而不履行，即成立不作为。从违反法律规范的性质上看，不作为违反了命令性的法律规范（特定的命令规范）。以不作为方式实施的犯罪，是不作为犯。

### 1. 不作为（犯）的分类

一般认为，不作为犯包括纯正不作为犯与不纯正不作为犯两种。在称谓上，纯正不作为犯又称为真正不作为犯，不纯正不作为犯又称为不真正不作为犯。

纯正不作为犯，是指刑法分则规定只能以不作为方式实施的犯罪，即纯粹因为违反命令规范才能成立的不作为犯罪。例如，遗弃罪，拒不履行信息网络安全管理义务罪，不解救被拐卖、绑架的妇女、儿童罪、拒绝提供间谍犯罪，恐怖主义犯罪，极端主义犯罪证据罪，拒不执行判决、裁定罪等，就属于纯正不作为犯。纯正不作为犯既可以是结果犯（如不解救被拐卖、绑架的妇女、儿童罪），也可以是行为犯（如遗弃罪）。

不纯正不作为犯，是指刑法分则规定以作为方式实施的犯罪，行为人以不作为方式实施的情形。不纯正不作为犯由于需要进行行为等价性的价值判断和规范判断，因此通常都是实害犯（结果犯与行为犯的实害犯），而不宜包括没有造成任何实害的危险犯、预备犯、未遂犯，以严格限定不纯正不作为犯的成立范围。例如，故意杀人罪是由刑法分则规定的作为犯，当行为人以不作为方式实施故意杀人行为并且出现致人死亡的结果时，成立不纯正不作为犯。可以认为，刑法分则的禁止性规范中实质地内含了命令性规范，例如，《刑法》第232条在禁止杀人的规范（即作为犯的禁止性规范）中，内含了"必须尊重和保护他人的生命"这样的命令性规范，内含命令性规范的不纯正不作为的命令，向特定作为义务人发出，即不作为犯的构成要件就是在作为犯的构成要件中追加了"具有保证结果不发生的义务人的不作为"这一构成要件，是从刑法分则规定中解读出"不成文的保证人构成要件"追加到结果犯的规定之中（保证人说），[①] 这也是符合命令规范与禁止规范所共同型构的法秩序统一原理的。

2. 不作为犯的成立条件

不作为犯的成立条件有以下三个：一是行为人必须具有作为义务；二是行为人必须具有作为可能性；三是行为人未履行特定作为义务并且（可能）造成危害结果。三个条件必须同时具备、缺一不可则成立不作为犯。

3. 作为义务的根据（来源）

不作为是以行为人负有某种特定作为义务为前提的，违反特定作为义务是不作为构成犯罪的必要条件。真正不作为犯的作为义务内容由法律（刑法）明文作了规定，而不真正不作为犯的作为义务产生根据则需要理论研究加以确定。因此，（不真正不作为犯）作为义务的根据（又称为作为义务的来源）成为不作为犯理论中的重要内容，通常需要进行专门论述。理论上，（不真正不作为犯）作为义务的根据（来源），具体包括形式的作为义务论（如作为义务形式四分说与三分说）、实质的作为义务论（如作为义务实质一元说与实质多元说）、综合的作为义务论（即综合考量说或者形式、实质综合的作为义务论）。[②] 主要有以下见解：

---

[①] 周光权：《刑法总论》（第三版），中国人民大学出版社2016年版，第108页。
[②] 陈家林：《外国刑法理论的思潮与流变》，中国人民公安大学出版社、群众出版社2017年版，第197—202页。

(1) 作为义务形式四分说

我国传统刑法理论主张作为义务形式四分说，认为，在不作为犯罪中，作为义务的根据包括以下四种：一是法律明文规定的义务，其中的法律，不是仅指刑法，而是指由国家制定或认可并由国家强制力保证其实施的一切行为规范的总和，包括宪法、法律、行政法规、条例、规章等；二是职务或业务上要求的义务；三是法律行为引起的义务，大多数情况下是指合同行为引起的义务；四是先行行为引起的义务。[1]

理论界有学者认为，我国传统刑法理论的作为义务形式四分说，对于作为义务的根据的范围限定太窄，逻辑上存在一些不周全，不利于保护法益，因而应作适当扩充和完善。[2] 还有学者认为，形式四分说没有实质地说明作为义务的根据，直接将刑法之外的法律明文规定的义务、职务或业务上要求的义务、合同行为引起的义务等值于不作为犯的作为义务（保证人地位），有违罪刑法定原则之虞，造成有时扩大处罚范围而有时又不当限制处罚范围的不确定性，因此，理论上应当根据实质说来界定作为义务。[3]

(2) 作为义务实质二分说

作为义务实质二分说认为，作为义务的实质根据（实质来源）有对特定法益的保护义务与危险源管理监督义务两种。根据日本学者山中敬一主张的"机能的二分法"，作为义务实质二分说的具体内容包括：[4]

其一，对特定法益的保护义务。这类义务又称为"法益保护型"的义务类型，是指处于保护该法益的关系而产生作为义务。根据保护义务的产生根据，分为以下三种：规范的根据，制度的、任意的根据，机能的根据。一是基于规范的根据（规范的保护关系）而产生的作为义务。其是指法律为了不使特定的人或物受到法益侵害的威胁，而要求特定的

---

[1] 参见高铭暄、马克昌《刑法学》，北京大学出版社、高等教育出版社20005年版，第71—74页。

[2] 魏东主编：《刑法：原理·图解·案例·司考》，中国民主法制出版社2016年版，第71页。

[3] 周光权：《刑法总论》（第三版），中国人民大学出版社2016年版，第110页。

[4] 陈家林：《外国刑法理论的思潮与流变》，中国人民公安大学出版社、群众出版社2017年版，第200—201页。

人承担保护义务。例如，夫妻、亲子、兄弟姐妹血缘关系等家族共同体内部的监护义务、相互协力义务、扶养义务等，其根据在于民法等规范，且必须是在一起共同生活。如果不是共同生活，即使存在夫妻、亲子、兄弟姐妹血缘关系，也不具有刑法上的保证人地位（即不具有作为义务）。二是基于制度的、任意的根据（制度的、任意的保护关系）而产生的作为义务。其是指不作为者与被害者之间基于合意而设定事实上承担保护机能关系的情况，以及企业、组织中负有这种保护机能的情况。例如，托儿所、保姆对受托照顾的对象的保护关系，游泳馆中游泳指导员对学员的保护关系，此外，还存在物品保管员（对物品）的保管关系，以及"危险共同体"内部成员（相互之间）的保护关系，均可产生作为义务。三是基于机能的根据（机能的保护关系）而产生的作为义务。其是指被害人的法益，由不作为者的先行的法益维持行为而机能地加以支持，如果没有这种法益维持行为，法益就会被侵害，即法益依存于特定人的作为，由此产生作为义务。例如，拾到弃婴每日喂养牛奶，放弃喂养而让婴儿饿死的情况；再如，偶然发现交通事故中受重伤的被害人，将其搬入自己的车中想送往医院，途中改变主意而将被害人抛弃在路途中，因他人发现太迟而死亡的情况。

其二，危险源管理监督义务。这类义务又称为"危险源管理监督型"的义务类型，是指具有管理、监督危险源的义务而产生作为义务。具体分为三种：一是基于对危险物、设备的管理义务而产生的作为义务。对危险物、设备进行管理的人，因不履行其义务而导致对被害人产生现实的危险时，即具有作为义务。例如，狼狗饲养者在狼狗伤人的场合就有作为义务，在能够阻止狼狗伤人时而不予阻止，构成不作为的故意伤害罪。二是基于对人的行为的监督义务而产生的作为义务。第三者基于故意或过失而实施违法行为，对之负有监督义务的人对该行为不加阻止，成立不作为的正犯或共犯。例如，未成年人损害他人贵重物品时，父母在场而故意不加以阻止的，成立故意毁坏财物罪的不作为犯（不作为犯的正犯）。但是，如果第三者是具有任意性及合理的判断能力的成年人（具有完全刑事责任能力者），能否成立不作为的共犯需要进行谨慎的判断。三是基于不可罚的先行危险制造行为而产生的作为义务。这是指对自己行为的结果没有明确的认识（限于未发生结果的情况），实施了本身不可罚的制造危险行为，此后未注意到行为的危险性而放任不管的类型。例如，过失地监禁他人，马上意识到这一点但有意识地不释放他人而继续监禁的情况。

(3) 作为义务实质一元论

我国学者周光权主张作为义务实质一元论、先行行为说（危险前行为说），指出：作为义务实质二分说分类方法不尽合理，其在批评形式说的同时并没有摆脱形式说的影子，并且在某些方面存在交叉重叠，"如果要彻底贯彻实质说，就应该认为，对所有不作为犯的作为义务的判断，都应该看其是否有足以造成法益危险的先行行为（危险前行为）"。"处罚不作为犯是因为其先前的行为使法益陷入风险，因此，其必须采取作为措施以避免法益危险。"从而，只有在"义务人事实上处于保护法益的保证人地位或者状态下，实施了危险前行为"，并且"危险的先行行为必须具有义务违反性，才能成为作为义务的来源"，仅在极其特殊的情况下可能存在例外（例如在紧急避险的场合，避险行为虽然不具有义务违反性，但是紧急避险人对遭受侵害的第三人仍然承担救助的作为义务）。[1]

应当说，作为义务实质一元论的见解在日本刑法学界有较为深入的讨论。山口厚指出，作为不作为犯罪的成立要件，学说和判例一直都要求行为人存在基于保障人地位的作为义务，并且"在学说中，也存在着试图就保障人的地位设定一元的基准的见解"，不但存在着以"先行行为"为基准的见解（日高义博），还存在"事实上的接受行为"作为要件的"具体的依存说"、着眼于"支配领域性"的见解（西田典之排他的支配说或称支配领域性说）等实质一元论。[2]

(4) 作为义务综合考量说（作为义务综合考量八分说）

关于作为义务的根据，理论上还有形式、实质综合的作为义务论（综合考量说）。综合考量说认为，应将法令、契约等形式的事由和危险承受、制造危险等实质的事由进行综合的考量，即通过对复合的多要素

---

[1] 周光权：《刑法总论》（第三版），中国人民大学出版社2016年版，第113—120页。
[2] ［日］山口厚：《刑法总论》（第3版），付立庆译，中国人民大学出版社2018年版，第80—89页。

的考察来判断作为义务的有无。①

我国有的学者认为，作为义务的根据除法律明文规定的义务外，理论上还应当具体包括以下八种（作为义务综合考量八分说）：②（1）近亲属之作为义务。近亲属之作为义务，是指直系血亲、夫妻、兄弟姐妹负有的保护彼此的法益不被侵害的义务。（2）特定共同体成员之作为义务。特定共同体成员之作为义务，是指生活共同体（长期性亲密生活关系的团体）和危险共同体（临时性共同冒险的团体）的成员负有的保护彼此的法益不被侵害的义务。（3）自愿承担保护义务的人之作为义务。自愿承担保护义务的人之作为义务，是指行为人通过与被害人签订合同、口头协商，负有的保护被害人的法益不被侵害的义务，以及通过控制被害人的事实行为，推定其负有的保护被害人的法益不被侵害的义务。（4）国家工作人员、法人及其他非法人组织成员之作为义务。国家工作人员、法人及其他非法人组织成员之作为义务，是指国家工作人员、法人及其他非法人组织成员，在职权范围内，负有的防止法益不被侵害的义务。（5）危险物的监督人之作为义务。危险物的监督人之作为义务，是指危险物的制造人、管理人，负有的防止法益侵害的危险转化为实害的义务。（6）管护他人的人之作为义务。管护他人的人之作为义务，是指国家工作人员、法人及其他非法人组织成员、近亲属与自愿承担管护义务的人，负有的防止被管护的人侵害法益的义务。（7）先行行为人之作为义务。先行行为人之作为义务，是指行为人违背义务，实施某种行为，制造了法益侵害的密接危险，负有的防止该危险转化为实害的义务。（8）制造商品的组织和个人之作为义务。制造商品的组织和个人之作为义务，是指组织和个人因其制造的某种商品具备侵害他人生命、身体、财产法益的危险，负有的包括回收义务在内的防止该危险转化为实害的义务。

如果行为人负有上述几种作为义务之中的任何一种，能够履行而不

---

① 陈家林：《外国刑法理论的思潮与流变》，中国人民公安大学出版社、群众出版社2017年版，第202页。

② 魏东、王德政：《论我国作为义务根据理论的缺陷与完善》，《四川师范大学学报》（社会科学版）2015年第1期。

履行，以致发生某种严重危害社会的结果，行为人就要负不作为的刑事责任；但如果行为人不负有上述作为义务，而只是一般的道德义务，则即使行为人能够履行而不履行并导致发生严重危害结果，也不能追究行为人的刑事责任。

**（四）持有**

持有，又称为持有的实行行为，是指对某种物品的实际控制状态的行为形式。持有行为通常起始于作为（如取得与收受），维持于不作为的行为形式，具有作为与不作为相交融性，但是不以有作为或者特定作为义务为必要因素，因此其既不同于作为也不同于不作为。在英国刑法中，与作为和不作为并列的行为形式称为"事态"，其主要内容即为持有；在美国《模范刑法典》中的行为条款除作为外还规定了不作为和持有，因此，持有是与作为和不作为并列的一种犯罪行为形式。[1]

值得注意的是，我国刑法学界对于持有的危害行为形态问题没有达成充分的一致。部分学者认为，刑法规范只有命令性刑法规范和禁止性刑法规范两种，行为人"持有"（持有型犯罪）违反的是禁止性刑法规范，持有型的危害行为实际上属于作为，而非独立的危害行为形态。[2] 因此，持有是一个值得进一步研究的问题。

## 三　行为主体

行为主体包括自然人和单位。除自然人主体和单位主体外，学术界有人提出了人工智能体能否成为行为主体的问题。

**（一）自然人主体**

犯罪论意义上的行为主体，在自然人的场合是指自然人的自然身份、法定的身份、构成身份、违法身份（从而成立违法身份犯或者真正的身份犯），而不是责任身份（以及加减的身份或者不真正的身份犯），因为

---

[1] 储槐植、江溯：《美国刑法》（第四版），北京大学出版社2012年版，第31—32页。
[2] 赵秉志主编：《刑法总论》（第二版），中国人民大学出版社2012年版，第179页。

责任身份通常是在责任论中讨论的问题，没有责任能力或者没有责任身份并不影响行为的成立以及构成要件符合性判断。例如，男人、女人等自然的身份，国家工作人员等法定身份，证人、鉴定人、记录人、翻译人、患有特定疾病的人（如故意传播性病罪）、消极的身份（如非法行医罪）等构成身份。同时，身份具有相对性，例如，男人、女人可以通过变性手术转变性别，国家工作人员可以因为辞职、除名等方式改变法定身份。

**（二）单位主体**

《刑法》第 30 条和第 31 条规定了单位犯罪。第 30 条规定："公司、企业、事业单位、机关、团体实施的危害社会的行为，法律规定为单位犯罪的，应当负刑事责任。"第 31 条规定："单位犯罪的，对单位判处罚金，并对其直接负责的主管人员和其他直接责任人员判处刑罚。本法分则和其他法律另有规定的，依照规定。"此外，我国刑法分则中明确规定了单位犯罪的具体罪名。因此应当注意，只有在刑法分则中明确规定为单位犯罪的，"单位"犯罪才能成立，"单位"才能成为单位犯罪，其他犯罪均为自然人犯罪。

1. 单位犯罪的概念与特点

单位犯罪，是指由公司、企业、事业单位、机关、团体实施的符合刑法规定，应受刑罚处罚的行为。在中华人民共和国成立后的很长一段时间里，我国刑法并未规定单位犯罪。20 世纪 80 年代初，随着我国改革开放的逐步深入，法人组织日益增多，经济活动逐渐频繁，利益主体的诉求也逐渐多元化，一些单位利用法律漏洞实施犯罪的现象不断涌现，故立法机关开始规制单位犯罪。1987 年 1 月 22 日全国人大常委会通过的《中华人民共和国海关法》首次将单位规定为走私罪的主体，该法第 47 条第 4 款规定："企事业单位、国家机关、社会团体犯走私罪的，由司法机关对其主管人员和直接责任人员依法追究刑事责任；对该单位判处罚金，判处没收走私货物、物品、走私运输工具和违法所得。"该规定开启了我国以刑事手段打击单位犯罪的先河。此后，全国人大常委会相继在十余部单行刑法中规定了单位犯罪及其刑事责任。1997 年对 1979 年刑法典进行修订时，才在刑法典中明确规定了单位犯罪。据统计，1997

年刑法典通过之后,立法机关增设的单位犯罪的罪种就多达50余种。[1] 2015年8月通过的《刑法修正案(九)》,增加规定了部分犯罪的单位犯罪条款。

从世界范围来看,在早期,英美法系国家和大陆法系国家对待单位犯罪的态度不尽相同,[2]"英美法系国家认为处罚法人犯罪实乃理所当然,大陆法系国家则对法人犯罪问题持观望或谨慎实验的态度,因此普遍不以处罚法人犯罪为原则,以处罚法人犯罪为例外"[3]。英国是最早承认单位犯罪的国家,在当代英国,出于对刑法传统观念的反思,法人犯罪的成立范围越来越广,从最初的违反义务行为扩展到了类似于自然人犯罪的行为,甚至出现了法人须对过失杀人负刑事责任的情况。[4] 美国《模范刑法典》第2.07条规定了法人、非法人团体及其代理人承担刑事责任的三种情形,并在其中明确了法人犯罪可以适用绝对责任。现在,德国《刑法典》虽仍未明确规定单位犯罪,但随着法人在社会生活中的作用日益增大,对一些法人实行的严重危害社会的行为进行法律规制已在理论界与实务界取得了一定的共识。日本虽未在其《刑法典》中规定单位犯罪,但在大量的行政和经济等附属刑法中规定了法人犯罪。可以说,对单位实施的严重危害社会的行为予以刑事处罚已逐渐成为世界各国的普遍做法。

根据单位犯罪的概念和我国刑法的规定,单位犯罪具有以下重要特点:第一,单位犯罪是相对于自然人犯罪而言的,在行为主体上是由《刑法》第30条所述的"单位"为主体的。第二,单位犯罪是行政犯,源于法律的禁止性或命令性规范,因此单位犯罪必须以刑法分则条文的明文规定为前提。因此,公司、企业、事业单位、机关、团体等单位实施危害社会的行为,刑法分则并未规定追究单位的刑事责任的,应当对

---

[1] 参见高铭暄《中华人民共和国刑法的孕育诞生和发展完善》,北京大学出版社2012年版,第201—211页。

[2] 我国刑法所规定的单位犯罪与其他各国规定的法人犯罪并不完全相同,但二者在刑法规制原理方面是基本一致的,故在无特殊说明的情形,本书的叙述中将二者在同一含义上使用。

[3] 曾友详、王聿连:《单位犯罪存在范围的批判性反思》,《法学杂志》2012年第2期。

[4] 但有两种犯罪不能由法人构成:一是从性质上看不能由法人实施的犯罪,比如强奸罪;二是法院判处刑罚仅限于身体刑罚的犯罪。

组织、策划、实施该危害行为的自然人依法追究刑事责任。① 第三，单位犯罪既包括故意犯罪又包括过失犯罪。尤其是单位犯罪的定义中没有强调"为单位（或单位中的全体或多数成员）牟取非法利益"的目的，不宜将单位犯罪限定为目的犯，也不宜在定义时强调单位犯罪的目的或意图。

2. 单位犯罪的主体要件

尽管《刑法》第30条对单位犯罪的主体有比较明确的规定，即"公司、企业、事业单位、机关和团体"，但是，在刑法理论和司法实务中，上述概念所具体指涉的范围仍存争议。其中，机关是指行使党和国家的领导、管理、服务职能以及保卫国家安全职能的单位，包括立法机关、行政机关、司法机关、党委机关和军事机关等。② 团体则包括人民团体和社会团体，如协会、学会、工会等。

根据1999年6月18日最高人民法院《关于审理单位犯罪具体应用法律有关问题的解释》（以下简称《解释》）的第1条规定，《刑法》第30条规定的"公司、企业、事业单位"既包括国有、集体所有的公司、企业、事业单位，也包括依法设立的合资经营、合作经营企业和具有法人资格的独资、私营等公司、企业、事业单位。《解释》第2条规定，个人为进行违法犯罪活动而设立的公司、企业、事业单位实施犯罪的，或者公司、企业、事业单位设立后，以实施犯罪为主要活动的，不以单位犯罪论处。《解释》第3条规定，盗用单位名义实施犯罪，违法所得由实施犯罪的个人私分的，依照刑法有关自然人犯罪的规定定罪处罚。

符合我国法人资格的外国公司、企业、事业单位，在我国领域内实施危害社会的行为，符合刑法关于单位犯罪的规定，应当以单位犯罪论处。但是，个人为进行违法犯罪活动而设立的外国公司、企业、事业单位实施犯罪的，或者外国公司、企业、事业单位设立后在我国领域内以

---

① 《关于〈中华人民共和国刑法〉第三十条的解释》，2014年4月24日第十二届全国人民代表大会常务委员会第八次会议通过。

② 对于国家机关应否成为单位犯罪的主体存有争议，本书持肯定意见。基于刑法在适用中的平等原则，以及国家机关具有更高的守法义务，将国家机关排除在单位犯罪主体之外令人难以接受。

实施犯罪为主要活动的，不以单位犯罪论处。①

至于一人公司能否作为单位犯罪的主体，在理论界还存在争议，司法解释也未明确予以界定。有观点对此持否定意见，其理由在于：刑法分则的不少条文，对单位犯罪中的直接负责的主管人员和其他直接责任人员规定了较自然人犯罪轻的法定刑，司法解释对许多单位犯罪规定了高于自然人犯罪的立案标准，如果承认一人公司可以成为单位犯罪的主体，会导致一些人恶意利用刑法分则的这种规定，逃避应有的法律制裁。② 根据现行的刑法规定和司法解释精神而言，该观点具有一定的合理性。

单位的分支机构或内设机构、部门实施的犯罪可否以单位犯罪论处？较多学者对此持肯定看法。最高人民法院在2001年1月21日的《全国法院审理金融犯罪案件工作座谈会纪要》（以下简称《纪要》）中指出："以单位的分支机构或者内设机构、部门的名义实施犯罪，违法所得亦归分支机构或内设机构、部门所有的，应认定为单位犯罪。不能因为单位的分支机构或者内设机构、部门没有可供执行罚金的财产，就不将其认定为单位犯罪，而按照个人犯罪进行处理。"有少数学者对此持不同看法，认为不加区别地一概将单位的内设机构、部门认定为单位犯罪的主体，一方面完全可能将普通共同犯罪认定为单位犯罪；另一方面，不考虑有无可供执行罚金的财产也会导致单位犯罪的认定丧失意义。③ 因此这个问题有待进一步研讨。

当单位主体发生变更之时，应如何对单位犯罪行为进行追诉？根据最高人民检察院2002年7月9日《关于涉嫌犯罪单位被撤销、注销、吊销营业执照或者宣告破产的应如何进行追诉问题的批复》，涉嫌犯罪的单位被撤销、注销、吊销营业执照或者宣告破产的，应当根据刑法关于单位犯罪的相关规定，对实施犯罪行为的该单位直接负责的主管人员和其他直接责任人员予以追诉，对该单位不再追诉。根据最高人民法院研究

---

① 参见《关于外国公司、企业、事业单位在我国领域内犯罪如何适用法律问题的答复》，2003年10月15日最高人民法院研究室，法研（2003）153号。
② 参见张明楷《刑法学》（第四版），法律出版社2011年版，第141页。
③ 参见张明楷《刑法学》（第三版），法律出版社2007年版，第134页。

室 1998 年 11 月 18 日《关于企业犯罪后被合并应当如何追究刑事责任问题的答复》，涉嫌犯罪的单位已被合并到一个新单位的，对原单位犯罪及其直接负责的主管人员和其他直接责任人员应依法定罪量刑。人民法院审判时，对被告单位应列原犯罪单位名称，并注明已被并入新的单位，对被告单位判处的罚金数额以其并入新的单位的财产和收益为限。据此，可以认为，如果涉嫌犯罪的单位分立为两个以上新单位的，应运用同样的处断原则，即对原单位中的责任人员依法追究刑事责任，对原单位判处的罚金按照份额由新单位承受。这样做，有利于防止单位犯罪后以合并和分立为由逃避制裁。

**（三）人工智能体不能成为犯罪论意义上的行为主体**

人工智能体（人工智能机器、人工智能机器人）能否成为行为主体的问题，是一个较为前沿的、"未来的"问题，我国刑法学界从行为主体、犯罪主体、可归责主体（以及受罚主体）等多种角度进行了理论研讨，有的主张肯定人工智能体的行为主体性（以及犯罪主体性与可归责主体性），有的主张否定论，还有的认为这是一个现阶段"没有必要作为行为主体加以讨论"① 的"伪问题"②。

笔者主张，人工智能体不能成为犯罪论意义上的行为主体（以及犯罪主体性与可归责主体性）。③ 这个问题首先同人工智能体犯罪（人工智能犯罪）的生成机理、内在逻辑相关，同时也与单位犯罪的比较法讨论相关，因此，可以从犯罪主体、可归责主体等多种意义上来讨论人工智能体的行为主体性问题。人工智能犯罪在生成机理和内在逻辑上只能是人工智能"算法安全犯罪"，基于人工智能犯罪中，人工智能算法安全的相对自主性与绝对客体性的犯罪机理，人工智能犯罪仅能归责于作为保证人的"自然人—法人"（在我国是"自然人—单位"）责任论，亦即人工智能犯罪只能是作为算法安全社会关系主体的"自然人—法人"二元主体所实施的犯罪，应当认为人工智能犯罪的行为主体是"自然人—法

---

① 付立庆：《犯罪总论》，法律出版社 2020 年版，第 129 页。
② 刘艳红：《人工智能法学研究的反智化批判》，《东方法学》2019 年第 5 期。
③ 魏东：《人工智能犯罪的可归责主体探究》，《理论探索》2019 年第 5 期。

人"二元主体（模式）。

刑法进化观强调刑法有一个进化发展的过程，而不能死守过去。例如，法人犯罪（在我国是单位犯罪）的立法化和司法实践，尽管其在理论上尚存争议，但是在相当意义上仍然可以说其是刑法进化观的一个例证。法人（含国家）具有拟制的实质的行为主体特质而可以成为可归责主体，有学者就以法人犯罪中"法人"犯罪的行为主体论和可归责主体论为例，来论证人工智能犯罪中（超）强人工智能机器人犯罪的行为主体论和可归责主体论的合理性。那么，这种论证逻辑及其结论的合理性值得反思。

法人拟制犯罪的刑事政策原理不能适用于人工智能犯罪，在形式上和实质上（超）强人工智能犯罪均毫无例外地属于"自然人—法人"犯罪的范畴。仅在强智能机器人（个体与群体）作为"法人"资格时其可以成为法人拟制犯罪，但是这时其是因为作为"法人"而成为犯罪主体，而不是因为"强智能机器人"而成为犯罪主体。"自然人—法人"的行为社会意义可以独立地成为自身的法律行为，但是强智能机器人的行为社会意义无法独立地成为"其自身"的法律行为，而是只能成为作为居于保证人地位的"自然人—法人"的法律行为。强智能机器人永远只能成为社会意义上的"无产阶级"，但是"自然人—法人"从一开始就是社会意义上的"有产阶级"（指自身的权利义务），这是强智能机器人不同于"自然人—法人"的根本特质。二元主体模式无法走向三元主体模式。

（超）强人工智能机器人犯罪可能包括杀人、侵财、危害国家安全与公共安全、破坏经济秩序与社会秩序等犯罪，但是其自身难以获得社会政治意义，这一点不同于"自然人—法人"犯罪，因为"自然人—法人"犯罪可以获得社会政治意义。上帝不会成为刑罚对象，但法人可以，故"上帝—人"二元主体模式不可隐喻；但基于犯罪主体拟制论之下的心智可控论、独立权利义务主体资格论和刑法治理策略论，可构建"自然人—法人"二元主体模式，但是无法构建"自然人—法人—人工智能机器人"三元主体模式。为解决法人和人工智能机器人难题，刑法上可以处罚法人，但是刑法策略上无法处罚机器人，因为针对（超）强人工智能机器人的删、改、毁，仅可以成为针对作为（超）强人工智能机器人之保证人的"自然人—法人"的财产而施加的相应的行政法措施（具体行政行为)、民法措施(民事法律行为)乃至保安处分措施。因此，关键法理在于(超)强人工智能机器人无法获得"自然人—法人"一样的"人心人性"，从而无法获得权利义务主体资格，今天无法获得，将来也无法获得，其根本法理正在于(超)强人工智能机器人永远无法获得"人心人性"。再者，财产性与工具性是强智能机器人和法人的共性，但是法人因为具有拟制的"人心人性"而可以获得拟制的主体性，而机器人因不具有"人心人性"而无法获得任何拟制的主体性。即机器人与法人的相互关系中是单向性的，即法人可以像人一样拥有其他法人和机器人，而机器人不能拥有法人和(其他)机器人。机器人的特质仅仅是"技术"而不是人的心智(有智无心)，法人可以融入人的某种心智(有智有心)，从而法人可以成为社会关系主体，但是，人工智能体不能成为犯罪论意义上的行为主体(以及犯罪主体性与可归责主体性)。

## 四 行为对象

行为对象，又称为犯罪对象，是指行为所直接作用的、体现法律所保护的法益的人与物。这里的"人"，包括自然人、法人以及其他单位或者组织；这里的"物"，包括有体物与无体物(如公民个人信息)。例如，在盗窃他人的机动车构成盗窃罪的场合，行为对象是"他人的机动车"(其中"他人"和"机动车"均可以成为盗窃罪的对象)，而犯罪客体是他人财产所有权。

行为对象与犯罪客体有密切联系，这种联系通常表现为以下情形：具体的物是犯罪客体的物质表现，具体的人是犯罪客体的享有者或承担者。同时，行为对象与犯罪客体二者之间具有明显区别，二者的区别可以概括为以下四点：

其一，犯罪客体直接反映了犯罪性质，而行为对象则未必能直接反映犯罪性质。行为对象只有通过其所体现的犯罪客体才能确定某种行为的犯罪性质，例如强制猥亵、侮辱妇女罪与强奸罪，其行为对象都可以是妇女，但是前者侵害的法益是妇女人格尊严，后者侵害的法益是妇女性自由权利。

其二，犯罪客体是任何犯罪构成的必备要件，而行为对象则不然。

某些犯罪,如非法持有毒品罪、盗窃罪等,其行为对象是构成犯罪的必备要件要素;但有的犯罪并不要求存在行为对象,如偷越国(边)境罪等一般认为不存在犯罪对象。

其三,任何犯罪都会侵害特定的犯罪客体,而不一定都会损害行为对象。如盗窃罪虽然必然侵害他人的财产所有权法益,但是作为犯罪对象的具体财物本身并不一定被损毁。

其四,犯罪客体是犯罪分类的基础,是建立刑法典分则体系的内在依据,而行为对象则不是。

## 五 结果

### (一) 结果的概念与特征

结果(危害结果),是指行为对刑法所保护的法益所造成的实际损害(实害)与危险(实害危险)。如杀人行为造成他人生命被剥夺的结果(属于物质性危害结果),盗窃行为造成他人财产损失的结果,强奸行为造成被害人性自由权利被侵害的结果(非物质性危害结果)等。

结果(危害结果)的特征,主要有客观性、危害性、多样性、法定性、因果性。

### (二) 结果的分类

危害结果可以依据一定标准进行不同分类。一是危害结果可以分为物质性危害结果与非物质性危害结果(或者有形的危害结果与无形的危害结果)两类。非物质性危害结果又具体包括精神性危害结果与制度性危害结果两种,因而,危害结果还可以分为物质性危害结果、精神性危害结果、制度性危害结果三种。二是危害结果可以分为构成要件结果与非构成要件结果。三是危害结果可以分为实害结果与危险结果(实害危险结果)。四是危害结果可以分为直接结果与间接结果。五是危害结果可以分为基本结果与加重结果。

### (三) 结果的地位

危害结果在犯罪构成中的地位,理论上有必要要素说(共同要素说)

与选择要素说（非共同要素说）的争议。① 必要要素说认为，理论上讲，任何犯罪都必然发生危害结果，包括有形的危害结果与无形的危害结果、实害结果与危险结果等。有的犯罪发生物质性危害结果并由刑法分则加以明确规定，如故意杀人罪、故意伤害罪、盗窃罪、诈骗罪等；而有的犯罪发生非物质性危害结果，如强奸罪、侮辱罪等；再有的犯罪同时发生物质性危害结果和非物质性危害结果，如妨害公务罪等，需要根据法律规定并结合具体案件予以判断。选择要素说认为，危害结果不是一切犯罪成立的必要条件，而只是部分犯罪成立的条件，而且通常是这些犯罪完成形态的重要标志。

笔者认为，应当坚持结果必要要素说（共同要素说），即任何犯罪在犯罪构成上都有危害结果，可以是物质性危害结果、实害结果，也可以是非物质性危害结果、实害危险结果。在此前提下，应当注意的是：有的非物质性危害结果、实害危险结果只是没有进行形式上（如发条规范形式上）的特别规定和强调，而是需要进行实质审查和强调。例如，作为过程行为犯的强奸罪，其危害结果是作为非物质性危害结果的性权利侵害；再如，作为抽象危险犯的危险驾驶罪，其危害结果是作为非物质性危害结果的公共安全危险（结果）。

**（四）结果的功能（价值和意义）**

危害结果是犯罪客观方面的重要内容，对于评价和认定某种行为的行为定型性、违法类型性、违法性实质判断等具有重要意义。

1. 区分罪与非罪的功能

结果所具有的区分罪与非罪的功能，表现为把某种特定的危害结果规定为构成要件要素。这种情形下的结果是构成要件要素，可以称为构成要件结果。例如，有时把某种特定的实害结果规定为构成要件要素，所有的过失犯罪都是如此（但过失危险犯不同），少数故意犯罪也是如此，如《刑法》第 273 条挪用特定款物罪，明确规定了"致使国家和人民利益遭受重大损失的"这一要素。再如，有时把足以使某种特定的危害结果发生的危险（即实害危险结果）规定为构成犯罪的必要要素，如

---

① 赵秉志主编：《刑法总论》（第二版），中国人民大学出版社 2012 年版，第 185 页。

《刑法》第117条破坏交通设施罪，明确规定了"足以使火车、汽车、电车、船只、航空器发生倾覆毁坏危险"这一要素；《刑法》第145条生产、销售不符合标准的医用器材罪，明确规定了"足以严重危害人体健康的"这一要素。

2. 区分此罪与彼罪的功能

结果所具有的区分此罪与彼罪的功能，主要表现为特定危害结果是否发生，会影响到危害行为的犯罪性质和罪名。这种情形下的结果是构成要件要素，属于构成要件结果。例如，危险驾驶行为，如果没有发生严重交通事故，可能构成危险驾驶罪；但如果发生了严重交通事故，可能构成交通肇事罪（特别情况下还可能以危险方法危害公共安全罪）。

3. 区分犯罪完成形态与未完成形态的功能

结果所具有的区分犯罪完成形态与未完成形态的功能，表现为把某种特定危害结果作为区分犯罪既遂与未遂的标准。如故意杀人罪、诈骗罪等结果犯，特定危害结果的出现时区分故意杀人罪、诈骗罪的既遂与未遂的标准。

4. 影响刑罚裁量的功能

结果所具有的影响刑罚裁量的功能，主要表现为把某种特定危害结果规定为结果加重犯的构成要件要素，从而加重其法定刑。如《刑法》第260条虐待罪第二款规定"犯前款罪，致使被害人重伤、死亡的，处二年以上七年以下有期徒刑"，即是虐待罪的结果加重犯之加重法定刑的规定。

## 六　因果关系与结果归属

刑法上的因果关系，是哲学因果关系原理在刑法学上的具体运用，特指犯罪实行行为与对定罪量刑有价值的危害结果之间引起与被引起的合乎规律的联系。[①] 辩证唯物主义因果关系理论认为，因果关系是事物现象之间普遍联系和相互作用的一种形式，表现为前一种现象引起后一种现象，前者为原因，后者为结果，先因后果，这是因果关系的客观性和

---

① 参见马克昌主编《犯罪通论》，武汉大学出版社1991年版，第215页。

先后顺序性；因果关系具有复杂多样性，是相对性和绝对性、必然性和偶然性的对立统一。显然，刑法上的因果关系需要融入这些哲学因果关系原理。同时，刑法上的因果关系不仅涉及构成要件该当性层面上的行为与结果之间的因果关系，还涉及其他层面上（如加重法定刑情节）的因果关系，因而刑法上的因果关系本身可能有广义、狭义等不同含义，需要结合具体语境进行判断。

**（一）刑法上的因果关系的特点**

刑法上的因果关系，具有客观性、相对性、时间序列性、复杂多样性等特点。

1. 刑法上的因果关系具有客观性

刑法上的因果关系中，因是危害行为，果是危害结果，因与果必须是客观的，二者在一定条件下所形成的引起与被引起的关系是客观的、必然的。我国刑法理论界曾经对于刑法上的因果关系的性质存在必然因果关系说与偶然因果关系说之争。[1] 事实上，作为一种过程或者一种运动发展趋势，因果关系才有必然性与偶然性之分，并且是必然性和偶然性的对立统一。但是，当我们在审查判断刑法上的因果关系时，一旦从因果链条中"抽出"某个特定的因果环节，因与果的性质和地位、发展趋势也就固定下来了，它们由一种过程或者动态趋势转化为相对静止的既成事实形态，其相对性也转化为一定条件下的绝对性；亦即因果关系已成为一定条件下相对固定的、客观的、必然的联系。因此，客观存在的危害行为具有引起危害结果发生的实在可能性，并且在一定条件下合乎规律地引起危害结果发生，这两个方面的统一，才成立刑法上的因果关系。[2] 例如，甲欲杀乙，已将乙杀成重伤，甲清醒地认识到，只要乙得不到及时救治其必定死亡，于是甲离去，乙果然因伤势过重而死。该案中，甲的杀人行为与乙的死亡结果之间具有因果关系。但是，假设上述案例

---

[1] 参见马克昌主编《犯罪通论》，武汉大学出版社1991年版，第220页；陈兴良《刑法哲学》，中国政法大学出版社1992年版，第72页。

[2] 参见马克昌主编《犯罪通论》，武汉大学出版社1991年版，第223—225页。

中，乙在尚未死亡的情况下，被丙故意杀死，则不能认定甲的杀人行为与乙死亡结果之间成立因果关系，因为尽管甲的杀人行为具有引起乙死亡的现实可能性，但这种可能性并没有合乎规律地转化为现实性，而是由丙的故意杀人行为（因果关系的介入行为）合乎规律地引起乙死亡，因而丙的杀人行为与乙死亡结果之间才具有刑法上的因果关系；相应地，甲应负故意杀人未遂的刑事责任。

2. 刑法上的因果关系具有相对性

因果关系的相对性，是指因与果以及因果联系的相对确定性、非绝对性。各种客观现象是彼此联系和相互制约的，在某一对现象中，作为原因的现象是相对的，其本身有可能是另一现象的结果；同样的，作为结果的现象也是相对的，其本身有可能是另一现象的原因。因此，在确定因果关系时必须注意其相对性，必须把其中一对因果现象从客观现象普遍联系的整个链条中抽出来进行相对性审查，才能相对地判断哪个是因，哪个是果，以及具体的因果关系。刑法上的因果关系的相对性特点，还体现在作为因果关系的因，只能是人的危害行为，而作为因果关系的果，只能是危害结果，因果关系只能是人的危害行为与危害结果之间的因果关系。

3. 刑法上的因果关系具有时间序列性

因果律决定了因果关系的时间序列性特点，只能是原因在先，结果在后，先因后果的时间顺序不能颠倒。因此，刑法上的因果关系的时间序列性特点，就决定了只能从危害结果发生以前的危害行为中去寻找原因，而不能倒果为因。

4. 刑法上的因果关系具有复杂多样性

因果关系由于存在原因行为的单复或者在因果发展过程中其他原因的介入等复杂情况，往往表现出复杂多样的情形。其基本形态包括单一型的因果关系（即一因一果或者一因多果）与竞合型的因果关系（即多因一果）两类，[①] 多因一果又叫"一果多因"，是指某一危害结果是由多个原因造成的；也可以分为简单的因果关系、复杂的因果关系和中断的

---

① 参见陈兴良《刑法哲学》，中国政法大学出版社 1992 年版，第 82—83 页。

因果关系三种。①

所谓简单的因果关系，是指一个危害行为直接而合乎规律地引起一个或者数个危害结果发生的情形。因此，简单的因果关系实质上就是单一型因果关系。如，甲在乙、丙所饮的茶水里投毒，致使乙死亡、丙重伤，则甲的投毒行为与乙和丙的伤亡结果之间存在简单的因果关系。

所谓复杂的因果关系，是指两个或者两个以上的危害行为先后连接或者共同作用，从而产生了危害结果的情形。如医生甲明知病人丙对青霉素过敏，但为报复丙，而强令护士乙在没有做皮试的情况下直接给丙注射青霉素，致丙死亡。该案中，甲的危害行为引起和支配乙的危害行为，由乙的危害行为直接造成了丙死亡的危害结果，这是先后连接的因果关系，应认定在先的危害行为即甲的危害行为也与丙的死亡结果之间具有因果关系。再如，甲和乙都意图毒死丙，恰巧某天甲刚在丙饮水用的茶杯里投入了100粒安眠药，乙紧接着又投入了100粒安眠药，结果致丙休克性死亡。经鉴定，如果仅100粒安眠药尚不能致丙死亡，因而丙死亡的危害结果是甲和乙共同的投毒行为所致。因此，应认定甲的危害行为和乙的危害行为都与丙死亡的危害结果具有因果关系，亦即共同作用的因果关系。

所谓中断的因果关系，是指在因果关系的发展过程中介入了另一原因，从而中断了原先的因果关系的情形。由介入原因所引起的后一结果，与原先的原因行为之间不成立因果关系，因此，行为人只对另一原因介入前的结果负责。如，甲对乙造成重伤，再由丙将乙杀死，则甲的危害行为与乙的死亡结果之间因另一原因的介入而不成立因果关系，亦即因果关系中断。

### （二）刑法上的因果关系的地位

犯罪论视野中的因果关系，主要是构成要件该当性层面的因果关系，是指构成行为（实行行为）与构成结果（构成要件结果）之间的因果关系。这是一种构成性因果关系，如果认为所有犯罪都有危害行为和危害

---

① 参见马克昌主编《犯罪通论》，武汉大学出版社1991年版，第225—228页。

结果，那么就可以认为所有犯罪都有构成性因果关系，从而，因果关系（构成性因果关系）可以被认为是构成要件要素。

但是，因果关系的地位问题在理论上存在必要要素说、选择要素说、非构成要素说的争议。① 我国传统刑法学理论认为，刑法上的因果关系不是犯罪构成的要件，但它对于正确定罪和解决刑事责任问题具有重要意义，是正确解决定罪量刑问题的前提和基础。我国刑法中规定的结果犯和行为犯中，结果犯通常有因果关系判断，因而可以说因果关系是结果犯的构成要件要素；行为犯只是不要求有物质性危害结果，但是其非物质性危害结果（包括危险结果）仍然存在，因而可以说因果关系也是行为犯的构成要件要素。

### （三）刑法上的因果关系的认定

我国传统刑法理论认为，刑法上因果关系的认定应当区分必然因果关系和偶然因果关系，必然因果关系中危害行为对危害结果的发生具有决定性作用，而偶然因果关系中危害行为对危害结果的发生具有非决定性作用，应采用相当因果关系理论来确定刑法上的因果关系。② 而新近刑法理论认为，我国刑法理论应借鉴吸纳大陆法系国家刑法中的因果关系理论，原则上应采取条件说，即行为与结果之间存在着"没有前者就没有后者"的条件关系时，即应认定二者之间存在着因果关系；③ 同时还主张，需要引入客观归责理论适当限缩刑法上因果关系的合理范围，客观归责理论可以克服单纯采用条件说所形成的缺陷。④ 但是，也有学者认为，客观归责理论也有不能令人满意之处，故不能直接照搬德国的客观归责理论，还需要进一步细化研究。⑤ 另外，不作为犯罪中的不作为（危害行为）与危害结果之间同样存在因果关系。如遗弃罪，不作为的遗弃

---

① 赵秉志主编：《刑法总论》（第二版），中国人民大学出版社2012年版，第196页。
② 参见高铭暄主编《中国刑法学》，中国人民大学出版社1989年版，第102—108页；陈兴良《规范刑法学》，中国政法大学出版社2003年版，第86页。
③ 参见张明楷《刑法学》（第四版），法律出版社2011年版，第175页。
④ 参见周光权《客观归责理论的方法论意义——兼与刘艳红教授商榷》，《中外法学》2012年第2期。
⑤ 参见张明楷《也谈客观归责理论——兼与周光权、刘艳红教授商榷》，《中外法学》2013年第2期。

行为与被害人身心健康受损结果之间具有因果关系。

刑法上因果关系的认定主要有以下理论：

1. 条件说

条件说，又称为条件即原因说[1]、等价说、同等说、全条件同价值说、平等原因说[2]，认为行为与结果之间存在着"没有前者就没有后者"的条件关系（条件公式）时，就可以确认两者之间存在刑法上的因果关系，前者就是后者的原因。我国有学者指出，条件说在德国和日本都处于通说的地位。[3]

条件说关于条件关系的判断，通常没有大的问题，但是有时因为存在一些特殊情况而出现困难，为解决这些特殊困难，理论界提出了中断的因果关系（如前所述）、假定的因果关系、重叠的因果关系、择一的因果关系、流行病学的因果关系、不作为的因果关系等理论。

假定的因果关系。是指某个行为虽然导致危害结果发生，但是即使没有该行为，由于其他情况也会产生同样结果的情形。例如，刑场上执法者正在对死刑犯瞄准执行枪决命令，被害人亲属甲从执法者手中抢过枪支并扣动扳机打死了死刑犯，这里，假定甲不打死死刑犯，执法者也必然执行命令枪决死刑犯。再如，乙和丙都想杀死丁，但是乙和丙没有串通和意思联络，在丁准备进行穿越沙漠长途旅行之际，乙在丙的水壶底部钻了一个小洞，丙在丁的水壶里投入剧毒粉末，结果丁在穿越沙漠途中由于没有水源而被渴死，这里，即使没有乙的钻洞行为丁也会死亡（因为有丙在水壶里投毒）。因为假定的因果关系（理论），上列两例中，是否应当肯定甲、乙的行为与结果之间的因果关系成为争议问题（但是，有的学者将假定的因果关系案例中的第二例的情形称为"可替代的充分条件论"，认为其与假定的因果关系并不完全相同[4]）。笔者认为，在判断因果关系时，不需要考虑假定的因果关系问题，因为死刑犯和被害人丁

---

[1] 赵秉志主编：《外国刑法原理（大陆法系）》，中国人民大学出版社2000年版，第110页。

[2] 陈家林：《外国刑法理论的思潮与流变》，中国人民公安大学出版社、群众出版社2017年版，第167页。

[3] 周光权：《刑法总论》（第三版），中国人民大学出版社2016年版，第122页。

[4] 张明楷：《刑法学（上）》（第五版），法律出版社2016年版，第186页。

的死亡结果，客观上是分别由甲、乙的行为合乎规律地引起的，因此，应当肯定因果关系（条件关系）的成立。

重叠的因果关系。是指两个以上相互独立的行为，单独不能导致结果的发生，但是合并在一起时才造成了结果的发生的情形。例如，甲、乙在没有意思联络的情况下，分别向丙的食物中投放了致死量50%的毒药，二人行为的重叠成为致人死亡的原因，导致丙中毒死亡的结果。这种情况下，由于甲、乙的行为分别都对丙的死亡起作用，因此应肯定甲、乙二人的行为与丙的死亡结果之间的因果关系（条件关系）成立。

择一的因果关系。择一的因果关系，又称为二重的因果关系，是指两个以上相互独立的行为，单独实施其中任一行为都能导致结果的发生，但是在行为人没有意思联络的情况下竞合在一起，发生了结果的情形。例如，甲、乙在没有意思联络的情况下，分别向丙的食物中投放了致死量足够的毒药，并在同一时间产生毒药效果并致丙死亡。这种情况下，由于甲、乙的行为择一，都可以导致丙死亡的结果，因此应分别肯定甲、乙二人的行为与丙的死亡结果之间的因果关系（条件关系）成立。

流行病学的因果关系。是指在判断环境污染犯罪、食品卫生犯罪等领域中的条件关系时，根据流行病学上的统计方法，如果能够确定在原因和结果之间有引起与被引起的一定可能性，就肯定因果关系（条件关系）的成立。流行病学的因果关系的成立条件有以下五个：一是该因素是在发病的一定期间之前起作用的因素；二是该因素的作用程度与患病率之间存在正相关的关系；三是该因素的分布、消长与流行病学观察记载的流行特征不矛盾；四是该因素作为原因起作用，与生物学并不矛盾；五是根据统计方法认定因果关系，并没有"超越合理怀疑"的限度。[1]

不作为的因果关系。是指由于行为人负有特定作为义务，其不作为具有引起危害结果发生的原因力，应当肯定不作为行为与危害结果之间的因果关系（条件关系）的客观存在。这是目前的主流见解。但是在理论上，关于不作为犯的因果关系，还存在否定不作为犯因果关系说、不作为准因果关系说（即不作为因果关系法律拟制说）等见解。

条件说面临的批评有：（1）适用条件说会将条件的范围无限地追溯。

---

[1] 周光权：《刑法总论》（第三版），中国人民大学出版社2016年版，第123页。

例如，父母双亲生育孩子的行为也可能成为众多犯罪的条件，显然不合理。（2）在例外地预测到条件关系的发生并最终实现的场合，条件说会得出不合理的结论。例如，意图使某人遭受雷击而让其在下雨时外出游玩，意图使某人坠机身亡而劝说其乘坐飞机，结果被劝说者果然遭受雷击、坠机身亡的情形，条件说的结论是承认其中的因果关系，显然不合理。（3）在某些案件中，行为人虽然达成了所意图的目的，但行为人所认识的因果经过与现实的因果经过不一致时，条件说的结论不合理。例如，行为人基于杀人的故意而对被害人开枪击伤，但是被害人在救护途中遭遇车祸或者火灾而死亡的情形，条件说的结论是承认开枪行为与死亡结果之间的因果关系，但是这显然不合理。为此，条件说论者提出了因果关系中断说的理论，而因果关系中断说又被指责其实质上采取了相当因果关系说的立场，从而丧失了条件说的本色。值得注意的是，因果关系中断与因果关系断绝是存在区别的两个概念，后者是指对同一结果的先行行为没有产生效力时，而由与它没有关系的后条件行为引起结果产生的场合，先行的条件与结果之间没有因果关系。例如，行为人基于杀人而故意让被害人服下毒药，在被害人毒药发作之前，第三人开枪打死被害人，则（前）行为人的行为与被害人死亡结果之间不存在条件关系（即否认因果关系）。因果关系中断说以承认行为与结果之间有条件关系为前提，而因果关系断绝以否认行为与结果之间有条件关系为前提。

2. 相当因果关系说

相当因果关系说，又称为相当说，认为根据社会一般人所能预见的情况和经验法则，在通常情况下，某种行为引起某种结果是具有相当性的，就确认该行为与该结果具有因果关系。这里的"相当性"，是指符合社会一般人所能预见的情况和经验法则，是通例而非异常的。

以"相当性"的判断根据为标准，相当因果关系说存在主观说、客观说、折中说的区别。主观说（主观的相当因果关系说），主张以行为人行为当时认识和能够预见的情况为基础，来判断因果关系的相当性；客观说（客观的相当因果关系说），主张以行为当时客观存在的一切事实为基础，来判断因果关系的相当性；折中说（折中的相当因果关系说），主张以行为当时行为人认识的情况为基础，考虑社会一般人所能预见的情况，来判断相当性。

一般认为，相当因果关系说是以坚持条件说为基础，进一步强调通过具体的"相当性"判断来确认因果关系是否存在；在"相当性"的判断根据上，通常采用客观说（客观的相当因果关系说），客观的相当因果关系说成为日本刑法理论的通说。① 其解决的主要争议问题，一是被害人的特殊体质（如心脏病患者）与因果关系的判断，客观的相当因果关系说通常承认其因果关系；二是介入因素与因果进程的相当性判断，客观的相当因果关系说强调，应依次考虑最早出现的实行行为导致最后结果的发生可能性高低、介入因素异常性大小、介入因素对结果发生的影响力等客观情形对"相当性"进行判断。②

3. 客观归责理论与危险现实化说

客观归责理论本来是针对条件说所提出的因果关系限定理论，但是其内容逐步发展丰富，不但成为因果关系论，而且也成为归责论。黎宏认为，现在"有关因果关系的判断，则主要存在客观归责论和危险现实化说之别"③。

客观归责理论主张，因果关系以条件说为基础，在条件行为中，只有那些制造了法律上不被容许的危险，并且该危险是在符合构成要件的结果中（即在构成要件的保护范围内）实现的行为，才能将该结果归责于该行为。因此，客观归责必须具备以下三个条件：一是行为制造了法律上不被容许的危险；二是行为实现了不被容许的危险；三是结果没有超出构成要件的保护范围。

所谓结果没有超出构成要件的保护范围，是指结果可以归属于具体犯罪的构成要件所特有的保护范围或者保护目的之内。因此，结果超出了构成要件的保护范围或者保护目的，就不能将结果归责于行为人，例如，行为人参与他人的故意的自损行为时，不能将他人的自损结果归责于行为人；在被害人意识到他人行为对自己法益的危险性，却同意他人实施给自己造成危险的行为时，不能将由此产生的结果归责于行为人；在防止结果的发生属于他人的责任领域时，该结果不属于行为人的行为

---

① 张明楷：《刑法学（上）》（第五版），法律出版社2016年版，第177页。
② 周光权：《刑法总论》（第三版），中国人民大学出版社2016年版，第125—127页。
③ 黎宏：《危险现实化说与渎职犯罪因果关系的判断》，《人民检察》2023年第20期。

所符合的构成要件的保护目的之内的结果，不能将结果归责于行为人。[1]

关于危险现实化说。根据黎宏的介绍，危险现实化说认为：行为本身对刑法所保护的法益造成现实侵害才能作为对结果归责的前提，现实所发生的实害结果，只有在根据科学的一般法则，被认定为结果之前的实行行为中所蕴含的危险的现实体现时，行为人才能对结果担责。因此，刑法因果关系的判断，就是将结果归属于实行行为的判断，实行行为本身必须是具有引起法益侵害结果危险的行为；因果关系的发展过程，实际上是行为危险的现实化过程。当实行行为中所蕴含的客观危险，在结果当中变为现实的时候，可以说二者之间具有刑法上的因果关系。简言之，刑法因果关系的有无，依据"行为危险是否在结果当中变为现实"来判断。在以危险现实化说解决刑法因果关系问题，判断结果是否应当归属于实行行为时，必须考虑以下三方面的因素：一是实行行为和结果之间的关系（行为危险性的大小），二是实行行为和介入因素之间的关系（介入因素的异常性的大小），三是介入因素和结果之间的关系（介入因素对结果的贡献度的大小）。[2]

4. 合法则的条件说

合法则的条件说，认为因果关系并不是"没有该行为就不会发生该结果"的关系，也不是指条件说所主张的逻辑性条件关系或者相当因果关系说所主张的经验法则所确定的因果关系，而是指当代知识水平所认可的法则性关系，如果根据当代最高科学知识水平仍然难以理解，则不能承认因果关系。根据合法则的条件说，行为导致有特殊体质的被害人伤亡的，以及假定的因果关系、重叠的因果关系的场合，都具有因果关系；主张否定因果关系中断论，即认为因果关系中的结果并不因为第三人的故意或者过失的介入而被否定；承认因果关系的断绝成立时，不成立因果关系。理论上认为，尽管合法则的条件说是为了限制因果关系的范围，但是很难认为合法则的条件说提供了明确的、具体的判断标准。[3]

5. 重要说

重要说在承认条件说所确定的条件关系的基础上，按照具体的构成

---

[1] 张明楷：《刑法学（上）》（第五版），法律出版社2016年版，第179页。
[2] 黎宏：《危险现实化说与渎职犯罪因果关系的判断》，《人民检察》2023年第20期。
[3] 张明楷：《刑法学（上）》（第五版），法律出版社2016年版，第177页。

要件的意义与目的以及构成要件理论的一般原理,确定结果归责的范围。因此,重要说区分了因果的思考与归责的思考,根据条件说判断有无因果关系,根据该因果关系是否具有法的重要性(由具体的构成要件确定)的标准判断应否实行客观归责。但是,由于重要说仅将构成要件作为客观归责的标准,因而受到了客观归责理论的批判。①

6. 合义务的择一的举动

合义务的择一的举动,是指虽然行为人实施违法行为,造成了结果,但是即使行为人遵守法律,也不能避免该结果的情形。德国判例:被告人甲在一条笔直的6米宽的道路上驾驶着汽车,右侧的乙朝着相同的方向骑着自行车,按规定,汽车与行人应当保持1.5米的距离,但是甲仅保持0.75米的距离并超越自行车,乙被汽车后轮轧死。事后查明,由于乙当时酩酊大醉,即使甲开汽车与乙保持法定距离,发生同样事故的盖然性仍然很高,于是,法院否认甲的行为与乙的死亡结果之间具有因果关系。对此,刑法理论上存在肯定说与否定说之争。肯定说认为,存在"如果甲不超车,乙就不会死亡"的条件关系,甲的行为合法则地造成了乙的死亡,并且甲在事实上存在结果回避可能性(即不超车),因此应当肯定甲的超车行为与乙死亡结果之间的因果关系。如果甲缺乏过失,又可以否认客观归责(乙的死亡结果与甲违反注意义务的行为之间缺乏关联性),当然可以不追究甲的刑事责任,但是仍然不能否认这里的因果关系判断本身。②

7. 因果关系的回溯禁止

因果关系的回溯禁止,是指在第三人或者被害人有意识地或者企图共同促进结果的发生时,前行为人的行为所促成的对结果具有原因力的因果关系,由于第三人或者被害人的行为而中断,即通过因果关系的回溯禁止而否定前行为人的行为与结果之间的因果关系。例如,甲给丙注射了一剂毒药,在毒药刚开始发作时,乙对丙实施暴力,丙由于中毒而无力逃避和反抗乙的暴力,因而死亡。此例中,通过因果关系的回溯禁止,就可以否定甲的行为与乙的死亡之间的因果关系。相反,否定因果关系的回溯禁止时,根据条件关系的公式与具体的结果观,就应当肯定

---

① 张明楷:《刑法学(上)》(第五版),法律出版社2016年版,第177—178页。
② 张明楷:《刑法学(上)》(第五版),法律出版社2016年版,第187页。

前行为人的行为与结果之间的因果关系。①

8. 救助性因果流程中断

救助性因果流程中断，是指已经存在的某种救助性条件原本可能阻止结果的发生时，行为人消除这种救助性条件，导致结果发生的情形，应当肯定救助性因果流程中断的行为与结果之间的因果关系。例如，一个救生圈正漂向落水的被害人，被害人可以马上抓住这个救生圈，但是行为人拿走了这个救生圈，被害人死亡。本案中，行为人拿走救生圈的行为属于救助性因果流程中断的行为，其与被害人死亡结果之间具有因果关系。②

9. 事实因果关系与法律因果关系说

这是英美刑法学中的因果关系理论，其主张对因果关系的判断分为两步：一是事实因果关系的判断，主要以条件关系为据进行原因行为的事实判断；二是法律因果关系的判断，主要是从事实因果关系中进一步审查法律标准以确定符合法律规定的、应承担刑事责任的原因行为。其中，法律因果关系的确定标准是近因法则，即与结果发生最相接近的原因才能认定为法律因果关系（并承担刑事责任）。

10. 原因说

原因说，又称为条件原因区别说、个别说，是为了克服条件的不足而提出来的因果关系论，主张对于引起结果发生的各种条件，按照某种标准区分出原因或者条件，只有原因与结果之间的关系才有因果关系。依据区分原因与条件的标准，原因说又分为：最终条件说、最有力条件说、动力条件说、优越条件说、必要条件说、离规条件说（违反生活规律的条件为原因）、最先原因说、决定条件说八种。由于原因说得出的许多结论不正确，所以原因说未能成为通说。③

## 七　特别的行为关联要素

行为关联要素中，除前述行为主体、行为对象、结果、因果关系与

---

① 张明楷：《刑法学（上）》（第五版），法律出版社 2016 年版，第 188 页。
② 张明楷：《刑法学（上）》（第五版），法律出版社 2016 年版，第 188 页。
③ 赵秉志主编：《外国刑法原理（大陆法系）》，中国人民大学出版社 2000 年版，第 110—111 页。

结果归属等共同的行为关联要素外,还有特别的行为关联要素,包括特别前置的行为关联要素(即特别时间、特别地点、特别方法、特别的主观要素)与整体评价性的行为关联要素(即特别情节要素)。

### (一) 特别前置的行为关联要素:时间、地点、方法、主观的构成要件要素

特别前置的行为关联要素,在我国传统犯罪构成理论中又称为行为的特别情状,是指特别时间、特别地点、特别方法、特别的主观要素(特别的主观的构成要件要素)。尽管任何犯罪都发生在一定时空条件下,都必定使用一定方法,但是根据我国刑法规定,绝大多数犯罪都没有将犯罪的特定时间、地点和方法规定为犯罪构成的必备要素,而仅有少数犯罪才以特定的时间、地点、方法以及特别的主观的构成要件要素作为必备要素。从而特定的时间、地点、方法以及特别的主观的构成要件要素因为法律的明确规定而成为少数犯罪的客观方面构成要件的选择性要素,有的论著也称其为选择性的客观要件。[①] 如,《刑法》第340条规定的"禁渔区、禁渔期或者使用禁用的工具、方法",《刑法》第263条规定的"以暴力、胁迫或者其他方法"等危害行为的特别情状,即属于相关犯罪的客观方面构成要件的选择性要素。若行为人所实施的行为客观方面不具备这些危害行为的特别情状,则该行为就不符合相关犯罪的客观方面构成要件的规定而不能成立相关犯罪。

### (二) 整体评价性的行为关联要素:特别情节

整体评价性的行为关联要素,又称为整体的评价要素、特别情节要素、特别构成要素,是指根据刑法分则规定所确定的、特别限定行为的整体评价性的行为关联要素,如"情节严重""情节恶劣""数额较大"等。我国有学者指出,整体评价性的行为关联要素是我国刑法分则的重要特色之一,当行为符合了构成要件中的基本要素后,并不意味着行为的违法性达到了值得科处刑罚的程度,在此基础上,还需要对行为进行整体评价,所以"情节严重""情节恶劣"这种整体的评价要素表明法益

---

① 参见孙建国、汤留生主编《新刑法原理与实务》,四川人民出版社1997年版,第40页。

侵害的客观情节严重，也是一种构成要件要素。同时，整体的评价要素不同于作为量刑规则的法定刑升格条件，因为前者是作为划分罪与非罪的标志的构成要件要素。① 由此，还可以看出，在中国刑法语境中，应当承认"可罚的违法性"概念（日本学者宫本英修提出了"可罚的违法性"）。②

---

① 张明楷：《刑法学（上）》（第五版），法律出版社2016年版，第124—126页。
② 赵秉志主编：《外国刑法原理（大陆法系）》，中国人民大学出版社2000年版，第116页。

# 第六章

# 不　法

## 目　次

一　不法概述
　（一）不法的实质
　（二）保护法益
二　违法阻却事由概述
三　正当防卫
　（一）正当防卫的正当化根据
　（二）一般正当防卫
　（三）特殊正当防卫
四　紧急避险
　（一）紧急避险的成立条件
　（二）避险过当的刑事责任
五　其他的实质的违法阻却事由
　（一）法令行为
　（二）正当业务行为
　（三）被害人的承诺
　（四）自损行为
　（五）自救行为（自力救济）
　（六）义务冲突

## 一 不法概述

不法，即违法性，是指行为从法律方面看具有法不能容许的、违反法秩序的性质。

由于构成要件是行为类型、违法类型，因此，如果行为符合构成要件，就表明行为符合刑法分则具体规定的行为类型，通常就具有违法性，构成要件符合性具有违法性的形式推定机能，即行为符合构成要件即可推定判断行为的（形式）违法性。但是，由于构成要件该当性的价值判断，是一般的、抽象的、更具形式主义的否定价值判断，并不是具体的、个案的、实质的违法性价值判断，因此需要在构成要件该当性之后进行违法性的实质判断。关于违法性实质的理论就是所谓的违法性论或者违法论。同时，违法性是一个与构成要件该当性、保护法益（保护客体、犯罪客体）等范畴密切相关的概念。为进一步确证行为的违法性实质，需要引入保护法益的概念：若有保护法益存在，构成要件该当性就具有违法性的实质；若没有保护法益，（即使符合）构成要件该当性则仍然不具有违法性的实质。因此，保护法益具有违法性的实质判定机能。

### （一）不法的实质

在作为犯罪论第二阶层的违法性论中，不法的实质论，即违法性的实质论，存在形式的违法性与实质的违法性、客观的违法性论与主观的违法性论、行为无价值论与结果无价值论等理论争议。

1. *形式的违法性与实质的违法性*

形式的违法性，是指行为形式上违反了法秩序和法规范的性质。可见，形式的违法性是从形式的立场来把握违法性的，符合构成要件该当性的行为，原则上就具有违法性，这里主要指的就是形式违法性。

实质的违法性，是指行为实质地违反了法秩序和法规范的性质。实质的违法性论者认为，行为如果只是形式违法而没有实质违法，仍然不具有违法性。关于实质的违法性的内容，主要有法益侵害说和规范违反说之争。法益侵害说以德国学者李斯特为代表，主张违法性的实质在于法益的侵害或者法益侵害的危险性，把违法性解释为社会侵害性；规范违反说以德国学者迈耶为代表,主张违法的实质在于与国家所承认的文化规范或者社会伦理规范的不相容性。

理论上有学者对实质的违法性的法益侵害说与规范违反说都有质疑,并提出了二元说的观点,试图把法益侵害说和规范违反说结合起来考虑违法性的实质,认为,违法性的实质在于引起违反社会伦理规范的法益的侵害。可见,二元说认为法益侵害说和规范违反说分别从不同角度解释了违法性的实质,两者并非不相容的,而是相互补充的,只有把两者结合起来才能正确把握违法性的实质。因此,二元说还认为,形式的违法性与实质的违法性,只不过是分别从形式的与外表的、实质的与内在的角度来探求违法性的实质,两者都是对应的概念,并不具有对立的意义。这一观点是日本刑法理论中的通说。①

2. 客观的违法性论与主观的违法性论

客观的违法性论,主张把法律规范分为评价规范和决定规范,认为客观地违反评价规范是违法,主观地违反决定规范是责任。因此,客观的违法性论认为,行为的违法性与行为者的故意、过失、责任能力的有无没有关系,因为这些主观要素是责任论的内容,只要客观地发生了与法律秩序相矛盾的事实就是违法,甚至自然灾害、动物的侵害也具有违法性。

主观的违法性论,主张把法解释为命令与禁止,认为能够按照这种命令、禁止行动,但却加以违反,就是违法。因此,主观的违法性论认为,违法性只是对基于有责任能力的故意、过失的行为才有意义,无行为能力的行为(例如精神病患者的行为等)就不具有违法性,不能认定为违法行为。

在客观的违法性论与主观的违法性论之争的较量中,日本后来又出现了"新的客观违法性论",认为,应当在坚持客观的违法性论的基础上,主张规范只以人的行为为对象,法的评价规范和决定规范同时在违法性和责任这两个方面发挥双重作用,只不过,在违法性方面所要考虑的评价规范与意思决定规范不是以特定的行为人为对象,而是针对抽象

---

① 赵秉志主编:《外国刑法原理(大陆法系)》,中国人民大学出版社2000年版,第117—118页。

的社会一般人，即具有一般的、客观的特性；相应地，在责任性方面考虑的评价规范与意思决定规范，则是以具体的行为人为对象的，具有个别的、主观的特性。因此，一般的、客观的违法性判断在前，个别的、主观的责任判断在后，违法性的判断应当先于责任的判断。①

违法性论的立场不同，决定了在一些具体的刑法问题上的见解也不同，例如，对无责任能力人的侵害行为能否进行正当防卫的问题，客观的违法性论认为，由于无责任能力人的侵害行为客观上是违法的，因此当然可以对其进行正当防卫；主观的违法性论认为，由于无责任能力人的行为不是违法行为，因此当然不能对其进行正当防卫（但是准许对其紧急避险）。

3. 结果无价值论与行为无价值论

结果无价值论，又称为物的违法观，是从法益侵害的结果中寻求违法性的本质。行为无价值论，又称为人的违法观，是从行为的规范违反性中寻求违法的本质。因此，结果无价值论与行为无价值论是关于违法性本质的不同理论，可以说，法益侵害说是把违法性的本质作为结果无价值来把握，规范违反说是把违法性的本质作为行为无价值来把握。后来，行为无价值和结果无价值在立场上逐渐走向融合，形成了二元的行为无价值论（以区别于传统的一元的行为无价值论）和二元的结果无价值论（以区别于传统的一元的结果无价值论）。例如，二元的行为无价值论（又称为行为无价值二元论）认为，主张行为无价值是违法性的基础、处罚的根据，但是作为附加的要素，为了限定处罚范围，有时也要求结果无价值，即结果无价值仅具有限定处罚范围的意义（侧重行为无价值的观点）；或者主张结果无价值是违法性的基础，但是单纯根据结果来评价违法性是不全面的，还要考虑引起结果的手段、方法等（侧重于结果无价值的观点）。② 我国有学者指出：按照行为无价值二元论的立场，违法性的本质是违反行为规范；同时，侵害法益性也是违法性判断的根据之一。在造成法益侵害或危险，但没有行为的规范违反性时不能确定处

---

① 赵秉志主编：《外国刑法原理（大陆法系）》，中国人民大学出版社2000年版，第119页。

② 张明楷：《刑法学（上）》（第五版），法律出版社2016年版，第112页。

罚；在违反规范但并未造成法益侵害时，被告人也无罪。①

现在，德国的行为无价值二元论成为通说，行为规范违反和法益侵害同时对违法性加以说明；② 日本则强调结果无价值的观点是通说。由于这种违法论立场上的不同，两者在许多具体的刑法问题上也存在较大分歧：（1）关于主观的违法要素。行为无价值论由于站在规范违反说的立场，认为恶的行为、恶的内心是违法性的主要根据，因此，行为无价值论力主主观的违法要素的存在；而结果无价值论讲刑法的目的首先理解为法益的保护，认为现实产生的恶的结果才是违法性的根据，因此，一般不承认主观的违法要素。（2）关于客观的违法性中"客观性"的理解。行为无价值论认为，客观的违法性论中"客观性"是指判断基准的客观性，而结果无价值论则理解为判断对象的客观性。（3）关于"被允许的危险"理论。所谓被允许的危险，实质虽然包含着侵害人的生命、身体、财产等法益的危险的行为，但是为了维持现代化的社会生活，要在一定范围内允许它即视它为不违法的行为。例如，飞机、汽车等运行危险都是客观存在的，但是法律必须承认运行飞机和汽车的合法性。一般认为，"被允许的危险"在行为无价值论中不存在疑问，但是对于结果无价值论来说其无疑是一个挑战。（4）关于未遂犯与不能犯的区别。德国基于行为无价值二元论立场而采取主观说，即使行为对法益不会产生侵害或者威胁，但只要认定行为无价值则是可罚的未遂犯；而在日本，基于结果无价值论立场而采取具体的危险说，即只有当行为产生了具体的危险时，才能认为是未遂犯。③

## （二）保护法益

### 1. 保护法益的概念

我国传统刑法学犯罪构成论有犯罪客体的概念。所谓犯罪客体，是指被犯罪行为所侵害的、由刑法所保护的法益。作为"被犯罪行为所侵

---

① 周光权：《行为无价值与结果无价值的关系》，《政治与法律》2015 年第 1 期。
② 周光权：《行为无价值与结果无价值的关系》，《政治与法律》2015 年第 1 期。
③ 赵秉志主编：《外国刑法原理（大陆法系）》，中国人民大学出版社 2000 年版，第 120—121 页。

害的"法益，犯罪客体可谓是被害法益；作为"由刑法所保护的"法益，犯罪客体可谓是保护法益、保护客体，因此，犯罪客体、保护客体、被害法益、保护法益在犯罪构成论"违法性"层面上表征了实质相当的含义。

所谓法益，是指由法律所确认和保护的利益和价值。例如，我国宪法所确认和保护的人民民主专政的政权和社会主义制度、公民的基本权利和义务等价值和利益，我国民法、经济法、行政法等基本法律以及其他法律法规所确认和保护的利益与价值，都是我国法律所确认和保护的法益。需要予以特别说明的是，我国宪法以及其他法律法规所确认和保护的一些"非社会主义性质"的因素，如私营经济在法律规定的范围内存在和发展，按照"一国两制"原则统一祖国后存在于香港等地的"资本主义"的经济关系和政治关系等，仍然属于我国社会主义法益整体的有机组成部分，亦即仍然可以成为犯罪客体。

关于犯罪客体问题，理论界存在大量的分歧意见，提出了众多不同的观点。早期的资产阶级刑法理论认为犯罪客体是权利，其根据是费尔巴哈关于"犯罪的本质是权利的侵害"的论断（权利说）；而资产阶级刑事古典学派则认为，犯罪客体是规定实行或禁止实行某种行为的法律规范（法律规范说）；资产阶级刑事社会学派认为，犯罪客体是犯罪行为所侵犯的法益（法益说），即法律所保护的利益和价值。[1] 上述资产阶级刑法学有关犯罪客体理论的权利说、法律规范说、法益说中，法益说至今仍然为绝大多数资产阶级刑法学者所推崇。[2] 有的西方学者以法益说为根据，进一步将犯罪客体区分为行为客体和保护客体，认为"行为的客体是行为所指向的有形的人或物；而保护的客体（法益）则是法律依据构成要件进行保护的利益或价值。例如妨害执行公务罪中的行为的客体是公务员，保护的客体（法益）却是公务本身"[3]。

---

[1] 高铭暄主编：《刑法学原理》（第一卷），中国人民大学出版社1993年版，第478—480页。

[2] 高铭暄主编：《刑法学原理》（第一卷），中国人民大学出版社1993年版，第478—480页。

[3] ［日］福田平、大塚仁：《日本刑法总论讲义》，李乔等译，辽宁人民出版社1986年版，第47页。

社会主义国家刑法学的犯罪客体理论，通说的观点是：犯罪客体是指刑法所保护而为犯罪行为所侵害的社会主义社会关系（社会主义社会关系说）。① 近年来，国内一些刑法学论著对该通说的观点提出了许多争鸣意见。其中比较具有代表性的争鸣意见主要有以下七种：② 第一种意见，主张"社会关系说"。认为通说观点所主张的"社会主义社会关系说"在外延上过于狭窄，不当地排除了一些应当受我国法律保护的非社会主义社会关系，因而有所不当。第二种意见，主张"社会关系与生产力说"。认为犯罪行为不仅侵犯了社会主义社会关系，而且还直接侵犯了生产力，因此，犯罪客体应是社会主义社会关系和生产力。第三种意见，主张"社会关系与权益说"。认为犯罪客体是指犯罪行为所侵犯的社会主义社会关系和国家、集体、公民个人的权益。第四种意见，主张"社会利益说"。认为犯罪客体是指刑法所保护的而为犯罪行为所侵害的社会主义社会利益。第五种意见，主张"权益说"。认为权益是特殊的社会关系——法律关系的核心与实质，是犯罪直接指向的目标，刑法所保护的权益和刑法所保护的社会关系是统一而不可分割的部分与整体的关系，犯罪是通过直接侵犯权益（客体）来侵害社会关系（实质）的，因此，犯罪客体应是我国刑法所保护的权益。第六种意见，主张"犯罪对象说"。认为犯罪客体就是指刑法所保护的而为危害行为所指向或影响的对象（人、物、行为）。第七种意见，主张"法益说"。认为犯罪客体是指被犯罪行为所侵害的、由我国刑法所保护的法益。并且，法益的侵害，揭示了犯罪行为的实质危害，在解释论上意义重大。

我们认为，法益说的意见相对而言具有更大的合理性。其根据是：（1）法益说深刻揭示了犯罪之所害的实质。在基本语义上，"客体"是指与主体相对的一种存在。其哲学含义是指主体以外的客观事物，是主体

---

① 高铭暄主编：《刑法学》，法律出版社1981年版，第106页。
② 高铭暄主编：《刑法学原理》（第一卷），中国人民大学出版社1993年版，第480—485页；马克昌主编：《犯罪通论》，武汉大学出版社1991年版，第100—112页；何秉松主编：《刑法教科书》，中国法制出版社1995年版，第116页；孙建国、汤留主主编：《新刑法原理与实务》，四川人民出版社1997年版，第34—35页；肖中华：《犯罪构成及其关系论》，中国人民大学出版社2000年版，第181—182页。

认识和实践的对象。① 在刑法学领域，犯罪客体是指"犯罪指向"，或者指"承受犯罪行为的目标"或"犯罪作用之目标"。② 从物理作用的视角来分析，犯罪客体的含义应当是犯罪在物理作用意义上所直接指向的目标，也就是我国现行刑法学理论上通说观点所界定的犯罪对象——即犯罪行为所指向的具体的物或人，或者犯罪分子对之施加某种影响的具体的物或人。③ 从价值作用的视角来分析，犯罪客体的含义就应当是犯罪在价值判断上所实质指向的目标——在本质上就应当是法益。因此，当我们研究作为犯罪价值判断意义上的犯罪客体的含义时，理所当然应当将犯罪客体界定为"法益"，而不是"社会关系"。显然，在价值判断上或者说在实质意义上犯罪是侵害我国社会主义法益的行为，因而可以判断出犯罪具有严重的社会危害性——法益作为犯罪客体，就准确而深刻地揭示了犯罪的实质。就我国而言，不但社会主义社会关系，而且一些虽属非社会主义社会关系但依法受我国法律保护的社会关系，同样是我国社会主义法益，同样受包括刑法在内的法律保护，因而可以成为犯罪客体。可见，在犯罪客体理论问题上，法益说显得更加具体、贴切、专业化。(2) 法益说在理论逻辑上无懈可击。通说观点所主张的社会关系说在逻辑上犯了"外延过窄"的错误，因为根据我国法律规定，某些非社会主义社会关系在我国是应当受到法律保护的，这些受到我国法律保护的非社会主义社会关系当然不能被排除在我国刑法的保护对象之外。而"社会关系说"则犯了"外延过宽"的错误，比如，许多非社会主义社会关系在我国就可能不受法律保护（即不能成为我国法律体制下的法益），当然也不受刑法保护，从而也不能成为犯罪客体。而法益说表明，某种价值或者利益，比如婚姻关系，一旦受法律保护，即表现为我国社会主义法益，从而当然可以成为犯罪客体，这在逻辑上是十分合理的。(3) 法益说切合了现代民主政治和人权观念的新发展。法制健全，严格执法，依法办事，法律面前人人平等，保护公民合法权益，维护法

---

① 《现代汉语词典》，商务印书馆1978年版，第636页。
② 吴雪松：《犯罪客体再思辨》，薛瑞麟主编：《法大刑法学研究文集》，中国政法大学出版社2002年版，第17页。
③ 高铭暄主编：《刑法学原理》（第一卷），中国人民大学出版社1993年版，第498—501页。

治秩序,是现代民主法治社会的重要理念。而犯罪侵害法益,总是与侵害民主法治秩序和人权等相联系,因此,将法益作为犯罪客体具有重要现实意义。(4)法益具有其特殊的机能。一般认为,法益的机能主要有三个方面:一是法益是犯罪构成要件的基础,能够从法规范意义上阐释具体行为的违法性本质。法益本身不但是一切犯罪构成的必要条件,而且是解释其他犯罪构成要件和解释立法意图的基础。刑法分则所规定的每一种犯罪,都有其特定的法益作为保护客体;在具体的犯罪构成中,无论是客观方面的构成要件要素还是主观方面的构成要件要素,都与法益密切相关。二是法益是建立刑法分则体系的基本依据。各国刑法分则都是根据对法益的性质和地位的认识,来构筑刑法分则的罪刑结构。三是法益是区分具体犯罪类型的基本标准。[①] 因此可以说,法益说正逐渐成为现代文明国家刑法理论的通说,逐渐占据主导地位。(5)法益说完全切合我国刑事立法和司法实践。我国现行刑事立法实践表明,许多犯罪不宜将其客体归结为"社会关系",但是完全可以将其归结为"法益"。例如,我国刑法规定的强奸罪,其客体是妇女性的不可侵犯的权利这一法益,理解起来十分简便、准确、贴切;但如果将犯罪客体理解为一种社会关系,则需要从"妇女的性"到"妇女"本身再到作为社会关系的"主体"等一系列过程,既烦琐、牵强又无必要。

法益是整个法哲学的基本范畴之一,尤其是刑法哲学上的一个基本问题。所以,尽管法益概念的正式提出,迄今为止仅有100余年的历史,但近现代的法学家一般都对法益问题倾注了极大关切。19世纪初,出于限定被扩张的犯罪概念的意思,启蒙思想家费尔巴哈提出了"犯罪的本质是权利的侵害"的论断(权利侵害说)。但是,一般都认为费氏的论断并没有把握犯罪本质的全部,例如,"在犯罪中也包含着很多难以明确说是权利侵害的部分"[②],如有关宗教和伦理秩序、虐待动物的犯罪以及无被害人的犯罪,等等。因而权利侵害说有加以发展的必要。1834年,贝

---

① 马克昌、杨春洗、吕继贵主编:《刑法学全书》,上海科学技术文献出版社1993年版,第617—618页。

② [日]大塚仁:《犯罪论的基本问题》,冯军译,中国政法大学出版社1993年版,第4页。

尔鲍姆（Birnbaum 1792—1872）提出"侵害社会所保障的财（Gut）或者使其蒙受危险者是犯罪"，正式以法益侵害论的思想代替权利侵害说。贝尔鲍姆认为，犯罪所侵害之财，包括生命、名誉、人格的自由、财产、宗教的伦理观念全体。① 19世纪后半叶，法益侵害说在实证主义思想的影响下，得到李斯特等著名学者的支持，成为德意志的通说，并在刑法学说中占据重要的地位。② 进入20世纪后，法益概念又出现新的发展，即霍尼希（Richard Honig，1890—1981）和休委格（Erich Schwinge，1903—）等学者提出了"法益概念精神化"问题，认为"法益应该（被）看成是刑罚规定中所包含的立法目的这种观念性的东西"（霍尼希），或者"法益是刑法解释和概念构成上的指标"（休委格）。③ 晚近时期，德国刑法学界对于法益理论的讨论焦点有所转移，将"法益"当作"体系固有的方法概念"，由此来界定刑法领域的范围，并称"法益"也是一种"批判的评价标准"，因而实质上是用实在意义上的法益来指导刑事立法和刑事司法。④ 而意大利最新的观点认为，应该把犯罪理解为"侵害具有宪法意义的法益的行为"⑤。这些看法和思考，在一定程度上使法益概念得到深化和拓展。但作为通说的法益概念，仍然可以概括为：法益是指根据法律所保护的价值（或利益）。⑥ 并且在刑法理论中，现在的法益概念通常是作为保护的客体理解，被用于实体的法益概念的意义中；而且通说认

---

① 丁泽芸：《刑法法益学说论略》，《刑事法学要论》，法律出版社1998年版，第278—291页。

② ［日］大塚仁：《犯罪论的基本问题》，冯军译，中国政法大学出版社1993年版，第4页；［日］木村龟二主编：《刑法学词典》，顾肖荣、郑树周译，上海翻译出版公司1991年版，第100—101页；杨春洗、苗生明：《论刑法法益》，《北京大学学报》1996年第6期。

③ ［日］大塚仁：《犯罪论的基本问题》，冯军译，中国政法大学出版社1993年版，第4页；［日］木村龟二主编：《刑法学词典》，顾肖荣、郑树周译，上海翻译出版公司1991年版，第100—101页；杨春洗、苗生明：《论刑法法益》，《北京大学学报》1996年第6期。

④ 丁泽芸：《刑法法益学说论略》，《刑事法学要论》，法律出版社1998年版，第278—291页。

⑤ ［意］杜里奥·帕多瓦尼：《意大利刑法学原理》，陈忠林译，法律出版社1998年版，第81页。

⑥ ［日］木村龟二主编：《刑法学词典》，顾肖荣、郑树周译，上海翻译出版公司1991年版，第100—101页；［日］大塚仁：《犯罪论的基本问题》，冯军译，中国政法大学出版社1993年版，第4—7页。

为，犯罪的本质是法益的侵害。[①] 法益本身是一个价值评判的概念。[②] 在刑法意义上，法益是为犯罪所侵害而为刑法所保护的价值或利益，在西方犯罪论上一般称其为保护客体或者保护法益，这种保护法益（保护客体）可以区分为整体的保护法益（一般的法益）、类罪的保护法益（同类法益）与个罪的保护法益（具体法益），因而法益概念在刑法中具有重要意义。为了能深刻理解法益内涵，理论界普遍认为有必要从一般意义上分析法益的价值构造。在法益的价值构造问题上，理论界已有这样一种共识，即一般可以将法益分为公法益与私法益两种，或者将法益分为国家法益、社会法益、个人法益三种。[③] 此外，也有学者将法益划分为专属法益与非属法益、[④] 有形法益与无形法益，[⑤] 还有学者提出了宪法性法益的概念；[⑥] 中国有部分学者在学术论著中提出了"刑法法益的概念"[⑦]。可见，在法益的价值构造上还有拓展的空间。

尽管法益理论历来都面临着诸多挑战与批评，但我们认为，传统的、通说的法益概念、法益侵害说的基本观点具有相对的合理性，因而我们应该进一步夯实法益理论的"地基"，充实法益理论的内容，并适时发展法益理论，迎接理论的、实践的挑战。

2. 保护法益的分类

保护法益的分类，在我国传统犯罪构成论中通常转换为（即等同于）犯罪客体的分类，应以作为犯罪客体实质内容的法益的分类为基础，并具有科学反映犯罪构成内部结构的不同层次与关系等特点。具体而言，

---

[①] ［日］木村龟二主编：《刑法学词典》，顾肖荣、郑树周译，上海翻译出版公司1991年版，第100—101页；［日］大塚仁：《犯罪论的基本问题》，冯军译，中国政法大学出版社1993年版，第4—7页。

[②] 陈兴良：《刑法的人性基础》，中国方正出版社1996年版，第347页。

[③] ［日］本村龟二主编：《刑法学词典》，顾肖荣、郑树周译，上海翻译出版公司1991年版，第100—101页。

[④] ［日］本村龟二主编：《刑法学词典》，顾肖荣、郑树周译，上海翻译出版公司1991年版，第100—101页。

[⑤] 马克昌等主编：《刑法学全书》，上海科学技术出版社1996年版，第607页。

[⑥] 意大利刑法学界最近有一种观点，就是把犯罪理解为侵害具有宪法意义的法益。参见［意］杜里奥·帕多瓦尼《意大利刑法学原理》，陈忠林译，法律出版社1998年版，第83页。

[⑦] 参见杨春洗、苗生明《论刑法法益》，《北京大学学报》1996年第6期；丁泽芸《刑法法益学说论略》，《刑事法学要论》，法律出版社1998年版，第278—291页。

犯罪客体按其层次与范围的不同，按照前述整体的保护法益（一般的法益）、类罪的保护法益（同类法益）与个罪的保护法益（具体法益）的区分方法，可以将犯罪客体分为一般客体、同类客体和直接客体三种，此三种客体之间是一种一般与特殊、整体与部分的关系。

犯罪的一般客体，是指一切犯罪所共同侵害的法益，即我国刑法所保护的法益整体。犯罪的一般客体揭示了一切犯罪的共同本质，反映了犯罪的共性，从而阐明了犯罪的社会危害性及其社会政治意义。

犯罪的同类客体，是指某一类犯罪所共同侵害的法益，即我国刑法所保护的整体法益中的某一部分或者某一方面，如某一类国家法益、社会法益、个人法益等。事实上，我国刑法典分则正是按照犯罪的同类客体理论，将各种各样的犯罪划分为 10 大类，并依此建立起科学严谨的刑法分则体系。

犯罪的直接客体，是指某一种具体犯罪所直接侵害的某种特定的法益。例如，故意杀人罪的直接客体是他人的生命权利，盗窃罪的直接客体是公私财产所有权。犯罪的直接客体是每一个具体犯罪构成的必备要件，它通过其所侵害的具体法益的社会性质和价值判断深刻反映了某种具体犯罪的基本属性与社会危害性，从而对于定罪量刑具有重要意义。

通常情况下，一个具体犯罪只直接侵害一个法益，如故意伤害罪只直接侵害他人的健康，诈骗罪只直接侵害公私财产所有权，等等。这种一个犯罪只直接侵害一个客体（一种特定的法益）的情形，即属于单一客体。但如果一个犯罪直接侵害了两个或者两个以上客体（法益），如抢劫罪直接侵害了他人的生命、健康以及公私财产所有权等多个法益，这种情形即属于复杂客体。不过，在复杂客体中，各种具体被侵害的法益有主次轻重之分，理论上和立法上往往根据主要客体的性质和特点来决定该具体犯罪的归类。如我国刑法将抢劫罪列入刑法分则第五章侵犯财产罪之中，是因为我国立法机关认为抢劫罪侵害的两个法益之中主要法益是公私财产所有权所致。可见，犯罪的直接客体可以依其数量多寡分为单一客体与复杂客体两种情形。

## 二 违法阻却事由概述

通常情况下,某种行为具备了构成要件该当性,亦即具备了由刑法分则所具体规定的、能够具体体现某种犯罪所侵犯的具体法益的行为事实特征,就可以判断该行为具备了犯罪的客观方面违法性。但是,行为的价值判断由于具有其自身特殊性,有时某种行为即使在客观上具备了一定行为事实特征,但是仍然可能存在排除其违法性实质(例如不存在保护法益)的特殊情况,对此特殊情况即应排除其违法性。刑法理论上将此排除违法性的特殊情况,称为违法阻却事由。

违法阻却事由,理论上又叫正当化事由,我国传统刑法理论上还称为排除犯罪性事由、排除社会危害性事由,其主要是指某种行为在实质上不具有违法性与犯罪性,反而具有正当性的属性,如正当防卫、紧急避险、法令行为、正当业务行为、被害人承诺、自救行为、自损行为、义务冲突等。其中,正当防卫和紧急避险是我国《刑法》第20条和第21条所明确规定的正当行为(正当化事由、违法阻却事由),紧急避险在理论上还存在责任阻却事由的情况。

违法阻却事由的法理根据,存在目的说、社会相当性说、法益衡量说等理论学说。[①] 目的说认为违法性的本质是违反了作为法秩序基础的社会伦理规范,违法性的根据在于恶的行为与恶的内心。所以,如果行为是为了达到国家承认的共同生活的目的而采取的适当手段,则是正当的。社会相当性说认为,在历史地形成的社会伦理秩序范围内所允许的行为,或作为法秩序的基础的社会伦理规范所允许的行为,就是具有社会相当性的行为,因而也是正当的行为。法益衡量说认为,违法的本质是对法益的侵害与威胁,因此,如果侵犯法益的行为是为了保护更高或者同等价值的法益,则该行为不具有违法性,换言之,牺牲一种法益来救济价值更高或者同等法益,并非刑法禁止的做法。

我们认为,各种具体的违法阻却事由的正当化根据并不完全相同,在此意义上,对于违法阻却事由的本质,只能从一般意义上加以概括和

---

① 参见张明楷《刑法学》,法律出版社2011年版,第188—190页。

说明。在逻辑关系上，违法阻却事由是相对于构成犯罪的情形而言的。根据《刑法》第16条的规定，行为在客观上虽然造成了损害结果，但不是出于故意或者过失，而是由于不能抗拒或者不能预见的原因所引起的，不是犯罪。据此，如果行为在客观上并未造成"损害"结果，则不是犯罪。就违法阻却事由而言，其实质便在于客观上没有造成"损害"结果。

具体地说，违法阻却事由的实质根据存在两种情形：其一，法益阙如（保护法益阙如）。即在行为当时并不存在刑法要保护的法益，故行为在表面上虽然造成了某种损害结果，但在刑法上仍然具有正当性。正当防卫、被害人承诺（同意）即是如此。正当防卫只能针对正在进行的不法侵害实施，而实施不法侵害的人（的相关利益）不受法律的保护，这便是正当防卫之正当性根据。在被害人承诺的场合，由于侵害行为得到了被害人的同意，即被害人放弃了刑法对其利益的保护，故得承诺不违法。其二，法益衡量。法律所认可、保护的利益（法益）在不少场合下不可避免地会发生冲突（法益冲突），此时，对某种法益的侵犯成为保护另一法益所必需的手段，对所保护的法益与所侵害的法益进行衡量，整体上的评价结论是，所保护的法益优于所侵害的法益时，便排除犯罪的成立。紧急避险是法益衡量的适例，理论上也有观点认为正当防卫也是法益衡量（优越利益说）的适例。

## 三 正当防卫

根据《刑法》第20条的规定，所谓正当防卫，是指为了使国家、公共利益、本人或者他人的人身、财产和其他权利免受正在进行的不法侵害，而采取对不法侵害人造成（或者可能造成）损害的方法，制止不法侵害的行为。正当防卫分为两种：一般正当防卫（《刑法》第20条第1款）与特殊正当防卫（《刑法》第20条第3款）。后者是针对正在进行的严重危及人身安全的暴力犯罪所进行的防卫，不存在防卫过当的问题；前者是针对正在进行的其他不法侵害所进行的防卫，具有防卫限度因而存在防卫过当的问题。

### (一) 正当防卫的正当化根据

正当防卫的正当化根据，是指正当防卫为何是正当的，即正当防卫"不负刑事责任"的依据何在。这一问题是整个正当防卫制度的核心内容。对此，德国刑法理论的主流观点采取的是"个人保全"与"法的确证"原理；日本刑法理论一般采取法益衡量原理加以说明。

正当防卫是历史悠久的违法性阻却事由。自古以来，正当防卫就被认为是人们当然享有的自然权利，因为"正不必向不正让步"。特别是"在法律秩序尚不发达的阶段，人们即采用自助的方式，通过拳头规则和族群械斗来使自己的权利免受违法者的侵害"①。但是，随着世态趋于平和，国家制度不断完善，在权利遭受不法侵害时，国民通常可以通过谋求国家（机关）的力量予以保护；此外，如果说只要是为了保护权利便可以实施任何行为，则必然导致法益的极度失衡。于是，立足于社会功利主义的立场，主张对正当防卫予以一定限制的观念获得越来越广泛的认同与支持——此即所谓"正当防卫权的社会化"②。尤其"在法治国家中，不应该允许私人行使实力来阻止或解决法益侵害或法益冲突，而应该以由国家机关根据法定程序来保护法益、解决法益冲突为原则。因为，允许私人依靠个人实力进行法益保护的话，反而导致法秩序的混乱。但是，在侵害法益的危险迫在眉睫、依靠国家机关来恢复或预防对法益的侵害显然是不可能或明显困难的紧急情况下，不允许私人行使实力，就不仅不能保护法益，而且也难以维持法律秩序，招致社会秩序的混乱。这样，刑法，作为国家机关救济的补充，为实现法的自我维护，就在设计严格的责任要件的基础上，将正当防卫……行为类型化，承认了私人的侵害法益的行为"③。

不难看出，正当防卫制度实际上是隐含着"个人保护"与"法保护"两种价值冲突的悖论性矛盾体：一方面，肯定正当防卫是基于人的自我

---

① ［德］莱茵荷德·齐柏里乌斯：《法学导论》，金振豹译，中国政法大学出版社2007年版，第22页。

② 参见［日］西田典之《日本刑法总论》，刘明祥、王昭武译，中国人民大学出版社2007年版，第117—118页。

③ ［日］大谷实：《刑法讲义总论》，黎宏译，中国人民大学出版社2008年版，第253页。

保全本能而所生之天赋权利（个人保护）；另一方面，基于法治国的要求，有必要对正当防卫予以适当之约束（法保护）。由此可见，对于正当防卫的正当化根据必须从两方面加以说明：其一，正当防卫的本质只是制止（击退）正在进行的不法侵害、保护法益，而并非由防卫人代行国家的刑事惩罚权；其二，说到底，正当防卫是私力救济的表现之一，因此，必须在所保护的法益与侵害的法益之间进行权衡、比较。

**（二）一般正当防卫**

1. 一般正当防卫的条件

一般认为，成立一般正当防卫必须同时具备如下五个条件：起因条件、时间条件、对象条件、主观条件、限度条件。

（1）必须存在现实的不法侵害行为（起因条件）

正当防卫是制止正在进行的不法侵害、保护法益的行为，因此其以存在现实的不法侵害为前提。换言之，现实的不法侵害，是正当防卫的起因条件。对于正当防卫起因条件的"不法侵害"，有如下几点值得注意：

其一，不法侵害的范围。不法侵害既包括犯罪行为，也包括其他违法行为，但并非泛指一切违法犯罪行为。首先，不法侵害包括犯罪行为与其他违法行为。因为犯罪行为与其他违法行为都是侵犯法益的行为，而法益都受法律保护，没有理由禁止公民对其他违法行为进行正当防卫。其次，并非对任何违法犯罪行为都可以进行防卫，只是对那些具有进攻性、破坏性和紧迫性的不法侵害，在采取正当防卫可以减轻或者避免危害结果的情况下，才宜进行正当防卫。例如，对于虚报注册资本、贿赂等犯罪行为，不能对之进行正当防卫。再次，不法侵害不限于故意不法侵害，对于过失的不法侵害，只要符合其他条件的，也可以进行正当防卫。最后，不法侵害不限于作为的不法侵害。对于不作为的不法侵害，如果只能由不作为人履行义务，需要进行正当防卫的，也可以进行正当防卫。

其二，不言而喻，对于主客观相统一的不法侵害当然可以进行正当防卫，但是，对于客观上违法，但没有达到刑事法定年龄的未成年人以及不具有辨认控制自己行为能力的人（如精神病人）的侵害，能否实施正当防卫,是争议激烈的问题。大陆法系国家采取客观违法性理论,所以,只要行为客观上侵害或者威胁了法益,便属于不法行为。易言之,没有达到刑事法定年龄的未成年人以及不具有辨认控制自己行为能力的人的侵害也属于不法侵害,对之当然可以进行正当防卫。但是,由于我国刑法理论的通说一直坚持主客观相统一的违法性观念,于是,不能将没有达到刑事法定年龄的未成年人以及不具有辨认控制自己行为能力的人的侵害认定为"不法"侵害,结局导致对该侵害不能实施正当防卫。但这种做法恐怕不具有合理性。因为防卫行为通常是防卫人在精神高度紧张且很短的时间内完成,此时要求防卫人认识到对方是否达到法定年龄、具有辨认控制能力并不具有现实性;此外,如果禁止对没有达到法定年龄的人以及不具有辨认控制能力的人的侵害实施正当防卫,则意味着背离了刑法设立正当防卫制度是为了击退不法侵害以保护法益的初衷。因此,基于国家对未成年人和精神病人的特殊保护的角度考虑,这种情况下,虽然允许实施正当防卫,但对防卫的必要性应作出比针对其他不法侵害人更为严格的限制。另有观点认为,行为人明知对方是没有达到法定年龄的人以及不具有辨认控制能力的人的侵害时仅可以实施紧急避险,而不是正当防卫,从而在避险行为限度上、违法性判断上均存在特殊性。

其三,针对动物的侵袭可否实施正当防卫。对此,应区分不同情况。在野生动物侵害法益时,理当可以进行反击,但不属于正当防卫,可能成立紧急避险。因为野生动物的侵害不能谓之"不法"。但是,对于有饲主的动物侵害他人的情况下,完全可以进行正当防卫。如果饲主唆使其饲养的动物侵害他人,此时动物是饲主进行不法侵害的工具,将该动物打死打伤的,事实上属于使用给不法侵害人造成财产损失的方法,进行正当防卫。如果有饲主的动物自发侵害他人,可以将动物的自发侵害行为视为饲主的过失侵害行为,因而仍然可以进行正当防卫。

不法侵害是正当防卫的起因,没有不法侵害,也就没有正当防卫可言。只有在不法侵害是真实地发生的情况下,才存在正当防卫的问题。因此,实际上并不存在不法侵害,但防卫人却误认为存在,因而对其实行了所谓正当防卫,造成他人的无辜损害,便成立假想防卫。假想防卫属于刑法中的认识错误,对于假想防卫应当按照对事实认识错误的一般原则解决其刑事责任问题：(1) 假想防卫不可能构成故意犯罪；(2) 如果行为人主观上存在过失，应以过失犯罪论处；(3) 如果行为人主观上没有罪过，其危害结果是由于不能预见的原因引起的，则是意外事件，行为人不负刑事责任。

(2) 不法侵害必须正在进行（时间条件）

不法侵害正在进行，是指不法侵害已经开始但尚未结束。刑法设立正当防卫制度的本旨是制止不法侵害以保护法益，因此，所谓不法侵害已经开始但尚未结束，就应当从防卫行为对于保护法益是否具有必要性的角度予以把握。具体而言，如果在当时情形下，实施防卫行为对于保护法益是必要的，或者说防卫行为对于保护法益具有意义，则应当认为不法侵害正在进行中；反之，则应当认为不法侵害尚未开始或者已经结束。但是，应如何判断不法侵害的开始与结束却并非易事，理论上存在较大分歧。对于不法侵害的开始时间，我国刑法理论上有进入侵害现场说、着手说、综合说（即"直接面临不法侵害的紧迫危险说以及综合说"）；不法侵害的结束时间，我国刑法理论上则有结果形成说、侵害停止说、逃离现场说和折中说，其中"折中说"认为，不法侵害是否结束并不存在统一的标准，只能具体情况具体分析，一般而言，具有下列情形之一的，就可以认为不法侵害已经结束：一是侵害者中止了不法侵害；二是侵害者被制服或者丧失了继续侵害的能力；三是侵害结果已经形成并且不可能及时挽回损失；四是不法侵害人离开侵害现场。①

对此，我国通说观点大体上可以归纳如下：

其一，不法侵害的开始时间，我国通说采用了"直接面临不法侵害的紧迫危险说"（即"综合说"）。这里应注意，"在未发生任何侵害行为时就已安装好的自动设备（如自动射击装置等），只要是足够安全设定，因而只能在出现侵犯的前提下发射时，只要同时满足了阻却违法事由的其他条件（如防卫必要性），只能伤害侵犯者本人，那么也是允许的"②。之所以如此，一则是因为此时的防卫装置相当于防卫人的防卫工具；二

---

① 高铭暄主编：《刑法专论》（上编），高等教育出版社2002年版，第436—437页。
② [德] 冈特·施特拉滕韦特、洛塔尔·库伦：《刑法总论Ⅰ——犯罪论》，杨萌译，法律出版社2006年版，第164页。

则是因为防卫装置只有在不法侵害正在发生时才发挥作用,因而满足了正当防卫的时间条件。当然,设立防卫装置的行为所造成的风险应由防卫装置设立者承担。例如,防卫装置导致无辜者伤亡的,行为人应承担相应的法律责任。

其二,不法侵害的结束时间,我国通说实质上采用了"结果形成时间说"和"有效的侵害停止时间说"的"综合说"(而非"折中说")。具体包括两种情形:一是"结果形成时间说",即不法侵害已经完成或者不法侵害结果已经形成的时间是不法侵害的结束时间;二是"有效的侵害停止时间说",即不法侵害人成功逃离现场的时间(即"成功逃离现场说")、已经被制服或者受伤而失去不法侵害能力的时间(即"不法侵害能力丧失说")、已经确信无疑地放弃不法侵害的时间(即"放弃不法侵害说"),也应该成为不法侵害的结束时间。

因此,在不法侵害尚未开始或者已经结束时,进行所谓"防卫"的,称为防卫不适时。防卫不适时分为两种形式:事前防卫,指在不法侵害尚未开始的时候所采取的所谓防卫行为。由于在这种情况下,不法侵害没有现实地发生,因此,其行为不得视为正当防卫;事后防卫,指不法侵害终止以后,对不法侵害人的所谓防卫。公民实施防卫行为,已使不法侵害人丧失了侵害能力,有效地制止了不法侵害以后,又对不法侵害人实施侵害的,属于不法行为。这种不法侵害行为构成犯罪的,应当负刑事责任。[1] 这是一个描述性的理论研究成果简介,但是其对于判断某些关涉特别防卫的法理争议却具有理论价值。

**【案例】广州少女旋某刺死性侵大叔案**[2]

2011年5月28日晚,90后少女旋某打算从广州火车站乘车前往厦门,但未买到当日车票,因无钱住宿,旋某轻信主动搭讪的"好心大叔"杨某,跟随对方到出租屋休息,却遭遇对方实施的性侵犯,慌乱之间旋某拔下电视机墙上挂着的军用匕首与杨某发生争斗,争斗过程中旋某双

---

[1] 魏东主编:《刑法:原理·图解·案例·司考》,中国民主法制出版社2016年版,第77页。

[2] 案例来源参见魏东、钟凯《特别防卫权的规范解释与滥用责任》,《国家检察官学院学报》2013年第6期。

手持刀连捅杨某数刀，致其受伤倒在床上。随后，在旋某准备离开时，其又"担心杨某未死会事后报复"，又持刀砍刺杨某的头部数刀并致杨某当场死亡。

**【判决】**

2011年9月10日，广州市中级人民法院一审裁判认为，旋某在实施正当防卫之后继续持刀故意杀害已丧失侵害能力的被害人杨某，其行为已构成故意杀人罪。鉴于杨某有先行侵犯被告人的人身权利的事实，且被告人犯罪时年仅18周岁，故依法予以从轻处罚，判处旋某有期徒刑4年。

**【分歧】**

除了辩护人认为无罪外，笔者组稿的5篇稿子中，有2篇论文作者认为无罪（刘远和高维俭），[①] 有2篇论文作者认为有罪（魏东、钟凯及胡东飞），[②] 还有一篇论文作者没有表态（李运才）。其中笔者、钟凯和胡东飞认为有罪的法理根据是"事后防卫理论"（肯定论），刘远和高维俭主张无罪的法理根据也是"事后防卫理论"（否定论）。

**【法理分析】**

不法侵害的结束时间，笔者前面总结了兼采"结果形成时间说"和"有效的侵害停止时间说"的"综合说"。就本案而言，关键是判断是否可以根据"有效的侵害停止时间说"来判断性侵大叔是否已经被制服或者受伤而失去不法侵害能力的时间（"不法侵害能力丧失说"）？笔者、钟凯和胡东飞的观点以及法院判决的观点，应当说都是肯定判断，认为性侵大叔已经被砍杀数刀并倒在床上，已经可以说是确信无疑地丧失了不法侵害能力（"不法侵害能力丧失说"），应当认定为不法侵害已经结束，在旋某已经离开被害人并且已经到门口后，不能再转回去进行第二轮砍杀，因此旋某在不法侵害已经结束之后的第二轮砍杀行为不属于正当防卫，而只能解释为事后防卫（构成故意杀人罪）。

---

[①] 参见刘远、孙丽《司法逻辑中的事后防卫》，《国家检察官学院学报》2013年第6期；高维俭、梅文娟《防卫行为之社会相当性判断》，《国家检察官学院学报》2013年第6期。

[②] 参见魏东、钟凯《特别防卫权的规范解释与滥用责任》，《国家检察官学院学报》2013年第6期；胡东飞《正当防卫的时间条件》，《国家检察官学院学报》2013年第6期。

但是，持否定论的学者（刘远和高维俭）认为：其一，肯定论的错误在于，一方面站在"事后判断的指控视角"而不是"事中（或者事前）判断的辩护视角"看问题，另一方面将"事后"机械地理解为"不法侵害结束之后"而不是实质地理解为"（不法侵害）持续性影响的当场平复之后"，那么，按照"（不法侵害）持续性影响的当场平复之后"来审查，旋某遭受生命威胁的性侵在离开性侵大叔房屋之前始终没有平复、始终不能评判为"事后"，旋某在这种紧张惊恐状态之中、在这种"（不法侵害）持续性影响的当场平复"之前就仍然有权进行正当防卫，不能认定为事后防卫，而应成立正当防卫（刘远）。① 其二，肯定论的错误还在于，简单地以法益衡量说和结果无价值说来判断防卫行为，从而得出了本案是事后防卫的错误结论；但是，若以社会相当性为判断标准（社会相当性说），只要从事实层面的判断即从社会经验看该行为是通常情理之中的行为，从价值层面的判断即从伦理观念看该行为是合适的，就可以判定该行为是合法、合理的。本案中不法侵害者是一个身强体壮的男人，被告人是一个刚满 18 周岁的弱女子，在力量对比上可谓悬殊，被告人当时面临被强奸和被杀死的双重威胁，心理必定十分恐惧，在此情形下按照"刚满 18 周岁女子"这样一个社会群体的生活经验和一般观念判断，该男子是有可能会起来杀人的，因此，被告人的防卫行为是通常情理之中的、合适的行为，这样的分析可以得出结论："90 后少女刺死性侵大叔案"被告人的行为应当成立正当防卫。②

但是，笔者认为，不法侵害的结束时间，应采用我国通说即"结果形成时间说"和"有效的侵害停止时间说"的"综合说"，结合正当防卫的正当化根据论"优越的利益保护原理"和"法确证原理"，必须兼顾好依法维护防卫人的合法权益和法秩序，才能公平合理地认定正当防卫。特别防卫权只能是正当防卫权的提示性规定，根本上不能超越正当防卫一般法理，根本上必须坚持正当防卫的正当化根据论"优越的利益保护原理"和"法确证原理"；对于特别防卫中"持续性"防卫行为致死不

---

① 参见刘远、孙丽《司法逻辑中的事后防卫》，《国家检察官学院学报》2013 年第 6 期。
② 参见高维俭、梅文娟《防卫行为之社会相当性判断》，《国家检察官学院学报》2013 年第 6 期。

法侵害人依法可以认定其正当防卫性和合法性，但是对于特别防卫中已经中断了防卫行为之后、在不法侵害人已经丧失侵害能力或者已经被制服之后的"非持续性"打击行为，依法不能认定为正当防卫行为，这种观点可以说是特别防卫权可权衡性丧失原理（特别防卫权可权衡性丧失说）的基本结论。

关于"持续性"防卫行为致死不法侵害人的理论见解，笔者注意到张明楷也有相类似的看法。张明楷指出："对于在不法侵害结束后短暂时间内实施的一体化的防卫行为，不应认定为独立的犯罪，充其量只能认定为防卫过当（量的过当）"，但是"不应认定为防卫不适时"，因为"防卫人基于一个行为意志发动的防卫行为，只要在客观上具有持续性或者连续性，就可以评价为一体化的防卫行为，而不应当进行人为的分割"。[1] 显然，本案旋某第二轮砍杀行为不是防卫行为的持续性的、不间断性的行为，只能评价为事后防卫。

（3）必须针对不法侵害人本人进行防卫（对象条件）

正当防卫是通过对不法侵害人造成一定损害的方法，使国家、公共利益、本人或者他人的人身、财产等合法权利免受正在进行的不法侵害的行为。正当防卫的性质决定了它只能通过对不法侵害人的人身或者财产造成一定损害的方法来实现防卫意图。针对不法侵害人进行防卫包括两种情况：一是针对不法侵害人的人身进行防卫。二是针对不法侵害人的财产进行防卫，即当不法侵害人使用自己的财产作为犯罪工具或者手段时，如果能够起到制止不法侵害、保护法益的作用，则可以通过损毁财产进行正当防卫。

值得注意的是，司法实践中可能出现防卫第三者的情形，即对并非不法侵害人的第三者实行了所谓"正当防卫"。显然，针对不法侵害人之外的第三者实施的防卫不是正当防卫。对于防卫第三者应当根据不同情况处理：（1）防卫第三者而符合紧急避险的条件的，应以紧急避险论，不负刑事责任；（2）如果故意针对第三者进行所谓防卫，应作为故意犯罪处理；（3）如果误认为第三者是不法侵害人而进行所谓防卫的，则作为假想防卫处理。

---

[1] 张明楷：《刑法学（上）》（第五版），法律出版社2016年版，第204页。

### (4) 防卫意识（主观条件）

我国刑法理论的通说认为，正当防卫是主客观相统一的行为，因此，只有具有防卫意识时，才可能成立正当防卫。防卫意识包括防卫认识与防卫意志。防卫认识，是指防卫人认识到不法侵害正在进行；防卫意志，是指防卫人出于保护国家、公共利益、本人或者他人的人身、财产和其他权利免受正在进行的不法侵害的目的。

根据防卫意识必要说，我国刑法理论的通说认为，偶然防卫、防卫挑拨与相互斗殴行为不成立正当防卫。

所谓偶然防卫，是指故意或者过失侵害他人法益的行为，恰好符合了正当防卫客观条件的情况。如甲故意枪击乙时，乙刚好正在持枪瞄准丙实施故意杀人行为，但甲对乙的行为一无所知。这种情形下，由于甲并未认识到乙正在实施故意的杀人行为，也没有意识到自己的开枪行为是为了保护丙的生命，因而欠缺防卫意识，不属于正当防卫，构成故意杀人罪。

所谓防卫挑拨，是指为了侵害对方，故意引起对方先对自己进行侵害，然后以正当防卫为借口，给对方造成侵害的行为。这种行为同样不具有防卫意识，不是正当防卫，而是故意犯罪。

所谓相互斗殴，是指双方均以侵害对方身体的意图进行相互攻击的行为。由于斗殴双方具有积极地不法侵害对方的意图与行为，客观上也是侵犯对方法益的行为，故不属于正当防卫（此即所谓"斗殴无防卫"），符合构成要件的，成立聚众斗殴罪、故意伤害罪等。但是，在斗殴中，也可能出现正当防卫的前提条件，因而也可能进行正当防卫：其一，在相互斗殴中，一方跪地求饶或者逃走，另一方继续侵害的，"斗殴"事实上已经结束，前者可以进行正当防卫。不难看出，这种情形已不属于相互斗殴。其二，在一般性的轻微斗殴中，一方突然使用杀伤力很强的凶器，另一方生命受到严重威胁的，后者可以进行正当防卫。

但是，需要说明的是，主张成立正当防卫需要以防卫人具备防卫意识为前提的观点历来受到了部分学者的质疑，存在防卫意识必要说与防卫意识不要说的学术之争。例如，我国有学者主张防卫意识不要说，指出，基于结果无价值论的立场，在偶然防卫的场合，虽然防卫人主观上不具有防卫意识，但由于防卫行为在客观上并未侵犯法益，即不具有违法性，故不得以犯罪论处，相反，应认定为正当防卫。[①] 应当承认，司法实践中大量的防卫行为都是防卫人在精神高度紧张的状态下进行的，且防卫行为往往是在短暂的时间内完成的，因此，如果严格要求成立正当防卫以具备防卫意识为前提，则可能导致基于兴奋、愤怒等进行的防卫行为并不成立正当防卫。那么，如何看待防卫意识问题，值得理论思考。

笔者认为，防卫意识必要说具有更大的合理性，应该坚持一种包容的防卫意识必要说（缓和的防卫意识必要说）。亦即行为人主观上必须有防卫意识，但是这种防卫意识只要求行为人对"正在进行的不法侵害"有认识即可，在此基础上应当一般性地承认行为人具有包容各种复杂心理状态的防卫意识，从而避免防卫意识上的道德洁癖观，这种立场可谓包容的防卫意识必要说。例如，行为人在认识到"正在进行的不法侵害"的条件下，基于反抗、报复、惩罚、紧张等各种心理状态下实施的反击行为，均成立防卫意识（包容的防卫意识必要说）和防卫行为。

那么，基于包容的防卫意识必要说立场，有必要重新审视偶然防卫、防卫挑拨与相互斗殴的传统理论。这里以防卫挑拨与相互斗殴为例，理论上可以作如下研讨：

其一，关于防卫挑拨。

防卫挑拨的法理可以概括阐释为：挑拨者防卫权的受限制性与可权衡性丧失，而不是决绝的完全丧失。例如，德国刑法学将防卫挑拨区分为不可非难的防卫挑拨与可非难的防卫挑拨，并作出区别处理。尽管防卫挑拨还与自招损害、自招危险理论有关，但是从正当防卫（权）的受限制性和可权衡性丧失的视角对防卫挑拨展开理论研讨仍有特别价值。

一是不可非难的防卫挑拨。不可非难的防卫挑拨，又叫合法的防卫挑拨，具体可以分为三种情形：权利人合法范围内的防卫挑拨、职务行为合法范围内的防卫挑拨、不被禁止并且应予容忍的防卫挑拨。（1）权利人合法范围内的防卫挑拨。是指私权利所有者在合法范围内所进行的防卫挑拨。权利人的防卫挑拨这种情形下，被挑拨者进行攻击时，挑拨者有权进行防卫并且其防卫权不受额外限制。例如，房屋所有权人（吴先生）用刀子对抗一名攻击者，用语言（你不敢阻拦我进入房屋并攻击

---

[①] 参见张明楷《刑法学》，法律出版社2011年版，第198—199页。

我）和动作（用刀子对抗）刺激攻击者进行防卫挑拨，结果被挑拨者对权利人进行攻击，权利人进行了防卫，对此，德国法院曾经判决权利人因为"已经挑起了一种攻击"而不能进行防卫，但是这种判决"受到了人们异口同声的拒绝，因为一个人在使用自己的良好权利时，这种权利也必须允许不受限制地得到捍卫，不管其他人在这个权利的使用中是否感受到了挑衅，都是一样的"，并且后来德国法院改正了错误立场，认为"被攻击者的一种在社会道德上不应当被拒绝的先举止行为，也不能够导致对其紧急防卫权的一种限制"。①（2）职务行为合法范围内的防卫挑拨。是指公权力执行者在合法范围内所进行的防卫挑拨。例如，"一个正在执行自己职务的警察或者法院执行官，就是一个合法行为的人，即使在他希望通过自己符合义务的干预措施来挑拨有关人，并在紧急防卫中去捉弄那个人一下的时候，他也能够保持有完整的紧急防卫权。这里要求的仅仅是，所有人应当合法地实施行为。至于他们以什么样的思想意识去进行自己的行为，是法律所不关心的"，紧急防卫权也不能因此而被削减。②（3）不被禁止并且应予容忍的防卫挑拨。罗克辛指出，"只要是不被禁止的（例如，不具有侮辱性的嘲笑），人们就必须根据法律加以容忍或者以其人之道还治其人之身"，如果这种情形下被挑拨者对挑拨者进行攻击，则挑拨者"就要不折不扣地保护法（也包括不是道德的时候）"。③

综上可见，权利人合法范围内的防卫挑拨、职务行为合法范围内的防卫挑拨、不被禁止并且应予容忍的防卫挑拨，通常不会导致挑拨者的防卫权的削减，挑拨者可以行使完整的防卫权。可以认为，不可非难的防卫挑拨这一概念本身，就有其独特的法理价值，其有利于破除某种绝对化地否定防卫挑拨者的防卫权的机械主义和绝对主义的学术观点，有利于法理上对防卫权进行实质主义的非"道德洁癖"式的正当性审查。

---

① ［德］克劳斯·罗克辛：《德国刑法学 总论（第1卷）》，王世洲译，法律出版社2005年版，第448页。
② ［德］克劳斯·罗克辛：《德国刑法学 总论（第1卷）》，王世洲译，法律出版社2005年版，第445—446页。
③ ［德］克劳斯·罗克辛：《德国刑法学 总论（第1卷）》，王世洲译，法律出版社2005年版，第449页。

二是可非难的防卫挑拨。可非难的防卫挑拨，是指故意通过实施违反社会伦理价值举止的挑衅行为（包括违法犯罪行为），挑起他人进行攻击。因此，过失行为所引起的攻击，不属于防卫挑拨（因为其不属于"以损害的意图挑起他人进行攻击"）。不过，广义的防卫挑拨，也可以包括过失的防卫挑拨，因为过失而使得他人"客观上"受到挑拨并引起他人的攻击，则过失行为人（过失的防卫挑拨者）应有适当的克制和容忍义务，从而在实质上可以适用可非难的防卫挑拨原理。

可非难的防卫挑拨，根据防卫人的主观意思内容还可以进一步区分为以下两种：可非难的无意图式防卫挑拨、可非难的意图式防卫挑拨。[①] 可非难的无意图式防卫挑拨，是指行为人故意地刺激他人，引发他人的不法侵害或者攻击行为，但是行为人并非意图通过反击进一步侵害他人的权利。可非难的意图式防卫挑拨，是指行为人故意地刺激他人，引发他人的不法侵害或者攻击行为，以便造成正当防卫的客观状态后，而对攻击人实施攻击性的防卫行为。这种区分有其独特意义，前者类似于日常生活中"开玩笑"过头的情形，尽管挑拨者有错，但是其并非基于进一步借机侵害被挑拨者的违法动机，而后者则是有预谋地以防卫为借口对被挑拨者进行进一步的侵害，因此在法理上对此两种不同情形应当作出区别处理。

对于可非难的意图式防卫挑拨，尤其是对于实施严重违法犯罪行为进行防卫挑拨的，原则上坚持防御性防卫权丧失说，不准许挑拨人进行防御性防卫（攻击性防卫），而仅准许实施保护性防卫，如呼救、求助、退让或者躲避等（防卫权削减论、保护性防卫权保留论）。其法理在于：挑拨人实施严重违法犯罪行为，已经符合正当防卫的法定条件，被防卫人通常情况下不得针对防卫行为进行"逆"防卫（防御性防卫权丧失说）。

对于可非难的无意图式防卫挑拨，故意挑衅者是否有防卫权？德国刑法学有争议，大致有以下三种观点：（1）"完全的紧急防卫权说"。即认为，可非难、无意图的故意挑衅者有"完全的紧急防卫权"，其理由是：这种挑衅并不使攻击具有合法性，因此不允许使被攻击者处于毫无

---

[①] 参见储陈城《防卫挑拨之正当防卫权丧失与限制》，《刑事法判解》2014 年第 1 期。

保护的境地。(2)"保护性防卫说"(防御性防卫权丧失说)。即认为，可非难、无意图的故意挑衅者承担躲避和容忍轻微损害的义务("小心克制的义务")，但是"在缺乏躲避可能性时"为他保留紧急防卫权，通常是"保护性防卫"(如通过退避和请求他人帮助能够使攻击者停下来的保护性防卫措施)就够了，而不允许进行"防御性防卫"(从事伤害性的反攻击)。(3)"保护性防卫无效时可转向防御性防卫说"(防御性防卫权限制说)。即认为，可非难、无意图的故意挑衅者并非完全丧失防御性防卫权，而是在原则上应当坚持"保护性防卫说"的基础上，在采取保护性防卫措施后仍然面临严重侵害时可以进行防御性防卫。其具体主张是：挑拨人"小心克制的义务也不是无止境地持续的，而是'在由防卫人进行的较轻的防卫形式持续地没有效果时，就仿佛被用尽了'"，在面临严重威胁时，可以转向进行防御性防卫，包括"使用一种可能致命的防卫手段就也是允许的"。例如，一个人用体操鞋踩一辆车，在他逃跑不成被该车的司机追上时，可以在警告无效之后，从最近处射出致命的子弹，以防卫比他强壮的追击者的攻击。如果挑拨行为本身是正在进行的不法侵害，被挑拨者对挑拨者的攻击本身就属于正当防卫，挑拨者通常不能进行防御性防卫(但是允许进行保护性防卫)。① 可见，"防御性防卫权限制说"是对"保护性防卫说"的进一步具体化和补充，赋予了挑拨人在保护性防卫无效时可转向防御性防卫的权利。

在可非难的无意图式防卫挑拨的上列观点中，目前德国通说是第三种观点，即"保护性防卫无效时可转向防御性防卫说"。如果防卫挑拨者没有尽力恪守"小心克制的义务"和"保护性防卫"，而是直接实施防御性防卫的话，则防卫挑拨者应当承担直接故意犯罪的罪责。例如，德国"杨巴案"的案情和法理。② (1)案情。被告人和乘客杨巴一同乘坐在一节头等车厢里，在该车厢前站着许多在二等车厢里找不到位置坐的乘客。但检查车票的时候，杨巴买了张二等车厢的票，在检票员的要求下，他

---

① 参见［德］克劳斯·罗克辛《德国刑法学 总论（第1卷）》，王世洲译，法律出版社2005年版，第447—449页。
② ［德］克劳斯·罗克辛：《德国最高法院判例刑法总论》，何庆仁、蔡桂生译，中国人民大学出版社2012年版，第46—48页。

离开了一等车厢,但是不久就又返回坐到他的老位置上。杨巴有轻到中度的酗酒,还带着一瓶已打开的罐头啤酒,啤酒味充满了整节车厢。被告人觉得杨巴干扰了他,于是决定用冷风将他"冻出"车厢。他便打开窗户,杨巴感到冷,便站起来关上窗户。被告人再次打开窗户,杨巴又重新关上。这个过程重复了好几次,然后两者发生言语争执,争执过程中,杨巴声音越来越粗。当被告人第三次打开窗户后,杨巴再次关上,并拧起拳头威胁被告人,说若再次开窗就揍他。紧接着,被告人从自己身旁挂着的夹克的口袋里抽出一把旅行刀,刀刃清晰可见。他告诉杨巴,他可以用刀来防卫攻击。他以为这把刀可以吓住杨巴,于是就重新打开窗户。这时,杨巴跳起,用双手抓住正要坐回座位的被告人的脸。被告人就拿出刀,"无目的地朝上乱戳",并捅到附在他上面的杨巴的上腹,伤口约十厘米深。杨巴退了回去。"这时"被告人可以站起来了。两人在车厢里厮打起来。当天晚上,杨巴由于上腹受伤就死了。州法院认定被告人并无杀人故意,伤害致死可通过正当防卫加以正当化。联邦最高法院推翻了该认定,判决被告人有罪。(2)法理。其一,被害人杨巴的行为"并没有实施任何违法挑衅",只有被告人实施了违法的防卫挑拨。为什么说杨巴没有违法挑衅,是因为杨巴跑到一等车厢里坐座位,和被告人没有任何关系,而且也不是针对被告人的,只有铁路部门可以感受到受到了挑衅;而"散布啤酒味"同样也不是针对被告人的违法举止,在铁路客运里啤酒是允许的,并且在大多数情况下人们还可以在火车里自助购买啤酒,啤酒味和其他不好闻的气味都是乘客们必须容忍的;而且被告人完全可以到一等车厢的其他节车厢中再找到位子就座。其二,即使认定杨巴进行了防卫挑拨(违法挑衅),那么,如果受攻击者只是针对违法挑衅作出相应的反挑衅的举动,则不能因此而限制其正当防卫权。比如,甲骂乙,而乙以其人之道还治其人之身(乙也骂甲),那么,如果甲升级为动手打人的话,乙的正当防卫权就不因此受限。其三,被告人"想要通过打开火车包厢的窗户而把另一个人从包厢中驱赶出去",是"一种在分量上不亚于严重侮辱的蔑视",因而"应当足以作为限制紧急防卫的挑衅"。①

---

① [德]克劳斯·罗克辛:《德国刑法学 总论(第1卷)》,王世洲译,法律出版社2005年版,第449页。

其四，综合全案看，只有被告人实施了针对杨巴的防卫挑拨，从而被告人只能遵守这种情况下所存在的限制进行防卫、"保护性防卫"，而不能采取"防御性防卫"，即"在本案中这意味着：他不能使用刀具，在必要的情形下，必须求助于他人"。由于被告人（防卫挑拨人）没有经过"保护性防卫"而直接实施了"防御性防卫"并致死杨巴，因此不成立正当防卫，应承担故意伤害致死的罪责。

笔者认为，可非难的防卫挑拨尽管在逻辑上可以进一步区分为可非难的无意图式防卫挑拨与可非难的意图式防卫挑拨，但是在实际操作层面应当说存在难以克服的困境，即在判断挑拨者主观上有无进一步伤害被挑拨者的"意图"时难免存在类似于倾向犯内心动机判断一样的认识论困境，有过度依赖于当事人口供言说的缺陷，在狡猾的当事人矢口否认"意图"时尤其难以准确判断可非难的防卫挑拨的具体类型，因此，对可非难的防卫挑拨再进行具体区分的意义有限。有鉴于此，笔者认为，应当赋予所有的可非难的防卫挑拨之行为人均具有首先尽力恪守"小心克制的义务"和"保护性防卫"的前置条件，只有在首先恪守这一义务之后方可以进行有限度的防御性防卫措施的权利，亦即可以一体化地坚持"保护性防卫无效时可转向防御性防卫说"的基本立场；但是，对于实施严重违法犯罪行为进行防卫挑拨的，原则上应坚持防御性防卫权丧失说，即在实施严重违法犯罪行为进行防卫挑拨的情形之下应当确认挑拨者的防卫权可权衡性丧失，即不承认挑拨者具有防卫权。

此外需要注意的问题是：广义的防卫挑拨，还包括过失的防卫挑拨。理论上可以认为，对于过失的防卫挑拨，可以借鉴适用"保护性防卫无效时可转向防御性防卫说"。如：德国"芬兰刀案"值得研究。（1）案情。被告人从停车场将一辆他之前偷来的汽车开走，但他刚到了停在旁边的汽车，并和另一辆汽车撞到一起。为了避免别人记下他的详细资料，他继续朝前开。而他损坏的第二辆车的司机R对他紧追不舍。后来在公路上遇到红灯时，被告人下车逃走，但R依然紧追不舍并向他大喊要杀死他。当R追上被告人时，R赤手打了他几拳头，这时被告人掏出一把芬兰刀捅死了R。（2）法理。针对此案的裁判结果不是很清楚，但是罗克辛归纳出了针对负有责任地挑起了正当防卫情形下的正当防卫权的"四个限制性应对措施"（四个门槛）：一是尽可能地躲避；二是然后才可以发展为"攻击防卫"（防御性防卫）之前实施"紧急避险性防卫"；三是至少首先只能采取效果不那么肯定的防卫措施，（例如他必须试图先用拳头阻止攻击者，而不是马上就动刀动枪，同时他必须容忍轻度的侵害危险）；四是挑衅者必须寻求他人帮助（如果这样做可以赶走攻击者，或者使得防卫手段对攻击者危险性更小的话）。罗克辛认为，"在四个限制性应对措施都不奏效时，在必要的情况下，他也可以开枪"；但是，在蓄意挑衅时，"根据判例和主流学说，在这种情况下，挑衅者完全丧失正当防卫的权利，并将被认定为故意侵害（乃至杀害）对方，而受到处罚。这是在正当防卫的借口之下人为操纵的攻击；这样主张正当防卫乃是权利滥用……他不需要受到保护，因为他从一开始这样操纵了局势，以至于别人都吃亏了！因而，否定他的正当防卫权是正确的"。[1] 从罗克辛归纳的四个门槛（四个限制性应对措施）看，本案被告人作为违法挑衅者尽到了"小心克制的义务"并妥当地实施了"保护性防卫"以及从"保护性防卫"转向"防御性防卫"的过程，应当认定被告人行为的合法性（正当防卫）。

综上可见，防卫挑拨的行为人既不是完全丧失防卫权（防御性防卫权丧失），也不是完整地拥有防卫权，而是拥有受限制的、可权衡性丧失的防卫权（防御性防卫权削减），其根本法理正在于包容的防卫意识必要说，以此为据具体地区分防卫挑拨的不同情形并作出不同处理。

中国传统刑法学防卫挑拨理论相对来说显得简单、武断一些，理论系统的质量和体量均显得不够，在相当程度上无法为合理解决复杂多样的防卫挑拨司法实践提供必要的理论指导。如中国较为权威的刑法学教科书指出：因为不法侵害由挑拨者故意诱发，挑拨者主观上不具备防卫意图，反而出于侵害意图，因此其所谓的防卫实质上是有预谋的不法侵害行为；对防卫挑拨要予以依法惩处，构成犯罪的要追究其刑事责任。[2] 这样的论断显然过于简单、武断，无法有效地指导司法实践。

---

[1] ［德］克劳斯·罗克辛：《德国最高法院判例刑法总论》，何庆仁、蔡桂生译，中国人民大学出版社2012年版，第41—43页。

[2] 高铭暄、马克昌主编：《刑法学（第八版）》，北京大学出版社、高等教育出版社2017年版，第131页。

德国案例和德国理论对于我国是有启发性、借鉴性的，尽管德国正当防卫在全世界都是非常有名的"宽泛和凌厉"，但是其细密的理论构建和法理分析价值巨大。因此，当下中国刑法学应借鉴吸纳德国刑法学防卫挑拨理论知识，逐步获得理论增量并走向成熟理性。根据正当防卫的正当化根据论"优越的利益保护原理"和"法确证原理"，由于挑拨者引起了他人的侵害行为，挑拨者的利益通常不存在优于不法侵害者的利益，即挑拨者并不处于优越地位，因而挑拨者的防卫权削减甚至丧失（可权衡性丧失的防卫权）成为一个基本原则。首先，对于仅仅违反社会伦理价值的或者轻微违法行为的防卫挑拨（尤其是"可非难的无意图式防卫挑拨"），原则上应当采取"保护性防卫说"（退让或者寻求他人保护），挑拨者具有"小心克制的义务"，在此前提下，如果面临严重威胁时，可以转向进行防御性防卫，包括造成被挑拨者的伤亡，但是应注意审查是否属于"明显超过必要限度造成重大损害"（防卫过当）。其次，对于挑拨行为本身是正在进行的严重不法侵害（尤其是"可非难的意图式防卫挑拨"），被挑拨者对挑拨者的攻击本身就属于正当防卫，挑拨者通常不能进行防御性防卫（即防御性防卫权丧失，但是允许进行保护性防卫），只有在被挑拨者严重超越挑衅强度时并且经过保护性防卫措施仍然无效之后才可以特别地准许防御性防卫。

**【案例】"周巧瑜故意伤害案"**[①]

2012年12月24日21时许，周巧瑜和丈夫张某途经北京市昌平区北七家镇平西府村村口红绿灯处，因被害人朱某（男，殁年27岁）的朋友段某驾车拉载朱某、刘某等人险些撞到张某和周巧瑜，周巧瑜的丈夫对此表示了不满（被告方说是瞪了一眼，被害方说是骂了他们）而发生口角，朱某下车同周巧瑜的丈夫发生抓扯并互殴。互殴过程中，周巧瑜使用捡拾的水泥板砸击朱某头部，造成朱某因颅脑损伤于同年12月30日抢救无效死亡。

本案一审法院判决认定被告人周巧瑜是在互殴中将朱某故意伤害致死，因此构成故意伤害罪，在有自首情节的情况下，判处周巧瑜有期徒刑13年。本案二审法院改判（因被告人上诉），仍然维持了一审判决的

---

① 陈兴良：《互殴与防卫的界限》，《法学》2015年第6期。

定性，即认定"双方因交通问题发生纠纷，进而发生互殴，各自的行为缺乏防卫性质"，但改判为有期徒刑8年。

问题一：周巧瑜夫妇是否构成防卫挑拨？

对此问题的回答应注意：第一，当"被害方有错在先，被告方表示不满"（即使言语激烈），通常不构成防卫挑拨，因而在对方实施攻击时可以成立防卫。第二，即使存在"生气骂人"，也只构成"不可非难的防卫挑拨"，因而在对方实施攻击时可以成立防卫。第三，即使存在"辱骂"，也只构成"可非难的无意图式防卫挑拨"，仍然可以按照"保护性防卫无效时可转向防御性防卫说"（防御性防卫权限制说），在自身面临着对方人数众多严重伤害之时可以进行防御性防卫，依法成立正当防卫（或者防卫过当）。

问题二：周巧瑜夫妇是否与朱某等人构成互殴？

一审判决明确认定周巧瑜夫妇同朱某等人构成互殴，因此判处周巧瑜有期徒刑13年（二审改判为8年）。对此，陈兴良认为，本案不宜认定为互殴（而应认定周巧瑜夫妇的行为具有防卫性质），理由在于"双方事先没有斗殴意图"，"先动手的一方是不法侵害，后动手的一方具有防卫性"，因此本案"至少应当认定为防卫过当"。

此外还应注意一个问题：防卫挑拨的当场性问题。挑拨人当场进行防卫挑拨、被挑拨人当场实施侵害行为或者防卫行为、挑拨人当场针对被挑拨人实施反击，通常的防卫挑拨情形具有这样"三个当场"，比较好判断。但是，如果防卫挑拨行为已经进行完毕（结束）之后，被挑拨人再寻找挑拨人实施侵害行为，则需要考虑"非当场性"这种特殊性。因为，针对以不法侵害行为当场进行防卫挑拨的挑拨人，被挑拨人有权直接实施防卫行为，而挑拨人通常无权进行逆向的防卫（逆防卫）；但是，如果作为防卫挑拨手段的这种不法侵害行为已经时过境迁而不具有当场性的时候，被挑拨人在事后并不能获得防卫权（而只有控告权），因此，被挑拨人事后对挑拨人实施攻击行为时（事后报复），挑拨人通常有权进行正当防卫（完整的防卫权），尤其在挑拨人实施了明显的退让性、警告性措施仍然无法阻止攻击行为之后有权进行正当防卫（自招危险避险论、保护性防卫论、保护性防卫转向防御性防卫论）。

其二，关于互相斗殴。

这里主要涉及的问题是：正当防卫与互殴的界限问题。陈兴良讨论过这个问题。陈兴良认为：互殴与防卫之间存在着对立关系，即互殴可以否定防卫，而防卫则需要排除互殴；在双方互相的对打中，先动手的一方一般属于侵害方，后动手的一方属于防卫方，但是，后动手一方的反击行为，在具有事先斗殴意图的情况下可以否定其行为的防卫性；在预期的侵害场合，具有积极的加害意思则否定行为的防卫性，如果是事先准备工具，在受到他人侵害的情况下利用事先准备的工具实施反击行为，则应当认定其行为具有防卫性。① 例如，"厦门市胡咏平故意伤害案"和"常熟市何强、曾勇等人聚众斗殴案"。

**【案例】"厦门市胡某某故意伤害案"**②

2002年3月19日下午3时许，被告人胡某某在厦门市某公司上班期间，与同事张某某（在逃）因搬材料问题发生口角，张某某扬言下班后要找人殴打胡某某，并提前离厂。胡某某从同事处得知张某某的扬言后即准备了两根钢筋条磨成锐器藏在身上。当日下午5时许，张某某纠集邱某华（在逃）、邱某道在公司门口附近等候。在张某某指认后，邱某道上前拦住刚刚下班的胡某某，要把胡某某拉到路边。胡某某不从，邱某道遂打了胡某某两个耳光。胡某某即掏出一根钢筋条朝邱某道的左胸部刺去，并转身逃跑。张某某、邱某华见状，立即追赶并持钢管殴打胡某某。尔后，张某某、邱某华逃离现场，邱某道被送医院救治。经法医鉴定，邱某道左胸部被刺后导致休克、心脏压塞、心脏破裂，损伤程度为重伤。

**【判决】**厦门市杏林区人民法院认为，被告人胡某某在下班路上遭受被害人邱某道不法侵害时，即掏出钢筋条刺中邱某道，其行为属于防卫性质。被害人邱某道在殴打被告人胡某某时未使用凶器，其侵害行为尚未达到对被告人胡某某性命构成威胁的程度，被告人胡某某却使用凶器进行还击，致使被害人重伤，其防卫行为明显超过必要限度造成重大损害，属于防卫过当，构成故意伤害罪，但依法应当减轻处罚。据此，判决胡某某犯故意伤害罪，判处有期徒刑1年。

---

① 陈兴良：《互殴与防卫的界限》，《法学》2015年第6期。
② 本案来源及相关资料介绍参见陈兴良《互殴与防卫的界限》，《法学》2015年第6期。

**【法理】** 陈兴良评价指出：

在预期侵害的情况下，为了防御而准备工具的行为，能否由此推定为具有斗殴意图而否定此后反击行为的防卫性，这是一个关涉防卫与互殴区分的重要问题。本案判决认定被告人胡某某刺伤被害人邱某道的行为具有防卫性，这是完全正确的。但是以邱某道未使用凶器为由，认定胡某某的防卫行为超过了必要限度，则有所不妥。如果现场的不法侵害人只是邱某道一个人，这一认定当然是合理的，但现场除了邱某道，还有手持钢管的张某某和邱某华两个人。本案实际上是三个不法侵害人对一个人实施共同不法侵害。邱某道徒手打胡某某两个耳光，只是这一不法侵害的序幕而已。如果不是胡某某采取刺伤邱某道的防卫行为，张某某和邱某华就会对胡某某实施更为严重的不法侵害。即使是在胡某某刺伤邱某道以后，张某某、邱某华也立即追赶并持钢管殴打胡某某。由此可见，只是根据邱某道一人的侵害行为就认定胡某某的防卫行为过当，并不符合案件的实际情况。

进一步的法理审查中，厦门市杏林区人民检察院还是提出了抗诉，称胡某某的行为不属于防卫过当，理由如下：（1）胡某某主观上具有斗殴的故意。当他得知张某某扬言要叫人殴打他后，应当向公司领导报告以平息事态，后退让回避。而胡某某不但不报告，反而积极准备工具，说明他不惧怕威胁，有一种"逞能"心态——你敢叫人来打我，我就打你们，应推定其主观上具有斗殴的故意。（2）胡某某没有遭受正在进行的不法侵害。胡某某被打的两耳光属于轻微伤害，对其人身安全造成的危害并不是重大的和紧迫的，不属于"正在进行的不法侵害"，不具有防卫的前提条件。（3）胡某某客观上实施了故意伤害的行为。根据刑法理论，行为人只有在不法侵害确实已经发生，且迫不得已无法逃避时，才能就地取材或夺取对方工具进行防卫。但胡某某脸部被打后，本可以向周围群众呼救或逃跑，但他却立即掏出事先准备好的钢筋条捅刺对方，致对方重伤，属事前防卫，其行为已构成故意伤害罪。

针对厦门市杏林区人民检察院提出抗诉，陈兴良提出了以下批评意见：厦门市杏林区人民检察院抗诉意见，几乎囊括了我国一些司法机关对正当防卫的所有误解与曲解，主要的问题有：（1）将事先准备工具就推定为具有斗殴故意。不能简单地把面对不法侵害的防卫意图错误地推定为斗殴的故意，当人身受到威胁以后准备防卫工具可以说是人之常情，具有的正当性。法院判决也指出："行为人在人身受到威胁后但尚未受到危害前便准备工具的行为本身并不能说明是为了防卫还是斗殴，其目的只能根据相关事实和证据来确定，而不能恣意推测。"（2）正当防卫须出于迫不得已。我国刑法根本就没有规定正当防卫必须迫不得已，只是对紧急避险规定了迫不得已，在刑法理论上都以此作为正当防卫与紧急避险的区分之一。本案的裁判理由指出："抗诉机关认为，当一个人的人身安全面临威胁时，只能报告单位领导或公安机关，而不能作防卫准备，出门时只能徒手空拳，受到不法侵害时，只能呼救或逃跑，只有呼救或逃跑无效时才能就地取材或夺取对方工具进行防卫。这一观点显然不合情理，不利于公民合法权利的保护，也与正当防卫的立法精神相悖。"（3）防卫工具只能是就地取材或者是夺取对方工具。这也是对正当防卫的严重误解，没有任何一个法律或者司法解释规定，防卫工具只能是就地取材或者是夺取对方工具。①

**【案例】"常熟市何某、曾某等人聚众斗殴案"**②

2010年11—12月间，常熟市ZF投资咨询有限公司（以下简称ZF公司）法定代表人徐某某经他人介绍多次至澳门赌博，欠下曾某（另案处理）等人为其提供的巨额赌资。后曾某亲自或指使杨某、龚某、朱某（均另案处理）等人多次向徐某某讨要该笔赌债。2011年4月2日上午，何某与张某、陈某等人受徐某某指派与杨某等人就如何归还该笔赌债谈判未果。当日中午，何某在与杨某手机通话过程中发生言语冲突，后何某主动打电话给曾某时双方恶语相向、互有挑衅。何某随即三次打电话给张某并由张某纠集陈某、张某某、龙某某及李某某到ZF公司集中，准备了菜刀等工具。在这些准备工作完毕后，何某再次主动拨打曾某电话，通话中言语刺激、互相挑衅，再次导致矛盾升级激化。曾某便纠集杨某、龚某、胡某等人持刀赶至ZF公司办公室，何某、张某、陈某、张某某及李某某与曾某等人相互持械斗殴，造成何某及龚某、胡某受轻微伤，ZF公司部分物品损毁。

---

① 本案来源及相关资料介绍参见陈兴良《互殴与防卫的界限》，《法学》2015年第6期。
② 案情摘自江苏常熟市人民法院〔2011〕熟刑初字第0785号刑事判决书。

【指控与辩护】辩护人指出：在整个事件中，当事的6人是坐在自己单位的办公室里，不是在惹是生非，在对方非法讨债、拿着砍刀上门行凶时，不得已才反抗的，其行为特征是典型的正当防卫，而不应被定性为聚众斗殴。

【判决】法院判决全部涉案人员构成聚众斗殴罪（互相斗殴），认定何某等人的行为不构成正当防卫。

【法理分析】

本案在法理上存在较大争议：陈兴良认为应定性为聚众斗殴罪；储陈城认为应定性为防卫挑拨，却没有履行该退避义务，这就是何某等人最后没有被认定为构成正当防卫的真正原因；陈璇认为构成正当防卫，由于侵害人仅遭受轻微伤，故不存在防卫过当的可能。

陈兴良的学术分析。陈兴良将本案的性质归纳为"一方主动挑起斗殴，另一方被动参加聚众斗殴"的情形，并认为考察被动方的行为是聚众斗殴还是正当防卫，应当从起因是否合法、目的是否正当以及手段是否相当这三个方面进行分析。第一，就起因是否合法而言，正当防卫是正与不正之关系，而聚众斗殴是不正与不正之关系。在本案中，双方纠纷的起因是赌债，系非法利益之争，双方均为不法，是不正与不正之关系。就此而言，何某等人的行为并不符合正当防卫的起因合法性要件。第二，就目的是否正当而言，正当防卫是为了保护国家、公共利益、本人或者他人的人身、财产和其他权利，具有目的正当性。而聚众斗殴是为了争霸、泄愤或者满足其他非法欲求。从本案的情况看，整个斗殴是围绕赌债展开的：曾某一方的目的是实现非法债权，何某一方的目的是减免非法债务。当然，在斗殴过程中双方持械会给对方造成人身侵害，但因为整个事件是聚众斗殴，因此不能把在斗殴过程中为防护自身而抵御对方打斗的行为视为正当防卫。否则，任何打架加以分解都会变成互相的正当防卫，这显然是不能成立的。第三，就手段的相当性而言，聚众斗殴中一方突然加大侵害或者采取致命凶器进行侵害，仍然不能否认受到生命威胁的一方为保护自己的生命而采取正当防卫行为的权利。在本案中双方从一开始均系持械斗殴，曾某一方是持械打上门来，何某一方是早有预料事先准备刀具。在此情况下，双方进行的斗殴，造成的人员伤害，都构成了聚众斗殴罪。

陈兴良针对本案总结了两条法理：（1）归纳裁判规则，即"基于事先产生的斗殴意图所实施的反击行为，不能认定为正当防卫"的裁判规则。对于本案，如果仅从曾某等人持械进入何某等人所在公司进行斗殴这一过程看，很容易得出何某等人的行为属于正当防卫的结论。而如果把前面因索要赌债而互相在电话中进行言语挑衅，并引发双方斗殴的整个经过综合起来看，则应当认为在打斗之前，双方都已经具有了斗殴意图。对于这种事先具有斗殴意图的反击行为，应当认定为是互殴而不是正当防卫。因此，将"基于事先产生的斗殴意图所实施的反击行为，不能认定为正当防卫"的裁判规则适用于本案，也会否定何某等人的行为构成正当防卫。如同前文所述，在事先具有斗殴意图的情况下，谁先动手谁后动手并不重要，而且在此地动手还是彼地动手也不重要。只要在斗殴意图的支配下，双方实施了互相斗殴的行为，无论是谁先动手，也无论在何地动手，双方都构成互殴，也就否定了正当防卫成立的可能性。（2）预期的侵害与积极的加害意思理论。陈兴良指出，"何某等人的行为究竟是属于在预期侵害即将发生情况下的防卫准备，因而并不否定其面对侵害的防卫性，还是在具有加害意思的斗殴意图支配下的互殴行为，就是一个值得探讨的问题"。但是陈兴良得出的结论是"何某等人并不是在得知曾某等人要来寻衅后，消极准备工具，事先防御，而是事先在电话中互相挑衅，并在准备工具后再次打电话刺激对方。因此，本案中何某等人的行为被认定为互殴行为是具有事实根据和法理根据的"[①]。

储陈城的学术分析。储陈城认为，"在何某、曾某等聚众斗殴案中，何某一方选择在公司防卫，没有主动出击，以及在曾某等人逃离之时没有乘势继续加害，这些客观情形可以推定出何某先前的语言挑衅和刺激不是意图式挑拨行为，而是可责难但非意图式挑拨。何某等人先前有可责难但非意图式的挑拨行为，其在选择积极防卫之前，有退避可能，却没有履行该退避义务，这就是何某等人最后没有被认定为构成正当防卫的真正原因"[②]。

笔者认为有以下几个理论问题值得讨论：

---

[①] 陈兴良：《互殴与防卫的界限》，《法学》2015年第6期。
[②] 储陈城：《防卫挑拨之正当防卫权丧失与限制》，《刑事法判解》2014年第1期。

问题一：相互挑衅（相互的防卫挑拨）就可以判断为斗殴（相互斗殴）吗？

例如，甲对乙说"你敢来我家闹事，我就打死你"，乙也针锋相对地对甲说"我当然敢！但是你敢来我家闹事吗？你来我家闹事我就打死你"，并且相互恶语相向。结果，乙提着刀跑到甲家，甲可否行使正当防卫权？对此，笔者的观点是：相互挑衅仍然可以按照防卫挑拨原理进行定性处理，先动手一方没有防卫权，被动方（后动手一方）在实施了避让、警告、寻求帮助等适当的保护性防卫仍然无效的情况下，可以行使正当防卫权，尤其针对那些找上门来的肇事者具有正当防卫权，可以借鉴美国"城堡法"① 裁判规则而对恪守于"城堡法"（如住宅和公司驻地）之内的挑拨者赋予防卫权。就何强案而言，对方提刀闯入自己公司内闹事，如果何强等人经过警告、避让等措施后实施反击行为，就应当承认何强等人有权防卫。当然本案的实际情况是何强等人没有实施警告、避让等措施，因此不认定何强等人的打击行为为防卫（性质）。就此而言，笔者倾向于同意储陈城的观点（但最终定性问题仍可以探讨）。笔者也同意陈璇的看法：何某等人在电话挑衅的同时，已预先在人员配备、工具选取方面做足了迎接对方来袭的准备，对侵害人的情况也有清楚的了解，而且防御行为又是在自己熟悉的场所内展开，故若被告人在有效制止侵害之外又给曾某等人造成了重伤、死亡的后果，自当认定为防卫过当；但在本案中，由于侵害人仅遭受轻微伤，故不存在防卫过当的可能。② 按照陈璇的分析，何某等人的行为应当认定为正当防卫并且不构成防卫过当。当然，如果可以假设，即假设何某等人和对方多人相互挑衅，双方约定并且主动聚集在某个特定场所聚众斗殴的，可以依法定性为聚众斗殴罪。但是，如果上述"假设"稍作变化，何某等人和对方多人尽管都具有防卫挑拨行为（相互挑拨），即使如此，如果何某等人仅仅在"城堡法"之内静候被挑拨者而没有主动出击，对方（被挑拨者）进入"城堡法"之内的公司办公区域内进行攻击，则应当承认何某等人在尽力

---

① 姜敏：《正当防卫制度中的"城堡法"：渊源、发展与启示》，《法学评论》2018年第5期。

② 陈璇：《克服正当防卫判断中的"道德洁癖"》，《清华法学》2016年第2期。

恪守"小心克制的义务"和"保护性防卫"的前置条件之下具有防卫权。

问题二：语言挑拨者待在家里"动口不动手"，对于被挑拨者找上门来的行为，有防卫权吗？

这问题可以转化为一个更加具体的问题意识：根据美国"城堡法"裁判规则，对于相互的防卫挑拨中的一方主动找上门来闹事的行为，应当适当倾向于考虑住家和办公场所的安全、在自家地点消极被动驻守的一方的防卫行为的合法性，其法理依据是什么？

按照陈兴良的观点，互殴与防卫之间存在着对立关系，即互殴可以否定防卫，而防卫则需要排除互殴，如此一来，似乎在相互的防卫挑拨中（以及聚众斗殴中），在法理上是难以证成任何一方（包括驻守"城堡法"之内的一方）的防卫权成立的。但是，笔者认为，陈兴良在互殴与防卫之间存在着对立关系"这一点"上是存在某种过于绝对甚至"失真"之不足的，因为，不但存在论上难以证成互殴与防卫之间存在着对立关系，难说何某等人在自己公司内等候对方来犯之时其主观心态不是"自我防卫"和"泄愤报复"交织一体的，即既不是简单的防卫心态，也不是简单的互殴心态，而是某种复杂的心态；而且，规范论上也难以证成互殴与防卫之间存在着对立关系，正如前文所述德国刑法理论关于防卫挑拨的类型化处置中，除对于实施严重违法犯罪行为进行防卫挑拨的原则上应坚持防御性防卫权丧失说外，一般性地坚持"保护性防卫无效时可转向防御性防卫说"的基本立场，此种立场应当说在规范论上确认了互殴与防卫之间的某种包容转化关系，而非绝对的对立关系。因此，笔者认为，在正当防卫的合法性条件中应当主张主观要素必要说（即防卫意思必要说），并且只能是"可包容的防卫意思必要说"，即必须要有主观上的防卫意思，而此种防卫意思可以包容某种"杂音"如防卫挑拨和互殴等意思，以此防止某种"道德洁癖"式的正当防卫论，[①]进而在规范论上确立"可包容的防卫意思必要说"的基本立场，确立起防卫挑拨者（乃至互殴者）在尽力恪守"小心克制的义务"和"保护性防卫"的前置条件之后方可以进行有限度的防御性防卫措施的权利，秉持"保护性防卫无效时可转向防御性防卫说"的基本立场以谨慎处理防卫挑拨（以

---

[①] 陈璇：《克服正当防卫判断中的"道德洁癖"》，《清华法学》2016年第2期。

及互殴)情形下的防卫权问题。何某案就是一个例子,对于对方主动找上门来闹事的行为,何某等人尽管事先也有防卫挑拨乃至互殴的意思,但是,何某等人仅仅在自己公司内部按兵不动,最终在自己公司场所被他人持刀闯入时才予以反击,不能简单地否认其具有"可包容的防卫意思",从而不能简单地认定何某等人为聚众斗殴。

(5) 必须没有明显超过必要限度造成重大损害(限度条件)

根据《刑法》第20条第2款的规定,成立正当防卫必须没有明显超过必要限度造成重大损害,此即正当防卫的限度条件。1979年刑法修订之前,刑法学界关于如何理解正当防卫的必要限度,主要存在以下三种观点:其一,基本适应说,认为防卫行为不能超过必要的限度,是指防卫行为和侵害行为必须基本相适应。至于基本相适应,这需要根据侵害行为的性质、强度、后果以及防卫利益的性质等来决定。其二,客观需要说,认为防卫行为只要是为制止不法侵害所需要的,就是没有超过限度。因此,只要防卫在客观上有需要,防卫强度既可以大于也可以小于,还可以相当于侵害的强度。其三,基本适应和客观需要统一说,认为考察正当防卫行为是否超过必要限度,关键是要看是否为有效制止不法侵害行为所必需,必要限度也就是必需限度。但是,如何认定是否必须,必须对侵害行为的强度、其所保卫法益的性质以及防卫行为的强度作综合的分析研究。[①] 尽管理论上存在不同争论观点,但由于司法实践对正当防卫的必要限度采取了较为严格的态度,使公民正当防卫的积极性受到了挫伤。鉴于此,现行刑法对正当防卫的限度采取了放宽的态度。

我们认为,原则上,防卫行为只要为制止不法侵害行为所必需,并且根据不法侵害发生的环境、防卫人与不法侵害人的力量对比等客观因素判断,防卫行为的性质、手段、强度及造成的损害没有明显超过不法侵害的性质、手段、强度及可能造成的损害,或者虽然防卫行为的性质、手段、强度及造成的损害明显超过不法侵害,但实际造成的损害并不算重大的,均属正当防卫而不能认为是防卫过当。具体而言,其中的必要限度,应以制止不法侵害、保护法益的合理需要为标准,即只要是制止不法侵害、保护法益所必需的,就是必要限度之内的行为。因此,所谓

---

① 参见高铭暄主编《刑法专论》(上编),高等教育出版社2002年版,第442页。

"明显超过必要限度",是指防卫行为明显超过了防卫的客观需要,即根据所保护的法益性质、不法侵害的强度与紧迫程度等,防卫行为显然缺乏必要性。所谓"造成重大损害",是指造成不法侵害人重伤、死亡。首先,从文义解释出发,如果只是造成不法侵害人轻伤或者针对财产(即针对不法侵害工具)进行防卫的,难以说是"重大损害";换言之,只有防卫行为造成不法侵害人重伤或者死亡的,方称其为"重大损害"。其次,从体系解释考虑,《刑法》第 20 条第 3 款特别指出,造成不法侵害人"伤亡"的不属于防卫过当,这反过来说明第 20 条第 2 款的"重大损害"是指重伤或死亡。最后,从立法背景来看,如上所述,由于 1979 年刑法对正当防卫的成立条件做了过于严格的限制,为了鼓励国民积极地同违法犯罪活动作斗争,故 1997 年刑法适当放宽了正当防卫的限度条件。由此可见,作为一般正当防卫限度条件的没有明显超过必要限度造成重大损害,是指没有造成不法侵害人的伤亡结果。

2. 防卫过当及其刑事责任

(1) 防卫过当的概念和特征

根据《刑法》第 20 条第 2 款规定,所谓防卫过当,是指防卫行为明显超过必要限度造成重大损害,应当负刑事责任的犯罪行为。据此,防卫过当具有两方面的特征:其一,在客观上表现为防卫行为明显超过了必要限度并造成了重大损害;其二,防卫人在主观上对过当行为及造成的结果具有罪过。由于《刑法》第 20 条第 2 款将防卫过当表述为"明显超过必要限度造成重大损害",故刑法学界普遍认为,防卫过当是指客观上明显超过必要限度造成重大损害。这可能是一种误解。由于防卫过当的应当负刑事责任,而根据《刑法》第 16 条的规定,负刑事责任的前提是,不仅客观上造成了损害结果,而且主观上出于故意或者过失。因此,我国刑法中的防卫过当只能是指主客观相统一的,即不仅客观上明显超过必要限度造成重大损害,而且主观上对该重大损害结果系出于故意或者过失。所以,防卫行为虽然明显超过必要限度造成重大损害,但如果对该重大损害结果不具有故意或者过失的,并不成立防卫过当,也不是正当防卫,而应认定为意外事件或者不可抗力。

当然,至于防卫过当的罪过形式,有人认为可以是故意(包括直接故意和间接故意),也可以是过失;有人认为只能是间接故意和过失;还有的认为只能是过失。我们认为，在防卫过当的场合，行为人对于其过当行为及其结果，主观上不可能出于直接故意，因为正当防卫的目的与犯罪的目的，在一个人的头脑中不可能同时并存。但主观上存在间接故意和过失，则是可能的。此外，防卫过当不是独立罪名，对于防卫过当行为，实践中应当根据具体案件中过当的犯罪事实的性质，以及犯罪人的主观罪过形式，依照刑法分则的有关条款来确定罪名，而不能定所谓"防卫过当致人死亡罪""防卫过当致人重伤罪"等罪名。

（2）防卫过当的刑事责任

我国《刑法》第20条第2款规定，对于防卫过当构成犯罪的，"应当减轻或者免除处罚"。刑法之所以规定对防卫过当减免处罚，是因为防卫过当不仅在于法益侵害减少了，而且主观上的可非难性也减轻了。说法益侵犯性减少了，是因为防卫过当的前提是正当防卫，此时（在防卫的必要限度之内），不法侵害者的法益已经（部分）丧失了刑法的保护必要性，而这一部分正好减少（抵消）了防卫过当的违法性。正是基于此，刑法才规定应当"减轻"处罚。但是，仅着眼于法益侵犯性减少，不能说明为什么对于防卫过当在特定情况下应当"免除"处罚。因为防卫过当只是法益侵犯性减少了，而不是没有法益侵犯性，否则，刑法就会完全免除对防卫过当行为的处罚。由此可见，防卫过当在特定情况下应当"免除"处罚的依据应当在于防卫人的罪责减少了。

在司法实践中，确定何种情况下减轻、减轻多少，何种情况下免除处罚，一般应当综合考虑防卫的具体目的、过当的程度、罪过形式以及防卫行为所保护法益的性质等各个方面的因素。

### （三）特殊正当防卫

《刑法》第20条第3款规定："对正在进行行凶、杀人、抢劫、强奸、绑架以及其他严重危及人身安全的暴力犯罪，采取防卫行为，造成不法侵害人伤亡的，不属于防卫过当，不负刑事责任。"此即特殊正当防卫。

特殊正当防卫，又称为特殊防卫、无限防卫，是相对于一般正当防卫而言的，成立特殊正当防卫的前提是必须符合一般正当防卫的相关条件（如时间条件、对象条件等）。与一般正当防卫相比较，特殊正当防卫没有限度条件，因而不存在防卫过当。显然，特殊正当防卫之所以没有限度条件，是因为其起因条件的特殊性。在此意义上说，如何把握"正在进行行凶、杀人、抢劫、强奸、绑架以及其他严重危及人身安全的暴力犯罪"，是特殊正当防卫的最重要的问题。一方面，"严重危及人身安全"既是对"其他暴力犯罪"的限制，同时也是对"行凶、杀人、抢劫、强奸、绑架"的制约。即并非只要不法侵害人实施的是"行凶、杀人、抢劫、强奸、绑架"，便可以对其实施特殊正当防卫，相反只有针对严重危及人身安全的"行凶、杀人、抢劫、强奸、绑架"方可实施特殊正当防卫。另一方面，由于特殊正当防卫没有限度条件，即使造成不法侵害人重伤、死亡的，也不具有违法性，故此，所谓严重危及人身安全的暴力犯罪，应当限定为具有进攻性、破坏性、紧迫性且极有可能造成他人重伤、死亡后果的暴力犯罪。因为从防卫的必要性（法益均衡）的角度考虑，对于极有可能造成重伤、死亡的暴力侵害，如果不采取造成不法侵害人伤亡力度的防卫行为，则不足以保护自己或者他人的重大身体健康和生命。易言之，针对极有可能致人伤亡的暴力侵害行为时，站在防卫人的立场，采取可能造成不法侵害人伤亡力度的防卫行为，对于保护自己或者他人的重大人身安全是完全必要的。

据此，虽然对方正在实施抢劫，但如果并不足以严重危及人身安全，即并无造成伤亡可能的（如采取麻醉的方法抢劫），也不应允许对之实施特殊正当防卫。当然，由于抢劫本身就是不法侵害，因此，虽然此时不允许进行特殊正当防卫，但完全可以实施一般正当防卫。就此而言，特殊正当防卫仅为注意规定，其并没有就正当防卫的成立条件做出特别规定。[1] 换言之，即使没有《刑法》第 20 条第 3 款的规定，对于正在进行的严重危及人身安全的暴力犯罪，也应当允许防卫人采取造成不法侵害人重伤乃至死亡的防卫行为，因为这种情形下，防卫人的防卫行为并未明显超过必要限度造成重大损害。据此可以认为，《刑法》第 20 条第 1 款的一般正当防卫的规定是包含了第 3 款的特殊正当防卫的。

特别防卫与正当防卫之间的关系必须协调一致，在法理上，特别防

---

[1] 参见魏东主编《刑法：原理·图解·案例·司考》，中国民主法制出版社 2016 年版，第 79 页。

卫必须是正当防卫并且符合正当防卫的合法条件（五条件说），例如在防卫时间条件上必须是不法侵害正在进行，在主观上必须坚持防卫意思必要说等。否则，在理论逻辑上可能难以阐释特别防卫的正当性与合法性，在司法实践中也难以妥当判断具体案件所存疑难问题甚至难免出现"公说公有理婆说婆有理"的混乱局面。

我国传统刑法理论针对特别防卫权的理论研究已经比较成熟，其中存在个别理论点的学术分歧，正在逐步走向理性共识，如特别防卫权与正当防卫权的关系论（同质性论）、成立条件论（五条件论与无特别限度论）等。例如，前述关于"广州少女刺死性侵大叔案"的讨论中，笔者提出的"持续性地"防卫行为可以成立特别防卫，① 但是"非持续性地"打击行为不能成立特别防卫，这种理论共识尽管还有一定距离需要缩短乃至消除，但是不同刑法学者已经相向而行，获得理论共识的合理期待有望实现。

## 四 紧急避险

根据《刑法》第 21 条规定，所谓紧急避险，是指为了使国家、公共利益、本人或者他人的人身、财产和其他权利免受正在发生的危险，不得已损害另一较小法益的行为。②

紧急避险的本质是避免现实危险、保护较大法益。与正当防卫一样，紧急避险也是一种紧急行为。二者最大的区别在于：正当防卫是对不法侵害的防卫，即所谓"正对不正"；而紧急避险是两个法益之间的冲突，即所谓"正对正"。在"正对正"的情况下之所以成为非犯罪性事由，是因为紧急避险保护了更大的法益，因而紧急避险不具有社会危害性，不符合犯罪构成。

---

① 魏东：《正当防卫根据论及其法理阐释（未定稿）》，《海峡两岸暨第十二届内地中青年刑法学者高级论坛论文集（上册）》，海南大学法学院 2018 年 12 月印制，第 64—78 页。

② 我国刑法理论通说认为，成立紧急避险的限度条件只能是保护的法益大于损害的法益，而不能等于更不能小于。但有学者基于结果无价值论的立场，对这一观点展开了批判，指出在保护的法益等于损害的法益的场合，也成立紧急避险。参见张明楷《刑法学》，法律出版社 2011 年版，第 209—210 页。

### (一) 紧急避险的成立条件

与正当防卫不同，由于紧急避险是通过损害一种法益以保护另一种法益，因此，其成立条件比正当防卫的成立条件更为严格。

1. 必须发生了现实的危险（起因条件）

必须发生了现实危险，是指法益处于客观存在的危险的威胁之中，或者说，法益处于可能遭受具体损害的危险之中。从司法实践来看，危险的主要来源有四种：（1）自然灾害。如地震、泥石流、海啸、火灾、水患等。（2）违法犯罪行为以及无责任能力人实施的危害社会行为。如故意杀人、过失的各种重大责任事故等。（3）人的生理、病理原因。如饥饿、疾病等。比如，为了抢救重伤员，强行拦阻过往汽车送往医院。（4）动物的侵袭。如野兽追扑、恶犬的撕咬、毒蛇的袭击等。

作为紧急避险前提条件的危险，必须是客观存在的，而不是避险人假想的、推测的。如果实际上并不存在危险，避险人却误认为危险存在，因而实行了所谓的紧急避险的，属于假想避险。对于假想避险，应当按照事实认识错误的处理原则解决。具体而言，如果避险人对于危险的客观不存在应当预见而由于疏忽大意没有预见，因而实行所谓紧急避险的，应当按照过失犯罪处理；如果避险在当时的情况下根本无法认识危险的客观不存在，应当按照意外事件处理。

此外，值得注意的是，根据《刑法》第21条第3款规定："第一款中关于避免本人危险的规定，不适用于职务上、业务上负有特定责任的人。"例如，执勤的人民警察在面临罪犯对自己进行侵害时，不能进行紧急避险；发生火灾时，消防人员不能为了避免火灾对本人的危害，而采取紧急避险。

2. 必须是正在发生的危险（时间条件）

现实危险正在发生时，才能实行紧急避险。危险正在发生，是指危险已经发生或迫在眉睫并且尚未消除，其实质是法益正处于紧迫的威胁之中，这要根据当时的具体情况进行综合判断。紧急避险只能在危险已经出现而又尚未结束这一时间条件下进行，否则就不是紧急避险。如果避险人在危险尚未出现或者危险已经结束的情况下实施所谓避险，刑法理论上称为避险不适时。避险不适时不是紧急避险,行为人因此而对法益造成损害的,应当根据案件具体情况,追究行为人相应的刑事责任或民事责任。

3. 必须出于不得已而损害另一法益(限制条件)

必须出于不得已,是指在法益面临正在发生的危险时,没有其他合理办法可以排除危险,只有损害另一较小法益,才能保护面临危险的法益;如果有其他办法排除危险,则不允许实行紧急避险。之所以如此,是因为法益都是受法律保护的,如果能以不损害法益的方法保护法益,就不允许以损害一种法益的方法保护另一法益。这是紧急避险与正当防卫的重要区别。在可以或者具有其他合理方法避免危险的情况下,行为人采取避险行为的,应视行为的具体性质、情节以及行为人的主观心理状态分别认定为故意犯罪、过失犯罪或者意外事件。

损害另一法益,通常是指损害第三者的法益。但也包括通过损害同一主体的另一法益以保护这一法益的情形。例如,当他人的生命处于垂危状态,截肢成为当时保护其生命的唯一方法,而截掉被严重感染的上肢的行为,就可以认为是紧急避险。

4. 避险意识(主观条件)

与防卫意识一样,避险意识由避险认识与避险意志构成。避险认识,是指行为人认识到国家、公共利益、本人或者他人的人身、财产和其他权利面临正在发生的危险,认识到只有损害另一法益才能保护较大法益,认识到自己的避险行为是保护法益的正当行为。避险意志,是指行为人出于保护国家、公共利益、本人或者他人的人身、财产和其他权利免受正在发生的危险的目的。

从基本立场来看,主张正当防卫需要防卫意识的,都会肯定紧急避险中的避险意识;主张正当防卫不需要防卫意识的,均会否认紧急避险中的避险意识。对此,我国刑法理论的通说采取避险意识必要说,认为如果在客观上实际使法益免受了某种危险可能带来的损害,但行为人并不是出于避险的意图,而是出于侵害的意图的,不是紧急避险。但也有学者基于结果无价值论的立场,主张避险意识不要说。认为在故意或者过失实施的侵害行为巧合紧急避险客观要件即偶然避险的场合,成立紧急避险。①

5. 必须没有超过必要限度造成不应有的损害（限度条件）

紧急避险毕竟是通过损害一种法益以保护另一种法益，因此，只能在必要限度内实施避险行为。此即《刑法》第 21 条第 2 款所规定的，紧急避险不能超过必要限度造成不应有的损害。

一般认为，避险行为所造成的法益损害，必须小于所避免的损害。换言之，行为人出于保护一个法益而损害的另一法益，不能等于更不能大于所保护的法益。只有牺牲较小的法益来保护更大的法益，才能成立紧急避险，因为只有这样才能在整体上有利于社会，才符合刑法设立紧急避险制度的宗旨。至于如何权衡法益的大小，是一个极为复杂的问题。通常而言，人身法益大于财产法益；人身法益中生命权为最高法益；财产法益大小可以用财产的价值大小来衡量。但是，实践中有的案件是十分复杂的。对于法益大小的比较，需要进行全面的分析和判断。尤其要注意的是，尽管人身法益通常大于财产法益，但对此不能绝对、机械地理解。例如，不应当允许为了避免轻微的人身损害而造成重大的财产损失。

此外，还有必要指出的是，紧急避险的必要限度，是指在所造成的损害不超过所避免的损害的前提下，足以排除危险所必需的限度。由于紧急避险是两种法益之间的冲突，故应以尽可能小的损害去保护另一法益，即必须从客观实际出发，既保护一种法益，又将对另一法益的损害控制在最小限度内。因此，首先，避险行为造成的损害小于所避免的损害时，也可能超过了必要限度。② 例如，为了避免烈火烧毁更多的房屋，而不得已拆除紧邻火源的房屋，倘若只需拆除一幢房屋即可避免烈火延烧，但却拆除了两幢房屋的，就不符合紧急避险的限度条件，因而不成立紧急避险。

（二）避险过当的刑事责任

避险行为超过必要限度造成不应有的损害的，属于避险过当。与防

---

① 参见张明楷《刑法学》，法律出版社 2011 年版，第 209 页。
② 参见张明楷《刑法学》，法律出版社 2011 年版，第 209 页。

卫过当一样，避险过当不是独立的罪名，故不能定"避险过当罪"，也不能定"避险过当致人重伤罪""避险过当致人死亡罪"等罪名；只能根据避险行为所符合的犯罪构成，确定罪名。根据《刑法》第21条第2款的规定，对于避险过当的，应当减轻或者免除处罚。

## 五　其他的实质的违法阻却事由

如上所述，尽管我国刑法只明文规定了正当防卫与紧急避险两种违法阻却事由，但从实质的违法性的角度来看，事实上还存在其他的违法阻却事由，下文择其要者述之。

### （一）法令行为

法令行为，是指直接根据成文法律、法令的规定，作为行使权力或者承担义务所实施的行为。法令行为被认为是适法行为，但是，有的行为从形式上看是法令行为，而实际上是一种滥用职权的违法行为时也可能存在违法性，所以，具体的行为是否法令行为，要依据法令的理念或者精神进行实质判断。

法令行为具体可以分为三类：一是基于政策的理由而排除违法性的行为。例如，政府有组织地发行彩票的行为合法，但是其他个人或者组织擅自发行彩票则可能实质上违法。二是法令有意明示了适法性条件的行为。三是职权（职务）行为。职权（职务）行为，是指国家公务人员根据法律、法规行使职务或者履行职责的行为。既包括基于法律的直接规定实施的行为，也包括基于上级的职务命令实施的行为。例如，司法工作人员逮捕犯罪嫌疑人的行为，属于职务行为，不构成非法拘禁罪。

这里值得讨论的是人民警察执行职务中实行正当防卫的问题。根据1983年9月14日最高人民法院、最高人民检察院、公安部、国家安全部、司法部《关于人民警察执行职务中实行正当防卫的具体规定》，遇有"暴力劫持或控制飞机、船舰、火车、电车、汽车等交通工具，危害公共安全"等七种情形时，人民警察必须采取正当防卫行为，使正在进行不法侵害行为的人丧失侵害能力或者中止侵害行为。我国刑法理论的通说一般也认为，正当防卫是人民警察执行职务时的法定义务。但是，这种看法值得商榷。因为人民警察遇有不法侵害时，制止不法侵害可谓是其法定义务，如果将之视为正当防卫，则意味着是权利，而权利既可以行使，也可以放弃。但是，如果人民警察此时不履行其法定职责，属于严重的渎职行为，可能构成渎职罪。由此可见，职权（职务）行为与正当防卫并不等同。一方面，二者产生的根据不同，合法化的理由也不同；另一方面，对职权（职务）行为造成损害的限制比正当防卫更为严格。

### （二）正当业务行为

正当业务行为，是指从事一定业务的人员正当地执行其业务的行为。例如，职业摔跤、医疗行为等，不构成故意伤害罪或者故意杀人罪。

正当业务行为阻却违法性必须具备五个基本条件：一是执行正当业务行为的人，必须是具有一定专业知识和业务能力的专业人员；二是业务必须是正当的；三是行为自身是业务范围内的行为；四是从事正当业务的人员必须具有执行业务的正当目的；五是在执行业务时不能违反业务规章制度。

### （三）被害人的承诺（被害人同意）

从实质上说，当被害人同意行为人侵害其法益时，则意味着其放弃了该法益，放弃了对该法益的保护。既然如此，法律就没有必要予以保护，损害被放弃的法益的行为，就不构成犯罪。但是，由于刑法本身错综复杂的规定，导致得到了被害人同意的行为的效果并不完全相同，大体而言，存在如下几种情形：（1）得到承诺的行为并不影响犯罪的成立。例如，猥亵儿童的行为，即使得到儿童的承诺，也不影响猥亵儿童罪的成立。（2）是否得到承诺不影响犯罪的成立，但承诺与否导致构成不同的犯罪。例如，嫖宿幼女罪，应以得到卖淫幼女的承诺为前提；如果没有得到卖淫幼女的承诺，则成立（奸幼型）强奸罪。（3）得到承诺的行为排除犯罪的成立，从而成为非犯罪性事由。例如，被害人同意行为人砸毁自己汽车的，行为人的行为不构成故意毁坏财物罪。通常所说的被害人承诺即是指这种情形。

一般而言，得到被害人承诺的行为要排除行为的犯罪性，必须同时满足下列条件：（1）承诺人对被侵害的法益具有处分权限。原则上，只有对个人法益承诺人才具有处分权限,对于国家法益、社会法益与他人利益,自不存在被害人承诺的问题。(2) 承诺人对所承诺的事项具有理解能力,未成年人和精神病人的承诺原则上无效。(3) 承诺是承诺人真实意思表示。(4) 承诺必须于结果发生前作出,事后承诺的无效,否则国家的刑事追诉权就会受被害人意志的任意左右。(5) 经承诺所实施的行为不得超出承诺的范围。

### (四) 自损行为

自损行为是指行为人自己侵害自己法益的行为。自损行为必须符合下列条件才能阻却违法性:一是只能损害行为人有权支配的法益;二是不能具有不正当的目的;三是不能危及公共利益和他人利益。

### (五) 自救行为 (自力救济)

自救行为,又称自力救济,是指法益受到侵害的人,在通过法定程序、依靠国家公权力机关不可能或者明显难以恢复的情况下,依靠自身的力量救济法益的行为。

自救行为与正当防卫的不同之处在于:正当防卫只能针对正在进行的不法侵害,而自救行为中的法益已经受到了违法侵害,即不法侵害已经结束。

### (六) 义务冲突

义务冲突,是指存在两个以上不相容的法律上的义务,为了履行其中的某种义务,而不得已不履行其他义务的情形。例如,消防队员同时接到两处不同失火点的报警,但限于警力,只能前往一处失火点灭火。再如,医生在交通事故现场面临两个需要紧急救治的伤员,但在当时只能救治其中之一的。义务冲突要排除犯罪的成立,行为人必须权衡义务的轻重,即必须是为了履行重要义务,放弃非重要的义务;相反,为了履行非重要义务而放弃重要义务的,可能成立犯罪。但如何衡量义务的轻重,在理论上并非易事。例如,发生沉船事故,两个不会游泳的孩子均落水,但作为义务人的父亲当时只可能救助其中一个,而导致另一个孩子溺死的。父亲的行为是否排除犯罪的成立,仍然是争议激烈的问题。

# 第七章

# 责　任

## 目　次

一　责任概述
　　（一）责任的内涵
　　（二）责任主义
二　故意
　　（一）故意的认识因素
　　（二）故意的意志因素
　　（三）故意的种类
　　（四）错误
三　过失
　　（一）过失的概念：法定化与非法定化
　　（二）过失的理论
　　（三）注意义务
　　（四）被允许的危险理论与信赖原则
　　（五）过失犯的实行行为
　　（六）过失的种类
四　消极的责任要素与责任阻却事由
　　（一）责任能力
　　（二）违法性认识可能性
　　（三）期待可能性

## 一　责任概述

责任，即有责性。有责性是一个以"责任"为实质核心的、同"责任"等值关联的概念，在犯罪论层面二者具有同质性和等值性。因此，在中外刑法学专著里较多地存在"有责性"和"责任（性）"等同使用和交互使用的情况，例如，有的直接使用"责任概述"代替"有责性概述"。

**（一）责任的内涵**

责任（有责性），是指个人因其故意或者过失地实施符合构成要件且违法的行为所应受到的非难与谴责（可非难性与可谴责性）。因此，有责性意义上的责任，仅限于针对行为人意思决定的非难可能性（可非难性、可谴责性），它以客观上存在违法事实和具有处罚必要性为前提，以主观上存在"作为犯罪成立要素的个人主观心理状态以及相关要素"[①]为条件，是德日刑法学"构成要件该当性、违法性、有责性"三阶层犯罪论体系中的第三阶段（阶层）刑法评价。

1. 责任与"刑事责任"的比较法意义

应当说，有责性意义上的责任是一种狭义的责任概念，广义的责任意味着行为人必须接受刑法处罚的法律地位，即刑事责任。从比较法立场观察，有责性意义上的"责任"（"有责性"）与我国传统刑法学中的"刑事责任"在含义上存在差异：德日刑法理论是从犯罪成立条件上看，"责任""有责性"是犯罪成立的主观责任评价要件；而中国传统刑法理论是就犯罪成立以后的责任追究而言的，使用的概念是"刑事责任"，强调刑事责任是与犯罪（以及刑罚）相互并列、彼此联系但是意义有所不同的一个范畴。

在中国传统刑法学体系中，刑事责任范畴具有重要地位和作用，主要有以下内容：

---

[①] 周光权：《刑法总论》（第三版），中国人民大学出版社2016年版，第224页。

（1）刑事责任的内涵

"刑事责任"是我国刑法规范文本中明文规定的法律术语和重要概念，根据这些规定，刑事责任有两个不同层面的含义：① 第一个层面的含义，是与犯罪的成立与否有密切关系。例如《刑法》第18条规定"精神病人在不能辨认或者不能控制自己行为的时候造成危害结果，经法定程序鉴定确认的，不负刑事责任"，这里"不负刑事责任"的含义是不具有可非难性，其含义等同于三阶层犯罪论体系中的"有责性"。再如，《刑法》第20条规定"属于正当防卫，不负刑事责任"的内容，这里"不负刑事责任"的含义既包含不具有可非难性的含义，也包含有不成立犯罪的含义。第二个层面的含义，是与犯罪成立后的法律后果有密切关系，例如，《刑法》第14条规定"故意犯罪，应当负刑事责任"，第18条第2款规定"间歇性的精神病人在精神正常的时候犯罪，应当负刑事责任"，这里"刑事责任"的含义都是指犯罪的法律后果。由于我国刑法中的多数条文中规定的"刑事责任"都是在第二个层面的含义上使用的，所以我国传统刑法学所界定的刑事责任通常就是指犯罪成立后的法律责任（法律责任说）与法律后果（法律后果说）。因此，笔者认为（我国传统刑法学中较多学者认为），刑事责任，是指根据刑事法律规定和实际发生的犯罪事实而产生的，由代表国家的司法机关依法确认的，犯罪人因实施犯罪行为而应当承担的以刑罚处罚、非刑罚的处罚措施或者单纯有罪宣告等否定评价为具体内容的法律责任（法律责任说）与法律后果（法律后果说）。

应注意，我国传统刑法学理论对刑事责任的内涵还存在较大争议，主要有以下五种见解：一是法律责任说，认为刑事责任是国家司法机关依照法律规定，根据犯罪行为以及其他能说明犯罪的社会危害性的事实，强制犯罪人担负的法律责任；二是法律后果说，认为刑事责任是依照刑事法律规定，行为人实施刑事法律禁止的行为所必须承担的法律后果；三是否定评价说（谴责说或责难说），认为刑事责任是犯罪人因实施犯罪行为而应承担的国家司法机关依照刑事法律对其犯罪行为以及本人所作

---

① 魏东主编：《刑法：原理·图解·案例·司考》，中国民主法制出版社2016年版，第214页。

的否定性评价和谴责;四是刑罚处罚说(刑罚制裁说),认为刑事责任是国家对犯罪人的刑罚处罚或者制裁;五是刑事义务说,认为刑事责任是犯罪人因其犯罪行为而负有的承受国家依法给予的刑事处罚的义务。① 笔者认为,我国传统刑法学中的刑事责任,在内涵上囊括了上述五种见解所论及的内容,但是在逻辑上完全可以用法律责任和法律后果来概括,即所谓否定评价说(谴责说或责难说)、刑罚处罚说(刑罚制裁说)、刑事义务说等内容都可以归属于法律责任和法律后果。

(2)刑事责任的基本特征

刑事责任的基本特征主要有以下几方面:一是规范形式上的法定性,即行为人对其行为是否应负刑事责任、负何种程度的刑事责任以及如何负刑事责任,都必须由刑事法律事先明确具体地加以规定,代表国家的司法机关追究犯罪人刑事责任,依序严格依照刑法的规定以及刑事诉讼程序进行,因此刑事责任规范形式上的法定性是刑事责任的第一位特征,是罪刑法定原则的必然要求;二是规范内容的特定性,即刑事责任是以刑法规定的刑罚处罚、非刑罚处罚措施或者单纯有罪宣告之否定评价为具体内容的责任;三是承担方式上的严厉性,即刑事责任属于法律责任中最严厉的一种;四是责任追究上的强制性,即刑事责任是不以犯罪人个人的意志为转移的,并且通常情况下被害人愿不愿意追究犯罪者的刑事责任也不影响对犯罪人刑事责任的追究(但是极少数告诉乃论的犯罪除外);五是承担主体上的专属性,即刑事责任是一种严格的个人责任,只能由实施违反刑事法律行为的人即犯罪者本人承担;六是观念范畴上的中介性,即刑事责任是犯罪与刑罚处罚以及与非刑罚处罚措施和单纯有罪宣告的中介或者说纽带;七是评价内容上的统一性,即刑事责任既体现了对犯罪人所实施犯罪社会危害性的回顾性判断,也反映了对犯罪人未来再次实施犯罪危险的展望性预判,是回顾性判断与展望性预判的统一、报应刑观与目的刑观的统一。②

---

① 《刑法学》编写组:《刑法学》(上册·总论),高等教育出版社2019年版,第273—274页。

② 《刑法学》编写组:《刑法学》(上册·总论),高等教育出版社2019年版,第275—277页。

### (3) 刑事责任的根据

所谓刑事责任的根据，是指国家追究刑事责任的根据与犯罪人承担刑事责任的根据二者的统一体，包括刑事责任的哲学根据、法律根据、事实根据三个部分。第一，从哲学根据上讲，追究犯罪人的刑事责任的根据在于犯罪人基于相对的自由意志（或主观能动性）而实施了严重危害社会的行为。犯罪人基于相对的自由意志或主观能动性，在能够实施合法行为的情况下实施了犯罪，侵犯他人、国家、社会的利益，因此犯罪人承担刑事责任是自由意志选择的结果；某种行为之所以被规定为犯罪，其实质在于该行为具有严重的社会危害性，因此，刑事责任的设置根据是犯罪的严重社会危害性。国家作为公民、社会及国家的利益保护者，追究侵犯人的刑事责任既是国家的权利也是国家的义务。第二，刑事责任的法律根据是刑法规定的犯罪构成。犯罪构成是刑法规定的成立犯罪的必要条件和认定犯罪的具体标准，在刑事司法中，追究行为人的刑事责任只能根据刑法规定的犯罪构成。第三，刑事责任的事实根据是符合犯罪构成的行为事实。刑事责任是犯罪的法律后果，法律规定的犯罪构成只是犯罪的类型化，并非社会生活中的事实行为；只有行为人实际实施的行为符合刑法规定的犯罪构成事实，才能追究行为人的刑事责任。

我国传统刑法学理论关于刑事责任的根据的界定，存在各种不同学说的纷争。概括起来，主要有犯罪构成说、罪过说、犯罪行为说、社会危害性说以及哲学和法学根据说。[①] 一是犯罪构成说，认为犯罪构成是刑事责任的唯一根据。行为人的行为中具有犯罪构成是适用刑罚的根据，如果行为中缺少犯罪构成则应免除刑事责任。但是，犯罪构成是一个抽象的科学概念，而抽象的科学概念不能作为刑事责任的根据；并且，犯罪构成说不能说明刑事责任与犯罪之间功能上的区别，也不能全面揭示刑事责任大小的具体程度。二是罪过说，认为罪过是刑事责任的根据。罪过有狭义的罪过和广义的罪过之分。狭义的罪过是指犯罪的主观方面，广义的罪过不仅包括犯罪的主观方面，还包括犯罪构成中的情节和量刑情节。有学者认为，广义的罪过是刑事责任的根据；也有学者认为，狭义的罪过才是刑事责任的根据。但是，广义的罪过概念将犯罪客观方面

---

① 参见马克昌主编《刑法》（第2版），高等教育出版社2010年版，第189—191页。

的事实，甚至犯罪构成以外的客观事实视为罪过的内容，这与刑法中罪过概念相冲突；同时，狭义罪过理论忽视刑事责任根据中的客观要素，因此罪过说不为学界所认同。三是犯罪行为说，认为犯罪本身是刑事责任的根据。从刑事责任产生的原因上来看，行为人实施的行为构成犯罪，就必然产生刑事责任。因此，从逻辑关系来看，该观点是正确的。但是，这并不符合刑法理论探求刑事责任根据的目的，因为它不能回答国家为什么可以追究犯罪人的刑事责任，以及犯罪人为什么必须承担刑事责任的问题。即使犯罪是追究或者承担刑事责任的原因，这也只是对刑事责任根据的一种抽象的回答，且存在同义反复的弊端。四是社会危害性说，认为犯罪的社会危害性是刑事责任的事实根据。因为，社会危害性是犯罪的本质特征因而决定刑事责任的产生。但是，该观点过于片面，因为，行为人的行为仅仅具有严重的社会危害性，还不能追究行为人的刑事责任。五是哲学和法学根据说，其内容如前所述。

我国传统刑法学理论通说认为，刑事责任的根据是多层次的，对其可以从哲学根据、法律根据、事实根据三个方面来讨论。在具体确定刑事责任时，需要根据犯罪事实、犯罪性质、犯罪情节、社会危害程度等进行综合考量。

(4) 刑事责任的地位

刑事责任的地位，主要是指刑事责任与犯罪、刑罚的关系。我国刑法总则关于刑事责任的地位规定存在不一致的现象。根据刑法总则的章名来看，其是按照"刑法—犯罪—刑罚"的结构加以规定的，因此刑事责任的地位并没有充分显现。根据《刑法》第5条将犯罪、刑事责任、刑罚并列规定，三者之间似乎是一种并列关系。然而，根据刑法总则其他一些条文的规定，犯罪、刑事责任是刑法的基本范畴，而刑罚只是刑事责任的下位概念。例如，《刑法》第14条规定，故意犯罪，应当负刑事责任，其并没有提及刑罚。由于刑法总则对刑事责任的单位缺乏具体、明确的规定，刑法理论对刑事责任的地位认识不一致。概括起来，主要有四种不同的观点：[①] 一是基础理论说。认为刑事责任在价值功能上具有

---

[①] 参见高铭暄、马克昌主编《刑法学》（第五版），北京大学出版社2011年版，第203页；张明楷《刑法学》（第2版），法律出版社2003年版，第7页。

基础理论的意义,它所揭示的是刑法的基本原理,其具体内容应当有犯罪论、刑罚论和罪刑各论。据此,在逻辑关系上,刑事责任是刑法中的最基本的范畴,而犯罪、刑罚等是刑事责任的下位概念。二是罪、责平行说。认为刑事责任是与犯罪相对应的刑法基本范畴。刑事责任不仅是犯罪与刑罚之间的中介,而且具有实质内容。刑罚只是刑事责任的实现方式之一,非刑罚处理方法、单纯宣告有罪也是实现刑事责任的方式。因此,刑罚只是刑事责任的下位概念,与犯罪、刑事责任属于不同层次的内容。三是罪、责、刑平行说。认为刑事责任是有别于犯罪和刑罚的独立实体。刑事责任是介于犯罪与刑罚之间,是二者相互联系的纽带。这三者属于同一层次的内容。四是罪、刑平行说。认为刑法的基本框架是按照犯罪和刑罚两个基本范畴设置的。虽然刑法条文多次提及刑事责任,但其基本是刑罚的代名词,而且刑法中并没有对刑事责任予以单独规定。

刑事责任作为犯罪的法律后果,是犯罪的必然产物,不能先于犯罪而存在。因此,基础理论说过于夸大刑事责任的功能。犯罪与刑事责任是刑法基本范畴,刑罚是刑事责任的实现方式,因此罪、责平行说具有理论上的自洽性。但是,刑法功能的发挥主要依靠刑罚手段,刑事责任的最基本的实现方式是判处刑罚。刑法不同于其他法律的最显著的特征也是刑罚。正因为如此,刑法体系及刑法理论体系的建构均离不开刑罚。罪、刑平行说忽视了刑事责任的独立属性。虽然刑事责任产生的前提是犯罪行为,刑事责任最基本的实现方式是刑罚处罚,但是决定刑事责任程度的不只是犯罪行为,而是包括犯罪前后犯罪人的相关情况。而且,随着社会的发展,刑事责任的实现方式更注重多元化。因此,关于刑事责任的地位,我国较多刑法学专著采用罪、责、刑平行说。

正是基于对刑事责任地位的不同见解,我国传统刑法学形成了立法论意义上的"责—罪—刑"刑法学体系(即"刑事责任—犯罪—刑罚"刑法学体系)、解释论意义上的"罪—责—刑"刑法学体系(即"犯罪论—刑事责任论—刑罚论"刑法学理论模式),此外还有"罪—刑"体系与"罪—责"体系之争(后者即"犯罪论—刑事责任论"刑法学体系,认为刑罚以及非刑罚措施均属刑事责任的下位概念,故而应将过去的"犯罪论—刑罚论"体系调整为"犯罪论—刑事责任论"体系)。但是如前所述，在中国传统刑法教义学上，较多学者赞同按照解释论意义上的"罪—责—刑"刑法学体系（即"犯罪论—刑事责任论—刑罚论"刑法学理论模式）来确定刑事责任理论的体系地位（刑事责任地位论）和刑法学理论体系。[①]

(5) 刑事责任的功能

刑事责任的功能，是指刑事责任在刑事立法和刑事司法中所起的积极作用。[②]

在刑事立法方面，刑事责任是衡量对行为是否规定为犯罪和如何配置刑罚的依据。虽然，行为的社会危害性，是立法机关是否将某种行为规定为犯罪的基本根据，但追究刑事责任的必要性是其另一重要标准。首先，即使行为的社会危害性相当严重，但其发生的概率不大，刑法也没有必要予以干涉。换言之，立法者不尊重稀罕之事。这是因为法律是普遍适用的规范，刑法只对更容易实施、更普遍发生的行为才予以严格规制。[③] 其次，某种行为是否予以刑法规制，要取决于其他法律手段或社会的非正式控制能否充分发挥作用。采取其他社会控制手段就能抑制违法行为，保护国家、社会以及公民利益的，就不需要追究行为人的刑事责任，也就不能将该行为规定为犯罪。最后，法定刑的配置不仅取决于社会危害性的大小，还取决于刑事责任的程度。影响刑罚轻重大小的一些情节，如犯罪前后犯罪人的实际情况和表现，与行为本身的危害性并无直接联系，而是刑事责任的内容。因此，刑事责任对刑法制定起着重要的指导作用。

在刑事司法方面，刑事责任对司法机关活动有重要影响。例如，根据《刑事诉讼法》第15条规定，犯罪已过追诉时效期限的，或者犯罪嫌疑人、被告人死亡的等免予追究刑事责任的，司法机关应当撤销案件，或者不起诉，或者终止审理。同时，法院在量刑时，除考虑犯罪行为的危害性是否严重和严重的程度外，还必须考虑影响刑罚轻重的刑事责任

---

① 《刑法学》编写组：《刑法学》（上册·总论），高等教育出版社2019年版，第277—281页。

② 参见魏东主编《刑法：原理·图解·案例·司考》，中国民主法制出版社2016年版，第271—278页。

③ 参见张明楷《刑法格言的展开》（第2版），法律出版社2002年版，第105页。

相关因素。例如,《刑法》第 61 条规定,对于犯罪分子决定刑罚的时候,应当根据犯罪的事实、犯罪的性质、情节和对社会危害的程度,依法判处。也就是说,对犯罪人是否判处刑罚和判处何种刑罚,应当依照其刑事责任及行为的社会危害性大小而判定。

(6) 刑事责任的解决方式

刑事责任的实现,是指代表国家的司法机关,依法使对犯罪行为的否定评价和对犯罪人的谴责成为事实,其具体表现是刑事责任产生后犯罪人实际感受到上述否定评价和谴责所引起的,在社会生活上、名誉上的不利反应。刑事责任的实现需要一个过程,这个过程由若干阶段组成;刑事责任的实现还需要一定的发生,离开一定的实现方式,刑事责任就成为一个空洞的概念。刑事责任的实现分为三个阶段:刑事责任的产生阶段、刑事责任的确认阶段以及刑事责任的实现阶段。

我国刑法理论界对刑事责任的实现方式的术语表述存在不一致的现象,有"刑事责任的实现方式"与"刑事责任的解决方式"之别;对刑事责任的实现方式概念也存在不同的理解,主要有以下四种观点:

第一种观点认为,实现刑事责任,是指为使犯罪行为人承担其刑事责任而采取具体行动,因此刑事责任的实现方式包括刑事强制措施、刑事诉讼强制措施和其他强制措施三类:刑事强制措施主要是指刑罚,此外还有免于刑事处分以及予以训诫、责令具结悔过、赔礼道歉、赔偿损失等强制措施。刑事诉讼强制措施,指拘传、取保候审、监视居住、逮捕和拘留;不过,只有在行为人的行为经法院作出有罪判决并发生法律效力时,此前所采取的刑事诉讼强制措施才能成为实现刑事责任的方法。其他强制措施,指被剥夺政治权利的人不得被选举或任命担任某些职务,以及通过外交途径解决享有外交特权和豁免权的外国人的刑事责任问题。

第二种观点认为,刑事责任的实现方式,是指国家强制犯罪人实际承担的法律处分措施,包括刑罚和非刑罚处理方法两大类。刑罚包括刑法规定的主刑和附加刑。非刑罚处理方法指司法机关对犯罪分子直接运用或者有主管部门适用的刑罚以外的各种法律措施,主要包括《刑法》第 17 条规定的收容教养、第 36、37 条规定的训诫、具结悔过等处分,第 64 条规定的责令退赔、追缴违法所得、没收违禁品和犯罪工具。

第三种观点认为,刑事责任的实现方式,指国家强制犯罪人实际承担的刑事强制制裁措施,有基本方式、辅助方式与特殊方式三类。基本方式是指给予刑罚处罚的方式;辅助方式即采用非刑罚处理的方法;特殊方式是指仅宣告有罪,既不予以刑罚处罚也不使用非刑罚的处理方法。

第四种观点,刑事责任的实现方法只有刑罚一种,不存在或者法律未规定其他实现刑事责任的方法。

上述观点均认为刑罚处罚是刑事责任的实现方式,但对于是否还具有刑事责任的其他方式以及何种方式却存在不同的认识。我们认为,刑事责任的实现方式的判断取决于刑事责任的概念。如前所述,刑事责任是指行为人因违反刑事法律的规定而应当为自己的行为所承受的,国家司法机关以刑罚处罚方法或其他方式施加的否定评价和谴责。因此,刑事责任是在确认行为人的行为构成犯罪之后,依据刑法的规定而予以否定评价和谴责的具体方法。因此,司法机关在确认行为人的行为是否构成犯罪而采取强制措施不是刑事责任的实现方式,而是刑事责任的确认方式。第一种观点将这二者混为一谈,有失妥当。另外,刑事责任的实现方式只能是人民法院对于行为人的犯罪行为作出的处理措施。因此,《刑法》第37条规定的由主管部门予以的行政处罚或行政处分,不是刑事责任的实现方式。

有必要指出的是,并非刑法规定的由人民法院针对犯罪的处理措施都是刑事责任的实现方式。例如,《刑法》第64条规定的追缴违法所得、责令退赔、被害人合法财产的返还、没收违禁品及犯罪所用财物,以及《刑法》第36、37条规定赔偿损失、赔偿经济损失,就不是刑事责任的实现方式。责令退赔、被害人合法财产的返还、赔偿损失以及赔偿经济损失,是犯罪行为引起的民事赔偿责任而为犯罪人承担民事责任的方式。《刑法》第36条明确规定,承担赔偿经济损失等民事赔偿责任的犯罪分子,同时判处罚金,其财产不足以全部支付的,或被判处没收财产的,应当先承担被害人的民事赔偿责任。没收违禁品及犯罪所用财物,在一些国家刑法中被视为一种特殊的财产刑,是刑事责任的实现方式之一,但在我国刑法中其并非刑事责任的实现方式,因为,即使行为人的行为不成立犯罪而是一般违法行为,违禁品及相关违法行为所用财物也应当予以没收。根据《中华人民共和国外交特权与豁免条例》第14条的规定，外交代表享有刑事管辖豁免。因此，《刑法》第 11 条规定的享有外交特权和豁免权的外国人的刑事责任通过外交途径解决，其刑事责任不是由我国司法机关确认和实现，这种方式也就不是刑事责任的实现方式。因此，第二种观点值得商榷。第四种观点过于狭隘，忽视我国刑法对犯罪的非刑罚处理方法的规定。第三种观点对于刑事责任的实现方式的划分存在缺陷，且含义模糊。事实上，仅仅宣告有罪或仅予以非刑罚方法处理的方法都是刑事责任的辅助方式，刑事责任实现的最基本、最常见的方式是给予刑罚处罚。

从刑事责任实现方式的发展来看，早期刑事责任实现方式只有刑罚处罚。因为在奴隶社会、封建社会，广大人民群众一无所有，也没有人身自由，要实现刑事责任的惩罚性，只能依靠生命刑与身体刑。但随着社会的发展，犯罪日益复杂化，刑罚这一种实现方式已经不能适应惩罚与预防犯罪的社会需要。刑事责任实现方式由单一的刑罚转变为刑事责任实现方式的多样化。我国刑法亦不例外。根据我国刑法的规定，刑事责任的实现方式可以分为基本方式与辅助方式两类。

刑事责任实现的基本方式是定罪判刑方式，即人民法院在判决中对犯罪人作出有罪宣告的同时对其适用相应的刑罚。定罪，指人民法院根据案件事实和依照刑法规定，认定被告人是否构成犯罪以及构成何种具体犯罪。判刑，是指人民法院在确定行为人行为的犯罪性质后，根据犯罪的事实、性质、情节和对社会的危害程度，依照刑法的规定决定刑罚的种类及执行方式。

刑事责任实现的辅助方式是定罪免刑方式，即人民法院在判决中对犯罪人作出有罪宣告但同时决定免除刑罚处罚。免除刑罚处罚是以宣告有罪为前提，而宣告有罪本身就是对犯罪行为的否定评价和对犯罪人的谴责，从而定罪免刑也是刑事责任实现的一种方式。免除刑罚处罚并非不予以任何处罚。根据《刑法》第 37 条的规定，对于犯罪情节轻微不需要判处刑罚的，可以免予刑事处罚，但可以根据案件的不同情况予以训诫或者责令具结悔过。训诫是人民法院当庭对犯罪人予以谴责并责令其改正的一种处理方法。责令具结悔过是人民法院当庭责令犯罪人当面承认错误并表示歉意的一种方法。这两种方法都是对犯罪行为的否定评价和对犯罪人的谴责，从而是刑事责任的实现方式。

此外，还存在刑事责任的其他解决方式。刑事责任的解决的目的是终结刑事责任。刑事责任的终结（或刑事责任的解决）有两种情况：一是因刑事责任的实现而终结，二是因通过其他解决方式而终结刑事责任。根据我国刑法的规定，刑事责任解决的其他方式包括消灭处理方式和转移处理的方式。

刑事责任的消灭处理方式，是指行为人的行为成立犯罪，但由于存在刑法规定的事实而不再追究其刑事责任，从而导致刑事责任的消灭或终结。根据我国刑法的规定，刑事责任终结的事实主要包括超过追诉期限、犯罪人死亡、赦免等。上述事实的存在导致国家不再追究行为人的刑事责任，从而致使刑事责任的终结。

转移处理的方式，是指对于享有外交特权和豁免权的外国人的刑事责任而通过外交途径解决。根据《刑法》第11条以及《外交特权和豁免条例》以及《领事特权和豁免条例》的相关规定，享有外交特权和豁免权的外国人的刑事责任不由我国司法机关处理，而由外交部门要求派遣国将其召回，或者宣布其为不受欢迎的人，或者让其限期离境。这种方式是一种解决特定行为人刑事责任的特定方式。

2. 责任的本质

在大陆法系刑法理论中，关于责任的本质（即责任的正当性实质）存在多种学说，主要有以下三方面争议：一是道义责任论与社会责任论之争；二是行为责任论与性格责任论之争；三是心理责任论与规范责任论之争。

(1) 道义责任论与社会责任论

在大陆法系刑法理论中，关于责任的本质，历来有道义责任论与社会责任论之争。

道义责任论，是刑事古典学派主张的责任根据论，认为道义非难是责任的根据，行为人在意志自由的条件下本应选择适法行为但是却选择了犯罪行为，就具有伦理上的道义非难和可谴责性。因此，基于伦理的立场，承认个人意志自由，主张"无自由即无刑事责任（或者无刑罚）"，是道义责任论的基本观点。

犯罪是行为人基于自由意志的选择，行为人因此必须为自己的犯罪选择承担责任，这在道义上具有合理性。但是，科学研究表明，行为人实施犯罪行为并非都是自由意志的选择，有些犯罪的实施与自然因素、社会因素或者行为人的生理具有密切关系，即犯罪人不具有真正的自由意志。这些研究结果使道义责任论面临严重冲击，其主张的刑事责任根据的正当性基础开始动摇。马克思主义主张人的相对的意志自由（而反对绝对的意志自由），为道义责任论提供了科学理论根据。因此，现在的道义责任论一般以相对的意志自由论为基础，补强了道义责任论的科学合理性。

社会责任论，是刑事实证学派主张的责任根据论，认为基于社会防卫需求本身就可以建立刑事责任的正当性，犯罪人因其危害社会的行为和危险性格而处于应予以社会防卫的地位。因此，基于社会防卫论，否定意志自由，主张犯罪的出现是由外部环境、社会和个人的因素所综合决定的，对犯罪人惩罚的正当性根据不能从犯罪人自身寻找，而必须考虑社会防卫的需要，为实现社会防卫、犯罪预防目的而确定个人责任，是社会责任论的基本观点。

社会责任论绝对地否定个人的意志自由缺乏科学性和合理性，"否定意志自由，无异于推翻责任概念。因为责任是建立在意志自由基础之上的，没有意志自由，也就无所谓责任"[1]；尤其是，根据社会责任论，即使行为人未到达刑事责任年龄或不具备刑事责任能力，由于其实施危害社会的行为或者其自身危险性就可以追究其刑事责任，这种观点有扩大刑罚权的倾向。[2] 因此，绝对地贯彻社会责任论并不可行。

（2）行为责任论与性格责任论

在大陆法系刑法理论中，关于责任非难的对象，形成了行为责任论与性格责任论的对立。一般认为，行为责任论（以及人格责任论）对应于道义责任论，性格责任论对应于社会责任论。[3]

行为责任论，认为应受处罚的不是行为人而是行为，或者说，被追究刑事责任的对象是行为（客观主义），而不是潜存于行为背后的行为人

---

[1] 周光权：《刑法总论》（第三版），中国人民大学出版社2016年版，第225页。
[2] 参见黄荣坚《基础刑法学（下）》（第3版），中国人民大学出版社2008年版，第392—399页。
[3] 周光权：《刑法总论》（第三版），中国人民大学出版社2016年版，第225页。

的性格与人格。简言之，责任非难的对象是各个犯罪行为，但其根本在于实施犯罪行为的犯罪人犯罪意思，因此行为责任论又被称为"意思责任论"或者"个别责任论"。该观点的缺陷在于忽视了犯罪事实以外的体现行为人人身危险性的因素。

性格责任论，认为应受处罚的不是行为而是行为人，或者说，被追究刑事责任的对象是行为人的人身危险性或者说是具有危险性格的个人（主观主义），犯罪行为只是具有征表行为人危险性格的意义。简单地说，责任非难的对象是行为人的危险性格，社会应当针对行为人的危险性格采取防卫措施。但是，由于行为人的危险性格具有不明确性和不可测量性，该理论容易侵犯人权；而且，该观点忽视犯罪行为的基础地位，也是不妥当的。

人格责任论，是针对行为责任论和性格责任论的缺点而提出的修正完善观点，认为具有主体性的行为人的人格是刑事责任的基础，责任非难的对象（要素）包括犯罪行为和行为人的人格两个方面。责任非难第一个对象应着眼于作为行为人人格现实化的犯罪行为。但是，人格形成不但受行为人的素质和环境制约，而且也与行为人的生活态度有关。行为人认真努力的生活态度，可以适当减少素质和环境的影响，从而不实施犯罪行为。相反，行为人缺乏这种生活态度，而持消极、怠惰的情绪，最终导致实施犯罪行为，正是行为人这种人格成为刑事责任非难的第二个对象。简言之，人格责任论认为，刑事责任的要素或者非难的对象有两个：一是犯罪行为，二是导致犯罪行为实施的行为人的人格。

笔者认为，人格责任论对于刑事责任确定的根据具有合理性。因为，人格责任论不仅强调犯罪行为及犯罪意思，而且重视行为人实施犯罪行为的人格特征，因此能够将影响刑事责任有无及大小的因素有效结合起来。质言之，人格责任正是刑事责任确定的根据。不过，人格责任论面临的批判是：人格形成的因素包括由宿命决定的行为人不可改变部分和行为人持积极的生活态度可以改变的部分，虽然前者不是责难的对象，但是这两个部分并不容易区分。然而，人格责任论认为，随着刑法理论的进步，对行为人可以改变而未做改变从而导致犯罪的人格因素是可以判明的。因此，上述批评并不妥当。

我国刑法对刑事责任确定的根据的规定，借鉴了人格责任论中的合理因素。例如，根据《刑法》第 61 条的规定，确定犯罪人刑事责任大小，应当根据犯罪的事实、性质、情节和对于社会危害的程度。刑事责任确定的根据包括犯罪事实、犯罪性质、犯罪情节和犯罪的社会危害程度。其中，犯罪事实与犯罪性质是符合犯罪构成的犯罪行为，具有一致性，犯罪情节则主要是指体现犯罪前后行为人人格特征的要素。需要说明的是，这里"刑事责任"的范畴已经超出了三阶层犯罪论体系中"责任"的范畴，涉及作为犯罪成立条件意义上的有责性以及作为犯罪成立后的法律责任（法律后果）等复杂内容。

（3）心理责任论与规范责任论

在大陆法系刑法理论中，关于责任内容的要素（有的学者称为"责任判断的构造"①），存在心理责任论与规范责任论之争。

心理责任论，认为应把责任限定为行为人故意或者过失地实施不法行为的心理事实，即犯罪故意或过失（心理事实）就是责任的根据。根据心理责任论，缺乏故意或过失的行为以及不具有回避的可能性的行为，即使追究其刑事责任也达不到预防犯罪的效果，因此缺乏故意或者过失就没有责任。刑事古典学派采用心理责任论。我国传统刑法学也采用心理责任论，将作为心理事实的故意和过失（又称为犯罪故意和犯罪过失）概括称为"罪过"。但是，心理责任论存在明显不足：将责任简单地等同于主观心理（心理事实）本身，在基本立场上忽略了对主观心理的价值评价（刑法评价）。

规范责任论，认为应在心理事实（故意或者过失）基础上加入规范评价因素，责任的本质是从规范的角度对心理事实加以谴责和非难的可能性。根据规范责任论，行为人基于故意或过失而实施的不法行为，其不一定应当负刑事责任，行为人是否应当负刑事责任，还必须进一步追问行为人是否不能实施合法行为，如果行为人不能实施合法行为，就不具有非难可能性（即不应当追究其刑事责任），如果行为人能够实施而不实施合法行为，就具有可非难性（即应当追究刑事责任）。区分行为人能否实施合法行为，就要看其他相同条件的人处于相同情况下是否可以不违法。该观点的优点在于其主张犯罪故意或过失本身不等于责任，并且

---

① 周光权：《刑法总论》（第三版），中国人民大学出版社 2016 年版，第 225 页。

对责任的建构提出了非难可能性的概念；采用规范责任论就意味着采取实质的责任论，即使行为人有故意、过失等心理事实，但是在没有谴责可能性的场合则仍然否定可非难性（以及可罚性）。

此外，罗克辛提出了答责性范畴，认为在有责性判断阶段必须引入以预防为目的的处罚必要性概念，只有发展出答责性（负责性）概念，才能妥善实现有责性的价值判断问题。我国有学者认为，罗克辛的答责性理论比规范责任论走得更远，有责性被"答责性"（负责性）所替代，其同时包含传统上（规范）责任论和"预防刑事惩罚的需要性"（需罚性）的内容，欠缺责任的情形是欠缺责任能力、不可避免的禁止错误等排除责任事由，欠缺预防必要性的情形则是从预防目的出发认为对他人难以效仿的情形缺乏处罚必要性，如防卫过当或者避免过当。[①]

**（二）责任主义**

责任主义，是主张无责任即无犯罪、无责任即无刑罚，反对客观归罪的刑法归责立场。

责任主义有狭义的责任主义与广义的责任主义之分。狭义的责任主义，是指行为人只有在具备责任能力与故意或过失等条件时，才能受到非难并被追究责任，即"归责中的责任主义"。广义的责任主义，是指在狭义的"归责中的责任主义"的基础上，还包含"量刑中的责任主义"，刑罚必须与责任之量成比例。

责任主义有消极的责任主义与积极的责任主义之分。消极的责任主义，是指将责任作为限定犯罪成立的前提条件，特别强调"无责任则无刑罚"的责任主义立场。消极的责任主义的具体主张包括：一是个人责任，即没有非难可能性的行为不受处罚；二是主观责任，即没有故意与过失的行为不受处罚；三是量刑中的责任主义，即刑罚的量不能超出责任的量。积极的责任主义，是指主张有责任就一定要科处刑罚的立场（"有责任就有刑罚"），认为即使没有特殊预防与一般预防的必要也应当对行为人科处与其责任相对应的刑罚。现代刑法在基本立场上都坚持消极的责任主义。

---

① 周光权：《刑法总论》（第三版），中国人民大学出版社2016年版，第226页。

日本刑法学理论中有"客观处罚条件"的概念，对此概念，理论上提出的疑问是"客观处罚条件是否是责任主义的例外"？针对这一提问，松原芳博认为：诸如事前受贿罪（日本《刑法》第197条第2款）中的"就任公务员"这种客观处罚条件，是作为将针对公务的公正性的危险提升到可罚的程度的情况，应属于违法构成要件；诸如"亲属间盗窃的特例"（《刑法》第244条）等一身的处罚阻却事由，是考虑到了存在于亲属之间的特殊诱惑性因素的（可罚的）责任阻却事由。[①] 因此，所谓客观处罚条件，其实质上对应的是违法性判断，应纳入违法性进行审查，可以证成"可罚的违法性（程度）"命题；而"一身的处罚阻却事由"实质上是有责性判断，这是较为科学合理的体系性安排。

基于消极的责任主义立场，责任论内部要素的体系性安排可以依次设置为以下三个部分：一是故意（其中需要讨论错误论）；二是过失；三是消极的责任要素与责任阻却事由，其中需要讨论刑事责任能力、违法性认识可能性、期待可能性等内容。

## 二 故意

我国《刑法》第14条规定："明知自己的行为会发生危害社会的结果，并且希望或者放任这种结果发生，因而构成犯罪的，是故意犯罪。"这是故意犯罪的法定概念，也是定义犯罪故意的法律根据。所谓犯罪故意，是指行为人明知自己的行为会发生危害社会的结果，并希望或者放任这种危害结果发生的心理态度。从结构上分析，故意由认识因素和意志因素两部分组成。

### （一）故意的认识因素

故意的认识因素（或称意识因素），是以行为人的明知为表征的心理事实。按照《刑法》第14条及分则就具体犯罪的规定，"明知"的内容（对象）和程度包含以下多个方面：

---

[①] ［日］松原芳博：《刑法总论专题研究（二）》，王昭武译，《河南省政法管理干部学院学报》2010年第4期。

1. 明知的内容（对象）

明知的内容（对象），是指刑法所规定的"明知自己的行为会发生危害社会的结果"。它有两层意思：一是明知"构成要件要素"；二是明知"社会危害性"。

（1）明知"构成要件要素"

"明知自己的行为会发生危害社会的结果"的基本含义，是指明知"构成要件要素"，即明知包含对"构成要件要素"的全面认识。从逻辑上讲，构成要件要素包括行为、结果、因果关系以及行为关联要素等，它们都是明知的内容（对象）。

首先，对"行为"和"结果"有认识。

对自己在实施什么行为以及有什么样的结果已经有所认识，没有明知也就是没有故意。应当指出的是，明知所指向的结果不单指人身伤亡或财产损失等实际损害，还包括行为对社会形成的客观威胁和危险。同理，行为也就不限于造成实际损害的行为，还包括威胁社会，给社会带来危险的行为。换言之，明知既可以表现为对造成实际损害的行为及结果的认识，也可以表现为对威胁社会引起危险的行为和结果的认识。

其次，对行为和结果之间的因果关系有认识。

明知是行为人对自己的行为"会发生"危害结果，即行为与结果之间的因果联系有认识。按照通说，所谓"会发生"包括两种情形：一种是"必然发生"，即实施了危害行为，危害结果将不可避免地发生；另一种是"可能发生"，即实施了危害行为，危害结果可能发生，也可能不发生。由此形成"明知必然发生"和"明知可能发生"两种认识状态。也就是说，明知"会发生"有两层含义，一是故意的内容应当包含因果关系认识，二是认识到的因果关系可以有程度上的差别，或者"明知必然发生"，或者"明知可能发生"，有其一，就具备了对因果关系的认识。

最后，对"构成要件要素"整体有认识。

明知不是单纯地表现为对行为和结果的认识，还包括对行为对象、方法和时空环境等事实及其性状有认识。行为对象、方法和时空环境等事实特征在许多犯罪中反映、说明行为的内容和性状，表征社会危害性，构成明知的内容，这可以从刑法分则相关犯罪的规定中加以探查，也是司法认定的重要事实依据。例如，《刑法》第127条第1款规定的盗窃枪支、弹药、爆炸物罪,行为人不仅对自己实施的行为是"秘密窃取"存在明知,而且对于窃取的对象是枪支、弹药或爆炸物存在明知;再如,《刑法》第341条第2款规定的非法狩猎罪,行为人不仅对于自己实施的行为是"狩猎"存在明知,而且对于是"在禁猎区、禁猎期或者使用禁用的工具、方法进行狩猎"存在明知。如果行为的危害性与行为人的特殊身份相关,还要求行为人对自己的特殊身份具有认识。例如,《刑法》第360条规定的传播性病罪,要求从事卖淫、嫖娼活动的行为人对自己患有梅毒、淋病或者其他严重性病存在明知,因不明知而卖淫、嫖娼的,不构成传播性病罪。即便在具体犯罪的规定中没有特别的要求,但对上例事实特征的认识,仍是确定明知必须重视的内容。比如误将某人当作猎物而射杀,因为不明知行为对象是人,所以没有杀人的故意,可能成立过失致人死亡罪,但不构成故意杀人罪。又如爆炸杀人,明知爆炸的对象为特定的个人且处于相对独立的空间,行为人只成立故意杀人罪的故意而仅仅构成故意杀人罪;明知爆炸的对象范围涉及不特定多数人,即便行为人主观上追求杀害特定个人的结果,也认为不仅有故意杀人罪的故意,还有爆炸罪的故意,至于在司法上是以故意杀人罪认定还是以爆炸罪认定,需要择案而定。

(2)明知"社会危害性"

明知"社会危害性",即明知包含对行为和结果的"社会危害性"的认识。

犯罪故意不是单纯的心理事实,应当有反映行为应受法律责难的主观恶性,集中体现为行为人必须对行为及其结果的社会危害性有认识。一方面,没有社会危害性的认识,不成立刑法上的故意;另一方面,对行为和结果的社会属性的明知,以社会危害性为已足,不要求对违法性有认识。这是因为,社会危害性是犯罪的本质属性,认识到社会危害性,最终也能对行为的违法性加以认识,有社会危害性的认识便具有受刑法责难的根据。再则,社会危害性作为行为价值的一般判断,是具有正常理智的公民能够做到的,而违法性是一种法律判断,有赖于法律的专门学习和知识的积累,要求公民都具备这种素养,既不现实,也不合理。如果要求对行为的违法性明知,不仅可能导致行为人以不知行为违法而开脱罪责,甚至还会助长人们成为"法盲"而逃避刑法的规制,这不利于合法权益的保护和法秩序的稳定,与刑法的目标和任务相背离。在我国刑法中,明知一般不包括违法性的认识(尤其是自然犯的故意中不需要违法性认识);仅在部分法定犯中,故意的成立要求有违法性认识。

2. 明知的程度

明知的程度,又叫认识程度,是指行为人主观上对于犯罪构成中的客观违法性要素的认识程度,理论上有确定明知与不确定明知(即可能明知、推定明知和应当知道)。明知是一种认识状态,在明晰程度上可以是具体而确切的认识(确定明知),也可以是抽象而概括的认识(不确定明知)。明知的程度达到概括的认识即可,不要求对细节的清楚认识。对于不确定明知采用推定但准许反证原则。

值得注意的是,理论上有一种观点认为,明知的程度包括"明知"(即明确知道)和"应当知道"(即推定明知)两种情况。那么,如何认识这里的"应当知道"?有人对此可能存在误解,认为根据我国《刑法》第15条过失犯罪的规定只能将"应当知道"但是没有认识到的情形解释为"过失",这是值得注意的问题。事实上,这里的"应当知道"只是"知道"(明知)的一种,是"推定知道""推定故意"的意思(准许反证)。陈兴良指出,明知是行为人的一种主观心理状态,对明知如何认定,目前在我国司法解释中,往往把明知解释为知道或者应当知道。[1] 我国还有学者指出,"应当认识到"(应当知道),同时具有行为人在"法律上有义务认识到""主观上有能力认识到"和"客观上有可能认识到"三个方面的含义,如果缺少其中任何一个方面的内容,不论是行为人没有义务认识到,还是没有能力认识到,或者客观上没有可能认识到,"违法性认识"这个因素就不可能存在,相应的犯罪故意也就不可能成立。[2]正是在这种特殊语境下,故意犯罪中明知的程度是"知道或者应当知道"即为已足。[3]

例如,使用刀具故意杀人的,行为人认识到实施的是杀人行为,将会造成受害人死亡的结果,就达到了刑法规定的"明知"要求,至于受

---

[1] 陈兴良:《刑法中的故意及其构造》,《法治研究》2010年第6期。
[2] 陈可倩:《论犯罪故意的对象因素》,《法学》2015年第12期。
[3] 魏东:《"涉黑犯罪"重要争议问题研讨》,《政法论坛》2019年第3期。

害人是张三还是李四,刀戳在哪个部位、戳了几刀、受害人在何时死亡等内容,对"明知"的成立不发生影响。

**(二)故意的意志因素**

按照《刑法》第 14 条的规定,故意的意志因素表现为行为人希望或者放任危害结果的发生。所谓希望危害结果发生,是指行为人对危害结果的发生抱持积极追求的态度。在希望的场合,行为人将危害结果的发生作为行为人追求的目标,为此总是试图利用主客观条件去克服阻碍危害结果发生的不利因素;危害结果的实际发生将满足行为人的意愿,相反则违背行为人的意愿,是行为人不愿意接受的。例如盗窃罪的行为人在实施盗窃时,总是追求窃得财物,不愿空手而归,为此尽量利用各种条件使盗窃得手,表现出希望的心理态度。由此也说明,盗窃罪的故意在意志因素上永远表现为盗窃行为人希望危害结果的发生。

所谓放任危害结果的发生,是指行为人虽然不是积极追求危害结果的发生,但也不采取任何措施防止危害结果的发生,而是决意实施行为,任凭危害结果发生,危害结果的实际发生并不违背行为人的意愿。也就是说,对危害结果的发生行为人虽然不是希望发生,但也不反对其发生,而是听之任之。例如甲上山打猎,见山崖上有一猎物,意欲猎杀,但明知猎物后方不远处有一人正在采药,但甲不设法避让,为了获取猎物而置采药人的生死于不顾,仍然举枪射击,结果射中采药人致其死亡。在这里,甲对杀死采药人的结果虽然不追求,但也不反对,所表现出来的意志态度就是放任。

希望或者放任,是行为人对行为及其结果的意志选择和倾向性的态度,其共同特征是,行为人对危害结果的发生都不排斥、不否定,以此蔑视法律所保护的权益,挑衅法律所维护的社会秩序,表现出来的主观恶性在本质上没有区别,因此都是故意的意志态度,而且是犯罪故意的核心内容。意志因素虽然以认识因素为前提,但更是认识因素的发展。如果仅有认识因素而没有意志因素,即主观上没有希望或者放任,就意味着主体对如何行为没有作出选择,因而也就不存在故意,意志因素是犯罪中发挥决定性作用的因素,它促使行为人实施危害行为,将主观恶意外化为犯罪行为。总之,意志因素与认识因素是成立故意不可或缺的心理事实；故意的确定则应该在具备认识因素的基础上，着重考察和辨识意志因素及其内容。

**(三) 故意的种类**

按照《刑法》第14条的规定，依据认识因素和意志因素的不同组合形态，可以将故意分为直接故意和间接故意两种。

1. 直接故意

所谓直接故意，是指行为人明知自己的行为会发生危害社会的结果，并且希望这种结果发生的故意心理态度。其结构内容是：

（1）在认识因素方面，直接故意表现为行为人明知自己的行为会发生危害社会的结果。如前所述，"会发生"包括必然发生和可能发生，因此，直接故意中"明知会发生"，既包括"明知必然发生"，也包括"明知可能发生"。在某种意义上讲，只要具有刑法上的"明知"，便具有了成立直接故意的认识前提，至于对行为与结果间的联系程度有如何的认识，不影响故意的成立。

（2）在意志因素方面，直接故意表现为行为人希望危害结果的发生。由于直接故意的认识因素可以是"明知必然发生"，也可以是"明知可能发生"，无论哪种情形都表明行为人有"明知"，因而，只要对危害结果持希望的意志态度，便成立直接故意。也即在明知的前提下，是否希望危害结果发生才是认定直接故意的关键。

2. 间接故意

按照通说，所谓间接故意，是指行为人明知自己的行为可能发生危害社会的结果，并且放任这种结果发生的故意心理态度。其结构内容是：

（1）在认识因素方面，间接故意表现为行为人明知自己的行为可能发生危害社会的结果。在这里，认识因素的内容只能是"明知可能发生"，不包括"明知必然发生"。因为意识是形成意志的基础，只有行为人认为行为的实施可能发生危害结果，也可能不发生时，才会抱有"任凭其发生"的放任态度；如果已经认识到行为的实施必然发生危害结果而仍然实施行为，那么危害结果的发生对行为人来说，就是他的唯一选择，这与放任的心理态度是不协调的，在刑法上，无异于希望结果发生。换句话说，"明知必然发生"的情况下执意实施行为的，不是间接故意而是直接故意。

（2）在意志因素方面，间接故意表现为放任危害结果的发生。一般认为，放任或者说间接故意，大致有三种情形：一是为追求非犯罪的目的而放任某种危害结果的发生。如养花专业户甲为防止花卉被盗，在花房周围私拉电网。一日晚，乙偷花不慎触电，不治身亡。甲拉电网的目的在于防盗，对他人可能触电身亡有认识，虽不追求这种结果的发生，但听之任之，是为放任，成立间接故意。二是为追求某一犯罪目的而放任另一危害结果的发生。如甲手持自制手枪意欲杀害与丙坐在一起聊天的乙。甲知道，开枪杀乙时可能伤害甚至打死丙，但他杀乙心切而置丙的生死于不顾，仍然开枪，结果造成乙死丙伤。在这里，甲对丙伤结果的发生，即属于这种类型的放任，成立间接故意。三是在突发性犯罪中，行为人不计后果，放任严重后果的发生。如甲与乙发生冲突，临时起意对乙行凶，使用匕首对乙猛戳，不管其死活；在乙身受重伤，生命垂危的情况下甲竟扬长而去，结果乙不治而亡。在此，甲对用匕首伤乙可能导致其死亡是明知的，虽然不追求死亡结果的发生，但既不约束行为，也不采取措施避免，听之任之，因而是间接故意。

间接故意的成立，以放任的危害结果实际发生为条件。由于放任的认识基础是危害结果可能发生也可能不发生，因此，只有当危害结果实际发生时，方能说明放任的内容，也正是因为放任是行为人对发生危害结果不反对的态度并致使危害结果实际发生，这种心理态度才具有刑法意义，成立间接故意。

直接故意和间接故意同属故意范畴，但综上分析，我们能够看出二者的区别：一是认识因素有所不同，表现为对危害结果的认识程度有差异；二是意志因素不同；三是对危害结果发生的要求不同。由于二者的认识因素存在交叉，因此关键性的区别在意志因素以及危害结果的发生方面。

间接故意的认定，应当从间接故意的实质内涵、间接故意与有认识的过失之间的界限等方面进行法理研讨。德国刑法学中，针对间接故意（放任故意）的判断问题提出了同意理论、可能性理论、未受防护危险理论、认真对待理论、联合理论等学说,① 非常具有启发性（尤其是认真对待理论和联合理论值得借鉴）。我国刑法学关于间接故意（放任故意）的理论研究中，目前已经提出的容认说、盖然性说（极大概率论）②、风险升高理论③等，可以综合这些理论运用进行间接故意（放任故意）的判断。

直接故意和间接故意的划分对理解故意的概念和内容，认识故意犯罪的危害性大小都有现实意义。在一般情况下，直接故意比间接故意具有更大的恶性，但在确定罪名时，无论是直接故意还是间接故意，都只能定故意犯罪。如直接故意杀人和间接故意杀人，其罪名都是故意杀人罪。

**（四）错误**

错误，是指行为人主观的认识和客观的实际情况不一致。这是"错误"的哲学概念，它对于我们理解刑法上的错误具有指导价值。我国刑法学统编教材认为：刑法上的错误，又称为刑法上的认识错误，是指行为人对于自己行为的法律性质或者事实情况的认识发生错误。因此，刑法上的认识错误可分为两大类：法律认识错误和事实认识错误。

有种观点认为，刑法理论原则上在故意之后论述错误，而非论述完过失之后再来讨论错误的问题，因此刑法论总是在与故意犯的关联性上讨论认识错误，并不在与过失犯的关联性上讨论认识错误问题。④ 这种观点太过于绝对，因为尽管较多情形下的认识错误同故意责任直接产生关联性，但是有的特殊情形下的认识错误也可能导致过失责任或者无责任（阻却责任），从而使得认识错误问题同故意、过失、无责任等均可能产生关联性，而并非仅限于故意才能与认识错误产生关联性。

1. 认识错误的分类

认识错误有两种分类方式：一是水平的错误分类，即将错误分为事

---

① ［德］克劳斯·罗克辛：《德国刑法学 总论》（第1卷），王世洲译，法律出版社2005年版，第293—304页。
② 张明楷：《刑法学（上）》（第六版），法律出版2021年版，第332—345页。
③ 陈兴良：《教义刑法学》，中国人民大学出版社2014年版，第459—460页。
④ 张明楷：《刑法学（上）》（第五版），法律出版社2016年版，第268页。

实认识错误与法律认识错误;二是垂直的错误分类,即将错误分为构成要件错误与禁止错误。

在大陆法系国家和地区中,认识错误的分类方式主要有两种:一是以行为人主客观认识不一致的对象为基准点,将认识错误分为事实认识错误和法律认识错误,这种分类又被称为"水平的错误分类";二是以行为人发生的主客观不一致处在阶层犯罪论体系的位置为基准点,将认识错误分为构成要件错误与禁止错误,这种分类又被称为"垂直的错误分类"。①

在德国刑法学中,第二次世界大战前的帝国法院一直沿袭罗马法传统将错误区分为事实认识错误与法律认识错误,② 并且将法律认识错误又区分为"刑法上的法律错误"和"刑法外的法律错误"。③ 在法律后果上,事实认识错误和"刑法外的法律错误"阻却故意的成立,"刑法上的法律错误"不影响故意的成立。随着阶层犯罪论体系在德国的兴盛,第二次世界大战后联邦最高法院在判决中逐渐采用了构成要件错误和禁止错误之分类,并将禁止错误又区分为可避免的禁止错误和不可避免的禁止错误。而后,垂直的错误分类逐渐成为德国刑法学的通说。

在我国台湾地区刑法学中,学者们多已摒弃水平的错误分类,转而采用垂直的错误分类方式,原因在于他们认为水平的错误分类是无效的。例如林山田认为,事实乃是刑法评价之依据,刑法上没有纯粹的事实,因此难以区分事实认识错误与法律认识错误。④ 垂直的错误分类是台湾地区刑法理论目前的通说,学者们在论及认识错误时多径行使用垂直的错误分类,而不先行论证为什么做这样的分类,就像我们在论述"罪过"时直接论述"故意"和"过失"那样自然而然。例如,林钰雄在专著中

---

① "水平的错误分类"与"垂直的错误分类"最早见于1987年德国刑法学者库伦(Kuhlen)的升等论文,1995年夏天库伦在接受许玉秀的拜访时表示"这样的称呼只是出于直觉"。我们认为,尽管只是出于直觉,但这种表述体现了两种不同的思考维度,且避免了"事实认识错误与法律认识错误""构成要件错误与禁止错误"的冗长表述,因此我们在后文中仍采纳这一表达方式。参见许玉秀《当代刑法思潮》,中国民主法制出版社2005年版,第181页。
② 许玉秀:《当代刑法思潮》,中国民主法制出版社2005年版,第180页。
③ 陈琴:《刑法中的事实错误》,中国人民公安大学出版社2009年版,第9页。
④ 参见林山田《刑法通论(上)》,北京大学出版社2012年版,第269页。

就直接使用了"构成要件层次的错误"和"禁止错误"之表述,[1] 薛智仁在论文中也是直接使用"构成要件错误"和"禁止错误"的表达方式。[2]

在日本刑法学上,认识错误分类似乎略显随意,水平错误分类与垂直错误分类的"固定搭配"被打破,学者们常常混同使用事实认识错误与构成要件错误之概念,混同使用法律认识错误与禁止错误之概念。例如,在西田典之、大谷实的专著中"事实的错误"与"违法性的错误"为一组对应概念;[3] 在前田雅英的专著中"事实的错误"与"法律(违法性)的错误"为一组对应概念;[4] 野村稔将认识错误分为"(构成要件的)事实的错误"和"违法性的错误"[5] 等。值得思考的是,日本刑法学中的这种"混搭风格"并没有导致读者的误解或者错误理论的混乱,其原因在于学者们几乎都是以法律后果为导向来使用这些概念,并且默认构成要件错误与事实认识错误的法律后果相同、违法性认识错误与法律认识错误的法律后果相同。这样看来,在日本刑法学上,水平的错误分类方式与垂直的错误分类方式似乎可以并行不悖地混同使用。

中国刑法学曾受到苏联刑法学的深刻影响。苏联刑法学通说将认识错误分为"法律上的错误和事实上的错误"[6],苏联刑法学家基里钦科还将错误细化区分为"对于行为的社会危害性的错误""对于组成犯罪构成因素的情况的错误""法律的错误或者法律上的错误"三类。[7] 可以说,在中国刑法理论中,无论是水平的分类方式之流行,还是"社会

---

[1] 林钰雄:《新刑法总则》,元照出版有限公司2018年版,第142页。
[2] 薛智仁:《禁止错误之法律效果初探》,刘明祥、张天虹主编:《故意与错误论研究》,北京大学出版社2016年版,第239—272页。
[3] [日]西田典之:《刑法总论》,刘明祥、王昭武译,法律出版社2013年版,第217—224页;[日]大谷实:《刑法讲义总论》,黎宏译,中国人民大学出版社2008年版,第159页。
[4] [日]前田雅英:《刑法总论讲义》(第6版),曾文科译,北京大学出版社2017年版,第143页。
[5] [日]野村稔:《刑法总论》,全理其译,法律出版社2001年版,第306页。
[6] [苏]别利亚耶夫、科瓦廖夫:《苏维埃刑法总论》,马改秀等译,群众出版社1987年版,第165页。
[7] [苏]基里钦科:《苏维埃刑法中错误的意义》,蔡枢衡译,法律出版社1956年版,第21页。

危害性认识错误"之提出,都能够明显看到苏联刑法学的影子。

中国刑法传统理论中的认识错误历来是按照水平的错误分类进行的,这与第二次世界大战前的德国刑法学以行为人认识错误的对象为依据进行分类的方式是一致的。随着阶层犯罪理论对中国刑法学的影响日益深刻,学者们逐渐接纳并使用垂直的错误分类之概念,例如高巍在2011年的文章中使用了"行为构成错误"与"禁止错误"之表述。① 两种错误分类的共同点在于,在法律后果上事实认识错误、构成要件错误阻却故意,禁止错误(违法性认识错误)、法律认识错误不阻却故意,仅在极特殊的情况下例外地阻却责任。同时在论著中,我们常能看到混用事实认识错误与构成要件错误,混用违法性认识错误、禁止错误、法律认识错误之情形,正如江溯所认为的那样,在中国刑法中水平的与垂直的错误分类似乎没有本质区别。② 可以认为,水平的与垂直的错误分类在法律效果上具有一定的对应性,因此在通常情况下,混用水平的错误分类与垂直的错误分类并无大碍,仅有个别例外情形存在一定差异(如规范性构成要件要素的认识错误)。

水平的错误方式与垂直的错误分类方式,两者的对比考察如表7-1。③

表7-1　　　　　　　　　错误分类方式对比

|  |  | 水平的错误分类 ||
| --- | --- | --- | --- |
|  |  | 事实认识错误 | 法律认识错误 |
| 垂直的错误分类 | 构成要件错误 | 对象错误<br>打击错误<br>因果关系错误 | 涵摄错误 |
| | 禁止错误<br>(违法性错误) | 阻却违法事由前提事实错误 | 直接禁止错误<br>间接禁止错误 |

---

① 高巍:《论规范的构成要件要素之主观明知》,《法律科学》(西北政法大学学报)2011年第3期。

② 参见江溯《规范性构成要件要素的故意及错误——以赵春华非法持有枪支案为例》,《华东政法大学学报》2017年第6期。

③ 参见许玉秀《当代刑法思潮》,中国民主法制出版社2005年版,第183页。

2. 法律认识错误

法律认识错误，又叫违法性认识错误、违法性错误、违法性的错误、禁止的错误、禁止错误，是指行为人对自己的行为在法律上是否构成犯罪、构成何种犯罪以及应当受到何种处罚的错误认识。法律认识错误的类型有假想的犯罪、假想的无罪、罪刑轻重的认识错误三种情况。一般认为，法律认识错误对行为的性质及法律后果并没有影响，但是在行为人对"假想的无罪"缺乏违法性认识可能性时应当依法认定行为人无罪（阻却责任）。由于法律认识错误已在前面"违法性认识可能性"中进行了详细阐述，因此这里不再赘述。

3. 事实认识错误

事实认识错误，是指行为人对决定其行为性质及刑事责任的有关事实情况的错误认识。

事实认识错误可以分为具体的事实认识错误与抽象的事实认识错误两类。具体的事实认识错误，又称为同一构成要件内的错误，是指行为人认识的事实虽然与实际发生的事实不一致，但没有超出同一犯罪构成的范围的情形。抽象的事实认识错误，又称为不同犯罪构成的错误，是指行为人认识的事实与实际发生的事实不一致，并且超出同一犯罪构成的范围的情形。

事实认识错误的处理原则，理论上存在具体符合说与法定符合说的争议，当前我国"理论的通说和司法实践均采法定符合说"[①]。例如"误杀案"，甲意欲杀死乙，误杀旁边丙，根据不同的处理原则可得出不同的处理结论。具体符合说认为，行为人所认识的事实与实际发生的事实，只有在具体地保持一致时，才成立故意的既遂犯。根据具体符合说，"误杀案"中由于行为人的主观认识和客观事实没有形成具体的符合，所以甲成立对乙的故意杀人罪未遂和对丙的过失致人死亡罪，按照想象竞合从一重处断。具体符合说重视法益主体的区别，要求故意的认识内容包括对具体的法益主体的认识。法定符合说认为，行为人所认识的事实与实际发生的事实，只要在犯罪构成范围内是一致的，就成立故意的既遂犯。根据法定符合说，"误杀案"中由于甲主观上具有杀人的故意，客观

---

① 《刑法学》编写组：《刑法学》（上册·总论），高等教育出版社2019年版，第187页。

上的杀人行为也导致他人死亡,二者在故意杀人罪的犯罪构成内是完全一致的,因此成立故意杀人罪既遂。法定符合说重视法益的性质,认为不必重视主体的区别。理论上,尽管认为"理论的通说和司法实践均采法定符合说",但是还有学者针对打击错误提出了一种折中的"行为计划理论",认为:如果方法错误导致行为计划失败,就不成立故意犯罪既遂,反之则成立故意犯罪既遂。但是由于"行为计划理论以故意是违法要素为前提",并且这种理论只说明了部分案件的处理意见,因此理论上支持者不多。①

笔者认为,笼统地采用具体符合说或者法定符合说均存在难以克服的缺陷,应当主张具有折中意义的"事实认识可具体包容的法定符合说",具体包括"客体认识可具体包容的法定符合说""对象认识可具体包容的法定符合说""行为性质认识可具体包容的法定符合说""工具认识可具体包容的法定符合说""因果关系认识可具体包容的法定符合说""打击认识可具体包容的法定符合说",来处理事实认识错误问题。

例如,前面所论的"误杀案",需要判断具体判断其错误类型,如果甲意欲杀死乙,但是误杀旁边丙(误以为丙为乙时,成立对象错误),采用对象认识可具体包容的法定符合说来判断,甲针对乙和丙均构成故意杀人罪,差异仅在于甲针对乙构成故意杀人罪的未遂,但是针对丙构成故意杀人罪的既遂,这时故意杀人罪的既遂可以具体地包容故意杀人罪的未遂,最终认定为故意杀人罪的既遂。这一结论与法定符合说相同,但是"法理"论证路径不同。"误杀案"中,如果甲意欲杀死乙,但是却误杀旁边某名贵宠物(误以为某名贵宠物为乙时,成立对象错误),采用对象认识可具体包容的法定符合说来判断,甲针对乙构成故意杀人罪(未遂),甲针对某名贵宠物的射杀行为,因为名贵宠物不能成为故意杀人罪的行为对象(不符合故意杀人罪的对象认识可具体包容的法定符合标准),这是不能成立故意犯罪(包括不成立故意杀人罪和故意毁坏财物罪)。

客体错误也可以采用客体认识可具体包容的法定符合说来判断:如果行为人基于盗窃普通财物的盗窃故意而误盗窃枪支,那么,行为人误

---

① 张明楷:《刑法学(上)》(第五版),法律出版社2016年版,第274页。

盗窃枪支的行为就不能成立盗窃枪支罪客体可具体包容的法定符合特征（存在客体认识错误），根据客体认识可具体包容的法定符合说，行为人（基于盗窃普通财物的盗窃故意）误盗窃枪支的行为就只成立普通的盗窃罪（而不成立盗窃枪支罪）。应当注意，如果行为人基于盗窃普通财物甲（如珠宝）的盗窃故意而误盗窃毒品（珠宝盒里只装有毒品），由于毒品仍然可以成为盗窃罪的规范客体（可以成为盗窃罪客体可具体包容的法定符合特征），那么，行为人误盗窃毒品的行为就成立盗窃罪客体可具体包容的法定符合特征（存在客体认识错误），根据客体认识可具体包容的法定符合说，行为人（基于盗窃普通财物珠宝的盗窃故意）误盗窃毒品的行为就仍然成立普通的盗窃罪。如果行为人基于概括的盗窃故意（可以盗窃任何物品）而盗窃枪支，这是不存在认识错误问题，行为人盗窃枪支的行为成立盗窃枪支罪。

再如对象错误与行为错误，也可以采用事实认识可具体包容的法定符合说来分析判断。例如：

【案例】教唆歹徒强奸者反被歹徒强奸案（教学案例）

张三教唆歹徒强奸室友李四，结果歹徒误将张三当作李四，而实施了强奸张三的行为。被教唆者"歹徒"和教唆者张三的行为应当如何定性处理？

那么，教唆歹徒强奸者反被歹徒强奸案中，教唆者（张三）和被教唆者（歹徒）均存在认识错误，但是两者的认识错误类型有所不同，可以分别归属于对象错误（相对于歹徒）、打击错误（相对于教唆者），因此可以采用"对象认识可具体包容的法定符合说""打击认识可具体包容的法定符合说"来分析：其一，歹徒误将张三当作李四而实施强奸行为，属于对象错误，按照"对象认识可具体包容的法定符合说"，歹徒强奸张三和李四中的任何一位女性，均符合强奸罪对象可具体包容的法定符合标准，歹徒针对李四成立强奸罪未遂，歹徒针对张三成立强奸罪既遂，最终按照强奸罪既遂论处。其二，张三教唆歹徒强奸李四而张三自己反被歹徒强奸的行为，属于打击错误（针对张三而言），按照"打击认识可具体包容的法定符合说"，张三自己针对自己实施的"强奸行为"（通过被教唆的人实施强奸行为）不符合强奸罪打击认识可具体包容的法定符合标准从而不成立强奸罪，因为强奸罪的打击行为只能是针对行为人自己以外的女性的强奸行为（而不可能是行为人针对自己的"强奸行为"），因此，张三针对李四实施的强奸行为（通过被教唆的人实施强奸行为）符合强奸罪打击认识可具体包容的法定符合标准从而成立强奸罪未遂（因李四并未被强奸成功），张三成立强奸罪的教唆犯未遂。

此外，"行为性质认识可具体包容的法定符合说""工具认识可具体包容的法定符合说""因果关系认识可具体包容的法定符合说"也可以采用事实认识可具体包容的法定符合说来分析判断。

可见，采用事实认识可具体包容的法定符合说，通过统一标准（事实认识可具体包容的法定符合标准）来区分事实错误的不同情形，可以得出妥当结论，而不像传统的具体符合说或者传统的法定符合说那样很容易出现错误的结论。

事实认识错误还可以细分为以下六种具体种类：客体错误、对象对错、行为性质错误、工具错误、因果关系错误、打击错误。

（1）客体错误

客体错误，是指行为人意图侵犯某种客体，而实际上侵犯了另一种客体。

理论上，客体错误可以视为一种特殊的对象错误，即误把甲对象当作乙对象而实施某种危害行为，而甲对象与乙对象分别代表着不同的法益（犯罪客体）。例如，行为人为盗窃普通财物而实施盗窃行为，但实际上却错误地盗窃了枪支。由于前者代表着财产法益，后者代表着枪支管理秩序和公共安全法益，因此属于客体错误。传统教科书认为，由于行为人只有盗窃一般财物的故意，没有盗窃枪支的故意，因此只能以盗窃罪定性处理，而不能以盗窃枪支罪定性处理。[①] 但是，按照概括的故意论以及法定符合说，如果行为人以概括的盗窃故意实施盗窃行为，其盗窃枪支的行为可以构成盗窃枪支罪。

（2）对象错误

对象错误，是指行为人对自己行为所指向的人或物的具体性质或者种类的认识错误。对象错误具体包括三种情况：其一，意欲指向的具体犯罪对象不存在，行为人误以为存在而实施犯罪的。行为人仍然成立故

---

① 《刑法学》编写组：《刑法学》（上册·总论），高等教育出版社2019年版，第187页。

意犯罪，但由于作为犯罪构成要件事实的犯罪对象不存在，犯罪不可能得逞，因而行为人只负犯罪未遂的刑事责任。其二，对同一性质具体对象的认识错误。又称为具体的事实认识错误、同一犯罪构成内的错误，指行为人对危害行为所作用的具体的人或物发生错误认识。按照法定符合说，其行为定性不受影响，并且可以成立故意的既遂犯。其三，对不同性质具体对象的认识错误。又称为抽象的事实认识错误、不同犯罪构成的错误。对于超出了同一犯罪构成的内容，行为人在主观上应被认定为过失，一般应按照故意犯罪的未遂犯和过失行为的竞合犯来处理。

（3）行为性质错误

行为性质错误，是指行为人对自己行为的实际性质发生了错误的认识。假想防卫、假想避险等属于行为性质错误。例如，便衣警察张某正在抓小偷，行为人乙误以为张某是正在进行抢劫而实施打击张某的行为，则行为人乙成立假想防卫。对于行为性质错误，一般可以排除故意犯罪的成立，行为人要么构成过失犯罪，要么成立意外事件。应注意的是，行为性质错误的行为人对法律并没有发生错误，而只是对事实本身存在误解，这与法律错误是对行为的法律性质（法律评价）存在误解是不同的，虽然两者都是行为人对自己行为的性质发生误解（前者属于行为性质错误，而后者属于法律错误）。

作为行为性质错误的假想防卫和假想避险，在国外刑法理论上又称为是正当化事由的错误、违法阻却事由的认识错误，理论上存在"正当化事由的错误是什么性质的错误？"的争议，大致有以下几种理论见解：其一，限制责任说。认为正当化事由的错误是构成要件的错误（事实的错误），而不是禁止的错误，因而阻却故意的成立。这是国外的通说。其二，消极的构成要件要素说。认为违法阻却事由是消极的构成要件要素，因此违法阻却事由的错误就是构成要件的认识错误，阻却构成要件的故意。其三，严格责任说。认为正当化事由的错误是禁止的错误（违法性的错误），行为人的错误在可以避免时作为故意犯处罚（但有减轻责任的可能性在），在错误不可避免时阻却责任。其四，法律效果的限制责任说。认为正当化事由的错误既不是事实的错误，也不是禁止的错误，而是一种独立的错误类型，这种错误不影响构成要件的故意（成立），但是影响责任故意。其五，张明楷认为，关于正当化事由的错误是一种事实错误，在实质上等同于消极的构成要件要素说，阻却故意，所以"对假想防卫、假想避险不能以故意犯罪论处"。张明楷提出的进一步的问题是：甲明知乙在假想防卫时而故意"帮助"乙的，应当如何处理？对此，张明楷认为，甲是故意利用他人过失行为的间接正犯；并且认为，即使甲客观上不符合间接正犯的条件，甲也能成立故意的帮助犯，因为成立帮助犯仅以正犯（假想防卫者）实施符合构成要件的不法行为为前提，而故意（作为责任要素的故意）并不是构成要件要素与违法要素。①

（4）工具错误

工具错误，是指行为人对其实施危害行为时所使用的工具产生错误认识。例如误把白糖当作砒霜去投毒杀人，一般认为应当以故意杀人罪未遂追究行为人的刑事责任。

（5）因果关系错误

因果关系错误，是指行为人对自己的行为与某种危害结果之间有无因果关系、有怎样的因果关系发展方向与具体进程等事实发生了错误认识。因果关系错误主要有以下四种情形：

一是因果关系是否存在的错误。指行为人对其行为是否造成了预期的结果，或者其追求的结果是否由自己行为造成等事实发生了错误的认识。一般认为这种情形下的因果关系错误，通常不会阻却故意犯的成立，而只是影响故意犯的既遂与未遂的认定。具体可以分为三种情形：其一，行为人实施了某种故意犯罪行为，客观上也造成了某种危害结果，但是行为人误认为该结果没有发生，则仍然成立故意的既遂犯；其二，行为人误以为自己的行为造成了预期的犯罪结果，但该行为实际上并未发生，应当以故意的未遂犯论处；其三，行为人所追求的结果事实上是由其他原因造成的，但是行为人误认为是自己的行为造成的，应以故意的未遂犯论处。

二是因果关系发展方向的错误。指行为人的行为没有按照他预想的方向发展，而是造成了超出行为人所预见和追求的结果之外的其他结果。例如，故意伤害致人死亡，其中死亡的结果即属于超出了行为人所预见和追求的结果之外的其他结果，对此结果不承担故意犯的责任（应定故

---

① 张明楷：《刑法学（上）》（第五版），法律出版社2016年版，第279—280页。

意伤害罪），但是应作为量刑因素予以考虑。

三是因果关系具体进程的错误。即行为人先后实施了两个行为，危害结果实际上是由第二个行为直接造成，行为人却误认为是第一个行为造成的。例如，行为人意图棒杀被害人，误认为已经棒杀致人死亡，为毁尸灭迹将被害人埋藏于土坑之中，而实际上被害人是因为被打晕而在被埋后窒息死亡的情形。这种情形在德日刑法理论中又称为"事前的故意""韦伯的概括故意"，其法理有概括的故意说（单一行为说）、纯粹的因果经过错误说、行为计划说、未遂犯与过失犯并合说、相当因果关系说、原因中的故意行为说、客观归属说等，成立故意的既遂犯是多数说，但是也有少数人认为第一个行为成立故意的未遂犯而第二个行为成立过失犯。①

四是犯罪结果的提前实现。犯罪结果的提前实现，在德日刑法理论中又称为"构成要件的提前实现""结果的过早发生""过早的既遂"，是指行为人意图在第二个行为时发生犯罪结果，但实际上早在第一个行为时结果就已经发生。例如，行为人（妻子作为行为人）购买毒药私藏于酒柜里准备在酒中下毒以毒死丈夫，结果丈夫在妻子尚未下毒时自己误把毒药当酒喝了，或者在妻子将放入毒药的酒杯端上餐桌但是还未开始吃饭时丈夫提前喝了毒酒。犯罪结果的提前实现（构成要件的提前实现）与韦伯的概括故意（事前的故意）正好相反，可以具体地分为两种情形：一种是第一个行为尚处于预备阶段的情形，成立故意杀人罪预备犯与过失致人死亡罪的竞合犯；另一种是第一个行为处于着手实行阶段的情形，成立故意杀人罪既遂犯（但是理论上也有未遂犯的少数人见解）。

（6）打击错误

打击错误，又称为方法错误，是指行为人对自己意欲侵害的某一对象实施侵害行为，由于行为本身的误差，导致行为人所欲攻击的对象与实际受害的对象不一致的情形。打击错误既包括同一犯罪构成内的错误

---

① 陈家林：《外国刑法理论的思潮与流变》，中国人民公安大学出版社、群众出版社2017年版，第249—251页。

也包括不同犯罪构成的错误，我国理论通说和司法实践采取法定符合说，① 即前一情形成立故意犯的既遂，后一情形则可能成立故意犯的未遂和另一种过失犯。例如：张某用枪瞄准并且欲射杀李某，突然发现李某和王某肩并肩站在一起，仍然想射杀李某，结果击中王某，即属于同一犯罪构成内的错误，按照法定符合说，张某成立故意杀人罪的既遂。再如，教唆歹徒强奸者反被歹徒强奸案（教学案例），也可以作为打击错误的实例。

4. 规范性构成要件要素的认识错误②

规范性构成要件要素的认识错误，是一个与记述性构成要件要素的认识错误相对应的概念，它是指针对"枪支""淫秽物品""珍贵、濒危野生动物"等规范性构成要件要素的认识错误。规范性构成要件要素认识错误的理论困境主要源于两个因素：一是错误论中错误分类方式的多元（以及混乱），到底应当将规范性构成要件要素认识错误归入事实认识错误（构成要件错误）还是归入法律人士错误（禁止错误），这是错误论课题面临的共同困难，是规范性构成要件要素认识错误研究的基础性难题；二是规范性构成要件要素中事实与规范交织的法律特征，这是规范性构成要件要素认识错误的特有困难，即规范性构成要件要素"先天"具有的价值属性导致事实与规范胶着在一起，导致事实认识错误与法律认识错误难解难分。两个因素的叠加使得规范性构成要件要素认识错误问题进一步复杂化。

（1）层级论

规范性构成要件要素的认识层级可进行进一步的细化。根据行为人认识程度的深浅，可以将其认识内容划分为多个层级，这对认识错误之判断是极其重要的。在刑法理论上，学者们大多将规范性构成要件要素的认识分为三个层级（或者四个层级），其中陈子平、山口厚和前田雅英的观点较具有代表性，如果将其进行合并观察，可以进行如下表示（见表 7-2）：③

---

① 《刑法学》编写组：《刑法学》（上册·总论），高等教育出版社 2019 年版，第 190 页。
② 本书成果系由笔者和张福英女士合作完成。
③ 参见陈子平《刑法总论》，中国人民大学出版社 2009 年版，第 130 页；[日] 山口厚《刑法总论》（第 3 版），付立庆译，中国人民大学出版社 2018 年版，第 202—204 页；[日] 前田雅英《刑法总论讲义》（第 6 版），曾文科译，北京大学出版社 2017 年版，第 156—157 页。

表7-2　　　　　　　　规范性构成要件要素的认识层级

|  | 陈子平 | 山口厚 | 前田雅英 |
|---|---|---|---|
| 第一层级 | 物体之认识 | 裸的自然事实之认识 | 直接（裸）的事实之认识 |
| 第二层级 | 意涵之认识 | 含义之认识 | 构成要件中重要部分的意义之认识（使违法性的意识成为可能的认识） |
| 第三层级 | 违法之认识 | 法律概念适用之认识 | 违法性之认识 |
| 第四层级 | — | — | 具体条文之认识 |

前田雅英的四层级划分法在三层级划分法基础上增加了"对具体条文的认识"，之前的三个层级与三层级划分法实际上是一一对应的。从整体上看，四层级划分法更为完整，因此我们将以前田雅英的四层级划分法为例来说明规范性构成要件要素中"事实"与"规范"的划分问题，进而明确规范性构成要件要素中事实认识错误与法律认识错误的界限。

客观来看，从"直接（裸）的事实"到"构成要件中重要部分的意义"，再到"违法性"，最后到"具体条文"构成了一个从事实到规范的完整过程。划分规范性构成要件要素认识层级能够在一定程度上简化认识错误的问题，认识层级同时也是检验行为人认识程度的顺序，即首先检验行为人对"直接（裸）的事实"的认识，其次检验对"构成要件中重要部分的意义"的认识，再次检验对"违法性"的认识，最后检验对"具体条文"的认识。详言之，如果行为人对"直接（裸）的事实"没有认识或者认识错误时，就不必检验行为人对后三个层级的认识情况；如果行为人对"直接（裸）的事实"有正确认识，但对"构成要件中重要部分的意义"没有认识或者认识错误时，就不必再判断后两个层级的认识情况，其他两种情况同理。"构成要件中重要部分的意义"就是指补强违法性的基础事实，并且实质上是指"补强实质违法性的基础事实"。

补强实质违法性的基础事实，它与"直接（裸）的事实"共同构成规范性构成要件要素中的"制度性的行为事实"，行为人缺乏对补强实质违法性的基础事实之认识，也属于事实认识错误的范畴。如果按照前田雅英的四层级划分法的话，对"直接（裸）的事实"认识错误和对"构成要件中重要部分的意义"的认识错误属于事实认识错误，对第三层级的"违法性"的认识错误和对第四层级的"具体刑罚法规"的认识错误属于法律认识错误。

（2）补强实质违法性的基础事实的含义

补强实质违法性的基础事实（构成要件中重要部分的意义），具体有以下两层含义：

第一，补强违法性的基础事实不是补强形式违法性的基础事实。在规范性构成要件要素中，对形式违法性的认识错误属于法律认识错误，印证或者补强形式违法性的基础事实与故意的成立无关，它只在认定了法律认识错误的前提下影响行为人刑事责任的减轻。以公民的识法能力为例，识法能力体现行为人对行为的形式违法性认识程度，是判断行为人形式违法性程度的基础事实。唐稷尧提出，在规范性构成要件要素中要将"一般人的立场和个体特定的识法能力相结合"，判断行为人是否构成事实认识错误，[①] 我们认为这一观点是不妥当的。事实认识错误必须结合个案具体判断，而识法能力是一个长期的、概括的、稳定的判断，它无法与个案形成对应。在司法实践中，识法能力的判断依据包括法规范的时间性、地域性以及行为人的生活背景、教育背景和职业背景等，这些事实与行为人对具体个案的认识可能性是无关的。赵春华认识到"在我国持有枪支是被严厉禁止的"，因而她具有完全的识法能力，但是，在个案中她可能没有意识到自己"摆地摊气枪"的行为是正在持有枪支就说明了这一点。由此可见，补强形式违法性的基础事实与形式违法性本身一样，完全可能脱离具体案件，行为人对补强形式违法性的基础事实的认识与行为人对自己行为的评价无关。因此，在规范性构成要件要素中，补强形式违法性的基础事实不是补强违法性的基础事实。

第二，补强违法性的基础事实是补强实质违法性的基础事实，但不是实质违法性本身。规范的构成要件要素并非完全受制于立法理性，社会生活本身赋予了规范性构成要件要素实质的内涵，[②] 应当从实质违法性角度去发现补强实质违法性的基础事实的含义。首先，对"补强实质违

---

[①] 参见唐稷尧《论犯罪成立要件中规范性要素之认识错误及其判断路径》，《政治与法律》2019年第1期。

[②] 参见王昭振《论规范构成要件要素司法诠释的标准与方法》，《刑事法评论》2008年第2期。

法性的基础事实"的认识不是对"实质违法性"的认识。实质违法性在中国刑法语境下的表达是社会危害性,而社会危害性是法官根据基础事实对行为性质所做的否定评价,是法官的评价而非行为人的评价,"如果要求行为人认识到基础事实的实质违法性,那么会不当阻却构成要件故意"①。例如,在正当防卫的场合,甲出于防卫之目的杀害乙,若社会危害性之认识是必要的,则甲不具有故意,甲的行为阻却构成要件成立,这与三阶层犯罪论构造关于"正当防卫是阻却违法事由"的观点不符合,正如前田雅英所说的那样,"本着杀意实施正当防卫时,杀意并没有消失"②。其次,补强违法性的基础事实是指能够表现法的价值、社会功能或者规范意义的基础事实。在规范构成要件要素中,有些自然事实(裸的事实)不能体现社会危害性,作为法律评价之素材的自然事实,它们仅是要素的物理载体而已,不能满足故意的认识要求,因此还需要通过体现要素的法律意义、社会功能的基础事实来补强行为的实质违法性。金德霍伊泽尔提出,"若要认识到规范性构成要件要素的特征,必须还要理解到该要素的法律或者社会之功能,因而,在具有规范性构成要件要素时,行为人必须认识到所涉客体所承担的相关实际用途,才能成立故意"③。例如,在假币犯罪中,只有认识到货币作为"一般等价物"所具有的交换价值和经济属性,才意味着行为人对于法益侵害具有认识,才能认定构成要件故意之成立。因此,补强违法性的基础事实是补强实质违法性的基础事实,具体到规范性构成要件要素中是指能够表现法的价值、社会功能或者规范意义的基础事实。

(3) 规范性构成要件要素认识错误的判断方法

在规范性构成要素中,行为人要具有对第一层级"直接(裸)的事实"的认识和对第二层级"补强实质违法性的基础事实"的认识才能成立故意,当行为人对第二层级产生认识错误时,则阻却故意的成立。那么,如何判断行为人对第二层级"补强违法性的基础事实"的认识情况,

---

① 柏浪涛:《规范性构成要件要素的错误类型分析》,《法商研究》2019 年第 1 期。
② [日] 前田雅英:《刑法总论讲义》(第 6 版),曾文科译,北京大学出版社 2017 年版,第 165 页。
③ [德] 乌尔斯·金德霍伊泽尔:《刑法总论教科书》(第六版),蔡桂生译,北京大学出版社 2015 年版,第 255 页。

以及如何判断行为人对规范性构成要件要素的认识错误？自梅茨格尔提出"外行人领域内的平行评价"以来，[①] 该公式经历了一波又一波的刑法浪潮仍然大行其道，普珀说"该公式像一支凯旋的队伍持续行进了50年"[②]，成为规范性构成要件要素认识错误司法诠释的通说。"外行人的平行评价"的判断依据为"由于对事项的社会意义的认识，只要有行为人所属的外行人领域的平行评价就够了，所以，只有在对这样的平行评价存在错误时，才是社会意义的错误"[③]。然而，通过对"外行人的平行评价"的梳理我们可以发现，"外行人的平行评价"的适用对象模糊，且其在实体结构和判断方式上也有明显缺陷，因而我们有必要在理论上重新思忖"外行人的平行评价"公式的说服力。

我国学者对"外行人的平行评价"标准（公式）也有不同看法。例如，张明楷认为，就法律的评价要素和经验法则的评价要素而言，只要行为人认识到了作为评价基础的事实或者作为判断资料的事实，就应当认定行为人具备了完全的认识，而"外行人的平行评价"公式主要适用于"社会的评价要素"（也就是"文化价值的评价要素"）。[④] 在这类要素中，只要求立法者想到刑法规范的保护涉及何种事实即可，而不要求行为人知晓相关概念的法律定义，[⑤] 法官对于行为人的语言必须"抽象化"，对于法律的语言必须"通俗化"，从而实现刑法专业语言世界与行为人的日常用语世界之对接。再例如，王昭振也认为"外行人的平行评价"公式只适用于"社会道德、文化评价的规范要素"（也就是"文化价值的评价要素"），对于该类要素而言，应当根据"行为人在实施其行为时所认

---

[①] "外行人的平行评价"也被翻译为"行为人所属外行人之间的平行评价"，或者韦尔策尔所称的"行为人意识中的平行评价"，或者金德霍伊泽尔所称的"外行人的价值观"等。各种说法只是译者表述不同，其实质内涵都是"与行为人一样同属于非专业人士所做出的平行评价"。参见陈家林《外国刑法理论的思潮与流变》，中国人民公安大学出版社2017年版，第209页；[日]山口厚《刑法总论》（第3版），付立庆译，中国人民大学出版社2018年版，第203页。

[②] 柏浪涛：《规范性构成要件要素的错误类型分析》，《法商研究》2019年第1期；转引自Vgl. Puppe. in Nomos Strafgesetzbuch Kommentar, 4. Aufl., 2013, §16, Rdn. 50 f.

[③] 陈家林：《外国刑法通论》，中国人民公安大学出版社2009年版，第394页。

[④] 参见张明楷《规范的构成要件要素》，《法学研究》2007年第6期。

[⑤] 参见[德]汉斯·海因里希·耶赛克、托马斯·魏根特《德国刑法教科书》，徐久生译，中国法制出版社2017年版，第397页。

识到的一般人的判断结论，认定行为人是否具有故意"。① 而对于经验法则的评价要素而言，其故意成立的判断标准不在于一般人的社会观念，而是立足于行为时存在的所有客观事实基础上的因果法则，简单来说就是"常识"。②

我们认为，规范性构成要件要素具体包括哪些类型，各种理论观点不一而足，但是学界较为认同的（公认的）规范性构成要件要素至少包括以下三种类型：法律的评价要素、文化价值的评价要素和经验法则的评价要素。针对这三种类型，规范性构成要件要素认识错误的判断标准可以作出如下区分：在法律的评价要素认识错误中，可以用"垂直涵摄"标准（代替"外行人的平行评价"标准）；在非法律的规范性要素（包括文化价值的评价要素和经验法则的评价要素）的认识错误中，可以继续沿用"外行人的平行评价"标准。

其一，法律的评价要素认识错误的判断方法。

法律的评价要素是规范性构成要件要素中开放性程度最低、认识错误判断难度最高的类型。在理论上，法律的评价要素有多种称谓，"法律的评价要素"本身就是一种，另外还有"体现法律规范的要素"③"法律的价值判断标准"④"纯粹法律判断的要素"⑤"本来的法概念"⑥"和法的评价有关的概念"⑦"法律意义上的评价概念"⑧"法律的规范性

---

① 参见王昭振《犯罪构成视野下规范性构成要件要素基础理论研究》，中国检察出版社2008年版，第134页；[日]大塚仁《犯罪论的基本问题》，冯军译，中国政法大学出版社1993年版，第192页。

② 王昭振否定"法评价的概念"是规范性构成要件要素，因此在故意规制或者认识错误的问题上，他只论及了"社会道德、文化评价的规范要素"和"以经验评价的规范要素"。参见王昭振《犯罪构成视野下规范性构成要件要素基础理论研究》，中国检察出版社2008年版，第92—94页。

③ 陈可可：《论规范的构成要件要素的司法诠释》，学位论文，安徽财经大学，2017年，第8页。

④ 于世忠：《中国刑法学总论》，厦门大学出版社2017年版，第74页。

⑤ 杨剑波：《规范的构成要件要素初探》，《中国刑事法杂志》2007年第1期。

⑥ [德]汉斯·海因里希·耶赛克、托马斯·魏根特：《德国刑法教科书》，徐久生译，中国法制出版社2017年版，第367页。

⑦ 黎宏：《日本刑法精义》，法律出版社2008年版，第79页。

⑧ 余双彪、周颖：《规范的事实化和事实的规范化——以刑法规范构成要件要素为视角》，《东南法学》2015年第1期。

因素"① 等。通过对这些概念内涵的考察，我们认为所谓法律的评价要素可以再细分为两类：一是"法律的价值判断要素"，二是"纯粹的法律概念"，两种法律的评价要素在认识错误的认定上存在一定区别。

  关于法律的价值判断要素的认识错误。法律的价值判断要素，即我们通常所指的狭义的法律评价要素，是指以法规范为逻辑前提确定要素内涵的规范性构成要件要素。法律的价值判断要素原本在日常生活中就已经存在，但是法规范重新划定了其范围，以上所称"体现法律规范的要素""法律的价值判断标准""和法的评价有关的概念""纯粹法律判断的要素""法律的规范性因素"实际上都是此种类型。以刑法中的"枪支"为例，日常生活中也存在"枪支"并且人们都具备相应的认识，但是人们却未必对刑法上的"枪支"具备认识，刑法上的"枪支"必须根据前置法规范即《中华人民共和国枪支管理法》和其他相关的法律、行政法规来确定。"赵春华非法持有枪支案"之所以物议沸腾，就是因为日常生活经验认为"玩具枪"不是枪支，但刑法上认为满足特定杀伤力标准的枪形物就是枪支。正是日常生活经验与刑法规定之间的偏差导致了行为人的认识错误。

  判断法律的价值判断要素认识错误是否成立，关键在于区别前置法规范和前置法规范体现的基础事实。前置法规范不是"补强违法性的基础事实"，但前置法规范是确定基础事实的依据。法律的评价要素是规范性构成要件要素中"最封闭"的类型，法律的价值判断要素中"补强违法性的基础事实"不是凭空确定的，也不是法官自由裁量的，而是法官从前置法规范中析出的行为人应当认识的"补强实质违法性的基础事实"。以"醉酒"为例，《刑法》第133条之一第二项规定了醉酒型危险驾驶罪，司法实践根据司法解释确定的标准认定"醉酒"（血醇含量达到80mg/100ml），② 司法解释又沿用了《车辆驾驶人员血液、呼气酒精含量阈值与检验》的标准，但刑法如果要求行为人认识到血醇含量实在是强

---

  ① ［意］杜里奥·帕多瓦尼：《意大利刑法学原理》（注评版），陈忠林译评，中国人民大学出版社2004年版，第99页。
  ② 参见《最高人民法院、最高人民检察院公安部〈关于办理醉酒驾驶机动车刑事案件适用法律若干问题的意见〉》第一条。

人所难。在这里,需要通过前置性规范"析出"行为人应当认识的部分,日本刑法或许能够给我们一些启示。《日本道路交通安全法》第117条之二第1项规定"违反了第65条第1项规定的车辆驾驶员,驾驶汽车处于醉酒状态(因为酒精的影响,不能正常驾驶的状态),处以五年以下徒刑及一百万日元以下罚款"①,也就是说"醉酒"其实对应安全驾驶的能力。在醉酒的情况下,行为人的辨别能力、反应能力、控制能力都急剧下降,以至于可能无法安全驾驶,从而对交通安全造成抽象危险。② 所以在"醉酒"这个法律的价值判断要素的认识中,不需要讨论行为人是否认识到了司法解释或者《车辆驾驶人员血液、呼气酒精含量阈值与检验》,而是要探讨行为人是否认识到了自己的安全驾驶能力可能降低了。这样就把刑法的标准转换为日常的标准,只要行为人认识到自己因为喝了酒安全驾驶能力降低,就认定为对"醉酒"具有完全意义的认识。

关于法律的价值判断要素认识错误的解释适用问题。仍以"醉酒"为例,需要进一步思考如何判断行为人认识到了"醉酒"。我们认为,在这里"垂直涵摄"是比"外行人的平行评价"更可靠的诠释路径。涵摄是三段论演绎推理的判断方式,按照判断规则,只要大前提为真、小前提为真,结论必然也为真。垂直涵摄逻辑周密,从形式上来看它是相当可靠的,但这同时也说明在垂直涵摄中找准大前提和小前提是十分重要的,特别是小前提的确定。在"醉酒"这一概念中,大前提自然是"行为人的血醇含量达到80mg/100ml,就认定为醉酒",那么小前提是"行为人认识到了自己的血醇含量达到80mg/100ml,就认识到自己醉酒"还是"行为人认识到自己喝了酒并且安全驾驶能力可以降低,就认定为醉酒"?在这里就需要特别强调小前提不是前置法规范,而是前置法规范体现的基础事实,亦即"行为人认识到自己喝了酒并且安全驾驶能力可以降低,就认定为醉酒",那么只要行为人具备了这一小前提的认识,就可以认为行为人对"醉酒"这一法律的价值判断要素具有完全意义的认识,

---

① [日]西田典之:《刑法各论》,王昭武、刘明祥译,法律出版社2013年版,第49—52页。

② 参见张福英《醉酒型危险驾驶罪的现实困境与价值坚守》,《四川大学法律评论》2017年第2期。

不构成事实认识错误，也不影响危险驾驶罪刑事责任的承担。

关于纯粹的法律概念的认识错误。纯粹的法律概念，包括整体的评价要素和空白构成要件要素。它是由法律创设的概念，是第二种法律的评价要素，在日常生活中并不存在（而狭义的法律的评价要素是日常生活中存在的）。（1）刑法中的整体评价要素。以"情节严重"为例，《刑法》第 139 条之一规定了"不报、谎报安全事故罪"，规定对不报、谎报安全事故中"情节严重"的情形追究刑事责任，相关司法解释规定了"情节严重"的三种情形，包括"造成严重后果"或者"具有恶意逃避行为"或者"具有其他严重情节"。[①] 在整体评价要素的认识错误中有两点需要关注：第一，整体评价要素是对现实中可能出现的情形进行立法归纳和评价之后得到的结果，它的价值是由立法理性创设的，因此不可能要求行为人对其具有认识；第二，整体评价要素暗含着法律拟制，例如在《刑法》第 139 条之一的"情节严重"中，只要行为人造成了司法解释规定的实害后果或者具有对应的逃匿行为，情节严重就成立，即"情节严重"完全不由行为人评价，也不由法官进行评价，而是专为刑事立法所垄断。基于这两个原因，在整体评价要素的认识错误中，不可能要求行为人对整体评价要素本身具有精确的违法性认识，只要行为人认识到立法规定或者其他法律规范规定的对应的基础事实，就能够肯定故意的成立。（2）空白构成要件要素。法定犯中存在大量空白构成要件要素，空白构成要件要素与法律的价值判断要素的相同之处在于都需要通过援引前置法规范来完善规范性构成要件要素的内涵，不同之处在于法律的价值判断要素是通过前置法规范来发现"补强实质违法性的基础事实"，而空白构成要件要素是通过前置法规范补充说明行为的形式违法性。从法定犯违法从属性看，法定犯具有"刑事违法和行政违法必须同时具备"的特征，[②] "前置的行政性法规对于犯罪成立具有重要影响，某

---

[①] 参见《最高人民法院、最高人民检察院关于办理危害生产安全刑事案件适用法律若干问题的解释》，"情节严重"包括三种情形。其中，"实害后果严重"是指"造成事故结果扩大，增加死亡一人以上或者增加重伤三人以上的，或者增加直接经济损失一百万元以上"；"具有恶意逃避行为"是指"具有四种行为造成不能及时展开施救的"。

[②] 孙万怀：《在制度和秩序的边界刑事政策的一般理论》，北京大学出版社 2008 年版，第 223 页。

种意义上，行政犯的不法判断有赖于前置性的行政法规的判断"①。虽然"质的差异论"和"量的差异论"对于行政违法性和刑事违法性的关系理解并不相同，但是在认识错误的问题上是可以忽略的，因为同法律的价值判断要素认识错误的认定一样，不管是刑事规范还是行政规范，都不可能期待行为人具备认识，法律能够期待行为人具备的认识只能是在行政规范或者刑事规范中体现出的具有违法性的基础事实。由此可见，在空白构成要件要素的认识错误中，只要行为人认识到行政规范规定的基础事实，就认为行为人的犯罪故意成立。这也就是德国刑法提出的关于填补空白的规范要素的错误是构成要件错误，关于填补规范的错误是禁止错误。②

其二，文化价值的评价要素的认识错误。

文化价值的评价要素和经验法则的评价要素（可以统称为"非法律的评价要素"），相对于法律的评价要素的开放程度更高，判断的难度更低，只要明确了各自"补强实质违法性的基础事实"，再辅之以"外行人的平行评价"，就能够解决其认识错误的司法诠释问题。

文化价值的评价要素，是指需要用社会经验和文化观念进行评价的规范性构成要件要素。由于每个人的经历和价值观不同，人们对文化价值的评价要素的理解也不可能完全一致，但不能完全由法官基于主观认识进行评价，否则会导致法官的恣意判断，③因为对同一文化价值的评价要素，不同法官的结论也可能是不一样的，如果听任法官的判断，案件的处理将陷入极大的不确定性之中。在文化价值的评价要素的认识错误中，"补强实质违法性的基础事实"不能由法官的价值观决定，此时采取行为人所属一般人的评价标准，也就是"外行人的平行评价"反而是更加可靠的。（1）通过"外行人的平行评价"来确定文化价值的评价要素的认识内容具有合理性。以"淫秽性"为例，构成涉淫秽物品相关的犯罪要求行为人主观上必须认识到"淫秽物品"，然而如何判断行为人对淫

---

① 孙国祥：《行政犯违法性判断的从属性和独立性研究》，《法学家》2017年第1期。

② 参见［德］汉斯·海因里希·耶赛克、托马斯·魏根特《德国刑法教科书》（上），徐久生译，中国法制出版社2017年版，第411—412页。

③ 参见焦宝乾《法的发现与证立》，《法学研究》2005年第5期。

秽性的认识是个难题。淫秽性是一个晦涩的书面语，行为人难以精准地认识，那么在这个规范性构成要件要素中重点要判断的是"淫秽性"所对应的具有"补强违法性的基础事实"是什么。我们认为就淫秽性而言，如果对于行为人所属的社会一般人而言都会"唤醒、挑起性欲"，那么该物品就具有淫秽性。在这里找准"行为人所属的社会一般人"群体至关重要，例如对于"裸体雕像是否具有淫秽性"之问题，社会一般人和美学研究者的判断可能是不同的。① （2）"外行人的平行评价"能够适应文化价值的评价要素内涵在时间上的流动性。例如"当众接吻"，在旧社会可能是淫秽的，但现在大概不会有人这么认为，否则可以说电视里的偶像剧每天都在播放"淫秽视频"。（3）"外行人的平行评价"只是用来确定"补强违法性的基础事实"，即确定故意的认识内容，但行为人是否真的认识到了基础事实还需要客观的、具体的评价。在这里，责任原则中的罪责自负和个人责任原则必须得到贯彻，在认识错误上不能以"认识可能性"代替实实在在的认识。仍以"淫秽性"为例，根据行为人所属的社会一般人的认知标准确定的基础事实，一般来说行为人都能认识到，无法做出辩解，但在例外的情况下，行为人确实不具有认识的，应该排除故意的成立。

其三，经验法则的评价要素的认识错误。

我国有学者指出，所谓经验法则，其实就是常识、常理、常情法则。② 在认识错误中，常识、常理、常情的判断就体现为"外行人的平行评价"的判断。经验法则的评价要素的认识错误也依赖于"外行人的平行评价"，但经验法则的评价要素对"外行人的平行评价"的依赖程度要低于文化价值的评价要素，这主要是由经验法则的评价要素的特征决定的。经验法则的评价要素的含义由具体案件事实、生活经验和因果法则共同确定。③ 例如《刑法》第114条、第115条的"以危险方法危害公共安全罪"中的"危险方法"的判断就需要结合具体案件中的行为方式、

---

① 参见陈洪兵、麻侃《由"淫秽性"谈规范构成要件要素认定的实体及程序路径》，《湖南公安高等专科学校学报》2005年第4期。
② 马荣春：《刑事案件事实认定的常识、常理、常情化》，《北方法学》2014年第2期。
③ 张明楷：《规范的构成要件要素》，《法学研究》2007年第6期。

行为与结果之间是否具有通常性等进行综合的判断。其中，因果法则和具体案件事实的判断是专属于法官专业范围内的事情，不因为行为人的认识而有所偏差，那么"外行人的平行评价"只作用于生活经验。

　　经验法则的评价要素认识错误的判断方式是，站在行为人所属的社会一般人的角度，按照这个群体的生活经验去判断行为人在具体案件中至多能够认识到什么程度、至多能够感受到的基础事实是什么，如果这个群体能够感受到补强违法性的基础事实，就能通过"外行人的平行评价"的检验，反之则不能。例如，在醉酒型危险驾驶罪中，行为人必须认识到醉酒驾驶机动车的危险性，虽然这里的"危险"是立法拟制的抽象危险，但是如果有相反证据证明行为人不可能认识到"危险性"，就能够阻却犯罪故意之成立。在这里，"无法认识到危险性"必须结合具体案件事实和生活经验去认定。如果行为人前一晚上饮酒，次日上午驾驶机动车上路，在交警执法检查时血醇含量仍达到醉酒的标准（"隔夜醉驾案"），[①] 行为人是否构成醉酒型危险驾驶罪？在这里，就需要站在"外行人"的角度去判断行为人是否可能认识到危险性。就生活经验而言，普通人饮酒后血液中的酒精会随着人体新陈代谢而逐渐被稀释，最终被完全排净，一般而言这个过程只需要几个小时，"外行人"一般会认为"宿醉的人隔夜休息之后就醒酒了"。因此，按照"外行人的平行评价"标准，行为人无法认识到自己第二天上午还处于"醉酒"的状态，也无法认识到驾驶机动车上路的危险性，行为人对"危险性"这个经验法则的评价要素就成立事实认识错误，从而阻却危险驾驶罪之成立。可见，"醉驾"通常是法律的评价要素，其法规标准是醉驾者血醇含量达到80mg/100ml；但是，"隔夜醉驾"中的"醉驾"则成为经验法则的评价要素，需要运用"外行人的平行评价"进行检验（判断），"危险性的不存在"必须结合具体案件事实和生活经验去认定，它在具体个案中从法律规范的评价要素演变为经验法则的评价要素。同理，赵春华案中，"枪支"本来是法律的评价要素，其法规标准是《中华人民共和国枪支管理

---

[①] 司法实践中已经出现数起"隔夜醉驾案"，且大多数都做了入罪化处理。例如（2016）鲁10刑终125号、（2015）察刑初字第23号、（2015）巩刑初字第4号、（2017）闽0521刑初255号等。

法》以及相关行政法规的明确规定，行为人必须认识到非法持有"枪支"的危险性，虽然这里的"危险"是立法拟制的抽象危险，但是如果有相反证据证明行为人不可能认识到"危险性"，就能够阻却犯罪故意之成立，这里针对"枪支""危险性"的判断仍然是法官依法进行的对法律的评价要素的专业判断；但是，"地摊气枪"是否属于"枪支"的判断则可能演变成为经验法则的规范要素的价值评价，需要运用"外行人的平行评价"进行检验（判断），必须结合具体案件事实和生活经验去认定，它在具体个案中从法律规范的评价要素同样演变为经验法则的评价要素，《枪支管理法》确定的"足以造成人死亡或者丧失知觉"的形式规范标准中所内含的实质违法性内容，有利于合理判断"补强实质违法性的基础事实"是否存在认识错误。赵春华明知持有的"地摊气枪"具有（枪支）"足以造成人死亡或者丧失知觉"这种补强实质违法性的基础事实，[①] 由此可以判断赵春华可能不成立规范性构成要件要素的认识错误，应成立故意。

综上，在经验法则的评价要素中，如果行为人的认识通过了生活经验上的"外行人的平行评价"的检验，且法官认定的具体案件事实和因果法则都成立，行为人对经验法则的评价要素就构成故意，不存在事实认识错误，也不能阻却责任；反之，如果根据生活经验不能肯定行为人对经验法则的评价要素具备认识，即便具体案件事实清楚、因果法则成立，也应当认定行为人构成事实认识错误，不承担故意的刑事责任。

## 三 过失

中国传统过失论主要包括以下内容：（1）疏忽大意的过失与过于自信的过失（法定分类）；（2）普通过失与业务过失（含监督过失或者管理过失），自新疆克拉玛依大火开始引入"监督过失"；（3）容许的危险行为理论，如医生手术、科学实验、汽车社会的驾驶汽车行为等；（4）信赖原则（主要适用于交通肇事罪）。

结合德日刑法学和英美刑法学相关理论知识，过失理论有以下六个

---

[①] 魏东、张福英：《法律的评价要素之认识错误》，《南海法学》2019年第3期。

问题值得研究：[①]

**（一）过失的概念与处罚原则**

世界上部分国家实行过失概念法定化，另有部分国家实行过失概念非法定化：

一是"过失"概念法定化。中国刑法典（第 15 条）、瑞士刑法典、奥地利刑法典、意大利刑法典。

"过失"概念法定化是中国刑法特色。《刑法》第 15 条规定："应当预见自己的行为可能发生危害社会的结果，因为疏忽大意而没有预见，或者已经预见而轻信能够避免，以致发生这种结果的，是过失犯罪。""（第 2 款）过失犯罪，法律有规定的才负刑事责任。"

二是"过失"概念非法定化。德国、日本等国家刑法典没有对"过失"概念的具体含义作出规定，而是由理论研究解决。例如：（1）德国耶赛克等学者对过失的定义：由于违反注意义务实现刑法规定的构成要件，且违反义务没有认识到会发生构成要件结果，或者虽然想到会发生构成要件结果，但违反义务地相信，此等结果将不会发生，行为人的行为就是过失。（2）日本学者对过失的定义：应当认识到符合一定构成要件的事实的发生且法律上要求其加以避免，因为不注意（也就是违反注意义务）而导致发生这样的事实的情况。

理论上有学者认为，过失概念法定化的规定方式，一则容易落后于时代的发展，二则受立法技术所限，法条的概括也未必准确。因此，过失概念法定化与非法定化的问题，是一个值得进一步研究的理论问题。

三是过失犯的例外处罚原则。过失犯的例外处罚原则，是指各国刑法都普遍以处罚故意犯作为原则、以处罚过失犯作为例外。因此，一般而言，过失犯的处罚只限于法律有特别规定，不仅适用于刑法典，同时也适用于特别刑法与行政刑法。

问题意识："法律有特别规定"，是仅限于法律的"明文"规定，还

---

[①] 本书关于"过失"理论知识的介评内容，除特别注明出处外，主要参见陈家林《外国刑法理论的思潮与流变》，中国人民公安大学出版社、群众出版社 2017 年版，第 221—244、368—415 页。

是也包括从法律的目的、精神所推导出的应当处罚过失犯的解释，或是还包括从各个法条的文理解释所推导出的应处罚过失犯的精神？对此，理论上有以下三种观点：（1）积极说，认为"法律有特别规定"是指从法律的精神看认为其应当包括过失犯的情况。（2）消极说，认为必须彻底贯彻罪刑法定主义，法条没有明文规定就不能处罚过失犯。（3）中间说，认为即使法条没有明文规定，但如果根据对具体构成要件的文理解释认为它包含着处罚过失犯的意旨，就可以对过失犯进行处罚。

### （二）过失的理论

过失理论，是刑法学理论中争议问题较多、争议较激烈的领域之一。迄今为止的过失理论，主要有旧过失论、新过失论、新新过失论。

1. 旧过失论（传统的过失论）：

所谓旧过失论，是因新过失论出现而得名。其主要观点是：（1）旧过失论认为不需要在构成要件、违法性阶段区别故意与过失，故意与过失的区别只是在责任阶段，过失是与故意并列的责任条件或责任形式。二者都属于主观的心理状态。（2）过失意味着行为人不注意的心理状态，这种不注意是指违反注意义务。所谓注意义务，是指使自己精神紧张从而预见到结果发生的义务，它以结果的预见可能性为核心。（3）过失犯非难的根据在于，行为人尽管能够认识、预见到犯罪事实，但因为不注意而没有预见，因而也就没有采取避免结果发生措施导致结果发生，是一种结果无价值的学说。

旧过失论面临的批评有：（1）仅因为引起了法益侵害的结果就将该行为认定为违法，是不合适的；（2）只要法益侵害结果与行为人主观的不注意的心理态度之间具有因果关系就成立过失犯，这是只将作为行为人"内心要素"的过失作为结果发生的原因，而完全未考虑过失的"行为"的性质。

修正的旧过失论：一方面维持过失属于责任要素这一基本观点；另一方面重视过失犯的实行行为，并将其界定为"对于结果发生具有实质上不被允许的危险的行为"，过失犯的实行行为，属于构成要件符合性的问题，而结果的预见可能性，是有责性的问题。

2. 新过失论

新过失论于20世纪初登场,第二次世界大战后发展。其主要特点有以下三点:(1)过失不只是责任的问题,同时也是违法性及构成要件的问题。(2)认为即使有预见可能性,但只要行为人履行了结果避免义务就不成立过失犯。将遵守"社会生活上必要的注意的行为"设定为标准行为,以此来设定结果避免义务,使之成为客观的注意义务。由于过失是没有采取一定的避免措施,因而过失犯是不作为犯,相当于作为义务的结果避免义务在构成要件中没有规定,所以过失犯的构成要件是开放的构成要件。(3)重视医疗行为、交通运输行为的社会价值,通过缓和结果避免义务来限定过失犯的处罚范围。

新过失论的关联理论有:(1)新过失论承认二重的过失,即构成要件符合性、违法性阶段的客观的过失(构成要件过失)和责任阶段的主观的过失(责任过失)。构成要件过失是以一般人、平均人为标准的客观注意义务违反,是确定不遵守客观上社会生活所必要的注意的行为;责任过失是以行为人本人为标准的主观的注意义务违反,是判断行为人本人不注意的心理状态。(2)新过失论中过失犯违法性的核心不求之于法益侵害,而求之于"偏离标准行为",即违反结果避免义务,明显基于行为无价值论的学说。(3)新过失论产生的理论背景:在于被允许的危险理论与信赖原则。现在旧过失论也适用该2项,新旧过失论均以此限定过失犯的成立范围。

3. 新新过失论

新新过失论的产生背景,是为了应对20世纪60年代后期开始出现较为严重的公害犯罪、大规模火灾、食品中毒、药害等现代型过失犯罪,将此前新新过失论所主张的"处罚限定论"扩张调整为"处罚扩张论",创新性地提出"危惧感说""不安感说"(这是新新过失论的核心内容)。

新新过失论的理论特色有三点:(1)与新过失论一样,以结果避免义务作为过失犯的核心;(2)鉴于被害法益的重大性,非常严格地认定结果避免义务的内容;(3)作为结果避免义务的前提,不要求具体的结果预见可能性,只要求有某种不安感、危惧感(从而扩张了处罚范围)。

对新新过失论的评价:(1)如果从形式上理解过失犯论的构造,其属于新过失论的一种(以结果避免义务作为过失犯的核心);但若从实质上看，其则是与新过失论方向恰好相反的学说（扩张处罚论）。（2）其是立足于行为无价值一元论的过失理论，使过失犯的处理接近于结果责任，违反了责任主义。（3）企业组织体责任论违反个人责任原则，而生活关系别过失理论（按生活关系分类的过失论）则是一种过于随意的解释。[①]

### （三）注意义务

#### 1. 注意义务的内容

注意义务是过失的核心概念。一般认为，注意义务的内容，包括结果预见义务和结果避免义务两个方面。[②]

一是结果预见义务说（旧过失论的主张），认为行为人尽管能够预见犯罪事实，但因为精神欠缺紧张导致没有预见，因此实施行为而发生结果，就值得进行刑法上的非难。对此，新过失论者的批评是：过失犯中存在"有认识的过失"的形态，认为过失的内容只有结果预见义务不能涵盖所有的过失类型。

二是结果避免义务说（新过失论的主张），认为结果避免义务是注意义务的内容。所谓结果避免义务，是指应当采取适当措施避免特定结果发生的外部的、客观的义务。对此，旧过失论者的批评是：具有客观性的结果避免义务，原本是所有的结果犯，包括故意犯与不作为犯所共同的义务，而非过失犯所固有的义务；照此理解其就与不作为犯的作为义务没有区别，且也脱离了"注意"这一意味着使精神紧张的主观性用语的本意。鉴于此，有的新过失论者将结果避免义务的概念调整为"应当考虑采取结果避免措施的义务"（即表明其属于主观方面的义务）。

#### 2. 注意义务的前提性条件：预见可能性

"预见可能性"的前提性（基础性）：无论是结果预见义务说还是结果避免义务说，都一致认为结果预见可能性是过失的成立条件。因为：没有预见可能性就谈不上"应当预见结果发生"（结果预见义务）或者

---

[①] 参见陈家林《外国刑法理论的思潮与流变》，中国人民公安大学出版社、群众出版社2017年版，第226—227页。

[②] 参见陈家林《外国刑法理论的思潮与流变》，中国人民公安大学出版社、群众出版社2017年版，第228—229页。

"预见结果发生以后应当采取措施加以避免"（结果避免义务）。

结果预见义务说与结果避免义务说的差异：两说对预见可能性的不同理解，其关于预见可能性所涉的对象、程度、内容等也有不同见解。

一是预见可能性的程度与内容：具体的预见可能性说与危惧感说。

具体的预见可能性说（当前大陆法系通说）：旧过失论与新过失论都持此观点，但对其内容的理解存在区别。旧过失论认为过失是与故意相并列的责任形式或要素，因此认为预见可能性是行为人如果使自己精神紧张就能够预见到结果的发生（主观的预见可能性）；新过失论认为预见可能性是采取结果避免措施的前提条件，因而主要探讨以一般人为标准的客观的预见可能性的问题；修正的旧过失论将预见可能性的内容客观化，使其与过失行为的危险性相联系。

危惧感说（新新过失论的观点）：认为成立预见可能性，只要达到一般人有某种结果可能发生的具体的危惧感的程度就够了。该说面临的批评是：违背了责任主义的要求。

二是预见可能性的对象。

过失犯中预见可能性的对象与故意犯一样，指的是"犯罪事实"，即包括结果本身以及行为与结果之间的因果关系。（1）关于结果的预见可能性：对于结果的发生本身必须有认识。（2）关于因果关系的预见可能性：通说认为需要认识到特定的构成要件的结果以及行为与结果之间因果关系的"基本部分""本质部分"，而不需要对所有的因果过程都有认识（也有少数学者认为不需要现实的因果关系的预见可能性）。

三是预见可能性的判断标准。

关于预见可能性的判断标准，主要有以下四种观点：（1）主观说：立足于道义责任论，认为应以行为人本人的能力为标准，是一种彻底贯彻行为责任主义的学说。（2）客观说：立足于社会责任论，认为应当以一般人的能力为标准。（3）折中说。观点一：以一般人的能力为上限，如果行为人的能力低于一般人则以其本人的能力为标准。观点二：注意义务的内容应按照各自生活领域客观地加以确定，但在具体判断时还必须考虑行为人能否遵守这些规则。观点三：关于知的能力以行为人为标准，而注意的程度则按照客观标准。观点四：构成要件的过失是以平均人为标准的"客观的过失"，而责任过失则是以行为人本人为标准的"主观的过失"。(4)能力区别说：对预见能力作出分类。观点一：认为使意思紧张的努力这种作为心理作用的"注意"本来是以通常人为标准的，但作为其结果的"预见"，则应考虑行为人的身体条件、知识、经验、认识能力，采取主观的标准。观点二：认为生理方面适用主观的标准，而规范心理方面（轻率性）适用客观的标准。

案例：日本安部英药害艾滋案。[①] 身患血友病的被害人接受了大学医院非加热浓缩血液制剂的输血治疗，因为该血液制剂而感染了艾滋病并因此死亡。被告人安部英，是帝京大学的副校长、血友病治疗的权威和日本厚生省艾滋病研究所的负责人，是该医疗领域的专家，在得知美国使用非加热浓缩血液制剂引发艾滋病的情况后，仍然对患者使用，从而未能预防该血友病患者感染艾滋病。为此，东京地方检察院起诉并指控安部英构成业务上过失致死罪。

法理：关于注意义务的判断（注意义务的前提条件是预见可能性），究竟应以"一般的血友病治疗医生"为标准还是以被告人这样的"血友病治疗权威"为标准，在学界和实务界发生了激烈的争论。东京地方法院判决认为，被告人尽管有结果预见可能性，但程度很低，并因此否定了其违反结果避免义务，从而宣告其无罪；理论界有学者认为，东京地方法院关于预见可能性的判断以被告人（血友病医疗的最高权威）为标准，关于结果避免可能性的判断则以"通常的血友病医生"为标准，其关于过失标准的思路并不明确；有的学者主张，如果通常的医生会选择放弃使用非加热浓缩血液制剂，则可以肯定行为人违反了结果避免义务。

### （四）被允许的危险理论与信赖原则

被允许的危险理论、信赖原则，是为解决高速交通、高科技发展时代刑法上客观归责的重要理论，都可能运用于阐释过失理论。[②]

1. 被允许的危险理论

被允许的危险理论是以对社会有益为理由而允许企业活动、高速交

---

[①] 该案及其法理，参见陈家林《外国刑法理论的思潮与流变》，中国人民公安大学出版社、群众出版社2017年版，第232—233页。

[②] 参见陈家林《外国刑法理论的思潮与流变》，中国人民公安大学出版社、群众出版社2017年版，第233—239页。

通、医疗、科学实验、体育运动等具有法益侵害危险的行为的理论。其所坚持的是即使付出一定的牺牲也要以科学发展等社会整体的利益优先的价值观。但这并不意味着其宗旨是即使侵害到少数人的生命、身体也没有关系，而只是在如果遵守一定的规则通常就不会发生危险结果这样的条件下，允许危险行为的存在。即其所允许的只是一般意义上的危险行为。

本来意义上的"被允许的危险"，是指实施具有实质危险的行为，在与救济其他法益的关系上被允许的情形。被允许的危险只是一种事前判断，与结果无价值论采用事后判断的立场不一致。例如，救护车为救助伤者加速行驶，"加速导致他人伤害"的危险，在比较衡量后，是被允许的。但是，超速未致行人伤亡，不管是否抢救了患者，都没有必要作为被允许的危险看待；而超速导致行人伤亡，也不能一概以被允许的危险为依据，否认行为的构成要件与违法。

在体系地位上，有违法阻却事由说、构成要件该当性阻却事由说、构成要件该当性与违法双重阻却说。例如：持社会相当性说的行为无价值论者一般认为被允许的危险是违法阻却事由。但将被允许的危险视为违法阻却的一般性原理可能存在问题：为什么当行为的危险被允许时，该行为造成的法益侵害结果，也是被允许的？现在持法规范违反说的行为无价值论者多认为被允许的危险行为是阻却构成要件该当性的事由。修正旧过失论也是在借鉴了被允许的危险理论的基础上对旧过失论作出的修正，将危险犯的实行行为界定为对于结果发生具有实质上不被允许的危险的行为。作为结果无价值论的修正旧过失论是从"利益衡量"的角度理解被允许的危险，即构成要件、违法阶段的过失行为是对法益侵害具有"实质的危险性的行为"，所谓被允许的危险就是将这种"具有实质的危险性的行为与其他的法益救济相比较，基于利益衡量而被允许的原则"。

我国刑法学界基本认同被允许的危险（行为）理论，有时表述为"容许的危险（行为）"理论与"正当冒险行为"理论。如我国统编教材《刑法学》认为："容许的危险行为，在理论上也称为正当冒险行为，是指某种行为虽然潜藏着损害法律权益的危险，但该行为的目的具有正当性，并且在客观上有益于社会，因而法律在一定限度内允许这种危险行为的实施。"因此,"对于实施这些危险行为的人,只要行为人遵守了公认的行为规则,并以慎重的态度实施其行为,即使造成了侵害合法权益的结果,也不能将其认定为犯罪过失从而追究行为人的刑事责任"[1]。

2. 信赖原则

信赖原则,是指"当行为人在实施某种行为时,如果存在信赖被害者或第三者采取适当行动的情况,因被害者或第三者不适当的行动而导致结果发生的,行为人对此不负责任的原则"。

信赖原则原本是适用于交通过失案件的原则,现在则扩大到医疗活动、企业活动等领域,可以说是被允许的危险理论的具体化,在确定危险负担的意义上,又以危险分配的法理为内容。

其一,在犯罪论体系中的地位。

信赖原则在犯罪论体系中的地位,可以归纳为以下五点:

一是信赖原则是结果预见可能性的否定原理。认为信赖原则不过是明示性地表示过失犯的一般的成立要件,而不是特别的原则或要件。

二是信赖原则是否定刑法上的预见可能性的原理。认为其是"从事实的自然的预见可能性中挑选出刑法上的预见可能性的原理"。

三是信赖原则是限制预见义务范围的规范的原理。"由于不承认这种信赖关系就无法确保交通的安全与圆满进行,所以在通常情况下(在适度的危险的场合)信赖原则提供了即使没有预见他人的违反行为也没有关系的标准。"

四是信赖原则是限制结果避免义务的原理。

五是信赖原则是使以预见义务和结果避免义务为内容的"客观的注意义务"具体化的方法的原则。具体来说,一是将信赖原则作为认定过失犯中预见可能性有无的标准;二是将信赖原则作为在有预见可能性的前提下,认定有无结果避免义务的标准。

其二,信赖原则的适用条件。

理论界一般认为,信赖原则在以下例外情况下应当排除适用(否定适用):

一是当对方是幼儿、老人、残疾人、醉酒者时,应否定信赖原则的

---

[1] 《刑法学》编写组:《刑法学》(上册·总论),高等教育出版社2019年版,第178页。

适用。因为他们属于不具有遵守规范的能力及没有自我保护、避免他害能力的人，所以通常认为他们不具有遵守规范的相当性。但是，也不是绝对地不适用，而是在存在某些客观的条件下也可以允许适用的，必须根据案件发生的实际情况，具体地分析是否具有相当性。

二是在对方有采取违反义务行动的具体的先兆的场合，应当否定其适用。

三是在违反义务的行动频发的场合，应当否定适用。

四是如果是自己有违反义务的行动，则在适用信赖原则时应注意具体分析具体处理：（1）并非任何违反义务的行动都排除信赖原则的适用（如行为人违反交通规则的行为与结果的发生没有因果关系）。（2）当行为人违反交通规则的行为是结果发生的起因时，能否仍然适用信赖原则？对此，有以下争议：观点一，行为人违规行为对其他交通参与者来说已是既成事实，以至于信赖其他参与者会将其违反规则的行动考虑在内的想法具有相当性的场合，应当承认信赖原则的适用；观点二：不承认信赖原则的适用，因为如果行为人自己违反了交通法规，还允许其信赖他人不会违反，给这种信赖以免责的法律效果是违反公平正义的。

**（五）过失犯的实行行为**

过失犯的实行行为本来是过失犯成立的客观方面的要件（行为刑法观），但是旧过失论却对此忽略了，因为，旧过失论只将作为行为人内心的心理状态的"过失"作为结果发生的原因，而完全忽略了过失"行为"（过失犯的实行行为）的性质；只有到了新过失论，才开始重视过失的"行为"属性；此后，修正旧过失论也强调过失犯的实行行为的重要性。[①]

1. 过失犯实行行为的行为形态

修正旧过失论（以及旧过失论）认为，过失犯的实行行为是对于结果发生具有实质上不被允许的危险的行为（作为说）。日本高桥则夫指出，在枪支误射杀死他人的场合，"根据旧过失论，过失犯的实行行为与故意犯一样，应求之于不小心开枪杀害他人的作为"。

---

[①] 参见陈家林《外国刑法理论的思潮与流变》，中国人民公安大学出版社、群众出版社2017年版，第239—240页。

新过失论主张,将遵守"社会生活上必要的注意的行为"设定为标准行为,过失的实行行为就是偏离了这种标准行为而没有采取结果避免措施的不作为(不作为说)。日本高桥则夫指出,在枪支误射杀死他人的场合,"根据新过失论将过失犯的实行行为理解为违反结果避免义务的行为,结果就求之于应当不命中对方但没有去做的这种不作为"。

新新过失论的内部见解有分歧:有的新新过失论者认为过失犯的实行行为是作为而不是不作为,有的新新过失论者认为过失犯的实行行为可以是作为也可以是不作为。日本学者高桥则夫举例说:在枪支误射杀死他人的场合,"立足于新新过失论的立场,认为实行行为在故意犯与过失犯中是共通的,所以在上例中,实行行为是开枪行为等于作为。另外,违反注意义务是懈怠了结果避免行为等于不作为……违反注意义务,只要与行为同时存在就足够了,没必要与实行行为同时存在。因此,过失犯的实行行为,既存在作为的场合,也存在不作为的场合"①。

2. 阶段的过失实行行为的认定

在注意义务属于阶段性累加的情况下(阶段的过失),如何认定过失犯的实行行为?日本刑法学界列举的典型案例是:行为人醉酒后超速行驶,因为没有认真注视前方而导致交通事故,此时应认定哪个时点的行为是过失犯的实行行为就成为争议问题。②

其一,过失并存说。认为:饮酒、超速、不注视前方等行为都是与结果发生具有相当因果关系的危险行为,因而应认为所有这些危险行为都是实行行为。

其二,直近过失说(过失阶段说)。认为:只有不注视前方这一最后的行为才是实行行为。

其三,主要行为说。认为:在整体把握几个所能想到的危险行为的基础上,认定一个主要的、具有实质性危险的过失行为为实行行为。

其四,折中说。认为:在行为人存在几个过失行为的场合,既有以直近的一个过失行为作为过失的情形,也有因过失行为之间的有机关联

---

① [日]高桥则夫:《刑法总论》(第3版),成文堂2016年版,第239页。
② 陈家林:《外国刑法理论的思潮与流变》,中国人民公安大学出版社、群众出版社2017年版,第240页。

性而相互并存，认定为一个过失的情形。

### （六）过失的种类

我国传统刑法学教材认为，犯罪过失的分类有法定分类与其他分类，法定分类有疏忽大意的过失与过于自信的过失之分，其他分类有普通过失与业务过失、重过失与轻过失之分，认为监督过失（或者管理过失）是"一种比较特殊的过失形式"。①

外国对过失的分类情况是：德国刑法理论认为，过失可分为无意识的过失与有意识的过失，并且认为故意和过失处于一种等级关系之中，过失内部也能够区分出较强硬与较软弱的形式，即轻率、简单和微小的过失；② 日本刑法理论认为，过失可分为无认识过失与有认识过失、单纯过失、重过失与业务上过失、管理、监督过失等；意大利刑法理论认为，过失可分为一般过失与特殊过失、无认识过失与有认识过失；③ 俄罗斯刑法理论认为，过失可分为轻信过失与疏忽过失。

1. 疏忽大意的过失与过于自信的过失

疏忽大意的过失，也称为无认识的过失，是指行为人应当预见自己的行为可能发生危害社会的结果，因为疏忽大意而未预见，以致发生这种结果的主观心理状态。其特征有二：（1）行为人因疏忽大意而对危害结果的发生没有预见；（2）行为人应当预见到行为可能发生危害结果。

"应当预见"，是指行为人在行为时负有预见行为可能发生危害结果的义务，并且具有预见的能力。因此，"应当预见"是预见义务与预见能力的统一。预见义务，是指根据法律规定或者社会共同生活准则，行为人具有预见自己行为可能发生危害社会结果的责任和义务。预见能力，是指行为人预见并避免其行为可能产生的危害结果的主观上的能力。预见能力的判断标准在理论上存在争议，主要有以下三种学说：一是客观标准说，即主张以社会上一般人的水平来衡量；二是主观标准说，即主

---

① 《刑法学》编写组：《刑法学》（上册·总论），高等教育出版社2019年版，第177页。

② ［德］克劳斯·罗克辛：《德国刑法学 总论》（第1卷），王世洲译，法律出版社2005年版，第727—734页。

③ ［意］杜里奥·帕多瓦尼：《意大利刑法学原理》（注评版），陈忠林译评，中国人民大学出版社2004年版，第199—202页。

张以当时的具体条件下行为人本身的能力和水平来衡量；三是折中说，即主张以主观标准为根据，以客观标准作为参考（实质的主观标准说）。目前我国刑法学统编教材主张折中说（实质的主观标准说），认为必须结合行为人自身的情况及案发时的具体环境和条件，对预见能力进行综合分析认定。①

过于自信的过失，也称为有认识的过失，是指行为人已经预见到自己的行为可能发生危害社会的结果，但轻信能够避免，以致发生这种结果的心理态度。其特征有二：（1）行为人已经预见到行为可能引起危害社会的结果；（2）行为人轻信能够避免危害结果的发生。

疏忽大意的过失与过于自信的过失二者的异同比较。二者的相同之处是：都对危害结果的出现持反对的、否定的态度，结果的出现都是意料之外的。二者的关键区别点在于：行为人在行为当时是否已经认识到其行为可能会导致某种危害结果的发生。如果没有认识到，成立疏忽大意的过失，如果已经认识到，则成立过于自信的过失。

2. 单纯过失、重过失与业务上的过失

这种分类，主要是根据刑事责任的轻重所作的分类。②

其一，单纯过失（普通过失、通常过失），是指在构成要件上没有特别限制的一般性过失。

其二，重过失，有以下几种理论见解：一是稍微注意说，违反注意义务程度很显著的过失；二是重大结果说，对于重大结果发生的可能性很高的事态行为人懈怠了自己的注意义务的情况；三是综合说，即稍微注意说和重大结果说的综合；四是有认识的过失说，有认识的过失是重过失，无认识的过失则是通常过失。

其三，业务上的过失，是指由于违反业务上的注意义务所构成的过失。业务，是指基于社会生活上的地位而反复、继续从事的事务。大陆法系国家一般规定，对业务过失犯罪加重刑罚。理由是：一是特别注意

---

① 《刑法学》编写组：《刑法学》（上册·总论），高等教育出版社 2019 年版，第 175—176 页。

② 参见陈家林《外国刑法理论的思潮与流变》，中国人民公安大学出版社、群众出版社 2017 年版，第 242—243 页。

义务说。从事业务的人与通常人相比被科以特别高度的注意义务，如果加以违反就要承担更重的责任。二是一般预防说。为了严厉警戒一般的业务人员而加重刑罚。批评是：这是纯粹从刑事政策的角度来说明重刑的理由，放弃了刑法上的责任原理。三是违法性说。此类犯罪被害法益通常是重大且多数的，所以违法性程度较高。批评是：难以解释为何单纯过失有时被害法益也很重大，而刑法规定的刑罚却不重。四是预见能力说。业务人员具有对更广范围的结果的认识和预见能力。批评是：依据不足。五是行为性质、法益侵害危险性说。其业务的关系，即该种业务的行为性质、法益侵害的危险性更高，着眼于"业务"本身，认为业务是一种责任加重身份。

3. 监督过失（监督、管理过失）

我国刑法学理论认为，监督过失，又称为监督、管理过失或者管理、监督过失，是指由于业务及其他社会生活上的关系，在特定的人与人之间、人与物之间形成了一种监督与被监督、管理与被管理的关系，如果监督者不履行或者不正确履行自己的监督或者管理义务，导致被监督者产生过失行为引起危害结果，或者由于管理不到位导致危害结果发生的，监督者或者管理者主观上对危害结果就具有监督、管理过失，[①] 应承担相应的监督、管理过失的责任。从形式上看，监督过失既可能是疏忽大意的过失，也可能是过于自信的过失。

我国刑法学监督过失理论来源于德日刑法理论。德日刑法理论认为：(1) 广义的监督过失，处于监督地位者的过失责任，包括狭义的监督过失和管理过失。(2) 狭义的监督过失，是指对人的指导、指挥、监督不适当而构成的过失。狭义的监督过失属于间接防止型过失。监督过失中由于存在直接引起结果的行为人，所以要追究其背后的监督者的过失责任，必须要求该监督者有可能预见到直接行为人的过失行为。因此，要肯定监督者的预见可能性，必须要求该监督者已经发现直接行为人有实施过失行为的先兆。除此之外，一般认为监督者可以合理地信赖直接行为人会实施适当的行为，从而否定预见可能性。(3) 管理过失，是指管

---

[①] 《刑法学》编写组：《刑法学》（上册·总论），高等教育出版社 2019 年版，第 177—178 页。

理者对于物质设备、机构设置、人员体制等准备、管理不周而导致结果发生所构成的过失。管理过失属于直接介入型过失，在管理过失中，灾害预防机制不充分并不会直接导致灾难的发生，只有当其他过失行为、自然灾害或他人的故意行为导致危险发生时，灾害预防机制的缺陷才会成为结果发生的原因之一。因此，对最终灾难结果的预见可能性就以预见到危险发生作为条件。关于如何认定这种条件，日本最高法院主张，只要对发生火灾有抽象的预见，就具有预见可能性；但是其面临的批评是，这是一种危惧感说的观点，会导致结果责任。日本理论通说认为管理、监督过失的实行行为是疏于确立安全体制的不作为（不作为说）。①

## 四 消极的责任要素与责任阻却事由

消极的责任要素与责任阻却事由，具体内容包括以下三方面：一是责任能力，二是违法性认识可能性，三是期待可能性。

### （一）责任能力

中国传统刑法学的刑事责任能力理论有以下基本内容：②（1）刑事责任能力的概念，是指行为人具备的刑法意义上辨认和控制自己行为的能力。（2）刑事责任能力的内容，是指行为人对自己行为所具备的刑法意义上的辨认能力与控制能力。刑事责任能力中的辨认行为能力，是指行为人具备的对自己的行为在刑法上的意义、性质、后果的分辨认识能力；刑事责任能力中的控制行为能力，是指行为人具备的决定自己是否以行为触犯刑法的能力。辨认行为能力和控制行为能力是构成刑事责任能力的必要因素，两者只有同时具备才可具有刑事责任能力，前者是基础，后者是关键，二者缺一不可。（3）刑事责任能力的程度与分类。影响和决定刑事责任能力程度的因素有两个方面：一是人的知识和智力成熟程

---

① 参见陈家林《外国刑法理论的思潮与流变》，中国人民公安大学出版社、群众出版社2017年版，第243—244页。

② 《刑法学》编写组：《刑法学》（上册·总论），高等教育出版社2019年版，第139—155页。

度，二是精神状况即人的大脑功能正常与否的状况。根据人的年龄、精神状况两个因素影响刑事责任能力有无和大小的实际情况，当代各国刑事立法和刑法理论一般都对刑事责任能力采取三分法或者四分法。三分法将刑事责任能力区分为完全刑事责任能力、完全无刑事责任能力与限定（减轻）刑事责任能力三种；四分法则是在三分法基础上，还增加了"相对无刑事责任能力"这一种分类。四分法是我国刑法对刑事责任能力的法定分类法：其一，凡年满18周岁、精神和生理功能健全且智力与知识发展正常的人，是完全刑事责任能力人。其二，行为人没有刑法意义上的辨认或者控制自己行为的能力，是完全无刑事责任能力人，一类是未达刑事责任年龄的人，另一类是因精神疾病而不具备或者丧失刑法所要求的辨认或者控制自己行为能力的人。其三，相对有刑事责任能力，我国《刑法》第17条第2款规定的已满14周岁不满16周岁的人，即属于相对有刑事责任能力的人。其四，减轻刑事责任能力，又称为限定刑事责任能力、部分刑事责任能力，是介于完全刑事责任能力和完全无刑事责任能力之间的中间状态，如已满14周岁不满18周岁的未成年人、又聋又哑的人、盲人、尚未完全丧失辨认或者控制自己行为能力的精神病人。

但是，在大陆法系犯罪论阶层论体系引入我国传统犯罪构成论体系的过程中，责任能力理论存在以下争议：

1. 责任能力的地位

责任能力的地位，有责任的要素论与责任的前提论之争，这是国外刑法理论争论的问题。[①] 责任的前提论认为，责任能力是被作为责任前提的主体的适格性进行规定的，因此责任能力应与其他责任要素相区别，必须先对责任能力进行判断，如果无责任能力则不必判断有无故意或者过失，应直接判断为无罪。但是这一观点存在的疑问是：责任能力本来就不限于有无判断，还有程度判断（如责任能力减弱的判断），因此责任能力并不单纯是责任的前提。责任的要素论认为，责任能力不但是作为非难可能性前提的人格的适格性，而且也是对行为的意思形成的非难性本身并成为责任阻却事由（无责任能力时）或者责任减轻事由（责任能

---

① 张明楷：《刑法学（上）》（第五版），法律出版社2016年版，第302页。

力减弱时），因此，责任能力应当成为责任的要素。

2. 责任能力的性质

责任能力的性质，有犯罪能力论、刑罚适应能力论、犯罪能力与刑罚适应能力的统一论之争。（1）犯罪能力论，是旧派的传统观点，认为责任能力的性质是有责行为能力、意思能力或者犯罪能力，无责任能力则无犯罪能力。（2）刑罚适应能力论，是新派的见解，认为责任能力是刑罚适应能力、被科处刑罚的资格，① 无责任能力则无刑罚适应能力并且不能被科处刑罚，对无责任能力者只能采用非刑罚方法的其他措施。（3）犯罪能力与刑罚适应能力的统一论，认为责任能力是犯罪能力与刑罚适应能力的统一，② 无责任能力者既无犯罪能力也无刑罚适应能力。

3. 原因自由行为中的责任能力问题

对此较多地讨论的问题是针对醉酒人的责任能力与原因自由行为理论的运用问题。醉酒有生理性醉酒与病理性醉酒之分，生理性醉酒是普通醉酒而非完全丧失责任能力的精神病，病理性醉酒则属于完全丧失责任能力的精神病状态。但是，醉酒的这种分类仅限于"首次醉酒"时影响责任能力的规范判断：首次生理性醉酒的行为人仍然应当承认其具有责任能力，首次病理性醉酒的行为人应当否定其具有责任能力（即将其作为无责任能力的精神病对待）。若并非"首次醉酒"，则不但生理性醉酒的行为人具有责任能力，而且病理性醉酒的行为人亦应在规范论上判断为具有责任能力（并承担故意或者过失的责任），其法理均是原因自由行为理论。在此意义上可以说，我国《刑法》第18条规定的"醉酒的人犯罪，应当负刑事责任"完全适用于生理性醉酒的人和病理性醉酒的人。

针对醉酒的人承担刑事责任的理论基础，原因自由行为理论主张，行为人由于故意或者过失使自己陷入无责任能力或限定责任能力状态，并在这种状态下实施了直接引起构成要件结果的行为，应当将原因自由行为和结果行为作为整体的行为进行刑事归责。原因行为，是指使得行为人自己陷入丧失或者限定责任能力状态的先在行为；结果行为，是指在先在行为引起丧失或者限定责任能力之下所实施的直接引起构成要件

---

① 张明楷：《刑法学（上）》（第五版），法律出版社2016年版，第303页。
② 赵秉志：《犯罪主体论》，中国人民大学出版社1989年版，第26页。

结果的后续行为。例如，醉酒驾驶机动车肇事的行为，在规范论上就可以区分为醉酒的先在行为与醉酒状态下驾车肇事的后续行为，其中醉酒的先在行为属于原因自由行为，将醉酒和醉酒后驾车肇事的行为作为一个整体的行为进行刑事归责（即构成交通肇事罪），并不违反行为时责任原则的基本法理。

有学者指出，广义的原因自由行为分为四种情况：一是故意陷入丧失责任能力状态；二是过失陷入丧失责任能力状态；三是故意陷入尚未完全丧失责任能力状态；四是过失陷入尚未完全丧失责任能力状态。① 一般认为，原因自由行为的可罚性根据有以下不同观点：（1）间接正犯构造说（类比间接正犯说）。（2）正犯行为说。（3）相当原因行为说。（4）原因行为时支配可能性说。（5）意思决定行为时责任说。（6）例外说。② 我倾向于认为，应当将原因自由行为和结果行为作为整体的行为进行规范判断，确认"整体行为"之故意犯或者过失犯的责任。

4. 相对有刑事责任能力的人成立犯罪的范围问题

我国《刑法》第17条第2款规定："已满14周岁不满16周岁的未成年人，犯故意杀人、故意伤害致人重伤或者死亡、强奸、抢劫、贩卖毒品、放火、爆炸、投毒罪的，应当负刑事责任。"对此条款的解释适用问题在理论上存在较大争议，大致有具体罪名说、具体犯罪行为说等见解。2002年7月24日《全国人大常委会法制工作委员会关于已满十四周岁不满十六周岁的人承担刑事责任范围问题的答复意见》规定："《刑法》第十七条第二款规定的八种犯罪，是指具体犯罪行为而不是具体罪名。"但是该《答复意见》仅仅是反对纯粹形式评价的具体罪名说，而不是否定实质评价的具体罪名说。

我认为应当主张"实质评价的具体罪名说"。"实质评价的具体罪名说"的含义是：相对有刑事责任的人只有在其行为可以实质地评价为法律所特别规定的具体罪名时，才负刑事责任。由此可以讨论以下疑问并得出合理结论：（1）对决水行为，相对有刑事责任能力的人是否应当负刑事责任？决水造成他人重伤或者死亡后果的，应当以故意伤害罪（致

---

① 张明楷：《刑法学（上）》（第五版），法律出版社2016年版，第307页。
② 张明楷：《刑法学（上）》（第五版），法律出版社2016年版，第308—311页。

人重伤）或者故意杀人罪追究其刑事责任（不应定性为决水罪）；但是决水尚未造成他人重伤或者死亡后果的，不应追究其刑事责任。同理，故意破坏交通工具、交通设施等行为，造成他人重伤或者死亡结果的，应当以故意伤害罪（致人重伤）或者故意杀人罪追究其刑事责任，其他情形下不应追究刑事责任。(2) 对绑架行为，相对有刑事责任能力的人是否应当负刑事责任？绑架并故意造成他人重伤或者死亡后果的，应当以故意伤害罪（致人重伤）或者故意杀人罪追究其刑事责任（不应定性为绑架罪）；但是绑架而没有故意造成他人重伤或者死亡后果的，不应追究其刑事责任。(3) 关于毒品犯罪，应区分两种情况进行处理：一是对走私毒品的行为，可以对相对负刑事责任能力的人实质地评价为贩卖毒品罪（但是不定走私毒品罪）；二是对制造、运输毒品的行为，若不能构成贩卖毒品罪的共同正犯或者作为主犯的教唆犯，不应追究其刑事责任。

### (二) 违法性认识可能性

理论上，违法性意识及其可能性、违法性的错误等问题存在较多争议。①

**1. 违法性意识及其可能性概说**

违法性意识（不法意识），是指认识到自己的行为是违法的意识。

违法性意识，究竟是指行为人认识到自己行为的有害性，还是指认识到行为的不法性，抑或是行为的可罚性？对此问题，理论上存在争议。②

其一，前法律的规范违反的意识。

认为，违法性意识的内容是指行为人意识到自己行为的"反条理性""反社会性""违反国民的道义""违反人伦""违反作为法规范基础的国家、社会的伦理规范"等。

其二，法律上禁止、命令违反的意识（德日通说）。

---

① 参见陈家林《外国刑法理论的思潮与流变》，中国人民公安大学出版社、群众出版社2017年版，第394—403页。

② 参见陈家林《外国刑法理论的思潮与流变》，中国人民公安大学出版社、群众出版社2017年版，第394—400页。

是指认识到自己的行为不为法律所允许（法律：实定法，包括刑法在内的所有法律）。

其三，刑法违反的意识。

认识到自己的行为违反刑法。

其四，可罚的刑罚违反意识。

只要作为犯罪成立要件的违法性意味着可罚的违法性，那么违法性意识也就必须指可罚的违法性意识（还包括对法定刑、法律效果的认识）。

2. 违法性意识的学说

其一，违法性意识不要说。

一是传统的不要说：只要对犯罪事实具有认识就成立故意责任，违法性意识不是故意的成立要件。因而即使存在违法性错误，也不阻却故意的成立。违法性意识可能性也不是故意的成立要件。

批评：1. 传统不意味着一定具有正当性；2. 例外地会存在行为人没有可能认识到违法性的情况；3. 违法性意识的问题不能完全还原为责任能力的问题。

二是自然犯、法定犯区别说：以社会责任论为出发点提出，自然犯成立犯罪故意不以具有违法性意识为必要，法定犯则以违法性意识为必要。

批评：自然犯与法定犯的区别是相对的。

三是实质的故意论：所谓故意，并不是形式上对犯罪事实的认识，而是对所有使故意非难成为可能的犯罪事实的认识。这种实质的故意概念，意味着"如果是一般人，就能够意识或认识到该犯罪类型的违法性"。据此，在判断是否成立故意时，就已经考虑了违法性意识的可能性的问题。

批评：1. 如果将事实的故意及其所具有的提诉机能与违法性意识的可能性完全融合，这种实质化理论会使概念丧失明确性；2. 必须将期待可能性与违法性意识加以区分。

其二，违法性意识必要说。

一是严格故意说。认为违法性意识属于故意的要素，故意的成立以其现实存在为必要。违法性的错误阻却故意。如果刑法有处罚过失犯的规定，而行为人对违法性错误又存在过失，应作为过失犯加以处罚。

批评：(1) 无法说明刑法加重常习犯责任的根据。常习犯也存在潜在的违法性意识。(2) 激情犯并不存在压制自己的违法性意识而实施行为的状况，根据严格故意说，激情犯的行为就不可罚了。激情犯同样存在潜在的违法性意识。(3) 无法说明确信犯的可罚性。(4) 对于大多数行政犯，无法达到行政取缔的目的，会产生处罚间隙。在规定有罚金刑等一定的场合，应当解释为可以处罚过失犯。(5) 证明违法性意识的存在很困难。只要没有需要确认违法性意识不存在的特殊情况，就应（根据对犯罪事实的认识推定）肯定违法性意识的存在。

二是违法性过失准故意说。认为虽然故意的成立以违法性意识为必要，但当行为人因为过失而欠缺违法性意识时，可以与故意犯同样地处罚。

批评：故意和过失是对相互排斥的概念（但在理论上还存在争议），将其作同等处理存在论理上的矛盾。

其三，违法性意识可能性必要说。

一是限制故意说（其提倡者大多持人格责任论）。认为故意的成立不以违法性意识为必要，只需要具有违法性意识的可能性即可。

批评：(1) 将可能性这种过失的要素引入故意概念之中，会使故意与过失混同。(2) 为何在欠缺事实认识的场合则不考虑人格责任的形成？

二是责任说（目的行为论者提倡，德国通说）。认为故意仅指对犯罪事实的认识，违法性意识的可能性是与故意不同的另一个独立的责任要素。

责任说又可分本来的责任说与修正的责任说。前者认为：故意、过失指的仅是构成要件故意、过失，违法性意识的可能性是故意犯、过失犯所共通的独立的责任要素；后者认为：故意、过失也是责任要素，违法性意识的可能性是与之相独立的、故意犯和过失犯所共通的责任要素。

责任说内部还有严格责任说与限制责任说。前者认为：关于正当化事由的事实的前提（正当化事情）的错误是"禁止的错误"；后者认为：关于正当化事由的事实的前提的错误是"事实的错误"，阻却故意。

3. 违法性的错误

违法性错误，又称法律认识错误、法律错误或者禁止的错误，是指行为人虽然不欠缺事实的认识，但误认为自己违法的行为不违法的情况。

一般认为，法律认识错误对行为的性质及法律后果并没有影响，但是在缺乏违法性认识可能性时应当阻却责任。

我国传统刑法理论认为，法律认识错误，又叫违法性认识错误、违法性错误、违法性的错误、禁止的错误、禁止错误，是指行为人对自己的行为在法律上是否构成犯罪、构成何种犯罪以及应当受到何种处罚的错误认识。法律认识错误的类型有假想的犯罪、假想的无罪、罪刑轻重的认识错误等三种情况。一般认为，法律认识错误对行为的性质及法律后果并没有影响，但是在"假想的无罪"并且缺乏违法性认识可能性时应当依法认定行为人无罪（阻却责任）。（1）假想的犯罪，是指行为人的行为在法律上不构成犯罪，但是行为人误认为构成犯罪。（2）假想的无罪，是指行为人的行为在法律上构成犯罪，但是行为人误认为不构成犯罪。如前所述，在"假想的无罪"并且缺乏违法性认识可能性时应当依法认定行为人无罪（阻却责任），具体包括以下三种情形：① 一是基于特别法犯罪化之初的无知所致的违法性认识错误（禁止的错误）。某种原来并非法律所禁止的行为，后来国家以特别法的形式规定为犯罪，在该法律刚实施之际，行为人确实不知道新的法律颁行并已经禁止此行为，而仍然认为自己的行为是合法的。二是基于权威解释的信赖所致的违法性认识错误。行为人对法律规定的规范含义及其运行状况存在疑问，因信赖主管机关、司法机关或者其他权威组织及其人员的意见而产生的违法性认识错误，应认定为缺乏违法性认识可能性。三是基于下位法的信赖所致的违法性认识错误。当上位法与下位法发生矛盾时，行为人因信赖下位法而违背上位法的，属于不可避免的错误，也应认定为缺乏违法性认识可能性。（3）罪刑轻重的认识错误，又称为对具体罪名及刑罚轻重的认识错误，② 是指行为人认识到自己的行为已经构成犯罪，但是对自己的行为构成何种罪名以及判处何种刑罚存在错误的认识。

大陆法系国家刑法理论中，违法性认识错误，又叫违法性错误、违

---

① 此三种情形的小标题由引注者添加，主要内容参见《刑法学》编写组《刑法学》（上册·总论），高等教育出版社2019年版，第186页。

② 罪刑轻重的认识错误，在我国刑法学教科书中又称为"对具体罪名及刑罚轻重的认识错误"。参见《刑法学》编写组《刑法学》（上册·总论），高等教育出版社2019年版，第186页。

法性的错误、禁止的错误、禁止错误,是指行为人认识到了符合构成要件的事实,但不知道自己的行为被法律所禁止的情形。即行为本来是被法律所禁止的,但行为人误认为不被法律所禁止。

其一,违法性错误的类型。

违法性错误分为以下四种类型:直接的禁止错误、间接的禁止错误、涵摄的错误(包摄的错误)、有效性的错误。①

其二,违法性错误的避免可能性判断。

如果行为人发生违法性的错误是无法避免的,行为人的行为就应当免责。据此,有必要认为其陷入违法性错误具有相当的理由。

在判断是否存在相当的理由时,行为人从谁那里、基于何种状况、如何取得关于自己行为违法性的信息等情况是重要的基础性资料。

4. 违法性的错误与事实的错误的界限

根据严格故意说,事实的错误与违法性的错误都阻却故意。但除此之外的其他学说认为,二者的法律效果则有明显不同(违法性错误不一定阻却故意),因此有区分必要。

"事实"与"法律"都具有多义性与不明了性。从事实的错误到违法性的错误的光谱之间,可以粗略定位为五个阶段:第一,自然的、物理的事实错误;第二,社会意义的错误;第三,规范的事实的错误;第四,规范的评价的错误;第五,法的概念的错误(涵摄的错误)。其中,前三个阶段是事实的错误,后两个阶段是违法性的错误。

### (三)期待可能性

期待可能性是德日刑法学责任论中的重要概念,期待可能性理论是规范责任论的核心理论。②

1. 期待可能性概念

期待可能性,是指根据行为时的具体情况,有能够期待行为人不实施违法行为而实施其他合法行为的可能性。其认为如果不能期待行为人

---

① 参见张明楷《刑法学(上)》(第五版),法律出版社2016年版,第322页。
② 参见陈家林《外国刑法理论的思潮与流变》,中国人民公安大学出版社、群众出版社2017年版,第403—415页。

实施其他合法行为,就不能对行为人的行为进行非难,也就不能追究刑法上的责任。

1897年3月3日德国帝国法院第四刑事部对"癖马案"的判决,以及1933年11月21日日本大审院对"第5柏岛丸事件"的判决,可谓是期待可能性理论运用的经典案例。

2. 期待可能性的适用范围

欠缺期待可能性阻却责任,这是压倒性通说。但是,期待可能性是以刑法明文规定为限,还是也包括超法规的责任阻却事由?对此问题,理论界存在较大争议。

其一,一般性超法规责任阻却事由说。认为即使不存在法律的明文规定,欠缺期待可能性也属于超法规的责任阻却事由(日本刑法理论通说)。

其二,限定的责任阻却事由说。主张对期待可能性理论的适用持慎重甚至限制的态度。在最近的德国刑法学理论中,期待可能性理论只是作为对现行法律若干规定的解释理由。日本通说理论将欠缺期待可能性视为超法规的责任阻却事由,受此影响,日本也有学者主张限制性地适用该理论:(1)法律规定说。认为,对于故意犯而言应限于法律有特别规定或对法律规定合理解释的范围之内。(2)未必的故意、间接故意说。认为:对于故意犯只在此两种情况才阻却责任。(3)量刑事由说。认为:欠缺期待可能性属于刑法上的法定的责任阻却事由,但不属于超法规的责任阻却事由,只具有统一量刑标准的机能。

3. 期待可能性的体系地位

压倒性通说,是将期待可能性定位为责任论。但是,理论上如何理解期待可能性与故意、过失等其他责任要素的关系?对此,理论上有以下四种学说:

其一,故意、过失的构成要素说。认为:故意、过失属于责任的要素。故意责任、过失责任都包含非难可能性的要素,欠缺期待可能性时阻却故意责任、过失责任。该说面临的批评是:期待可能性属于客观的责任要素,而责任故意、责任过失属于主观的责任要素,对二者应区别对待。

其二,独立的责任要素说。认为:期待可能性是与责任能力、故意过失相并列的独立的责任要素。该说面临的批评是：根据该说，公诉机关对每一个案件都必须积极证明存在期待可能性，既不合理也不符合司法实务的实际情况。

其三，期待可能性不存在属于责任阻却事由说。认为：责任能力、故意、过失属于"责任的原则要素"，期待可能性的不存在属于"责任的例外要素"。该说面临的批评是：实际上是将其作为"消极的责任要素"，但其对于决定责任的轻重程度也起着重要作用。

其四，可罚的责任阻却、减少说。认为：欠缺期待可能性并不是使责任消失，而仅仅是使可罚的责任消失；并且，当期待可能性减少时，可罚的责任也减少。

4. 期待可能性的种类

期待可能性在理论上可以分为：法定的期待可能性与超法规的期待可能性。相应地，期待不可能或期待可能性降低，也可以分为：其一，法定的期待不可能或可能性降低的情况；其二，超法规的期待不可能或可能性降低的情况。

日本通说承认无期待可能性是超法规的违法阻却事由。超法规的期待可能性事由主要有：一是违法拘束命令；二是强制行为；三是义务冲突、安乐死。

5. 期待可能性的判断标准

期待可能性的判断标准，理论上主要有以下四种学说：

其一，行为人标准说。认为：应当以行为人本人的能力为标准，根据行为时行为人的具体情况来决定其有无实施其他合法行为的可能性。

期待可能性理论的本意，就在于针对行为人人性的弱点而给予法律的救济，因此，考虑行为人自身的具体情况，是将行为人的能力在客观的能力上限中作评价与判断。但是，批评者指出：如果以行为人为标准，就不可能进行责任的非难。因此，有学者主张对行为人标准说进行适当修正。

修正的行为人标准说，主要提出了以下两种修正意见：一是由于法律规范对行为人的期待不应当超出对通常人的期待，因此，其上限应根据通常人的标准来加以划定；二是将行为人理解为行为人所属的类型人，进行某种程度的客观化、类型化。

其二，平均人标准说（日本通说）。认为：将平均人（通常人、一般人）置于行为当时行为人的地位，以他们有无实施合法行为的可能性为标准来判断有无期待可能性。

平均人标准说面临的批评是：（1）责任非难意味着对行为人个别的、一身的非难，应以行为人本人的可能性为限度；（2）平均人标准说属于社会责任论；（3）平均人的概念过于抽象；（4）会与已经以平均人观念为基础形成的责任能力的观念相重复。对此批评，有学者提出的反驳是：平均人是责任判断的法律基准要素，被施加责任非难的仍是行为人。

其三，国家标准说。认为：应将关注的重点从被期待的客体转向期待主体。主张以国家或国家的法秩序的具体要求为标准，来判断是否具有期待可能性。该说也面临如下批评：（1）违反了期待可能性的根本思想；（2）对于判断对象的能力及具体行为状况的考虑不充分；（3）"法秩序能够期待时就具有期待可能性"，没有在实质意义上解决问题。

其四，综合标准说。现在，很多学者认为，三种学说之间的关系并非相互矛盾，而只不过是层次的不同，都是妥当的。

6. 期待可能性的错误

期待可能性的错误，是指下列四种情形的错误：一是不存在会导致丧失期待可能性的外部行为状况，而行为人误认为存在（积极的错误）；二是存在会导致丧失期待可能性的外部行为状况，而行为人对此没有认识（消极的错误）；三是存在外部行为状况，行为人也认识到了上述事实，但误认为不阻却期待可能性；四是虽不存在上述事实，但行为人误认为能够阻却期待可能性。

关于期待可能性的积极的错误，理论上存在下列争议：（1）阻却故意说。认为：这种情况属于事实的错误，即期待可能性属于故意的构成要素。（2）阻却责任说。认为：期待可能性是与故意、过失不同的责任要素，因而其是划定有责任能力者非难可能性的外部界限的原理，应属于禁止的错误，与违法性错误适用同样的标准。（3）过失犯成立说。认为：期待不可能性属于责任阻却事由。如果行为人的错误是基于过失，则应从"原因自由行为"的角度考察整个行为，看是否成立过失犯。反对者认为：应当区分犯罪的过失与对行为前提事实的过失，从逻辑顺序上看，期待可能性的错误不可能影响到故意与过失的认定。（4）规范责任层面的责任阻却或减弱说（新近）。认为：不应当以错误是否基于过失、错误是否不可避免为标准，而应以是否存在足以否定期待可能性的心理状态为标准。

关于期待可能性的消极的错误，理论上一般认为，由于行为人对会导致丧失期待可能性的外部行为状况没有认识，所以不能阻却责任，即可以无视这种错误。

# 第八章

# 故意犯罪的停止形态

目 次

一 概说
二 犯罪既遂
三 犯罪预备
　（一）犯罪预备的基本特征
　（二）犯罪预备的处罚原则
四 犯罪未遂
　（一）犯罪未遂的特征
　（二）犯罪未遂的类型
　（三）犯罪未遂的处罚原则
五 犯罪中止
　（一）犯罪中止的特征
　（二）犯罪中止的类型
　（三）犯罪中止的处罚原则

## 一 概说

故意犯罪的停止形态，是指部分故意犯罪在实施过程中，由于主客观原因停止后所呈现的终局性状态，包括完成形态与未完成形态两种类型。关于完成形态与未完成形态，有学者称之为既遂形态与未既遂形态，① 因此，本书在相同意义上使用完成形态与未完成形态、既遂形态与未既遂形态的概念。

故意犯罪的犯罪停止形态具体包括四种：犯罪预备、犯罪未遂、犯罪中止、犯罪既遂。这四种停止形态的犯罪可以依次称为预备犯、未遂犯、中止犯和既遂犯，前面三种属于犯罪的未既遂形态、未完成形态，第四种属于犯罪的既遂形态、完成形态。

犯罪的未既遂形态通常只能存在于直接故意犯罪之中，间接故意犯罪的单独犯不能成立犯罪的未既遂形态；但是，间接故意犯罪在其与直接故意犯罪成立共同犯罪的特殊情形下也可能成立犯罪未遂形态或者犯罪中止形态。例如，张三和李四一起在楼顶玩耍时，楼下过来一个行人，李四发现这个行人是其仇人并希望扔下石盆砸死行人，于是李四邀约张三共同将石盆扔下楼，结果轧断了行人一条腿。本案中，张三和李四构成故意杀人罪共同犯罪，均成立犯罪未遂，其中，李四是直接故意杀人未遂，张三是间接故意杀人未遂。②

我国传统刑法理论认为，犯罪的未既遂形态只能存在于直接故意犯罪之中，而不可能存在于间接故意犯罪之中；③ 另有学者认为，间接故意犯罪也存在犯罪未遂与犯罪中止形态，④ 因为"从规范意义上说，间接故意犯罪与直接故意犯罪没有质的区别，没有理由仅处罚直接故意犯罪未遂，而不处罚间接故意犯罪未遂"，而只能肯定"间接故意一般没有犯罪预备形态"。⑤ 但是，本书认为，完全否定或者完全肯定间接故意犯罪未遂与犯罪中止的观点均有不妥，而应该只承认间接故意犯罪在其与直接故意犯罪成立共同犯罪的特殊情形下才可能成立犯罪未遂形态或者犯罪中止形态。

---

① 张明楷：《刑法学（上）》（第六版），法律出版社2021年版，第429页。
② 本案中，张三是间接故意杀人未遂还是间接故意伤害既遂，可能存在争议。笔者认为，本案中张三在明知李四具有故意杀人的情况下仍然一起将石盆扔下楼，无论是否出现杀死或者伤害被害人的结果，均应当认定张三具有同李四一起实施故意杀人行为的共同故意，张三和李四成立故意杀人罪的共同犯罪；其中，张三是间接故意杀人，李四是直接故意杀人。
③ 《刑法学》编写组：《刑法学》（上册·总论）（第二版），高等教育出版社2023年版，第217—218页。
④ 冯亚东：《论间接故意犯罪的未遂》，《公安大学学报》1986年第1期。
⑤ 张明楷：《刑法学（上）》（第六版），法律出版社2021年版，第428—429页。

故意犯罪的未完成形态具有以下三个特点：其一，故意犯罪的未完成形态通常只能存在于直接故意犯罪中，间接故意犯罪只有在其与直接故意犯罪成立共同犯罪的特殊情形下才可能成立犯罪未遂形态或者犯罪中止形态。其二，故意犯罪的未完成形态只能发生在犯罪过程之中。故意犯罪过程包括两个阶段：犯罪预备阶段与着手实行阶段。犯罪预备阶段所呈现的终局性状态，只能成立犯罪预备与中止形态；犯罪着手实行阶段所呈现的终局性状态，只能成立犯罪未遂、中止与既遂形态。可见，在犯罪过程之外不可能成立故意犯罪的未完成形态。在犯意流露阶段不能成立犯罪预备、未遂、中止形态，因为，犯意流露阶段尚未进入犯罪预备阶段，犯意流露尚不属于刑法规范意义上的行为，不能被评价为犯罪预备行为，更不能被评价为犯罪实行行为，不能构成任何犯罪；在犯罪着手实行阶段完成之后也不能成立犯罪预备、未遂、中止形态，因为，犯罪着手实行阶段即已经成立犯罪未遂、中止与既遂形态，此后阶段出现的主客观情况均不再纳入犯罪停止形态范畴予以评价，而只应纳入量刑情节予以评价。例如，盗窃行为人在犯罪着手实行阶段完成之后，行为人又将所盗窃的财物主动送还给被害人，这种事后行为不能影响盗窃罪的既遂形态认定，不能根据事后行为来认定盗窃罪的未遂形态，但是，事后行为应纳入盗窃罪的量刑情节予以评价。其三，故意犯罪的未完成形态只能是犯罪的一种终局性状态。

应注意故意犯罪停止形态与犯罪构成的关系。我国刑法理论认为，犯罪构成是所有犯罪的成立规格与认定标准，是判断某种行为是否构成犯罪的唯一根据，只有符合犯罪构成的行为才能被认定为犯罪。故意犯罪停止形态是在行为成立故意犯罪的基础上所呈现出的各种不同形态，所以应当以行为符合犯罪构成为前提，无论是犯罪既遂还是犯罪预备、犯罪未遂、犯罪中止，都必须符合犯罪构成。对欠缺必备的犯罪构成要件的行为，不能认定为犯罪，相应地也就不存在讨论故意犯罪停止形态的前提条件。当然，故意犯罪的完成形态与未完成形态所符合的犯罪构成存在一定的差异性，对此可以运用犯罪构成的类型理论进行具体的法理阐释：既遂犯符合基本的犯罪构成，预备犯、未遂犯、中止犯等未完成形态的犯罪符合修正的犯罪构成。

## 二　犯罪既遂

犯罪既遂，是指完整具备刑法分则中故意犯罪的全部构成要件要素的犯罪完成形态。可见，犯罪既遂属于刑法分则规定的故意犯罪的完成形态与典型形态。犯罪既遂形态的类型，理论上主要有四分法、二分法等观点。四分法观点认为，犯罪既遂形态的类型可以分为结果犯、行为犯、危险犯、举动犯；[①] 二分法观点认为，根据犯罪既遂形态是否需要发生特定的物质性危害结果为标准，将犯罪既遂形态的类型分为结果犯与行为犯。本书主张犯罪既遂形态的类型二分法。结果犯，是指以发生刑法分则规定的物质性危害结果为犯罪既遂标准的犯罪类型，例如，故意杀人罪、诈骗罪等属于结果犯。行为犯，是指只以实施刑法分则规定的危害行为、而不要求发生物质性危害结果为犯罪既遂标准的犯罪类型，例如，强奸罪、危险驾驶罪等属于行为犯。行为犯包括预备行为犯、举动行为犯（举动犯）、过程行为犯、持有行为犯、危险状态犯（危险犯）等五种具体的犯罪类型。[②]

犯罪既遂的标准，应以行为人所实施的行为具备了刑法分则所规定的具体犯罪构成要件意义上的"完备行为"和"完备结果"为标准，可以简称为"构成要件齐备说"。[③]

关于犯罪既遂的标准问题，我国理论界还有既遂的结果说、目的说等观点。一是既遂的结果说。结果说认为，犯罪既遂是指故意实施犯罪行为并且产生了犯罪结果（一般指实际损害结果即实害结果）的情形。犯罪既遂与犯罪未遂的区别在于，是否发生了犯罪结果，故意实行犯罪并发生犯罪结果的是犯罪既遂，未能发生犯罪结果的是犯罪未遂。由于对犯罪结果的理解不同，结果说内部又拥有目的结果、法定结果、物质

---

[①] 《刑法学》编写组：《刑法学》（上册·总论）（第二版），高等教育出版社2023年版，第220—222页。

[②] 魏东：《行为犯原理的新诠释》，《人民检察》2015年第5期。

[③] 《刑法学》编写组：《刑法学》（上册·总论）（第二版），高等教育出版社2023年版，第219页。

性危害结果等不同的观点。① 二是既遂的目的说。目的说主张，犯罪既遂是指行为人故意实施犯罪行为并实现了犯罪目的之犯罪类型。犯罪既遂与犯罪未遂的区别在于，行为人是否达到了犯罪目的，达到犯罪目的的是犯罪既遂，未达到犯罪目的的是犯罪未遂。一般认为，既遂的结果说、目的说等观点均存在不足，"结果说"单纯以出现法律所规定的危害结果作为犯罪既遂标志的观点并不全面、准确；"目的说"的不妥之处在于其过于主观化，采用"目的说"背离了我国将犯罪构成作为一切犯罪的成立规格与认定标准的原理。② 因此，"构成要件齐备说"更具有合理性。

结果犯的犯罪既遂，必须是行为人所实施的行为具备了刑法分则所规定的具体犯罪构成要件意义上的"完备行为"以及相应的物质性危害结果这一"完备结果"。例如，故意杀人罪的既遂，要求行为人所实施的行为具备了故意杀人这一"完备行为"以及被害人生命被剥夺这一"完备结果"，否则不成立故意杀人罪的既遂；再如，诈骗罪的既遂标准，要求行为人所实施的行为具备了诈骗这一"完备行为"以及被害人财物被行为人非法占为己有这一"完备结果"，否则不成立诈骗罪的既遂。

行为犯的犯罪既遂，必须是行为人所实施的行为具备了刑法分则所规定的某一犯罪的构成要件意义上的"完备行为"以及相应的精神上或者制度上的危害结果（非物质性危害结果）这一"完备结果"。行为犯的犯罪既遂标准，可以分为以下三种情形来分析：（1）预备行为犯、举动行为犯、持有行为犯的既遂标准。此三种行为犯尽管由于其在法理逻辑上不成立犯罪预备（不具备可罚性）与犯罪未遂，从而其成立标准等同于其既遂标准，③ 要求行为人所实施的"预备"行为（其在预备行为犯之中已经作为预备行为犯之"实行行为论"）、举动行为、持有行为具备

---

① 魏东主编：《刑法：原理·图解·案例·司考》，中国民主法制出版社2016年版，第127页。

② 《刑法学》编写组：《刑法学》（上册·总论）（第二版），高等教育出版社2023年版，第219—220页。

③ 刑法学界有一种观点纠结于犯罪的"成立标准"与"既遂标准"之间的逻辑关系。笔者认为，犯罪的"成立标准"实际上指涉犯罪的"最低成立标准"，其可能是犯罪预备标准（当其预备行为具备可罚性时）、犯罪未遂标准（当其预备行为不具备可罚性而其未遂行为具备可罚性时），也可能是犯罪既遂标准（当其预备行为不具备可罚性且其客观上不能成立犯罪未遂形态时），这里不存在逻辑悖论。

了刑法分则所规定的犯罪构成要件意义上的"完备行为"以及相应的非物质性危害结果这一"完备结果",犯罪成立的同时也构成犯罪既遂。正如有学者指出:在举动犯的范围内,行为犯的成立标准与既遂标准是一致的,犯罪成立的同时也构成举动犯的既遂。[1](2)过程行为犯的既遂标准。要求行为人所实施的行为具备了刑法分则所规定的具体犯罪构成要件意义上的"完备行为"以及相应行为过程所达到的特定的非物质性危害结果这一"完备结果",才能成立过程行为犯的既遂。例如,强奸罪的既遂标准,要求行为人实施了刑法分则所规定的强奸行为这一"完备行为"以及相应的强奸行为过程所达到的充分侵害被害女性之性权利的危害结果这一"完备结果"。但是,若强奸行为尚未将性侵入行为这一过程实施完整(而只是刚刚达到性器官之表面接触),从而并未达到"充分侵害被害女性之性权利"这一特定的非物质性危害结果完备性,因缺乏强奸行为完备性和精神上危害结果完备性,仍然不能成立强奸罪的犯罪既遂。(3)危险状态犯的既遂标准。要求行为人所实施的行为具备了刑法分则所规定的具体犯罪构成要件意义上的"完备行为"以及特定危险状态所侵害的制度上的危害结果(相应的非物质性危害结果)这一"完备结果",才能成立危险状态犯的既遂。例如,放火罪的既遂标准,要求行为人实施了刑法分则所规定的放火行为这一"完备行为"以及发生火灾的危险状态所侵害的公共安全制度上的危害结果(相应的非物质性危害结果)这一"完备结果"。但是,若引火物尚未被点燃,由于点火行为并未有效实施完毕,则应认定为放火行为尚未达到"完备行为",也未达到发生火灾的危险状态所侵害的公共安全制度上的"完备结果",就不能成立放火罪既遂。

犯罪既遂的处罚原则,应以刑法分则条文具体规定的法定刑幅度为标准,结合刑法总则的相关规定进行处罚裁量。

## 三 犯罪预备

我国《刑法》第 22 条第 1 款明确规定了犯罪预备的概念:"为了犯

---

[1] 郑飞:《行为犯论》,吉林人民出版社 2004 年版,第 163 页。

罪，准备工具、制造条件的，是犯罪预备。"理论上，需要在法条规定的基础上进一步明确犯罪预备的实质限定条件：所谓犯罪预备，是指为了实行犯罪而准备工具、制造条件，由于行为人意志以外的原因而未能着手实行犯罪的一种犯罪停止形态。

根据刑法规定，犯罪预备有准备工具的犯罪预备和制造条件的犯罪预备两种法定类型。准备犯罪工具，是指准备可用于行为人实施或辅助实施犯罪的器具物品。制造犯罪条件，是指除准备犯罪工具外，制造实行犯罪的主客观条件，如事前调查、蹲点守候、排除障碍、物色犯罪参与人员、商议犯罪实行计划等。

**（一）犯罪预备的基本特征**

1. 客观上为了犯罪而实施了"准备工具、制造条件"的行为

为了犯罪而"准备工具、制造条件"是构成犯罪预备的前提条件，也是犯罪准备阶段与犯意形成阶段的分界点。如果只有犯意流露而尚未实施为了犯罪"准备工具、制造条件"的行为，则表明客观上尚未进入犯罪准备阶段，依法不能成立犯罪预备。例如，行为人实施的"迷信行为"（迷信犯）、自言自语等仅属于犯意表示，并不是开始准备犯罪的行为。只有在行为人实施了为了犯罪"准备工具、制造条件"的言行，制造了对法益侵害的实质危险，才能成立犯罪预备的客观条件。

2. 主观上是为了实行犯罪

犯罪预备的主观方面只能是故意，并且是为了犯罪。行为人实施犯罪预备行为的目的，是为了顺利着手实行犯罪和完成犯罪。客观上犯罪预备行为的发动、进行与完成，皆是在为了犯罪的目的支配下实施的，这是预备犯承担刑事责任的主观基础。

3. 由于意志以外的原因而未着手实行

犯罪预备是刑法对故意犯罪准备阶段出现的行为之类型化，犯罪预备行为必须在开始准备犯罪这一起始点之后，着手实行犯罪之前，由于行为人意志以外的原因而停止下来，才能成立犯罪预备。因此，预备行为由于意志以外的原因而未着手实行，这是犯罪预备成立的重要特征。

### (二）犯罪预备的处罚原则

我国《刑法》第 22 条第 2 款规定："对于预备犯，可以比照既遂犯从轻、减轻或者免除处罚。"这一规定体现了预备犯得减主义立场，在具体适用中应注意两点：

其一，对预备犯一般情况下都应当比照既遂犯从轻、减轻或者免除处罚，这是由犯罪预备客观行为的危害性远远小于犯罪既遂的特点决定的。只有在极为特殊的情况下，行为人准备施行特别重大的犯罪，其预备行为客观上对社会形成重大危险时，例如，在地铁里准备实施爆炸罪的预备犯，才可以不予从轻、减轻或者免除处罚。

其二，对预备犯的从轻、减轻或免除处罚，应当根据量刑的原则，综合考虑犯罪预备的性质、准备手段的情况、预备行为展开的程度、犯罪行为具体危害性大小等具体案情事实和情节，按一定比例从轻、减轻或者免除处罚。

可见，我国刑法形式上以处理预备犯为原则，凡是故意犯罪的预备行为，除符合《刑法》第 13 条但书规定的以外，都可以作为预备犯予以定罪处罚。司法实践中，真正能进入司法程序并给予刑罚处罚的案件并不是普遍现象，对预备犯的处罚一般坚持了严格谨慎的态度，只有具有严重社会危害性的犯罪预备行为才按照犯罪预备进行定罪处罚。

## 四 犯罪未遂

我国《刑法》第 23 条第 1 款明确规定了犯罪未遂的概念："已经着手实行犯罪，由于犯罪分子意志以外的原因而未得逞的，是犯罪未遂。"犯罪未遂是故意犯罪停止形态中最具典型性的犯罪类型：犯罪未遂一方面通过"已经着手实行犯罪"与犯罪预备相区别，另一方面通过"未得逞"与犯罪既遂相区别，此外还能根据"由于犯罪分子意志以外的原因而未得逞"与犯罪中止（实行中止）进行区别。

### （一）犯罪未遂的特征

犯罪未遂的特征主要表现为以下三个方面：一是已经着手实行犯罪，

二是犯罪未得逞，三是犯罪未得逞是由于犯罪分子意志以外的原因。

1. 已经着手实行犯罪

已经着手实行犯罪（简称"着手"），其基本含义是犯罪准备阶段的结束和犯罪实行阶段的开始，也是犯罪未遂区别于犯罪预备的重要标准。

我国刑法通说理论认为，所谓已经着手实行犯罪，是指行为人已经开始实施刑法分则条文规定的某个具体犯罪的构成行为。着手体现了具体犯罪构成要件的统一，具有主、客观两个方面的特征：客观上，行为人已开始直接实行具体犯罪构成客观方面的行为，这种行为已不再属于为犯罪的实行创造条件的预备犯罪的性质，而是实行犯罪的性质，这种行为已使刑法所保护的具体权益初步受到危害或面临实际存在的威胁；主观上，行为人实行具体犯罪的意志已经直接支配客观实行行为并通过后者开始充分表现出来。[①]

在刑法史上，"着手"理论浓缩了刑法的立场、观念、原则和方法之争。关于着手的本质与认定，国外刑法理论界主要形成了以下学说：（1）客观说。坚持客观说的古典学派（旧派）从行为的客观方面解释着手，其中又可分为形式的客观说和实质的客观说两种理论。形式的客观说也称定型说，认为当行为人实施一部分符合构成要件的行为时即为着手；实质的客观说认为行为人开始实施违反规范的行为（行为无价值）或者开始实施具有发生结果的现实危险性的行为（结果无价值）时就是着手。（2）主观说。主观说认为行为人犯罪意思的开始显露就是着手。新派（刑事实证学派）坚持主观说，认为，行为人的危险性格是刑事责任的基础，犯罪即是该危险性格的征表与发现，行为本身只具有征表行为人危险性格的意义，应从行为人的主观方面而不能仅从客观方面来考察实行行为。（3）折中说。主张犯罪是属于主客观相统一的综合行为，着手问题必须从两方面加以考察：从行为人的整体犯罪计划来看，当行为侵害法益的危险性迫切时，就是着手。其中，以主观说为基础的折中说被称为"主观的客观说"或"主观的折中说"，以客观说为基础的折中说则称为"客观的主观说"

---

[①] 高铭暄主编：《刑法学原理》（第 2 卷），中国人民大学出版社 1993 年版，第 314—315 页。

或"客观的折中说"。[①]

笔者认为,着手"形式的客观说"更为合理,应当以行为人实施一部分符合构成要件的行为时即为着手。例如,在入户盗窃中,行为人撬门时为盗窃罪的着手;持枪杀人案件中,持枪瞄准为故意杀人罪的着手;邮寄炸弹杀人案件中,实施邮寄行为即为故意杀人罪的着手,因为撬门、持枪瞄准、邮寄炸弹行为客观上已经具有危害性,属于"着手"实施部分符合构成要件的行为。值得注意的是,在认定抢劫、强奸等犯罪"着手"时,首先应分析刑法分则中个罪的类型行为特点,找出危害行为的必备举止和在先举止。例如,抢劫行为的必备要素为"暴力、胁迫或者其他方法"加上"取财"的举止,其中"暴力、胁迫或者其他方法"的举止为在先举止。再如,强奸行为的必备要素是"暴力、胁迫或者其他手段"加上"强奸妇女"的举止,其中"暴力、胁迫或者其他手段"的举止为在先举止。其次,判断在先举止的行为定型性,客观上行为人实施部分符合构成要件的行为时才能认定为着手,客观上达不到部分符合构成要件的行为时则不能判断为着手。例如,当在先举止表现为行为人企图通过劝酒喝醉被害人,以取其携带的贵重物品的行为,由于劝酒行为的危害性表露不明显,不能区别于普通的生活行为,所以不成立"暴力、胁迫及其他方法"的举止,不构成抢劫罪的着手,那么,其后实施的取财行为,则判定为盗窃罪的着手更恰当;当在先举止表现为行为人企图通过在酒水中掺入麻醉药或者毒药伤害被害人,以取其携带的贵重物品的行为,则成立"暴力、胁迫及其他方法"的举止,构成抢劫罪的着手,那么,其后实施的取财行为,则判定为抢劫罪的着手。再如,当在先举止表现为行为人企图通过劝酒喝醉被害妇女,以实施强奸妇女的行为,由于劝酒喝醉被害妇女的行为能够成立强奸罪"暴力、胁迫或者其他手段"的举止,则构成强奸罪的着手。

2. 犯罪未得逞

所谓犯罪未得逞,是指行为人在着手实行犯罪后,行为未达到犯罪既遂前而停止下来的情形。未得逞是犯罪未遂的重要特征,也是犯罪未

---

[①] 魏东主编:《刑法:原理·图解·案例·司考》,中国民主法制出版社2016年版,第137页。

遂区别于犯罪既遂的主要标志。未得逞的判断与犯罪既遂的判断紧密相连：其一，两者的判断都以着手为前提；其二，在存在犯罪未遂与犯罪既遂之分的故意犯罪中，未达犯罪既遂即意味着未得逞，是指尚未完整具备刑法分则中故意犯罪的全部构成要件要素的犯罪停止形态。

未得逞的具体表现形式有：（1）结果犯中，行为人实施了结果犯的实行行为，但未产生法定的实害结果。例如，故意杀人造成被害人重伤的，重伤结果不是故意杀人罪的法定结果（人的死亡），所以属于未得逞。（2）行为犯中，行为人实施了行为犯的实行行为着手后，行为未展开到一定的程度。例如，强奸罪中，行为人着手实施暴力后，因被害人拼命反抗，行为人始终未能脱掉被害人的裤子而未得逞；再如，放火罪中，行为人着手实施放火行为后，因引火物最终没被点燃，行为人实施的放火危险行为最终未能出现法定的危险状态，应属未得逞。

3. 犯罪未得逞是由于犯罪分子意志以外的原因

所谓犯罪未得逞是由于犯罪分子意志以外的原因，是指违背行为人本意的客观情况阻止犯罪行为达到既遂，或者客观情况使得行为人认为不能既遂从而停止犯罪的原因。犯罪未达到犯罪既遂不是由于行为人主动选择和自愿决定的结果，而是由于犯罪分子意志以外的原因，这是犯罪未遂区别于犯罪中止的根本标准。

行为人意志以外的原因，是与意志以内的原因（自动中止）相对的概念。犯罪未得逞是由于犯罪分子意志以外的原因，主要表现为以下三种情形：（1）行为人自身以外的原因。包括行为人以外的人、物、环境和自然力量等对完成犯罪的行为具有不利影响的因素，例如，因被害人的反抗与躲避、第三人的制止、侦查机关等职能部门的抓捕、自然力或物理障碍等原因，导致犯罪未得逞。（2）行为人自身能力的原因。包括行为人身体方面不利于犯罪行为完成的因素，例如，行为人因体能低下、作案手段拙劣、犯罪技巧欠缺等原因，导致犯罪未得逞。（3）行为人主观认识错误的原因。例如，行为人因对犯罪对象情况、犯罪工具性能、因果关系认识错误等原因，导致犯罪未得逞。

### （二）犯罪未遂的类型

我国刑法没有规定法定的犯罪未遂类型，理论界一般根据不同标准将犯罪未遂分为实行终了的未遂与未实行终了的未遂、能犯未遂与不能犯未遂。

1. 实行终了的未遂与未实行终了的未遂

以实行行为是否实施终了（完毕）为标准，可以将犯罪未遂分为实行终了的未遂与未实行终了的未遂。实行终了的未遂，是指行为人实施完毕犯罪实行行为，由于意志以外的原因而未得逞的情形。例如，行为人开枪击中被害人后，被害人得救的情形；行为人下毒杀人，但被害人未饮用毒药的情形，均属于实行终了的未遂。未实行终了的未遂，是指行为人尚未实施完毕犯罪实行行为，由于意志以外的原因而未得逞的情形。例如，行为人举刀砍杀被害人时，因被害人夺刀而使得砍杀行为尚未实施完毕的情形，即属于未实行终了的未遂。

2. 能犯未遂与不能犯未遂

以行为本身客观上能否达到犯罪既遂为标准，可以将犯罪未遂分为能犯未遂与不能犯未遂。能犯未遂，是指犯罪实行行为客观上可能达到既遂，由于行为人意志以外的原因未能达到既遂而停止下来的情形。例如，行为人在公共汽车上行窃，因被害人发觉后紧拽钱包，致使行为人未能取得财物的情形，属于能犯未遂。不能犯未遂，是指根据案件的具体事实，行为人所实施的行为客观上不可能达到既遂的情形。不能犯未遂又可以分为对象不能犯未遂和工具不能犯未遂。对象不能犯未遂，是指由于行为人对犯罪对象的属性和状态等存在认识错误，从而使得犯罪实行行为客观上不可能达到既遂的情形。例如，误将男子当妇女实施强奸，误将动物当成仇人而开枪射杀等情形，就属于对象不能犯。工具不能犯未遂，是指因行为人所使用的犯罪工具没有特定功效，而使犯罪实行行为客观上不可能达到既遂的情形。例如，行为人误将白糖当作毒药而投毒杀人的情形，即属于工具不能犯未遂。

我国传统刑法理论认为，工具不能犯未遂通常具有处罚必要性，我国司法解释和司法判例也支持这一观点；但是，目前也有学者提出"不构成犯罪的不能犯"概念、"不宜将不能犯作为犯罪未遂的一种类型来使用"等观点，因此，不能犯理论还值得进一步研究。[①] 在同类型的案件

---

[①] 《刑法学》编写组：《刑法学》（上册·总论）（第二版），高等教育出版社2023年版，第227—229页。

中，能犯未遂比不能犯未遂的社会危害性更大，因其客观上对法益侵害的可能性更大，所以一般情况下，能犯未遂比不能犯未遂量刑重。[①] 同时，迷信犯不能当成犯罪来处理，因为，迷信犯是行为人出于愚昧无知的迷信思想，采用实际上根本不可能发生危害结果的方法加害他人的情况，由于迷信犯在任何情况下都不会导致危害结果的发生，没有侵害合法权益的危险。

### （三）犯罪未遂的处罚原则

《刑法》第 23 条第 2 款规定："对于未遂犯，可以比照既遂犯从轻或者减轻处罚。"由于未遂犯的客观危害性低于既遂犯，因此，未遂犯的处罚一般"可以"比照既遂犯从轻或减轻处罚，只有对个别客观危害极大、主观恶性大、犯罪手段恶劣的未遂犯，可以综合考虑例外地给予未遂犯以犯罪既遂的相同处罚。

## 五　犯罪中止

我国《刑法》第 24 条第 1 款规定了犯罪中止的概念："在犯罪过程中，自动放弃犯罪或者自动有效地防止犯罪结果发生的，是犯罪中止。"可见，所谓犯罪中止，是指在犯罪预备和犯罪实行过程中，行为人自动放弃犯罪或自动有效地防止犯罪结果发生，因而未达到既遂的犯罪停止形态。

### （一）犯罪中止的特征

犯罪中止的特征表现在以下两个方面：

#### 1. 只能发生在犯罪过程中

这是犯罪中止的过程特征。所谓犯罪过程，是指在犯罪预备和实行阶段而尚未达到犯罪既遂的整个过程。只有在犯罪过程中自动放弃犯罪或自动有效地防止结果发生的行为，才能成立犯罪中止形态；如果在行

---

[①] 魏东主编：《刑法：原理·图解·案例·司考》，中国民主法制出版社 2016 年版，第 140 页。

为已经达到犯罪既遂之后，行为人才实施自动恢复原状、积极救治、赔偿损失等行为，不成立犯罪中止，而只能作为从轻处罚情节予以考虑。

2. 只能是自动放弃犯罪或者自动有效地防止犯罪结果发生

自动放弃犯罪或者自动有效地防止犯罪结果发生，是指行为人在自认为能够完成犯罪的情况下，自动停止可以继续实行的犯罪行为，或者虽然犯罪行为已经实行完毕但积极有效地防止犯罪结果发生的情形。

首先，必须具有有效性。自动放弃犯罪，必须是彻底放弃犯罪；自动有效地防止犯罪结果发生，必须有效地防止了作为犯罪构成意义上的危害结果，这是犯罪中止形态的结果特征。如果行为人只是希望暂时自动放弃犯罪，但是又希望在具备条件时继续实施犯罪，或者行为尽管也作出了防止犯罪结果发生的努力，但是仍然出现了作为犯罪构成意义上的危害结果，则仍然不能成立犯罪中止。当然，有效防止犯罪结果发生，是指有效防止作为犯罪构成意义上的危害结果，而不是说不能出现任何危害结果，例如，故意杀人案中，行为人自动有效地防止了被害人死亡结果发生，即使出现了被害人受重伤的危害结果，仍然能够成立故意杀人罪的犯罪中止。如果行为人抛弃犯意并采取了积极防止犯罪结果发生的行为，客观上仍然没有有效防止犯罪结果发生，则仍然不能成立犯罪中止，而只能认定为犯罪既遂，可以将行为人所采取的积极防止行为作为一种量刑情节予以考虑。

其次，必须具有自动性。这是犯罪中止形态的主观特征。所谓自动性，是指行为人在认识到或者自认为可以继续实施犯罪并能够达到既遂的情况下，自动放弃犯罪或者自动有效地防止犯罪结果发生。因此，如果行为人在认识到自己的行为不能继续或者无法完成时，才被迫停止实施犯罪行为，则属于"由于犯罪意志以外的原因"而未得逞，就只能成立犯罪未遂或者预备，而不能成立犯罪中止。关于自动性的判断标准，法理上有学者提出了"意志以内的原因"理论，具体有非物质障碍说、犯意抛弃说和任意中止说等三种学说。[①] 非物质障碍说认为，非因物质障碍构成中止未遂（犯罪中止），因物质障碍则构成障碍未遂（犯罪未遂）。

---

① 魏东主编：《刑法：原理·图解·案例·司考》，中国民主法制出版社2016年版，第141页。

犯意抛弃说主张，因衷心悔悟抛弃犯意而未达既遂的，才成立犯罪中止；否则属于犯罪未遂。任意中止说强调行为人基于自己的意志而中止，声称行为人心理上非因外部障碍而任意中止犯罪，因而未达既遂的，应成立犯罪中止，否则构成犯罪未遂。任意中止说为刑法理论上的通说。① 根据任意中止说，自动地彻底放弃可能重复的侵害行为可以成立犯罪中止。

**（二）犯罪中止的类型**

根据刑法规定，犯罪中止可分为预备中止与实行中止、消极中止与积极中止等类型。②

1. 预备中止与实行中止

预备中止与实行中止，是以犯罪中止行为发生在不同的犯罪阶段为标准所进行的分类。预备中止，是指发生于犯罪预备阶段的中止。实行中止，是指发生于犯罪实行阶段的中止。实行中止还可以根据实行行为是否实施终了细分为实行终了的中止与未实行终了的中止。③

2. 消极中止与积极中止

消极中止与积极中止，是以法律上对中止行为的表现形态为标准所进行的类型划分。消极中止，是指行为人只需自动停止可以继续的犯罪行为即可成立犯罪中止的情形。积极中止，是指不仅需要行为人自动停止可以继续的犯罪行为，而且还要求行为人以积极的作为行为去有效防止犯罪结果发生的情形。预备中止和大多数未实行终了的中止属于消极中止，而少数未实行终了的中止和实行终了的中止属于积极中止。

**（三）犯罪中止的处罚原则**

我国《刑法》第 24 条第 2 款规定："对于中止犯，没有造成损害的，应当免除处罚；造成损害的，应当减轻处罚。"这一规定体现了中止犯必减主义处罚原则，犯罪中止是故意犯罪停止形态中得到宽容程度最大的一种。

---

① 赵秉志：《犯罪未遂的理论与实践》，中国人民大学出版社 1987 年版，第 116 页。
② 魏东主编：《刑法：原理·图解·案例·司考》，中国民主法制出版社 2016 年版，第 141—142 页。
③ 高铭暄、马克昌主编：《刑法学》（第五版），北京大学出版社、高等教育出版社 2011 年版，第 160 页。

# 第九章

# 共　犯

## 目　次

一　共犯的立法模式
　　（一）区分制共犯体系与单一制正犯体系
　　（二）我国的共犯立法模式问题
二　共犯的概念界定
　　（一）任意的共犯
　　（二）必要的共犯
　　（三）必要的共犯之特殊问题
三　共犯的本质
　　（一）德日刑法学中共犯的本质论：犯罪共同说、行为共同说和共同意思主体说
　　（二）我国刑法学中共犯的本质论：肯定同一犯罪构成说和否定同一犯罪构成说
四　共犯的处罚根据
　　（一）德日刑法学中共犯的处罚根据论
　　（二）我国刑法学中共犯的处罚根据论
五　共犯的成立条件与基本形式
　　（一）共犯的成立条件
　　（二）共犯的基本形式
六　共犯（人）的分类与处罚
　　（一）共同犯罪人的分类标准

（二）主犯及其处罚原则

（三）从犯及其处罚原则

（四）胁从犯及其处罚原则

（五）教唆犯及其处罚原则

七　间接正犯

（一）间接正犯的概念与理论方案

（二）间接正犯的成立范围

（三）与间接正犯相关联的其他正犯类型

八　片面共犯

（一）片面共犯的有限可罚性

（二）片面共犯的非共犯性

（三）中立帮助行为

九　共谋而未实行

（一）日本：共谋共同正犯论

（二）中国：共谋而未实行的理论研讨

十　承继共犯

（一）承继共犯的成立范围

（二）承继共犯的实行行为判断

（三）承继共犯的责任范围

十一　共犯的身份犯

（一）构成身份犯（真正身份犯）的共犯类型

（二）加减身份犯（非真正身份犯）的共犯类型

共同犯罪是相对于单个人犯罪而言的一种特殊形态，可以简称为共犯，相应地，共同犯罪理论也可以简称为共犯论（共犯理论）。共犯论是刑法理论和刑法实践中比较复杂的问题，被认为是德日刑法学中"绝望"之章，而我国《刑法》关于共同犯罪规定的总则第二章第三节被认为是"绝望之节"，[①] 由此可见共犯论的复杂性和困难性，因而需要我们深刻学

---

① 陈兴良：《共同犯罪论》（第二版），中国人民大学出版社 2006 年版，第 521 页；陈兴良：《走向共犯的教义学——一个学术史的考察》，《刑事法评论》2009 年第 2 期。

习和认真对待。

德日刑法理论中,"共犯"一般有三层含义:一是指共同犯罪形态的简称;二是指所有共同犯罪人的简称;三是指教唆犯与帮助犯(狭义的共犯)。俄罗斯和我国刑法理论中还有"组织犯"概念,它同德国刑法学"正犯背后的正犯"和日本刑法学"共谋共同正犯"概念具有相近似的含义,这样一来,"共犯"有时也指除实行犯(正犯)以外的所有非实行犯(如教唆犯、帮助犯、组织犯)。因此应当注意,我在发言中使用的"共犯"概念在不同语境中可能有以下不同的含义:(1)有时是指共同犯罪形态的简称;(2)有时是指所有共同犯罪人的简称;(3)有时是指除实行犯以外的所有非实行犯(组织犯、教唆犯与帮助犯);(4)有时指"狭义的共犯"(仅指教唆犯与帮助犯),需要根据不同的语境来确定"共犯"一词的具体含义。

## 一 共犯的立法模式

共同犯罪的概念界定,同共犯的立法模式(立法制度模式选择)与基础理论、共犯的本质与成立范围、共犯的处罚根据等密切相关,因此需要首先集中讨论这些问题,并且这些问题需要进行"解释性循环"。

应当注意的是,一方面,国外(主要是西方大陆法系国家)学者关于共同犯罪相关问题的理论之争,不但具有区别于我国刑法理论的"话语体系",而且关涉的内容十分丰富,且近年来有所发展,这些理论发展成果需要我们在研究中国共犯论时予以特别关注;另一方面,我国学者对国外刑法学共犯理论的归纳并不完全相同,[①] 需要我们在理论研究中适当甄别审查具体理论的实质内容。

所以,下面首先讲一讲共犯的立法模式问题。因为,共犯的立法模式是研究问题的起点,不同的立法模式影响甚至决定了共犯的基础理论、具体认定等一系列问题。

---

[①] 张明楷:《刑法学(上)》(第五版),法律出版社 2016 年版,第 407 页。

### (一) 区分制共犯体系与单一制正犯体系

共犯的刑事立法模式存在区分制共犯体系与单一制正犯体系("单一正犯体系"或者"统一性正犯概念")两种犯罪参与体系。即关于数人共同参与实行一个犯罪行为，在刑事立法上存在两种模式：

一种是以《德国刑法典》为代表的区分制共犯体系。这种区分制共犯体系，不仅区分正犯与共犯（教唆犯与帮助犯），而且对于这两种犯罪参与者规定了不同的刑罚，其中将教唆犯作为"特殊法定减轻事由"。例如，《德国刑法典》在总则第二章第三节"正犯与共犯"之下设置了第25条至第31条共7个条文。其中第25条规定："（1）自己实行犯罪行为，或利用他人实行犯罪行为者，皆为正犯。（2）数人共同实行犯罪行为者，均依正犯论处。"第26条规定："故意教唆他人使之故意实行违法行为者，为教唆犯。教唆犯之处罚，与正犯同。"第27条规定："（1）故意帮助他人故意实行违法行为者，为帮助犯。（2）帮助犯之处罚，应依第49条第1项规定，按正犯之刑减轻之。"[1]

另一种是以《意大利刑法典》和《奥地利刑法典》为代表的单一制正犯体系（单一正犯体系）。这种单一制正犯体系，不区分正犯与共犯（教唆犯与帮助犯），所有参与犯罪者均为正犯，至于各正犯对于犯罪结果的贡献，则属于量刑的范畴（形式的单一正犯体系）；或者虽然基于构成要件明确性的要求而区分正犯的类型，但各正犯在不法的价值上相同，且原则上应受同等处罚（功能性单一正犯体系）。[2] 例如，1930年《意大利刑法典》第110条规定"当多人共同参与同一犯罪时，对于他们当中的每一人，均处以法律为该犯罪规定的刑罚，以下各条另有规定者除外"，这是典型的形式的单一正犯体系的立法规定；《奥地利刑法典》第12条规定"自己实施可罚的行为，或者通过他人实施可罚的行为，或者为可罚行为的实施给予帮助的，均为正犯"，这是典型的功能性正犯体系的立法规定。[3]

---

[1] 李圣杰、潘怡宏编译：《德国刑法典》（2017年最新版），（台北）元照出版公司2017年版，第21页。

[2] 江溯：《关于单一正犯体系的若干辩驳》，《当代法学》2011年第5期。

[3] 陈家林：《外国刑法理论的思潮与流变》，中国人民公安大学出版社、群众出版社2017年版，第490—491页。

理论上，单一正犯体系的具体类型还有"包括的正犯体系"（或者"包括的正犯概念"①），这一体系虽然区分正犯和共犯，但不区分共犯内部的行为形态，苏联刑法第 17 条、民主德国刑法第 22 条、前匈牙利刑法第 12 条以下、前保加利亚刑法第 20 条以下等规定都体现了包括的正犯体系的特点。② 日本学者高桥则夫指出，统一性正犯体系有形式的统一性正犯体系、机能的统一性正犯体系、包括的正犯体系之别。③

可见，区分制共犯体系与单一制正犯体系均涉及正犯的概念问题，区分制共犯体系还涉及正犯与共犯的区分问题。

1. 正犯的概念

正犯概念，存在单一的正犯概念、扩张的正犯概念与限制的正犯概念之分。

单一的正犯概念，是指凡是参与犯罪的人均为正犯。《意大利刑法典》和《奥地利刑法典》采用了单一的正犯概念。理论上认为，单一的正犯概念模糊了正犯行为定型，无限扩张了刑事可罚性的范围，涉嫌违反罪刑法定原则。

扩张的正犯概念，是指将对犯罪的实现起任何条件作用的人，均作为正犯，但是法律例外地将教唆犯与帮助犯规定为共犯。按照扩张的正犯概念来分析，间接正犯是当然的正犯，不需要有"间接正犯"的概念。扩张的正犯概念因为存在忽视实行行为的定型意义，将教唆犯与帮助犯作为正犯处罚违反了法情感和一般的社会观念，受到了客观主义的刑法理论的批判。法律例外地将教唆犯与帮助犯规定为共犯，属于刑罚限制事由，有利于限制对正犯的处罚范围并限制刑罚（即从轻处罚）。

限制的正犯概念，也叫缩小的正犯概念，是指以自己的身体活动直接实现构成要件的人才是正犯，其他参与者都是共犯。因此，刑法规定对正犯以外的共犯进行处罚，是对处罚范围的扩张，属于刑罚扩张事由。按照限制的正犯概念来分析，间接正犯由于是利用他人实施犯罪行为，

---

① 张明楷：《外国刑法纲要》（第三版），法律出版社 2020 年版，第 261 页。

② 陈家林：《外国刑法理论的思潮与流变》，中国人民公安大学出版社、群众出版社 2017 年版，第 491 页。

③ [日] 高桥则夫：《共犯体系和共犯理论》，冯军、毛乃纯译，中国人民大学出版社 2010 年版，第 5—7、28 页。

就可能得出间接正犯也是共犯的不当结论,因而需要"例外地"设定并说明间接正犯也是正犯。

可以说,限制的正犯概念是区分制共犯体系中的正犯概念,是德日刑法理论的通说,其含义是:正犯,是与狭义的共犯相对的概念,一般是指实施了符合刑法分则规定的构成要件行为的情形。根据行为是否以自己身体活动实现构成要件,可以将正犯区分为直接正犯与间接正犯;根据正犯的人数,可以将正犯区分为单独正犯与共同正犯。所谓单独正犯,是指仅有一个人直接实施构成要件行为的情形;所谓共同正犯,是指二人以上共同地实施构成要件行为的情形。

共同正犯不同于同时正犯。同时正犯是指二人以上在没有意思联络的情况下同时对同一犯罪对象实行同一犯罪的情形。因此,同时犯虽然一般发生在同一地点,但是不要求犯罪地点同一,只要求犯罪时间基本相同而"不要求实行的着手、终了与结果发生的时间完全相同",并且同时犯"既可以是故意犯,也可以是过失犯"。[1] 同时正犯通常不能认为是共犯(包括共同正犯),只有《日本刑法典》第 207 条对"暴力伤害他人"的同时正犯作出了如下例外规定:"二人以上实施暴力伤害他人的,在不能辨认各人暴行所造成的伤害的轻重或者不能辨认何人造成伤害时,即使不是共同实行的,也依照共犯的规定处断。"

2. 正犯与共犯的区分

区分制共犯体系中,正犯与共犯的区分成为重要问题,对此,刑法理论上有主观说、客观说(形式的客观说与实质的客观说)、规范的综合判断理论、犯罪事实支配理论等多种见解。[2]

(1) 主观说

主观说认为,只能从行为人的行为故意(故意说)与行为目的(目的说)等主观方面内容来区分正犯与共犯,而反对从客观的条件因素来区分正犯与共犯,因为以因果关系理论中的条件说为基础,对构成要件的结果设定条件的人都是对结果设定原因的人,所有条件都是原因,所有的条件均属等价,所以从因果关系的客观角度来看是无法区分正犯与

---

[1] 张明楷:《外国刑法纲要》(第三版),法律出版社 2020 年版,第 260 页。
[2] 张明楷:《外国刑法纲要》(第三版),法律出版社 2020 年版,第 261—264 页。

共犯的。故意说认为，以实现行为人自己的行为的意思或者以行为人自己行为的意思而实施行为的，是正犯；以加担他人的行为的意思或者加担行为的意思而实施行为的，是共犯。目的说认为，为了实现自己的目的或者为了自己的利益（这一目的）而实施行为的，是正犯；为了实现他人的目的或者为了他人的利益（这一目的）而实施行为的，是共犯。

但是，主观说（包括故意说与目的说）片面强调主观方面内容存在突出的主观性与随意性，不但难以准确区分主观内容，而且从法秩序和法情感的立场来看完全可能背离真相，因而存在疑问。例如，甲意欲杀害熟人乙，请求丙动刀刺杀乙，按照主观说，丙即使实施了杀人实行行为也只能成立共犯，这显然不合理。

（2）客观说

客观说内部有形式的客观说（实行行为性说）与实质的客观说两种观点，认为应当以因果关系理论中的原因说为基础，行为对结果的发生起原因作用的行为人是正犯，行为对结果的发生起条件作用的行为人是共犯。形式的客观说（实行行为性说）认为，以自己的身体动静实施符合构成要件的实行行为的人是正犯，用符合修正构成要件的教唆行为、帮助行为对正犯的实行行为进行加担的人是共犯。形式的客观说面临的主要困境在于过于形式主义，无法合理说明间接正犯、共谋共同正犯以及某些并不亲手实施实行行为的共同正犯的正犯属性。实质的客观说试图克服形式的客观说的既有缺陷，主张从行为对于犯罪事实的重要作用、必要性、同时性、优势属性等实质内容来判断正犯与共犯。重要作用说认为，从实质上看，行为对结果的发生起重要作用的行为人是正犯，反之是共犯。必要性说认为，凡是对犯罪事实属于不可或缺的加功者是正犯，反之是共犯。同时性说认为，在犯罪的实行行为的同时对该犯罪事实予以加功者是正犯，在犯罪的实行行为之前予以加功者是共犯。优势说认为，对犯罪事实具有优势关系的加功者是正犯，对犯罪事实仅具有附属性的加功者是共犯。

总体上看，由于作为客观说的理论基础的原因说不合理，客观说逐渐式微。

（3）规范的综合判断理论

规范的综合判断理论主张，应综合行为人从犯罪结果中获得利益的程度、行为人参与犯罪的范围、行为人对犯罪事实的支配、行为人意欲进行犯罪事实支配的意思等方面进行规范的评价性判断,具体确定行为人是正犯还是共犯。

该理论是对过去"德国判例的立场"的总结,实际上是对主观说与犯罪事实支配理论的综合或者折中,但是"不能说明为什么依据上述评价要素确定正犯,未能给出这些要素之间的优先次序,缺乏一个统领性的原则,因而导致正犯与共犯的区分的不确定性",① 因而现在的支持者很少。

(4) 犯罪事实支配理论

犯罪事实支配理论主张,正犯是决定性地支配犯罪实施过程的人(支配犯),是具体犯罪事实的核心角色和犯罪过程的关键人物,共犯是仅对犯罪事实存在一定影响但是不能够决定性地支配犯罪过程的人。

根据罗克辛的阐释,支配犯(正犯)对犯罪事实支配的具体情形包括行为支配、意思支配、功能性支配三种,其中,意思支配包括通过强制的支配、通过错误的支配和通过权力组织的支配,功能性支配所必须具备的三个条件是必须存在共同的犯罪计划、必须在犯罪实行阶段共同参与犯罪的实行(仅参与预备行为的人不成立共同正犯)、必须在实行阶段作出了重大贡献(即对犯罪的完成承担了不可或缺的功能),这些理论能够较为全面地诠释直接正犯、共同正犯、间接正犯的法理根据,合理区分正犯与共犯的界限关系,因此犯罪事实支配理论是德国刑法理论的通说。

但是,一般认为"对义务犯与亲手犯,不能适用犯罪事实支配理论"②。义务犯是指行为人违反了法律对其特别要求的义务、背离了其所担当的社会角色而形成的犯罪,因此,只有违背自身所负担的义务并因此导致危害结果的人才是犯罪事实的核心角色和正犯;亲手犯的正犯只能是符合刑法所规定的特殊条件的行为人。

**(二) 我国的共犯立法模式问题**

那么,我国刑法规定的共同犯罪到底是采用了区分制共犯体系还是

---

① 张明楷:《外国刑法纲要》(第三版),法律出版社 2020 年版,第 262—263 页。
② 张明楷:《外国刑法纲要》(第三版),法律出版社 2020 年版,第 263 页。

单一制正犯体系？对此，有以下四种观点：

第一种观点，认为我国是单一制（单一制正犯体系）。①

第二种观点，认为我国是区分制（区分制犯罪参与体系）。这是较多学者的观点。理由是"我国的共犯体系虽然维持了二元参与体系的基本框架，同时又具有单一正犯体系的某些特征"，但是"我国并未采取单一正犯体系"，②而应认为"我国共犯制度模式属于区分制"；③有的学者进一步指出：德国刑法学"正犯背后的正犯"理论和罗克辛的功能性支配理论、日本刑法学"共谋共同正犯"理论等，"在一定程度上克服了区分制的弊端，使得采用单一正犯体系缺乏必要性。而在我国刑法中，上述区分制的弊端可以说由于组织犯这一概念的确立，而得到了很大程度的缓解。在某种意义上说，组织犯这一概念是苏俄及我国刑法关于共犯理论的唯一亮点"，因而认为我国"应该对单一正犯体系持一种排拒的态度"。④

第三种观点，认为我国是"双层区分制"。我国有学者指出，相对于德日刑法单层区分制共犯体系而言，中国刑法规定的共同犯罪体系具有双层区分制的体系性特点，认为"中国刑法对参与人同时采用了分工和作用两种并存不悖、功能各异的分类标准。分工分类标准下的正犯与共犯旨在解决参与人的定性及其间的关系问题，而不直接决定和评价参与人的刑罚轻重，承载量刑功能的是作用分类标准下的主犯和从犯。在这种双层区分制立法模式下，正犯与共犯的界分宜采以构成要件为轴心的实行行为说"；而"在我国双层区分制之下，主、从犯的划分是一个直接决定和影响参与人刑罚轻重的重要实践性课题"。⑤

---

① 江溯：《区分制共犯体系的整体性批判》，《法学论坛》2011年第6期；江溯：《关于单一正犯体系的若干辩驳》，《当代法学》2011年第5期；刘明祥：《主犯正犯化质疑》，《法学研究》2013年第5期；陈洪兵：《我国实采统一的正犯体系》，北大法律信息网，http://article.chinalawinfo.com/ArticleFullText.aspx? ArticleId = 51556&listType = 0，2010年1月1日访问。

② 刘斯凡：《共犯界限论》，中国人民公安大学出版社2011年版，第18—19页。

③ 王志远：《共犯制度的根据与拓展——从"主体间"到"单方化"》，法律出版社2011年版，第30页。

④ 陈兴良：《走向共犯的教义学——一个学术史的考察》，《刑事法评论》2009年第2期。

⑤ 钱叶六：《双层区分制下正犯与共犯的区分》，《法学研究》2012年第1期。

第四种观点，认为我国是区分制与单一制平行并存（平行并存制）。理由是"我国刑法中的故意共同犯罪和过失共同犯罪——区分制与单一制下的平行并存"的立法现状，表明"我国刑法肯定过失共同犯罪需要借助单一制，而单一制立法体系在不法层面否定了教唆犯、帮助犯的实质存在，全部参与者都要对全部不法负责，与部分实行全部责任相对，单一制立法体系下的共同犯罪可谓是全部实行全部责任。""当然，否定论者也从法益侵害和责任主义角度出发，主张可以通过同时犯来评价过失共动现象。可见，二者对过失共动现象具有可罚性、当罚性是意见一致的。只不过在肯定论者看来，在同时犯的路径于证据层面存在极大适用障碍的现实背景下，否认过失共同犯罪的适用将导致很多法益侵害行为无法受到应有的刑法评价。而否定论者认为同时犯是处罚过失共动现象的极限。"[①] 可见，平行并存制论是为了解决"过失共同犯罪"正当性而提出的新理论，值得重视。

笔者个人倾向于认为，我国共犯立法模式采用了功能性单一制，同"机能的单一制正犯体系"高度一致，突出强调了犯罪参与行为的功能性实质内涵，既包括针对犯罪参与行为的构成要件行为定型的功能性实质内涵的立法规定（及其解释），也包括针对犯罪参与行为的归责处罚原则的功能性实质内涵的立法规定（及其解释），从而区别于形式的单一制，属于在定罪量刑双层次上均彻底坚持了功能性单一制，独具中国特色。

值得注意的是：功能性单一制不同于所谓的"双层区分制"（有的称为"双层结构的共犯参与体系""双层结构的共犯制度"）。后者认为，尽管在形式上仍然区分了实行犯（正犯）、教唆犯、帮助犯、组织犯（以及领导犯），体现了构成要件行为定型明确性的要求，但是在归责处罚上统一地采用了主犯与从犯（以及胁从犯）的归责处罚原则。申言之，"双层区分制"观点认为在犯罪参与行为定罪上采用区分制、在归责处罚上采用单一制，并没有在定罪量刑双层次上彻底坚持功能性单一制。

我国刑法采用的"功能性单一制"犯罪参与体系，具有以下两个特点：

---

[①] 王珏：《论我国刑法语境下过失共同犯罪成立的解释路径——以单一正犯体系为出发点》，《四川大学学报》（哲学社会科学版）2023年第4期。

1. 形式上规定了区分制共犯体系的实行犯（正犯）与共犯概念，但是在实质上功能性地规定了主犯与从犯（以及胁从犯）概念及其一般归责处罚原则

在形式上仍然区分了实行犯（正犯）、教唆犯、帮助犯、组织犯（及领导犯），体现了构成要件行为定型明确性的要求。例如，我国《刑法》第26条规定"组织、领导犯罪集团的首要分子"，是组织犯（领导犯）的规定；第27条规定"在共同犯罪中起次要或者辅助作用的，是从犯"，其中起"辅助作用的"从犯就是帮助犯的规定；第29条规定了教唆犯及其处罚原则。

针对实行犯（正犯）、教唆犯、帮助犯、组织犯（以及领导犯）进行地位和作用的功能性审查，统一归属于主犯与从犯（以及胁从犯），并在归责处罚上统一地采用了主犯与从犯（以及胁从犯）的归责处罚原则。

2. 特别地规定了非共犯的特别犯的处罚原则

我国刑法在责任共犯论基础上，特别地规定了共同过失犯罪分别处罚原则、独立教唆犯（即教唆未遂）限定处罚原则。可见，非共犯的特别犯，具体包括共同过失犯罪与独立教唆犯两种类型：（1）对于作为非共犯的共同过失犯罪，我国《刑法》第25条第2款规定了"共同过失犯罪分别处罚原则"，具体内容是"二人以上共同过失犯罪，不以共同犯罪论处；应当负刑事责任的，按照他们所犯的罪分别处罚"；（2）对于作为非共犯的独立教唆犯（即教唆未遂），我国《刑法》第29条第2款规定了"独立教唆犯限定处罚原则"（又称为"独立教唆犯可罚原则""教唆未遂可罚原则"等），具体内容是"如果被教唆的人没有犯被教唆的罪，对于教唆犯，可以从轻或者减轻处罚"。这两种情形的共同特点是：明确规定了共同过失犯罪、教唆未遂（即独立教唆犯）是"非共犯的特别犯"，即它们都不成立共同犯罪，都对它们规定了特殊处罚原则，即"共同过失犯罪分别处罚原则"和"独立教唆犯限定处罚原则"。

关于我国《刑法》第29条第2款规定的"独立教唆犯限定处罚原则"，张明楷过去一开始是持完全肯定说的立场，认为"这种情况在刑法理论上称为教唆未遂"，具体包括"被教唆的人拒绝教唆犯的教唆；被教

唆的人虽然接受教唆，但并没有实施犯罪行为；被教唆的人虽然接受了教唆，但所犯之罪并非被教唆的罪；被教唆的人实施犯罪并不是教唆犯的教唆行为所致"的情况，因此"在上述情况下，教唆行为并没有造成危害结果，故对教唆犯'可以从轻或者减轻处罚'"；① 中间又曾经持限定肯定说的立场，认为如果所教唆的犯罪并不处罚未遂时（未遂时并不作为犯罪处理，如甲教唆乙在公共交通工具上扒窃），而被教唆的人又没有犯被教唆的罪（教唆未遂），对于教唆者不应定罪处罚，只有在所教唆的犯罪处罚未遂时（如甲教唆乙盗窃金融机构），教唆未遂的才应适用《刑法》第 29 条第 2 款；② 张明楷最新的见解是，认为《刑法》第 29 条第 2 款应"根据共犯从属性立场，这种情况属于未遂犯的教唆犯"，从而"对于教唆犯甲适用刑法第 29 条第 2 款，对于正犯乙则适用刑法第 23 条"（对正犯乙适用犯罪未遂处罚）。③

笔者倾向于认为，《刑法》第 29 条第 2 款规定了"独立教唆犯限定处罚原则"这一"非共犯的特别犯"的处罚原则，教唆行为本身符合具有犯罪预备行为的性质（《刑法》第 22 条），因此，教唆行为若在实质上具有预备犯的可罚性（根据教唆行为的具体内容确定，如教唆杀人和抢劫等重罪），即可适用《刑法》第 29 条第 2 款，并且在预备犯的基础上适用"可以从轻或者减轻处罚"。这种观点在理论界被称为预备说，现在已有部分学者明确主张，认为"我国《刑法》第 29 条第 2 款是关于预备犯的处罚规定"④，其坚持了"独立教唆犯限定处罚原则"的基本立场。当然，预备说所主张的"独立教唆犯限定处罚原则"（或者"教唆未遂可罚原则"），在学界仍然有较多学者持反对立场，有的认为预备说"在我国法律上缺乏现实依据"⑤，有的认为"预备说是没有法律依据的"⑥，因此这个问题还需要进一步研究。

---

① 张明楷：《刑法学（上）》，法律出版社 1997 年版，第 308 页。
② 张明楷：《刑法学》，法律出版社 2003 年版，第 351 页。
③ 张明楷：《刑法学（上）》（第五版），法律出版社 2016 年版，第 454 页。
④ 朱道华：《教唆犯研究》，法律出版社 2014 年版，第 235 页。
⑤ 赵秉志：《犯罪未遂的理论与实践》，中国人民大学出版社 1987 年版，第 218—219 页。
⑥ 陈兴良：《共同犯罪论》，中国人民大学出版社 2006 年版，第 367 页。

## 二　共犯的概念界定

根据我国《刑法》第 25 条第 1 款的明确规定，所谓共同犯罪，是指二人以上共同故意犯罪。

这一法定概念准确地概括了共同犯罪的内在本质，坚持了主观与客观相统一的原则，体现了严密的科学性和高度的概括性。同时，我国《刑法》第 25 条第 2 款还明确规定："二人以上共同过失犯罪，不以共同犯罪论处；应当负刑事责任的，按照他们所犯的罪分别处罚。"这一规定是对共同犯罪的内在属性所作的进一步说明和补充，也是对共同犯罪的外延所做的进一步划分和限定，有利于我们的理论研究和司法实务既不至于扩大共同犯罪的范围，也不至于缩小共同犯罪的范围，从而充分体现了我国刑法规定的共同犯罪概念的科学性。

在德日刑法理论中，共犯概念有最广义、中间意义和狭义三种含义。最广义的共犯，是指二人以上共同实施犯罪的情形，包括任意的共犯（刑法总则规定）与必要的共犯（刑法分则规定）；中间意义的共犯（刑法总则规定），是指二人以上故意实施犯罪的情形；狭义的共犯，是指相对于正犯（共同正犯）的教唆犯和帮助犯。[①]

借鉴德日刑法学中的共犯理论，我国在研究共犯理论时，应注意以下概念：

### （一）任意的共犯

任意的共犯，即刑法总则规定的共犯、中间意义的共犯，是二人以上共同实行刑法分则规定的单独犯而成立共犯的情形。亦即，刑法分则中规定的一人能够单独实施的犯罪，当二人以上共同实施时所构成的共同犯罪的情形，就可以成立任意的共犯。

我国刑法分则规定的绝大多数故意犯罪，都可以形成任意共同犯罪，这些犯罪既可以由单独犯罪的形式来实施，也可以由共同犯罪的形式来实施。例如，刑法分则规定的故意杀人罪，是以一人实行故意杀人行为

---

[①] 张明楷：《外国刑法纲要》（第三版），法律出版社 2020 年版，第 258—260 页。

为典型样态（单独犯），当二人以上共同实行故意杀人行为时即成立故意杀人罪的任意的共犯。需要说明的是，犯罪集团既可以是任意的共犯（刑法总则规定的共犯，如《刑法》第26条第1、2、3款），也可以是必要的共犯（刑法分则直接规定的共犯，如《刑法》第294条规定的组织、领导、参加黑社会性质组织罪）。

一般认为，任意的共犯又分为共同正犯、教唆犯、帮助犯三种形态，这种意义上的任意的共犯又称为广义的共犯（广义的中间意义的共犯）。在德日刑法理论中，纯正的共同正犯是实行犯，组织犯是作为实质的正犯（共同正犯）对待的，因此，共同正犯实质上是包括了共同实行犯和组织犯在内的；教唆犯与帮助犯则被称为狭义的共犯（狭义的中间意义的共犯）。广义的共犯（以及狭义的共犯），均适用刑法总则所规定的共犯处罚原则。

### （二）必要的共犯

必要的共犯，即刑法分则直接规定的、必须由二人以上共同实行的犯罪。必要的共犯的特点是：一个人不可能单独构成此种犯罪，必须是二人以上共同参与实施才能构成必要的共犯，其中多众犯（包括犯罪集团）必须是三人以上共同参与实施才能构成；必要的共犯只能直接适用刑法分则的相关规定，而不能适用刑法总则所规定的共犯处罚原则。在德日刑法理论中，必要的共犯一般可以再区分为对向犯与多众犯。[1] 而在我国传统刑法理论中，必要共同犯罪可以再区分为对合犯与众合犯，或者区分为对行犯与众行犯；[2] 我国也有学者将必要共同犯罪区分为聚合性共同犯罪、对向性共同犯罪与集团性共同犯罪三种，我国还有学者认为这些传统的理论存在缺陷和不足。[3]

我们认为，必要的共犯有两种类型：一是对向犯（又称为对合犯或者对行犯）；二是多众犯（又称为众合犯或者众行犯）。犯罪集团既可以

---

[1] 参见［日］木村龟二主编《刑法学词典》，上海翻译出版公司1991年版，第344—347页。

[2] 参见陈兴良《共同犯罪论》，中国社会科学出版社1992年版，第146页。

[3] 参见李光灿、马克昌、罗平《论共同犯罪》，中国政法大学出版社1987年版，第99页。

是任意的共犯中的多众犯（由刑法分则直接规定），也可以是任意的共犯（由刑法总则规定），因而犯罪集团具有一定特殊性，应根据不同语境来具体确定其特殊性。

1. 对向犯

对向犯，是指二人以上的行为相互依存，并且相互以存在对方的行为为要件的犯罪。例如，重婚罪、贿赂罪（行贿罪与受贿罪）、违法发放贷款罪与骗取贷款罪（以及贷款诈骗罪），就属于对向犯。

对向犯包括三种较为典型的情形：一是双方均可能成立犯罪并且罪名与法定刑相同，如重婚罪；二是双方均可能成立犯罪但是罪名与法定刑都不同，如行贿罪与受贿罪；三是双方中可能只有其中一方成立犯罪并且只处罚其中一方（即片面的对向犯或者非纯正的对向犯），如买卖淫秽物品行为中只处罚贩卖一方（贩卖淫秽物品罪）、而不处罚购买者一方，再如违法放贷行为中只处罚违法发放贷款一方、而不处罚贷款一方。

因此，根据对向犯的可罚性是同时及于双方还是仅限于其中一方的特点，对向犯可以区分为两种规范类型：一是纯正的对向犯，是指双方均具有可罚性并成立犯罪的对向犯；二是片面的对向犯（非纯正的对向犯），是指双方中仅有其中一方具有可罚性并且成立犯罪，但是另一方不具有可罚性从而不成立犯罪的情形。

例如，重婚行为，有时重婚行为双方均具有故意，从而双方均成立重婚罪，属于纯正的对向犯；但是，有时重婚行为中仅有一方具有故意，另一方主观上不明知，从而仅有重婚故意的一方成立重婚罪，属于片面的对向犯或者说非纯正的对向犯。

再如，违法放贷行为，有时只处罚其中一方的行为，即：发放贷款一方构成违法发放贷款罪，则贷款方可能不构成骗取贷款罪或者贷款诈骗罪；反之，贷款方构成骗取贷款罪或者贷款诈骗罪时，发放贷款一方可能不构成违法发放贷款罪；但是，有时双方都被处罚并且双方的罪名与法定刑都不同，申言之，可能存在双方同时构成各自的犯罪，违法发放贷款一方构成违法发放贷款罪（在被骗的同时仍有违法发放贷款的行为时）、骗取贷款一方构成骗取贷款罪（在部分隐瞒贷款真相时）。前两种情形属于片面的对向犯（非纯正的对向犯），第三种情形属于纯正的对向犯。

2. 多众犯

多众犯，又称为众合犯、集合犯、众行犯、集团犯，是指以多人实施向着同一目标的共同行为为成立条件的犯罪。这里的"多人"，应当是指三人以上（包括三人在内）。例如，聚众扰乱社会秩序罪和聚众冲击国家机关罪（第290条），聚众斗殴罪（第292条），组织、领导、参加黑社会性质组织罪（第294条），就属于多众犯，刑法对不同参与者规定了不同的法定刑。

多众犯中，有的只处罚"首要分子"或者"组织、领导"者（如聚众扰乱公共场所秩序、交通秩序罪，组织、领导传销活动罪等），有的只处罚"首要分子"和"其他积极参加者"（如聚众扰乱社会秩序罪、聚众冲击国家机关罪、聚众斗殴罪等），有的广泛处罚"组织者、领导者""积极参加者"和"其他参加者"（如组织、领导、参加黑社会性质组织罪）。因此，应将多众犯区分为以下三种规范类型：一是只处罚首要分子（以及组织犯）的多众犯；二是只处罚首要分子（以及组织犯）和其他积极参加者的多众犯；三是全面处罚参加者的多众犯。

因此，在中国刑法语境中，多众犯可以分为三类：单独正犯型的多众犯、共同正犯型的聚众犯罪（或者共同正犯型的犯罪集团）、复杂共犯型的聚众犯罪（仅限于犯罪集团和黑社会性质组织）。申言之，多众犯既可能是单独正犯型的聚众犯罪，即当只处罚首要分子以及组织犯并且仅有一人构成犯罪时，成立单独正犯型的多众犯，这种类型的多众犯属于聚众性犯罪，但是通常不成立聚众共同犯罪，因为只有一人构成独立正犯；也可能是共同正犯型的聚众犯罪，即当只处罚首要分子以及组织犯，或者只处罚首要分子以及组织犯和其他积极参加者并且有二人以上构成犯罪时，成立共同正犯型的多众犯，这种类型的多众犯没有帮助犯和作为从犯的教唆犯的成立空间；还可能是复杂共犯型的聚众犯罪，即当处罚全部参加者并且同时包含了正犯和共犯时，成立通常的复合共犯型的多众犯（三人以上共犯型的多众犯）、犯罪集团型的多众犯（三人以上共犯型并且有明确的首要分子和骨干成员的多众犯）、黑社会性质组织型的多众犯。

例如，《刑法》第291条规定的聚众扰乱公共场所秩序、交通秩序罪，《刑法》第224条之一规定的组织、领导传销活动罪等，由于刑法明确规定只处罚首要分子或者组织犯（"组织、领导"人员），从而只有首要分子或者组织犯才能成为本罪的犯罪主体，当首要分子或者组织犯只有一个人时，本罪就属于单独犯罪；当首要分子或者组织犯为 2 人以上时，本罪才属于共同犯罪。因此，聚众扰乱公共场所秩序、交通秩序罪和组织、领导传销活动罪，可能成立单独正犯型的多众犯（当仅有一人构成犯罪时），也可能共同正犯型的聚众犯罪（当有 2 人以上构成犯罪时）或者共同正犯型的犯罪集团。

再如，聚众扰乱社会秩序罪、聚众冲击国家机关罪、聚众斗殴罪，由于刑法明确规定只处罚首要分子（以及组织犯）和其他积极参加者，而没有规定处罚其他参加者（或者其他参与者），因而通常成立共同犯罪并且可能成立共同正犯型的聚众犯罪（或者共同正犯型的犯罪集团）。

又如，聚众阻碍解救被收买的妇女、儿童罪，组织越狱罪，暴动越狱罪，聚众持械劫狱罪等聚众犯罪则只能构成聚众共同犯罪，由于刑法明确规定处罚首要分子（以及组织犯）、积极参加者和其他参加者（或者其他参与者），因而通常成立共同犯罪并且可能成立复杂共犯型的聚众犯罪（仅限于犯罪集团和黑社会性质组织，后者成立组织、领导、参加黑社会性组织罪）。

集团共同犯罪，简称集团犯罪，是指由犯罪集团有组织地实施的共同犯罪。而根据《刑法》第 26 条第 2 款的规定，所谓犯罪集团，是指 3 人以上为共同实施犯罪而组成的较为固定的犯罪组织。因此一般认为，犯罪集团具有以下四个重要特征：[①] 一是成员的多数性，即成员必须在 3 人以上。这是犯罪集团组成人员在量上的特征，若不符合此特征，比如仅有 2 人共同犯罪的，即使在其他特征上与犯罪集团相似，也不能认定为犯罪集团。二是具有共同实施犯罪的目的性。这是犯罪集团在主观目的上的重要特征，也是其与基于低级趣味或者封建习俗而形成的落后组织以及其他非法组织相区别的重要标志。三是具有较强的组织性，即组成了较为固定的犯罪组织。这是犯罪集团的组织特征，即表现为，犯罪成员相对固定，集团内部成员之间具有领导与被领导的关系，其中有首要分子、骨干分子和一般成员之分，由首要分子组织、领导、指挥其他

---

[①] 参见魏东、郭理蓉《论犯罪集团及其司法认定》，《犯罪与改造研究》2000 年第 7 期。

成员进行集团犯罪活动。四是具有相当的稳定性,即犯罪组织以较长时期实施犯罪或者多次实施犯罪为目标而稳定存在的特点。综合犯罪集团的上述特征来分析,现实生活中较有可能形成以下几种犯罪集团：伪造货币集团,拐卖妇女、儿童集团,组织他人偷越国（边）境集团,盗掘古文化遗址、古墓葬集团,走私贩卖、运输、制造毒品集团,恐怖组织,黑社会组织等。其中,组织、领导、参加黑社会性质组织罪属于最高级别的有组织犯罪（犯罪集团犯罪）,必须具有法定的组织特征、行为特征、经济特征和危害性特征（或者非法控制社会性特征）,其组织特征必须达到《刑法》第294条规定的"形成较稳定的犯罪组织,人数较多,有明确的组织者、领导者,骨干成员基本固定参加者"这一特别要求。

### (三) 必要的共犯之特殊问题

特殊的问题意识是：对于必要的共犯之内的相对方与必要的共犯之外的其他参与人,能否根据任意的共犯论处?

对此,可细分为两种情况：一是对向犯的场合（必要的共犯之内的相对方）;二是多众犯的场合（必要的共犯之外的其他参与人）。

1. 对向犯的场合

具体的问题意识是：对于必要的共犯之内的相对方,在刑法分则没有规定给予处罚的时候,以及在刑法分则特别规定了独立罪名的时候,能否根据刑法总则规定的任意共犯对相对方予以定罪处罚?

例如：在买卖淫秽物品的场合,刑法分则规定只处罚贩卖淫秽物品的行为人（贩卖淫秽物品罪）,那么,能否根据刑法总则对任意共犯的规定,将购买淫秽物品的行为人作为教唆犯或者帮助犯处罚?

再如：在违法发放贷款的场合,刑法分则规定只处罚违法发放贷款的行为人（违法发放贷款罪）,以及在贷款方存在骗取时对贷款方可以构成另外的罪名（如骗取贷款罪与贷款诈骗罪）,那么,能否根据刑法总则对任意共犯的规定,将贷款方作为教唆犯或者帮助犯处罚?

对此,理论上存在立法者意思说、实质说、可罚的规范目的说、角色决定说等不同学说。

(1) 立法者意思说

立法者意思说，主张笼统地从立法者意思的立场来说明片面的对向犯的参与行为不具有可罚性，认为在具有对向犯性质的 A、B 两个行为中，立法者仅将 A 行为作为犯罪类型予以规定时，当然预想到了 B 行为，既然立法者没有规定处罚 B 行为，就表明立法者认为 B 行为不具有可罚性。[1]

例如，刑法只规定处罚贩卖淫秽物品的行为而没有规定处罚购买淫秽物品的行为，只规定处罚非法吸收公众存款的行为而没有规定处罚出借资金的行为，立法者当然能够预想到购买淫秽物品的行为和出借资金的行为、但是并没有规定要处罚这两种行为，就说明立法者认为购买淫秽物品的行为和出借资金的行为不能以犯罪论处，那么，如果将这些行为人以教唆犯、帮助犯论处，就违背了立法意图（立法者意思）。因此，购买淫秽物品的行为人即使主动请求对方出售淫秽物品给自己（而不是给其他人），也不构成贩卖淫秽物品罪的教唆犯与帮助犯；同理，出借资金的行为人即使主动请求对方同意接收自己出借的资金，也不构成非法吸收公众存款罪的教唆犯与帮助犯。

立法者意思说有时演变成为解释者的主观猜测，具有一定的主观随意性，对必要的共犯之内的相对方处罚不处罚好像都有道理，出现了一定的混乱和悖论。有学者指出，立法者意思说认为"B 行为之所以不可罚，是因为其对向性的参与行为的定型性、通常性。因此，如果参与行为超出了定型性、通常性的程度，就应以教唆犯、帮助犯论处"，主张"购买淫秽物品的人即使主动请求买主出售给自己，也不构成教唆犯与帮助犯。但是，如果对方并不出售淫秽物品，而购买者积极地推动对方，劝导其出售淫秽物品给自己的，则成立教唆犯（团藤重光、日本判例）。根据这种见解，犯人教唆他人窝藏自己时，成立窝藏罪的教唆犯"，其根本原因在于立法者意思说"由于定型性、通常性的基准不明确，因而导致片面的对向犯的处罚范围不明确"。[2]

---

[1] 张明楷：《外国刑法纲要》（第三版），法律出版社 2020 年版，第 259 页。
[2] 张明楷：《外国刑法纲要》（第三版），法律出版社 2020 年版，第 259 页。

(2) 实质说

实质说,主张个别地说明片面的对向犯的参与行为的不可罚性的实质根据,认为参与行为因缺乏实质的违法性或者责任(如不具有期待可能性)而不可罚。

例如,出借资金的行为人教唆他人吸收自己资金并收取适当利息的行为,是因为缺乏违法性(阻却违法性)而不可罚;犯人教唆他人窝藏自己、为自己毁灭证据的行为,是因为缺乏期待可能性(阻却责任)而不可罚。

(3) 可罚的规范目的说

可罚的规范目的说,主张从规范目的上审查片面的对向犯的参与行为,认为参与行为因缺乏可罚的违法性、可罚的责任以及刑事政策上的处罚必要性等规范目的而不可罚。

因此,可罚的规范目的说与实质说具有关联性,"实质说所列举的缺乏违法性与缺乏责任之例,并不是完全没有违法与责任,只是缺乏可罚的违法性与可罚的责任。将参与行为排除在构成要件之外,本来是立法性的政策的当罚性判断"①。

(4) 角色决定说

角色决定说,是对德国和日本判例的理论归纳,认为在对向犯的场合,只要必要的参与人没有逾越自己的角色,其行为就不可罚,但是必要的参与人逾越自己的角色进行了教唆时则可能构成相关犯罪的教唆犯。

例如,在被羁押人员被监管人员私自放走的场合,被羁押人员不构成私放在押人员罪的共犯。但是,如果被羁押人员教唆监管人员放走自己,则可能构成私放在押人员罪的教唆犯。日本的购买淫秽物品案判例,②强调对向性的参与行为的定型性与通常性判断,可以说实质上采用了角色决定说的立场。

综上可见,对于必要的共犯之内的相对方,在刑法分则没有规定给予处罚的时候,原则上不能根据刑法总则规定的任意共犯予以定罪处罚;但是,在必要的参与人逾越自己的角色并且符合可罚的规范目的时,才

---

① 张明楷:《外国刑法纲要》(第三版),法律出版社2020年版,第260页。
② 张明楷:《外国刑法纲要》(第三版),法律出版社2020年版,第259页。

可以例外地定罪处罚，但是仍然应注意对向犯的罪名适用。

**【案例】周某某违法发放贷款案**

2016年5—7月，被告人周某某（某集团公司董事长）向作为某银行成都分行（简称"成都分行"）行长的被告人冉某某说情，向成都分行申请贷款，经成都分行集体研究同意后，冉某某等人违法向周某某实际控制的某集团公司发放贷款人民币10亿元，其中2亿元贷款在成都分行金沙支行的监管下用于转贷。后案发，公诉机关指控冉某某、周某某构成违法发放贷款罪（第186条）。

问题：周某某是否构成违法发放贷款罪？为什么？

笔者认为，原则上不能认定周某某构成违法发放贷款罪，但是可以审查周某某是否构成骗取贷款罪或者贷款诈骗罪。因为，典型的对向犯中"参与对向行为"，如借贷对向性犯行之行为样态与违法判断。作为借贷关系相对方贷款方的贷款行为，具有非共犯性的独立的"贷款"行为定型，仅可以评价为"骗取贷款"行为的违法性（但不得评价为违法发放贷款共犯行为）；而作为借贷关系相对方出借方的出借款行为，应解释为放贷行为（即出借款行为），具有非共犯性的独立的"放贷"行为定型，仅可以评价为"违法发放贷款""非法经营""诈骗"行为的违法性（但不得评价为"非法吸存""集资诈骗"共犯行为）。

这里，可以说对向犯的双方各自的行为定型是由刑法立法上进行了"封闭"（即刑法分则性封闭条款）。在刑法中，目的犯、法条竞合等立法规定，均可以解释为是"刑法分则性封闭条款"。例如：

目的犯中"参与非规范目的行为"的分则性封闭与实质违法性判断，伪造金融票证罪的主观（目的）制约行为定型与违法性（此外还有法定目的犯如盗窃罪，非法定目的犯如受贿罪、伪造货币罪、虚开增值税专用发票罪等）。应按照短缩的二行为犯原理审查其主观目的、行为定型与违法性判断。仅在行为人具有违法流通使用主观目的时才可以成为伪造金融票证罪、票据诈骗罪、合同诈骗罪的行为定型与违法性，否则不能评价为相应犯行及其违法性，但可能评价为欺诈发行股票罪的行为定型与违法性。

**【案例】周某伪造金融票证案**

2008年9月至2009年8月，为了达到上市目的，成都某公司负责人周某安排付某、郑某等人伪造银行回执单数百张，包括银行进账单、支票存根联、银行支付系统专用凭证等数百张，票面价值高达数亿元，用于会计注账，以此虚构公司的资金实力和盈利假象，骗取证监会和相关部门信任并获得上市资格。公诉机关指控：周某等人构成欺诈发行股票罪（第160条）、伪造金融票证罪（第177条）。

问题：周某构成伪造金融票证罪吗？

笔者认为，周某的行为依法不应认定为伪造金融票证罪，而只构成欺诈发行股票罪。

此外，对合犯还有一种情况，就是判断不同的犯罪停止形态（违法形态），也值得特别谨慎地判断。例如：

**【案例】张某贩卖毒品案**

2019年6月10日晚，被告人张某为贩卖毒品而向李某提出购买毒品的请求，经约定，双方进入成都市某宾馆房间内进行毒品交易，在房间内双方查看了毒品、谈好了交易价格，当双方正在付款和交付毒品时被警察当场抓获。现场查获海洛因1万克，毒资50万元。公诉机关指控张某、李某构成贩卖毒品罪（既遂），请求判处张某死刑、判处李某死缓。

问题：张某构成贩卖毒品罪既遂吗？为什么？

笔者认为，张某依法成立贩卖毒品罪的预备犯，而不能成立贩卖毒品罪的既遂犯。

因为，买卖毒品对向犯中"参与对向行为"的分则性封闭较为特殊。原则上，作为贩卖毒品行为的相对方的购买毒品行为，作为非法提供麻醉药品、精神药品行为的相对方的取得毒品行为，均由于刑法的分则性封闭而只能构成非法持有毒品罪，其行为的实质违法性判断仅限于成立非法持有毒品罪所内含的客观违法性与主观违法性，而不成立贩卖毒品罪或者非法提供麻醉药品、精神药品罪的实质违法性判断，这在刑法教义学上是不存在争议的。如果基于贩卖毒品的故意实施了上述行为（购买毒品行为与取得毒品行为），则上述行为（购买毒品行为与取得毒品行为）当然成立贩卖毒品罪（实质违法性判断），这在刑法教义学上应当说也是不存在争议的。但是问题在于，基于贩卖毒品的故意所实施的上述行为（购买毒品行为与取得毒品行为）的实质违法性判断中，是否可以成立贩卖毒品罪的既遂犯的实质违法性判断？从我国司法解释规定看，对基于贩卖毒品的故意所实施的取得毒品行为（指作为非法提供麻醉药品、精神药品行为的相对方的取得毒品行为），是否可以成立贩卖毒品罪的既遂犯的实质违法性判断，没有明确规定；但是，对基于贩卖毒品的故意所实施的购买毒品行为（指作为贩卖毒品行为的相对方的购买毒品行为），可以成立贩卖毒品罪的既遂犯的实质违法性判断这在法理上是存在严重疑问的，以基于贩卖毒品的故意所实施的购买毒品行为（指作为贩卖毒品行为的相对方的购买毒品行为）为例，我国有学者指出：

刑法理论与司法实务均倾向于基于贩卖的目的而购买毒品的行为也认定为贩卖毒品，并且成立贩卖毒品既遂。但这样的解释完全突破了法教义学的约束，而有滥用刑事政策的嫌疑。从法教义学的角度来看，基于贩卖目的而购买毒品的行为构成贩卖毒品的预备行为，即使认为着手的认定具有相当的弹性，也充其量只能成立未遂，无法认定为贩卖毒品既遂。[①]

这种见解是很有道理的。亦即对基于贩卖毒品的故意所实施的上述行为（即购买毒品行为与取得毒品行为）的实质违法性判断，只能依法成立贩卖毒品罪的预备犯的实质违法性判断（只能成立贩卖毒品罪的预备犯），而不能成立贩卖毒品罪的既遂犯。

2. 多众犯的场合

具体的问题意识是：对于必要的共犯之外的其他参与人，在刑法分则没有规定给予处罚的时候，能否根据刑法总则规定的任意共犯予以定罪处罚？

对此，理论上有两种观点：一是肯定说（日本通说），二是否定说。

肯定说认为，对必要的共犯不适用共犯的规定（而只适用刑法分则的规定），但是对于必要的共犯之外的其他参与人可以适用刑法总则的共犯规定。例如，日本学者主张"教唆他人参加暴力的、劝诱他人参加内乱的，仍然适用共犯规定（日本的通说）"。

否定说认为，除必要的共犯外的其他参与人即使从形式上看符合总则规定的教唆犯、帮助犯的要件，也不能以教唆犯、帮助犯论处。因为"多众犯涉及的人很多，刑法只规定处罚几种参与行为，就是为了限定处

---

① 劳东燕：《功能主义刑法解释论的方法与立场》，《政法论坛》2018年第2期。

罚范围，如果另外根据总则的规定处罚其他参与人，则违反了立法意图"。[1]

笔者倾向于认为，应谨慎采用肯定说，具体分析不同的多众犯（必要的共犯）的特别规范目的、特别刑事政策目标、具体的处罚必要性，适当限缩在多众犯中适用任意共犯予以处罚的范围。

例如，在我国刑法中，下列犯罪（罪名）都属于多众犯（必要的共犯）：组织、领导、参加黑社会性质组织罪（第294条），聚众冲击国家机关罪（第290条），聚众扰乱公共场所秩序、交通秩序罪（第291条），组织、领导传销活动罪（第224条之一）。这些多众犯，在适用任意共犯（刑法总则规定的共犯）时应当适当限缩处罚范围，应具体考虑以下相关因素：

（1）组织、领导、参加黑社会性质组织罪（第294条）

对于组织、领导、参加黑社会性质组织罪（第294条）而言，依法处罚组织者与领导者、参加者（含积极参加者和一般参加者）。那么，对于该黑社会性质组织以外的其他人员教唆、帮助的，是否可以适用刑法总则的共犯规定予以定罪处罚？根据肯定说，对黑社会性质组织以外的其他人员以教唆犯或者帮助犯（组织、领导、参加黑社会性质组织罪的教唆犯或者帮助犯）予以定罪处罚似乎没有太大疑问。但是，笔者认为，需要具体审查该教唆、帮助行为本身的可罚性（当罚性），因为这个罪名本身太特殊并且面临某种正当性危机，学界有人指出"本罪具有重复评价的性质。从立法论上来说，其合理性值得研究"，并且"本罪没有存在的必要性。例如，现行刑法废除了旧刑法中的反革命集团罪，也没有增设组织、领导、参加危害国家安全集团罪，既然如此，就没有必要设立本罪……将组织、领导、参加黑社会性质组织罪作为独立罪名就丧失了意义……本罪的适用不仅严重违背责任主义，侵害行为人的合法权益，而且严重妨碍经济发展，助长司法腐败。设立一个犯罪却不能明确划定该罪的处罚范围时，就不得设立此罪……建议立法机关废除本罪"，[2]因此，从处罚必要性来看，通常不宜对黑社会性质组织以外的其他人员以

---

[1] 张明楷：《外国刑法纲要》（第三版），法律出版社2020年版，第260页。
[2] 张明楷：《刑法学（下）》（第五版），法律出版社2016年版，第1072页。

教唆犯或者帮助犯予以定罪处罚。

（2）聚众冲击国家机关罪（第290条）

对于聚众冲击国家机关罪（第290条），刑法规定依法只追究"首要分子"和"其他积极参加"者的罪责，对于其他"一般参加者"依法就不能定罪，所以区分"积极参加"与"一般参加"就很重要。那么，对于聚众冲击国家机关行为人以外的其他人员教唆、帮助的，是否可以适用刑法总则的共犯规定予以定罪处罚？根据肯定说，似乎可以定罪处罚。但是，笔者认为，同样需要具体审查该教唆、帮助行为本身的可罚性（当罚性），区分情况进行如下处理：对于帮助行为一律不应定罪，对于教唆行为一般不宜定罪，但是对于教唆"首要分子"和"其他积极参加者"并且起重要作用的教唆犯才可以谨慎地定罪处罚。

（3）聚众扰乱公共场所秩序、交通秩序罪（第291条），组织、领导传销活动罪（第224条之一）

对于聚众扰乱公共场所秩序、交通秩序罪（第291条），组织、领导传销活动罪（第224条之一），由于刑法规定只处罚"首要分子"（第291条）、"组织、领导"者（第224条之一），因而不能对其他参加者（即使是"积极参加者"）定罪处罚（见案例分析）。那么，对于其他人员针对该两罪所实施的教唆、帮助行为，是否可以适用刑法总则的共犯规定予以定罪处罚？根据肯定说，似乎可以定罪处罚。但是，笔者认为，同样需要具体审查该教唆、帮助行为本身的可罚性（当罚性），区分情况进行如下处理：一般情况下，依法不宜对教唆、帮助行为定罪处罚；仅在教唆者起主要作用时，可以谨慎地对教唆者定罪处罚。

**【案例】成都肖某某、李某某、黎某组织、领导传销活动案**

2017年初至2018年3月，被告人肖某某、李某某二人先后以成都某汽车科技公司、成都某汽车销售服务公司等名义，以"万元购车、以租代购"为由，要求参加者缴纳人民币一万元会费获得加入资格，以发展人员（会员）作为返利依据，采取分组抱团销售模式，先后吸收会员411人，涉案金额4亿余元。具体形式是：将每三人编为一个小组，组成一个三人销售小组，再由这三人发展新的销售人员（公司会员），当汽车销售小组发展至七人时（该七人依次编号为"1—7号"），其中1号销售人员被顶出该汽车销售小组；然后，将剩余的六人分为两个新的三人销售小组，即由 2 号销售人员带领 4 号、5 号销售人员组成一个新的销售小组，3 号销售人员带领 6 号、7 号销售人员组成另一个新的三人销售小组；被顶出的 1 号销售人员将被分配到由 2 号销售人员带领的新三人销售小组下面，这样新的两个销售小组又分别吸收新的会员，当小组人数达到七人时，2 号销售人员和 3 号销售人员又被顶出，将原来的两个销售小组划分成新的四个三人销售小组，以此类推，无限循环；老会员在介绍新会员加入以及被顶出原有销售小组时可以获得积分收益（该积分收益可以兑换成人民币收益），有的老会员获益数十万元，肖某某、李某某分别获益数十万元。其间，公司雇用被告人黎某作为公司出纳，负责给员工发工资、会员提现转账、做账、报账等工作，获得工资薪酬约 10 万元。

判决：法院判决肖某某、李某某、黎某犯组织、领导传销活动罪，认为"本案系共同犯罪，在共同犯罪中被告人李某某、肖某某起主要作用，系主犯；被告人黎某起次要、辅助作用，系从犯"，判处肖某某有期徒刑五年六个月（并处罚金人民币五万元）、李某某有期徒刑五年（并处罚金人民币五万元）、黎某有期徒刑一年七个月（并处罚金人民币一万元）。①

法理：无论是将本案中黎某作为多众犯之内的成员看待还是作为多众犯之外的人员看待，依法均不宜认定黎某构成犯罪（组织、领导传销活动罪）。因为，对于作为多众犯的组织、领导传销活动罪之内的成员（组织内成员）而言，刑法明确规定了只处罚"组织、领导"人员，因此对于其组织内成员中不属于"组织、领导"人员的成员依法不应定罪处罚，这样，本案判决一方面认定"被告人李某起次要、辅助作用，系从犯"，另一方面又对其定罪处罚，就明显存在矛盾和违法（因为黎某不是"组织、领导"者）；对于组织、领导传销活动罪之外的其他人员而言，即使其存在教唆、帮助行为，也应具体审查该教唆、帮助行为本身的可罚性，对于帮助行为一律不应定罪，对于教唆行为一般也不宜定罪，仅在极特殊、极少数情况下对教唆"组织、领导"者并且起重要作用的教唆犯才可以依法定罪处罚。

黎某的行为是否成立"中立帮助性的业务行为"，这个问题后面再做

---

① 判例来源：成都市武侯区人民法院《刑事判决书》（2019）川 0107 刑初 269 号。

讨论（片面共犯问题）。

## 三 共犯的本质

共犯的本质（共同犯罪的本质）到底是什么？对此，西方大陆法系刑法理论上主要有犯罪共同说、行为共同说和共同意思主体说之争，我国刑法理论上则有肯定同一犯罪构成说（肯定说）和否定同一犯罪构成说（否定说）之别。

对共犯的本质看法不同，直接决定了对共犯的成立范围的不同界定，因此，共犯的本质论同时成为共犯的成立范围论。

**（一）德日刑法学中共犯的本质论：犯罪共同说、行为共同说和共同意思主体说**

犯罪共同说，又称为犯意共同说，是资产阶级早期古典学派客观主义的共犯理论。犯罪共同说认为，犯罪的本质是对法益的侵害，因此，共犯是两个以上具有刑事责任能力的人共同参与实施一个犯罪，共同对同一法益进行侵害的事实。所谓"共同"，就是以同一犯罪的意思，对同一犯罪事实的协同加功。[①]

在德日刑法理论中，犯罪共同说还可以进一步划分为完全犯罪共同说与部分犯罪共同说两种。完全犯罪共同说认为，所有的共同正犯者所实施的行为在罪名上必须是同一的，即共同正犯者在同一罪名上才成立共同正犯；但一方行为人只有实施轻罪的故意，则依轻罪法定刑处断。完全犯罪共同说的基本结论是：（1）共犯只能在所实施的行为都具备犯罪构成要件的行为人之间发生。（2）共犯只能在一个犯罪事实范围内发生。（3）在事后共犯或者后续犯的场合，即在犯罪后藏匿犯人、湮灭罪证或窝藏赃物等事后帮助行为，能使犯罪的完成可靠，因而其也是共犯的一种。（4）否定片面的共犯和不同罪过形式的共犯。一般认为，完全犯罪共同说使得罪名与法定刑相分离，因而不甚妥当。

---

[①] 参见李光灿、马克昌、罗平《论共同犯罪》，中国政法大学出版社1987年版，第191页。

而部分犯罪共同说，虽然也是以犯罪共同说理论为基础，但它对完全犯罪共同说理论进行了适当修正，认为：二人以上共同实施的即使是不同的犯罪，但当这些不同的犯罪之间具有重合的性质时，仍然可以在重合的限度内成立共犯。例如，甲教唆乙盗窃，而乙却实施了抢劫行为，则甲和乙在重合的限度内——即盗窃罪的限度内——成立共犯。多数学者认为，部分犯罪共同说不至于使罪名与法定刑分离，不至于损害构成要件的定型性，因此是比较妥当的。[1] 部分共同犯罪说在我国学术界也得到了比较普遍的认同，如赵秉志、张明楷等著名学者都明确提倡部分犯罪共同说（但是张明楷后来转采行为共同说[2]）。

行为共同说，又称事实共同说，是近代资产阶级近代学派的刑法学者布黎所主张的主观主义的共犯理论。行为共同说认为，所谓共犯并不是数人共同实施一个犯罪，而是数人由共同的行为来完成各自意图的犯罪。[3] 后来，在西方刑法理论中，行为共同说还有构成要件之前的行为共同说与构成要件上的行为共同说的区分，一般意义上的行为共同说是指构成要件之前的行为共同说。

构成要件之前的行为共同说，认为数人由共同的自然行为来完成各自意图的犯罪，都成立共同犯罪。其基本结论是：（1）共犯只要有共同行为的意思为已足，并不一定需要使故意共通化，因而一方有共同犯罪的意思而另一方没有共同犯罪的意思，或者一方是出于故意而另一方是出于过失，都可以成立共犯。（2）不承认所谓事后共犯的存在。（3）共犯不一定只在所实施的行为都具备犯罪构成要件的行为人之间发生。（4）共犯不一定只在一个犯罪事实范围内发生，只要行为共同，即使是犯意不同的数个犯罪事实，也可以构成共犯。[4]

构成要件上的行为共同说，则强调"行为共同"是指"构成要件"

---

[1] 参见张明楷《外国刑法纲要》，清华大学出版社1999年版，第293—294页。
[2] 参见张明楷《刑法学（上）》（第五版），法律出版社2016年版，第393—394页。
[3] 参见[日]木村龟二主编《刑法学词典》，顾晓荣、郑树周译，上海翻译出版公司1991年版，第347页。
[4] 参见[日]木村龟二主编《刑法学词典》，顾晓荣、郑树周译，上海翻译出版公司1991年版，第347—348页；李光灿、马克昌、罗平《论共同犯罪》，中国政法大学出版社1987年版，第193页。

上的行为共同，认为数人由共同的构成要件该当行为来完成各自意图的犯罪，都成立共同犯罪。其基本观点是：共犯的成立并不要求整个犯罪行为共同，只要有一部分构成要件上的行为共同，就可以成立共犯。行为共同说支持者认为构成要件上的该当行为共同说具有相当的合理性，其得出的结论与部分犯罪共同说是相同的，因而得到了许多学者的认同，并且有学者从部分犯罪共同说转而采用（构成要件上的）行为共同说。①

共同意思主体说，由日本刑法学者草野豹一郎所创立。草野豹一郎认为："一切社会现象不仅由个人的单独行为而生，而且由数人的共同行为而生，此共同现象，在经济学中作为分工或合同关系被研究，在民法、商法中作为法人或组合制度被研究，而从刑法上观察此现象时，则生共犯的概念，——唯所谓二人以上共同犯罪，先有为实现一定犯罪的共同目的存在，而在其目的之下，二人以上成为同心一体（共同意思主体），至少其中一人要着手实行犯罪。因为不存在共同目的，所谓共同不仅不能存在，而且不能在共同目的下成为一体，从而就不能有共同意思主体的活动。"②

相比较而言，在西方刑法理论上的犯罪共同说、行为共同说和共同意思主体说之中，作为犯罪共同说修正形式的部分犯罪共同说比较符合中国刑法立法的实际情况。

### （二）我国刑法学中共犯的本质论：肯定同一犯罪构成说和否定同一犯罪构成说

我国刑法学关于共犯的本质论，主要有肯定同一犯罪构成说、否定同一犯罪构成说以及三种观点。肯定同一犯罪构成说，认为犯罪构成是刑事责任的唯一根据，这一原理应当毫无例外地适用于共同犯罪，因此，共同犯罪必须以同一犯罪构成为成立的前提。③ 否定同一犯罪构成说，认为同一犯罪的不同构成之间也可以成立共同犯罪。例如，强奸罪可以分

---

① 参见张明楷《部分犯罪共同说之提倡》，《清华大学学报》（哲学社会科学版）2001年第1期。
② ［日］草野豹一郎：《刑法总则讲义》（第1分册），日本劲草书房1951年版，第193页。
③ 曾宪信、江任天、朱继良：《犯罪构成论》，武汉大学出版社1988年版，第160页。

为普通的构成与危害严重的构成两种,故意杀人罪可以分为普通的故意杀人罪的构成与危害较轻的故意杀人罪的构成,因此,当二人以上共同故意地实施某一犯罪时,各共同犯罪人可能具有不同的犯罪构成,但是仍然成立共同犯罪。① 另有学者指出,同一犯罪是指同一罪质的犯罪,这包括而不等于符合同一犯罪构成要件的犯罪,因为罪质相同,犯罪构成要件可能不同。共同犯罪人的行为是为完成同一罪质的犯罪而实施的,尽管其具体构成要件不同,但仍然可以构成共同犯罪。②

相比较而言,在我国刑法理论上的肯定同一犯罪构成说和否定同一犯罪构成说之中,肯定同一犯罪构成说的观点更加合理。但是也需要指出,不同犯罪构成之间不能成立共同犯罪,并不否认在二人以上行为人实施不同的犯罪,而这些不同犯罪之间具有重合性质的情况下,在重合的限度内可以成立共同犯罪。③ 例如,甲教唆乙伤害丙,乙接受教唆后进一步杀害了丙。那么,此案中的乙在实质上不仅实施了甲所教唆的罪(伤害),而且实行了比甲所教唆的罪更重的罪(故意杀人),按照部分犯罪共同说和构成要件上的行为共同说的基本理论,甲和乙就在构成要件上有重合的部分,并且在伤害的限度内二者有共同的意思联络和共同的行为,所以二者在重合限度内(故意伤害)可以成立共同犯罪即共同伤害罪;至于乙具有超出限度的杀人意图和行为,则由其单独承担故意杀人罪的罪责。这不是说在具备不同犯罪构成的两个犯罪之间成立了共同犯罪,而是说在二者相重合的部分即构成要件相同的犯罪构成上才成立共同犯罪,在上例中,甲、乙构成故意伤害罪的共同犯罪,至于对乙最终只定故意杀人罪一罪而不另外定故意伤害罪,则应理解为杀人行为吸收伤害行为而成立了吸收犯的结果。

可见,西方大陆法系刑法理论中的部分犯罪共同说与我国刑法理论中的肯定同一犯罪构成说在基本见解上是一致的,并且都符合中国刑法立法的实际情况,也具有科学合理性。因此,我们应当综合运用部分犯罪共同说和肯定同一犯罪构成说的理论,来科学解决共同犯罪的认定问

---

① 陈兴良:《共同犯罪论》,中国社会科学出版社1992年版,第70、76页。
② 樊凤林主编:《犯罪构成论》,法律出版社1987年版,第154页。
③ 高铭暄主编:《刑法专论》(上编),高等教育出版社2002年版,第361页。

题。理由如下：

1. 部分犯罪共同说有利于纠正行为共同说在中国语境下所具有的违反法规的"公然违法性"硬伤，有利于纠正行为共同说所内含的扩张处罚倾向，更加有力地限定处罚范围。部分犯罪共同说不至于将同时犯、多人过失犯等情形"违法地"扩张作为共同犯罪论处，不至于将部分聚合性犯罪中的多数无责任者（如非法集资案中的众多集资参与人以及涉黑犯罪中的中立性帮助行为人等）纳入"犯罪评价"和刑事归责，也不至于将无责任能力者以及部分无责任能力者纳入"犯罪评价"。例如，部分犯罪共同说非常有利于避免未成年人等无责任能力者或者限制责任能力者纳入"犯罪评价"并使其背上"犯罪标签"；尤其是针对未成年人，行为共同说的立场和结论严重背离了法治立场。

2. 部分犯罪共同说有利于确保我国刑法中"共同犯罪"概念界定的合法性、"共同犯罪"处罚原则的规范有效性与逻辑自洽性。在共同犯罪成立范围内，才能依法认定为共同犯罪，并依法适用共犯处罚原则，尤其是应注意对狭义共犯的处罚原则予以依法适用。因此，如果行为人在同无责任能力者"共同实施"了某种犯罪行为的场合，依法应直接对行为人作为单独犯罪进行处罚，而不能适用共犯的处罚原则，更谈不上对无责任能力者适用共同犯罪处罚原则。而行为共同说在泛泛"定罪"（在观念上对无责任能力者进行了观念定罪）的同时，又对行为人和无责任能力者均不适用共同犯罪处罚原则，存在逻辑悖论。而部分犯罪共同说，能够在基本意义上确保我国刑法中"共同犯罪"概念界定的合法性、"共同犯罪"处罚原则的规范有效性与逻辑自洽性。

3. 部分犯罪共同说有利于在确保规范维持的前提下纠正行为共同说的修辞错误，避免扩大打击面。例如，针对行为共同说所列举的无责任能力者邀请有责任能力者甲帮助盗窃望风、共同轮奸等特别案例，其在法解释论上存在如下较为明显的修辞错误："帮助盗窃望风"的修辞错误在于，或者遮蔽了甲"利用性参与行为"的间接正犯性与可罚性（在二者有商议时），或者不当扩张了甲"利用性参与行为"的可罚性（在二者无商议时单纯的望风行为不具有可罚性）；"共同轮奸"的修辞错误在于将加重法定刑情节（行为）的规范判断等同于共同犯罪的规范判断，因为"二人以上共同轮奸的"情节在规范意义上本来就不要求是共同犯罪

（不要求是共同轮奸犯罪，而只要是共同轮奸行为的完成），生硬地套上共同犯罪标签并以此为据来反证行为共同说并不具有说服力，并且由此得出的某些结论还可能扩张了作为重处罚情节的"轮奸"情节，例如有的学者主张对于二人以上预谋轮奸而实际上仅有一人强奸既遂的行为仍然成立"轮奸"的观点，就属于比较典型的扩张了作为重处罚情节的"轮奸"情节。

4. 部分犯罪共同说有利于合理解释片面的教唆犯（如独立教唆犯）和作为间接正犯的教唆犯的法理。在"被教唆的人没有犯被教唆的罪"时，教唆者仍然可以依法成立片面的教唆犯（针对有责任能力者的教唆）、作为间接正犯的教唆犯（针对无责任能力者的教唆），我国刑法明确规定了这些情形下的教唆者成立独立教唆犯——即片面的教唆犯和作为间接正犯的教唆犯——及其处罚原则，这是对部分犯罪共同说的立法确认，司法实践中也获得了有效确认（即生效判决）。

5. 部分犯罪共同说能够通过构建某种"缓和的间接正犯说""缓和的行为支配理论"（或者"缓和的行为支配利用说"）来有效解决独立教唆犯（片面的教唆犯和作为间接正犯的教唆犯）和片面的帮助犯的刑事归责难题。因此，即使由于缺乏法律明确规定而出现了在解决片面的帮助犯问题上的理论难题，也难说行为共同说具有优于部分犯罪共同说的理论阐释力和理论竞争力。从立法规定的明确性立场观察，成为问题的可能仅限于片面的帮助犯，这个需要立法的明确规定来解决，[1] 因为如前所述，片面的教唆犯（以及作为间接正犯的教唆犯）已有我国《刑法》第29条第2款的明确规定。但是在笔者看来，在片面的教唆犯（以及作为间接正犯的教唆犯）已有刑法规定的情况下，尽管严格讲片面的帮助犯因没有明确的法律规定而成为一个"法律漏洞"，并且最终解决办法应当是立法完善（片面的帮助犯的法定化），但是，刑法解释论在排除行为共同说的情况下仍然可以采用某种"缓和的间接正犯说"来解决片面的帮助犯的可罚性问题及其理论难题，可以在"缓和的间接正犯"之下构建某种"缓和的行为支配说"（或者"缓和的行为支配利用说"），即以"缓和的行为支配说"来阐释"缓和的间接正犯"的法理正当性，以此维

---

[1] 《刑法学》编写组：《刑法学》（上册·总论），高等教育出版社2019年版，第235页。

持部分犯罪共同说的有效性和规范性，并且这种理论路径可能优于行为共同说。

6. 综合看，为维持共同犯罪规范有效性与统一性，应坚持（部分）犯罪共同说、间接正犯论（犯意支配论与犯行支配论或者犯行利用论）、独立教唆犯论（教唆未遂论）、片面的帮助犯论与中立帮助行为论（不采用行为共同说从而将部分中立帮助行为排除在共犯之外）、连累犯论（事后罪论），体系化地解决共犯论问题，而没有必要采用行为共同说。

## 四 共犯的处罚根据

共犯的处罚根据论是 21 世纪初引入我国共犯论的理论学说，此前我国共犯论中鲜有提及共犯的处罚根据问题，但是现在我国共犯论中已经较为普遍地讨论共犯的处罚根据。这里的讨论内容包括：一是德日刑法学共犯的处罚根据论所欲解决的核心问题以及"问题意识的实质"是什么？二是中国刑法学共犯的处罚根据论应当如何在借鉴德日刑法知识的基础上完成理论建构？

### （一）德日刑法学中共犯的处罚根据论

西方国家的刑法理论中，关于共犯处罚根据争议的焦点在于，共犯不法是源于还是独立于正犯行为的不法。[①] 主张共犯不法是源于正犯行为的不法，是共犯借受说（可罚性借用说）的观点；主张共犯不法是独立于正犯行为的不法，是共犯固有说（共犯具有独自的处罚根据）的观点。因此可以说，共犯处罚根据论存在共犯借受说（可罚性借用说）与共犯固有说的对立，后者（共犯固有说）又有责任共犯说、不法共犯说（违法共犯论）、惹起说（因果共犯论）之争，惹起说分化出纯粹惹起说（纯粹引起说或者独立性志向惹起说）、修正惹起说（修正引起说或者从属性志向惹起说）和折中惹起说（折中引起说或者混合惹起说或者从属的法

---

① 参见刘斯凡《共犯界限论》，中国人民公安大学出版社 2011 年版，第 26 页。

益侵害说）之别。①

责任共犯说，认为共犯的处罚根据在于共犯者将正犯引诱至责任和刑罚中，或者说由于共犯使正犯堕落而致责任和刑罚（故而又称为"堕落说"）。

不法共犯说，认为共犯的处罚根据是使正犯实施符合构成要件的违法行为从而造成法益侵害和使正犯陷入反社会性的状态。

惹起说，认为共犯的处罚根据应从共犯行为和法益侵害之间的惹起与被惹起的因果联系中寻找共犯的处罚根据。② 惹起说内部还存在纯粹惹起说、修正惹起说与折中惹起说（混合惹起说）的差异：（1）纯粹惹起说，又称为"独立性志向引起说""违法结果引起说"，认为共犯的处罚根据，在于共犯引起正犯的结果，或者共犯通过介入正犯的行为引起违法的正犯结果。纯粹惹起说肯定"无正犯的共犯"（例如教唆他人自伤身体时仍然成立教唆犯）存在明显不足，因此在德国是少数人观点。（2）修正惹起说，又称为"从属性志向引起说""正犯不法引起说"，认为共犯的处罚根据，在于共犯引诱、促进了正犯的行为，即共犯的不法并不在于其行为本身，而是从正犯者的不法所导出。修正惹起说既否定"无正犯的共犯"，也否定"无共犯的正犯"，具有较为明显的妥当性，因而是德国通说。（3）混合惹起说，又称为折中引起说、二元的不法引起说、从属的法益侵害说，认为应在坚持惹起说的基础上，从共犯独自的不法与正犯的不法这样的二元论来肯定违法的相对性，即部分肯定共犯不法与正犯不法的相对性，一方面承认共犯不法的独立性，另一方面从限制正犯概念的立场出发强调共犯本身并不能直接侵害法益、而必须通过正犯的行为才能侵害法益，从而共犯不法的上下限由正犯的不法所限定，否定"无正犯的共犯"而肯定"无共犯的正犯"。③

---

① 杨金彪：《共犯的处罚根据》，中国人民公安大学出版社2008年版，第7—9页；张明楷：《外国刑法纲要》（第三版），法律出版社2020年版，第268—269页。其中，有关独立性志向惹起说、从属性志向惹起说、从属的法益侵害说等概念，详见本注释所引的张明楷专著。

② 参见［日］高桥则夫《共犯体系和共犯理论》，冯军、毛乃纯译，中国人民大学出版社2010年版，第136—138页；陈洪兵《共犯论思考》，人民法院出版社2009年版，第8—25页。

③ 参见陈家林《外国刑法理论的思潮与流变》，中国人民公安大学出版社、群众出版社2017年版，第514—516页。

当前，西方国家共犯的处罚根据论呈现出以下三个方面的发展趋势：一是体现了试图合理限制共犯的处罚范围的倾向；二是展现出由在责任上探求共犯的处罚根据向在违法上寻求共犯的处罚根据过渡的发展方向；三是在共犯从属性问题上，呈现出实行从属性逐渐受到重视，而要素从属性逐渐得到缓和的趋势。①

那么，德日刑法学共犯的处罚根据论所欲解决的核心问题以及"问题意识的实质"是什么？对此问题，笔者提出以下几点分析意见：

其一，德日共犯的处罚根据论实质上是"共犯的违法性根据论"。因为，德日刑法学共犯的处罚根据论所欲解决的核心问题，是从违法性层面上回答共犯行为本身具有违法性的法理根据（共犯固有说），进一步限定共犯行为违法性的范围（可罚的违法性）的法理根据有不法共犯说（违法共犯论）与惹起说（因果共犯论）之争，现在惹起说、主要是惹起说中的修正惹起说获得多数人认同（德国通说）。可见，德日刑法学共犯的处罚根据论严格意义上讲是"共犯的违法性根据论"，这是其理论预设。

其二，为什么德日共犯的处罚根据论只关注共犯的违法性而不是共犯的责任呢？他们的回答是基于以下进一步的理论预设：违法是共同的，责任是个人的（个别的），责任判断是相互无关联性的判断，共犯的处罚根据论只应集中关注共犯的违法性。但是，德日共犯论的这一理论预设是存疑的，因为：第一，这种理论预设是非完整意义上的"犯罪论"（违法—有责论）；第二，德日共犯的处罚根据论的理论预设"违法共同"和"责任个别"严重存疑。这种理论预设是相互矛盾的，尤其是单一制正犯体系是将责任（大小）直接纳入共犯处罚根据判断的，是承认共犯责任关联性的处罚体系的，如同我国的"主犯—从犯"体系一样是基于共犯责任大小的关联性判断一样的，共犯的犯行与责任更重才成为主犯，共犯的犯行与责任更轻才成为从犯，主犯的犯行与责任都比从犯的大，这种责任关联性判断反而被遮蔽起来是德日共犯的处罚根据论（实质上的共犯的违法性根据论）的根本缺陷；第三，以"（共犯）责任个别"为据否认"共犯责任关联性"是错误的，因为共犯责任关联性不但强调了

---

① 参见杨金彪《共犯的处罚根据》，中国人民公安大学出版社2008年版，第83—85页。

责任规范判断,而且也强调了责任的整体判断与个别判断相结合,更具合理性;第四,以"(共犯)责任个别"为据肯定"责任共同"也是错误的,因为共犯责任的个别判断是基于共犯责任的整体同质判断与个别关联性判断相结合的规范责任判断,同样更具合理性。

其三,德日共犯的处罚根据论对责任共犯说存在理论误区。最大的问题在于:德日刑法学犯罪论(针对单独犯)的处罚根据论都是强调违法—有责的二元论判断,为何针对共犯的犯罪论的处罚根据论反而演变为违法的一元论判断?德日刑法学责任共犯说所面临的批评重点在于,认为责任共犯说错误地强调了共犯"责任共同",责任只能是个别的、具体的判断,怎么能够说"责任共同"呢?而实际上,责任共犯说在应然层面上应该是强调违法—有责层面上才能成立共犯,其含义应该是"违法共同该当、责任共同关联"。所谓共犯"责任共同关联",不是指共犯的整体责任由一人承担或者共同均等承担,而是指共犯的差别责任共同关联(承担),在责任共同体之内各自分担个人责任(例如我国刑法规定的主犯责任与从犯责任)。如前所述,"责任共同关联"强调共犯责任规范判断、整体责任判断与个别责任判断相结合,强调共犯责任的个别判断是基于共犯责任的整体同质判断与个别关联性判断相结合的规范责任判断。

### (二) 我国刑法学中共犯的处罚根据论

我国刑法学共犯的处罚根据论必须结合中国语境(两个语境):一是我国刑法对共犯的立法规定(即只能是"二人以上共同故意犯罪");二是我国刑法学对"处罚根据"的内涵界定(即必须是违法且有责的处罚根据)。

可以说,"两个语境论"是正确诠释我国刑法学共犯的处罚根据论的重要前提。我国《刑法》第 25 条明确规定:"共同犯罪是指二人以上共同故意犯罪。二人以上共同过失犯罪,不以共同犯罪论处;应当负刑事责任的,按照他们所犯的罪分别处罚。"同时,我国刑法还规定了主犯、从犯(以及胁从犯)的责任分担原则,教唆犯分别按照主犯、从犯处罚的原则以及独立教唆犯(片面的教唆犯、教唆未遂、非共犯的教唆犯)的特别处罚原则。我国刑法对共同犯罪的这些立法规定,应当说充分体现了"双层结构的共犯参与体系"的立法特点，即违法—有责意义上的"违法共同该当、责任共同关联"的共犯体系（即共犯成立体系与共犯处罚体系）。同时，我国《刑法》特别地规定了过失共同犯罪（第25条第2款）和独立教唆犯（第29条第2款）等非共犯的特别处罚原则，即过失共同犯罪和独立教唆犯依法均不能被诠释为共犯、不能适用共犯处罚原则。

可见，我国刑法学共犯的处罚根据论，必须结合我国刑法对共犯的立法规定现状，以及我国刑法学对"处罚根据"的内涵界定——即主客观相统一性、违法且有责相统一性——的刑法教义学特点，以此为据来科学合理地建构我国刑法学共犯的处罚根据论。我国刑法学共犯的处罚根据论，不能照搬德日刑法学通说的不法共犯说（违法共犯论）与惹起说（主要是修正惹起说），因为此两说均仅诠释了共犯处罚根据中的违法根据，而忽略了共犯处罚根据中的责任根据。因此，我国刑法学共犯的处罚根据论，应该在共犯违法论层面上借鉴吸纳不法共犯说与修正惹起说的基础上，采用违法—有责意义上的"违法共同该当、责任共同关联"的责任共犯说，确保共犯论——其中当然包括共犯的处罚根据论——维持犯罪论整体有效性和规范性（其中当然包括刑法分则行为定型论的有效性和规范性）。

从犯罪论整体有效性和规范性来看，犯罪只能是违法且有责的规范判断，因此，共犯论也只能是违法且有责的规范判断，由此确认了违法—责任共犯说的合法性。从犯罪论中的刑法分则行为定型论的整体有效性和规范性来看，行为定型只能是刑法分则行为定型的规范判断，在此前提下，还应当承认，中外刑法总则均具有修订行为定型论的特别功能，即通过刑法总则规定的犯罪未完成形态、共犯形态以及独立教唆犯形态等来维持刑法分则行为定型论的整体有效性和规范性并且在此基础上进一步修订分则行为定型论，如德日刑法学中犯罪未完成形态论在本质上是修订刑法分则行为定型——最突出的是预备行为，通过刑法总则对预备犯的规定而成功地将预备行为"修订"为刑法分则定型行为（将刑法分则定型行为修订为包括了刑法分则定型行为的预备行为）——的修订刑法分则行为定型论，再如德日刑法学中共犯论在本质上也是修订分则行为定型——区分制参与体系是通过从属性说（如狭义共犯论）和特别规范论（如独立教唆犯论等）来修订分则行为定型，单一制正犯体系则是通过功能性支配理论来修订分则行为定型——的修订分则行为定型论。

可以说，在我国刑法规范的语境下，共犯的处罚根据，实质上是指"共犯的刑罚处罚根据"或者说"共犯的刑事责任根据"，其作为"修订的刑罚处罚根据"或者说"修订的刑事责任根据"不完全等同于刑法分则规定的单独犯罪的"刑罚处罚根据"与"刑事责任根据"，但是其实质内涵又必须维持犯罪的处罚根据的整体有效性和规范性，即违法且有责的同时具备性，而并非如西方国家一样仅仅指向"共犯不法是源于还是独立于正犯行为的不法"。

综上所述，我们认为，共犯的处罚根据，是指共犯在规范论上具有故意地引诱、促进正犯实施刑法分则行为的可罚性，可以称为"故意且可罚的惹起说"。

因此，共犯的处罚根据是共犯的违法性、有责性、可罚性的综合判断。首先，共犯的违法性根据，在于其引诱、促进正犯实施刑法分则行为的不法。这实质上借鉴吸纳了德日刑法学中共犯处罚根据论的纯粹惹起说，能够阐释真正意义上的"共同犯罪"以及片面共犯的处罚根据。其中，在构成真正意义上的"共同犯罪"的场合，共犯和正犯具有故意的意思联络，纯粹惹起说因为限定真正意义上的"共同犯罪"的处罚范围的需要就合乎逻辑地契合了修正惹起说（的立场），修正惹起说又称为"从属性志向引起说""正犯不法引起说"，认为共犯的处罚根据，在于共犯引诱、促进了正犯的行为，即共犯的不法并不在于其行为本身，而是从正犯者的不法所导出。这样在实质上契合了修正惹起说所秉持的修正惹起说既否定"无正犯的共犯"，也否定"无共犯的正犯"的基本立场，即无正犯实施刑法分则行为时不成立共同犯罪，无教唆犯、帮助犯、组织犯以及"共同正犯"时也不成立共同犯罪。但是，这里否定"无正犯的共犯"以及"无共犯的正犯"，仅限于"共犯"参与"共同犯罪"的成立条件而言，而并不能由此否定我国刑法所特别规定的过失共同犯罪（第25条第2款）和独立教唆犯（第29条第2款）等非共犯的特别处罚原则。其次，共犯的责任根据，在于共犯故意而为引诱、促进正犯实施刑法分则行为的不法并且同正犯形成共同故意。因此，在过失惹起以及其他非故意地惹起的场合，不具有处罚共犯的责任根据，不具有成立共犯的可能性。最后，共犯的可罚性根据，在于共犯具有违法且有责的共犯行为时，还应进行可罚性判断，必须具有值得科处刑罚的必要性。即共犯即使具有违法且有责的共犯行为，但是不具有值得科处刑罚的必要性时，仍然应当承认不具有处罚共犯的可罚性根据。

例如，关于处罚教唆犯的理论根据。理论上主要有共犯从属性说、共犯独立性说、教唆犯二重性说的不同立场。（1）共犯从属性说采"共犯借用犯罪说"的立场，认为教唆犯本身不构成犯罪，当然也不可罚，只是由于实行犯构成犯罪和具有可罚性，才使得教唆犯因具有犯罪的从属性（犯罪性之借用）和可罚性的从属性（可罚性之借用）而具有了犯罪的可罚性。共犯从属性说是区分制犯罪参与体系的基本立场，在真正意义上的"共同犯罪"——即"二人以上共同故意犯罪"——的语境中通常应坚持共犯从属性说，共犯与正犯二者具备时通常应当承认共犯从属性说的合理性，亦即应否定"没有共犯的正犯"以及"没有正犯的共犯"。这里强调"通常"如此，是指教唆犯（以及组织犯、间接正犯、帮助犯等）"通常"具有从属性，但是不应绝对地否定共犯独立性（不应否定"共犯的相对独立性"）。（2）共犯独立性说的立场，是指教唆犯本身具有犯罪的故意和可罚的犯罪行为，是行为人所固有的反社会性的充分表现，因而教唆犯本身的教唆行为就具有违法性、有责性和可罚性，而不是借用其他人的犯罪性与可罚性。（3）教唆犯的二重性说认为，教唆犯既具有独立性，教唆犯的违法性和有责性在基本面上是由于教唆犯本身所独立具有的性质所决定的，即使被教唆人没有接受教唆、没有实施所教唆的犯罪，教唆犯也因其本身所具有的人身危险性和社会危害性而具有违法性和有责性（教唆犯作为独立犯的违法性和责任性）；同时，教唆犯又具有从属性，教唆犯通常是同被教唆人相联系的，表现在教唆犯的刑事责任的轻重要受被教唆人的实行行为的制约和影响（教唆犯作为共犯的责任关联性），这是由教唆犯的特殊性所决定的。因此，教唆犯的二重性说是一种有力学说，既能够诠释作为共犯的教唆犯的违法性整体判断与责任关联性判断，又能够诠释作为独立教唆犯（非共犯的教唆犯或者教唆未遂）的独立违法性、有责性和可罚性。帮助犯也具有较弱意义上的二重性，帮助行为具有较强意义上的从属性，同时也具有相对较弱意义上——相对于教唆犯而言帮助行为的独立性较弱——的独立的违法性、有责性和可罚性,因此,"片面的帮助犯"的可罚性判断应严于片面的教唆犯(独立教唆犯)的可罚性判断,司法实践中处罚片面的帮助犯较严格、较少,而处罚片面的教唆犯较宽、较多(指相对于片面的帮助犯而言较宽、较多)。

当然必须指出,片面的教唆犯、片面的帮助犯均需要特别限定处罚范围,仅在针对特别重大法益的违法性和有责性判断的基础上才能承认其可罚性,否则有违刑法谦抑性;同时,片面的教唆犯和片面的帮助犯均不是真正意义上的"共同犯罪",因而在承认其限定的可罚性的场合仍然不适用共犯的处罚原则,而是直接适用犯罪事实支配理论进行相对独立的违法性、有责性和可罚性判断,例如独立教唆犯属于法定的片面共犯处罚原则(第29条第2款,实质上属于单独犯处罚原则),片面的帮助犯则属于非法定的片面共犯处罚原则(实质上也属于单独犯处罚原则)。

有关立法论上共犯的处罚根据,实质是指我国《刑法》第25条至第29条的明文规定,系统地规定了作为共犯的教唆犯、主犯、从犯与胁从犯的处罚原则。同时应注意的是,《刑法》第25条第2款、第29条第2款还分别规定了不构成共同犯罪的共同过失犯罪、独立教唆犯(教唆未遂、片面的教唆犯)的特别处罚原则。可见,立法论上共犯的处罚根据,实际上是从国家刑事立法的规范有效性和明确性上来阐释共犯的处罚根据,它与前述规范论上共犯的处罚根据论是完全一致的。二者的关系是:规范论强调规范逻辑有效性和理论概括性,立法论强调立法上的规范有效性和明确性,二者之间的关系总体上是理论与实践、逻辑与实证的协调一致性。

根据刑法总则关于共犯处罚根据的明确规定以及规范论上共犯的处罚根据论,刑法解释论上共犯的处罚根据可以从合法性、合理性和合目的性三个方面来确证。刑法解释的合法性,是指刑法解释必须符合宪法和法律的明文规定与基本精神,不能违宪和违反法律。刑法解释的合理性,是指刑法解释必须符合宪法和法律规定的实质法理、刑法教义学原理和常识情理。刑法解释的合目的性,是指刑法解释必须符合刑事政策目的价值目标,具体包括防控犯罪价值意义上的"秩序"目的性、保障人权价值意义上的"自由"目的性、社会发展意义上的"效率"目的性与"公正"目的性四项价值目的性及其权衡整合。

例如，根据我国《刑法》第 29 条的规定，刑法解释论上教唆犯可以分为以下两种具体情形进行定罪处罚：其一，共犯教唆犯的处罚根据。《刑法》第 29 条第一款规定："教唆他人犯罪的，应当按照他在共同犯罪中所起的作用处罚。教唆不满十八岁的人犯罪的，应当从重处罚。"根据这一刑法规定，作为共犯的教唆犯通常应当予以依法定罪处罚，就具有刑法解释论上的充分根据。其二，非共犯教唆犯的处罚根据。《刑法》第 29 条第 2 款规定："如果被教唆的人没有犯被教唆的罪，对于教唆犯，可以从轻或者减轻处罚。"根据这一刑法规定，作为非共犯的教唆犯（独立教唆犯或者教唆未遂）"可以"予以依法定罪处罚，例如"教唆杀害他人"的行为，即使"被教唆的人没有犯被教唆的罪"也可以对独立教唆犯定罪处罚，这种解释结论具有刑法解释论上的充分根据，并且也有相应的生效判决。

需要再次特别强调指出的是，根据作为共犯处罚根据论的"故意且可罚的惹起说"，对于某些性质不严重的或者情节轻微的独立教唆犯（非共犯教唆犯、片面的教唆犯、教唆未遂），如"教唆自害"或者"相约自杀"或者"教唆小偷小摸"等行为，由于不具有刑法解释论上的合目的性或者合理性，则"可以"不予以定罪处罚。但是在特别场合（如封闭的二人空间、在现场有条件履行救助的作为义务的场合），教唆他人自杀并引起他人自杀后果的，可以定罪。

**【案例】宁夏邵某某杀妻案**[①]

被告人邵某某，男，29 岁，宁夏回族自治区银川市人，原系银川市公安局城区分局文化街派出所民警。1991 年 8 月 29 日被逮捕。1990 年 4 月 30 日，被告人邵某某与本所部分干警及联防队员沈某（女），应邀到苏某家喝酒。喝完酒后，几个人一起在返回派出所的途中，与邵某某的妻子王某相遇。王某原来就怀疑邵某某与沈某关系暧昧，看到邵与沈又在一起，更加怀疑邵、沈的关系不正常，便负气回家。当晚 7 时许，邵

---

① 参见最高人民法院中国应用法学研究所编《人民法院案例选（刑事卷）》，人民法院出版社 1997 年版，第 279—283 页。

某某与王某在家中为此事争吵不休。争吵中邵某某说:"我不愿见到你。"王某说:"你不愿见我,我也不想活了,我死就是你把我逼死的。"邵说:"你不想活了,我也不想活了,我们两个一起死。"邵把自己佩带的"五四"式手枪从枪套里取出,表示要与王某一起自杀。王某情绪激动地说:"要死就我死,你别死,我不想让儿子没爹没妈。"王某两次上前与邵夺枪没有夺到手,邵即持枪进入卧室。王某跟进去说:"要死我先死。"邵说:"我不会让你先死的,要死一块死,你有什么要说的,给你们家写个话。"王某便去写遗书,邵在王快写完时自己也写了遗书。随后,王对邵说:"你把枪给我,我先打,我死后你再打。"邵从枪套上取下一颗子弹上了膛,使手枪处于一触即发的状态。王某见此情景,便从邵手中夺枪。在谁也不肯松手的情况下,邵某某把枪放在地上用脚踩住。此时,王某提出和邵一起上床躺一会,邵表示同意,但没有把地上的枪拣起。邵躺在床里边,王躺在床外边,两人又争执了一会儿。大约晚10时许,王某起身说要下床做饭,并说:"要死也不能当饿死鬼。"邵某某坐起来双手扳住王某的双肩,不让王捡枪。王说把枪捡起来交给邵,邵便放开双手让王去捡枪。王某捡起枪后,即对准自己的胸部击发。邵见王开枪自击后,发现王胸前有一黑洞,立即喊后院邻居贾某等人前来查看,同时将枪中的弹壳退出,把枪装入身上的枪套。王某被送到医院,经检查已经死亡。经法医尸检、侦查实验和复核鉴定,王某系枪弹近距离射击胸部,穿破右心室,导致急性失血性休克死亡,属于自己持枪击发而死。银川市人民检察院以被告人邵某某犯故意杀人罪向银川市中级人民法院提起公诉,王某之父王某宽提起附带民事诉讼,要求被告人邵某某赔偿其为王某办理丧葬等费用共计1100元。

银川市中级人民法院经过公开审理认为,被告人邵某某身为公安人员,明知其妻王某有轻生念头而为王某提供枪支,并将子弹上膛,对王某的自杀在客观上起了诱发和帮助的作用,在主观上持放任的态度,其行为已构成故意杀人罪,应负刑事责任。由被告人邵某某的犯罪行为所造成的经济损失,邵某某确无赔偿能力。该院依照《中华人民共和国刑法》第一百三十二条的规定,于1992年11月17日作出刑事附带民事判决,以故意杀人罪判处被告人邵某某有期徒刑七年。

宣判后,被告人邵某某和附带民事原告人王某宽均不服,提出上诉。

邵某某的上诉理由是："主观上没有诱发王某自杀的故意，客观上没有帮助王某自杀的行为。"王某宽的上诉理由是：邵某某有赔偿能力。

宁夏回族自治区高级人民法院对本案进行了二审审理。对附带民事诉讼部分，经该院主持调解，邵某某赔偿王某宽1100元已达成协议，并已执行。对刑事诉讼部分，该院认为，上诉人邵某某在与其妻王某争吵的过程中不是缓解夫妻纠纷，而是以"一起死""给家里写个话"、掏出手枪等言词举动激怒对方。在王某具有明显轻生念头的情况下，邵某某又将子弹上膛，使手枪处于一触即发的状态，为王某的自杀起了诱发和帮助作用。邵某某明知自己的行为可能引发王某自杀的结果，但他对这种结果持放任态度，以致发生了王某持枪自杀的严重后果。邵某某诱发、帮助王某自杀的行为，已构成故意杀人罪。原审判决事实清楚，证据确实充分，定罪准确，量刑适当，审判程序合法。邵某某的上诉理由不能成立，应予驳回。据此，该院依照《中华人民共和国刑事诉讼法》第一百三十六条第（一）项和《中华人民共和国刑法》第一百三十二条的规定，于1993年1月14日裁定如下：驳回邵某某的上诉，维持原审刑事附带民事判决中的刑事判决。

**【法理问题】**

我国有学者认为邵某某的行为不构成故意杀人罪（如陈兴良教授），但是我认为应当依法认定邵某某的行为构成故意杀人罪，人民法院的判决是正确的。其主要法理在于：其一，邵某某从精神上帮助自杀（语言刺激）、物质上帮助自杀（提供枪支并使其处于上膛和一触即发状态），通常不宜解释为"杀人"行为，因为"自杀"到底是否具有违法性（还是合法性）在法理上存在争议；其二，但是，依据婚姻法和刑法规定，应当确认夫妻之间的相互救助义务，这是法定的作为义务，邵某某在能够履行这一法定义务时而不履行以致造成其妻子死亡结果发生，依法构成故意杀人罪；邵某某在封闭的二人空间里、在现场，具备履行救助的作为义务的条件，但是不作为，构成不作为故意杀人罪；其三，胁迫、迷惑他人自杀（达到精神强制程度），以及教唆未成年人和精神病人等无责任能力者自杀，依法应认定为"杀人"行为，对此行为依法应认定为故意杀人罪。

但是，单纯的相约自杀行为，依法不应认定为"杀人"行为，也不能认定为"共同杀人"犯罪。

**【案例】全国首例 QQ 相约自杀案**[①]

22 岁的丽水人小张通过 QQ 发出死亡邀请，上海大学生小范应邀前往丽水与小张一起自杀。小张中途放弃自杀，而小范自杀身亡。死者小范的父母将小张以及深圳市腾讯计算机系统有限公司一起告上了法庭，索赔小范死亡造成的损失。法院经审理认为，死者小范是一个有独立民事行为能力的成年人，在没有强迫、威胁的情况下自主地选择了以自杀的方式来结束自己的生命，从预备到实施自杀的整个过程中，一直表现出积极追求死亡结果的主观意志，对结果的发生有支配性的作用，应自负主要责任。小张在 QQ 群上发布自杀邀请，与小范相互联系，在小范到达丽水后共同购买自杀用具，去酒店开房，实施自杀，中断自杀后未采取有效的措施防止小范继续自杀并独自离开，这一系列行为是小范死亡的直接原因之一。故小张有过错，应承担 20% 的赔偿责任，共计赔偿人民币 111225 元。腾讯公司一直未采取措施停止传输"相约自杀"这一可能危害他人生命健康身体权的信息，长期放任违法行为和有害信息的存在，不履行监控、事后处理的法定义务，对死亡事件发生也有过错，应承担 10% 的赔偿责任，共计赔偿人民币 55612.50 元。2010 年 12 月 4 日，丽水市莲都区人民法院对此案作出一审判决：小张承担 20% 的赔偿责任，共计赔偿人民币 111225 元；腾讯公司承担 10% 的赔偿责任，共计赔偿人民币 55612.50 元。一审判决后，腾讯公司和张某不服法院判决，提起上诉，丽水市中级人民法院依法公开开庭审理后作出改判，驳回范某父母对腾讯公司的诉讼请求（因小张在二审中撤回上诉，丽水市中级人民法院对一审法院判定的小张的实体权利义务未予审查，维持一审对小张部分的判决）。[②]

**【法理】**相约自杀又称为共谋自杀，是指相约共谋共决一起自杀的行为。相约自杀一般可以分三种情况来分析：第一，单纯相约自杀行为依

---

[①] 参见《全国首例 QQ 自杀案》，法律博客，http://thewoman.fyfz.cn/art/837502.htm，访问时间：2010 年 12 月 5 日。

[②] 参见浙江在线《浙江法院二审判决"QQ 相约自杀案"腾讯公司不担责》，新华网，http://news.xinhuanet.com/legal/2012-02/12/c_122690030.htm，访问时间：2012 年 2 月 13 日。

法不应解释为杀人行为。单纯的相约自杀，如果相约者各自实施自杀行为，则相约自杀而未自杀成功者不应当负故意杀人的责任。第二，如果相约自杀者之一方依约受嘱托先杀死对方，继而相约自杀者未自杀成功的，则相约自杀者应当构成故意杀人罪，但是在量刑时可以从宽处罚。生活中这种例子发生不少。前述"广西符某夫妇相约自杀案"即是一例。第三，如果相约自杀者还有教唆或者帮助他人自杀的行为，且教唆者或者帮助者未自杀成功的，则是否应当构成故意杀人罪？我过去曾经提出原则上应当认定为故意杀人（但是量刑时应当从宽处罚）。但是，我发现我过去的这种观点有必要予以适当限制，因为，对于那些真心相约自杀的人，由于相约自杀而未遂者当时所处的特别心神状况足以影响其刑事责任能力，且能直接导致其作为义务进一步减弱，因而应当尽量考虑将此种行为解释为不属于"杀人"之行为；而只有对那些并非真心相约自杀，但是有意胁迫、迷惑他人自杀的行为，才可以依法认定为故意杀人罪。后者定罪的情形，恰巧在邵建国案中得以体现。

当然，部分西方国家没有规定非共犯教唆犯的刑事责任后果，这种非共犯教唆犯在刑法解释论上就不具有处罚根据。从而，这种刑法解释论上教唆犯的处罚根据又在一定意义上回归到了立法论上教唆犯的处罚根据，二者之间存在相互关联和相互制约的关系。

## 五 共犯的成立条件与基本类型

这里集中讨论共犯的成立条件、共犯的基本类型两个问题。

### （一）共犯的成立条件

共同犯罪的成立条件，又称为共同犯罪的犯罪构成或者构成特征。

共同犯罪与单个人犯罪一样，其成立都必须以符合犯罪构成为前提，但是，共同犯罪并没有独立的犯罪构成，"共同犯罪与单个人犯罪的区别不在于犯罪构成，而在于符合犯罪构成的行为事实有差异"[1]。当单个人犯罪时，是一个人独自的行为符合特定罪的犯罪构成，而当共同犯罪时，

---

[1] 高铭暄主编：《刑法专论》（上编），高等教育出版社2002年版，第338页。

是二人以上的共同故意与共同行为这一整体符合特定罪的犯罪构成。"从犯罪构成的必要条件的意义上说,共同犯罪并没有什么特殊性。它的特殊性,主要表现在各个行为人的犯罪故意和犯罪行为的'共同'这一点上。"[①] 因此,那种认为共同犯罪的犯罪构成的要素、结构在实质层面上不同于(不符合)一般犯罪论的犯罪构成的观点并不恰当。这里需要强调的是,研究共同犯罪的成立条件问题,其实质是研究共同犯罪整体意义上的犯罪构成与单个人犯罪的犯罪构成相比有哪些特点的问题,而不是指某一具体犯罪(如故意杀人罪)的共同犯罪之成立要件问题,因为无论是共同犯罪还是单个人犯罪,其成立要件都是共同的违法性、有责性(以及可罚性),都符合我国传统犯罪构成理论的四个方面要件(犯罪客体要件、客观方面要件、犯罪主体要件和主观方面要件);二者不同之处在于,在违法性和有责性(以及可罚性)的具体内容上,或者说在犯罪构成四个方面要件的具体内容上,共同犯罪具有不同于单个人犯罪的一些特点,如在犯罪主体要件方面共同犯罪必须是二人以上,在犯罪客观方面要件上共同犯罪必须是具有共同行为,在犯罪主观方面共同犯罪必须是具有共同犯罪故意。至于犯罪客体方面(保护法益),应当说共同犯罪与单个人犯罪都是一样的,如故意杀人的共同犯罪与单个人犯罪,所侵害的客体都是生命权。

根据《刑法》第25条的规定,共同犯罪的成立要件(指不同于单个人犯罪的成立要件的特点)有以下三个方面:

1. 共同犯罪的主体要件

共同犯罪的主体要件,属于共同犯罪的违法性的内在要素,因此应当纳入违法性判断。根据我国《刑法》第25条第1款规定,共同犯罪的主体必须是"二人以上"。二人以上,包括二人,但并没有上限的限制;这里的"人",也应当作广义的理解,既包括自然人,也包括单位。因此,共同犯罪的主体结构具体包括两个以上的自然人构成的共同犯罪、两个以上的单位构成的共同犯罪、自然人与单位构成的共同犯罪等三种情形。

应当注意,在两个以上的自然人构成共同犯的情形中,各自然人必

---

[①] 曾宪信、江任天、朱继良:《犯罪构成论》,武汉大学出版社1988年版,第154页。

须都是达到刑事责任年龄、具有刑事责任能力的自然人,即各自然人必须都符合犯罪主体的条件。如果只有其中一个人符合犯罪主体的条件,其他人均未达到刑事责任年龄或者不具有刑事责任能力,则不能成立共同犯罪。

例如,已满14周岁不满16周岁的人依法只对故意杀人、故意伤害致人重伤或者死亡、强奸、抢劫、贩卖毒品、放火、爆炸、投毒八种犯罪负刑事责任,即这个年龄阶段的未成年人只能成为上述八种犯罪的犯罪主体。因此,当一个未满16周岁的人与一个成年人共同盗窃他人数额较大的财物时,就不能成立共同犯罪,只能依法追究其中成年的那个人单独犯盗窃罪的刑事责任。

但是,不具备特殊主体资格的人仍然可以成为身份犯的共同犯罪,例如,非国家工作人员教唆或者帮助国家工作人员挪用公款的,可以构成挪用公款罪的共同犯罪;女性教唆或者帮助男性强奸的,也可以构成强奸罪的共同犯罪。

2. 共同犯罪的客观要件

共同犯罪的客观要件,属于违法性的内在要素,因此应当纳入违法性判断。根据我国《刑法》第25条第1款规定的基本精神,共同犯罪的客观要件是各个共同犯罪人必须具有共同犯罪行为。共同犯罪行为,不仅要求各个共同犯罪人都实施了同一犯罪构成的行为,而且要求各个共同犯罪人的犯罪行为是在共同故意支配下围绕着共同犯罪行为进行相互配合、相互协调、相互补充,形成一个行为整体。即是说,共同犯罪行为并不是各个单独犯罪行为的简单相加,而是强调各个共同犯罪人的行为作为一个彼此联系的有机整体并与危害结果之间具有因果关系。因此,共同犯罪行为内部可以有所分工,有的可以是实行行为,有的可以是非实行行为(如组织行为、教唆行为、帮助行为等);同时,共同犯罪行为也可以有不同表现形式,有的可以是作为形式,有的可以是不作为形式,这些实行行为与非实行行为、作为与不作为共同整合成为一个行为整体,构成共同犯罪的客观要件。

关于共同犯罪行为,有以下几个具体问题需要注意:

(1) 准确理解非实行行为的具体含义

非实行行为与实行行为相对,包括组织、教唆、帮助之狭义共犯行为和预备行为。组织行为，是指在犯罪集团或者其他共同犯罪中所实施的组织、策划、指挥行为。教唆行为，是指实施了意图引起他人实行刑法分则行为（定型）的决意的行为。帮助行为，是指在共同犯罪中起帮助作用的行为。

（2）正确认识共同犯罪行为的表现形式

共同犯罪行为的表现形式可能存在以下三种具体情形：一是共同作为，指各个共同犯罪人的行为均表现为作为；二是共同不作为，指各个共同犯罪人的行为均表现为不作为，如共同遗弃的行为；三是作为与不作为的有机结合，指有的共同犯罪人实施作为，而有的共同犯罪人实施不作为。

其中，作为共同犯罪行为表现形式的不作为，理论上尚需要特别讨论以下内容：其一，不作为的共同犯罪概述；其二，对不作为的共犯；其三，不作为方式的共犯；其四，共犯的作为义务。这些方面的内容，德日刑法学都有讨论，更多地带有思辨色彩，这里不做具体阐述。

（3）科学看待共同犯罪行为的时空特征

共同犯罪行为既可以是同时、同地实施的，也可以是不同时间、不同地点实施的。

例如，甲乙二人在 A 地共同商议谋杀丙之后，甲在 B 地提供杀人工具，乙在 C 地实施杀人行为，则甲乙二人仍然可以成为故意杀人罪的共同犯罪。

（4）全面把握共同犯罪行为的形态组合

共同犯罪行为的形态组合情况可能呈现出以下三种：[①] 一是共同实行行为，即各个共同犯罪人的行为都是实行行为（共同正犯）；二是共同预备行为，即各个共同犯罪的行为都是预备行为（预备犯的共同正犯）；三是预备行为与实行行为相结合，即部分共同犯罪人仅实施预备行为，而部分共同犯罪人实施实行行为。

3. 共同犯罪的主观要件

共同犯罪的主观要件，属于有责性的内在要素，因此应当纳入有责性判断。根据我国《刑法》第 25 条第 1 款规定，共同犯罪必须是二人以

---

[①] 张明楷：《刑法学（上）》，法律出版社 1997 年版，第 284 页。

上"共同故意"犯罪，即共同犯罪的主观要件是必须具有共同故意。所谓共同故意，是指共同犯罪故意，即各个行为人通过意思的传递、反馈而形成的，明知自己是和他人配合共同实施犯罪，并且明知共同的犯罪行为会发生某种危害社会的结果，而希望或者放任这种危害结果发生的心理态度。可见，这里"共同"的故意，并不能简单地理解为行为人仅有"相同"的故意，关键还在于各个共同犯罪人之间有意思联络与合意。[1] 因此，共同犯罪故意具体包括以下三方面内容：

第一，共同犯罪人具有意思联络。共同犯罪故意，要求各个共同犯罪人认识到自己不是在单独地实施犯罪，而是在和其他人互相配合共同实施犯罪，即在犯罪意思上共同犯罪人相互之间有所沟通和联络。

第二，共同犯罪人具有共同认识。共同犯罪故意要求各个共同犯罪人都明知自己与他人共同犯罪行为的性质，并且明知共同犯罪行为会发生危害社会的结果。

第三，共同犯罪人具有共同意志。共同犯罪故意要求各个共同犯罪人对某种危害社会结果的发生，都采取希望或者放任的态度。在共同认识的基础上，各个具体的共同犯罪人对共同犯罪结果的态度可以有其相对独立性，可以表现为各个共同犯罪人都持希望的态度，也可以表现为各个共同犯罪人都持放任的态度，还可以表现为有的共同犯罪人持希望态度而有的共同犯罪人持放任态度，这些情形都属于共同犯罪人具有共同意志。

按照前述共同犯罪的概念和成立要件，一般可以较为准确地认定共同犯罪。例如，根据我国共同犯罪理论（部分犯罪共同说），以下五种情况不构成共同犯罪：（1）二人共同实施危害行为，但一人出于故意，另一人出于过失，不构成共同犯罪；（2）故意行为与无罪过行为不能构成共同犯罪；（3）二人以上同时或者先后实施某种故意犯罪，但主观上缺乏意思联络的，不构成共同犯罪；（4）超出共同故意范围的犯罪，不构成共同犯罪；（5）事前无通谋的窝藏、包庇、窝赃、销赃等行为与这些行为所指向的上游犯罪（如盗窃、抢劫等），不构成共同犯罪。[2] 但是，

---

[1] 参见高铭暄主编《刑法专论》（上编），高等教育出版社2002年版，第340页。
[2] 参见高铭暄主编《刑法专论》（上编），高等教育出版社2002年版，第364页。

有些特殊情形是否可以成立共犯,需要特别讨论。

因此,后面就重点讨论一些同共犯相关的特殊情形。

**(二) 共犯的基本形式**

共同犯罪的形式,是指共同犯罪的形成形式、结构形式或者共同犯罪人之间的结合形式。共同犯罪的形成形式,是指共同犯罪是如何形成的;共同犯罪的结构形式,是指共同犯罪内部有无分工;共同犯罪人的结合形式,是指共同犯罪是否具有一定的组织形式。[①]

在中外刑法理论上,共同犯罪的形式划分存在不同见解,但是比较一致的看法是,共同犯罪的形式可以从不同的角度和标准划分为以下四组八类:任意共同犯罪与必要共同犯罪;事前通谋的共同犯罪与事前无通谋的共同犯罪;简单的共同犯罪与复杂的共同犯罪;一般共同犯罪与有组织的共同犯罪。其中,任意共犯与必要共犯已在前面作了论述,这里不再具体展开。

应当指出的是,针对共同犯罪的形式所作的这些划分具有重要意义:[②] 一是有利于根据不同形式的共同犯罪的性质和社会危害程度,确定对不同形式的共同犯罪的法律适用,严厉打击社会危害性更大的共同犯罪形式;二是有利于分清共同犯罪人在不同形式的共同犯罪中的地位和作用,实行区别对待政策,严厉打击首要分子,从宽处罚从犯和胁从犯,更加有效地与共同犯罪作斗争。

1. 事前通谋的共同犯罪与事前无通谋的共同犯罪

以共同犯罪故意的形成时间为标准,可以将共同犯罪划分为事前通谋的共同犯罪与事前无通谋的共同犯罪两种类型。

事前通谋的共同犯罪,是指各共同犯罪人在着手实行犯罪以前,进行了商议或者策划,从而形成共同犯罪故意的共同犯罪。一般而言,教唆犯与被教唆者在实行犯罪前进行了犯意沟通,帮助犯在提供犯罪工具之前同实行犯进行了犯意沟通,实行犯与实行犯在共同实施犯罪行为之

---

① 高铭暄主编:《刑法专论》(上编),高等教育出版社2002年版,第342页。
② 高铭暄、马克昌主编:《刑法学》,北京大学出版社、高等教育出版社2002年版,第171页。

前进行了犯意沟通等情形下的共同犯罪,都属于事前通谋的共同犯罪。应当说,许多犯罪并不以事前进行犯意沟通作为成立共同犯罪的要件,只有部分犯罪才以事前是否有通谋作为划分该罪的共同犯罪与他罪界限的标准。例如,根据《刑法》第310条规定,明知是犯罪的人而为其提供隐藏处所、财物,帮助其逃匿或者作假证明包庇,事前通谋的即构成本犯的共同犯罪,事前无通谋的则构成窝藏、包庇罪;根据《刑法》第349条规定,事前通谋,包庇走私、贩卖、运输、制造毒品的犯罪分子,为犯罪分子窝藏、转移、隐瞒毒品或者犯罪所得的财物的,以走私、贩卖、运输、制造毒品罪的共犯论处,但事前无通谋的则构成包庇毒品犯罪分子罪。①

事前无通谋的共同犯罪,是指各共同犯罪人在事前并没有进行商议或者策划的过程,而是在刚着手实行犯罪时或者在实行犯罪过程中才临时形成共同犯罪故意的共同犯罪。有学者认为,"事前无通谋的共同犯罪"之提法严格说并不科学,因为"事前无通谋"包括了事后通谋的情形,而事后通谋根本不能构成共同犯罪,因而改称"事中通谋"比较合适。② 不过一般认为,"事前无通谋"系与"事前通谋"相提并论,已经成为我国学术理论界的通说,因而没有必要再改变"事前无通谋的共同犯罪"名称之称谓。

事前通谋的共同犯罪,由于各共同犯罪人在事前有谋划,因而犯罪更容易得逞,犯罪人的人身危害性和行为社会危害性都比较大。事前无通谋的共同犯罪,通常比事前通谋的共同犯罪的社会危害性小。因此,这种共同犯罪类型的划分具有指导量刑的价值。

2. 简单的共同犯罪与复杂的共同犯罪

根据共同犯罪人之间的分工情况为标准,可以将共同犯罪划分为简单的共同犯罪与复杂的共同犯罪两类。

简单的共同犯罪,是指各共同犯罪人之间没有行为上的分工,即各共同犯罪人都共同直接地实行了某一具体的犯罪构成客观要件行为的共同犯罪。例如,甲和乙二人都直接实施了故意非法剥夺他人生命的实行

---

① 赵秉志:《刑法基本理论专题研究》,法律出版社2005年版,第511—512页。
② 马克昌主编:《犯罪通论》,武汉大学出版社1999年版,第523页。

行为，从而甲和乙二人都是共同故意杀人犯罪的实行犯，即属于简单的共同犯罪类型。

所谓复杂的共同犯罪，是指各共同犯罪人在共同犯罪中有不同的分工，处于不同的地位。例如，甲乙丙三人共同故意杀害丁，其中甲教唆丙、乙帮助丙购买杀人用的凶器，然后由丙直接实施杀害丁的实行行为，则该案中甲乙丙之间就有比较明显的分工，属于复杂的共同犯罪类型。理论界一般认为，[①] 复杂的共同犯罪具有五种主要表现形式：一是不同的共同犯罪人分别实施教唆行为和实行行为；二是不同的共同犯罪人分别实施帮助行为和实行行为；三是不同的共同犯罪人分别实施教唆行为、帮助行为和实行行为；四是不同的共同犯罪人分别实施组织行为、实行行为；五是不同的共同犯罪人分别实施组织行为、帮助行为和实行行为。这种分工具体表现在：组织犯负责对整个犯罪活动的策划、指挥和领导；教唆犯负责唆使他人产生犯罪决意并参加犯罪活动；实行犯直接实施具体犯罪构成要件的行为，直接造成危害结果；帮助犯为犯罪的实行、完成和保持犯罪后的不法状态，提供物质和精神上的帮助。

这种共同犯罪类型的划分对于具体确定共同犯罪处罚时正确贯彻区别对待原则具有一定作用。因为，简单的共同犯罪中，各共同犯罪人都是实行犯，因而处理时较为容易地确定各自应当承担的刑事责任；而对于分工负责的共同犯罪，由于行为人之间的分工不同，所起的作用不尽相同，因而各自应承担的刑事责任也应有所不同。

3. 一般共同犯罪与有组织的共同犯罪

根据共同犯罪有无组织形式为标准，可以将共同犯罪划分为一般共同犯罪与有组织的共同犯罪两种类型。

一般共同犯罪，是指二人以上为实施特定犯罪而事前或者临时结合的无特殊组织形式的共同犯罪。一般共同犯罪的特点是，一旦完成特定的犯罪后，其犯罪联合就解散。一般共同犯罪可以是简单的共同犯罪、事前无通谋的共同犯罪，也可以是复杂的共同犯罪、事前通谋的共同犯罪。

---

[①] 高铭暄主编：《刑法专论》（上编），高等教育出版社2002年版，第345页。

有组织的共同犯罪即集团共同犯罪，有的又称为犯罪集团。[①] 所谓犯罪集团，根据《刑法》第 26 条第 2 款的明确规定，是指三人以上为共同实施犯罪而组成的较为固定的犯罪组织。犯罪集团的基本特征有以下四点：[②]（1）组织成员的多数性。这是犯罪集团在组成人员的量上的特征，即组织成员必须在 3 人以上。（2）具有共同实施犯罪的目的性。这是犯罪集团在主观目的方面的重要特征，也是它与基于低级趣味或者封建习俗而形成的落后组织，以及其他非法组织相区别的重要标志。（3）具有较强的组织性。这是犯罪集团的组织特征。它表现为，犯罪集团成员相对固定，内部之间具有领导与被领导的关系，其中有首要分子、骨干分子与一般成员，首要分子组织、领导、指挥其他成员进行集团犯罪活动。（4）具有相当的稳固性。犯罪集团是三人以上为实施某种犯罪或者某几种犯罪而联合起来或者组织起来的，其组织机构和活动计划都是出于长远的考虑，而不是为了实施一次犯罪而临时结伙，在实施一次犯罪之后，该组织或者联合体仍然继续存在。对于犯罪集团稳固性特征的理解，我们认为应当注意把握好以下两点：其一是犯罪心理的一致性和实施犯罪的目的的坚定性。其二是犯罪集团组织上的稳固性，也就是指核心成员基本固定且长期稳定，有的犯罪集团还形成多层次的体系，具有严格的等级性。这是犯罪集团长期、稳固存在的前提和基础。

如前所述，现行刑法典分则明文规定的犯罪集团有七种：伪造货币集团，拐卖妇女、儿童集团，组织他人偷越国（边）境集团，盗掘古文化遗址、古墓葬集团，走私、贩卖、运输、制造毒品集团，恐怖组织和黑社会性质组织。

这种共同犯罪类型的划分，便于更加鲜明地体现对犯罪集团的严厉打击与分化瓦解政策精神，包括由刑法分则条文直接对犯罪集团的组织者、领导者与积极参加者规定与其他普通参加者不同的法定刑，以及对犯罪集团的首要分子规定更重的法定刑等方面，以有效集中打击力量，

---

① 集团共同犯罪与犯罪集团在字面含义上应当说有所差异，集团共同犯罪的落脚点在于"犯罪"（活动），而犯罪集团的落脚点在于"集团"（组织）。但是，在不考虑逻辑结构上的偏重点与文字表达上的细微差异时，也可以说集团共同犯罪与犯罪集团在实质的概念内容上是合二为一的：集团共同犯罪是指犯罪集团的共同犯罪，犯罪集团是指实施集团共同犯罪的集团。

② 魏东、郭理蓉：《论犯罪集团及其司法认定》，《犯罪与改造研究》2000 年第 7 期。

体现有张有弛、宽严有度的刑法风格。

## 六 共犯（人）的分类与处罚原则

首先讨论中外刑法（学）对共同犯罪人的分类标准（理论），其次再具体讨论我国刑法对共同犯罪人的具体规定及其处罚原则。

### （一）共同犯罪人的分类标准

在中外刑法理论上，共同犯罪人应否分类、如何分类、如何确定量刑原则等问题，自始至终都成为备受关注的重大理论问题。因此，宏观上梳理这些理论问题，对于准确理解适用我国现行刑法有关共同犯罪人的法律规定具有重要意义。

1. 国外关于共同犯罪人分类标准的理论争鸣

国外关于共同犯罪人分类标准的理论争鸣，大致可以分为客观主义、主观主义与折中主义三种基本立场。[1]

（1）客观主义立场

客观主义立场重视共同犯罪的客观方面，认为共同犯罪人的行为表现不同，所起的作用也不相同，在适用刑罚时应当有所区别，因而主张对共同犯罪人予以分类；但是在如何分类问题上，则有形式说与实质说之别。

形式说具体又分为分工说与时间说两种见解。分工说主张以共同犯罪人的分工为标准来划分共同犯罪人种类，认为实施犯罪构成要件行为的人是实行犯或者正犯，未实行犯罪构成要件行为的共同犯罪人就列为从犯（或者教唆犯与从犯，或者组织犯、教唆犯与帮助犯）。时间说主张以犯罪构成要件行为实行时共同犯罪人是否在场参与犯罪为标准来划分共同犯罪人，认为共同犯罪人仅可以分为正犯与从犯两类。时间说认为，正犯是指实行犯罪构成要件行为的人或者犯罪构成要件行为实行时在场参与犯罪的人，从犯是指犯罪构成要件行为实行前或者实行后参与犯罪的人。

---

[1] 高铭暄主编：《刑法专论》（上编），高等教育出版社2002年版，第365—368页。

（2）主观主义立场

主观主义立场重视共同犯罪人的主观方面，认为对共同犯罪人应否分类、如何分类的问题，不应从客观方面来考察，而应从主观方面来确定。关于对共同犯罪人应否分类的问题，该立场又有否定说与肯定说两种不同见解。

否定说认为，共同犯罪人的行为虽有实行行为、教唆行为和帮助行为之别，但这些行为与犯罪的完成都有因果关系，也都表现了行为人的主观犯意，这种犯意的内容虽有不同，但都表现了行为人的主观恶性，在实现各自犯意方面都是在互相利用，因而没必要对共同犯罪人进行种类划分，而宜采用统一的正犯概念，对所有共同犯罪人均以共同正犯论。

肯定说认为，共同犯罪人虽然都有恶性，但由于犯罪动机和目的不完全一样，通过共同的行为表现出的主观恶性也有差别，因而对共同犯罪人应当分类。主观主义立场肯定说观点具体又分为目的说与意思联络说两种见解。目的说主张以共同犯罪人是否以自己犯罪之意思参与犯罪为标准划分共同犯罪人，即凡是以自己犯罪之意思而参与犯罪的，不论实行犯罪的构成要件行为还是实行教唆或者帮助行为，均为正犯；凡是以帮助他人犯罪之意思而参与犯罪，无论实行何种行为，均为从犯。意思联络说主张以共同犯罪人有无意思联络为标准来划分共同犯罪人，在实行共同行为时，与他人有犯意联络者为正犯，无犯意联络者为从犯。

（3）折中主义立场

折中主义立场主张综合考虑客观主义与主观主义各自利弊，试图寻求一种折中方案。它主要以分工为标准将共同犯罪人分为正犯、从犯和教唆犯三种，同时又考虑共同犯罪人的动机、目的和其行为所起的作用等因素再作进一步区分。例如，折中主义立场认为，正犯包括实行共同正犯和共谋共同正犯两种，前者是指以自己犯罪之意思或以帮助他人犯罪之意思而实行犯罪构成要件之行为者，后者是指以自己犯罪之意思而实行犯罪构成要件以外之组织、策划、指挥及帮助行为者；同理，从犯亦包括帮助犯与教唆帮助犯，前者指以帮助他人犯罪之意思而实行犯罪构成要件以外之帮助行为者，后者指教唆他人对正犯为帮助行为者，教唆犯又包括对正犯或者教唆犯为教唆行为者（正犯之教唆犯和教唆犯之教唆犯两种）。[①]

2. 国外刑事立法对共同犯罪人分类的实践情况

总体上看，国外刑事立法在共同犯罪人分类标准的把握上各有差异，集中体现在两个方面：一是对共同犯罪人的分类方法上有四分制（苏俄）、三分制（德日）、二分制（法国）和单一制之别；二是对共同犯罪人概念的指称含义各有差异，如对于"正犯"这一称谓（德日），有的称为"实行犯"（苏俄）。

大陆法系国家刑法对共同犯罪人分类的规定中比较典型的有法国、德国和日本。法国刑法对共同犯罪人的分类采用二分制，即将共同犯罪人分为正犯与从犯两种；在分类标准上采用客观主义的分工说，认为实行构成要件行为者是正犯，而组织、教唆以及帮助者均为从犯。德国刑法对共同犯罪人的分类采用三分制，即在法国刑法二分制基础上从从犯中再分离出教唆犯，即将共同犯罪人分为正犯、从犯和教唆犯三种。日本刑法沿用德国刑法对共同犯罪人实行三分制的传统，将共同犯罪人分为正犯、从犯和教唆犯，并进而把正犯分为单独正犯和共同正犯，把教唆犯分为正犯之教唆犯、从犯之教唆犯和教唆犯之教唆犯。可见，日本刑法在区分共同犯罪人的标准问题上采用的是折中主义立场。

苏联及各加盟共和国刑法对共同犯罪人的分类规定也很有特色，在共同犯罪人分类标准上采用客观主义中的分工说，对我国刑法相关立法规定影响较大。1960年及其以前的苏俄刑法典及当时的罗马尼亚刑法典、匈牙利刑法典、捷克斯洛伐克刑法典、朝鲜刑法典等均采用三分法，将共同犯罪人划分为实行犯、帮助犯和教唆犯三种；1969年以后，苏俄刑法典采用四分法，即将共同犯罪人划分为实行犯、帮助犯、教唆犯和组织犯四种。

3. 我国关于共同犯罪人分类标准的争论与实践

我国近代以来至新中国成立前刑法在对共同犯罪人分类问题上均借鉴西方国家刑法理论及立法例规定，基本上采用了三分法。1935年颁布的《中华民国刑法》采用分工说与目的说相结合的标准，将共同犯罪人

---

[①] 叶高峰主编：《共同犯罪理论及其运用》，河南人民出版社1990年版，第95—98页。

区分为正犯、从犯和教唆犯三种,其中,正犯指实行犯罪之行为者,从犯指帮助他人犯罪者,教唆犯指教唆他人犯罪者。

新中国颁布的第一部刑法典(1979年刑法典)对共同犯罪人的分类问题,采用了按照共同犯罪人作用分类为主、同时借鉴分工分类法为辅的特殊立场,将共同犯罪人分为主犯、从犯、胁从犯、教唆犯四种。1997年刑法修订案基本上沿用了1979年刑法典的做法,只是将原来所规定的"被诱骗参加犯罪的人"从胁从犯中剔除出去而已。对于我国刑法典的上述规定,我国刑法学界有学者认为,总体上我国刑法对共同犯罪人分类的规定是比较科学合理的。

但是,也有不少学者认为,我国刑法典关于共同犯罪人的分类虽然有利于共同犯罪的量刑,但却给共同犯罪的认定带来了困难,并且在某种程度上还导致了量刑方面的矛盾。为此,学术界提出了以下一些修改意见:[①] (1)将作用分类法改为分工分类法,即将共同犯罪人分为组织犯、实行犯、帮助犯和教唆犯四种。(2)在对共同犯罪人定罪时采用分工分类法,即将共同犯罪人分为实行犯、组织犯、教唆犯和帮助犯;但在对共同犯罪人进行量刑时则采用作用分类法,即将共同犯罪人分为主犯、从犯和胁从犯三种。(3)我国刑法应取消教唆犯和胁从犯的分类,完全按照作用分类法将共同犯罪人分为主犯和从犯两种。

可见,共同犯罪人的分类问题是一个值得深入研究的重大问题。

### (二) 主犯及其处罚原则

1. 主犯的概念与类型

我国现行《刑法》第26条第1款明确规定了主犯的概念,即"组织、领导犯罪集团进行犯罪活动的或者在共同犯罪中起主要作用的,是主犯"。共同犯罪中的主犯可以是一个人,也可以是两个或者多个人,有时甚至全部共同犯罪人均是主犯。但是,主犯的种类一般分为两种:

第一是犯罪集团的首要分子,即组织、领导犯罪集团进行犯罪活动的犯罪分子。犯罪集团的首要分子只能存在于犯罪集团之中,也就是说

---

[①] 参见赵秉志主编《刑法修改研究综述》,中国人民公安大学出版社1990年版,第156—157页;张明楷《刑法学(上)》,法律出版社1997年版,第194页。

必须以犯罪集团存在为前提，没有犯罪集团当然就无从谈起犯罪集团的首要分子；同时，必须是组织、领导犯罪集团进行犯罪活动的犯罪分子才能成为犯罪集团的首要分子，如实施了负责组建犯罪集团、网罗犯罪集团成员、制订犯罪活动计划、布置犯罪任务与指挥集团成员进行具体犯罪活动等行为的犯罪分子。

第二是一般主犯，即在共同犯罪中起主要作用的犯罪分子，或者说是犯罪集团的首要分子以外的主犯。例如，在犯罪集团中虽然不起组织、领导、指挥作用，但是积极参与犯罪集团的犯罪活动的人（犯罪集团中的骨干分子），聚众共同犯罪中的首要分子（非犯罪集团中的首要分子）或者其他在聚众共同犯罪中起主要作用的犯罪分子，以及在聚众共同犯罪以外的一般共同犯罪中起主要作用的犯罪分子，都属于一般主犯。

2. 主犯的定罪处罚规定

刑法关于主犯处罚原则的一般规定值得我们关注。1979年刑法典第23条第2款明确规定："对于主犯，除本法分则已有规定的以外，应当从重处罚。"一般认为，该条规定了"主犯从重处罚原则"。但是，现行1997年刑法典却取消了上述"主犯从重处罚原则"，对此，学术界较多的反应是"不知为何取消"该原则。我们认为，尽管1997年刑法典取消"主犯从重处罚原则"的原因有待考察，但是在共同犯罪理论上与司法实践中，理应坚持"主犯从重处罚原则"。

不过，现行1997年刑法典第26条第3款和第4款规定了主犯处罚原则的一些具体内容，如规定"对组织、领导犯罪集团的首要分子，按照集团所犯的全部罪行处罚"（第3款），"对第三款规定以外的主犯，应当按照其所参与的或者组织、指挥的全部犯罪处罚"（第4款）。前者是针对犯罪集团首要分子的处罚原则所作的具体规定，后者则是针对一般主犯处罚原则所作的具体规定。

（1）犯罪集团首要分子的处罚原则

首先应当明确，《刑法》第26条第3款关于"犯罪集团首要分子的处罚原则"，是只针对犯罪集团的首要分子所进行的特别规定，其中并不包括聚众犯罪的首要分子。《刑法》第97条规定："本法所称首要分子，是指在犯罪集团或者聚众犯罪中起组织、策划、指挥作用的犯罪分子。"根据这一规定，在我国刑法中的首要分子应当包括两种类型：一是犯罪集团的首要分子，二是聚众犯罪中的首要分子。显然，《刑法》第26条第3款规定的首要分子只针对犯罪集团的首要分子，而不包括聚众犯罪中的首要分子。

不过应当注意，必须正确理解《刑法》第26条第3款所规定的"集团所犯的全部罪行"的含义。一般认为，"集团所犯的全部罪行"并不能等同于"集团成员"所犯的全部罪行，因为犯罪集团成员超出首要分子意思范围之外的犯罪活动属于实行过限行为，依法只能要求实行行为人本人负责，而不能要求首要分子对实行过限部分承担刑事责任。

（2）一般主犯的处罚原则

一般主犯包括犯罪集团中除首要分子之外的主犯、一般共同犯罪中的主犯以及聚众犯罪中的首要分子等。对于一般主犯，法律规定只要求其对自己参与的和其组织、指挥的全部罪行承担责任，以体现对其处罚原则与犯罪集团首要分子的处罚原则的区别。这种规定，对于分化瓦解犯罪集团也具有不可忽视的重要作用。

不过需要说明的是，在刑法分则对某些特殊的共同犯罪的主犯专门规定了具体的法定刑的场合，应当直接适用该专门规定，而不再适用刑法总则关于主犯处罚原则的规定（包括首要分子与一般主犯的处罚原则规定）。

### （三）从犯及其处罚原则

《刑法》第27条明确规定了从犯的概念，即从犯是指"在共同犯罪中起次要或者辅助作用的"犯罪分子。从这一概念可知，从犯具体包括两种：一是起次要作用的从犯，或者称次要的实行犯。指在共同犯罪中起次要作用的犯罪分子，这种从犯直接实施了具体犯罪构成客观要件的行为，但在整个犯罪活动过程中所起的作用较小。二是起辅助作用的从犯，或者称帮助犯。指在共同犯罪中起辅助作用的犯罪分子，这种从犯不直接实施具体犯罪构成客观要件的行为，而是为共同犯罪的顺利实施创造条件，以辅助、帮助实行犯的实行行为。

从犯的处罚原则在《刑法》第27条第2款中有明确规定，即"对于从犯，应当从轻、减轻处罚或者免除处罚"。

当然，有些场合由于刑法分则对某些共同犯罪中的从犯特殊规定了具体明确的法定刑,就应当直接按照分则所明确规定的法定刑进行处罚,无须适用刑法总则关于从犯处罚原则的规定。

**(四) 胁从犯及其处罚原则**

《刑法》第 28 条明确规定了胁从犯的概念,即胁从犯是指被胁迫参加犯罪的人。

胁从犯可以说是我国刑法的特殊规定。关于其划分根据,我们认为主要有以下三个方面:其一,是行为人在共同犯罪中所起的作用是次要的或者辅助性的。其二,是行为人在犯罪的起因上是"被胁迫",而不是主动参加的或者仅仅是被引诱。所谓胁迫,是指以剥夺生命、损害健康、揭露隐私、损毁财物等内容对行为人进行精神上的强制。胁从犯在犯罪起因上必须是被胁迫,但是从犯在犯罪起因上并不是必须被胁迫。其三,是行为人在意志上具有不情愿性,即在意志上处于不完全自由自主的状态,但是并没有完全丧失意志自由。这是胁从犯区别于其他共同犯罪人,尤其是从犯的最本质特征。如果被胁迫的程度很轻微,并不足以影响行为人的意志,则行为人主观上不具有"不情愿性"。[①]

胁从犯的处罚原则,是《刑法》第 28 条所规定的"应当按照他的犯罪情节减轻处罚或者免除处罚"。在具体案件中,对胁从犯到底是适用减轻处罚还是适用免除处罚,应根据具体的情况如受胁迫的程度大小、被胁迫实施的犯罪性质以及胁从犯行为对危害结果所起作用大小等综合考虑决定。

**(五) 教唆犯及其处罚原则**

刑法理论界一般认为,根据《刑法》第 29 条的规定,教唆犯是指故意唆使他人犯罪的犯罪分子。[②] 关于教唆犯的成立要件(或特征),刑法理论上有二特征说、三特征说、四特征说、五特征说等多种观点。[③] 有学

---

① 魏东:《试论胁从犯的分类根据》,《四川省政法管理干部学院学报》2002 年第 3 期。
② 高铭暄主编:《刑法专论》(上编),高等教育出版社 2002 年版,第 355 页。
③ 参见刘佳雁《海峡两岸刑法中教唆犯理论之比较研讨》,《台湾研究》1995 年第 2 期;魏智彬《教唆犯的概念与成立要件问题研究》,《社会科学研究》2000 年第 3 期。

者认为，对于教唆犯的成立要件，应当坚持犯罪构成的基本原理，同时应当综合考虑教唆犯的特殊性，将教唆犯的成立要件分为"普适性要件"与"专属性要件"，教唆犯的主体要件属于"普适性要件"，教唆犯的主观要件、客观要件属于"专属性要件"，其中值得深入检讨的是"专属性要件"内容。[①] 因此，理论界一般都只研究阐述了教唆犯的主观要件和客观要件两个方面的问题。（1）主观上必须具有教唆他人实施犯罪的故意。故意的内容包括：认识到他人尚无犯罪决意或者犯罪决意尚不坚定，预见到自己的教唆行为将引起被教唆者产生犯罪决意或者坚定犯罪决意，而希望或者放任教唆行为所产生的结果。可见，教唆犯的主观方面要件可以是直接故意，也可以是间接故意。（2）客观上必须具有教唆他人实施犯罪的行为。即用授意、劝说、请求、命令、挑拨、刺激、引诱、收买等方法手段，唆使他人实施某一种或者几种具体犯罪行为。教唆的对象是本无犯罪意图或者犯罪意志尚不坚决的人。教唆行为的形式可以是口头的也可以是书面的，可以是单独一人教唆也可以是多人共同教唆。不过理论界一致认为，教唆行为只能是以积极方式的作为形式来实施，而不能以不作为形式实施教唆行为。

教唆犯的处罚原则是：对于教唆犯，应当按照他在共同犯罪中所起的作用处罚；教唆不满18周岁的人犯罪的，应当从重处罚；如果被教唆的人没有犯被教唆的罪，对于教唆犯可以从轻或者减轻处罚。具体内容包括：

1. 教唆他人犯罪的，应当按照他在共同犯罪中所起的作用处罚

针对被教唆者已经犯了所教唆的罪（包括犯罪预备、犯罪未遂、犯罪中止、犯罪既遂等形态），应当根据教唆犯实际在共同犯罪中所起的不同作用分别处罚，起主要作用的就按主犯处罚，起次要作用的就按从犯处罚。对于教唆犯一般是按主犯处罚，因为教唆犯是犯罪意图的发起者，是引起他人犯罪的原因，没有教唆犯的教唆就可能不会发生特定的被教唆的罪，特别是以胁迫的方法教唆他人犯罪的教唆犯，其在共同犯罪中更是占主要作用。但是，在少数情况下的共同犯罪中，教唆犯也可能只

---

[①] 魏智彬（魏东）：《教唆犯的概念与成立要件问题研究》，《社会科学研究》2000年第3期。

起了次要作用,如教唆他人帮助别人犯罪或者因为受第三人威胁而不得已教唆他人犯罪等,这时,应当实事求是地确认教唆犯只起次要作用及从犯地位。

2. 教唆不满18周岁的人犯罪的,应当从重处罚

对教唆犯的这一处罚原则,是我国特别保护未成年人的刑事政策的需要。我国刑法明确规定:教唆未成年人犯罪的,应当从重处罚。如何理解和适用这一从重处罚原则?学术界有两种观点:一种观点认为,只要教唆不满18周岁的人犯罪,这种行为本身就表明教唆犯在共同犯罪中起主要作用,教唆犯就当然是主犯,因而应当从重处罚。[1] 另一种观点认为,教唆未成年人犯罪的教唆犯并不一定当然就是主犯,这种教唆犯有时也可能在共同犯罪中起次要作用,但这并不排斥这种教唆犯的从重处罚原则,只不过二者之间发生了竞合而已。[2] 我们认为,在一般情况下,教唆不满18周岁的人犯罪的场合,教唆犯基本上都是起主要作用,因而是主犯,当然同时要适用从重处罚原则;只有在极个别的情况下,如教唆犯本人也是未成年人,这时的教唆犯在共同犯罪中的作用需要周全考察判断,如果教唆犯确实在共同犯罪中起次要作用的,可以作为从犯处理。

3. 如果被教唆的人没有犯被教唆的罪,对于教唆犯可以从轻或者减轻处罚

《刑法》第29条第2款规定:"如果被教唆的人没有犯被教唆的罪,对于教唆犯,可以从轻或者减轻处罚。"这一条款规定的情形,刑法理论上称为教唆未遂或者教唆未成未遂、未成功的教唆。与此相对应,还有教唆已成未遂的概念。教唆已成未遂是指,被教唆的人已基于教唆而进行犯罪活动但未完成犯罪情况下教唆犯构成的未遂。[3] 对于类似《刑法》第29条第2款规定的情况,到底如何认定教唆犯的停止形态,如何处罚教唆犯?从各国立法看,主要有以下几种态度:(1)按犯罪未遂论处。

---

[1] 参见魏克家《试论教唆犯的几个问题》,载北京市法学会编《刑法学论集》,1983年,第144页。

[2] 参见陈兴良《共同犯罪论》,中国社会科学出版社1992年版,第281—282页。

[3] 参见赵秉志《犯罪未遂的理论与实践》,中国人民大学出版社1987年版,第214—216页。

(2) 按预备犯论处。(3) 以独立教唆犯论处。

而对于我国新《刑法》第 29 条第 2 款规定的教唆犯到底处于犯罪的何种停止形态的问题，目前我国理论界分歧较大，主要有以下五种看法：[1]

第一，预备说。认为从教唆犯罪的特性来看，教唆犯对被教唆人实施教唆行为同为了犯罪而寻找共同犯罪人没有本质的区别，而寻找共同犯罪人正是犯罪预备的一种表现形式。

第二，既遂说。认为教唆犯的教唆行为仅止于教唆，一经教唆完毕，其犯罪就已终了，不论教唆的人是否实行教唆犯所教唆的犯罪，均构成犯罪既遂。

第三，成立说。认为在被教唆的人没有犯被教唆的罪的情况下，教唆犯不是犯罪的任何一个阶段，可以笼统地称为犯罪成立，而没有必要再认定其是犯罪的哪个阶段。

第四，特殊教唆犯说。认为在这种情况下，教唆犯不构成共同犯罪，是一种特殊教唆犯，应根据其本身的犯罪事实、犯罪性质、情节和社会危害程度，从轻或减轻处罚。

第五，未遂说。认为在被教唆的人没有犯被教唆的罪的情况下，教唆犯由于其意志以外的原因而未得逞，应视为未遂，称为教唆犯的未遂；这种情形下的教唆未遂可以称为教唆未成未遂。[2]

我们认为，预备说和特殊教唆犯说（独立教唆犯说）的基本观点是基本一致的、正确的。在教唆未遂的情况下，教唆者与被教唆者之间不存在共同犯罪关系，其通常表现有以下几种情况：（1）被教唆者拒绝了教唆者的教唆；（2）被教唆者虽然当时接受了教唆者的教唆，但实际上并没有进行任何犯罪活动；（3）被教唆者当时允诺实施教唆犯所教唆的罪，但实际上实施的是不同于所教唆的罪质（包括不具有重合关系性质）

---

[1] 参见下列各书：高铭暄主编《新中国刑法学研究综述（1949—1985）》，河南人民出版社 1986 年版，第 368—370 页；赵秉志《犯罪未遂的理论与实践》，中国人民大学出版社 1987 年版，第 215—219 页；马克昌主编《犯罪通论》，武汉大学出版社 1991 年版，第 570—571 页；参见陈兴良《共同犯罪论》，中国社会科学出版社 1992 年版，第 403—407 页。

[2] 参见赵秉志《犯罪未遂的理论与实践》，中国人民大学出版社 1987 年版，第 215—216 页。

的其他犯罪。上述三种情形的教唆未遂，对于教唆犯可以从轻或者减轻处罚。

## 七　间接正犯

间接正犯与片面共犯，可以说在较多情况下是共犯论中最重要的"反对形象"，两者既可以是共犯论又可以是"非共犯"论，既要借助共犯论又要超越共犯论，在较多场合需要否定共犯论。例如，间接正犯在表现为利用他人非行为的介入、利用无故意者行为的介入、利用被害人行为的介入、利用他人适法行为的介入、利用无责任能力者行为的介入、利用受强制者行为的介入、利用他人缺乏违法性认识的可能性的行为介入等情形下，间接正犯通常是否定共犯论、不能适用共犯论的（"非共犯性说"，仅在间接正犯在表现为利用有故意者行为的介入时才例外地成立共同犯罪）。

需要注意的是，间接正犯在表现为利用有故意者行为的介入时，则可能成立共同犯罪，但是这种情况实质上是否成立间接正犯是存在争议的。对此，罗克辛（Roxin）指出："幕后者成立间接正犯和实施者成立直接正犯，二者之间并不是绝对相互排斥的关系。相反，在强制性支配的情形下，幕后者的意思支配以实施者的行为为支配前提。"[1] 我国有学者指出：间接正犯的成立并不意味着共同犯罪的否定，例如，公务员利用妻子收受贿赂时，公务员是间接正犯，妻子是帮助犯，二人成立共同犯罪；又如，应当保守患者秘密的医生，通过其他人泄露患者秘密的，（在德国）医生为间接正犯，直接泄露者构成共犯。[2]

如果说间接正犯（概念）主要是二次性的、补充的、犯罪事实（强）支配规范性的（非共犯性）正犯方案，那么，片面共犯（概念）就主要是二次性的、补充的、犯罪事实（弱）支配规范性的（非共犯性）共犯方案。

---

[1] C. Roxin, Strafrecht Allgemeiner Teil, Band Ⅱ, C. H. Beck, 2003, S. 23. 转引自张明楷《外国刑法纲要》（第三版），法律出版社2020年版，第275页。

[2] 张明楷：《外国刑法纲要》（第三版），法律出版社2020年版，第275页。

### (一) 间接正犯的概念与理论方案

间接正犯的立法规定，最早始于德国1913年刑法草案第33条，但是至今多数国家没有相应的立法规定。德国现行刑法第25条第1款也明确规定了间接正犯："自己或者通过他人实施犯罪行为的，作为正犯处罚。"相应地，间接正犯的理论研讨最先主要由德国学者主导提出，现在已经发展成为全球讨论的重要理论。

间接正犯是与直接正犯相对应的概念。直接正犯，是指实行行为是由行为人直接通过自身的身体动作、直接利用动物和其他工具实施的情形。间接正犯，是指实行行为是由行为人间接地通过利用他人的实行行为来实施，将他人作为犯罪工具加以利用的情形。因此，间接正犯的实行行为性（正犯性），是因为间接正犯与直接正犯一样，支配了犯罪事实和构成要件的实现，从而"在德国占通说地位的是犯罪事实支配说。这一学说也得到了日本等国学者的支持"[1]。

1. 作为二次性的、补充的、犯罪事实支配说的（非共犯性）间接正犯方案

间接正犯是一种特殊的立法方案和理论方案。作为理论方案的间接正犯（方案），主要有二次性的、补充的正犯方案说以及犯罪事实支配说。

其一，二次性的、补充的正犯方案说。

该说认为，间接正犯的产生原因，是"基于限制的正犯概念和共犯的极端从属性的观点，只有直接正犯者的行为具备构成要件要符合性、违法性与有责性，教唆犯、帮助犯才成立共犯；但将无责任能力的他人作为工具实现犯罪时，既不符合直接正犯的条件，又不符合教唆犯、帮助犯的条件；为了避免处罚上的空隙，作为一种二次性的、补充的方案，将这种情况作为间接正犯处罚"[2]。简言之，按照德国刑法所采用的区分制共犯参与体系、限制的正犯概念和共犯的极端从属性的观点，间接正犯根本上就不是"共犯"现象——其既不成立直接正犯，也不成立教唆

---

[1] 张明楷：《外国刑法纲要》（第三版），法律出版社2020年版，第271页。
[2] 张明楷：《外国刑法纲要》（第三版），法律出版社2020年版，第270页。

犯、帮助犯——而是一种"非共犯性"现象，但是间接正犯又具有处罚必要性，因此"为了避免处罚上的空隙"才有必要提出（非共犯性的）间接正犯概念（理论），即"作为一种二次性的、补充的方案，将这种情况作为间接正犯处罚"。

在这个意义上可以说，间接正犯在表现为利用有故意者行为的介入时，是一种非常特殊的情况，因为除此以外的其他情形，间接正犯通常不成立共同犯罪（正因为无法适用共同犯罪才出现了"处罚上的空隙"）。

其二，犯罪事实支配说。

该说（罗克辛）认为，实行行为在实质上是具有犯罪事实支配性的行为，凡是对犯罪实施过程具有决定性影响的关键人物或者核心角色即可成立正犯。犯罪事实支配分为行为支配、意思支配、功能性支配等三个类型：行为支配，即行为人通过自己直接实施犯罪行为从而支配犯罪事实，并使自己的行为称为犯罪事实中心，这是直接正犯；意思支配，即行为人不必出现在犯罪现场，也不必参与共同实施，而是通过强制或者欺骗手段支配直接实施者，从而支配构成要件的实现，这就是间接正犯；功能性支配，即行为人与其他人一起共同负担犯罪完成的重要功能，从而支配构成要件的实现，此即共同正犯。

可见，意思支配——作为犯罪事实支配说中的一种基本类型——所形成的犯罪事实支配的情形，即成立间接正犯。

值得注意的是，义务犯和亲手犯是否适用意思支配并成立间接正犯的问题，理论上存在以下争议：[1] 第一，罗克辛在讨论间接正犯时区分了支配犯与义务犯。义务犯是指这样一种犯罪类型：刑法条文针对构成要件的结果或者不阻止侵害结果的行为规定了法定刑，没有明文规定实行行为的外在形式；只要行为人违反了其所负有的义务，背离了其所担当的社会角色，就构成该罪。对于支配犯，根据幕后者是否支配了犯罪事实（是否核心角色），区分间接正犯与共犯。但对于义务犯而言，则不可能采取上述标准。但是，很多学者不同意罗克辛的观点，仍然主张以统一的标准（事实支配）区分间接正犯与教唆犯、帮助犯。第二，通说认为，亲手犯（或自手犯）不可能存在间接正犯。亲手犯是指必须由正犯

---

[1] 参见张明楷《外国刑法纲要》（第三版），法律出版社2020年版，第275—276页。

者自己直接实行的犯罪。但是，关于亲手犯的含义与范围，在刑法理论上并不统一。文本说认为，如果描述某种犯罪的构成要件的文字含义中没有包含亲手实施之外的行为方式，那么，该犯罪就是亲手犯。身体行为说认为，如果只要有相应的行为就可以实现构成要件，而不必发生结果，那么，该犯罪就是亲手犯。据此，行为犯就是亲手犯。例如非法侵入他人住宅，是亲手犯，不可能有间接正犯。但是，持反对观点的人指出，在行为人利用无责任能力者闯入他人住宅，侵犯了他人的居住权时，没有理由不认定为间接正犯。根据罗克辛的观点，亲手犯分为三种类型：第一类是行为关联性犯罪，这是指犯罪的不法并非取决于侵害结果，而是取决于行为本身的可谴责性的犯罪。最典型的是乱伦罪。第二类是生活方式性犯罪，即诸如流浪罪或游荡罪等以特定的生活方式作为可罚性基础的犯罪。第三类是陈述性犯罪，"依法宣誓作证的人"的伪证罪等属于这一类。

2. 间接正犯的基本类型

如前所述，意思支配所形成的犯罪事实支配的情形即成立间接正犯。罗克辛指出，作为意思支配犯的间接正犯，具体存在以下三种情形（基本类型）："第一，幕后者能够通过迫使直接实施者实施符合构成要件的行为，从而达成自身对于犯罪事实的支配性（通过强制达成的意思支配）。第二，幕后者可以隐瞒犯罪事实，从而欺骗直接实施者并且诱使对真相缺乏认知的实施者实现幕后者的犯罪计划（通过错误达成的意思支配）。第三，幕后者可以通过有组织的权力机构将实施者作为可以随时替换的机器部件而操纵，并且据此不再将实施者视为个别的正犯而命令，进而达成对犯罪事实的关键支配（通过权力组织的支配）。除了上述三种基本支配情形之外，不可想象其他情形。利用无责任能力、减轻责任能力和未成年人的情形，在构造上只是强制性支配与错误性支配的结合而已。"[①]

对于罗克辛所论述的间接正犯的三种基本类型，我国有学者将其概括为通过强制的意思支配、通过错误的意思支配、通过权力组织的意思

---

[①] C. Roxin, Strafrecht Allgemeiner Teil, Band Ⅱ, C. H. Beck, 2003, S. 23. 转引自张明楷《外国刑法纲要》（第三版），法律出版社 2020 年版，第 271 页。

支配，指出：

通过强制的意思支配，是最容易理解的间接正犯类型。例如，甲胁迫乙对丙实施伤害行为，否则就杀害乙或者乙的家人，从而导致乙对丙实施了伤害行为。甲成立伤害罪的间接正犯。问题是，幕后者所实施的强制达到何种程度时，才能认定为间接正犯。根据罗克辛提出的"责任承担原则"，如果幕后者的行为符合德国刑法第35条的前提（幕后者的行为对直接实施者形成了现实的、别无他法可以避免的对生命、身体或者自由的危险时），从而使实施者的行为免除了刑事责任，就应当认定幕后者所实施的行为足以构成犯罪事实支配，进而认定为间接正犯。幕后者虽然没有实施胁迫行为，但通过创设与德国刑法第35条相符合的客观情形，从而使直接实施者陷入紧急避险状态，也成立间接正犯。以上结论也适用于"强制自我损害"的情形。如强迫他人自伤或者自杀的，成立伤害罪或者谋杀罪的间接正犯。此外，幕后者通过利用合法行为形成强制性支配的，也成立间接正犯。

通过错误的意思支配，包括四种类型：其一，幕后者利用直接实施者无构成要件的故意的行为。例如，A将毒药冒充为葡萄糖液交给B，让B向患者注射，致使患者死亡的，A是杀人罪的间接正犯。再如，乙误以为活人丙是稻草人而欲向"稻草人"开枪时，甲明知乙实际上是要向丙开枪，却仍然将自己的猎枪给乙使用，导致乙过失杀害丙的，甲是杀人罪的间接正犯。其二，幕后者利用直接实施者基于法律错误（违法性的认识错误）的行为。这种情形比较少见。其三，幕后者利用直接实施者基于对免责事由的认识错误的行为。换言之，直接实施者的行为虽然具有构成要件符合性、违法性的行为，但误以为自己会被免责。在这种情况下，造成直接实施者的错误或者利用其错误的幕后者是直接正犯。其四，直接实施者的行为具有构成要件符合性、违法性与有责性，但幕后者就与犯罪本身相关的因素进行欺骗，从而导致直接实施者实现了幕后者的计划时，幕后者为间接正犯。这主要是指直接实施者误以为仅实施了基本的犯罪行为，实际上幕后者利用直接实施者实现了加重构成的情形。

通过权力组织的意思支配，是指幕后者控制一个权力组织，经由命令（而非强制或者欺骗），通过整个机构的运转而完成犯罪行为的情形。

发布命令者即为间接正犯。①

### (二) 间接正犯的成立范围

间接正犯的三种类型可以具体表现为以下七种情形：一是利用他人非行为的介入；二是利用无故意者行为的介入；三是利用有故意者行为的介入；四是利用被害人行为的介入；五是利用他人适法行为的介入；六是利用无责任能力者行为的介入；七是利用受强制者行为的介入；八是利用他人缺乏违法性认识的可能性的行为介入。②

其一，利用他人非行为的介入。

即利用他人不属于行为的身体活动，例如利用他人的反射举动或者睡梦中的动作实现犯罪的，属于间接正犯。

其二，利用无故意者行为的介入。

即利用他人缺乏故意的行为，成立利用不知情者的间接正犯。例如，医生指使不知情的护士给患者注射药，构成杀人罪的间接正犯。当被利用者没有过失时，利用者成立间接正犯是没有多大疑问的。但是，当被利用者具有过失时，利用者是否成立间接正犯，则存在争议（例如有人主张肯定过失的共同犯罪）；同时，被利用者虽然具有其他犯罪的故意但缺乏利用者所具有的故意时，利用者也可能成立间接正犯，例如，甲明知丙坐在丙家的屏风后，但乙不知情，甲唆使乙开枪毁坏丙的屏风，乙开枪致丙死亡，则乙虽然具有毁损器物罪的故意，但没有杀人罪的故意，杀人罪的结果只能归责于甲，甲成立间接正犯。

其三，利用有故意者行为的介入。

即有故意的工具，是指被利用者虽然有责任能力并且有故意，但缺乏目的犯中的目的，或者不具有身份犯中的身份，那么，利用不符合构成要件的行为——例如利用被利用者所实施的缺乏目的犯中的目的的行为，或者利用被利用者所实施的缺乏身份犯中的身份的行为——的情形，利用者就成立目的犯或者身份犯的间接正犯。

利用有故意者行为的介入情形下的间接正犯在理论上存在较多争议，

---

① 张明楷：《外国刑法纲要》（第三版），法律出版社 2020 年版，第 271—272 页。
② 参见张明楷《外国刑法纲要》（第三版），法律出版社 2020 年版，第 272—275 页。

在被利用者对利用者所欲实施的目的犯和身份犯有认识的情况下，被利用者和利用者还可能成立目的犯和身份犯的共同犯罪。

其四，利用被害人行为的介入。

即利用被害人的行为，当利用者使被害人丧失自由意志，或者使被害人对结果缺乏认识或产生其他法益关系的错误，导致被害人实施了损害自己法益的行为时，利用者成立间接正犯。例如，甲谎称乙饲养的狗为疯狗，使乙杀害该狗的，是故意毁坏财物罪的间接正犯。再如，行为人强迫被害人自杀的，成立故意杀人罪的间接正犯。

其五，利用他人适法行为的介入。

即利用他人的适法行为，如利用他人的正当防卫、紧急避难行为实施犯罪，一般认为成立间接正犯。但是，对一些具体案件也存在争议。例如，甲想利用乙的正当防卫杀害 X，于是诱导 X 对乙进行不法侵害，乙正当防卫杀害了 X。此例中，乙的行为是正当防卫，甲是否成立杀人罪的间接正犯？对此，有间接正犯肯定说、间接正犯否定说、教唆犯说之争。

其六，利用无责任能力者行为的介入。

即利用无责任能力者的身体活动所实施的犯罪，只能归责于其背后的利用者并成立间接正犯。例如，利用幼儿、严重精神病患者的身体活动实现犯罪的就是间接正犯。但是，利用减轻责任能力者实施犯罪的，理论上存在利用者成立间接正犯、教唆犯或者帮助犯的争议。

其七，利用受强制者行为的介入。

即对被利用者进行强制使之实施犯罪活动，利用者对他人进行强制（包括物理的强制与心理的强制），压制他人意志，使他人丧失自由意志时，不能将结果归责于受强制者，只能归责于强制者，从而强制者成立间接正犯。

其八，利用他人缺乏违法性认识的可能性的行为介入。

如果利用了他人不可避免的违法性认识错误，没有争议地成立间接正犯；至于利用他人可以避免的违法性认识错误的情形是否成立间接正犯，则存在争议。例如，甲欺骗乙说："丙的不法侵害虽然已经结束了，但你现在攻击他仍然是正当防卫。"乙信以为真，在丙的不法侵害结束后，伤害了丙。一种观点认为，如果乙的认识错误是可以避免的，则甲不成立间接正犯,仅成立教唆犯。另一种观点则认为,无论乙的认识错误是否可以避免,都不会改变乙没有认识到违法性的事实,而且乙的认识错误是由甲所引起,故应认定甲为间接正犯。

### (三) 与间接正犯相关联的其他正犯类型

德日刑法学共犯论在讨论间接正犯的同时,还讨论了部分的共同正犯、附加的共同正犯与择一的共同正犯等特殊的正犯类型,在学术史上还有肯定连累犯作为共同正犯的学说(现在均持否定说),其学术见解对我国共同犯罪理论研究具有重要启发意义,这里一并讨论。

#### 1. 部分的共同正犯与结果加重犯的共同正犯

二人以上共同故意实施较轻的犯罪行为,但是有人单方面地趁机加以利用并实施较重的犯罪行为,则其中的部分行为人仅就较轻的犯罪成立共同正犯,即属于部分的共同正犯。概言之,只要两个犯罪之间存在加重减轻关系或者整体与部分的关系,其中的部分行为人仅就较轻的犯罪或者部分犯罪成立共同正犯(部分的共同正犯)。例如,甲与乙共同实施针对某被害人实施故意伤害行为,但是甲单方面地趁机加以利用并实施了故意杀人或者抢劫财物的行为(乙并未参与杀人或者抢劫财物),甲成立故意杀人罪或者抢劫罪的正犯,乙只成立故意伤害罪的共同正犯(即部分的共同正犯),这些都没有争议。

但是,部分的共同正犯中存在的争议问题在于,作为故意伤害罪的部分的共同正犯,乙是否需要对甲杀人行为致他人死亡的后果承担"故意伤害致人死亡"这一加重结果承担责任(并适用加重法定刑情节)?换言之,乙是否成立加重结果犯的共同正犯?这一争议问题表明,部分的共同正犯与结果加重犯的共同正犯之间存在着紧密关联性。

对此,笔者认为,乙应当成立结果加重犯的共同正犯,因此应当对乙适用加重法定刑情节,理由在于,作为故意伤害罪的部分的共同正犯乙,明知实施故意伤害行为本身就存在伤害致人死亡结果发生这一不被容许的危险,但是乙仍然实施共同故意伤害行为,由此造成致人死亡的结果发生,则乙应对此加重结果承担责任。虽然这一加重结果是由于甲实行过限(故意杀人)所直接引起,从而乙不成立作为实行过限的故意杀人罪的责任,但是并不能由此否定乙对致人死亡结果承担结果加重犯的责任。因此，需要注意结果加重犯的共同正犯问题。结果加重犯的共同正犯是一个与部分的共同正犯反向关联的正犯概念。

结果加重犯的共同正犯，是指以下情形：二人以上共同实行结果加重犯的基本犯罪行为，其中一部分行为人的行为造成了加重结果，这种情形下，其他人不仅构成基本犯罪的共同正犯，而且成立结果加重犯的共同正犯。通说肯定结果加重犯的共同正犯，理由是：（1）从结果加重犯的成立条件看，不但基于基本犯罪行为与加重结果之间具有条件关系或者相当因果关系即可成立结果加重犯的立场可以确认结果加重犯的共同正犯，而且基于行为人对加重结果有过失（责任要素）才能成立结果加重犯的立场也可以确认加重结果犯的共同正犯。（2）从共同正犯的成立条件看，不但基于行为共同说（以及赞成过时的共同正犯）的立场可以确认结果加重犯的共同正犯，而且基于犯罪共同说的立场——即在实施基本犯罪行为时便具有发生加重结果的高度危险性，这就要求共同实行基本犯罪行为的人都采取谨慎态度，相互防止加重结果的发生，从而应考虑结果加重犯的特殊性——也可以肯定结果加重犯的共同正犯。

但是，理论上还有否定说的观点。否定说认为，在结果加重犯的场合，只能成立基本犯罪的共同正犯，不能成立结果加重犯的共同正犯。否定说提出的理由是：从责任主义的要求来看，成立结果加重犯以行为人对加重结果具有过失为要件，而过失犯的本质是无意识，不可能就过失犯形成共同意识，因而否认过失的共同正犯，也否认结果加重犯的共同正犯。笔者认为，否定说不可取。

应当注意的是，部分的共同正犯对加重结果犯承担责任这一原理，同教唆杀人案出现实行过限（实行犯实行过限）从而教唆犯对加重结果犯承担责任的归责原理相当：教唆犯不承担由于实行犯实行过限而导致的故意杀人罪的责任，但是教唆犯仍然应对实行犯所致加重结果（致人死亡结果）承担责任，从而教唆犯构成故意伤害致人死亡这一结果加重犯的责任。例如，下列案例：

**【案例】眉山扁某雇凶伤人案**[①]

被告人扁某因其与被害人高某某在生意上产生矛盾，为泄愤产生伤

---

① 案例来源：《眉山市中级人民法院刑事附带民事判决书》（2008）眉刑初字第24号。

害被害人的念头，于是找到被告人毛某某要求帮助找人教训被害人，并出资为毛某某购买小汽车跟踪被害人。在第一次毛某某帮助扁某联系了"凶手"王某某而王某某以不好下手为由携款潜逃、伤害被害人未果的情况下，扁某又多次不断催促毛某某再帮助找人伤害被害人。毛某某最终找到被告人李某并明确告诉李某以砍断一只手脚的形式教训受害人即可。李某等人接受委托后，为避免事情败露而自行决定"杀人灭口"将受害人直接杀死。人民法院判决扁某和毛某某犯故意伤害罪并致人死亡，判处无期徒刑；判决李某犯故意杀人罪，判处死刑、剥夺政治权利终身。

【法理】本案扁某和毛某某雇凶伤人案具有一定特殊性：扁某和毛某某在主观上具有故意伤害他人的故意，客观上实施了雇凶伤害他人的行为，因此人民法院判决认定扁某和毛某某犯故意伤害罪是正确的；李某自行决定故意杀人，属于实行过限，应由李某承担故意杀人罪的责任。但是问题在于：扁某和毛某某是否应当对故意伤害致人死亡这一严重后果承担责任？对此，一种观点认为，扁某和毛某某构成故意伤害罪，但是不对"致人死亡"这一严重后果承担责任，因为其雇凶伤害时明确要求是"以砍断一只手脚的形式教训被害人即可"，并没有"致人死亡"的故意，因此扁某和毛某某应当只对"致人重伤"这一结果承担刑事责任，即应当适用《刑法》第234条第2款"犯前款罪，致人重伤的，处三年以上十年以下有期徒刑"进行量刑；另一种观点认为，扁某和毛某某应当对"致人死亡"这一严重后果承担责任，因为砍断手脚等故意伤害行为本身就有致人死亡后果发生的极大风险，并且对于"致人死亡"后果本来就不要求行为人主观上具有故意——因为故意致人死亡的行为本来就应当评价为故意杀人罪——而只能是过失，那么，在凶手直接故意杀死被害人时，扁某和毛某某对于被害人死亡这一后果至少具有过失责任，因此扁某和毛某某就应当承担故意伤害致人死亡承担责任。

笔者倾向于认为，对于雇凶伤人案件中雇凶者，因凶手实行过限致人死亡的，应当对雇凶者以故意伤害致人死亡情节论处。因为故意伤害他人本身的行为客观上包含着致人死亡的极大风险，扁某和毛某某仍然雇凶伤害被害人，结果导致李某故意杀死了被害人这一后果，扁某和毛某某应当承担故意伤害致人死亡的刑事责任，应当适用《刑法》第234条第2款"致人死亡或者以特别残忍手段致人重伤造成严重残疾的，处十年以上有期徒刑、无期徒刑或者死刑"进行量刑。因此，人民法院的判决雇凶者扁某和毛某某无期徒刑是合理的。

2. 附加的共同正犯

附加的共同正犯，是指二人以上针对同一犯罪对象故意共同实施犯罪行为，共同造成犯罪结果，但是无法具体查明其中是谁的行为直接造成的危害结果，这种场合即使个别人没有直接对犯罪对象造成危害结果、并不存在犯罪事实的功能性支配（赫茨贝格观点），但仍然应认定所有的共同实施犯罪行为的人都是共同正犯，即属于附加的共同正犯。例如，为确保谋杀的成功，20个杀手同时向一名被害人开枪射击，被害人身中数弹，但不能查明是哪些杀手射中了被害人，仍然应认定所有的杀手都是故意杀人罪的共同正犯（附加的共同正犯），因为每个杀手的行为都使得犯罪的成功更为确定并确保了结果发生，每个杀手的行为都对犯罪行为的实施具有重要功能（罗克辛观点），因而每个杀手都是共同正犯。

3. 择一的共同正犯

择一的共同正犯是指如下情形：多个杀手基于共同计划分别在不同马路上伏击被害人，最终由其中一个杀手杀害被害人，此时只有杀害被害人的杀手是谋杀罪的正犯，另外潜伏在其他马路上的杀手不是共同正犯（鲁道菲观点）。对此，罗克辛提出了更具体的区别对待观点，认为：如果杀手们堵住了被害人房屋的所有出口或者封堵了被害人的所有逃跑线路，即使最终仅有一个杀手杀害了被害人，也应认为所有杀手都是共同正犯；反之，如果在多个城市分散地埋伏一些杀手，被害人出现在哪个城市就由哪个城市的杀手杀害，则只有杀害者是正犯，其他杀手不成立共同正犯。[①]

4. 连累犯

所谓连累犯，又称为派生犯、事后罪，是指事前与他人没有通谋，在他人犯罪以后，明知他人的犯罪情况，而故意地以各种形式予以帮助，依法应受处罚的行为。[②] 例如，第191条洗钱罪，第294条包庇、纵容黑社会性质组织罪，第310条窝藏、包庇罪，第311条拒绝提供间谍犯罪证

---

[①] 参见张明楷《外国刑法纲要》（第三版），法律出版社2020年版，第286页。

[②] 王凤恺：《连累犯研究》，硕士学位论文，吉林大学，2007年。

据罪，第312条窝藏、转移、掩饰、隐瞒犯罪所得、犯罪所得收益罪，第349条窝藏、转移、隐瞒毒品、毒赃罪，第349条包庇毒品犯罪分子罪，第362条包庇罪，第402条徇私舞弊不移交刑事案件罪，第411条放纵走私罪，第414条放纵制售伪劣商品犯罪行为罪，第417条帮助犯罪分子逃避处罚罪，就是连累犯（事后罪）。① 与连累犯相对应的犯罪通常称为原罪或者本犯。

连累犯（事后罪）不属于共同正犯的范畴，因此，连累犯不能适用前述间接正犯、部分的共同正犯、附加的共同正犯、择一的共同正犯的相关原理。一般认为，连累犯只能定位于和共犯相对的单独犯罪，②"这些犯罪行为曾经纳入共同犯罪的范畴，而现在各国刑法与刑法理论一般都认为它是单独犯罪"③。但是，也有学者指出："事后罪在现今有些国家依然被认为是共同犯罪（事后从犯），如美国、英国、尼日利亚的刑法就是把事后罪作为事后从犯。""事后罪从属说对司法实践具有指导意义，这主要体现在定罪和量刑两方面，定罪上，无本罪无事后罪；量刑上，事后罪的刑罚不得超过本罪的刑罚。"④

## 八 片面共犯

片面共犯，是指在客观上参与同一犯罪的数人中，一方认识到自己是故意在和他人共同犯罪，而另一方则没有认识到有他人和自己共同犯罪的情形。⑤ 对此，理论上即可解释为单方面、片面地存在共同犯罪。到底承不承认片面共犯及其可罚性？中外理论界存在各种不同观点，分歧很大，这些具体观点大致可以区分为否认片面共犯（否定说）与承认片面共犯（肯定说）两种基本立场。

---

① 李舸禛：《连累犯的刑法解构》，硕士学位论文，华东政法大学，2009年。
② 石晓慧：《连累犯问题研究》，硕士学位论文，郑州大学，2007年。
③ 陈兴良：《论我国刑法中的连累犯》，《法律科学——西北政法学院学报》1989年第1期。
④ 张朝义：《事后罪从属说》，硕士学位论文，西南财经大学，2011年。
⑤ 这部分内容直接引用了赵秉志教授的部分研究成果。参见高铭暄主编《刑法专论》（上编），高等教育出版社2002年版，第363—365页。

例如，强奸案中片面的共同正犯。甲欲强奸某女被害人，乙在甲不知情的情况下，以共同完成强奸犯罪的意思将女被害人手脚捆绑起来，使甲顺利地强奸了女被害人。本案中，甲主观上并不知道乙在故意地同自己一起实施强奸，从而甲不能与乙构成共同犯罪，但是乙故意地实施了作为强奸罪实行行为内容的捆绑行为，那么乙的行为是否成立片面的共同正犯？

再如，杀人案中片面的帮助犯。甲手持凶器追杀被害人，适逢乙碰见，乙也对该被害人有仇，于是乙在该被害人逃跑的路上设置障碍，致被害人被甲追上杀死。此案中，甲并不知道乙在帮助他杀死被害人，因此甲与乙没有共同犯罪故意，从而甲不能与乙构成共同犯罪，但是乙故意帮助甲杀死被害人，那么乙的行为是否成立片面的帮助犯？

否定说认为，片面共犯不符合共同犯罪的实质特征，因为共同犯罪故意应该是双向的、全面的，而不是单向的、片面的，而且共同犯罪的严重危害性来源于其整体性，来自各共同犯罪人的行为相互配合、相互协调、相互补充，取决于各共同犯罪人主观上的相互沟通和彼此联络。

肯定说认为，总体上考察片面共犯，其与共同犯罪的概念并不矛盾，因为所谓共同故意，并非必须是相互疏通的，只要行为人认识到自己是同他人一起共同实施同一犯罪，那么就应当认为该行为人具有共同故意。[1] 但是，肯定说内部在具体见解上还存在差异。

我们认为，笼统地主张片面共犯的肯定说与否定说并不妥当。

"片面共犯"定性处理上应该分为两个问题来讨论：一个是可罚性问题，应当承认片面共犯的有限可罚性（而非一刀切的可罚性）；另一个是共犯性问题，应当否定片面共犯的共同犯罪性（非共犯性）。即"片面共犯"的可罚性在基本立场上应当坚持肯定说（有限可罚性说），但是"片面共犯"的共犯性在基本立场上应当坚持否定说（非共犯性说，仅在间接正犯在表现为利用有故意者行为的介入时才例外地成立共同犯罪）。

### （一）片面共犯的有限可罚性

片面共犯的有限可罚性，是指应当适当限定片面共犯的处罚范围，

---

[1] 参见李光灿、马克昌、罗平《论共同犯罪》，中国政法大学出版社1987年版，第38页。

片面共犯（行为）并非一律处罚，而是只针对那些具有处罚必要性的片面共犯（行为）才进行处罚。因为，就单方面具有共同犯罪故意的人而言，片面共犯在主观上具有共同参与犯罪的故意，只不过这一故意是片面的而已，客观上实施了相应的实行行为（正犯行为）或者帮助行为，因此，片面共犯——包括片面的共同正犯和片面的帮助犯——就具备了（修正的）行为定型性、违法性和有责性，具有有限可罚性。

理论上通常不承认片面的教唆犯。但是笔者认为，片面的教唆犯通常表现为独立教唆犯（教唆未遂），具有一定特殊性。根据《刑法》第29条第2款的明确规定，"如果被教唆的人没有犯被教唆的罪，对于教唆犯，可以从轻或者减轻处罚"，可以依法确认片面的教唆犯的有限可罚性（"可以从轻或者减轻处罚"），可以确认片面的教唆犯（独立教唆犯）的可罚性；同时，片面的教唆（行为）也可以认为是一种犯罪预备行为，根据《刑法》第22条明确规定"为了犯罪，准备工具、制造条件的，是犯罪预备""对于预备犯，可以比照既遂犯从轻、减轻处罚或者免除处罚"，也可以确认作为预备犯的片面的教唆犯的有限可罚性（"对于预备犯，可以比照既遂犯从轻、减轻处罚或者免除处罚"）。因此可以说，片面的教唆犯（独立教唆犯），其在规范层面上的可罚性依据是《刑法》第29条第2款和第22条。

例如，强奸案中片面的共同正犯，乙基于主观上对甲实施强奸罪具有明确认识和利用的意思，客观上对女被害人实施了强奸行为内容（捆绑），因此应当承认乙对甲强奸女被害人这一犯罪事实具有可罚性的支配性参与行为，从而确认乙作为片面共犯（片面的共同正犯）的可罚性；同时，将乙针对强奸犯罪事实所实施的具有可罚性的支配性参与行为，直接"解释"为强奸罪，并不违背刑法分则行为定型原理和刑法总则修正分则行为定型原理，也不违背责任刑法原理。

再如，杀人案中片面的帮助犯，乙基于主观上对甲实施故意杀人罪具有明确认识和利用的意思，客观上对被害人实施了阻拦其逃避追杀的设置障碍行为，因此应当承认乙对甲杀死被害人这一犯罪事实具有可罚性的利用性参与行为，从而确认乙作为片面共犯（片面的帮助犯）的可罚性；同时，将乙针对故意杀人犯罪事实所实施的具有可罚性的利用性参与行为，直接"解释"为故意杀人罪，并不违背刑法分则行为定型原理和刑法总则修正分则行为定型原理,也不违背责任刑法原理。

在具体确认片面共犯的有限可罚性时,应当注意某些提供某种便利性的片面帮助行为并不具有可罚性。例如,在甲实施故意杀人和强奸案中,乙尽管也有主观上希望甲顺利实施完成犯罪行为,但是乙仅具有让开道路而不阻挡甲的行为,尽管这种行为也具有某种帮助性质,但是由于乙并不具有作为义务,因此乙让开道路而不阻挡甲的行为就难说具有可罚性。

### (二) 片面共犯的非共犯性

片面共犯的非共犯性(非共犯性说),是指片面共犯针对他人犯罪事实基于明知和利用的意思所实施的具有可罚性的支配性参与行为,仅具有片面性、单面性,而不具有相互之间的犯意沟通,因此不构成共同犯罪,不具有共同犯罪性质,依法不能按照共同犯罪论处。

但是,"我国通说观点认为,为了避免出现处罚漏洞,应当将片面帮助犯纳入到共犯的范畴之中"。① 即传统刑法理论有观点认为,追究片面共犯的刑事责任是按照共同犯原理来实现的,主张片面共犯完全符合共同犯罪成立的要件要求。例如,我国有学者指出,相互认识固然存在主观联系,单方认识也存在主观联系,即可以根据行为人主观联系的不同将共同犯罪故意区分为以下两种情形:一种是行为人之间具有相互认识的全面的共同故意;另一种是行为人之间具有单方认识的片面的共同故意。而全面的共同故意与片面的共同故意之间并不是主观联系有无的问题,而只是主观联系方式的区别问题。② 因此,这种理论主张认为,承认片面共犯并不违背共同犯罪必须具有共同故意的实质特征,因为,如果绝对否定片面共犯,否认片面共犯可以成立共同犯罪,就可能无法有效追究一些犯罪行为的刑事责任;同时,片面共犯也与间接正犯有所不同,因为间接正犯是将他人作为工具予以利用以实现犯罪意图的情形,其中被利用者由于不具备刑事责任能力或者毫无罪过而不构成犯罪,从而间

---

① 邹兵建:《网络中立帮助行为的可罚性证成——一个法律经济学视角的尝试》,《中国法律评论》2020 年第 1 期。

② 陈兴良:《共同犯罪论》,中国社会科学出版社 1992 年版,第 115—116 页。

接正犯在实质上是单独犯罪，其主观上仅仅存在利用他人作为工具实施犯罪的故意，并不存在单方面的共同犯罪故意，因此，将片面共犯作为间接正犯来追究刑事责任的观点有所不妥。

但是，笔者认为，传统刑法学的这些见解并不合适。尤其是，其认为只有确认片面共犯的共同犯罪性质才能有效地（依据共同犯罪原理和共同犯罪立法规范）对片面共犯追责，否则，一旦主张片面共犯既不符合共同犯罪性质又不符合间接正犯条件，就无法对片面共犯追责，这种理论主张在根本上是缺乏说服力的。

那么，不承认片面共犯的共同犯罪性质，为什么仍然可以对片面共犯追责？

笔者认为，答案在于片面共犯符合刑法分则行为定型性（修正的刑法分则行为定型论）、违法性、有责性和有限可罚性。关于片面共犯的违法性、有责性和可罚性比较好理解，这里简要阐述一下片面共犯（行为）的刑法分则行为定型性问题。

片面共犯的刑法分则行为定型性，可以运用修正的刑法分则行为定型论来阐释。基于罪刑法定原则，只能对符合刑法分则行为定型性的行为予以定罪处罚，不符合刑法分则行为定型性的行为依法不能定罪处罚，因此，刑法学犯罪论必须在维持刑法分则行为定型性的统一性的基础上展开。但是，现代刑法学犯罪论在维持刑法分则行为定型性的有效统一性上还提出了修正的刑法分则行为定型论，刑法总则通过犯罪预备规范（犯罪预备论）和共同犯罪规范（共犯论）对刑法分则行为定型进行修正，确认了"修正的刑法分则行为定型"的合法性和有效性，有效维持了刑法分则行为定型性的统一性。具体而言，预备行为尽管不是刑法分则行为定型，但是通过刑法总则规范，预备行为依法获得了修正的刑法分则行为定型性；共犯行为——具体包括教唆行为、帮助行为、组织行为——尽管也不是刑法分则行为定型，但是通过刑法总则规范，共犯行为同样也依法获得了修正的刑法分则行为定型性。因此，可以说，预备行为、教唆行为、帮助行为、组织行为等四类行为，均通过刑法总则规范依法获得了修正的刑法分则行为定型性，可以依法定罪处罚。

### (三) 中立帮助行为

中立帮助行为是一种较为特殊的片面共犯（片面帮助犯），有的学者称其为"不真正的片面帮助犯"。因为，在普通的片面帮助犯场合，正犯完全不知道帮助行为的存在；而在中立的帮助行为场合，正犯知道帮助行为的存在，只不过不知道帮助者的帮助故意。在刑法理论上，前一种情形被称为"真正的片面帮助犯"，后一种情形被称为"不真正的片面帮助犯"。如果说相对于正犯而言，共犯属于刑罚扩张事由的话；那么相对于有犯意联络的普通帮助犯而言，片面的帮助犯显然属于进一步的刑罚扩张事由。因此可以说，"与真正的片面帮助犯相比，中立的帮助行为的可罚性更低"。①

可见，中立帮助行为有专门研究的必要。但是必须注意的是：首先，需要特别强调指出的是：中立帮助行为必须是具有"片面共犯的非共犯性"，而不能具有"共犯性"，因为一旦具有"共犯性"，就不能成立中立帮助行为，而是典型的有犯意联络的普通帮助犯；其次，应该认识到中立帮助行为不同于通常的片面共犯，因为通常的片面共犯中正犯并不知道有人在暗中帮助（独立教唆犯除外，独立教唆犯虽然在实质意义上同片面帮助犯一样属于"片面共犯"，但是在独立教唆犯的场合客观上根本就不存在正犯），而中立帮助行为的场合正犯对于帮助行为是有认识的，并且中立帮助行为人也对正犯的犯罪有认识，只是二者之间尚未形成共同犯罪的"意思联络"（共同故意）而已，因此中立帮助行为在本质上仍然是较为特殊的片面共犯（非共犯性、"不真正的片面帮助犯"）。

1. 中立帮助行为的概念

所谓中立帮助行为，是指在知道或应当知道他人可能将实施犯罪行为而又与其欠缺犯意联络的情况下，通过实施日常生活行为或业务行为的形式为他人实施犯罪行为提供帮助的行为。例如，甲发现乙在小卖部旁边将被害人打倒在地后气势汹汹地过来购买水果刀，甲仍然将水果刀卖给乙（水果刀案）；出租车司机无意中听到后排就座的乘客打算抢银行

---

① 邹兵建：《网络中立帮助行为的可罚性证成——一个法律经济学视角的尝试》，《中国法律评论》2020年第1期。

而仍然将其送到目的地（以下简称"出租车案"），银行职员从顾客现场对话中了解到顾客办理资金转账的目的可能是偷逃税款而仍然为其办理转账业务（以下简称"转账案"）。

我国有学者认为，"猜想到"他人将实施犯罪行为时，例如，五金店老板猜想小偷模样的顾客可能将螺丝刀用于入室盗窃而仍然向其出售螺丝刀（简称"螺丝刀案"），也可以成立中立帮助行为。[①] 这种观点可能并不恰当，至少这种情形"不宜"纳入中立帮助行为进行讨论，否则，将过于泛化了中立帮助行为的理论研讨。螺丝刀案中，只有在特定语境下，例如，五金店老板甲发现陌生人乙正在试图打开对面房屋的门锁进行盗窃，然后，乙走过来购买螺丝刀，甲将螺丝刀卖给乙，这时才能将甲的行为作为中立帮助行为（中立帮助性的业务行为）进行讨论；反之，通常情况下客户购买螺丝刀时，不宜讨论甲的行为是否成立中立帮助行为，因为根本就没有法律和法理的依据将通常情况下的业务行为评价为犯罪帮助行为的前提条件。

一般而言，中立帮助行为是指在具体的案件中客观上给他人的犯罪行为提供了帮助的日常生活行为或业务行为。中立帮助行为对帮助者的主观状态有特定的要求。如果帮助者对他人的犯罪行为毫不知情，其帮助行为无论如何也不可能构成犯罪。因此，在理论上值得认真讨论的中立帮助行为，仅限于行为人已经知道（包括明确知道和猜想到）他人将实施犯罪而仍然为其提供帮助的情形。中立帮助行为的"中立性"不仅要求帮助行为的内容具有日常性，而且还要求帮助者在加害人和被害人的对立关系中处于一种相对中立的状态。一旦帮助者与正犯之间存在犯意联络，帮助者便归属于加害人一方的阵营，无法处于中立的状态，其行为当然也就无法成为中立的帮助行为；在正犯已经明确地将自己的犯罪计划告知帮助者的场合，帮助者依然向其提供帮助，实际上便以默示的形式与正犯达成了犯意联络，因而这种情形也不属于中立帮助行为。同时，在大多数情况下，中立帮助行为的实施者只有一个正当目的（完成日常生活行为或业务行为的目的），而没有非法目的；但是，从经验事

---

① 邹兵建：《网络中立帮助行为的可罚性证成——一个法律经济学视角的尝试》，《中国法律评论》2020年第1期。

实来看，一个人在实施一个行为时可以同时存在多重目的，因而完全有可能出现帮助者既有正当目的又有非法目的（促进他人犯罪的目的）的情形。①

2. 中立帮助行为的可罚性限定："三因素综合权衡说"

在中立帮助行为是否可罚的问题上，理论上存在全面处罚说和限制处罚说两种对立的立场。全面处罚说认为，中立帮助行为完全符合帮助犯的成立条件，因而没有理由拒绝对其加以处罚。例如，德国学者耶赛克和魏根特指出："一个中立的行为，如五金店出售一把螺丝刀，如果售货员清楚地知道该螺丝刀不久将被用作入室盗窃的工具的话，同样可能成为帮助行为。"全面处罚说仅从理论逻辑的角度展开推导，丝毫没有考虑处罚中立帮助行为可能给社会正常的运转带来的负面影响，放弃了法教义学结论在刑事政策上的妥当性，难言妥当；与真正的片面帮助犯相比，中立帮助行为（可谓"不真正的片面帮助犯"）的可罚性更低，因为在中立帮助行为场合，帮助者所实施的帮助行为属于通常没有危险的日常行为，从这个角度来看，全面处罚中立帮助行为的立场明显存在过分扩张刑事处罚范围的问题。因此，限制处罚说的立场更为妥当。

那么，基于限制处罚说的立场，到底应当如何限制中立帮助行为的处罚范围？对此，理论上存在主观说、客观说和折中说。②

（1）主观说

主张从主观层面限制对中立帮助行为的处罚范围，在认识因素上，只有基于确定的故意而实施的中立帮助行为才是可罚的，从而将基于不确定的故意而实施的中立帮助行为排除在处罚范围之外（简称"确定故意说"）；在意志因素上，只有基于促进犯罪的意思亦即直接故意而实施的中立帮助行为才是可罚的，从而将基于间接故意而实施的中立帮助行为排除在处罚范围之外（简称"直接故意说"）。罗克辛以信赖原则对确定故意说进行了修正（修正的确定故意说），认为在帮助者仅仅是猜测到

---

① 邹兵建：《网络中立帮助行为的可罚性证成——一个法律经济学视角的尝试》，《中国法律评论》2020年第1期。

② 邹兵建：《网络中立帮助行为的可罚性证成——一个法律经济学视角的尝试》，《中国法律评论》2020年第1期。

被帮助者的犯罪决定（帮助者仅有不确定的故意）的场合，如果被帮助者表现出了明显的犯罪倾向（信赖不能），帮助者的帮助行为便会构成帮助犯。但是，无论是确定故意说、直接故意说，抑或是修正的确定故意说，都存在难以克服的解释难题，难以合理限制中立帮助行为的处罚范围。

（2）客观说

客观说试图从客观构成要件的角度限制中立帮助行为的处罚范围。客观构成要件可以分为行为不法和结果不法两部分，相应地，客观说可以分为两种：一是着眼于行为不法的客观说（社会相当性说、职业相当性说等）；二是着眼于结果不法的客观说（溯及禁止说、不可替代的原因说等）。此外，还有客观的利益衡量说。

社会相当性说。以德国学者韦尔策尔提出的社会相当性理论作为理论支撑，主张中立帮助行为属于历史形成的日常生活秩序内的行为，具有社会相当性，因而不构成犯罪。社会相当性说将所有的中立帮助行为一概排除在处罚范围之外，在结论上和基本立场上是实质的全面不处罚说。

职业相当性说。该说将中立的帮助行为分为业务性（职业性）的中立帮助行为和日常性的中立帮助行为，认为具有职业的相当性并按照公开的职业准则所进行的行为不构成犯罪，但是日常性的中立帮助行为通常构成犯罪。该说将所有的业务性中立帮助行为一概排除在处罚范围之外显得过于绝对，还会导致这样一种处罚悖论：明知他人有入室盗窃的犯罪计划时，五金店店主出售螺丝刀的行为不可罚，而家庭主妇提供螺丝刀的行为可罚，有违平等原则和刑事政策目标。

溯及禁止说。德国学者雅科布斯主张用溯及禁止理论来限制中立帮助行为的处罚范围，如果中立帮助行为本身具有独立的社会意义，则禁止将正犯行为及其结果回溯到此前为正犯行为提供了帮助的中立帮助行为，因而通常不构成犯罪，但是有两种例外的情形。第一种情形是，帮助行为与正犯行为形成客观上的一体化时，帮助行为欠缺独立的社会意义。例如，面包店的老板在明知顾客打算用面包投毒的情况下，应对方的要求为其特制适合于投毒杀人的面包，成立故意杀人罪的帮助犯。第二种情形是，当正犯的犯罪行为迫在眉睫时，帮助者的帮助行为缺乏独立的社会意义,因而会构成犯罪。但是,帮助行为是否具有独立的社会意义这一判断标准的合理性和可操作性存在疑问。

不可替代的原因说。认为,中立帮助行为是否构成犯罪,取决于正犯能否很容易地从第三人那里获得同样的帮助以及正犯在没有获得帮助的情况下能否照常实施其犯罪行为。只有当这两个问题的答案都是否定的,才能将中立帮助行为认定为犯罪。该说面临的诘难在于:为什么在因果关系问题上,普通帮助犯只需要起了作用即可,而中立帮助行为则需要起了不可替代的作用?显然很难从法教义学层面找到充足的理论依据。

邹兵建基于法律经济学原理,主张"日常性的中立帮助行为应当被规定为犯罪;而业务性的中立帮助行为原则上不应被规定为犯罪,但是如果该业务性的中立帮助行为具有不可替代性,则应当被规定为犯罪",可以说是在业务性的中立帮助行为上采用了不可替代的原因说。

利益衡量说。认为,中立帮助行为是否可罚之所以会成为一个难题,是因为潜在的帮助者的行动自由与正犯的犯罪行为所侵犯的法益这两个可欲价值目标处于对立紧张的关系之中,需要对这两个价值目标进行刑事政策上的利益衡量。如果正犯所侵犯的法益价值很大,而处罚中立帮助行为对潜在的帮助者的行动自由的制约程度较轻,那么中立帮助行为就会构成犯罪;反之,如果正犯所侵犯的法益价值较小,而处罚中立帮助行为对潜在的帮助者的行为自由的制约程度较重,那么中立帮助行为就不可罚。但是,利益衡量说没有给出具体的分析路径和量化标准,因而容易出现自说自话和主观擅断。例如,有学者主张,考虑到自由保障与法益保护之间的权衡关系,应当全面否定中立帮助行为的可罚性(陈洪兵观点),在结论上和基本立场上演变为实质的全面不处罚说。

(3) 折中说(综合说)

折中说试图整合主观层面的要素和客观层面的要素来限制中立帮助行为的处罚范围,主要形成了"明确知道+重要促进说"和"明确知道+因果关系说"两种观点。例如,张伟认为,只有当帮助者在主观上明确地认识到正犯的犯罪计划并且其帮助行为在客观上极大地促进了正犯的犯罪行为时(明确知道+重要促进说),才能将中立帮助行为认定为犯罪。再如,付玉明主张,只有当帮助者在主观上明确地认识到并有意促进正犯的犯罪计划而且其帮助行为与犯罪结果之间兼具物理上的因果关系和心理上的因果关系时（明确知道＋因果关系说），才能将中立帮助行为认定为犯罪。

笔者认为，相对来说（与主观说和客观说相比），折中说（综合说）所划定的可罚的中立帮助行为的范围通常更具合理性，可以进一步改进为"利益衡量＋重要作用＋因果关系"三因素的综合权衡立场，这种立场可以归纳为中立帮助行为的可罚性限定"三因素综合权衡说"，可简称为"三因素综合权衡说"。

申言之，"三因素综合权衡说"主张，中立帮助行为是否追责应考虑以下因素（主观明知是前提）：一是"利益衡量"，犯罪所侵犯的利益（主要是法益）与中立帮助行为所保护的利益之间的衡量，越重大的犯罪就越应该偏重于肯定中立帮助行为的可罚性，越具有业务（职务）性的中立帮助行为就越应该偏重于否定其可罚性；二是"重要作用"衡量，对犯罪实现的作用越大，就越应该偏重于肯定中立帮助行为的可罚性，反之就越应该否定其可罚性；三是"因果关系"，对犯罪实现的因果性、不可选择性越强，就越应该偏重于肯定中立帮助行为的可罚性，反之就越应该否定其可罚性。

例如，水果刀案（故意伤害案）。根据"利益衡量＋重要作用＋因果关系说"的分析，如果是重伤甚至致人死亡结果的、是用水果刀直接刺杀成功、是周边没有其他卖刀店铺并且其他凶器可用，应该考虑倾向于对小卖部卖刀者定罪；反之，应该考虑倾向于对卖刀者不定罪。

再如，出租车案（抢劫银行案）。根据"利益衡量＋重要作用＋因果关系说"的分析，如果是抢劫成功或者造成其他严重后果，是因为乘坐出租车及时赶到才抢劫银行成功、是只能乘坐出租车才能到达（而没有其他交通工具可用），应该考虑倾向于对出租车驾驶者定罪；反之，应该考虑倾向于对出租车驾驶者不定罪。

又如，转账案（诈骗案）。根据"利益衡量＋重要作用＋因果关系说"的分析，如果是逃税成功或者造成其他严重后果、是因为银行转账对偷逃税款成功起到重大作用、是只能通过隐含转账才能偷逃税款成功，应该考虑倾向于对银行职员定罪；反之，应该考虑倾向于对银行职员不定罪。

## 九　共谋而未实行

"共谋而未实行"主要是我国传统共犯论中讨论的问题，其与日本刑法学中的共谋共同正犯是相似的概念（德国学者较少讨论这个问题）。共谋而未实行与共谋共同正犯所讨论的基本问题虽然是大体一致的，但是二者之间仍然有细微差异。

### （一）日本：共谋共同正犯论

共谋共同正犯，是指当二人以上共谋实行某种犯罪行为，但只有一部分人基于共同的意思实行了犯罪时，没有直接实行犯罪（没有分担实行行为）的共谋人也成立共同正犯。例如，甲、乙共谋杀害丙，约定了杀害方法、实施时间和地点等内容，但事实上后来只有甲前去实施了杀害丙的实行行为，乙没有如约前去实施杀害行为，则甲、乙仍然成立共犯，即乙构成共谋共同正犯，并且乙也对杀人行为及其结果承担责任。这是日本刑法学的主流观点。

日本现行刑法和欧洲大陆法系国家刑法均没有规定共谋共同正犯，并且"以前的通说是否认共谋共同正犯"；但是，日本修订刑法草案第27条曾经规定"二人以上谋议实行犯罪，共谋人中的某人基于共同的意思而实行犯罪的，其他共谋人也为正犯"，并且日本大审院时代承认共谋共同正犯，第二次世界大战后的最高裁判所也一直承认共谋共同正犯，所以现在较多学者肯定共谋共同正犯，并提出了文理解释说与心理的因果性说、共同意思主体说、间接正犯类似说、行为支配说、实质的正犯论等证成共谋共同正犯的学说，探讨了共谋共同正犯的成立要件、共谋关系的脱离等法理。[①]

1. 共谋共同正犯的证成学说

在日本，证成共谋共同正犯的学说主要有以下诸说：（1）文理解释说与心理的因果性说。认为：从文理解释上说，在数人共同实行了犯罪这个意义上，将共谋共同正犯解释为"共同实行"了犯罪，并不违背文

---

① 参见张明楷《外国刑法纲要》（第三版），法律出版社2020年版，第282—285页。

理解释结论；同时，即使在分担了实行行为的场合，也可能仅与结果之间具有心理的因果性，例如，甲乙二人基于共同实行的意思而同时举枪瞄准被害人开枪，但只有甲打中了被害人，此时乙的行为与结果之间也仅有心理的因果性，就表明实行行为的分担本身不是决定性的因素，应当认定甲乙二人成立共谋共同正犯。(2) 共同意思主体说（草野豹一郎）。认为：着眼于共犯的社会心理特点，应当认为二人以上基于实行一定犯罪的共同目的，而成为同心一体的共同意思主体，作为这种共同意思主体的活动，至少有一人实行了犯罪时，所有的共谋者都成为共犯。该说所面临的主要批评是：立足于团体责任论而违背了现代刑法的个人责任原则。(3) 间接正犯类似说。认为：在各人基于意思联络而相互利用、相互补充的行为，以实现共同的犯罪意思的场合，直接实行犯罪的人就是作为全体共谋者的手足（工具）而实行犯罪，没有分担实行行为的人实际上是将其他人作为犯罪的工具进行利用的间接正犯。日本最高裁判所在1958年"练马案件"中即采用了"接近于"间接正犯类似说的观点。① (4) 行为支配说（团藤重光）。认为：使共同者实施实行行为的人，应当作为基本构成要件该当事实的共同实施者，成立共同正犯。(5) 实质的正犯论。认为：从实质上理解实行行为，例如共谋者对犯罪的实行具有客观的和重要的影响力（平野龙一）、起到了与实行行为相当的重要作用时（西田典之）、具有共谋这种强烈的心理的因果性和正犯者意思的，应肯定共谋共同正犯。

2. 共谋共同正犯的成立要件

共谋共同正犯的证成学说不同，对共谋共同正犯的成立要件的理解和要求也不同。例如，有学者认为，共谋是成立共谋共同正犯的最低条件，但是并非只要有共谋就成立共谋共同正犯；还有学者认为，共谋共同正犯可以分为支配型与对等型，不同类型的共谋共同正犯具有不同的成立条件，应考察共谋者对共谋的形成发挥了主导作用、对共谋的维持发挥了重要作用、在共谋之外实施了对犯罪的实现发挥相当的原因力作用的，才能成立共谋共同正犯。因此，理论上一般性地探讨共谋共同正

---

① 日本《最高裁判所刑事判例集》第12卷第8号，第1718页，转引自张明楷《外国刑法纲要》（第三版），法律出版社2020年版，第283—284页。

犯的成立要件，主要有以下三个方面：

其一，共谋共同正犯的成立要求有二人以上的共谋。因此，没有参与共谋，仅仅知道他人将实行犯罪的，不能认定为共谋，也不能成立共谋共同正犯。

其二，共谋共同正犯的成立要求所有共谋者都有明确的正犯意思。因此，有单纯的意思联络并不一定就是共谋共同正犯。

其三，共谋共同正犯的成立要求参与共谋的人中有一部分人直接实行了犯罪。因此，如果没有人实行犯罪，就不是共谋共同正犯；如果所有参与共谋的人都直接实行了犯罪，也不是共谋共同正犯。

3. 共谋关系的脱离

共谋关系的脱离，是指共谋共同正犯中的一部分共谋者，在共谋共同正犯着手实行犯罪之前脱离共谋关系时，对在脱离之后的其他共谋者所实行的行为不承担责任。

共谋关系的脱离必须同时具备以下三个条件：一是必须在直接实行者着手实行之前脱离；二是必须表明脱离的意思（明示和默示均可）；三是必须让其他共谋者知道，而不能仅仅是内心的脱离（而没有让其他共谋者知道）。

### （二）中国：共谋而未实行的理论研讨

中国传统刑法学认为，共同犯罪的成立，必须同时具备共同犯罪故意和共同犯罪行为。那么，对于仅仅参与共谋而未实施犯罪实行行为的情形，是否构成共同犯罪？例如，甲、乙共谋杀害丙，约定了杀害方法、实施时间和地点等内容，但事实上后来只有甲前去实施了杀害丙的行为，乙没有如约前去实施杀害行为，则甲、乙是否构成共同犯罪？对此，我国刑法学界存在否定与肯定两种观点。[1] 否定观点认为，共谋不是共同犯罪行为，共谋而未实行就意味着缺乏共同犯罪行为，因而不能构成共同

---

[1] 参见高格《关于共同犯罪的几个理论问题的探讨》，《吉林大学社会科学学报》1982年第1期；高铭暄主编《刑法学》，法律出版社1982年版，第190页；邓定一《共谋而未实行，不构成共同犯罪吗？》，《法学》1984年第6期；林文肯、茅彭年《共同犯罪理论与司法实践》，中国政法大学出版社1987年版，第54页。

犯罪。因此，前述案例中，甲应当单独构成故意杀人罪的既遂；乙参与密谋杀人，只应对杀人的预备行为负责。① 可见，否定说并非完全否定了共谋（未实行）者的责任，而只是否定共谋者的共犯性、共同对结果承担责任。肯定观点认为，共谋也是共同犯罪行为，参与共谋即使未实行也构成共同犯罪，应对全部犯罪结果承担责任。

我们认为，肯定观点是正确的，即共谋而未实行仍然应当构成共同犯罪。因为共同犯罪行为包括犯罪的预备行为和实行行为，而犯罪的预备和犯罪的实行是两个紧密相连的阶段，共谋属于犯罪预备，不能把犯罪的预备同犯罪的实行之间的密切联系割裂开来，而把甲、乙共谋杀丙的行为视为与甲单独杀死丙这一犯罪活动的全过程无关的行为。② 共谋不仅仅是共同犯罪意图的单纯流露，而是共同犯罪预备行为，因此共谋而未实行者无疑也具备成立共同犯罪所需要的主客观要件。上述案例中，甲杀死丙的行为与乙参与密谋杀人的行为是密不可分的，因此，乙同样应负故意杀人罪既遂的罪责，只是对乙在具体处罚上应当根据其在共同杀人犯罪中所起的作用适当从宽而已。

但是，在肯定说的前提下，我国刑法学还需要适当完善共谋而未实行的理论体系：一是在明确"共谋而未实行"概念的基础上限定共谋而未实行的成立范围和成立条件，二是明确共谋关系的脱离，三是相关情形的具体处理。

1. 共谋而未实行的概念与成立条件

共谋而未实行，是指当二人以上共谋实行某种犯罪行为，但只有一部分人基于共同犯罪的意思实行了犯罪时，没有直接实行犯罪（没有分担实行行为）的共谋人也成立共同犯罪。从概念上可以看出，我国刑法学中共谋而未实行并不是特别强调"正犯"性，而只是强调"共同犯罪"性质，这一点同日本刑法学中共谋共同正犯还是有所差异的，由此也决定了共谋而未实行的成立条件并不完全等同于日本的共谋共同正犯的成立条件。

---

① 参见高格《关于共同犯罪的几个理论问题的探讨》，《吉林大学社会科学学报》1982年第1期。

② 参见邓定一《共谋而未实行，不构成共同犯罪吗?》，《法学》1984年第6期。

共谋而未实行的成立范围与成立条件是：

其一，共谋而未实行的成立要求有二人以上的共谋。

"共谋"在这里应作实质解释，是指基于共同犯罪的意思而参与共谋的行为，包括明示参与共谋和默示参与共谋。因此，没有参与共谋，仅仅知道他人将实行犯罪的，例如共谋者在他人身边共谋而在客观上使得"他人"知悉，但是"他人"并未参与共谋（不说话），并不认同共谋（不表态甚至表示反对）的，通常不能认定为共谋，也不能成立共谋而未实行；但是，在"他人"具有实际支配地位（如组织者或者首要分子）或者具有制止共谋的作为义务（如监护人和公司负责人）时，则"知悉"即可认定为参与共谋。

其二，共谋而未实行的成立要求所有共谋者都有共同参与犯罪的意思。

因此，有单纯的意思联络并不一定就是日本刑法学中共谋共同正犯，但是可能构成我国刑法学中的共谋而未实行。

其三，共谋而未实行的成立要求参与共谋的人中有一部分人直接实行了犯罪。

因此，如果没有人着手实行犯罪，就不是共谋而未实行（所欲解决的"共谋而未实行"人是否应对实行行为及其结果承担责任的问题），而是全部共谋者都只成立共谋行为（犯罪预备）；如果所有参与共谋的人都直接实行了犯罪，也不是共谋而未实行，这时应属于典型的共同实行犯罪。

2. 共谋关系的脱离

共谋关系的脱离，可以说是"共犯关系的脱离"中的一个特殊问题。因此，这里首先讨论一下共犯关系的脱离，然后再具体讨论共谋关系的脱离。

（1）共犯关系的脱离

共犯关系的脱离，又称为共犯的脱离，是指在共同犯罪的任何阶段，部分行为人放弃了犯意，脱离了共同犯罪，而其他共犯人仍继续实施并完成了犯罪的情形。我国刑法学界目前较为广泛地接受吸纳了德日刑法学中的共犯（关系）的脱离理论。

总体上观察，我国刑法学界目前讨论共犯（关系）的脱离理论，主要需要探讨以下三个方面的法理问题：

第一个问题：共犯的脱离的法律属性是什么？

针对共犯的脱离的法律属性问题，日本学者提出了中止犯理论的"救济对策"论。我国过去有学者反对这一理论（否定说），但是现在更多地赞成、肯定这一理论（肯定说）。如刘艳红认为，对共犯脱离的把握必须从弥补共犯中止理论之不足的角度才能形塑有效的脱离基准理论；[1]再如张明楷认为，共犯关系的脱离，实际上是同时消除已经实际实施的共犯行为与结果之间的物理的因果性与心理的因果性，但是共犯关系的脱离并不以脱离者的自动性（任意性）为前提。[2]

笔者认为，肯定说（中止犯理论的"救济对策"论）是合理的，因为共犯的脱离并不是简单地重复研讨共犯的中止犯问题，而是研讨共犯的中止犯以及即使不成立共犯的中止犯时共犯因果关系的切断及其归责问题，因此，应当坚持一种包容性的中止犯理论的"救济对策"论，即坚持肯定说。具体讲，共犯的脱离的法律属性有二：一是中止犯论；二是中止犯论的救济对策论，即使不成立中止犯，也有共犯的脱离的成立空间。

第二个问题：共犯的脱离的成立条件是什么？

共犯的脱离的成立条件，理论上有多种见解，有的较为狭隘，将共犯的脱离的成立条件局限于共犯的中止犯之内（共犯的中止犯说）；有的较为开放包容，在肯定共犯的中止犯具有共犯的脱离的同时，主张基于共犯的脱离的法律属性肯定说（作为中止犯理论的"救济对策"论）立场而肯定部分不成立共犯的中止犯的情形也成立共犯的脱离。

我国有学者指出：鉴于因果关系遮断说无法解决行为人产生的影响虽在事实上存在但承认脱离比较合适的案件处理问题，以及判断因果关系是否遮断存在规范的性质，应提倡以规范的因果关系遮断说作为共犯脱离的判断基准。在规范的因果关系遮断说的具体贯彻问题上，应以表达了脱离的意思并为其他共犯者所了解作为主观基准条件，以停止了自己的犯罪行为且解除了共犯关系作为客观基准条件，以规范地考察是否

---

[1] 刘艳红：《共犯脱离判断基准：规范的因果关系遮断说》，《中外法学》2013年第4期。
[2] 张明楷：《刑法学（上）》（第五版），法律出版社2016年版，第448—449页。

遮断了物理与心理因果关系作为效果基准条件。共犯脱离理论意义在于，在犯罪中止之外为被告人开辟另外一条轻罚甚至出罪通道，以降低被害人的风险，弱化共犯人的犯罪意志，分化瓦解共犯组织。①

我们认为，基于包容性的中止犯理论的"救济对策"论立场，共犯的脱离的成立条件是因果关系的遮断脱离（因果关系遮断说），需要对因果关系的遮断脱离进行规范判断（规范的因果关系遮断说），具体包括主观条件、客观条件、效果条件三个方面。（1）主观条件：表达了脱离的意思并为其他共犯者所了解；（2）客观条件：停止了自己的犯罪行为且解除了共犯关系；（3）效果条件：规范考察是否遮断了物理与心理因果关系。②

运用上列条件分析以下两则案例：③

**案例1**：薛某向赵某提议对在兰州市城关区赵的租住房中对张某（系赵打工的某汽配公司经理）实施抢劫。随后几天，赵在汽配公司附近及到张住处向薛指认了张的住处，并告诉薛张的出行规律，还把薛为抢劫而购买的刀放在其出租屋中。后薛对张进行跟踪，对张住处情况进行了察看了解。赵因与张认识，不愿到张家中抢劫，两人协商未成，赵离开了兰州市回家。不久后，薛伙同丁某趁张不在家，进入张家实施抢劫，获现金、实物等共计人民币一万三千余元。作案后薛与丁分赃、挥霍。赵某的行为如何定性？

**案例2**：吴某为杀蔡某准备了菜刀并邀请王某帮忙。一天夜里，吴、王在蔡必经的小巷将其拦住。吴捅了蔡一刀扎中蔡的腹部。蔡负伤逃跑，吴、王紧追。此时警察发现吴、王，二人仓皇逃离。王逃回家中后就睡觉了。吴在现场某处躲藏，待警察走后，吴四处寻找蔡某并在蔡家附近发现了蔡某，吴持刀连捅蔡某数刀，蔡某倒地身亡。本案王某的行为如何定性？

刘艳红认为，运用规范的因果关系遮断说，案例1中的赵某与案例2

---

① 刘艳红：《共犯脱离判断基准：规范的因果关系遮断说》，《中外法学》2013年第4期。
② 参见刘艳红《共犯脱离判断基准：规范的因果关系遮断说》，《中外法学》2013年第4期。
③ 刘艳红：《共犯脱离判断基准：规范的因果关系遮断说》，《中外法学》2013年第4期。

中的王某均应成立共犯关系的脱离，他们应根据自己的行为分别承担预备罪（赵某）或未遂罪（王某）的责任，而不应该与犯罪实施完毕者一起承担既遂罪的刑事责任。

第三个问题：共犯的脱离的基本类型有哪几种？

共犯关系的脱离的基本类型，可以分为着手前的脱离与着手后的脱离。[①]（1）着手前的脱离。如果脱离者在正犯着手之前脱离，那么，就仅对预备行为负责（如自动脱离则是预备阶段的中止犯），如果不处罚预备犯，该脱离者就不承担任何责任。（2）着手后的脱离。如果脱离者在正犯着手之后结果发生之前脱离，则仅在未遂的限度内承担共犯的责任（如果是自动脱离者则仅成立中止犯）。

（2）共谋关系的脱离

共谋关系的脱离，通常是指共谋而未实行中的一部分共谋者，在其他共谋者着手实行犯罪之前脱离共谋关系时，对在脱离之后的其他共谋者所实行的行为不承担责任，共谋而未实行者仅构成犯罪预备阶段的犯罪中止。这可以说是狭义的共谋关系的脱离。

因此，（狭义的）共谋关系的脱离必须同时具备以下三个条件：一是必须在直接实行者着手实行之前脱离；二是必须表明脱离的意思（明示和默示均可）；三是必须让其他共谋者知道，而不能仅仅是内心的脱离（而没有让其他共谋者知道）。

但是，广义的共谋关系的脱离，还可能发生在其他共谋者着手实行犯罪之后，可以按照"共犯关系的脱离"来认定处理。共谋关系的脱离节点如果是发生在其他共谋者着手实行犯罪之后（但是犯罪尚未完成），则共谋而未实行者均只构成犯罪实行阶段的犯罪中止（而不是犯罪预备阶段的犯罪中止）。

3. 相关情形的具体处理

其一，当其他共谋者已经实施犯罪完毕并构成既遂时，共谋而未实行者（在不成立共谋关系的脱离时）构成犯罪既遂，并根据其在共同犯罪中的地位和作用处罚。

其二，当其他共谋者已经着手实行犯罪但仅构成未遂时，共谋而未

---

[①] 张明楷：《刑法学（上）》（第五版），法律出版社 2016 年版，第 448—449 页。

实行者（在不成立共谋关系的脱离时）构成犯罪未遂，并根据其在共同犯罪中的地位和作用处罚。

其三，当其他共谋者已经着手实行犯罪但仅构成犯罪中止时（自动放弃犯罪并且有效防止了危害结果的发生），通常应视为共谋而未实行者也自动放弃犯罪并且有效防止了危害结果的发生，共谋而未实行者（在不成立共谋关系的脱离时）通常应构成犯罪实行阶段的犯罪中止，并根据其在共同犯罪中的地位和作用处罚。对此，有学者认为，"如果共谋而未实行者是基于意志以外的原因而没有参与实行行为，而其他共谋者则在犯罪过程中自动放弃了犯罪或者有效防止了危害结果的发生，那么对共谋而未实行者则应当按犯罪预备处理"。[1] 而笔者认为，这种情形下，共谋而未实行者（在不成立共谋关系的脱离时）依法应对其他共谋者实行行为及其中间结果承担相应责任，而不是仅对犯罪预备行为（共谋行为）负责，因此通常应认定共谋而未实行者构成犯罪实行阶段的犯罪中止。例如，在共谋共同杀人案中，在"共谋而未实行者是基于意志以外的原因而没有参与实行行为"这种情况下，若其他共谋者已经着手实行故意杀人犯罪行为后自动放弃了故意杀人犯罪（并且有效防止了致人死亡结果的发生），应当认为共谋而未实行者也放弃了故意杀人犯罪，从而共谋而未实行者也构成故意杀人罪实行阶段的犯罪中止，而不能认定共谋而未实行者仅构成故意杀人罪预备。

需要指出的是，第三种情形中，如果共谋而未实行者是组织犯（组织者和领导者）和首要分子（犯罪集团中的首要分子），当其他共谋者已经着手实行犯罪但仅构成犯罪中止（自动放弃犯罪并且有效防止了危害结果的发生）而完全违背了组织者和首要分子的犯罪意思时，应当特别地认定组织者和首要分子（此时的共谋而未实行者）构成犯罪未遂，而不能按照通常的共谋而未实行者一样认定为犯罪实行阶段的犯罪中止。其理由在于：组织犯（组织者和领导者）和首要分子（犯罪集团中的首要分子）基于坚定的犯罪意思，类似于日本刑法学中"支配型的共谋共同正犯"。其组织、领导、指挥其他共谋者实行犯罪，而其他共谋者在着

---

[1] 《刑法学》编写组：《刑法学》（上册·总论），高等教育出版社2019年版，第232—233页。

手犯罪实行过程中自动中止犯罪的行为完全违背了组织犯和首要分子的犯罪意思，只有认定为犯罪未遂才符合刑法归责原理并且不至于轻纵组织犯和首要分子。

## 十　承继共犯

承继共犯，仅限于承继的共同正犯与承继的帮助犯，而不可能存在承继的教唆犯，因为教唆犯只能是事前的犯意提起者。承继的共同正犯，是指先行为人已经实施了一部分实行行为之后，后行为人以共同实行的意思参与实行犯罪的情形。承继的帮助犯，是指先行为人实施了一部分实行行为之后，后行为人以加担的意思（以帮助的意思）参与犯罪的情形。

承继共犯主要有下列三个问题值得研究：[1]

### （一）承继共犯的成立范围

这里需要讨论的特殊问题是：行为在法律上可以认为已经既遂，但还没有实质性完结时，能否成立承继共犯（承继的共同正犯或者承继的帮助犯）？

德国判例持肯定说立场，认为在法律上既遂而没有实质性完结时，仍然可能成立共同正犯（或者承继的帮助犯）；但是，在犯罪行为实质性完结之后，绝对不可能成立承继共犯。例如，甲窃取他人财物之后被被害人追击，乙帮助甲摆脱被害人的追击，使甲获得财物，则乙成立盗窃罪的承继共犯（承继的帮助犯）。

在中国的法律框架下，上例中甲窃取他人财物之后被被害人追击，乙帮助甲摆脱被害人的追击，使甲获得财物，则乙成立盗窃罪的承继共犯（承继的帮助犯），这是没有问题的；同时，如果乙帮助甲摆脱被害人追击的方法内容出现了"当场使用暴力或者以暴力相威胁的"情况，即乙帮助甲"当场使用暴力或者以暴力相威胁的"方法摆脱被害人的追击，使甲获得财物，则甲和乙成立《刑法》第269条所规定的"犯盗窃、诈

---

[1] 参见张明楷《外国刑法纲要》（第三版），法律出版社2020年版，第281—282页。

骗、抢夺罪，为窝藏赃物、抗拒抓捕或者毁灭罪证而当场使用暴力或者以暴力相威胁的"转化型抢劫罪共同犯罪，其中，乙成立转化型抢劫罪的承继共犯（承继的共同正犯或者承继的帮助犯）。

### （二）承继共犯的实行行为判断

此处需要讨论的特殊问题是：当先行为人实施了一部分实行行为之后，后行为人以共同实行的意思参与犯罪时，能否就整体犯罪共同正犯？

例如，甲以抢劫故意对丙实施暴力行为或者以暴力相威胁行为之后，乙以共同实行的意思参与犯罪，乙和甲一起共同夺取了财物的，那么，乙和甲是否就整体犯罪（抢劫罪整体）成立共同正犯？对此，理论观点有肯定说、否定说、中间说。

肯定说认为，上例中，后行为人乙与前行为人甲构成抢劫罪的共同正犯，因为乙参与的是抢劫行为，而不是单纯的盗窃行为。

否定说认为，上例中，后行为人乙只对参与后的行为与结果承担责任，因而乙只能就参与后的犯罪行为（盗窃行为）成立共同正犯，即乙只能承担盗窃罪的责任而不能承担抢劫罪的责任，乙不能就整体犯罪（抢劫罪整体）成立共同正犯。

中间说认为，应当具体区别不同犯罪的构成机理来判断，像抢劫罪这样的结合犯（暴力与取财相结合），其自身是一种独立的犯罪类型，是以暴力或者胁迫为手段而取得财物，因而不能将其简单地分为暴行罪、胁迫罪与盗窃罪，即使后行为人乙只参与了取走财物的行为，但是由于了解先行为人所实施的暴力或者胁迫行为，并且基于利用的意图而与先行为人甲共同夺取财物，就应认定为是实行了抢劫罪的"强取"行为，因而成立抢劫罪的共同正犯，应对抢劫罪整体承担责任；但是，在诈骗之类的犯罪中，先行为人实施了欺诈行为之后，后行为人只是参与接受财物的行为，则后行为人不能构成诈骗罪的承继共犯（承继的共同正犯）。

笔者认为，具有限缩肯定说适用范围的中间说，通常是比较合理的。后行为人只要是对先行为有认识和故意利用的意思而参与后行为，就应构成犯罪整体上的承继共犯（承继的共同正犯或者承继的帮助犯），例如上例中，乙基于对甲所实施的先行为有认识和故意利用的意思而参与取财的后行为,则乙就应构成抢劫罪或者诈骗罪的承继共犯。但是,后行为人对先行为缺乏认识和故意利用的意思而参与后行为的,则后行为人仅构成后行为(罪)的共犯,而不构成整体犯罪的共犯;如果后行为不构成犯罪的,则后行为人不构成犯罪。例如,先行为人甲在实施抢劫犯罪中,将被害人打死之后,后行为人乙参与了取财行为,如果后行为人乙对甲的先行为有认识和故意利用的意思,则后行为人构成抢劫罪整体上的共犯(承继的共同正犯或者承继的帮助犯);如果后行为人乙对甲的先行为没有认识和故意利用的意思,则后行为人乙只构成后行为的共犯(盗窃罪的共犯或者侵占罪的共犯),而不能构成抢劫罪整体上的共犯。

### (三) 承继共犯的责任范围

关于承继共犯的责任范围,需要讨论的特殊问题是:后行为人对参与之前的先行为人所实施的实行行为以及由该行为所产生的结果是否承担责任?

上例中,先行为人甲在实施抢劫犯罪中,将被害人打死之后,后行为人乙参与了取财行为,如果后行为人乙对甲的先行为有认识和故意利用的意思,后行为人乙构成抢劫罪整体上的共犯(承继的共同正犯或者承继的帮助犯),但是后行为人乙是否对被害人死亡同时承担责任(是否对抢劫致人死亡的后果承担全部责任)?对此,有肯定说与否定说之争,肯定说认为后行为人乙对参与之前的先行为人所实施的行为及其结果应当承担责任,否定说认为后行为人乙对参与之前先行为人所实施的行为及其结果不承担责任(乙不对被害人死亡承担责任)。

否定说是通说。否定说的理由是:其一,先行为人已经实行了先行为并造成了危害结果,后行为人的行为不可能成为先行为人已经实施的行为及其结果的原因,不能对先行为及其结果承担责任,只能对参与后的行为及其结果承担责任;其二,共同正犯要求有共同实行的意思与共同实行的事实,后行为人对参与之前的先行为及其结果虽然了解并有利用的意思,但是不表明后行为人对先行为有共同实行的意思和共同实行的事实。因此,否定说(通说)是合理的,在先行为人已经实行了先行为并造成了致人死亡的危害结果之后,后行为人即使基于对参与之前的先行为及其结果有认识和利用的意思而参与后续的取财行为构成抢劫罪整体上的共犯，但是仍然不能要求后行为人对先行为所造成的致人死亡结果承担责任。

## 十一　共犯的身份犯

共犯的身份犯问题，又称为身份犯的共犯问题，通常区分为构成身份犯与加减身份犯两种类型进行讨论：一是针对构成身份犯（真正身份犯）的共犯类型，无身份者与有身份者的共同犯罪以及不同的有身份者的共同犯罪，如何确定处理原则？二是针对加减身份犯（非真正身份犯）的共犯类型，如何确定处理原则？

我国刑法总则没有对共犯的身份犯问题作出明确规定，仅在刑法分则中特别地规定了部分情形，例如《刑法》第382条第3款规定"与前两款所列人员勾结，伙同贪污的，以共犯论处"，但是具体的处理原则需要结合刑法总则规定和刑法教义学原理来确定。德日刑法典总则对共犯的身份犯问题作出了较为明确的规定。例如，德国刑法典第28条第1款规定："正犯的可罚性取决于特定的个人要素（第十四条第一款）时，共犯（教唆犯或者帮助犯）欠缺此要素的，依照第四十九条第一款减轻刑罚。"第2款规定："法律规定因特定的个人要素而加重、减轻或者免除刑罚的，其规定仅适用于具有此要素的行为人（正犯或共犯）。"再如，日本刑法典第65条第1项规定："对于因犯罪人身份而构成的犯罪行为进行加功的人，虽不具有这种身份的，也是共犯。"第2项规定："因身份而特别加重或者减轻刑罚时，对于没有这种身份的人，判处通常的刑罚。"但是，这些规定在解释论上仍然可能存在不同理解。

### （一）构成身份犯（真正身份犯）的共犯类型

如前所述，针对构成身份犯（真正身份犯）的共犯类型，需要进一步区分无身份者与有身份者的共同犯罪、不同的有身份者的共同犯罪，分别确定处理原则。

1. 无身份者与有身份者的共同犯罪

无身份者与有身份者共同实施真正身份犯时，应当将身份犯作为特别法适用，构成真正身份犯的共同犯罪。例如，无身份者教唆或者帮助国家工作人员贪污或者受贿的，均成立作为真正身份犯的贪污罪或者受贿罪的共同犯罪，依法不能构成盗窃罪（以及诈骗罪）或者非国家工作人员受贿罪。对此，理论上一般不存在争议，法规范意义上也完全符合我国刑法关于共同犯罪的法定概念以及从犯、胁从犯和教唆犯的明确规定，并且符合我国刑法司法判例的基本立场。

**【案例】** 四川省成都市郫都区朱某某和王某共同贪污案[①]

2016年9月至12月，被告人朱某某（成都某公司老总）受托收购某实业公司，由政府拆迁办负责人王某同朱某某一起进行谈判、收购工作，其间，朱某某通过签订阴阳合同、隐瞒真相的方式骗取拆迁办150万元差价，由朱某某和王某私下侵吞分赃。后案发，公诉机关指控：朱某某构成诈骗罪。

此案中，公安机关起诉意见书指控朱某某和国家工作人员王某犯诈骗罪（共同犯罪），人民检察院起诉书改变指控罪名为贪污罪（共同犯罪）；人民法院判决的情况是：成都市郫都区人民法院判决朱某某和王某犯贪污罪（共同犯罪），王某系主犯被判处有期徒刑4年6个月，朱某某系从犯被判处有期徒刑1年6个月，均并处罚金若干。

应当说，此案中人民法院的判决是正确的。因为，朱某某作为某有限责任公司老总，同作为国家工作人员的王某，共同利用王某作为负责拆迁补偿工作的职务便利骗取国家财产150万元的行为，构成贪污罪的共同犯罪，属于无身份者与有身份者共同实施真正身份犯（贪污罪），构成真正身份犯（贪污罪）的共同犯罪。

2. 不同的有身份者的共同犯罪

不同的有身份者共同利用双方职务上的便利实施双重的身份犯的共同犯罪，应当将更特别的身份犯作为特别法适用，构成更特别的真正身份犯的共同犯罪。例如，作为非国家工作人员的公司人员与国家工作人员一起实施职务上侵占财物（或者职务上收受财物等）渎职罪的共同犯罪，由于国家工作人员渎职罪属于更特别的身份犯，因此应当构成作为国家工作人员渎职犯罪的贪污罪（或者受贿罪等）的共同犯罪，而不应当认定为职务侵占罪（或者非国家工作人员受贿罪

---

① 本判例文号：《成都市郫都区人民法院刑事判决书》（2019）川0124刑初510号。

等）的共同犯罪。这是处理不同的有身份者的共同犯罪的一个基本规则。

这一观点，张明楷本来是赞成的，他认为这种情况"应当按照贪污罪的共犯论处"的理由在于，"因为一般公民与国家工作人员相勾结伙同贪污者，都成立贪污罪的共犯，不具有国家工作人员身份的公司、企业人员，更应与国家工作人员构成贪污罪的共犯"。但是，张明楷同时又指出，"不过，如果将甲认定为贪污罪的从犯，导致对其处罚轻于职务侵占罪的正犯（主犯）时，则对甲认定为职务侵占罪的正犯（此时，甲与乙虽然是共犯，但罪名不同）"。再如，针对被保险人与国有保险公司工作人员相勾结骗取保险金时，张明楷同样主张，"就保险诈骗而言，被保险人实施的是实行行为；就贪污罪而言，国有保险公司工作人员实施的是实行行为……就表明被保险人与国有保险公司工作人员的行为都同时触犯了贪污罪与保险诈骗罪，成立想象竞合……二人虽然构成共同犯罪，但对国有保险公司工作人员按贪污罪的正犯处罚，对被保险人按保险诈骗罪的正犯处罚"。①

笔者认为，张明楷针对上述情况所作的"想象竞合"的论述内容值得商榷，其以想象竞合犯理论所作的法理阐释及其结论可能违背了共犯论和想象竞合论的基本原理，也破坏了"不同的有身份者共同利用双方职务上的便利实施双重的身份犯的共同犯罪，应当将更特别的身份犯作为特别法适用，构成更特别的真正身份犯的共同犯罪"这一基本规则的一致性。因此，笔者认为，作为非国家工作人员的公司人员与国家工作人员一起实施职务上侵占财物犯罪的共同犯罪，以及被保险人与国有保险公司工作人员相勾结骗取保险金的共同犯罪，均应以贪污罪的共同犯罪论处，包括对其中"作为非国家工作人员的公司人员"和"被保险人"也只能以贪污罪的共同犯罪论处，而不能对其中"作为非国家工作人员的公司人员"单独定性并以职务侵占罪（主犯）论处，也不能对其中被保险人单独定性并以保险诈骗罪论处。

应当说，笔者的观点也符合刑法和相关司法解释文本的规定。例如，2000年最高人民法院《关于审理贪污、职务侵占案件如何认定共同犯罪

---

① 张明楷：《刑法学（上）》（第五版），法律出版社2016年版，第442页。

几个问题的解释》规定"公司、企业或者其他单位中,不具有国家工作人员身份的人与国家工作人员勾结,分别利用各自的职务便利,共同将本单位财物非法占为己有的,按照主犯的犯罪性质定罪",以及 2003 年最高人民法院《全国法院审理经济犯罪案件工作座谈会纪要》规定"对于公司、企业或者其他单位中,非国家工作人员与国家工作人员勾结,分别利用各自的职务便利,共同将本单位财物非法占有的,应当尽量区分主从犯,按照主犯的犯罪性质定罪。司法实践中,如果根据案件的实际情况,各共同犯罪人在共同犯罪中的地位、作用相当,难以区分主从犯的,可以贪污罪定罪处罚"。这两个司法解释性文本规定的基本观点是正确的,关键是我们必须正确认识(解释)其中"按照主犯的犯罪性质定罪"的含义。笔者认为,在非国家工作人员(包括公司、企业人员)同国家工作人员相勾结共同利用该国家工作人员职务上的便利实施贪污等渎职犯罪时,应当毫无例外地将该国家工作人员认定为身份犯共同犯罪中的主犯,或者在特殊情况下不区分主从犯(亦即此时该国家工作人员仍然是主犯),从而,根据上述司法解释性文本规定,依法将上列行为认定为贪污罪等国家工作人员渎职罪的共同犯罪。需要特别指出的是,非国家工作人员与国家工作人员的同时犯,如果不构成共同犯罪,则依法不按照共同犯罪论处,应依照各自构成的身份犯分别定罪处罚。

还有一种情况是:共同犯罪人都是具有国家工作人员身份的人,作为国家工作人员的一般性渎职罪(滥用职权罪)与特别渎职罪(如徇私枉法罪)构成共同犯罪时,由于特别渎职罪属于更特别的身份犯,因此,通常情况下应当构成作为更特别的身份犯的特别渎职罪(如徇私枉法罪)的共同犯罪;由于"上级领导"在法理上也可以归属于更特别的身份犯,因此,"上级领导"可以构成滥用职权罪和特别渎职罪(下级特别身份的国家工作人员所构成的特别渎职罪)的想象竞合犯,才可以考虑对"上级领导"按照"从一重处断"原则进行定罪处罚。例如,分管政法的党委副书记甲利用职务上的便利指使法官乙将有罪的人宣告无罪的行为,有学者主张分别认定甲"实施了滥用职权罪的正犯行为,也实施了徇私枉法罪的共犯(教唆)行为"、乙"实施的徇私枉法罪的正犯行为,也可谓滥用职权罪的正犯行为",最终认定对乙"只能按徇私枉法罪论处"、对甲"则既可能以滥用职权罪的正犯处罚,也可能以徇私枉法罪的共犯

（教唆犯）处罚，此时需要比较法定刑的轻重，从一重罪处罚"；[1] 对此，笔者认为，"上级领导"甲可以适用想象竞合犯从一重罪处罚，但是，法官乙只能构成徇私枉法罪而不能适用想象竞合犯从一重罪处罚。当然，也需要特别指出是，国家工作人员中不同身份者的同时犯、一般渎职的身份犯与特别渎职的身份犯的同时犯，如果不构成共同犯罪，则依法不按照共同犯罪论处，而应依照各自构成的身份犯分别定罪处罚。

**（二）加减身份犯（非真正身份犯）的共犯类型**

加减身份犯（非真正身份犯）之加减身份，仅属于责任与刑罚的特别加减要素，而非构成要件要素，因此，不具有加减身份的人与具有加减身份的人共同实施加减身份犯（非真正身份犯）的共同犯罪时，因加减身份而导致刑法加减的后果，并不能适用于不具有加减身份的人。例如，我国《刑法》第 243 条第 2 款规定"国家机关工作人员犯前款罪的，从重处罚"，属于针对诬告陷害罪所规定的较为典型的加减身份犯，在非国家机关工作人员与国家机关工作人员共同实施诬告陷害罪时，对国家机关工作人员从重处罚，对非国家机关工作人员不适用该"从重处罚"的规定。

加减身份犯有时表现为某种特别的存在方式，例如，我国《刑法》第 398 条第 2 款规定"非国家机关工作人员犯前款罪的，依照前款的规定酌情处罚"，理论界通常认为，此处针对故意泄露国家秘密罪（或者过失泄露国家秘密罪）"酌情处罚"的真实含义是"酌情从宽处罚"，因此可以说是否具有"国家机关工作人员"身份在某种相对的实质意义上成为加减身份，即"非国家机关工作人员"这一主体身份相对地、实质地成了减轻身份犯（相对于"酌情处罚"而言是减轻身份犯）。非国家机关工作人员与国家机关工作人员共同实施故意泄露国家秘密罪并成立共同犯罪时，应当注意审查适用该条款规定，其中对于作为共犯的非国家机关工作人员应当"酌情处罚"，但是这里的"酌情处罚"不能适用于作为共犯的国家机关工作人员。

张明楷进一步指出，"凡参与以特定的个人要素为构成要件要素之犯

---

[1] 张明楷：《刑法学（上）》（第五版），法律出版社 2016 年版，第 442 页。

罪的人，虽然不具有这种要素，仍然共犯；因特定的个人要素致刑罚有轻重时，不具有这种要素的共犯人，仍可处通常刑罚"。这一结论是符合刑法教义学原理的，与这里所讨论的构成身份犯与加减身份犯（非构成身份犯）的原理是完全一致的。例如，我国《刑法》第363条规定的传播淫秽物品牟利罪与第364条所规定的传播淫秽物品罪，二者的区别在于，前者将"以牟利为目的"规定为构成要件要素，因此影响定罪，在不具有"以牟利为目的"参与者明知他人具有"以牟利为目的"（属于以特定的个人要素为构成要件要素）时仍然参与他人所实施的传播淫秽物品行为的，二者构成传播淫秽物品牟利罪的共同犯罪。

# 第十章

# 罪　数

## 目　次

一　罪数概述
　（一）罪数的区分标准
　（二）罪数的类型划分
二　一罪的类型
　（一）实质的一罪
　（二）法定的一罪
　（三）处断的一罪
三　数罪的类型
　（一）异种数罪与同种数罪
　（二）并罚数罪与非并罚数罪
　（三）判决宣告以前的数罪与刑罚执行期间的数罪

在我国，罪数论的讨论较为复杂，表现在两个方面：一是罪数论本身存在较多理论争议；二是罪数论总是同竞合论相关联，有的学者主张罪数论，有的学者主张由罪数论转向竞合论。有的学者认为，罪数论转向竞合论以及"竞合论的崛起"是我国罪数论的学术发展方向，其提出的主要理由是：从知识背景上考察，我国的罪数论尽管早期是从日本引入的，但是，来自德国竞合论的影响本来就是客观存在的，并且竞合论更有利于阐释我国的法律规定，以及"对我国现实法律语境的考量"。[①]

---

[①] 陈兴良：《刑法的知识转型（学术史）》，中国人民大学出版社2012年版，第596—608页。

有的学者认为,"罪数论与竞合论所讨论的具体现象相同、目的相同,只是研究路径略有不同(但不矛盾),部分用语与归类有所不同,因而导致对部分问题(现象)的处理不同。德国竞合论的下位概念与我国罪数论对应的下位概念的内涵、外延存在明显区别;我们虽然可以吸收竞合论的部分内容,但不可能完全由竞合论取代罪数论"①。

笔者认为,罪数论具有其特定内涵和任务,可以借鉴吸纳竞合论知识以全面解决一罪与数罪、数罪并罚等理论问题(尽管数罪并罚制度的具体内容通常被体系性地安排在刑罚论之中),完全有利于回应我国《刑法》总则第四章第四节"数罪并罚"之规定,以及"基于对我国现实法律语境的考量"之学术立场。因此,本书仍然沿用"罪数"概念,同时也重视在关联意义上交替使用"罪数"和"竞合"概念。

## 一 罪数概述

罪数,又称为罪数形态,是指行为人所犯之罪的个数。相应地,罪数理论,又称为罪数论、罪数形态论。

罪数区分,就是对行为人的行为究竟是构成一罪还是数罪的区分,以及对数罪是否应当进行数罪并罚的区分。其中,对数罪是否应当进行数罪并罚的区分很重要,理论上通常也应纳入罪数论(罪数区分论)之中来解决:将数罪区分为异种数罪与同种数罪、并罚数罪与非并罚数罪、判决宣告以前的数罪与刑罚执行期间的数罪。对"并罚数罪"如何具体进行数罪并罚的问题,则纳入"数罪并罚制度"中予以讨论。可见,罪数区分是罪数理论需要解决的重要问题,也是司法实践中经常遇到的重要问题。

罪数论具有三种重要意义:一是有利于准确定罪,正确区分一罪和数罪。二是有利于准确量刑,正确适用具体罪名的法定刑或者数罪并罚。三是有利于准确适用相关刑法制度。例如,刑法的空间效力、时间效力、追诉时效等刑法制度的适用,就同罪数论中的连续犯、继续犯、牵连犯、集合犯等密切相关。再如,《刑法》第89条规定:"追诉期限从犯罪之日

---

① 张明楷:《刑法学(上)》(第六版),法律出版社2021年版,第618—619页。

起计算；犯罪行为有连续或者继续状态的，从犯罪行为终了之日起计算。"如果不能正确理解连续犯、继续犯等罪数形态，则会影响时效制度的正确适用。四是有利于准确适用刑事诉讼法。

### （一）罪数的区分标准

关于罪数的区分标准，即区分一罪与数罪的标准，理论上有行为标准说（该说内部还有自然行为说与法律行为说等）、法益标准说（又称为结果标准说）、因果关系标准说、犯意标准说、目的标准说、法规标准说、构成要件标准说、广义法律要件说、折中主义标准说、混合标准说等多种主张。[①] 但是，上列关于罪数的区分标准理论，仅以犯罪构成要件的某一方面或某一要素为标准区分罪数，难免存在客观主义或者主观主义的片面性，以偏概全，无法对罪数问题作出合理的解释，均有不当之处。因此，我国刑法理论通说采用了犯罪构成标准说（又称为主客观统一说）。[②]

笔者赞同犯罪构成标准说。犯罪构成标准说认为，区分一罪与数罪的标准是犯罪构成的个数。即行为人的犯罪事实具备一个犯罪构成的为一罪，具备数个犯罪构成的为数罪。以犯罪构成作为区分一罪与数罪的标准，能够防止主观归罪或客观归罪的片面性，保证定罪和量刑的准确性。

### （二）罪数的类型划分

罪数的类型包括两种：一罪的类型与数罪的类型。

一罪，指一个犯罪。一罪的类型可以划分为以下三种：实质的一罪，法定的一罪，处断的一罪。

数罪，指数个犯罪。数罪的类型可以进行以下三种划分：异种数罪与同种数罪，并罚数罪与非并罚数罪，判决宣告以前的数罪与刑罚执行期间的数罪。

---

① 参见马克昌主编《犯罪通论》，武汉大学出版社1999年版，第611—615页。
② 《刑法学》编写组：《刑法学》（上册·总论）（第二版），高等教育出版社2023年版，第262页。

## 二 一罪的类型

一罪的类型判断，看起来简单，实际上较为复杂。因此，关于一罪的类型如何划分，刑法理论上一直存在争议。我国传统刑法理论通说认为，一罪的类型可以划分为以下三种：实质的一罪、法定的一罪、处断的一罪。

### （一）实质的一罪

实质的一罪，指在外观上具有数罪的某些特征，但实质上只构成一罪的犯罪形态。实质的一罪包括继续犯、想象竞合犯和结果加重犯。

1. 继续犯

继续犯，也称持续犯，是指犯罪行为自着手实行之时直至其构成既遂后的一定时间内，该犯罪行为及其所引发的不法状态同时处于持续过程中的犯罪形态。例如，非法拘禁罪、窝藏罪等犯罪通常被认为是典型的继续犯。《刑法》第89条第1款规定："追诉期限从犯罪之日起计算；犯罪行为有连续或者继续状态的，从犯罪行为终了之日起计算。"这是我们研究继续犯的法律依据。

继续犯具有以下特征：（1）必须是基于一个犯罪故意实施一个危害行为。所谓基于一个犯罪故意，是指行为人主观上出于一个犯罪故意，既可以是单一的犯罪故意，也可以是概括的犯罪故意；所谓一个危害行为，是指行为人只实施了一个危害行为，而不是数个危害行为。如果行为人并非实施一个危害行为，而是实施了数个危害行为，则不构成继续犯。（2）犯罪行为必须持续一定时间。瞬间性的行为不可能构成继续犯。（3）必须是持续地侵犯同一客体和作用于同一对象。若行为人虽然实施了同种犯罪行为，但作用的对象不同，则不是继续犯。（4）犯罪行为及其所引发的不法状态必须同时处于持续过程中。继续犯的这一显著特征，是它与即成犯、状态犯、连续犯等犯罪形态相区别的主要标志。

可见，继续犯不同于状态犯。状态犯是指一旦犯罪既遂，犯罪行为便同时终了，但犯罪行为所造成的不法状态仍然处于持续状态的犯罪形态。例如盗窃罪，行为人窃取他人财物后，犯罪行为就终了，但行为人非法占有他人财物的状态仍然在持续。从不法状态处于持续状态来看，继续犯和状态犯颇为相似，但两者又存在着很大区别：其一，继续犯的不法状态从犯罪行为着手实行后即开始发生，一直存在于犯罪行为实施终了的整个犯罪过程中，而状态犯的不法状态则发生于犯罪行为实施终了后，而不存在于整个犯罪过程中。其二，继续犯是犯罪行为及其所引发的不法状态必须同时处于持续过程中，而状态犯则不存在犯罪行为的持续，只是不法状态的持续。

继续犯的处断原则：对于继续犯，应当按照刑法分则规定的一罪的法定刑处罚，不构成数罪，不实行数罪并罚。继续时间的长短，是量刑的重要情节。

2. 想象竞合犯

我国传统刑法理论认为，想象竞合犯是实质一罪，法条竞合犯是单纯一罪；[1] 二者都是一罪的类型，并且都属于犯罪竞合，同时，二者之间也存在一定区别，因此，有必要放在一起加以讨论。[2]

（1）想象竞合犯的概念与处断原则

想象竞合犯，又称为想象的数罪、观念的竞合，是指一个犯罪行为同时触犯数个在构成要件上具有平行关系或者交叉关系的刑法条文，从而触犯数个不同罪名的犯罪形态。例如，甲放火杀人案：甲意图杀害乙，一把火烧毁乙所在房屋，结果烧死了乙，丙受重伤，财物损失巨大，同时触犯了放火罪、故意杀人罪（以及故意伤害罪）、故意毁坏财物罪等数个罪名，成立想象竞合犯。

想象竞合犯具有以下特征：其一，行为人只实施了一个犯罪行为。所谓一个行为，不是从构成要件的评价上看是一个行为，而是指客观上以及一般观念上看行为人只实施了一个行为。行为可以是故意行为，也可以是过失行为。一个故意行为，客观上可能出现多种形态的结果：既出现了行为人故意追求的犯罪结果（以及行为人故意放任的犯罪结果），又出现了因过失而造成的另一个犯罪结果。其二，一个行为同时触犯数

---

[1] 赵秉志主编：《犯罪总论问题探索》，法律出版社2003年版，第607页。

[2] 魏东主编：《刑法：原理·图解·案例·司考》，中国民主法制出版社2016年版，第194—195页。

罪名。所谓数罪名，是指一行为在外观上或形式上同时符合数个犯罪的构成特征。至于数个罪名是否必须为异种罪名，在我国刑法理论上尚有争议。有的学者认为，必须触犯数个不同的罪名，才成立想象竞合犯；①而有的学者则认为，触犯同种罪名的数罪也可以成立想象竞合犯。② 其三，数个罪名之间在构成要件上存在平行关系或者交叉关系，但是并不存在完全包含与被包含的特别关系。这也是想象竞合犯不同于法条竞合犯的重要特点。例如，前述甲放火杀人案中，放火罪的构成要件是放火行为，故意杀人罪的构成要件是杀人行为，故意毁坏财物罪的构成要件只能是毁坏公私财物，因此，放火罪与故意杀人罪、故意毁坏财物罪等三个罪名之间，在构成要件上存在交叉关系，但是并不存在完全包含与被包含的特别关系。但是，用卡脖子方式杀人案中，杀人行为与放火行为、故意毁坏财物行为之间只存在平行关系（平行犯关系），行为人所实施的用卡脖子方式杀人"这一个"行为，只平行地构成故意杀人罪，而不存在讨论故意杀人罪与放火罪、故意毁坏财物罪等罪名之间的竞合关系问题。因此，综合上述分析可见：放火罪与故意杀人罪、故意毁坏财物罪三个罪名之间，在构成要件上就只可能存在平行关系或者交叉关系（但是并不存在完全包含与被包含的特别关系），这是进行想象竞合犯判断的逻辑基础。如果数个罪名之间，在构成要件上不存在平行关系或者交叉关系，就不具备成立想象竞合犯的逻辑基础。

想象竞合犯的处断原则。对想象竞合犯，采用"从一重处断"原则予以定罪处罚。这是我国刑法理论和司法实践均完全认同的想象竞合犯处断原则。至于"从一重处断"原则的具体解释适用中，如何确定以哪种罪、哪种刑进行"从一重处断"的问题，则应结合数个罪名的法定刑轻重、根据具体案情事实和情节所应判处的刑罚轻重等因素来确定；但是，想象竞合犯不能以数罪论处，更不能实行数罪并罚。例如，前述甲放火杀人案中，由于放火罪和故意杀人罪的法定最高刑都是死刑，有的主张以放火罪判处被告人死刑，有的主张以故意杀人罪判处被告人死刑，

---

① 高铭暄、马克昌主编：《刑法学》（第五版），北京大学出版社、高等教育出版社 2011 年版，第 186 页。

② 张明楷：《刑法学》（第三版），法律出版社 2007 年版，第 374 页。

应当说，该两种方案都符合"从一重处断"原则的要求。

顺便指出：在具体个案中，平行犯只能采用"平行定罪处罚"原则。如前所述，行为人所实施的用卡脖子方式杀人"这一个"行为，只平行地构成故意杀人罪，以故意杀人罪定罪处罚。再如，男性冒充国家机关工作人员骗取多名女性信任后发生性关系"这一个"行为，只能平行地构成故意杀人罪，应以招摇撞骗罪定罪处罚。

(2) 法条竞合犯的概念与处断规则

法条竞合犯，又称为法规竞合犯，是指一个犯罪行为同时触犯数个在构成要件上具有完全包含与被包含的特别关系的刑法条文，从而触犯数个不同罪名的犯罪形态。例如，《刑法》第224条规定的合同诈骗罪和《刑法》第266条规定的诈骗罪，两个罪名之间在构成要件上具有完全包含关系（又称特别关系、完全包含的特别关系）：首先，合同诈骗罪的构成要件要素是（以大写字母表示基本构成要件要素，以小写字母表示相同构成要件要素的特别样态）：行为人（A）以非法占有为目的（B），"有下列情形之一……在签订、履行合同过程中，骗取对方当事人财物"（c），被害人遭受财产损害"数额较大"（D）的行为。其次，诈骗罪的构成要件要素是：行为人（A）以非法占有为目的（B），使用虚构事实、隐瞒真相的方法（C），使被害人产生错误认识，从而处分财产，行为人或者第三人取得财产，被害人遭受财产损害（以上四点均为结果要素）（D）的行为。① 最后，前后两罪的构成要件要素进行对比，可以得出如下结论：合同诈骗罪的构成要件要素是 A + B + c + D，诈骗罪的构成要件要素是 A + B + C + D，即前罪的构成要件要素完全包含了后罪的构成要件要素，因此，二者之间成立法条竞合：前者属于特别法（及其规定的犯罪），后者属于一般法（及其规定的犯罪）。

值得注意的是，"完全包含的特别关系"需要进行整体的实质判断，只有在前后两罪的构成要件要素比较上具有肯定"前者完全包含后者"的情形时，才能归属于"完全包含的特别关系"；但是，在前后两罪的构成要件要素比较上出现了否定"前者完全包含后者"的情形时，就不能归属于"完全包含的特别关系"，而只能归属于平行关系或者交叉关系

---

① 张明楷：《刑法学》（第三版），法律出版社2007年版，第735页。

（平行犯关系或者想象竞合犯关系）。

关于"完全包含的特别关系"的实质判断，可以借助罗克辛的观点，罗克辛强调只能从构成要件要素的比较中界定特别关系，认为："法条竞合中的特别关系是指，一个罪刑规范包含另一个罪刑规范的所有要素，并且只能根据其至少还包含一个进一步的特别要素，而将之与后者相区分。"[1] 并且，罗克辛只承认一种类型的特别关系："如果甲罪的犯罪构成要件是 A＋B＋C＋D，而乙罪的犯罪构成要件是 A＋B＋C＋D＋E，则可以确定甲罪与乙罪之间成立特别关系。其中，甲罪的法条为一般法条，乙罪的法条为特别法条。"[2] 可见，罗克辛只肯定了"添加特别要素型"完全包含的特别关系这一种情形，可谓"完全包含的特别关系单一类型论"。

本书在基本赞同罗克辛观点的基础上，倡导"完全包含的特别关系"包括以下三种情形：一是罗克辛所谓"一个罪刑规范包含另一个罪刑规范的所有要素，并且只能根据其至少还包含一个进一步的特别要素，而将之与后者相区分"的情形，可以简称为"添加特别要素型"完全包含的特别关系；二是"一个罪刑规范包含另一个罪刑规范的所有要素，并且前者至少还有一个要素改变为特别样态要素，而将之与后者相区分"的情形，可以简称为"改变为特别样态要素型"完全包含的特别关系；三是单一方向同时兼有"添加特别要素"和"改变为特别样态要素"的"顺向双重竞合型"完全包含的特别关系。因此，"完全包含的特别关系"的实质判断，应当肯定以下三种类型完全包含的特别关系（可简称为"完全包含的特别关系三类型论"）："添加特别要素型"完全包含的特别关系、"改变特别样态要素型"完全包含的特别关系、"顺向双重竞合型"完全包含的特别关系等三种类型。相应地，"完全包含的特别关系"的实质判断，应当排除以下诸种情形（简称为"完全包含的特别关系排除论"）：其一，前后罪存在双向添加特别要素；其二，前后罪存在双向改变为特别样态要素；其三，前后罪存在双向同时兼有添加特别要素或者

---

[1] ［德］克劳斯·罗克辛：《德国刑法学 总论（第2卷）》，王世洲译，法律出版社2013年版，第638—639页。

[2] 劳东燕：《强奸罪与嫖宿幼女罪的关系新论》，《清华法学》2011年第2期。

改变为特别样态要素。

例如,《刑法》第172条规定的使用假币罪与《刑法》第266条规定的诈骗罪之间,是否成立构成要件上"完全包含的特别关系"的实质判断。使用假币罪的构成要件是:行为人(A)以使假币非法流通使用为目的或者非法占有为目的(目的要素、非法定的目的犯)(b),使用伪造的货币(c)"数额较大"(指"使用伪造的货币数额较大",属特别情节要素)(E)的行为。诈骗罪的构成要件是:行为人(A)以非法占有为目的(B),使用虚构事实、隐瞒真相的方法,使被害人产生错误认识,从而处分财产,行为人或者第三人取得财产(C),被害人遭受财产损害较大(结果要素)(D)的行为。① 比较前后两罪的构成要件要素可以发现:使用假币罪的构成要件要素是 A+b+c+E,而诈骗罪的犯罪构成要素是 A+B+C+D,前后罪双向同时兼有添加特别要素(即前罪 E 与后罪 D)和改变为特别样态要素(即前罪 b+c),应当归属于"完全包含的特别关系排除论"。由此可以得出结论:使用假币罪与诈骗罪在目的、结果、特别情节等要素上存在交叉关系而不存在完全包含的特别关系:使用假币罪的目的要素是"以使假币非法流通使用为目的或者非法占有为目的",诈骗罪的目的要素是"以非法占有为目的",前者能包含后者;但是,使用假币罪的构成要件中有特别情节要素而没有结果要素(其中"数额较大"属于特别情节要素),诈骗罪的构成要件中有结果要素而没有特别情节要素,出现了前者不能包含后者并且后者也不能包含前者的情形,从而,使用假币罪与诈骗罪之间不成立完全包含的特别关系,使用假币罪不是诈骗罪的特别法条,诈骗罪也不是使用假币罪的特别法条,二者之间只能成立平行关系或者交叉关系(即平行犯关系或者想象竞合犯关系),应按照平行犯"平行定罪处罚"原则或者想象竞合犯"从一重处断"原则进行定罪处罚。

再如,《刑法》第279条规定的招摇撞骗罪与《刑法》第266条规定的诈骗罪之间,是否成立构成要件上"完全包含的特别关系"的实质判断。招摇撞骗罪的构成要件是:行为人(A)冒充国家机关工作人员招摇撞骗(b)以骗取物质利益和非物质利益为目的(目的要素、非法定的目

---

① 张明楷:《刑法学》(第三版),法律出版社2007年版,第735页。

的犯)(c),情节较严重(根据加重法定刑情节"情节严重"可推导出成立犯罪必须具有"情节较严重"特别情节要素)(E)的行为。诈骗罪的构成要件已如前所述。比较前后两罪的构成要件要素可以发现：招摇撞骗罪的构成要件要素是 A+b+c+E,而诈骗罪的犯罪构成要素仍然是 A+B+C+D,前后罪双向同时兼有添加特别要素(前罪 E 与后罪 D)和改变为特别样态要素(前罪 b+c),应当归属于"完全包含的特别关系排除论",不能成立完全包含的特别关系,而只能归属于平行关系或者交叉关系,因此,应按照平行犯"平行定罪处罚"原则或者想象竞合犯"从一重处断"原则进行定罪处罚。

再如,《刑法》第141条至第148条规定的其他伪劣商品犯罪(简称"其他伪劣商品罪")与《刑法》第140条规定的生产、销售伪劣产品罪之间,是否成立构成要件上"完全包含的特别关系"的实质判断。"其他伪劣商品罪"的构成要件是：行为人(A)生产、销售特别的伪劣产品(b),并且有"侵害结果或具体危险"[1](结果要素)(D)的行为。生产、销售伪劣产品罪的构成要件是：行为人(A)生产、销售伪劣产品(B),并且"销售金额五万元以上"(特别情节要素)(C)的行为。比较前后两罪(前罪泛指"其他伪劣商品罪")的构成要件要素可以发现："其他伪劣商品罪"的构成要件要素是 A+b+D,而生产、销售伪劣产品罪的构成要件要素是 A+B+C,前后罪双向同时兼有添加特别要素(前罪 D 与后罪 C)和改变为特别样态要素(前罪 b),应当归属于"完全包含的特别关系排除论",不能成立完全包含的特别关系,而只能归属于交叉关系。因此,"其他伪劣商品罪"与生产、销售伪劣产品罪之间不成立完全包含关系,二者之间只能成立平行关系或者交叉关系(想象竞合犯关系),应按照"平行定罪处罚"原则或者想象竞合犯"从一重处断"原则进行定罪处罚。

再如,《刑法》第345条第1款规定的盗伐林木罪与《刑法》第264条规定的盗窃罪之间,是否成立构成要件上"完全包含的特别关系"的实质判断。我国刑法学教科书认为,"盗窃罪与盗伐林木罪之间存在包含

---

[1] 张明楷：《刑法学(下)》(第六版),法律出版社2021年版,第959页。

关系"，[①] 而本书认为，这种判断可能值得商榷。首先，盗伐林木罪的构成要件要素是：行为人（实际控制人或者他人）（a）基于非法占有目的或者开发生产等目的（b），盗伐（c）森林或者其他林木（d），数量较大（数量特别情节要素）（G）的行为。其次，盗窃罪的构成要件要素是：行为人（非实际控制人）（A）以非法占有为目的（B），秘密窃取（C）公私财物（D），数额较大（结果要素）（E），或者多次盗窃、入户盗窃、携带凶器盗窃、扒窃公私财物（非数量特别情节要素）（F）的行为。最后，比较前后两罪的构成要件要素可以发现：盗伐林木罪的构成要件要素是 $a+b+c+d+G$，而盗窃罪的犯罪构成要素仍然是 $A+B+C+D+E+F$，前后罪双向同时兼有添加特别要素（前罪 G 和后罪 E）和改变为特别样态要素（前罪 $a+b+c+d$），应当归属于"完全包含的特别关系排除论"，不能成立完全包含的特别关系，而只能归属于平行关系或者交叉关系，应按照平行犯"平行定罪处罚"原则或者想象竞合犯"从一重处断"原则进行定罪处罚。如果行为人实施了"擅自砍伐本单位或者本人承包经营管理的森林或者其他树木的"并且数量达到"二至五立方米或者幼树一百至二百株"的行为，只能构成盗伐林木罪，而不可能构成盗窃罪，所遵行的是平行犯"平行定罪处罚"原则；如果行为人实施了其他情形的盗伐林木行为，同时构成盗伐林木罪（以及滥伐林木罪）、盗窃罪，则属于想象竞合犯，应按照"从一重处断"原则进行定罪处罚。

  大陆法系国家刑法理论认为，法条竞合的类型主要有四种情形：第一种，特别关系，即一个行为既符合普通法条规定的犯罪构成，又符合特别法条规定的犯罪构成；第二种，补充关系，指一个犯罪构成具有补充另一犯罪构成的作用，一个行为同时符合这两个犯罪构成的情况；第三种，吸收关系，指一个行为所符合的数个犯罪构成之间，其中一个犯罪构成包含了其他犯罪构成的内容，因而一个犯罪构成吸收其他犯罪构成的情况；第四种，择一关系，指一行为所符合的数个犯罪构成之间，在理论上（而非法条上）存在不可两立的排他关系的情况（而只能选择

---

[①] 《刑法学》编写组：《刑法学》（上册·总论）（第二版），高等教育出版社2023年版，第267页。

其中一个法条）。①

笔者认为，特别关系在本质上就是一种完全包含关系，或者说特别关系就是完全包含关系的另一种表述方式（完全包含的特别关系）。正如张明楷所说："从实质上看，法条竞合的基本类型是特别关系。"② 首先，择一关系不成立法条竞合。原因在于：一个行为所符合的数个罪名之间并没有出现完全包含关系，其并不符合法条竞合的实质内涵。周光权将"势不两立"的对立关系（如盗窃罪与侵占罪）归入择一关系，进而将其作为法条竞合的一种情形；③ 但是，这种观点被认为存在疑问，并且德国和日本的刑法理论已经完全不承认所谓择一关系。④ 其次，补充关系和吸收关系也只有在符合"完全包含的特别关系三类型论"时才能成立法条竞合。

综上，法条竞合具有以下几个特征：

第一，行为人实施了一个行为。所谓的"一个行为"，是指从社会的一般观念加以认知，并从犯罪构成角度加以评价和认定的一个行为。

第二，行为人实施的一个行为同时触犯了数个在犯罪构成要件上具有完全包含关系的刑法条文。

第三，只适用其中一个刑法条文而排除其他刑法条文。行为人实施的一个行为尽管触犯了不同的刑法条文，但是由于这些刑法条文之间存在完全包含关系，所以在对其进行定罪处罚时只能认定为一罪（特别法条所规定之罪）。

法条竞合犯的处断规则。对法条竞合犯，采用"特别法排斥普通法"原则予以定罪处罚。因此，本书认为，法条竞合时不得采用"重法优于轻法"原则（作为补充规则）进行定罪处罚。

值得注意的问题是，我国有学者主张对法条竞合犯采用如下处断规则："原则上采用特别法条优于普通法条的原则，但在一定条件下应当适用重法优于轻法的原则；某种行为没有达到司法解释确定的特别法条的

---

① 张明楷：《刑法学（上）》（第六版），法律出版社2021年版，第623—624页。
② 张明楷：《刑法学（上）》（第六版），法律出版社2021年版，第624页。
③ 周光权：《法条竞合的特殊关系研究》，《中国法学》2010年第3期。
④ 张明楷：《法条竞合中特别关系的确定与处理》，《法学家》2011年第1期。

定罪标准，但符合普通法条的定罪标准时，应当适用普通法条定罪量刑"① 以及"当立法者由于疏漏导致特别法条内容不周全时，对特别法条没有规定的行为仍应按照普通法条处理"或者"在刑事立法为了限制处罚范围而使特别规定不周全时，对不符合特别法条的行为不得依普通法条处理。"② 这表明，法条竞合犯的处断规则在理论界还存在争议。

（3）想象竞合犯与法条竞合犯的关系

想象竞合犯与法条竞合犯是既有联系又有区别的两个概念。二者的相同点主要体现在：首先，两者都限于行为人只实施了一个犯罪行为，因而，两者的本质都是一罪（只能定一罪），而非数罪；其次，一行为都触犯了规定不同罪名的数个法律条文；最后，最终都只能适用一个法律条文、一个罪名来予以定罪处罚。

但是，想象竞合犯与法条竞合犯之间存在以下区别：①想象竞合犯的一个行为，往往是数个罪过和数个结果；法条竞合的一个行为，只是出于一个罪过，并且是产生一个结果。②想象竞合犯所触犯的数个法条（数个罪名）之间只存在平行关系或交叉关系，是实质一罪；法规竞合所触犯的数个法条（数个罪名）之间只存在完全包含的特别关系，是单纯一罪。③处罚原则不同，对想象竞合犯采取"从一重罪处罚"原则，对法条竞合犯只能采取"特别法排斥普通法"原则。

3. 结果加重犯

（1）结果加重犯的概念和特征

结果加重犯，亦称加重结果犯，是指实施基本犯罪构成要件的行为，由于发生了法律规定的基本犯罪构成要件结果以外的加重结果，刑法对其规定了加重法定刑的犯罪形态。例如，《刑法》第239条第2款规定："犯前款罪，杀害被绑架人的，或者故意伤害被绑架人，致人重伤、死亡的，处无期徒刑或者死刑，并处没收财产。"就是绑架罪的结果加重犯。

结果加重犯具有以下特征：①行为人所实施的基本犯罪构成要件的行为，客观地引起了基本犯罪构成要件以外的加重结果，即基本犯罪构成要件的行为与加重结果之间具有因果关系。至于基本犯是否必须为结

---

① 张明楷：《法条竞合中特别关系的确定与处理》，《法学家》2011年第1期。
② 张明楷：《刑法学（上）》（第六版），法律出版社2021年版，第632页。

果犯,在我国刑法理论上存在争论。有学者认为,只有基本犯是结果犯,才能成立结果加重犯;有学者则认为,在基本犯是行为犯的场合,也可以成立结果加重犯。后种观点处于通说的地位。例如,非法拘禁罪是行为犯,非法拘禁致人重伤、死亡,即属于非法拘禁罪的结果加重犯。②刑法明文规定了基本犯罪构成要件以外的加重结果及相应的加重刑罚。如果刑法没有明文规定,即使出现了作为从重量刑情节的加重结果,也不是结果加重犯。③行为对于实施的基本犯罪构成要件的行为及其所引发的加重结果均有犯意。关于结果加重犯的罪过表现形式,我国刑法理论上颇多争议。我国刑法理论通说认为,根据我国刑法的规定,结果加重犯可以划分为三种类型:一是基本犯为故意,对加重的结果也是故意,如《刑法》第263条第(五)项规定的抢劫致人重伤、死亡案件中,抢劫行为是出于故意,致人重伤、死亡也可以是故意。二是基本犯是故意的,对加重的结果则出于过失,如《刑法》第236条第3款第(六)项规定的强奸致人重伤、死亡或者造成其他严重后果的案件中,强奸行为是出于故意的,对被害人重伤、死亡或者造成其他严重后果的结果则是出于过失。三是基本犯是过失,对加重的结果也是出于过失,如《刑法》第136条规定的危险品肇事罪,后果严重的基本犯是过失,后果特别严重也是出于过失。

(2) 结果加重犯的处断原则

对于结果加重犯,应按照刑法分则条款所规定的加重法定刑处罚,而不实行数罪并罚。

### (二) 法定的一罪

法定的一罪,指本来是符合数个犯罪构成的数罪,因法律上将其规定为一罪的犯罪形态。法定的一罪包括结合犯和集合犯。

1. 结合犯

(1) 结合犯的概念和特征

结合犯,是指基于刑法明文规定的具有独立构成要件且性质各异的数个犯罪(原罪或被结合之罪)之间的客观联系,并依据刑法的明文规定,将其结合成为另一个包含与原罪相对应的且彼此相对独立的数个构成要件的犯罪(新罪或结合之罪),而行为人以数个性质不同且能单独成罪的危害行为触犯这一新罪名的犯罪形态。例如,《日本刑法典》第241条规定的"犯强盗罪,又强奸妇女者",构成强盗强奸罪,就是结合犯的典型。我国刑法理论界普遍认为我国刑法中没有典型的结合犯,这里略作说明,以供参考。

结合犯具有以下特征:①被结合之罪,必须是刑法明文规定的具有独立构成要件且性质各异的数罪,也即现行刑法明文规定的独立犯罪的整体,是构成结合犯的基本要素。②由数个原罪结合而成的新罪,必须含有与原罪相对应的且彼此相对独立的数个犯罪的构成要件,在此基础上,数个原罪的构成要件又依刑法之规定,被融合为一个同一的独立于数个原罪的构成要素。③数个原罪必须是基于一定程度的客观联系,并依据刑法的明文规定而被结合为一个新罪。典型的结合犯表现为:甲罪+乙罪=丙罪,丙罪就是结合犯。④必须以数个性质各异且足以单独构成犯罪的危害行为,触犯由原罪结合而成的新罪。

(2) 结合犯的处断原则

对于结合犯,应当按照刑法分则条文对结合犯所规定的相对较重的法定刑以一罪(结合之罪)处罚,不得数罪并罚。

2. 集合犯

(1) 集合犯的概念和特征

集合犯,是指以某种犯罪为常业,或者以犯罪所得为主要生活来源或挥霍来源,或者犯罪已成习性,在较长时间内反复实施同一种犯罪行为,刑法明文规定对其以一罪论处的犯罪形态。

集合犯具有以下特征:①集合犯是行为人具有以实施不定次数的同种犯罪行为营利的犯意倾向,即行为人不是意图实施一次犯罪行为即行结束,而是预定连续实施不定次数的同种犯罪行为来营利。例如《刑法》第336条规定的非法行医罪,行为人就是意图实施不定次数的非法行医行为。这是集合犯的主观方面的特征。②集合犯通常实施了数个同种的犯罪行为。所谓"通常",是指刑法是将行为人可能实施数个同种犯罪行为的这一情形,规定为集合犯的客观构成要件,而实践中行为人一般也是实施了数个同种犯罪行为的。但是,如果行为人意图实施不定次数的同种犯罪行为,即使事实上只实施了一次,也有可能构成犯罪,如非法行医罪,行为人即使非法行医一次,但情节严重的,如因非法行医造成就诊人身体健康受到严重损害，也可构成非法行医罪。③集合犯必须是刑法将可能实施的数个同种犯罪行为规定为一罪，即集合犯是法律规定的一罪。正因为刑法是将可能实施的数个同种行为规定为一罪，所以行为人实施了数个同种行为，仍然只能构成一罪。从数个同种犯罪行为构成一罪来看，集合犯与连续犯很相似，但两者有根本的区别：集合犯是刑法规定同种犯罪行为为一罪，所以是法定的一罪；而连续犯，连续实施的同种数行为均独立构成犯罪，是数罪而只是作为一罪处理，所以是处断的一罪。

（2）集合犯的种类

集合犯分为几种，刑法理论上还有不同的认识。当前在日本刑法理论中大体有三种意见：一是分为常习犯和营业犯两种；二是分为常习犯、营业犯和职业犯三种；三是认为，除上述通行的三种类型外，结合犯也是集合犯的种类之一。所谓常习犯，也称为惯行犯，是指以一定的行为作为常习的犯罪，如常习赌博罪；所谓营业犯，是指作为构成要件要素的，是为了营利目的反复实施一定的行为为业的犯罪，如贩卖淫秽书刊罪；所谓职业犯，是指作为构成要件要素的，是不以营利为目的，反复实施一定的行为为业的犯罪，如非医师的违反禁止医业，构成未经准许医业罪。三分法是日本刑法理论界多数学者的观点。

结合中国现行刑法的规定，我们参考前一分类，将集合犯分为如下两种：

一是常业犯，指以一定的行为为常业的犯罪。例如，《刑法》第303条第1款的规定："……以赌博为业的"构成赌博罪。如果偶尔赌博，不是以赌博为业的，则不构成犯罪；以赌博为业，数十次赌博，也只构成一罪。

二是营业犯，指通常以营利为目的，意图反复实施一定的行为为业的犯罪。它与常业犯的区别在于：对常业犯来说，实施一次某种行为，不构成犯罪，必须反复实施同种行为，才构成犯罪；而对营业犯来说，实施一次某种犯罪行为，可能构成犯罪，反复实施同种犯罪行为，仍然构成该种犯罪一罪。属于营业犯的集合犯，在中国刑法中比较多，大体上刑法中以营利为目的的破坏社会经济秩序的犯罪、危害社会秩序的犯罪以及在罪状中规定"多次"实施同一犯罪行为为从重处罚情节的，均属之。前者如《刑法》第363条第1款规定的制作、复制、出版、贩卖、传播淫秽物品牟利罪，以牟利为目的，虽然只是实施制作、复制、出版、贩卖、传播一次淫秽物品的行为也可能构成犯罪，但即使多次制作、复制、出版、贩卖、传播淫秽物品，仍只构成一罪。后者如《刑法》第318条第1款第2项规定"多次组织他人偷越国（边）境"，也属于集合犯。

（3）集合犯的处断原则

集合犯是法定的一罪，刑法分则条文设有明文规定，对集合犯，不论行为人实施多少次行为，都只能根据刑法的规定以一罪论处，不实行数罪并罚，即只需要按照刑法分则条文规定的刑罚予以处罚即可。

**（三）处断的一罪**

处断的一罪，又称裁判的一罪，指本来是符合数个犯罪构成的数罪，但因其固有的特征，司法机关在具体处理时通常将其作为一罪予以处断的犯罪形态。处断的一罪包括连续犯、牵连犯和吸收犯。

1. 连续犯

（1）连续犯的概念和特征

连续犯，是指行为人基于同一的或概括的犯罪故意，连续实施数个性质相同的犯罪行为，触犯同一罪名的犯罪形态。

连续犯具有以下特征：其一，行为人主观上基于同一的或者概括的犯罪故意。同一的犯罪故意，是指行为人具有数次实施同一犯罪的故意；概括的犯罪故意，是指行为人主观上具备只要有条件就实施特定犯罪的故意。例如，甲和乙有仇，蓄意报复乙，准备对乙及其家人造成伤害，除了明确伤害乙之外，对伤害其家属什么人并无明确目标。随后，甲伤害了乙的儿子，不久又伤害了乙。这同样构成故意伤害罪的连续犯。同一和概括的犯罪故意这两种心理状态没有本质区别。其二，必须实施性质相同的独立成罪的数个行为。只实施一次行为的，不可能成立连续犯。如果行为人有意识地以数个举动完成犯罪而数个举动仅形成一个行为，就不是连续犯，而是徐行犯。其三，数次行为具有连续性。认定数个犯罪之间是否具有连续性，应当坚持主观与客观相统一的刑法基本原则，既要看行为人有无连续实施某种犯罪行为的故意，又要通过分析客观行为的性质、对象、方式、环境、结果等来判断是否具有连续性。其四，数次行为必须触犯同一罪名。所谓同一罪名,是指犯罪性质完全相同的罪名即同质之罪,而不包括触犯同类罪名的情况。

(2) 连续犯的处断原则

连续犯按照一罪处断,不实行数罪并罚。对连续犯的处理,应当按照不同情况,依据刑法的有关规定分别从重处罚或者加重处罚:①刑法规定只有一个量刑档次,或者虽有两个量刑档次但无加重构成的量刑档次的,按照一个罪名从重处罚,如《刑法》第262条规定的拐骗儿童罪就只有一个量刑档次,拐骗儿童罪的连续犯,只能在这个量刑档次内从重处罚。②刑法对多次实施某种犯罪明文规定重于基本构成的量刑档次的,符合这种情况的连续犯依照该加重构成的量刑档次处罚,如《刑法》第263条关于抢劫罪,就明文规定"多次抢劫"的量刑档次要远重于抢劫基本构成的量刑档次。③刑法对多次实施某种犯罪虽然没有明文规定,但对"情节严重"或"情节特别严重"分别规定了不同的家中刑罚的量刑档次,符合某种情况的连续犯,应依照有关的量刑档次处罚。如《刑法》第267条,对抢夺罪按照"数额较大的,或者多次抢夺的"基本犯罪、"数额巨大或者有其他严重情节的"加重犯、"数额特别巨大或者有其他特别严重情节的"加重犯分为三个量刑档次加以规定,抢夺罪的连续犯,应根据连续实施抢夺次数和数额等情节,依据刑法的规定,按照相应的量刑档次处罚。

2. 牵连犯

(1) 牵连犯的概念和特征

牵连犯,是指行为人实施某种犯罪,而方法行为或结果行为又触犯其他罪名的犯罪形态。例如,以伪造国家机关公文的方法(方法行为)骗取公私财物(目的行为),分别触犯了伪造国家机关公文罪和诈骗罪,就是典型的牵连犯。

牵连犯具有以下特征:其一,必须基于一个最终的犯罪目的。行为人是为了达到某一犯罪目的而实施犯罪行为(目的行为),在实施该犯罪行为的过程中,其所采取的方法行为或结果行为又构成另一个独立的犯罪;正是在这一犯罪目的的支配下才形成了与目的行为、方法行为、结果行为相对应的数个犯罪故意,而在具体内容不同的数个犯罪故意支配下的目的行为、方法行为、结果行为,都是围绕着这一犯罪目的而实施的。其二，必须具有两个以上的、相对独立的危害行为。由于牵连犯在实质上是数个犯罪行为，因而行为人若只实施了一个危害社会行为，就无从谈起行为之间的牵连关系问题，从而也就不会有牵连犯的存在。其三，牵连犯所包含的数个危害行为之间必须具有牵连关系。牵连的形式表现为三种：一是目的行为与方法行为的牵连。例如，为了诈骗财物（目的行为）而伪造国家机关公文（方法行为），构成诈骗罪与妨害国家机关公文罪的牵连犯。二是目的行为与结果行为的牵连。例如，为了窃取财物（目的行为），盗掘古墓葬，盗掘后为湮灭罪迹又毁坏部分文物（结果行为），构成盗掘古墓葬罪与故意损毁文物罪的牵连犯。三是复杂的牵连，即在三个以上的犯罪行为中分别具有手段和目的、原因与结果的牵连关系。例如，为盗枪而侵入他人住宅是目的和手段（方法）的牵连，盗枪与私藏枪支是目的与原因（结果）的牵连。关于如何判断数行为之间有无牵连关系，在我国刑法理论界，有三种不同主张：[1] 一是主观说，主张以行为人的主观意思为标准加以判断。二是客观说，主张以客观存在的事实为标准加以判断。其中较有影响的是"直接关系说"，即目的行为与方法或结果行为之间具有不可分离的直接关系，就是牵连关系。三是折中说，其中，有的学者认为，对于牵连关系的认定，应当同时兼顾犯罪人的犯意和客观事实。有的学者则认为，对于目的行为与方法行为的牵连，则应当以犯罪人的牵连意思为准；对于目的行为与结果行为的牵连，则应当以客观上的通常情况为准。目前刑法理论界比较多的学者认为，认定牵连关系应当坚持主客观相统一的原则，即只有当犯罪人在主观上具有牵连的意思，在客观上具有通常的方法或结果关系，才能认为具有牵连关系。需要注意的是，所谓"通常的方法或结果关系"，是指只有当某种方法通常用于实施某种犯罪，或者某种原因行为通常导致某种结果行为时，才宜认定为牵连犯。例如，伪造武装部队公文、证件、印章冒充军人招摇撞骗的，可以认定为牵连犯，但盗窃军车后冒充军人招摇撞骗的，不宜认定为牵连犯。其四，牵连犯的数个行为必须触犯不同罪名。如果行为人实行的危害行为只能触犯一个罪名，就不能构成牵连犯。

---

[1] 参见张明楷《刑法学（上）》（第六版），法律出版社2021年版，第651—652页。

(2) 牵连犯的处断原则

我国刑法总则没有明文规定牵连犯的处断原则，刑法理论通行的观点主张，对于牵连犯，应按法定刑最重的一罪从重处罚，而不实行数罪并罚。但是，在我国刑法分则特别规定对牵连犯实行并罚时，应当依法实行数罪并罚。例如，根据《刑法》第157条第2款的规定，以暴力、威胁方法抗拒缉私的，应以走私罪和阻碍国家机关工作人员依法执行职务罪并罚。

3. 吸收犯

(1) 吸收犯的概念和特征

吸收犯，是指行为人实施数个犯罪行为，因其所符合的犯罪构成之间具有特定的依附与被依附关系，从而导致其中一个不具有独立性的犯罪，被另一个具有独立性的犯罪所吸收，对行为人仅以吸收之罪论处，而对被吸收之罪置之不论的犯罪形态。例如，行为人盗窃枪支后，私藏在家里，私藏枪支的行为被盗窃枪支的行为所吸收，仅成立盗窃枪支罪。

吸收犯具有以下特征：第一，行为人必须实施数个均符合犯罪构成要件的危害行为。如果只有一个危害行为，就不存在成立吸收犯的前提。同时吸收犯的数个行为还必须都是犯罪行为，如果数个行为中只有一个是犯罪行为，其余是违法行为，也不构成吸收犯。吸收犯是数个犯罪行为，而想象竞合犯只有一个犯罪行为，这是吸收犯与想象竞合犯的最重要区别之一。第二，行为人实施的数个犯罪行为，必须基于其内在的独立性与非独立性的对立统一特性，而彼此形成一种吸收关系。这种关系表现为三种形式：一是重行为吸收轻行为。例如，非法制造枪支后予以私藏的，以非法制造枪支罪论处，私藏枪支的行为被吸收。二是主行为吸收从行为。例如：教唆他人杀人，又向他人提供杀人工具，只以杀人罪的教唆犯论处，帮助行为即被吸收。三是实行行为吸收非实行行为（包括预备行为、帮助行为、教唆行为）。例如：先伪造信用卡，然后使用伪造的信用卡进行诈骗，则伪造信用卡的预备行为被信用卡诈骗的实行行为所吸收，只定信用卡诈骗罪。

(2) 吸收犯的处断原则

对吸收犯，依照吸收行为所构成的犯罪处断，不实行数罪并罚。

## 三　数罪的类型

数罪的类型，根据不同标准可以进行以下三种划分：

### （一）异种数罪与同种数罪

异种数罪与同种数罪，是以行为人的犯罪事实充足符合的数个犯罪构成的性质是否一致为标准，对数罪所进行的分类。异种数罪，是指行为人的犯罪事实充足符合数个性质不同的犯罪构成的犯罪形态。同种数罪，是指行为人的犯罪事实充足符合数个性质相同的犯罪构成的犯罪形态。行为人的犯罪事实所符合的数个犯罪构成的性质是否一致，表现在法律特征上，就是行为人实施的数个犯罪行为所触犯的罪名是否相同。数个犯罪行为触犯数个不同罪名，就是异种数罪；数个犯罪行为触犯相同罪名，就是同种数罪。

将数罪分为异种数罪与同种数罪的意义在于：首先，异种数罪和同种数罪，都是实质数罪的基本形式。不能因数罪的性质有别，而否认其中任何一种数罪作为实质数罪的法律地位。其次，无论是异种数罪，还是同种数罪，均可被分为并罚的数罪和非并罚的数罪。最后，尽管作为实质数罪的部分异种数罪和同种数罪，会引起对其予以并罚的法律后果，但是，在相同的法律条件下，异种数罪和同种数罪被纳入并罚范围的机会不是均等的。换言之，在一定的法律条件下，对于异种数罪必须予以并罚，而对于同种数罪则无须实行并罚。

### （二）并罚数罪与非并罚数罪

并罚数罪与非并罚数罪，是以对行为人的犯罪事实已构成的实质数罪是否实行数罪并罚为标准，对数罪所进行的分类。并罚数罪，是指依照法律规定应当予以并罚的实质数罪。非并罚数罪，是指无须予以并罚，而应对其适用相应处断原则的实质数罪。

数罪的这种分类所具有的主要意义为：明辨实质数罪中应予并罚的数罪范围，并在此基础上，针对非并罚的实质数罪，包括其中的异种数罪和同种数罪，如牵连犯、连续犯等犯罪形态，确定与之相应的处断原则。

### (三) 判决宣告以前的数罪与刑罚执行期间的数罪

判决宣告以前的数罪与刑罚执行期间的数罪，是以实质数罪发生的时间条件为标准，对数罪所进行的分类。判决宣告以前的数罪，是指行为人在判决宣告以前实施并被发现的数罪。刑罚执行期间的数罪，是指在刑罚执行期间发现漏罪或再犯新罪而构成的数罪。

数罪的此种分类的意义在于：明确应予并罚的数罪实际发生的时间条件，并以此为基础，对发生于不同阶段或法律条件下的数罪，依法适用相应的法定并罚规则（包括并罚的数罪性质和并罚的具体方法），决定应予执行的刑罚。由于我国刑法对发生于不同时间条件下的数罪，规定了不同的并罚规则，所以，将数罪区分为判决宣告以前的数罪和刑罚执行期间的数罪，是正确适用不同法定并罚规则的必要前提。

# 主要参考文献

## 一 专著

白建军：《法律实证研究方法》，北京大学出版社 2008 年版。
白洁：《刑法中的客观处罚条件研究》，群众出版社 2017 年版。
蔡墩铭：《刑法总纲论文选集（上）》，五南图书出版公司 1988 年版。
陈家林：《外国刑法理论的思潮与流变》，中国人民公安大学出版社、群众出版社 2017 年版。
陈家林：《外国刑法通论》，中国人民公安大学出版社 2009 年版。
陈兴良：《共同犯罪论》，中国人民大学出版社 2006 年版。
陈兴良：《共同犯罪论》，中国社会科学出版社 1992 年版。
陈兴良：《教义刑法学》（第二版），中国人民大学出版社 2014 年版。
陈兴良：《判例刑法学》（教学版），中国人民大学出版社 2012 年版。
陈兴良：《刑法的知识转型（方法论）》，中国人民大学出版社 2012 年版。
陈兴良：《刑法哲学（上）》，中国政法大学出版社 2009 年版。
陈兴良：《刑法哲学》，中国政法大学出版社 1992 年版。
陈兴良、周光权：《刑法学的现代展开》，中国人民大学出版社 2006 年版。
陈兴良主编：《刑法知识论研究》，清华大学出版社 2009 年版。
陈忠林：《刑法散得集（Ⅱ）》，重庆大学出版社 2012 年版。
陈忠林：《刑法散得集》，法律出版社 2003 年版。
陈子平：《刑法总论》，中国人民大学出版社 2009 年版。
储槐植、江溯：《美国刑法》（第四版），北京大学出版社 2012 年版。

淡乐蓉：《藏族"赔命价"习惯法研究》，中国政法大学出版社 2014 年版。

邓子滨：《中国实质刑法观批判》（第二版），法律出版社 2017 年版。

付立庆：《积极主义刑法观及其展开》，中国人民大学出版社 2020 年版。

高铭暄、马克昌主编：《刑法学》（第二版），北京大学出版社、高等教育出版社 2005 年版。

高铭暄、马克昌主编：《刑法学（上编）》，中国法制出版社 1999 年版。

高铭暄、马克昌主编：《刑法学》，北京大学出版社、高等教育出版社 2016 年。

高铭暄主编：《刑法学》，法律出版社 1982 年版。

高铭暄主编：《刑法专论》（上编），高等教育出版社 2002 年版。

高铭暄主编：《刑法专论》（下编），高等教育出版社 2003 年版。

高铭暄主编：《中国刑法学》，中国人民大学出版社 1989 年版。

何秉松主编：《刑法教程》，法律出版社 1987 年版。

何秉松主编：《刑法教科书》，中国法制出版社 1993 年版。

何勤华、夏菲主编：《西方刑法史》，北京大学出版社 2006 年版。

黄荣坚：《基础刑法学》，中国人民大学出版社 2009 年版。

《刑法学》编写组：《刑法学》（上册·总论）（第二版），高等教育出版社 2023 年版。

《刑法学》编写组：《刑法学》（上册·总论），高等教育出版社 2019 年版。

赖正直：《机能主义刑法理论研究》，中国政法大学出版社 2017 年版。

劳东燕：《功能主义的刑法解释》，中国人民大学出版社 2020 年版。

黎宏：《日本刑法精义》，法律出版社 2008 年版。

黎宏：《刑法学》，法律出版社 2012 年版。

李光灿、马克昌、罗平：《论共同犯罪》，中国政法大学出版社 1987 年版。

李立众：《刑法一本通》（第十六版），法律出版社 2022 年版。

梁根林：《刑事政策：立场与范畴》，法律出版社 2005 年版。

梁根林主编：《刑法方法论》，北京大学出版社 2006 年版。

林山田：《刑法通论（上）》，北京大学出版社 2012 年版。

林钰雄：《新刑法总则》，元照出版有限公司 2018 年版。

刘明祥、张天虹主编：《故意与错误论研究》，北京大学出版社 2016 年版。
刘宪权、卢勤忠：《金融犯罪理论专题研究》，复旦大学出版社 2002 年版。
刘艳红：《实质出罪论》，中国人民大学出版社 2020 年版。
刘艳红：《实质刑法观》，中国人民大学出版社 2009 年版。
刘艳红：《刑法学》，北京大学出版社 2016 年版。
刘远：《刑事法哲学初论》，中国检察出版社 2004 年版。
刘志伟编：《刑法规范总整理》（第十三版），法律出版社 2023 年版。
马克昌主编：《犯罪通论》，武汉大学出版社 1991 年版。
苗东升：《系统科学辩证法》，山东教育出版社 1998 年版。
苗东升：《系统科学精要》，中国人民大学出版社 1998 年版。
欧阳本祺：《刑事政策视野下的刑法教义学》，北京大学出版社 2016 年版。
曲新久：《刑法的精神与范畴》，中国政法大学出版社 2000 年版。
阮齐林：《刑法学》，中国政法大学出版社 2011 年版。
孙万怀：《在制度和秩序的边界刑事政策的一般理论》，北京大学出版社 2008 年版。
王勇：《定罪导论》，中国人民大学出版社 1990 年版。
王泽鉴：《民法概要》，中国政法大学出版社 2003 年版。
王泽鉴：《民法总则》，中国政法大学出版社 2001 年版。
王作富主编：《刑法分则实务研究（下）》，中国方正出版社 2010 年版。
王作富主编：《刑法分则实务研究（中）》，中国方正出版社 2010 年版。
魏东：《案例刑法学》，中国人民大学出版社 2019 年版。
魏东：《保守的实质刑法观与现代刑事政策立场》，中国民主法制出版社 2011 年版。
魏东：《当代刑法重要问题研究》，四川大学出版社 2008 年版。
魏东：《刑法分则解释论要》，北京大学出版社 2020 年版。
魏东：《刑法各论若干前沿问题要论》，人民法院出版社 2005 年版。
魏东：《刑法理性与解释论》，中国社会科学出版社 2015 年版。
魏东：《刑事政策原理》，中国社会科学出版社 2015 年版。

魏东主编：《刑法》，中国民主法制出版社 2016 年版。
魏东主编：《刑事政策学》，四川大学出版社 2011 年版。
魏东主编：《中国当下刑法解释论问题研究——以论证刑法解释的保守性为中心》，法律出版社 2014 年版。
许道敏：《民权刑法论》，中国法制出版社 2003 年版。
许秀中：《刑事政策系统论》，中国长安出版社 2008 年版。
许玉秀：《当代刑法思潮》，中国民主法制出版社 2005 年版。
许玉秀主编：《刑事法之基础与界限——洪福增教授纪念专辑》，（中国）台湾学林文化事业公司 2003 年版。
宣炳昭：《香港刑法导论》，中国法制出版社 1997 年版。
严励：《中国刑事政策的建构理性》，中国政法大学出版社 2010 年版。
杨春洗等：《刑法总论》，北京大学出版社 1981 年版。
杨敦先、张文：《刑法简论》，北京大学出版社 1986 年版。
杨立新：《中国民法典精要》，北京大学出版社 2020 年版。
于世忠：《中国刑法学总论》，厦门大学出版社 2017 年版。
袁林：《以人为本与刑法解释凡是的创新研究》，法律出版社 2010 年版。
曾粤兴：《刑法学方法的一般理论》，人民出版社 2005 年版。
张明楷：《犯罪构成体系与构成要件要素》，北京大学出版社 2010 年版。
张明楷：《外国刑法纲要》（第三版），法律出版社 2020 年版。
张明楷：《刑法学》（第二版），法律出版社 2003 年版。
张明楷：《刑法学》（第四版），法律出版社 2011 年版。
张明楷：《刑法学（上）》（第六版），法律出版社 2021 年版。
张明楷：《刑法学（上）》（第五版），法律出版社 2016 年版。
张明楷：《刑法学（上）》，法律出版社 1997 年版。
张明楷：《刑法学（下）》（第六版），法律出版社 2021 年版。
张明楷：《刑法学（下）》（第五版），法律出版社 2016 年版。
张明楷：《刑法学》，法律出版社 2007 年版。
张明楷：《刑法原理》，商务印书馆 2017 年版。
张明楷：《罪刑法定与刑法解释》，北京大学出版社 2009 年版。
赵秉志：《犯罪未遂的理论与实践》，中国人民大学出版社 1987 年版。
赵秉志：《刑法基本问题》，北京大学出版社 2010 年版。

赵秉志主编：《刑法新教程》（第四版），中国人民大学出版社2012年版。

赵秉志主编：《刑法总则要论》，中国法制出版社2010年版。

中国人民大学刑事法律科学研究中心编：《刑事法学的当代展开》，中国检察出版社2008年版。

中华人民共和国最高人民法院刑事审判第一、二、三、四、五庭：《刑事审判参考指导案例》，法律出版社2009年版。

周光权：《刑法客观主义与方法论》（第二版），法律出版社2020年版。

周光权：《刑法客观主义与方法论》，法律出版社2013年版。

周光权：《刑法总论》（第四版），中国人民大学出版社2021年版。

周振杰：《日本刑法思想史研究》，中国法制出版社2013年版。

朱道华：《教唆犯研究》，法律出版社2014年版。

最高人民法院刑事审判第一庭编：《刑事审判参考》总第7辑，法律出版社2000年版。

最高人民法院刑事审判第一庭编：《刑事审判参考》总第3辑，法律出版社1999年版。

［德］汉斯·海因里希·耶赛克、托马斯·魏根特：《德国刑法教科书》（上），徐久生译，中国法制出版社2017年版。

［德］汉斯·海因里希·耶赛克、托马斯·魏根特：《德国刑法教科书》，徐久生译，中国法制出版社2001年版。

［德］卡尔·恩吉施：《法律思维导论》（修订版），郑永流译，法律出版社2014年版。

［德］卡尔·拉伦茨：《法学方法论》，陈爱娥译，商务印书馆2003年版。

［德］克劳斯·罗克辛：《德国刑法学总论》（第1卷），王世洲译，法律出版社2005年版。

［德］克劳斯·罗克辛：《德国最高法院判例刑法总论》，何庆仁、蔡桂生译，中国人民大学出版社2012年版。

［德］克劳斯·罗克辛：《刑事政策与刑法体系》（第二版），蔡桂生译，中国人民大学出版社2011年版。

［德］罗伯特·阿列克西：《法律论证理论——作为法律证立理论的理性论辩理论》，舒国滢译，商务印书馆2019年版。

［德］乌尔斯·金德霍伊泽尔：《刑法总论教科书》（第六版），蔡桂生

译，北京大学出版社 2015 年版。

[德] 耶赛克、魏根特：《德国刑法教科书》（总论），徐久生译，中国法制出版社 2001 年版。

[韩] 李在祥：《韩国刑法总论》，韩相敦译，中国人民大学出版社 2005 年版。

[美] E. 博登海默：《法理学：法律哲学与法律方法》，邓正来译，中国政法大学出版社 1999 年版。

[美] 罗纳德·德沃金：《法律帝国》，许杨勇译，上海三联书店 2016 年版。

[日] 大谷实：《刑法讲义总论》，黎宏译，中国人民大学出版社 2008 年版。

[日] 大塚仁：《犯罪论的基本问题》，冯军译，中国政法大学出版社 1993 年版。

[日] 大塚仁：《刑法概说（总论）》，冯军译，中国人民大学出版社 2003 年版。

[日] 井田良：《变革时代的理论刑法学》，庆应义塾大学出版社 2007 年版。

[日] 千叶正士：《法律多元——从日本法律迈向一般理论》，强世功等译，中国政法大学出版社 1997 年版。

[日] 前田雅英：《刑法总论讲义》（第 6 版），曾文科译，北京大学出版社 2017 年版。

[日] 山口厚：《刑法总论》（第 3 版），付立庆译，中国人民大学出版社 2018 年版。

[日] 西田典之：《刑法各论》，王昭武、刘明祥译，法律出版社 2013 年版。

[日] 西田典之：《刑法总论》，刘明祥、王昭武译，法律出版社 2013 年版。

[日] 小野清一郎：《犯罪构成要件理论》，王泰译，中国人民公安大学出版社 2004 年版。

[日] 野村稔：《刑法总论》，全理其译，法律出版社 2001 年版。

[苏] 别利亚耶夫、科瓦廖夫：《苏维埃刑法总论》，马改秀等译，群众出

版社 1987 年版。

［苏］基里钦科:《苏维埃刑法中错误的意义》,蔡枢衡译,法律出版社 1956 年版。

［意］贝卡利亚:《论犯罪与刑罚》,黄风译,中国大百科全书出版社 1993 年版。

［意］杜里奥·帕多瓦尼:《大利刑法学原理》(注评版),陈忠林译评,中国人民大学出版社 2004 年版。

［意］彭梵得:《罗马法教科书》,黄风译,中国政法大学出版社 1998 年版。

## 二 期刊论文

柏浪涛:《规范性构成要件要素的错误类型分析》,《法商研究》2019 年第 1 期。

苏彩霞:《域外强奸罪立法的新发展》,《法学杂志》2001 年第 2 期。

蔡桂生:《敌人刑法的思与辨》,《中外法学》2010 年第 4 期。

蔡桂生:《梅茨格尔犯罪阶层体系的新康德主义根基》,《清华法学》2009 年第 6 期。

蔡桂生:《违法性认识不宜作为故意的要素——兼对"故意是责任要素说"反思》,《政治与法律》2020 年第 6 期。

车浩:《法定犯时代的违法性认识错误》,《清华法学》2015 年第 4 期。

车浩:《刑法理论的教义学转向》,《检察日报》2018 年 6 月 7 日第 3 版。

陈洪兵:《不必严格区分法条竞合与想象竞合:大竞合论之提倡》,《清华法学》2012 年第 1 期。

陈兴良:《构成要件的理论考察》,《清华法学》2008 年 1 期。

陈兴良:《互殴与防卫的界限》,《法学》2015 年第 6 期。

陈兴良:《婚内强奸犯罪化:能与不能——一种法解释学的分析》,《法学》2006 年第 2 期。

陈兴良:《论我国刑法中的连累犯》,《法律科学——西北政法学院学报》1989 年第 1 期。

陈兴良:《四要件犯罪构成的结构性缺失及其颠覆——以正当行为切入的学术史考察》,《现代法学》2009 年第 6 期。

陈兴良：《刑法教义学的逻辑方法：形式逻辑与实体逻辑》，《政法论坛》2017 年第 5 期。

陈兴良：《刑法教义学与刑事政策的关系：从李斯特鸿沟到罗克辛贯通——中国语境下的展开》，《中外法学》2013 年第 5 期。

陈兴良：《刑事法治视野中的刑事政策》，《江苏社会科学》2004 年第 5 期。

陈兴良：《形式解释论的再宣示》，《中国法学》2010 年第 4 期。

陈兴良：《形式解释论与实质解释轮：事实与理念之展开》，《法制与社会发展》2011 年第 2 期。

陈兴良：《形式与实质的关系：刑法学的反思性检讨》，《法学研究》2008 年第 6 期。

陈兴良：《虚拟财产的刑法属性及其保护路径》，《中国法学》2017 年第 2 期。

陈兴良：《中国刑法学研究 40 年（1978—2018）》，《武汉大学学报》（哲学社会科学版）2018 年第 2 期。

陈兴良：《走向学派之争的刑法学》，《法学研究》2010 年第 1 期。

陈璇：《克服正当防卫判断中的"道德洁癖"》，《清华法学》2016 年第 2 期。

陈璇：《责任原则、预防政策与违法性认识》，《清华法学》2018 年第 5 期。

陈泽宪：《刑法修改中的罪刑法定问题》，《法学研究》1996 年第 6 期。

陈忠林：《如何让法学成为科学——走向科学的法学变革与理论重构》，《学术论坛》2019 年第 5 期。

储陈城：《防卫挑拨之正当防卫权丧失与限制》，《刑事法判解》2014 年第 1 期。

储槐植、闫雨：《"赎罪"——既遂后不出罪存在例外》，《检察日报》2014 年 8 月 12 日第 3 版。

杜宇：《"类型"作为刑法上之独立思维形式——兼及概念思维的反思与定位》，《刑事法评论》2010 年第 1 期。

冯军：《论刑法解释的边界和路径——以扩张解释与类推适用的区分为中心》，《法学家》2012 年第 1 期。

冯军:《刑法教义学的立场和方法》,《中外法学》2014年第1期。

付立庆:《交叉式法条竞合关系下的职务侵占罪与盗窃罪——基于刑事实体法与程序法一体化视角的思考》,《政治与法律》2016年第2期。

付立庆:《论积极主义刑法观》,《政法论坛》2019年第1期。

高铭暄、孙道萃:《预防性刑法观及其教义学思考》,《中国法学》2018年第1期。

高巍:《论规范的构成要件要素之主观明知》,《法律科学》(西北政法大学学报)2011年第3期。

顾培东:《判例自发性运用现象的生成与效应》,《法学研究》2018年第2期。

何卫平:《西方解释学的第三次转向——从哈贝马斯到利科》,《中国社会科学》2019年第6期。

泓峻:《"强制阐释论"的基本立场、理论建树与学术关怀》,《社会科学辑刊》2021年第3期。

胡东飞:《危险犯的形态及其法条适用》,《西南政法大学学报》2005年第6期。

冀洋:《刑法主观主义:方法论与价值观的双重清理》,《法制与社会发展》2016年第3期。

江溯:《超越共犯从属性与共犯独立性之争——刑法第29条第2款的再解释》,《苏州大学学报》2014年第2期。

江溯:《规范性构成要件要素的故意及错误——以赵春华非法持有枪支案为例》,《华东政法大学学报》2017年第6期。

姜敏:《正当防卫制度中的"城堡法":渊源、发展与启示》,《法学评论》2018年第5期。

姜涛:《需罚性在犯罪论体系中的功能与定位》,《政治与法律》2021年第5期。

劳东燕:《功能主义刑法解释的体系性控制》,《清华法学》2020年第2期。

劳东燕:《功能主义刑法解释论的方法与立场》,《政法论坛》2018年第2期。

劳东燕:《刑法解释中的形式论与实质论之争》,《法学研究》第2013年第 3 期。

劳东燕：《刑事政策与功能主义的刑法体系》，《中国法学》2020 年第 1 期。

雷磊：《什么是法教义学？——基于 19 世纪以后德国学说史的简要考察》，《法制与社会发展》2018 年第 4 期。

雷磊：《主题的拓展与方法意识的觉醒——四十年来规范法学的发展》，《北京航空航天大学学报》（社会科学版）2019 年第 1 期。

黎宏：《"禁止类推解释"之质疑》，《法学评论》2008 年第 5 期。

黎宏：《论盗窃财产性利益》，《清华法学》2013 年第 6 期。

李佳欣：《刑法解释的功能性考察》，《当代法学》2014 年第 6 期。

李建明：《收受他人财物后退还或者上交对受贿罪构成的影响》，《人民检察》2007 年第 16 期。

李凯：《刑法解释方法的体系建构——以目的论解释之限定为视角》，《中国刑事法杂志》2014 年第 1 期。

李凯：《刑法解释学与刑法教义学的关系》，《中国社会科学报》2018 年 2 月 7 日法学版。

李立众：《婚内强奸定性研究》，《中国刑事法杂志》2001 年第 1 期。

李立众：《台湾岛强奸罪立法之新发展》，《人民检察》2000 年第 11 期。

利子平：《试论刑法中之类推与扩张解释》，《江西大学学报》1988 年第 3 期。

梁根林：《刑法适用解释规则论》，《法学》2003 年 12 期。

梁根林：《罪刑法定视域中的刑法适用解释》，《中国法学》2004 年第 3 期。

刘明祥：《再释"被教唆的人没有犯被教唆的罪"——与周光权教授商榷》，《法学》2014 年第 12 期。

刘霜、赵浩森：《违法性认识的理论争议与实践判定》，《辽宁大学学报》（哲学社会科学版）2020 年第 6 期。

刘艳红：《网络时代刑法客观解释新塑造："主观的客观解释论"》，《法律科学》2017 年第 3 期。

刘艳红：《我国犯罪论体系之变革及刑法学研究范式之转型》，《法商研究》2014 年第 5 期。

刘艳红：《中国刑法教义学化过程中的五大误区》，《环球法律评论》2018年第3期。

刘志伟：《完善妨害传染病防治罪立法的建议》，《民主与法制》2020年第9期。

刘志远：《刑法解释的限度——合理的扩大解释与类推解释的区分》，《国家检察官学院学报》2002年第5期。

龙卫球：《数据新型财产权构建及其体系研究》，《政法论坛》2017年第4期。

卢勤忠：《涉典当犯罪的法教义学分析》，《法学》2016年第3期。

马乐：《为刑法主观主义辩》，《环球法律评论》2014年第2期。

马荣春：《理性交往刑法观："融合范式"的生成》，《法学家》2018年第2期。

马姝：《论功能主义思想之于西方法社会学发展的影响》，《北方法学》2008年第2期。

聂立泽、高猛：《论财产性利益的刑法保护》，《法治社会》2016年第3期。

聂立泽、庄劲：《从"主客间性"到"主体间性"的刑法解释观》，《法学》2011年第9期。

欧阳本祺：《论网络时代刑法解释的限度》，《中国法学》2017年第3期。

齐文远、周详：《论刑法解释的基本原则》，《中国法学》2004年第2期。

时延安：《刑法规范的合宪性解释》，《国家检察官学院学报》2015年第1期。

孙国祥：《违法性认识错误的不可避免性及其认定》，《中外法学》2016年第3期。

孙国祥：《行政犯违法性判断的从属性和独立性研究》，《法学家》2017年第1期。

唐稷尧：《论犯罪成立要件中规范性要素之认识错误及其判断路径》，《政治与法律》2019年第1期。

王建华：《关于语境的构成与分类》，《语言文字运用》2000年第3期。

王蕾、王德政：《形式与实质的艰难权衡——评魏东教授〈保守的实质刑法观与现代刑事政策立场〉》，《中外企业家》2013年第2期。

王人博：《中国法学：技术、价值与知识——中国法学的三种基本态势》，《现代法学》2008 年第 1 期。

王世洲：《刑法信条学中的若干基本概念及其理论位置》，《政法论坛》2011 年第 1 期。

王彦强：《业务侵占：贪污罪的解释方向》，《法学研究》2018 年第 5 期。

王勇：《论我国〈刑法〉第 147 条的罪过形式——基于刑法立法的解读》，《法学杂志》2011 年第 3 期。

王昭振：《规范构成要件要素与开放构成要件关系之辩证》，《大连海事大学学报》（社会科学版）2009 年第 1 期。

王昭振：《类型思维：刑法中规范构成要件要素存在的法理根据》，《法制与社会发展》2009 年第 1 期。

王昭振：《论规范构成要件要素的刑法内涵与类型》，《法学评论》2009 年第 2 期。

王政勋：《刑法解释的立场是客观解释——基于会话含义理论的分析》，《法律科学》2012 年第 3 期。

魏东：《案例刑法学的研究方法》，《政法论丛》2021 年第 6 期。

魏东：《从首例"男男强奸案"司法裁判看刑法解释的保守性》，《当代法学》2014 年第 2 期。

魏东：《论传统侵财罪的保护法益——基于实质所有权说的法理阐释》，《法学评论》2017 年第 4 期。

魏东：《论广义刑事政策的基本内涵》，《清华法学》2011 年第 2 期。

魏东：《论社会危害性理论与实质刑法观的关联关系与风险防范》，《现代法学》2010 年第 6 期。

魏东：《论"使用盗窃"犯罪的立法设置方案》，《中国刑事法杂志》2006 年第 4 期。

魏东：《论在"打虎拍蝇"中的法治理性》，《法治研究》2014 年第 10 期。

魏东：《侵占罪犯罪对象要素之解析检讨》，《中国刑事法杂志》2005 年第 5 期。

魏东：《侵占罪犯罪对象要素之解析检讨》，《中国刑事法杂志》2005 年第 5 期。

魏东:《"收受干股型"受贿罪的刑法解释适用》,《法学论坛》2015 年第 1 期。

魏东:《我国传统犯罪构成理论的实质合理性与逻辑自洽性》,《人民检察》2011 年第 11 期。

魏东:《刑法解释方法体系化及其确证功能》,《法制与社会发展》2021 年第 6 期。

魏东:《刑法解释学的功能主义范式与学科定位》,《现代法学》2021 年第 5 期。

魏东:《刑法知识体系刍论》,《法治研究》2017 年第 2 期。

魏东:《职务侵占的刑法解释及其法理》,《法学家》2018 年第 6 期。

魏东、蒋春林:《论奸淫幼女犯罪既遂的认定标准》,《政法论丛》2007 年第 4 期。

魏东、张福英:《法律的评价要素之认识错误》,《南海法学》2019 年第 3 期。

魏治勋:《法律解释:在对象与目标的张力中探寻规范含义》,《南通大学学报》(社会科学版)2017 年第 1 期。

温登平:《反思常识主义刑法观》,《中国刑事法杂志》2013 年第 9 期。

肖中华:《刑法目的解释和体系解释的具体运用》,《法学评论》2006 年第 5 期。

徐雨衡:《法律原则适用的涵摄模式:基础、方法与难题》,《甘肃社会科学》2020 年第 2 期。

姚万勤、陈鹤:《盗窃财产性利益之否定——兼与黎宏教授商榷》,《法学》2015 年第 1 期。

叶良芳、申屠晓莉:《论理解释对文理解释的校验功能——"两高"指导性案例马乐利用未公开信息交易案评释》,《中国刑事法杂志》2018 年第 1 期。

袁林:《超越主客观解释论:刑法解释标准研究》,《现代法学》2011 年第 1 期。

张建军:《论规范的构成要件要素的明确性》,《当代法学》2012 年第 5 期。

张力:《法人功能性分类与结构性分类的兼容解释》,《中国法学》2019

年第 2 期。

张明楷：《对向犯中必要参与行为的处罚范围》，《比较法研究》2019 年第 5 期。

张明楷：《法条竞合中特别关系的确定与处理》，《法学家》2011 年第 1 期。

张明楷：《规范的构成要件要素》，《法学研究》2007 年第 6 期。

张明楷：《论盗窃财产性利益》，《中外法学》2016 年第 6 期。

张明楷：《受贿罪中收受财物后及时退交的问题分析》，《法学》2012 年第 4 期。

张明楷：《贪污贿赂罪的司法与立法发展方向》，《政法论坛》2017 年第 1 期。

张明楷：《妥善对待维权行为，避免助长违法犯罪》，《中国刑事法杂志》2020 年第 5 期。

张明楷：《危险驾驶罪的基本问题——与冯军教授商榷》，《政法论坛》2012 年第 6 期。

张明楷：《宪法与刑法的循环解释》，《法学评论》2019 年第 1 期。

张明楷：《刑法学中的概念使用与创制》，《法商研究》2021 年第 1 期。

张明楷：《行为功利主义违法观》，《中国法学》2011 年第 5 期。

张明楷：《行为功利主义刑法观》，《法制日报》（学术版）2010 年 3 月 24 日。

张明楷：《也论刑法教义学的立场——与冯军教授商榷》，《中外法学》2014 年第 2 期。

张庆立：《德日机能主义刑法学之体系争议与本土思考》，《华东政法大学学报》2018 年第 3 期。

张卫平：《在"有"与"无"之间——法学方法论杂谈》，《法治研究》2010 年第 1 期。

赵秉志：《中国刑法哲学发展面临新机遇》，《人民日报》2015 年 12 月 13 日第 8 版。

赵秉志、陈志军：《论越权刑法解释》，《法学家》2004 年第 2 期。

周光权：《"被教唆的人没有犯被教唆的罪"之理解——兼与刘明祥教授商榷》，《法学研究》2013 年第 4 期。

周光权:《法条竞合的特别关系研究——兼与张明楷教授商榷》,《中国法学》2010年第3期。

周光权:《风险升高理论与存疑有利于被告原则——兼论"赵达文交通肇事案"的定性》,《法学》2018年第8期。

周光权:《积极刑法立法观在中国的确立》,《法学研究》2016年第4期。

周光权:《论常识主义刑法观》,《法制与社会发展》2011年第1期。

周光权:《侵占罪疑难问题研究》,《法学研究》2002年第3期。

周详:《教义刑法学的概念及其价值》,《环球法律评论》2011年第6期。

朱道华:《论教唆行为的法律本质》,《中国刑事法杂志》2011年第2期。

邹兵建:《网络中立帮助行为的可罚性证成——一个法律经济学视角的尝试》,《中国法律评论》2020年第1期。

[美]爱德华·L.拉宾:《新法律过程、话语综合和制度微观分析》,王保民、刘言译,《地方立法研究》2018年第2期。

[德]古斯塔夫·拉德布鲁赫:《法教义学的逻辑》,白斌译,《清华法学》2016年第4期。

[德]拉伦茨:《论作为科学的法学的不可或缺性——1966年4月20日在柏林法学会的演讲》,赵阳译,《比较法研究》2005年第3期。

[美]列纳·翰德:《法官判决时拥有多少理由》,郑好好译,《中国律师》2003年第4期。

[德]罗克辛:《正当防卫与法确证》,王德政译,《西北师大学报》(社会科学版)2018年第2期。

[德]沃尔福冈·弗里希:《法教义学对刑法发展的意义》,赵书鸿译,《比较法研究》2012年第1期。

Gunther Jakobs, Feindstrafrecht? —Eine Untersuchung zu den Bedingungen von Rechtlichkeit, HRRS 8-9/2006, S. 293.

Legal Pluralism in the Arab World, by B. Dupret, M. Berger and L. al-Zwaini, 1999.

Le PluealismJueidique, edite by John Gilissen, 1972.